U0620743

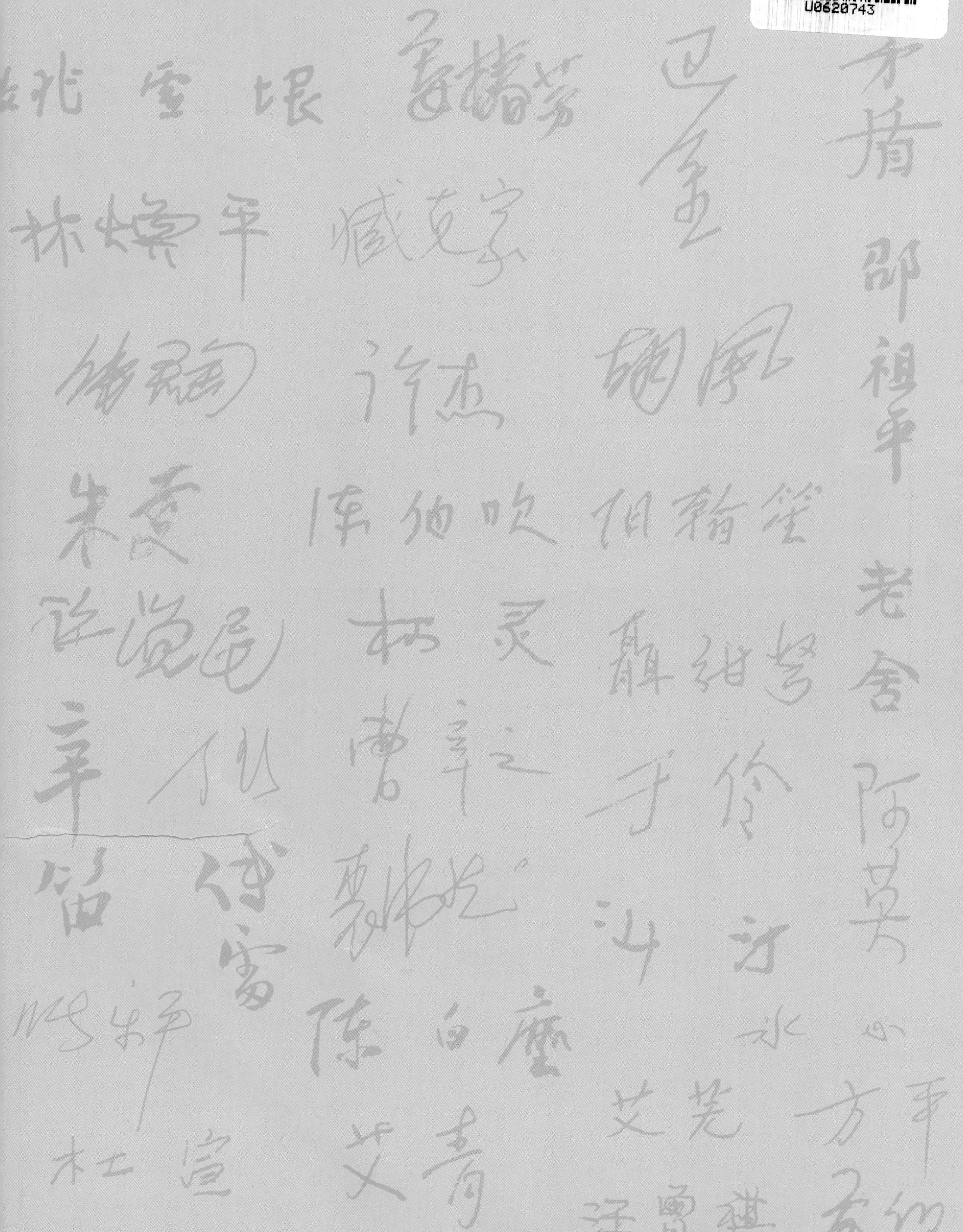
茅盾
巴金
邵祖平
老舍
阳翰笙
聂绀弩
于伶
许杰
臧克家
林焕平
陈白尘
艾青
艾芜
汪曾祺

上海图书馆藏
中国文化名人手稿

上海图书馆 编

上海古籍出版社

图书在版编目（C I P）数据

上海图书馆藏中国文化名人手稿 / 上海图书馆编. -- 上海 : 上海古籍出版社, 2011.11
ISBN 978-7-5325-5881-0

Ⅰ. ①上… Ⅱ. ①上… Ⅲ. ①名人－手稿－中国－近现代 Ⅳ. ①K820.5

中国版本图书馆CIP数据核字(2011)第215519号

责任编辑：吴旭民　孙　晖
装帧设计：吴均卿
技术编辑：王建中

上海图书馆藏中国文化名人手稿
上海图书馆　编
上海世纪出版股份有限公司
上　海　古　籍　出　版　社　出版
（上海瑞金二路272号　邮政编码200020）
(1) 网　　址：www.guji.com.cn
(2) E-mail：gujil@guji.com.cn
(3) 易文网址：www.ewen.cc
上海世纪出版股份有限公司发行中心发行经销
上海界龙艺术印刷有限公司印刷
开本787×1092　1/8　　印张 31　字数 350,000
2011年11月第1版　2011年11月第1次印刷
印数：1-1,800
ISBN 978-7-5325-5881-0/K.1446
定价：580.00元
如发生质量问题，请与承印公司联系

上海图书馆藏中国文化名人手稿

编纂委员会

主　任　　穆端正　吴建中

委　员　　穆端正　吴建中　何　毅　周德明　陈　超　朱帼英
　　　　　刘　炜　吴建明　黄显功　陈建华　陈先行

执行主编　黄显功

编　者　　黄显功　衣慎思　陈　蕾　浦　纯　孙秀娣　梁　颖

编　务　　徐　频　许丹华　杨　滢　顾雅芳

摄　影　　林　桦　熊　洋

篆　刻　　周建国

前　言

上海图书馆是我国大型综合性研究型公共图书馆，藏有各类中外文献5200余万册（件）。中国文化名人手稿馆是上海图书馆的专题特种文献收藏研究部门，馆藏中国现当代名人的著作手稿、信函、日记、笔记和书画等资料近6万件，是我国公共文化机构中具有综合性征集、保护、展示、宣传和研究文化名人手稿文献的专业收藏馆。

上海图书馆历来重视手稿文献的征集与收藏，经数代同仁的不断努力，馆藏明清诗文、专著、日记、笔记等稿本和名家尺牍，近15万种（件），精彩纷呈；另有近代名人档案原件二十余万件，所藏各类手稿数量居于国内图书馆前茅。中国文化名人手稿馆秉承上海图书馆重视手稿的收藏传统，从20世纪50年代起，在国内专家学者，文化人士和其家属的热诚支持下，手稿收藏坚持不懈，藏品丰富多彩，中国现当代文化史上一批名家名作的原始手稿荟萃于此，得到了完善的保存，为专业研究和利用，提供了宝贵的资料，成为流芳百世、惠泽后人的珍贵文献。

上海图书馆中国文化名人手稿馆的前身是1992年成立的中国文化名人手稿室，1996年上海图书馆新馆落成后改为现名，并在总馆楼宇内专设文化名人手稿陈列馆，常年向读者展示中国现当代各界名人的各类手稿、签名本、照片和书法作品，让读者在亲睹名人手泽中进一步认识名家名作。同时，本馆还认真开展手稿的整理研究和出版工作，陆续推出了十余种图书，促进了馆藏手稿资源的宣传与服务。本书即为集中介绍本馆所藏部分已故名人手稿的专辑。

在中外文献史上，手稿是一种具有重要历史地位的文本形式。在以书写方式为主的时期，人类思想和知识的传播除口承文化形态之外，文字和符号的记录成为人们的主要表达媒介，人们通过各种直接的书写工具和不同的载体，形成了丰富的文本形式。从文本之间的关系来看，手迹与手稿的关系并不能等同视之，手迹是所有书写形式的产物，而手稿则是其中作者的一种创作行为的结果。在印刷术发明之前，著作的传播主要是抄写。欧洲中世纪的神学、历史和文学等作品的传世主要依靠专司缮写的僧侣们用“书缮体”精心抄写。尽管这些书字迹工整，装饰精美，但不能视之为手稿。同样，在中国和东方其它国家，作品的传抄是一种普遍的文献传播形式。这些“手迹”只能算作抄本，其抄写者并不是“作者”。世界媒体理论大师麦克鲁汉曾说：“抄写文化没有作者，也没有大众。作者和大众都是印刷术创造出来的。”（麦克鲁汉著，赖盈满译《古腾堡星系——活版印刷人的造成》第191页，台湾猫头鹰出版，2008年）。所以，我们在确定“手稿”概念时，通常情况下不能忽略作者的要素。

因此，手稿只是指作者以文字、符号亲自书写的稿本，是各类作品的原始记录，是作者将其正式印行（或传抄）发布前的各种文本。诸如初稿，历次修改稿、定稿和清样（或打印）、校改稿等。在历史上，手稿作为一种特殊的文本类型，其文献收藏的重要性与价值在相当长的时期内并不为人们所重视。手稿作为相对于印本而言的原始文献，其独立形态的文本均可视为孤本，但其文本的社会影响力有明显的局限性。对于未刊之前的手稿，除作者之外的阅读受众人数甚少。手稿的境遇往往是或深藏匣底，孤芳自赏，或展于友朋，同气相求，而作品一旦付印发行，手稿常常遭弃。在完全以笔为书写的时代，每一本被印出版的书和文章应该皆有手稿，但大多数在付印之后未能得到妥善保存而亡佚了。这是古代手稿传世稀少，现代手稿散失严重的一大原因。特别在中国，天灾人祸所造成的文献之厄，实在是令人扼腕。

近百年来，人们的书写方式，出版环境和人际沟通形式发生了明显的变革。手稿产生的条件已是时过境迁，每况愈下。20世纪初期，在“新文化运动”的风潮下，中国的文人们与各界人士纷纷换笔，使用便利的钢笔逐渐取代了传统的毛笔，之后，铅笔、圆珠笔等也易手在握，直到20世纪末期电脑普及后的再次换笔，“敲键盘”渐渐代替了“爬格子”。而中国现代出版业的成熟发展，使手稿转换为印本的过程大为便捷，致使作者的写作动机大多以出版为主要目标。在观念上，“手稿”与“铅字”的价值关系也已旋乾转坤，作品出版之后的手稿成为可有可无之物，出版机构内的作者手稿也遭遇被各种形式大量处理的境况。近二十年来，我们深切地体验到现代技术对人际交流行为的巨大冲击，手机与网络，不仅让人们的书写形式改弦更张，短信和电子邮件取代了书信，而且使个人的作品无须通过“手稿”和“出版”而得到发表成为了现实。所以，手稿的生态环境所发生的一系列变化，引起了人们的关注与思考，目前，手稿已成为一种不可再生的稀缺性文献。

在中国传统版本学中，“稿本”是一个重要的研究领域，近年来，成果迭出，见识渐深。上海图书馆的专家们对此做出了积极的重要贡献，历年来所开展的稿本专题研究，出版了《中国古籍稿钞校本图录》、《上海图书馆藏明清名家手稿》和《明清稿抄校本鉴定》等著作，奠定了上海图书馆手稿研究的学术基础。本书是上海图书馆稿本研究的延续性项目，主要对馆藏中国现当代文化名人的著述稿择要介绍，以此管窥上海图书馆中国文化名人手稿馆的收藏。

中国现当代手稿比之古代的手稿情况更加复杂。其原因：一是社会环境不同和出版模式的差异，二是现存的手稿形式和文本数量更为丰富。对于前者，我们不难理解任何文本的产生都具有时代的烙印，20 世纪以来的中国历史既充满了曲折与斗争，又激扬着奋进与革新。在这过程中，新闻出版所担当的社会角色承载了特别的使命。编辑与审稿作为职业和权力，在从“手稿”到“铅字”的流程中具有文稿刊印定型的决定权。除了常规的编辑加工外，有些删改往往具有特殊的背景和原因，致使作者的创作意图不能得到完整的体现，其中不乏社会和政治因素。对于后者，我们认为这是文化的发展和出版的普及所造成的。在中外文化史上，近五百年来在出版能力和印刷技术不断进步的驱动下，图书出版与日剧增，报刊杂志层出不穷，出版形式的多元性为作者极大地拓展了创作的舞台，使作者的社会身份与数量均发生了前所未有的变化，其不断扩大的趋势愈往后愈明显。此外，创作行为结果之一的“名利”也促使了创作数量的增长。再则，书写方式的多样性也使得作品撰写形态面目各异。近百年来，这种变化和增长的表现尤为显著。所以，适应出版要求而出现的文本形态也就更加多样化了，各类手稿自然就比以往有更多的存世量，可供分析研究的样本也更为丰富。

古今手稿的基本类型大致相当，主要为初稿、修改稿和定稿。以下结合本馆所藏手稿文本，略述现当代手稿的特点。

初稿又可称之为草稿、底稿、第一稿，是作者首次撰写的文章或图书的原始文本。这类手稿在页面上往往勾划涂改的笔迹较多，或有前后更换剪贴之状，书写用纸有时前后不一，在纸页边有时标注准备修改的意图。因初稿是创作的初始阶段，作者往往有踟蹰凝笔之状，字迹前后工草不一。除才思敏捷一挥而就者外，一般情况大多如此。如曹辛之的诗稿《致苦雨庵主》，本馆藏有三份手稿，初稿勾划涂改较多，并写有大字“要改写”的字样。

修改稿是作品完成过程中不断完善的产物，作者一文一书之完稿往往要思量再三，数易其稿，多次修改。于是有第二、三等不同次数的修改稿，除文字的雕章缋句，删繁就简外，更有结构的脱胎换骨，另起炉灶的情景。或者由作者的亲属，师友和学生协助修改。修改稿是情况最为复杂的手稿类型，具有很高的研究价值，但历次修改稿得以完整保存的状况较少见，这对后人研究作品的创作史带来难以还原的遗憾。修改稿是后人考察作品修改过程和作者思维轨迹的主要依据。剧作家陈白尘先生在“文革”后创作了影响广泛的历史剧《大风歌》。此剧初稿完成于 1977 年 9 月，之后在一年时间里作者六易其稿，从题名到场次均有较大调整。以本馆所藏手稿与正式发表稿相比较，可见其中的许多变化。征求意见稿也是一种修改稿，这是作者虚心求教、追求完美、力戒讹误的一种形式。除将原稿奉友朋审读求正外，有些会以刊印（含打印、复写）的形式印刷若干，希望得到指谬批评。如历史学家黎澍在研究孙中山上书李鸿章史事时，针对这一众说纷纭的历史之谜，他将论文打印成稿，寄给国内的有关专家征求意见。多位专家在打印稿上直接作了修改补充，既有文字的修订，也有整段的论述补充，成为具有独特价值的多作者修改稿。还有作者亲属协助改稿的情况。如评剧艺术家新凤霞所著回忆录在定稿的过程中，由丈夫吴祖光执笔作了修改，在稿纸下留下了蓝色的笔迹，成为夫妻合作的结晶。

定稿是指作者最终修改完成的文本，又称为誊清稿。这类手稿通常是页面整洁、字迹清晰，少有修改痕迹。除作者亲自誊抄外，还有由作者的亲属、学生等人协助抄写。这类定稿一般采用格子文稿纸抄写，有时还采用复写纸同时产生数份复本。方平为岭南美术出版社《曹辛之装帧艺术》而写的《如饮芳茗 余香满口——谈曹辛之的装帧艺术》一文定稿时采用复写方式复制了多份，其中一份寄给了曹辛之。总之，定稿作为作者对作品加工"最终"确认的文本，其过程各有不同，因人而异。这类手稿是作者创作意图的最终体现，是发表作品的依据，也是我们进行手稿与刊印稿校勘研究的主要底本，并从中可看到由于社会、政治因素对作品的语言和观点进行加工、过滤的状况。从创作史的角度来看，定稿也只是一个相对概念，"定"并不是一个绝对的完成修改、不再变化的结果。因为追求完美是每一个作者永无止境的期望。

以作品创作的过程而论，作品的修改稿或定稿也包括作品发表之后的文本。如果我们以刊印稿为标志的话，之前的主要面貌是书写稿，进入出版过程后，则会出现清样校改稿和样书修订稿，这两种文本也属于手稿的范围。出版过程中的清样校改稿是作者对作品付印前的修改稿，这是对定稿作最后修订补充的机会，作者除精心校改排字错误外，还字斟句酌、增补最近的思考成果与发现的资料。如本馆所藏我国早期世界语推广者，翻译家劳荣先生的《世界语和中国新文学关系管窥》在《新文学史料》1982 年第二期发表前的清样稿上作了认真的修订。这类文本是手稿的一个组成部分，也具有收藏和研究价值。此举既是出版机构尊重作者的表现，也是作者最后把关，文责自负的重要步骤。

样书修订稿是在图书上直接进行修订增补，以待重版改正。这种文本是手稿中的一种类型，是作者创作意图进一步深化的反映。如历史学家邓广铭的《稼轩词编年笺注》自 1957 年 7 月出版问世之后，多次重版，1978 年出版修订版，1993 年再次出版修订版。在 1978 年版的样书上，作者亲笔作了修改，成为 1993 年版的组成部分。萧乾的自传体长篇小说《梦之谷》曾在 1938 年由上海文化生活出版社出版，1979 年 10 月由香港中流出版社重版，1980 年 11 月作者住院期间，直接在香港中流版上进行了修订，经转录后修订版在 1981 年由广东人民出版社出版。在萧乾的一本翻译作品《好兵帅克》上也有译者密密的修订笔迹。样书修订稿也可视为作者的另一种定稿。与此状况相同的还有作者把发表于报刊上的作品编入文集出版前，将刊印稿为底本，修订后交付出版。如巴金的《随想录》发表于香港《大公报》上，结集出版时，作者在部分发表稿剪报上作了修订。

作品出版之后还会出现一种作者的抄录稿。这类手稿是作者应某种需要而亲自抄写的手迹稿，一是为了作品的重版或收录文集而抄录，如曹辛之为出版诗集《最初的蜜》重抄了往年创作的部分诗作；二是为了赠送友人和读者，如辛笛的《封题寄远》是为了满足喜爱他诗作的读者而手书的诗歌手稿，其中抄录了 17 首他的代表作。这类手稿往往是作者特别钟爱的作品。

对已出版的作品若干年后进行再次增订重写的手稿是一种新创作的著作稿，在版本学上称之为第二版或增订版，是区别前一版本的文本。这类手稿与原刊本的文字差异程度不等，有些作品虽然同名，但已是一部全新的著作。如邵祖平的《中国观人论》自 1933 年出版后，在 1950 年又重新增订改写，成为一部新的著作，同时也是一部未刊稿。增订稿的状态较为多样，除经过修改之后的誊清稿外，还有手写稿与前一版刊印稿交错剪贴的情景，如本馆所藏冯至先生的名著《论歌德》的增订稿是在 1948 年正中书局版《歌德论述》基础上完成的，作者将前后两个时期研究歌德的成果综合在一起，手写稿、发表稿的复印件等穿插其中，组成了一部新著作稿。

从创作实践来看，现存手稿的类型不止于上文所叙述的情景，从初稿到修改稿、定稿的成稿过程也不全是按固定的程式进行，实际状况往往因稿而异，情况颇为复杂，同时又由于现当代手稿创作环境与物质条件发生了变化，因此也造成了手稿的丰富性与特殊性。从创作类型来看，著述稿变易现象较多，书信、日记和读书笔记类手稿较为稳定，撰稿中修改次数很少，往往一次性完稿。

因此，手稿在文献学中的价值和作用与其它文本相比，其独特性应引起我们的特别关注。我们既要珍视古代手稿，也要重视与我们同时代的手稿。20 世纪 30 年代，刘半农在影印《初期白话诗稿》时曾感叹岁月的"渺茫"使人忘记了许多近在眼前的事，"印这一部诗稿"也"已是三代以上的事了"（刘半农《初期白话诗稿·前言》北京星云堂 1933 年出版）。可见，保存和保护现当代手稿已是我们的历史职责，尤其在书写与我们渐行渐远的当下，这是具有严肃的学术和文化意义的抢救性工作。

现当代手稿所具有的文献价值和文物价值是有目共睹，毋庸赘言的。虽然现代印刷技术使作品的传播更加行远及广，印数超越古代不知凡几，但在特定的印刷文字之下，作品内外的丰富内涵仍未能完整体现，而手稿作为一个原生态的文本，既可还原印本之缺，又能为研究者提供丰富的信息，探寻作者的心路历程。一些重要作者的未刊稿更是值得重视和整理发表。目前，手稿在学术史和文学史中的研究价值已受到学者的日益关注，成果不断涌现，影印出版的近人手稿也已蔚为可观。就手稿的文物价值而言，稀缺的名家手稿已是珍贵文献中的重要文本类型，成为传世的新善本。

在国际上，图书馆是手稿的主要收藏机构，欧美国家的不少图书馆有专设的手稿收藏部门专司手稿的征集与管理。本馆是国内较早开展手稿专项收藏的单位，目前已积累了较为丰富的藏品，近年来我们以积淀文化，致力于卓越的知识服务为理念，开展了多种形式的手稿文献宣传与服务，以抢救手稿文献的责任感与使命感，积极开展手稿的征集和保护工作，取得了显著的成效。在当今时代，我们怀念手稿，就是为了寻找思想的轨迹，一段曾经书写的纸上岁月；我们收藏手稿，正是为了保存文化的记忆，一片正在消逝的文坛风景；我们保护手稿，就是为了抢救文明的遗产，一场不容懈怠的传薪竞赛；我们研究手稿，正是为了揭示智慧的创造，一个逐渐隐匿的文字背影。

本书所刊手稿选自本馆历年藏品之中，包括初稿、修改稿、定稿，清样校改稿、样书修订稿、未刊稿、作者抄录稿。作品类型有小说、诗歌、散文、剧本、译作、论著、评论、传记、回忆录、讲话稿、序言、报告，其中既有煌煌大著，也有零篇断章，其书写形式工草不一，字迹有毛笔、钢笔、圆珠笔、铅笔等。全书试图展示现当代手稿的类型概貌，从名家的笔底波澜中，感知其中生命的气脉与潜流，创作的氛围和甘苦，纵览名家名作的纸上春秋。

本书的编写得到了许多手稿作者后代和捐赠者的支持，在此谨志谢忱。同时，向多年来大力支持本馆手稿征集工作的捐赠者们表示诚挚的谢意。

上海图書館
中国文化名人手稿馆
2011 年 10 月

凡　例

1．本书为上海图书馆所藏中国现当代文化名人的手稿选辑，兼收少量政界人物的手稿。因本馆所藏手稿数量众多，本书仅收部分已故人士的手稿159件。

2．本书所收录的手稿主要是各类著述的创作稿，附录少量作者写作时的笔记稿。日记、书信、书法条幅等其它类型的手稿暂不收录。

3．本书按手稿作者的主要经历，将手稿略作分类，分为“文学”、“艺术”、“新闻出版”、“学术”、“政教与其他”五编，以文学、学术类手稿为主。各编按作者生卒年月先后编次。

4．本书所收手稿主要包括初稿、修改稿、定稿、清样校改稿、样书修订稿、未刊稿、作者抄录稿、复写稿。作品类型有小说、诗歌、散文、剧本、译作、论著、评论、传记、回忆录、讲话稿、序言、报告等。

5．本书所介绍的手稿采用原稿题名，无题名者由编者自拟，部分手稿题名与正式发表时的作品名称略有不同。

6．本书对所收手稿的作者经历略作介绍，并简述各篇手稿的特点，或述撰写经过，或辨各稿异同，或考版本源流，或叙收藏来源。

7．本书所收手稿每种择印部分手迹原貌，并附作者照片，作品正式出版后的书影，部分作者本人所用的笔、藏书票和印章等。

目　录

艺　术

新闻出版

学　术

政教与其他

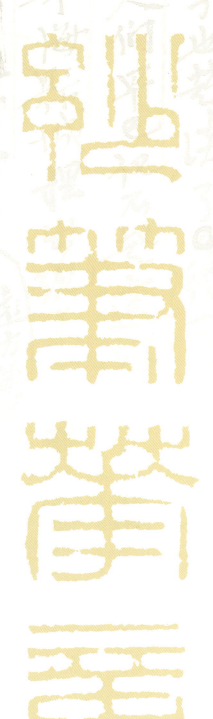

上海图书馆藏
中国文化名人手稿

文 学 · Literature

茅盾（1896~1981）

浙江桐乡人。原名沈德鸿，字雁冰。作家、文化活动家。1916年毕业于北京大学预科，入上海商务印书馆编译所工作。曾参加五四运动和早期共产主义运动。1925年任国民党上海中央宣传部秘书、《政治周报》副总编辑。1926年中山舰事件后，回上海任国民党特别市党部主任委员。同年10月到武汉，任《民国日报》主编。1928年夏赴日。1930年回国，参加中国左翼作家联盟（简称“左联”）工作。抗战爆发之后积极从事抗日救亡运动，主编《文艺阵地》、《立报・言林》。建国后，历任中国首任文化部部长，全国政协副主席、全国文联副主席、中国作协主席。著有《蚀》、《虹》、《子夜》、《林家铺子》等。有《茅盾全集》43卷行世。

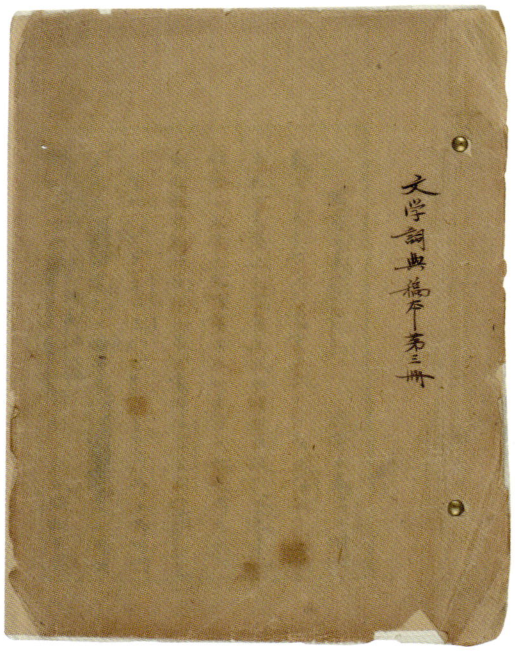

文学詞典稿 第三册

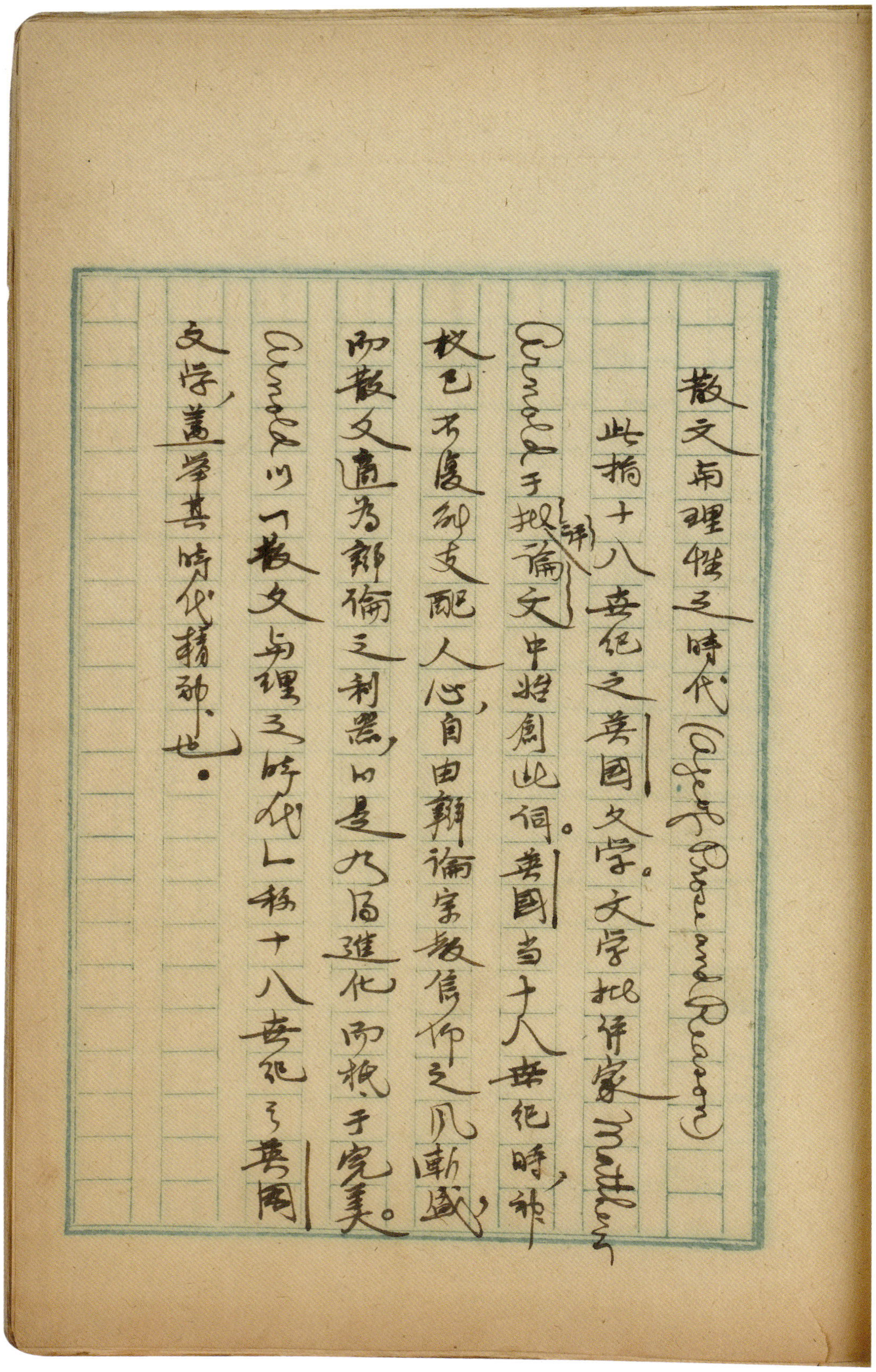

散文与理性之時代（Age of Prose and Reason）

此指十八世纪之英国文学。文学批评家Matthew Arnold于批评论文中始創此词。英國当十八世纪時，神权已不复能支配人心，自由辩论宗教信仰之风渐盛，而散文适为辩论之利器，以是乃日进化而抵于完美。Arnold以「散文与理性之時代」称十八世纪之英国文学，盖举其時代精神也。

文学词典　　茅盾

1925年编写

1925年下半年，茅盾编注了《楚辞》后，着手编写《文学词典》（即《文学小辞典》）。他选用英文版的《文学小辞典》作底本，编译扩充，并加入中国部分。《文学小辞典》只编写了一部分，他就去了广州。1926年4月茅盾回上海后，离开了商务印书馆编辑所，专门从事政治活动，此后一直没有继续编写《文学小辞典》。此手稿后被保留下来，收录于《茅盾全集》。

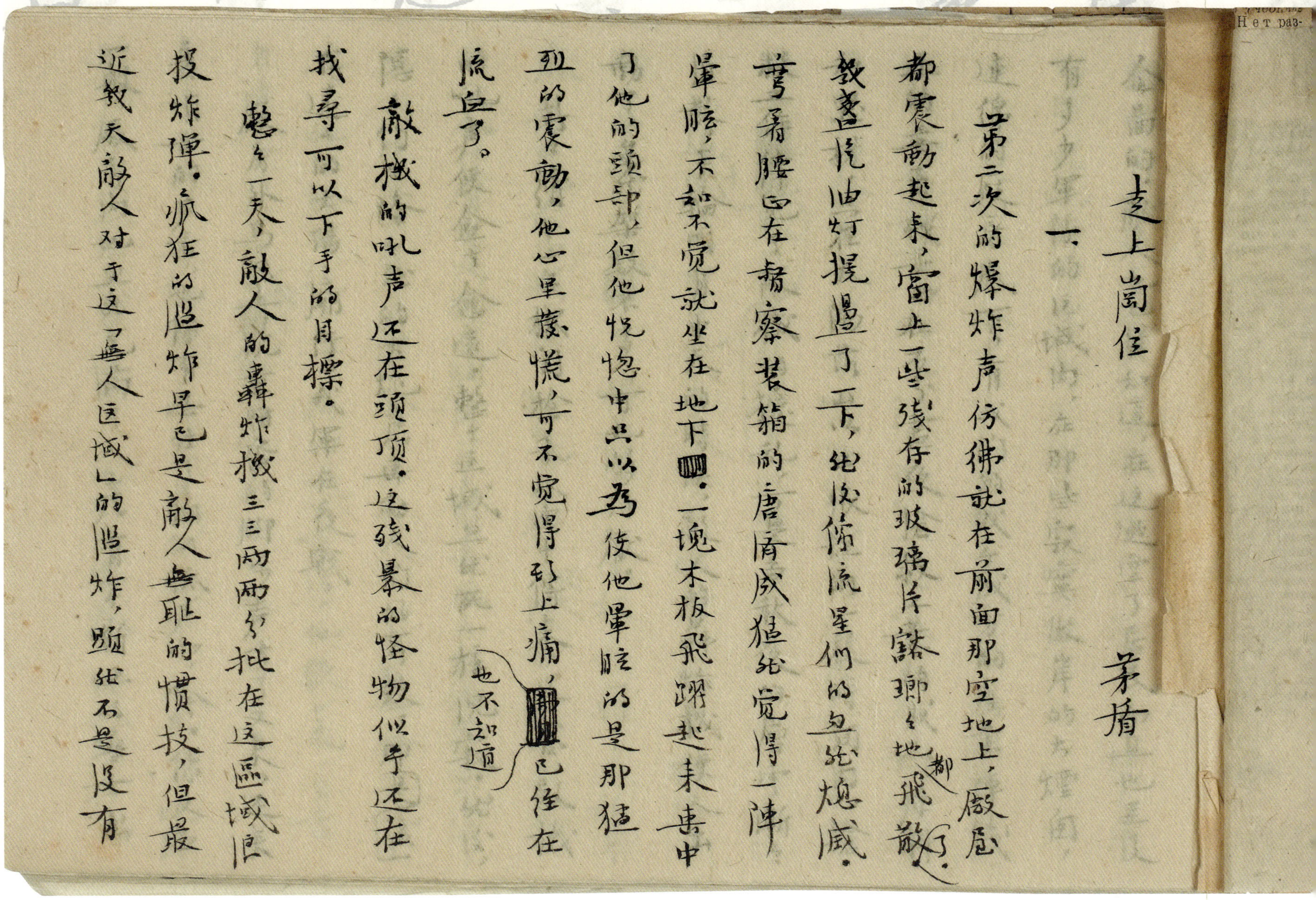
走上崗位
茅盾

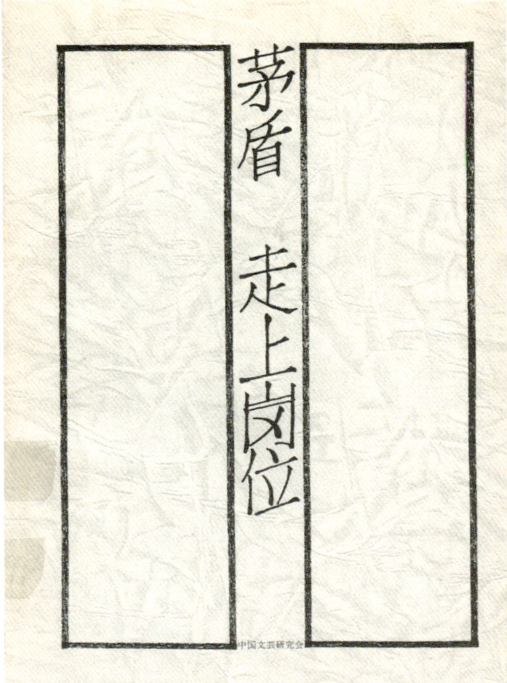
茅盾　走上岗位

走上岗位　　茅盾

1943～1944年作　　《文艺先锋》（重庆版）3卷2期至5卷6期

茅盾生前写过三部以抗战为背景的长篇小说，其中1943~1944年在重庆创作的《走上岗位》即是其中一篇。《走上岗位》共12章，首发于《文艺先锋》（重庆版）3卷2期至5卷6期上，因处于战争坏境之中，刊载的杂志印数极少，且印刷用纸质地较差，以致流传不广、保存不易，之后也没有出版过单行本，甚至解放后也没有收入十卷本《茅盾文集》（人民文学出版社编印）。1982年，日本友人在纪念茅盾先生逝世一周年之际，重印《走上岗位》。

一九六〇年短篇小说漫评　　茅盾

1961年作　　《文艺报》1961年第4期至第6期

茅盾一贯注重发掘、奖掖、提携文学新人。建国后，这仍是他文学活动的一个重要组成部分。这方面的工作主要是通过文学评论的方式进行。从1958年起，他热情地撰文评论和推荐新人新作。在《一九六〇年短篇小说漫评》中，茅盾从五六十篇比较优秀的作品中选出十六篇进行了逐个详细的评述，即评价了作品的思想内容，又分析了作品的艺术成就和不足。重视艺术分析，是茅盾通过作品评论来奖掖新人的一个突出的特点。此文发表于1961年《文艺报》第4期至第6期。

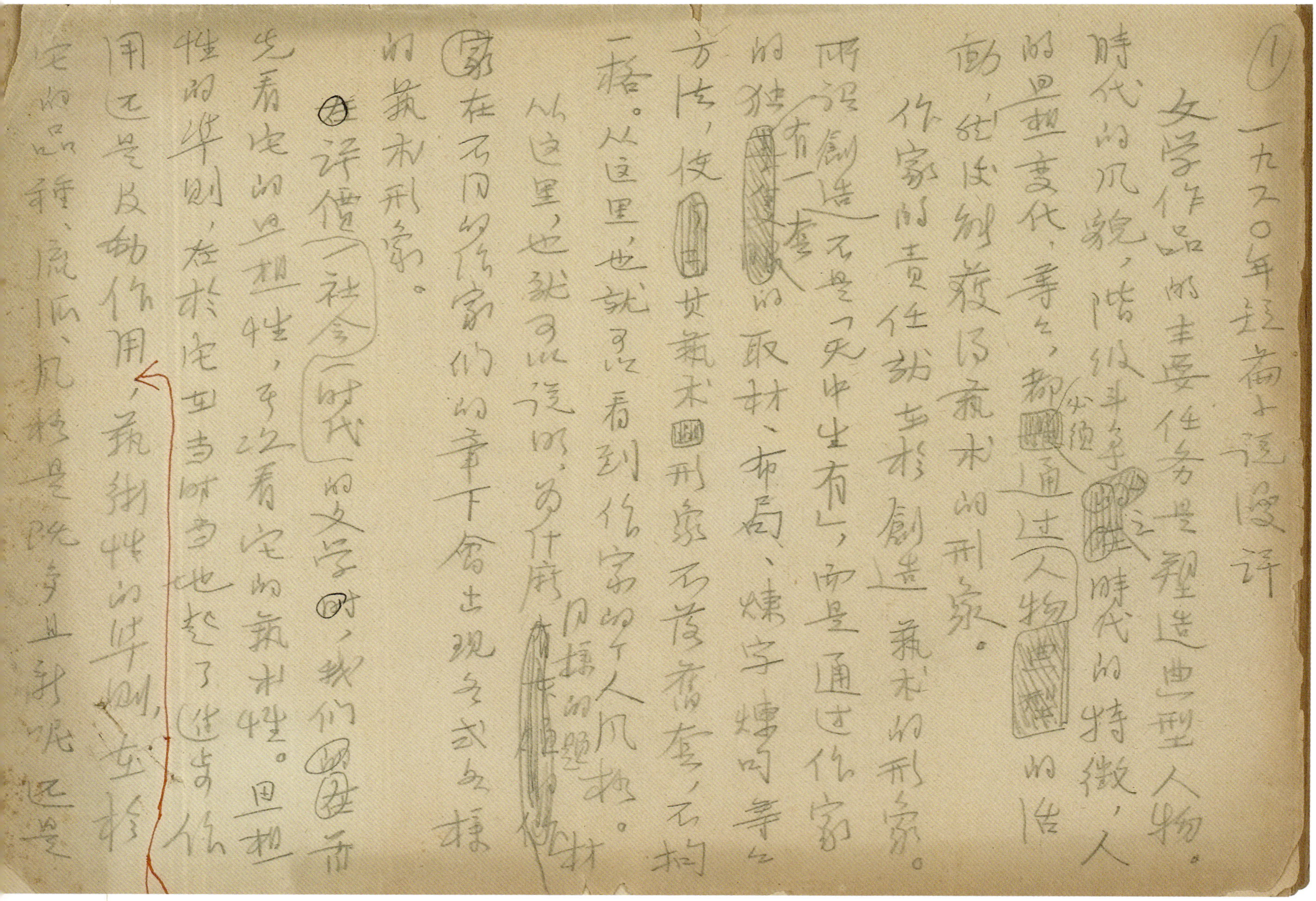
一九六〇年短篇小说漫评

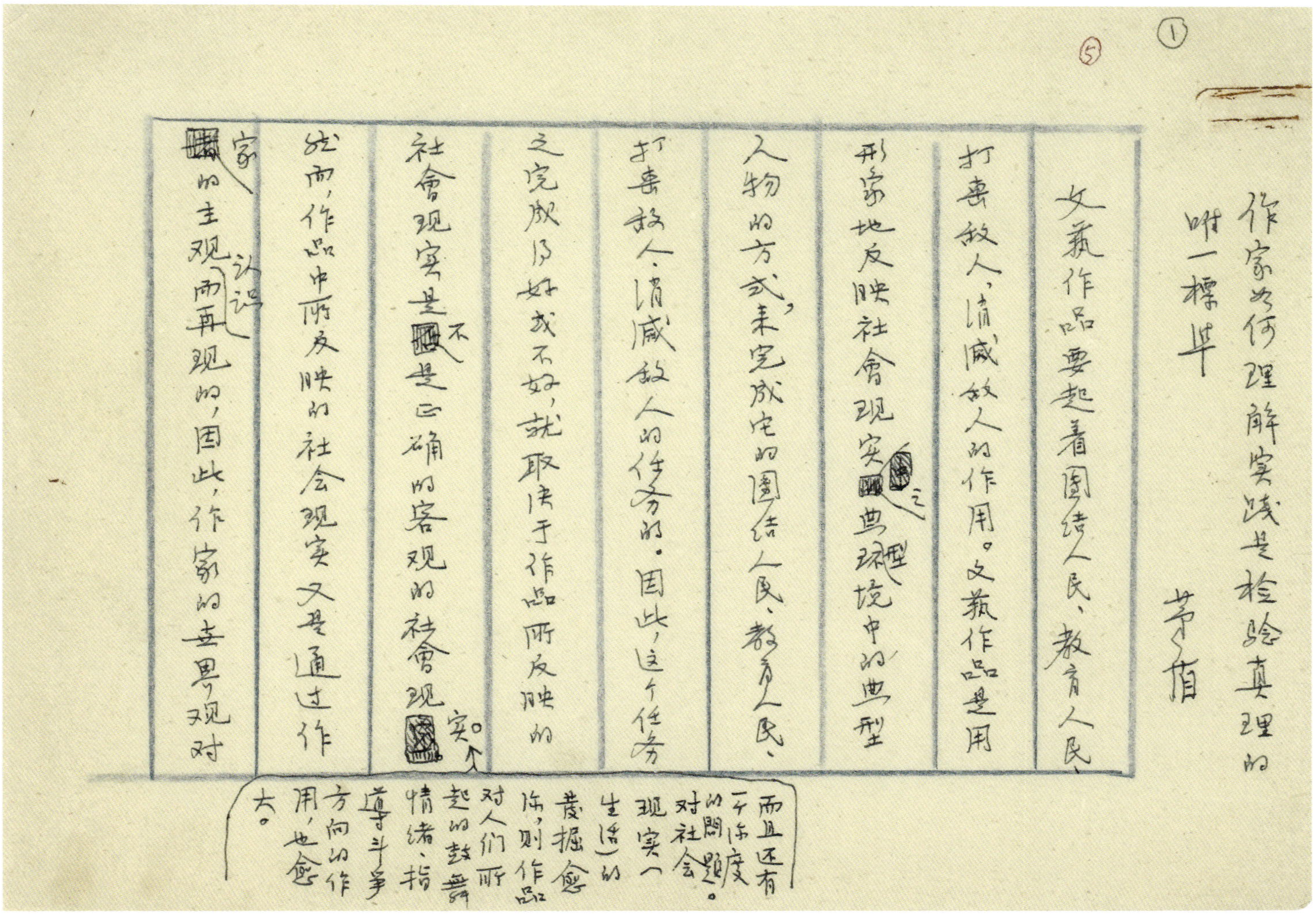

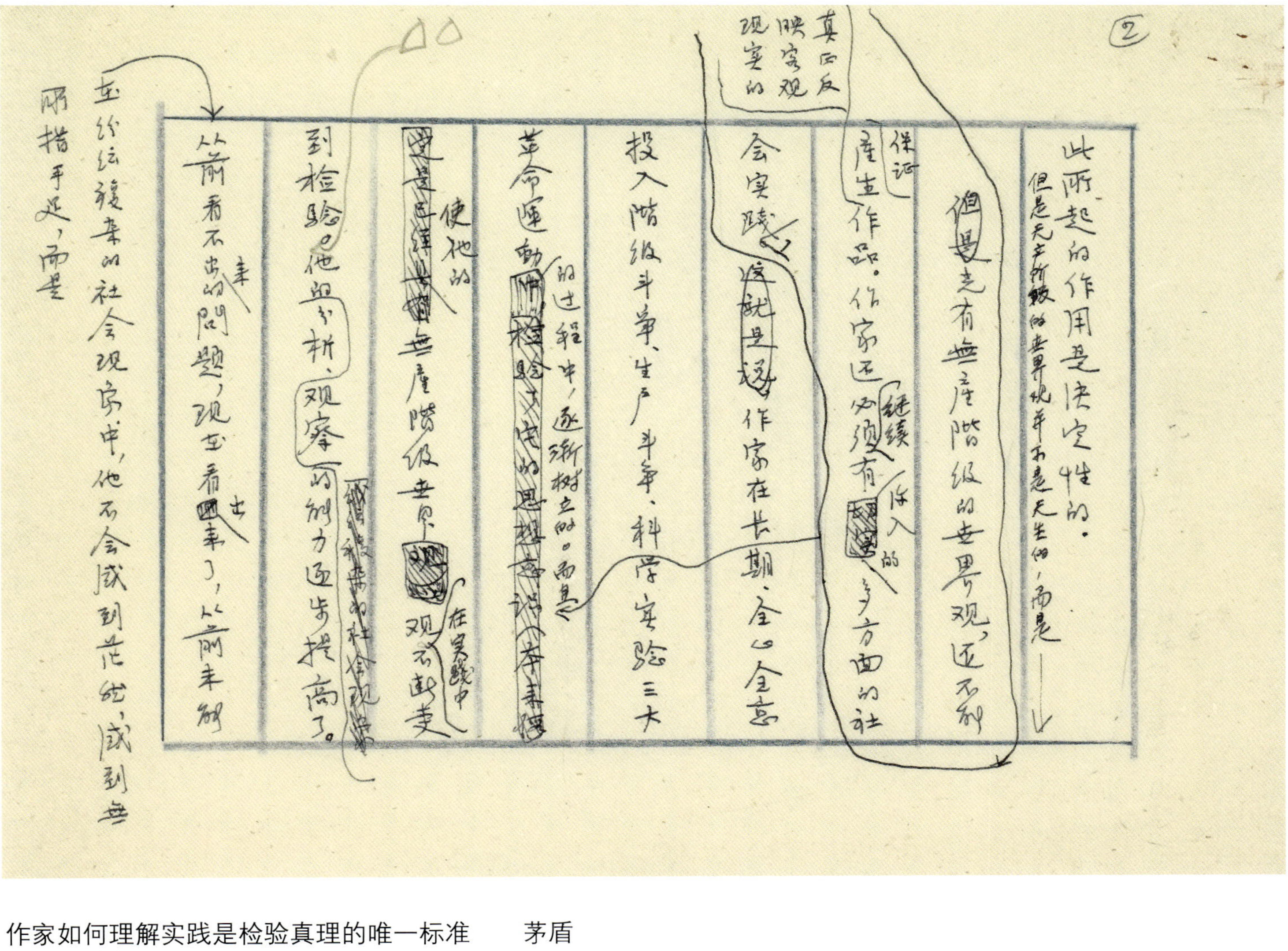

作家如何理解实践是检验真理的唯一标准　　茅盾

1978年作　　《文艺报》1978年第5期

1978年5月起，在全国广泛而深入地开展了关于实践是检验真理唯一标准问题的讨论，这次讨论对于促进全国人民解放思想、冲破禁区具有深远的意义。茅盾积极参加了这次讨论，撰写了论文《作家如何理解实践是检验真理的唯一标准》。文章发表于1978年《文艺报》第5期。

邵祖平（1898~1969）

江西南昌人。字潭秋，别号钟陵诗隐。古典文学家。早年肄业于江西高等学堂。年少时博览群书、以诗见长，章太炎之高足。1922年参加《学衡》杂志，任编辑。先后执教之江、浙江等大学，章氏国学讲习会讲席，铁道部次长曾养甫秘书。建国后，历任四川大学、中国人民大学、青海民族学院教授。著有《培风楼诗》、《中国观人论》等。

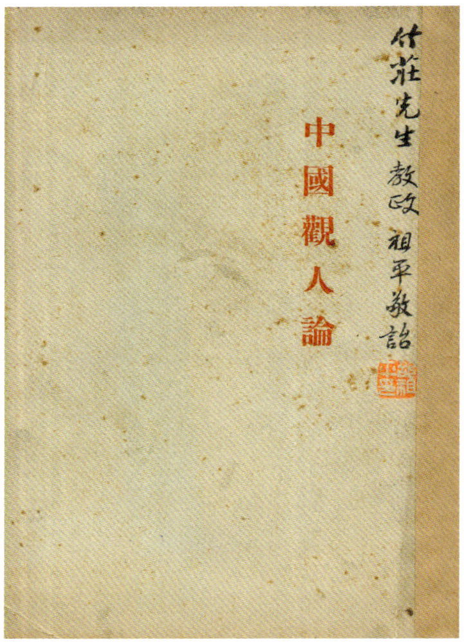
竹莊先生教政 祖平敬詒
中國觀人論

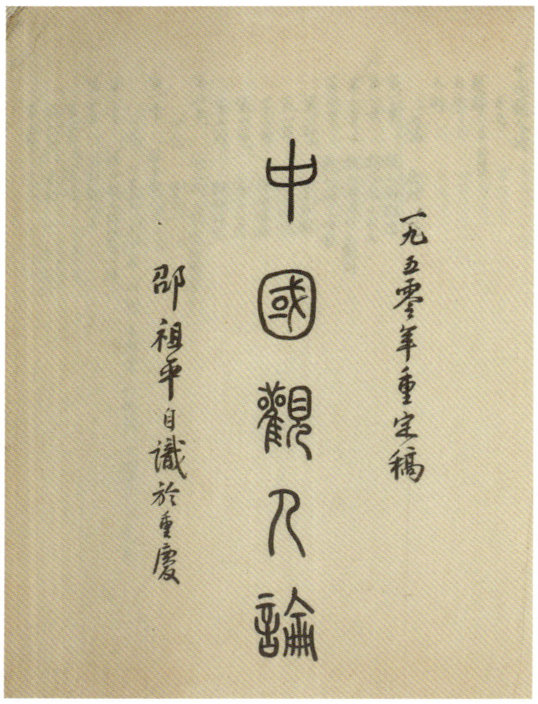
一九五零年重定稿
中國觀人論
邵祖平自識於重慶

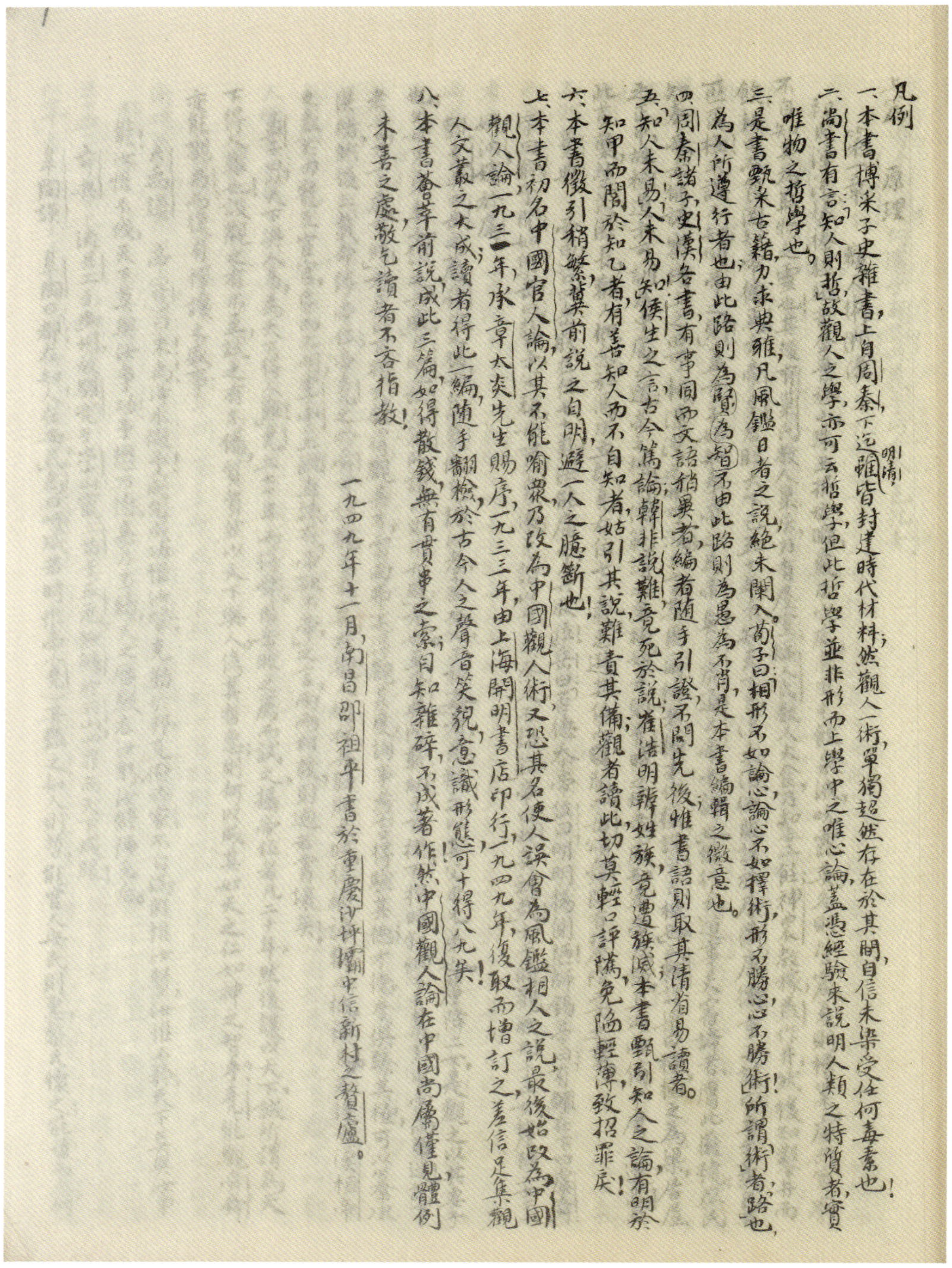

凡例

一、本書博采子史雜書，上自周秦，下迄明清，皆封建時代材料；然觀人一術，單獨超然存在於其間，自信未染受任何毒素也！

二、尚書有言：「知人則哲」，故觀人之學，亦可云哲學，但此哲學並非形而上學中之唯心論，蓋憑經驗來說明人類之特質者，實唯物之哲學也。

三、是書甄采古籍，力求典雅，凡風鑑日者之說，絕未闌入。荀子曰：「相形不如論心，論心不如擇術，形不勝心，心不勝術！」所謂術者，路也，為人所遵行者也；由此路則為賢為智，不由此路則為愚為不肖，是本書編輯之微意也。

四、周秦諸子、史漢各書，有事同而文語稍異者，編者隨手引證，不問先後，惟書語則取其清省易讀者。

五、「知人未易，人未易知」，侯生之言，古今篤論；韓非說難，竟死於說；崔浩明辨姓族，竟遭族滅；本書甄引知人之論，有明於知甲而闇於知乙者，有善知人而不自知者，姑引其說，難責其備；觀者讀此，切莫輕口評騭，免陷輕薄，致招罪戾！

六、本書徵引稍繁，冀前說之自明，避一人之臆斷也！

七、本書初名中國官人論，以其不能喻眾，乃改為中國觀人術，又恐其名使人誤會為風鑑相人之說，最後始改為中國觀人論。一九三一年承章太炎先生賜序，一九三三年由上海開明書店印行，一九四九年復取而增訂之，差信足集觀人文叢之大成；讀者得此一編，隨手翻檢，於古今人之聲音笑貌，意識形態，可十得八九矣！

八、本書薈萃前說，成此三篇，如得散錢，無有貫串之索；自知雜碎，不成著作，然中國觀人論在中國尚屬僅見，體例未善之處，敬乞讀者不吝指教！

一九四九年十一月，南昌邵祖平書於重慶沙坪壩中信新村之贅廬。

《中国观人论》重定稿　　邵祖平

1950年作　　未刊

《中国观人论》最初由开明书店1933年2月铅印发行。时任浙江大学教授的邵祖平先生完成初稿后，遂将原稿寄章太炎先生请教，得章先生赏识，且亲为撰序。解放初，受新思想的影响，邵氏对《中国观人论》一书重新修订，邀何鲁为该书题字。将手稿与开明书店发行的《中国观人论》相较，两者在篇章结构及内容上有较大变化，如重定稿中的“凡例”由“六则”扩至“八则”；“中篇实用”，重定稿为4章30节，而铅印版仅3章18节。近年来，《中国观人论》（铅印版）作为命相类书籍，被某些出版社随意盗版，擅自改名为《观人学》并删去了章氏为该书所作的序，造成恶劣影响。经查，《中国观人论》重定稿未经出版，该稿属未刊稿。

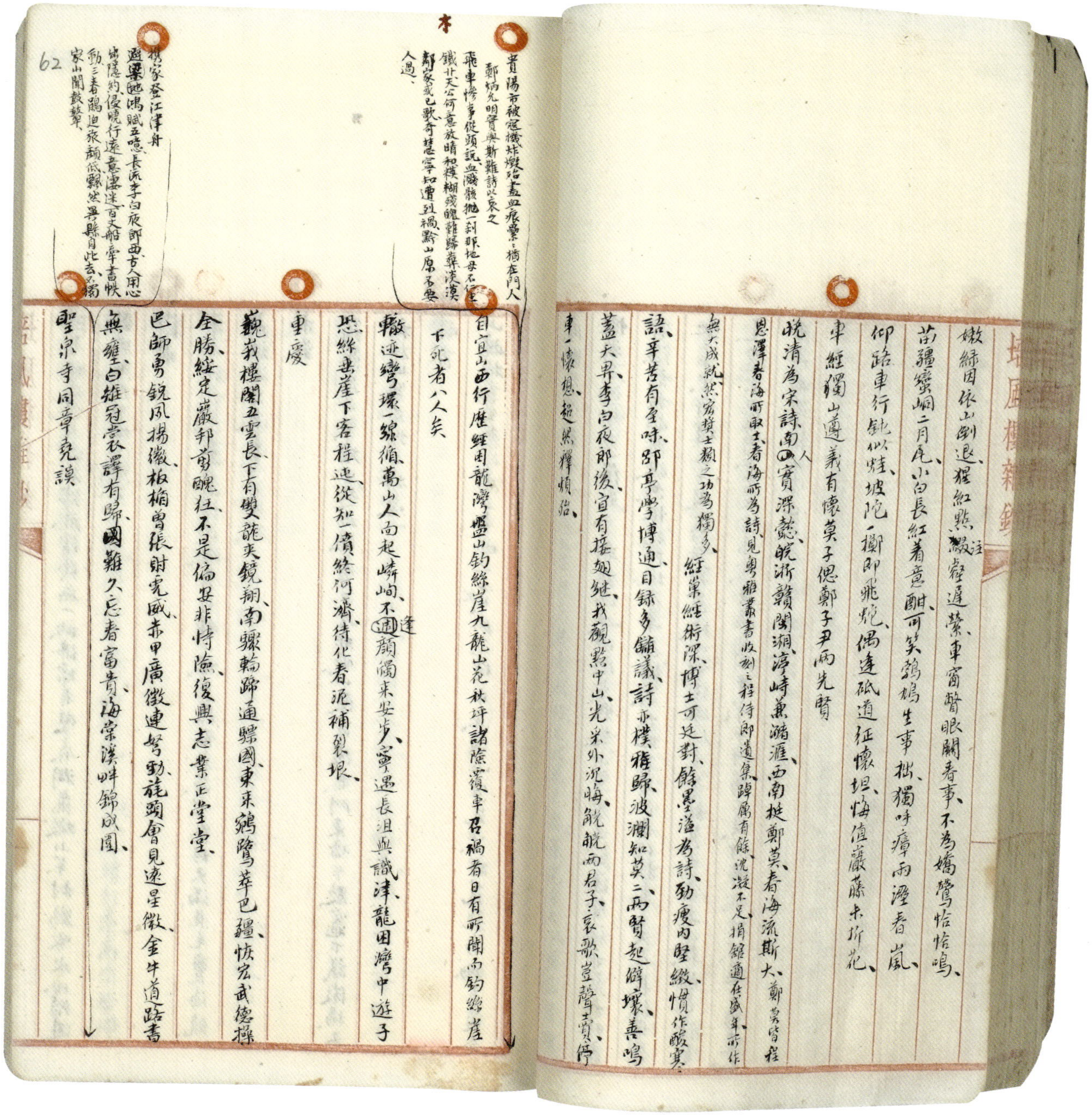

邵祖平 著
培風樓詩

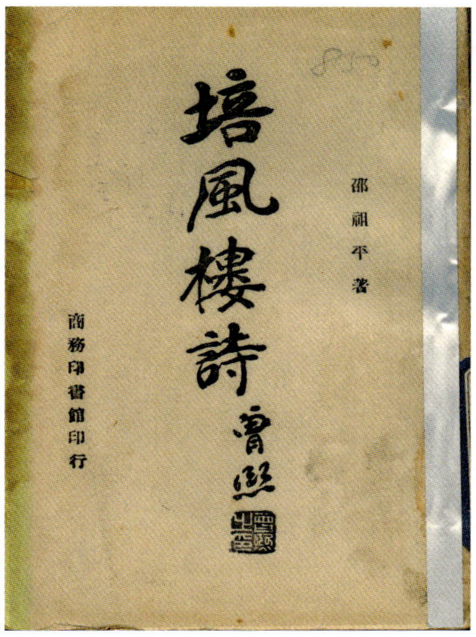
培風樓詩
邵祖平著
商務印書館印行

培風樓詩詞

培风楼诗　　邵祖平

1945年作　　商务印书馆（上海）1946年出版

邵祖平勤奋苦学、不断创作，为世人留下了千余首诗词。此手稿与正式出版的版本相较，除个别诗词有所删略外，内容基本相同。该书“序言”记录了诗集经历的风雨历程，先生先后四次为《培风楼诗》撰自序，《培风楼诗》手稿“自序四”则记载了邵氏最后一次整理、创作的时间。《培风楼诗》曾多次付梓，此手稿中的诗集由商务印书馆（上海）1946年11月出版。2000年7月，由浙江大学出版社出版的重辑本《培风楼诗》，将之前的《培风楼诗存》、《培风楼诗续存》及《培风楼诗》合为一册，收录诗词1600多首。

老舍（1899~1966）

北京人。满族。原名舒庆春，字舍予。作家。1916年毕业于北京师范学校。1924年赴伦敦大学东方学院教授中国语文。1930年回国任齐鲁大学中文系教授，兼《齐大月刊》编务。1934年任青岛大学教授，次年与王统照创办《避暑录话》。抗战期间，主持中华全国文艺界抗敌协会工作。1946年和曹禺应邀赴美旅行访问。新中国成立后，历任北京市文联主席、全国文联副主席、中国作协副主席等职。著有小说《骆驼祥子》、《四世同堂》，剧本《茶馆》、《龙须沟》等。有《老舍全集》19卷行世。

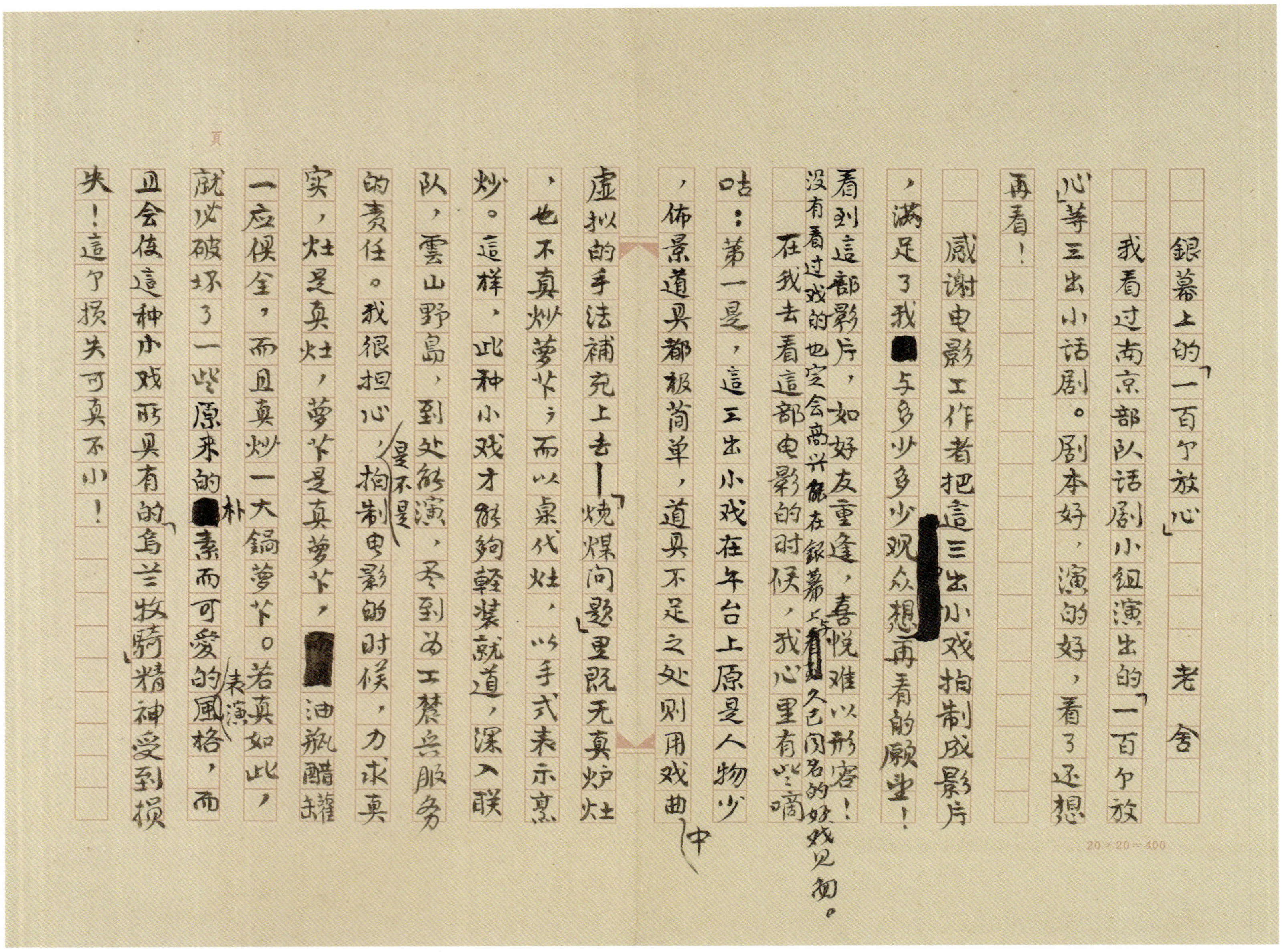

银幕上的「一百个放心」 老舍

我看过南京部队话剧小组演出的「一百个放心」等三出小话剧。剧本好，演的好，看了还想再看！

感谢电影工作者把這三出[redacted]小戏拍制成影片，满足了我[redacted]与多少多少观众想再看的願望！看到這部影片，如好友重逢，喜悦难以形容！没有看过戏的也定会高兴能在银幕上看到久已闻名的好戏见面。在我去看這部电影的时侯，我心里有些嘀咕：第一是，這三出小戏在舞台上原是人物少，佈景道具都极简单，道具不足之处则用戏曲中虚拟的手法補充上去——烧煤问题里既无真炉灶，也不真炒萝卜；而以桌代灶，以手式表示烹炒。這样，此种小戏才能夠輕裝就道，深入联队，雲山野島，到处能演，尽到为工農兵服务的责任。我很担心，是不是拍制电影的时侯，力求真实，灶是真灶，萝卜是真萝卜，[redacted]油瓶醋罐一应俱全，而且真炒一大鍋萝卜。若真如此，就必破坏了一些原来的[redacted]朴素而可爱的表演風格，而且会使這种小戏所具有的乌兰牧骑精神受到损失！這个损失可真不小！

银幕上的“一百个放心” 老舍

1965年作 《电影艺术》1965年第6期

老舍的这篇手稿发表于《电影艺术》1965年第6期，后收入《老舍文集》（人民文学出版社1980年版）第十六卷“杂文卷”中。电影《一百个放心》在20世纪60年代由八一电影制片厂拍摄，根据南京部队某部战士业余小话剧队演出的几个小剧改编，用故事情节将几个小剧串联起来，拍摄成一部影片。老舍曾经看过南京部队话剧小组演出的话剧，再看了电影之后写下此篇评论文章。

2

的表演风格，並且会使這种小戏所[redacted]含有的乌兰牧骑精神受到損失。這个損失可不小！

這点担心是多余的。电影工作同志们早已看到這个问题，並[redacted]以极严肃的態度使原著不受絲毫損失。在此，我[redacted]向他们致敬致贺！是呀，三出小戏的特点之一就是打破了[redacted]一些话剧的老框框，以期把话剧能够送到任何地方去，为广大人民服务。這种小戏是文化革命运动的产物。這一点万不可忽略。拍制這部影片的同志们既没有忽略此点，且在戏外略[redacted]事渲染，把话剧小组的战士演员们如何登山涉水、送戏上门的吃苦耐劳的精神也描[redacted]画出来，使观众既看到那三出可爱的小戏，又看到可爱的战士演员们在午台外面的辛苦劳动[redacted]一举两得：戏感人，演员的忘我劳动也感人。這才真是恰当地运用了电影的特長，该保留的[redacted]决不更动，该增加的适当的增加。這部片子也应称为文化革命的产品。

起初，我还另有一点不放心：拍制影片时，也许不用原班人马，都换上电影演员。我没有一点看不起电影演员的意思。我是希望在银幕

20×20=400

3

上看到兵演兵的同志们。這个事实的本身就值得宣传。他们[redacted]文武双全[redacted]，既是好战士，又会写戏演戏。有這样的战士，我们应当引以自豪！他们吃大苦耐大劳，[redacted]不管爬山或渡海，还抓紧时间学习毛主席著作，或编台词儿。全国所有的文艺工作者都该向他们学习。有這样的好战士好演员，而不叫他们拍电影，便有背于宣传新人新事的道理。工演工，农演农，兵演兵，也只有在咱们大闹文化革命的国家里才会出现啊！

這点不放心又是多余的。影片中恰好是原班[redacted]演员，並没换人，看起来加倍亲切！不仅此也，連合唱队也由战士们组成！对，就让我们的文化革命的歌声吧！

20×20=400

阿英（1900~1977）

安徽芜湖人。原名钱杏村。现代文学家。1926年参加中国共产党。从1927年到上海起毕生从事革命文艺活动，曾任中共华东局文委书记、天津市文化局长、华北文联主席、全国文联副秘书长。其著作涉及诗歌、小说、戏剧和文艺理论，对我国近现代文学的钩辑、研究，成绩尤为卓著。有《阿英全集》12卷行世。

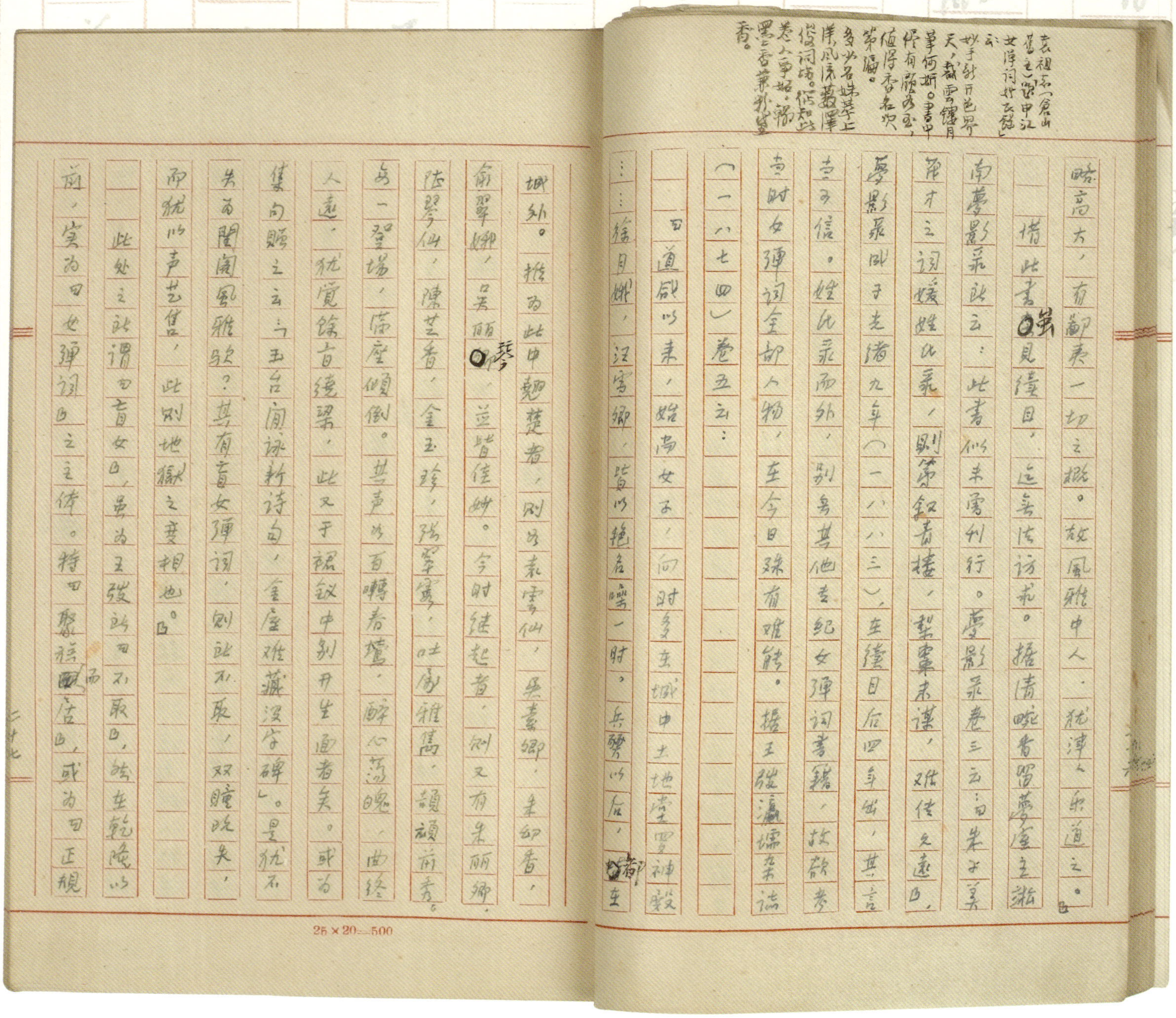

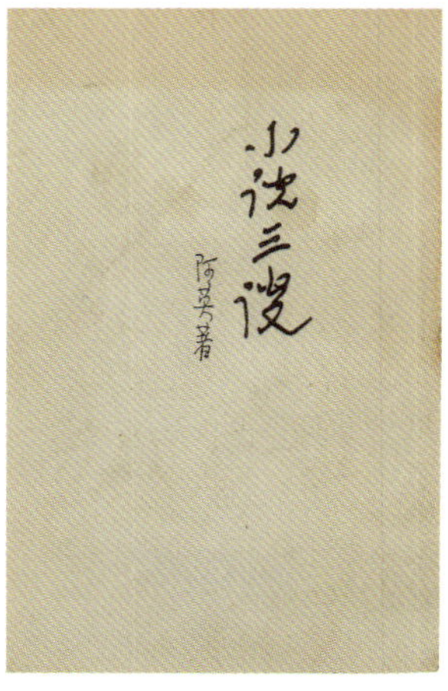
小说三谈
阿英著

女弹词小史　　阿英

1938年作　　上海古籍出版社1979年出版

阿英先生很重视中国俗文学和曲艺资料的整理研究。1938年完稿的《女弹词小史》是其研究上海书场女弹词艺人历史的重要著作。该稿上卷为“女弹词小志”，下卷为“词媛姓氏录”。广采众书，博辑文献，资料十分丰富。收入《小说三谈》（上海古籍出版社1979年出版）。

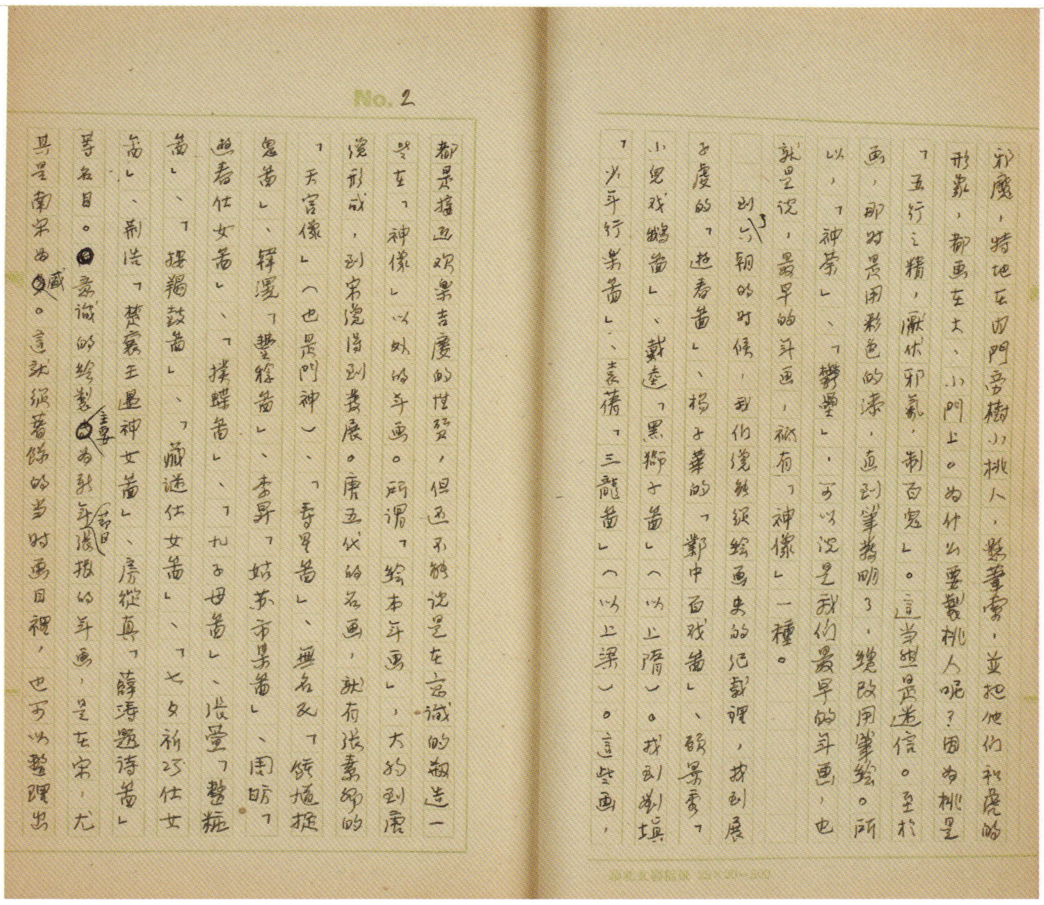

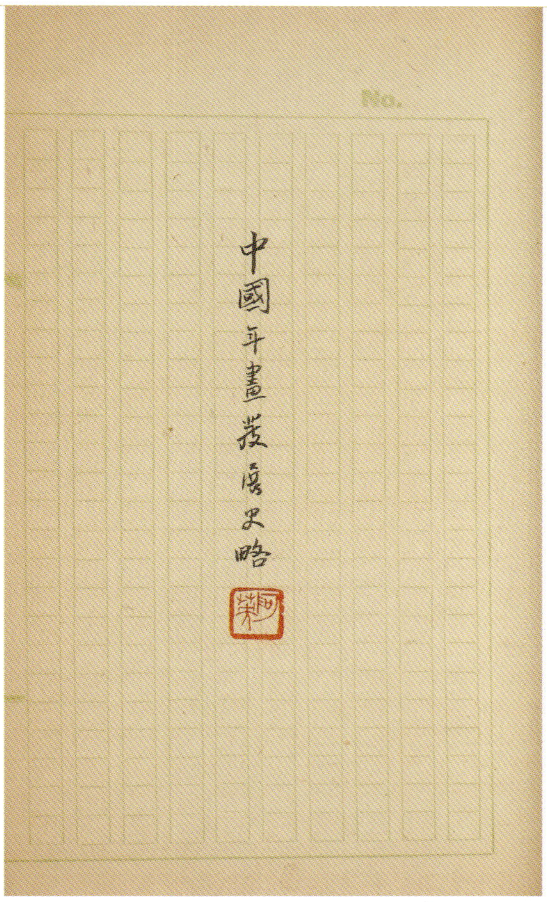
中國年畫發展史略

中国年画发展史略　　阿英

1953年10月作　　朝华美术出版社1955年出版

阿英在美术史研究领域也有丰硕的成果。《中国年画发展史略》是其代表作，是我国早期研究年画的重要著作，初稿完成于1953年8月2日，本馆所藏手稿是修订稿，完成于10月2日，钢笔书写，毛笔修改。1955年朝华美术出版社出版本书单行本。

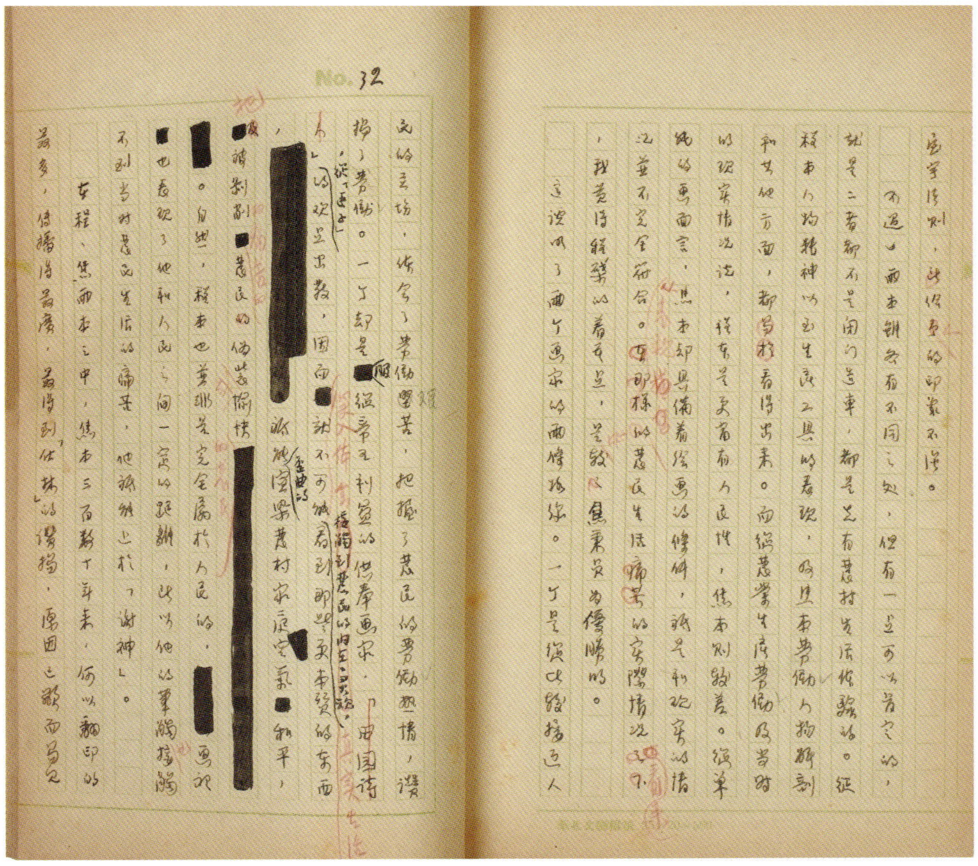

中國連環圖畫發展史略
初稿本

中國連環圖畫史話

中国连环画发展史略　　阿英

中国古典艺术出版社1957年出版

此稿毛装纸订一册。作者说：“本书编印目的，在提供一些有关中国连环图画发展史的资料，以供连环画爱好者的研究。……本书的编写曾得到沈之瑜、傅惜华、周绍良协助提供文字与图片资料。”手稿仅存文字部分。正式出版时定名为《中国连环图画史话》。

冰心（1900~1999）

福建福州人。原名谢婉莹。作家、翻译家、儿童文学家。1921年参加文学研究会。1923年毕业于燕京大学，留学美国，入威尔斯利女子大学专攻英国文学。1926年回国，先后执教于燕京大学、清华大学。抗战时期在昆明和重庆写作，胜利后随丈夫到东京大学教授中国新文学。1951年回国后历任中国作协理事、书记处书记，全国文联委员、副主席等职。著有《春水》、《繁星》、《寄小读者》等，译有《印度童话集》、《泰戈尔剧作集》等。有《冰心全集》9卷行世。

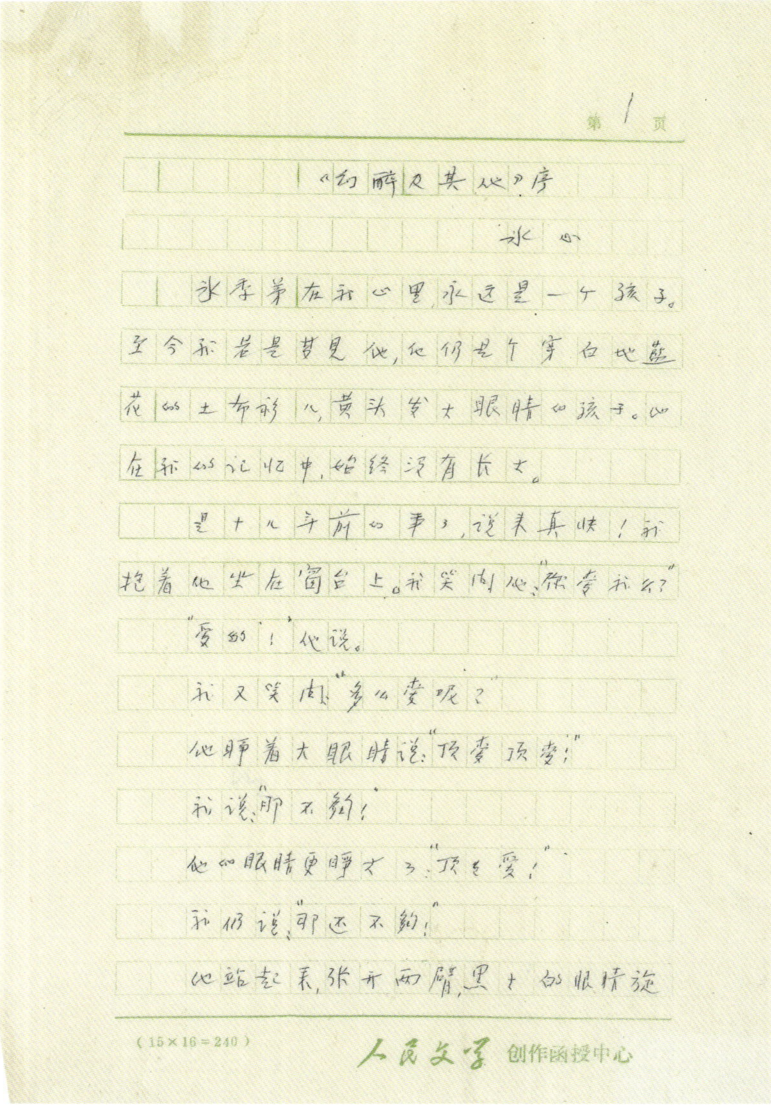

第 1 页

《幻醉及其他》序

冰心

冰季弟在我心里永远是一个孩子。至今我若是梦见他，他仍是个穿白地蓝花的土布衫儿，黄头发大眼睛的孩子。他在我的记忆中，始终没有长大。

是十几年前的事了，说来真快！我抱着他坐在窗台上。我笑问他："你爱我么？"

"爱的！"他说。

我又笑问："多么爱呢？"

他睁着大眼睛说："顶爱顶爱！"

我说："那不够！"

他的眼睛更睁大了："顶顶爱！"

我仍说："那还不够！"

他站起来，张开两臂，黑黑的眼睛旋

（15×16=240） 人民文学 创作函授中心

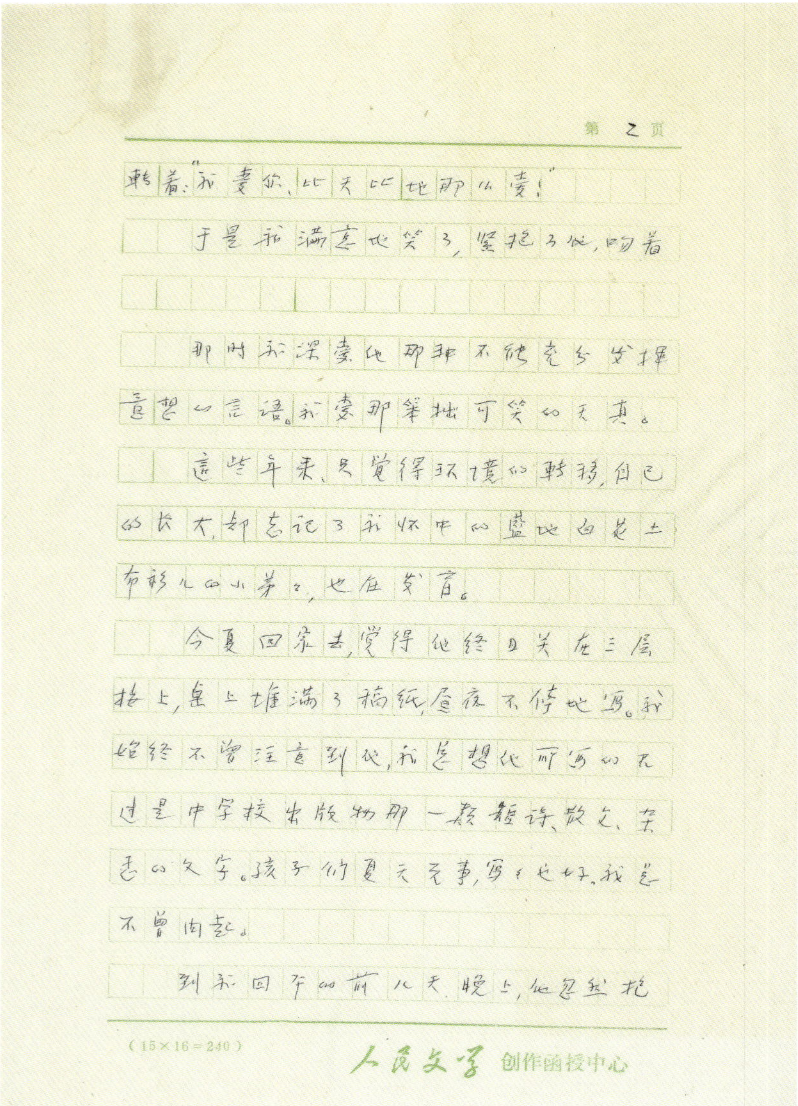

第 2 页

转着："我爱你，比天比地那么爱！"

于是我满意地笑了，紧抱了他，吻着。

那时我深爱他那种不能充分发挥意想的言语。我爱那笨拙可笑的天真。

这些年来，只觉得环境的转移，自己的长大，却忘记了我怀中的蓝地白花土布衫儿的小弟弟，也在发育。

今夏回家去，觉得他终日关在三层楼上，桌上堆满了稿纸，昼夜不停地写。我始终不曾注意到他，我总想他所写的不过是中学校出版物那一类短诗、散文、杂志的文字。孩子们夏天无事，写写也好，我总不曾问起。

到我回平的前几天晚上，他忽然抱

（15×16=240） 人民文学 创作函授中心

EX·LIBRIS
冰心藏书

冰心藏书票

林世荣 设计

《幻醉及其他》序　　冰心

中华书局1930年10月出版

《幻醉及其他》是冰心三弟谢为辑创作的一部小说集，1930年10月由中华书局出版，其中就有这篇冰心所作的序。谢为辑笔名冰季，因此冰心在这篇序中称他为"冰季弟"。这篇序言最初创作于1929年10月的北京，从手稿所用《人民文学》创作函授中心的稿纸来看，这篇手稿应是建国后冰心重新整理的抄录稿。海峡文艺出版社出版的《冰心全集》第二卷也收录了这篇文章。

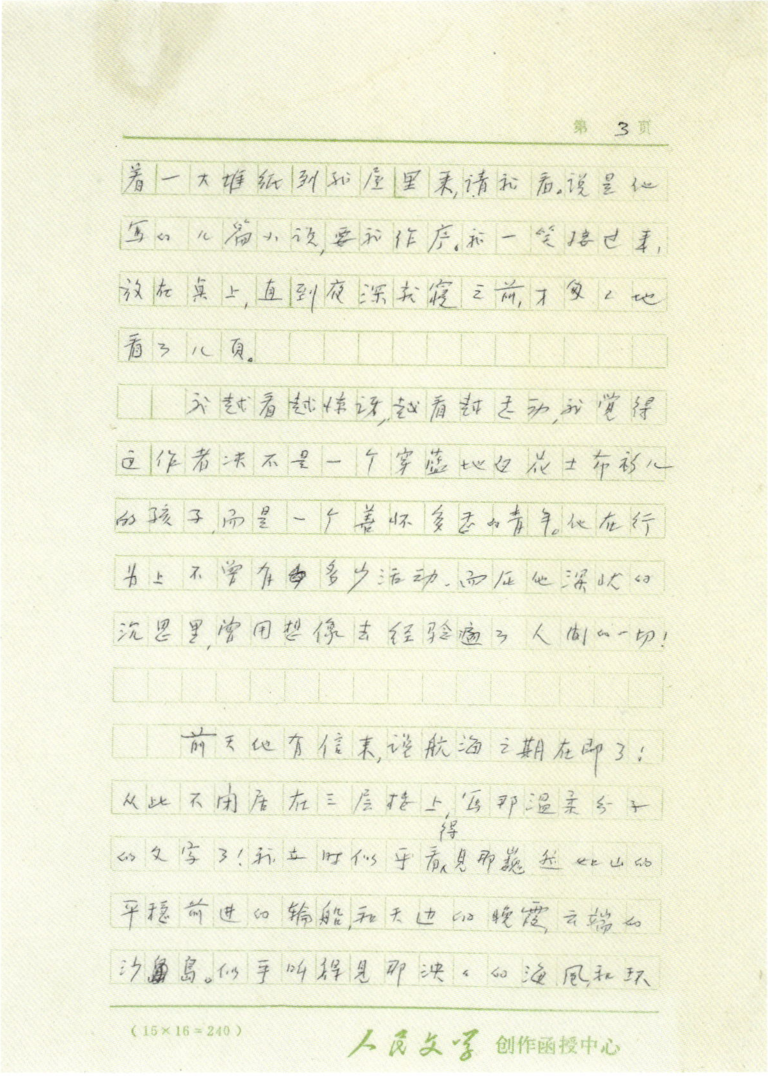

第 3 页

着一大堆纸到我屋里来，请我看，说是他写的几篇小说，要我作序。我一笑接过来，放在桌上，直到夜深我寝之前，才匆匆地看了几页。

我越看越惊讶，越看越感动，我觉得这作者决不是一个穿蓝地白花土布衫儿的孩子，而是一个善怀多感的青年。他在行为上不曾有多少活动，而在他深默的沉思里，曾用想像去经验过了人间的一切！

前天他有信来，说航海之期在即了！从此不用在三层楼上写那温柔孩子的文字了！我这时似乎看得见那巍然如山的平稳前进的轮船，和天边的晚霞，云端的沙鸟。似乎听得见那泱泱的海风和环

（15×16＝240） 人民文学 创作函授中心

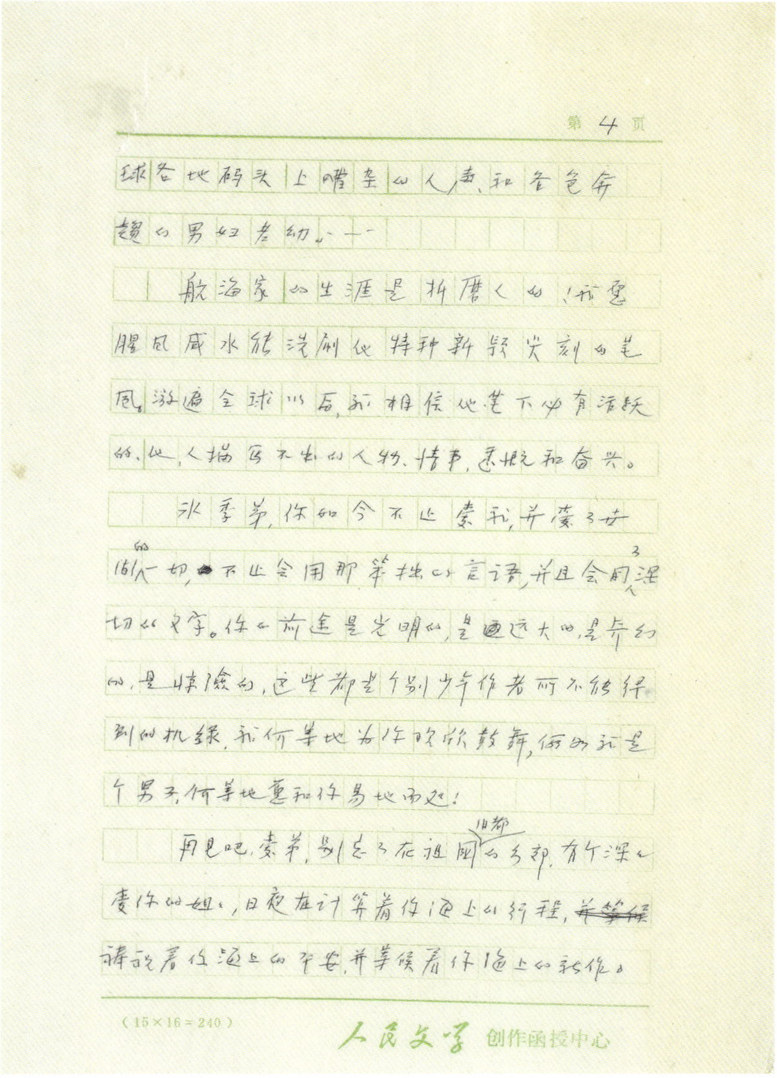

第 4 页

球各地码头上嘈杂的人声，和各色各样的男妇老幼。……

航海家的生涯是折磨人的！我愿腥风咸水能洗刷他特种新颖尖刻的笔风。游遍全球以后，我相信他笔下必有活跃的，他人描写不出的人物、情节、悲欢和奇兴。

冰季弟，你如今不止爱我，并爱了世间的一切，不止会用那笨拙的言语，并且会用了深切的文字。你的前途是光明的，是远大的，是奇幻的，是惊险的，这些都是个别少年作者所不能得到的机缘，我何等地为你欢欣鼓舞，假如我是个男子，何等地愿和你易地而处！

再见吧，爱弟，别忘了在祖国的旧都，有个深深爱你的姐姐，日夜在计算着你海上的行程，~~并等候~~祷祝着你海上的平安，并等候着你海上的新作。

（15×16＝240） 人民文学 创作函授中心

第 5 页

前途努力吧，爱你的天真将永远牵引着你！

十，廿四，一九二九，北平海淀燕南园

（15×16＝240） 人民文学 创作函授中心

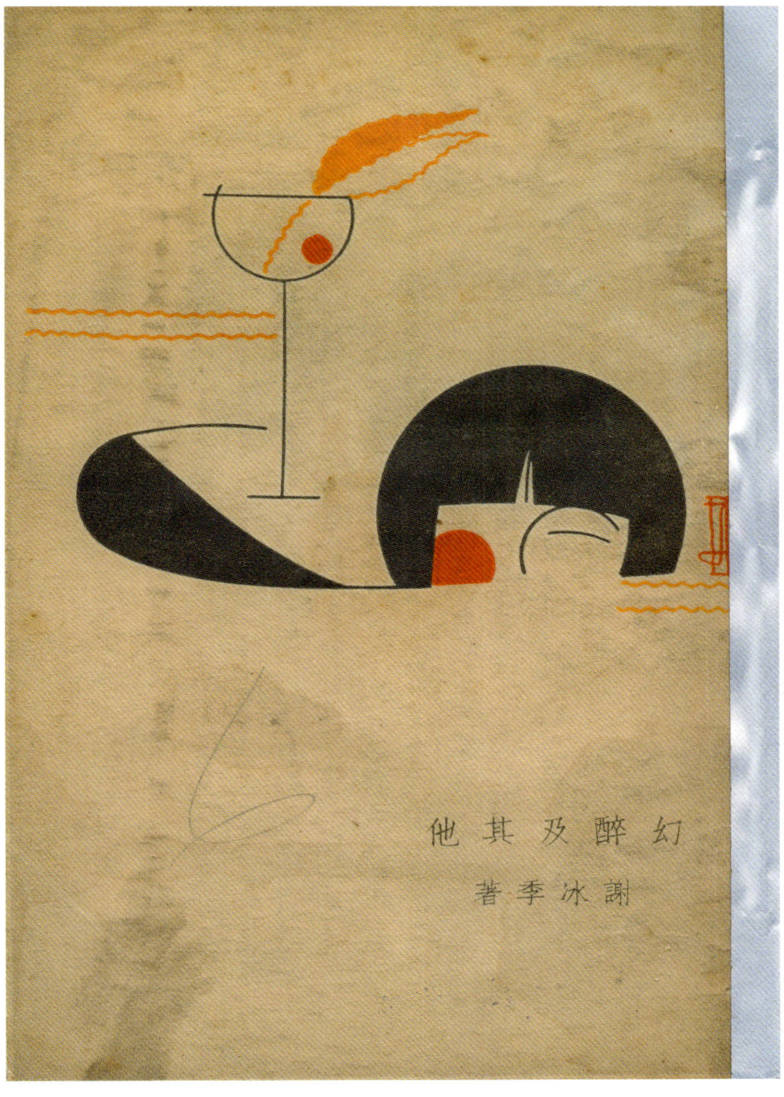
幻醉及其他
謝冰季著

夏衍（1900~1995）

浙江杭州人。原名沈乃熙，又名沈端先。作家、文艺评论家、翻译家、社会活动家。早年参加五四运动，编辑《浙江新潮》。毕业后公费留日，入明治专门学校，因参加日本工人运动和左翼文艺运动，在1927年被驱逐回国，同年加入中国共产党。1929年和冯乃超、郑伯奇等组织艺术剧社，主编《艺术》和《沙仑》，后参与筹建"左联"，并任执委，又发起组织中国左翼戏剧家联盟（简称"剧联"）。抗战爆发后，先后在上海、广州、桂林主编《救亡日报》，又在重庆主编《新华日报》副刊，和于伶等组织中国艺术剧社。抗战胜利后，在香港复刊《华商报》。新中国成立后，曾任华东局宣传部副部长、上海市文化局局长等，后调北京任文化部副部长。曾担任中国文联副主席、对外友协副会长、中国电影家协会主席等。著有《上海屋檐下》、《法西斯细菌》、《包身工》等，译有《妇人与社会》等。有《夏衍全集》16卷行世。

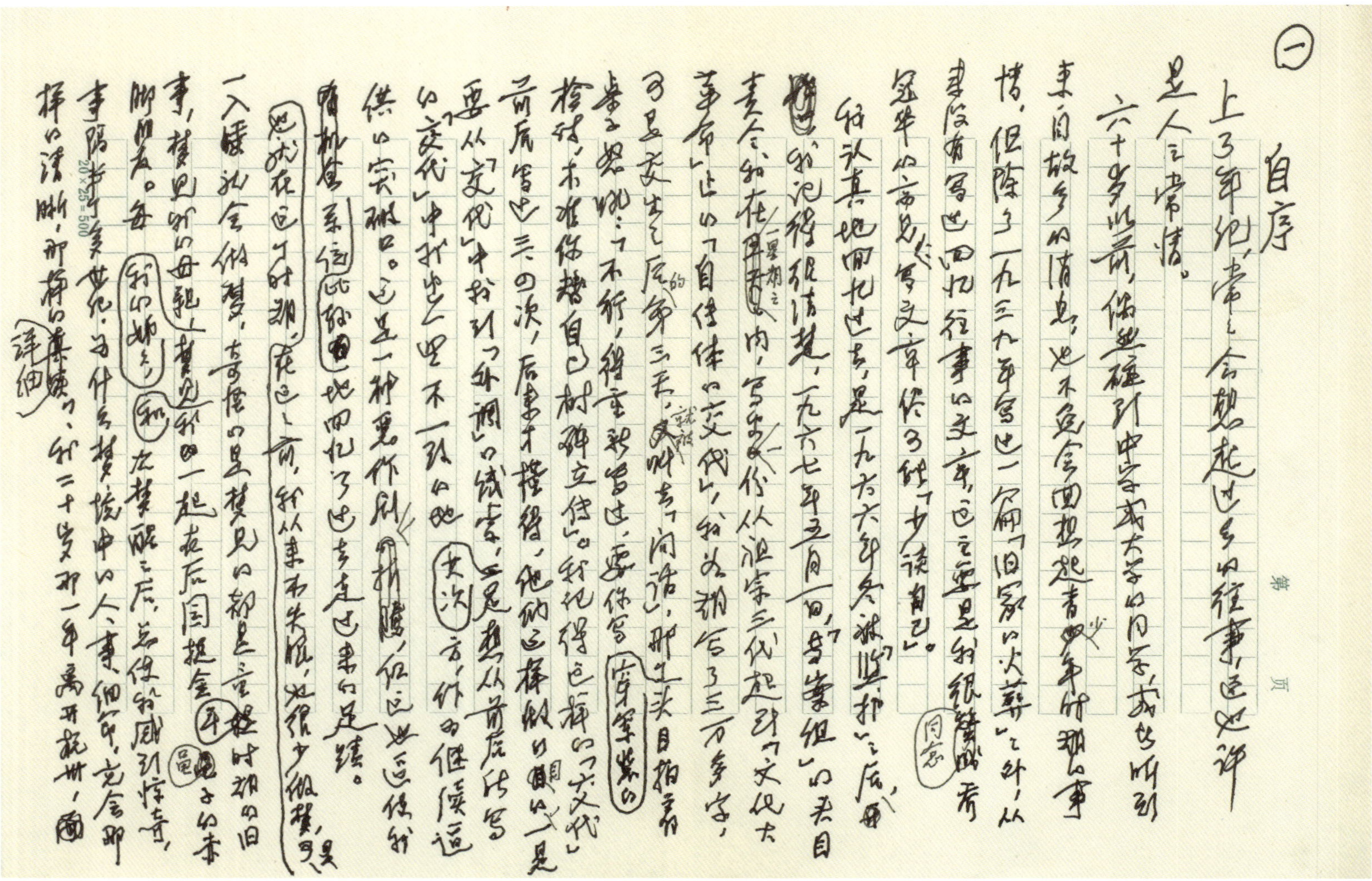

（一）

自序

上了年纪，常常会想起过去的往事，这也许是人之常情。

六十多年前，偶然碰到中学或大学的同学，或者听到来自故乡的消息，也不免会回想起青少年时期的事情，但除了一九三九年写过一篇《旧家的火葬》之外，从来没有写过回忆往事的文章，这主要是我很赞成[illegible]"少谈自己"。

我认真地回忆过去，是一九六六年冬被抓进"牛棚"之后。我记得很清楚，一九六七年五月一日，专案组的头目来命令我在一星期之内，写出我从祖宗三代起到"文化大革命"止的"自传体的交代"，我就胡写了三万多字，[illegible]

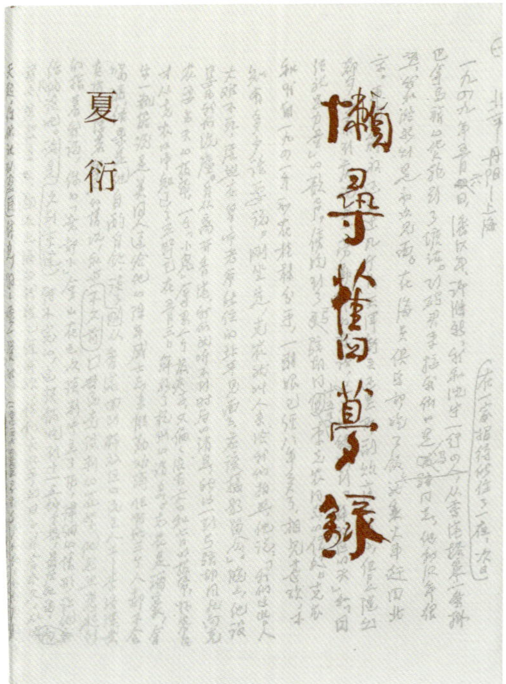

《懒寻旧梦录》自序　　夏衍

1984年冬作　　三联书店1985年出版；单篇发表于《群言》1985年第8期

在这篇序言中，夏衍讲述了自己写作此书的缘起与经过。在自序的最后一段，他解释了此书题名的来由，乃是取自李一氓赠予的宋人对联中的下联"从前心事都休，懒寻旧梦"。《懒寻旧梦录》1985年第一版的序言即照此手稿刊布。该书出版之后，召开了"夏衍同志从事革命文艺工作五十五周年"的茶话会，李一氓在此会上提到"懒寻旧梦"乃是他对联中的上联，并不是下联，夏衍在原稿中没有写出的下联其实是"肯把壮怀销了，作个闲人"。于是在该书第二版中予以更正，改"下"为"上"。后该书再出增补本，在此版本的序言中，则是在第二版的基础上直接引述出完整对联。夏衍非常喜欢的这句"懒寻旧梦"出自谢懋《风流子·行乐》，但是在原句中为"懒寻前梦"，夏衍因袭李一氓的题赠，改"前"为"旧"。

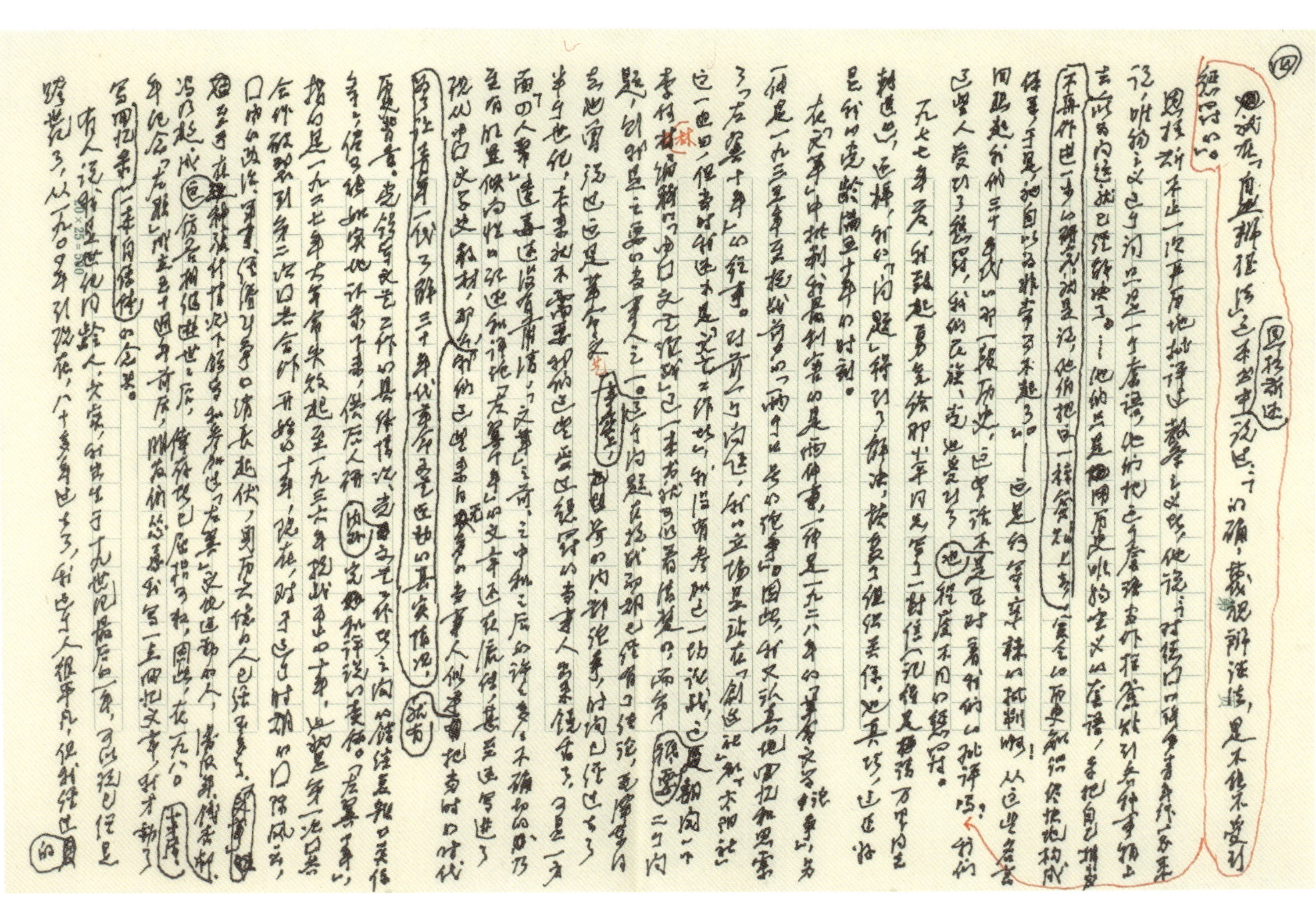

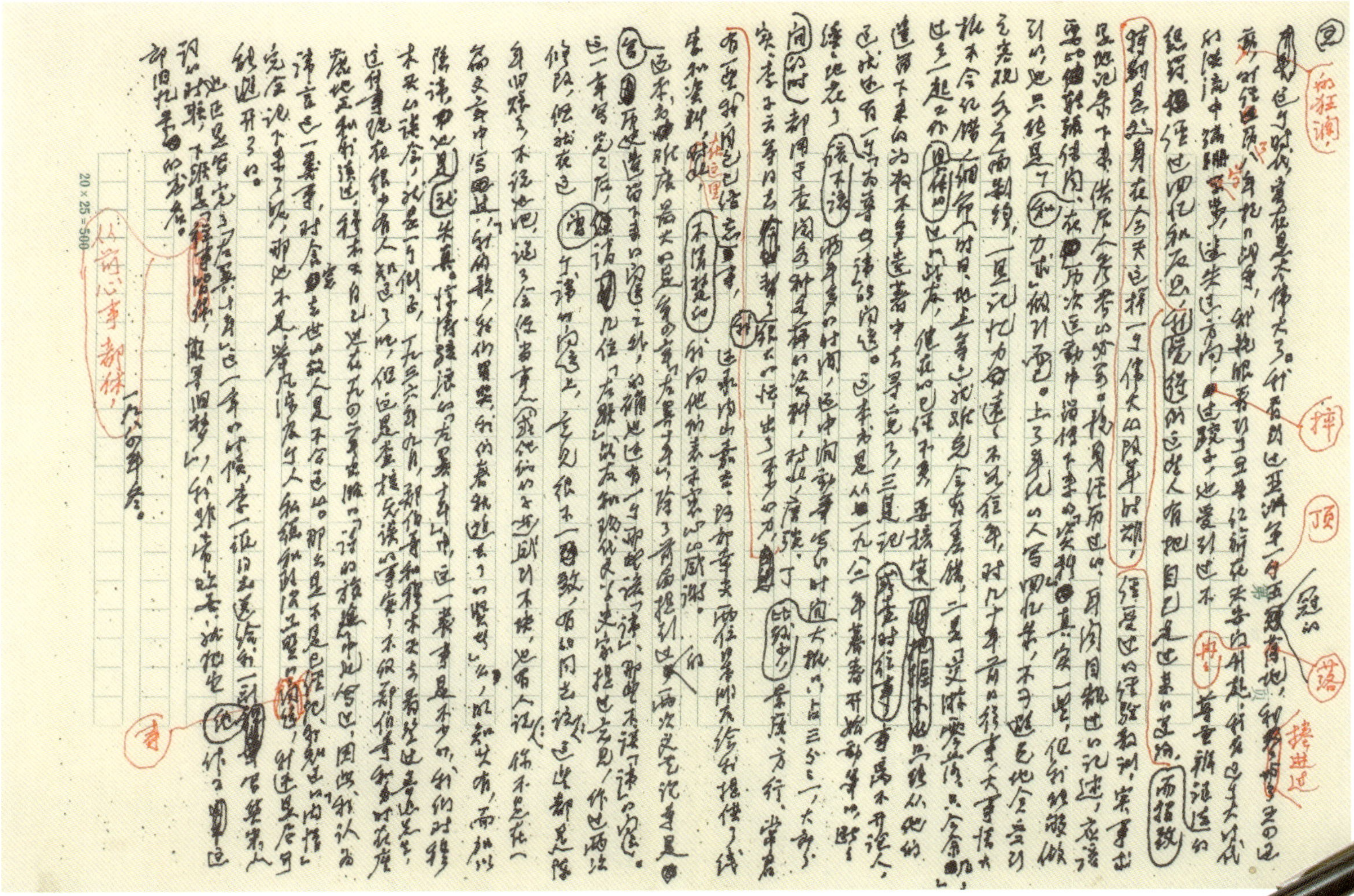

《懒寻旧梦录》第一、二章　　夏衍

1984年冬作　　三联书店1985年出版

夏衍写作《懒寻旧梦录》始于1982年暮春，用了2年多时间完成。该书是夏衍对其一生经历的回忆与反思。写作的目的是将他走过的道路，经受过的经验教训，实事求是地记录下来，以供后人参考。前两章分别为夏衍对其家世童年的回忆与辛亥至五四时代背景下的个人经历感受。夏衍原本打算写十章，剩下的三章《十年作吏》、《艰难的岁月》、《尾声》已拟好题目和写作提纲，可惜因大部分资料在动荡中已散失，故写到1950年就暂停了，因而已出版的《懒寻旧梦录》只有七章。1993、1994年间，夏衍又有写作其回忆录第二部分的计划，并修改原订最后三章的提纲，打算以事件为中心续写十章，《文汇报》于1994年4月与7月分别刊出了夏衍续写的两章《新的跋涉》、《〈武训传〉事件始末》，其余八章因夏衍去世而未完成，新写的两章后收入于2000年出版的《懒寻旧梦录》增补本。

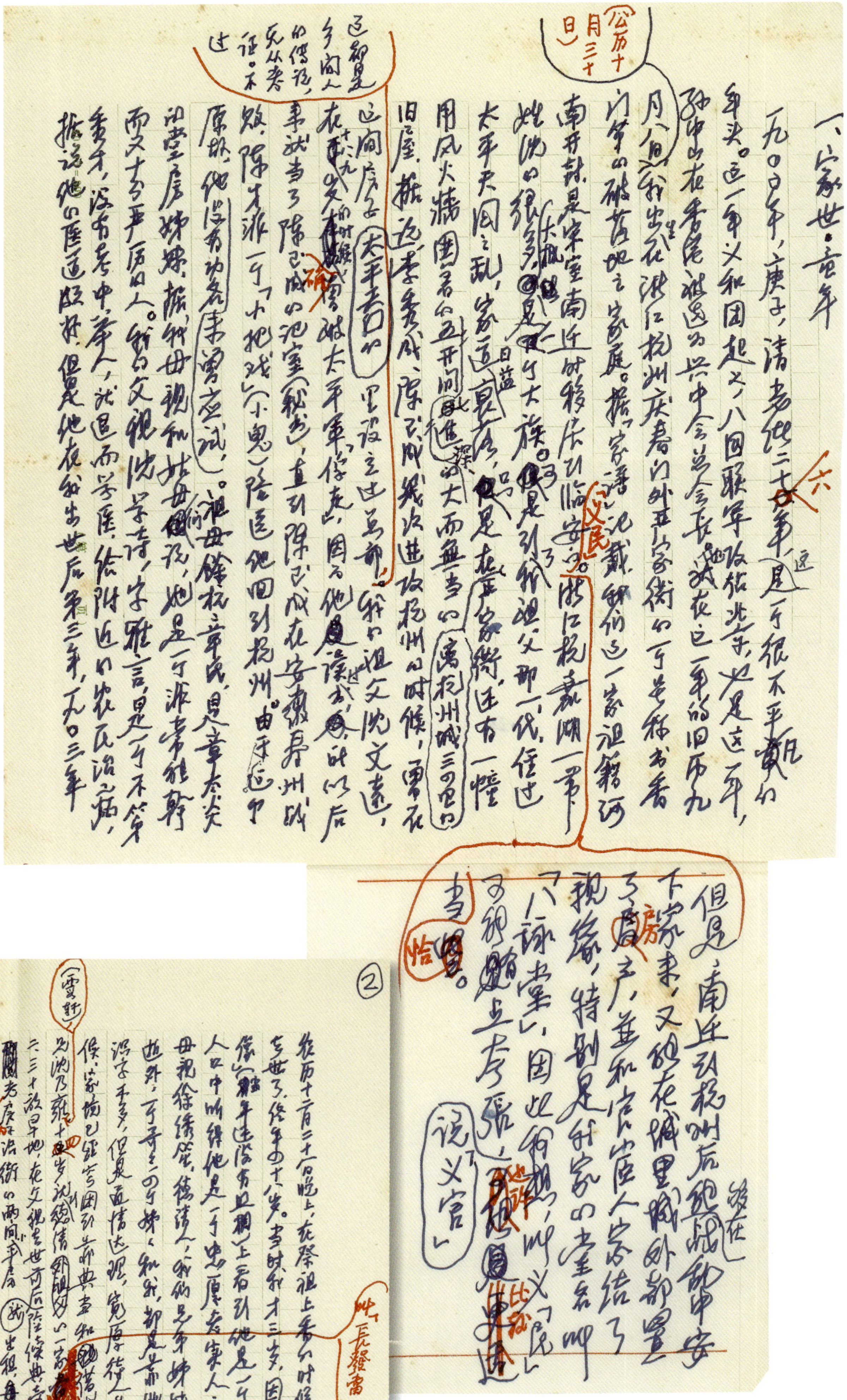

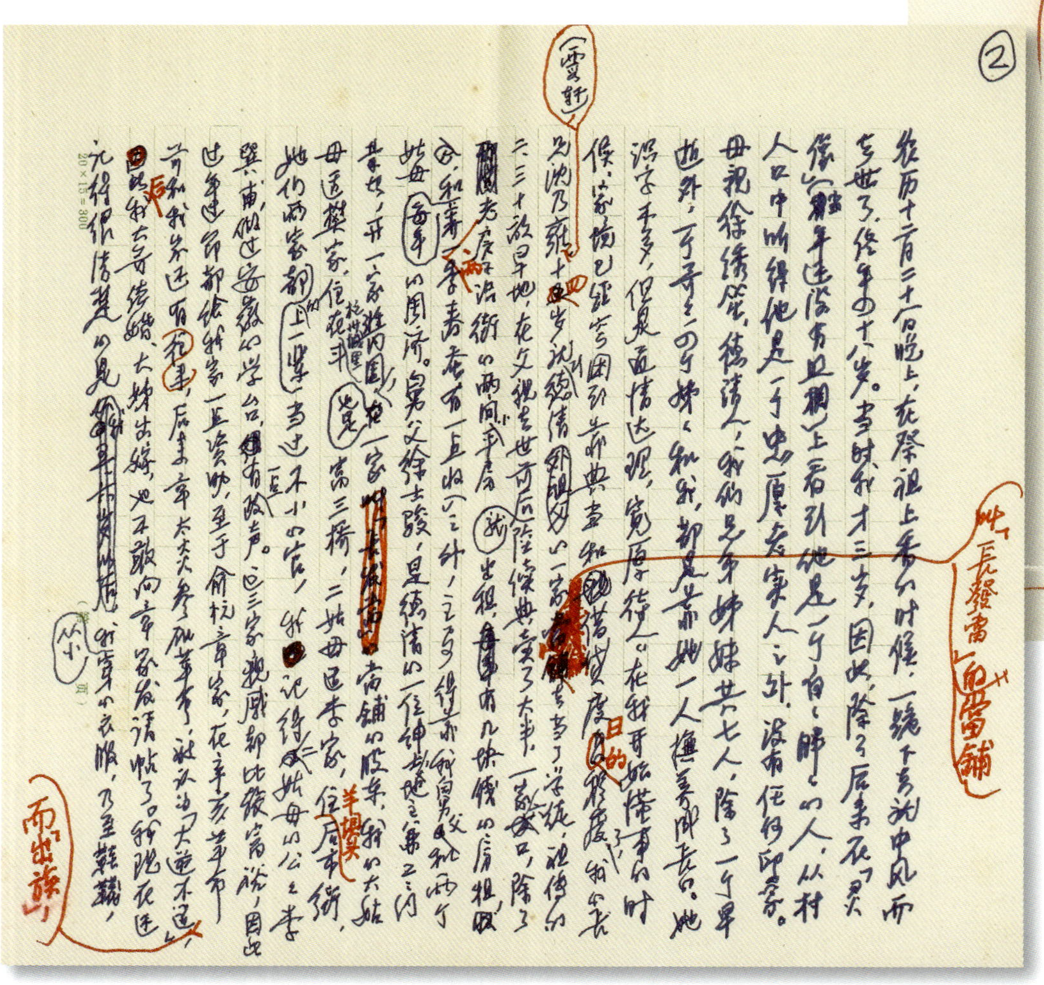

关于写电影剧本的几个问题　夏衍

1958年5月15日作　多个版本

20世纪50年代电影学院师资不足，学生、教师急需充实电影理论素养，夏衍对当时中国电影现状感触甚深，于是他主动请缨，于1958年赴北京电影学院导演系做了五次剧作课讲演，阐述了在写作电影剧本时一些具体的重要问题。这篇手稿是其中第四部分的讲稿，具体讲解电影剧本中的“脉络、针线”问题，在其他部分里，夏衍谈到了电影剧本创作中的“开端”、“政治气氛和时代脉搏”、“人物出场”、“结构”、“蒙太奇”、“对话”等内容。此次系列讲座很受师生欢迎，产生了良好的反响。讲演稿经整理后以《写电影剧本的几个问题》为书名，于1959年由中国电影出版社出版单行本，并由欧阳予倩为之作序（1980年再版），人民文学出版社和复旦大学出版社分别于1978、2004年再版。

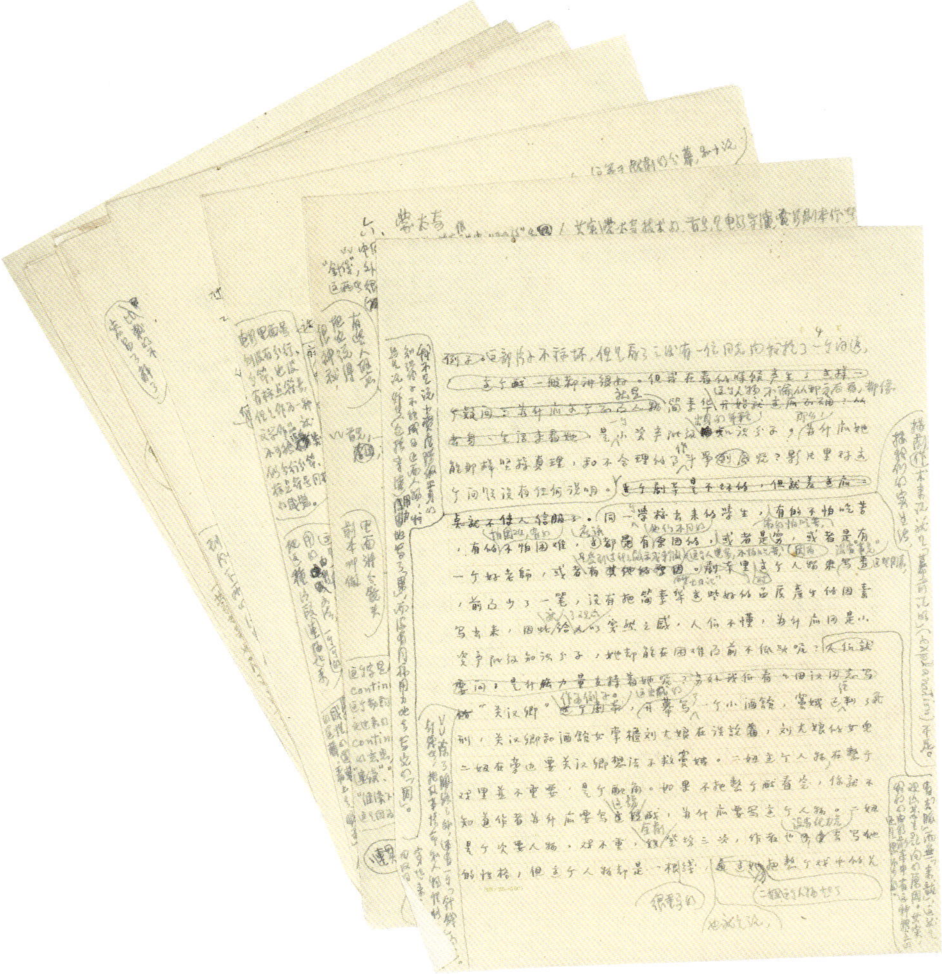
六、蒙太奇

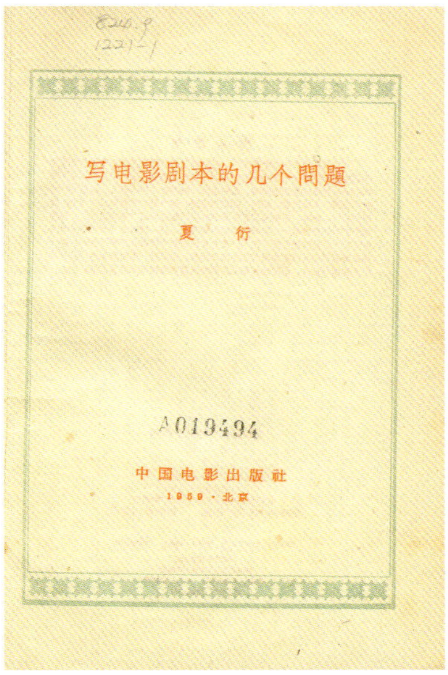
写电影剧本的几个問題
夏　衍
A019494
中国电影出版社
1959·北京

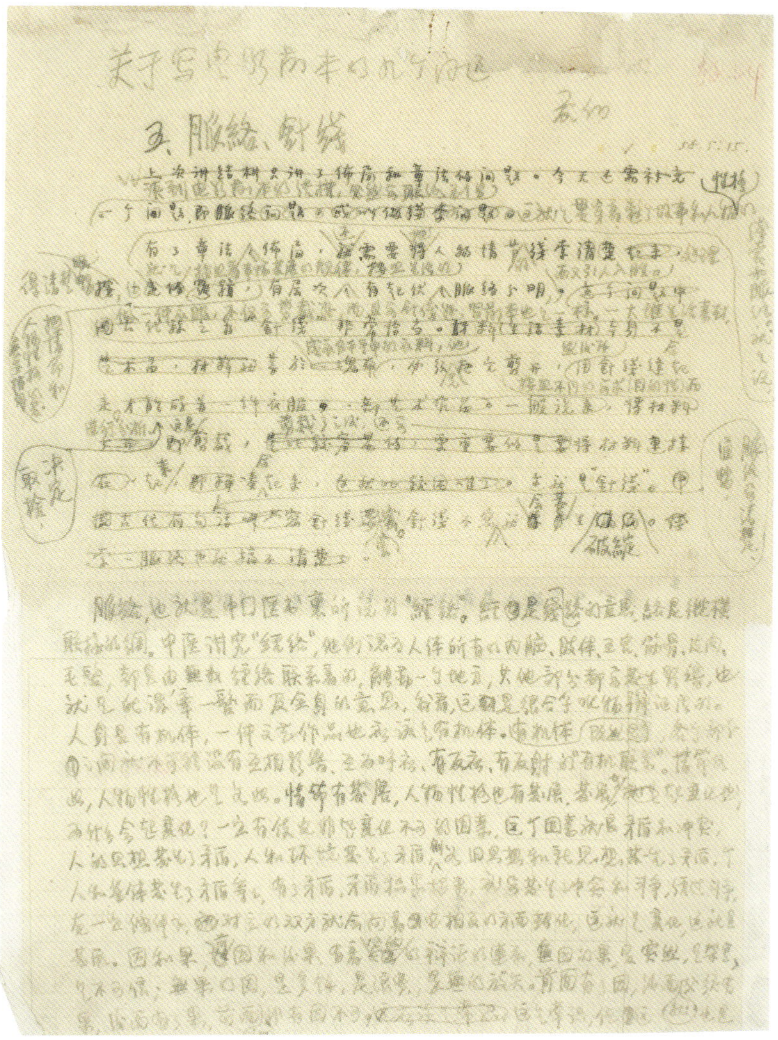
关于写电影剧本的几个问题
五、脉络、针线

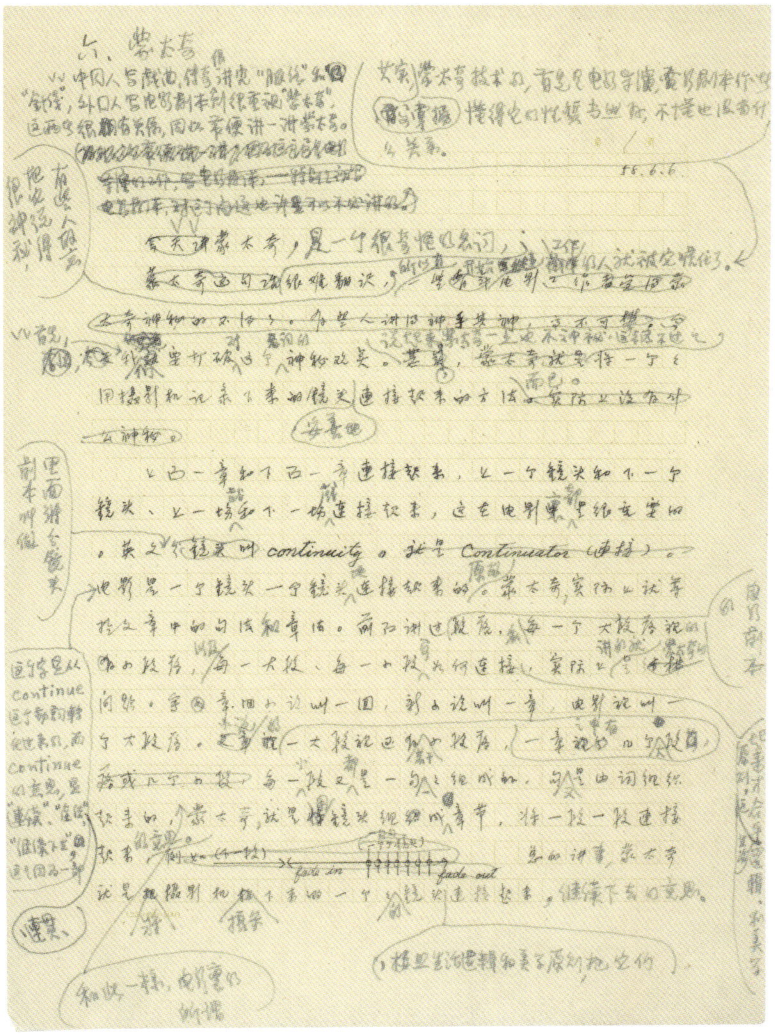
六、蒙太奇

应修人（1900~1933）

浙江慈溪人。原名德麟，字修士，后字修人，笔名修修、蕤等。诗人、作家。五四时期在富源钱庄发起救国十人团。1920年开始发表新诗，1921年创办上海通信图书馆，1922年与冯雪峰等组织湖畔诗社。1925年加入中国共产党，次年被派往黄埔军校工作。1927年赴武汉国民政府劳工部工作，后入莫斯科中山大学学习，1930年回国在中央军委工作并加入“左联”。1932年任中共江苏省委宣传部长，1933年因抵抗国民党特务逮捕而牺牲。编有诗集《湖畔》、《春的歌集》等，身后出版有《修人集》等。

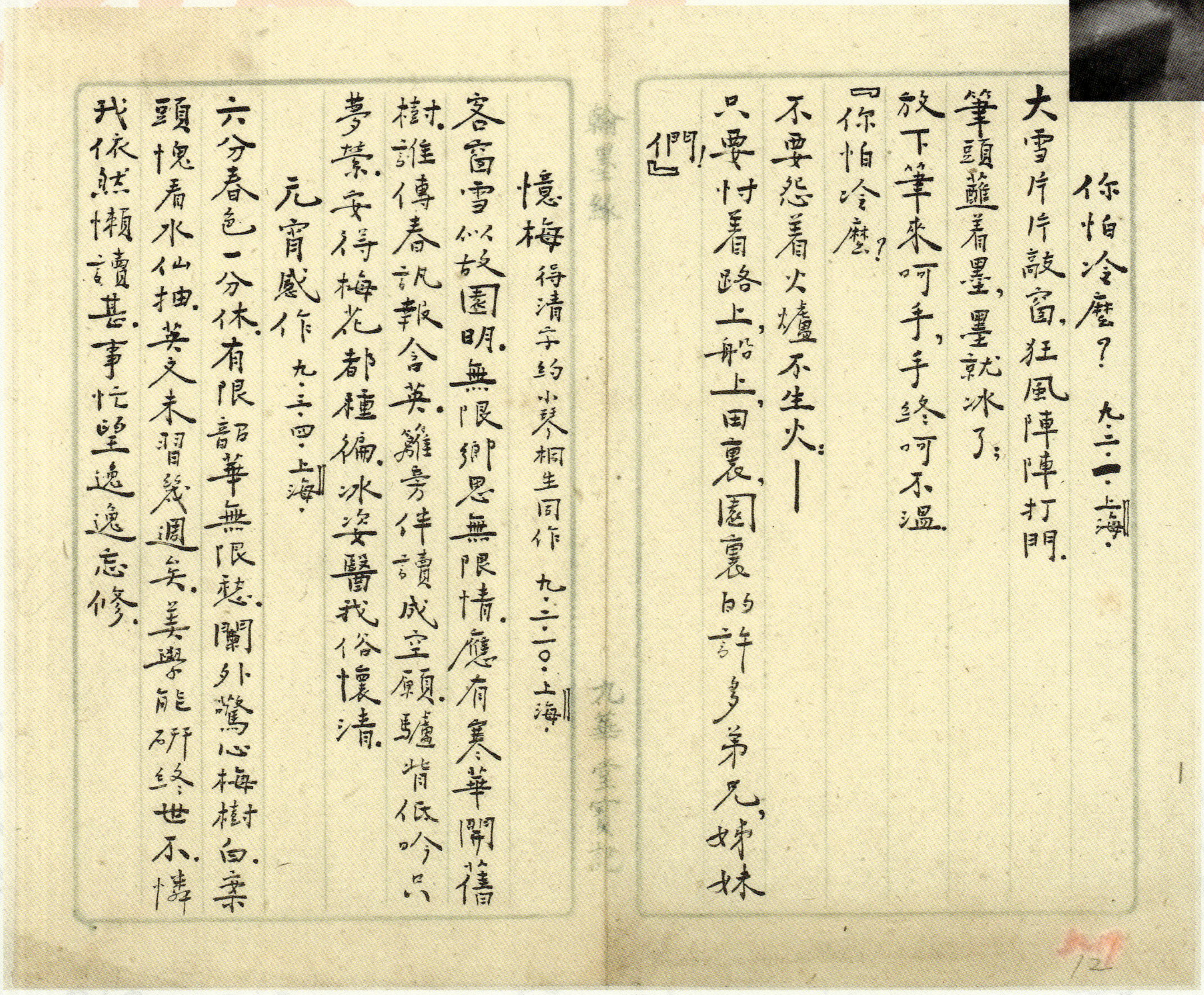

你怕冷麼？ 九·二·一·上海·

大雪片片敲窗，狂風陣陣打門。
筆頭蘸着墨，墨就冰了；
放下筆來呵手，手終呵不溫。
『你怕冷麼？
不要怨着火爐不生火；——
只要忖着路上，船上，田裏，園裏的許多弟兄，姊妹們！』

憶梅 得清字約小琴桐生同作 九·二·一〇·上海·

客窗雪似故園明，無限鄉思無限情。應有寒華開舊樹，誰傳春訊報含英。籬旁伴讀成空願，驢背低吟只夢縈。安得梅花都種徧，冰姿醫我俗懷清。

元宵感作 九·三·四·上海·

六分春色一分休，有限韶華無限愁。闌外驚心梅樹白，案頭愧看水仙抽。英文未習幾週矣，美學能研終世不。憐我依然懶讀甚，事忙望遠遠忘修。

應修人詩詞

应修人诗词　　应修人

1922~1924 年作　　《修人集》浙江人民出版社 1982 年

应修人写诗从旧诗入手，以新诗闻名。其旧诗大都写于1920年，现发现他的旧诗共28首。他的旧诗洋溢着对故乡与大自然的怀念和赞美。他的新诗据考现存107首，大多数作于1920年至1924年间。应修人早期新诗受泰戈尔等人的影响，服膺人道主义为核心的博爱思想，追求个性解放与积极进取、热爱生活的乐观精神与人生态度，朱自清曾称他的诗“轻倩、真朴”。1924年前后，应修人积极投身于革命运动中，他创作新诗的笔触转向现实社会和劳苦大众，因而开始具有鲜明的革命倾向。馆藏应修人手稿册页中所含旧诗12首，新诗53首，时间跨度自1920年起至1924年，皆收入《修人集》。

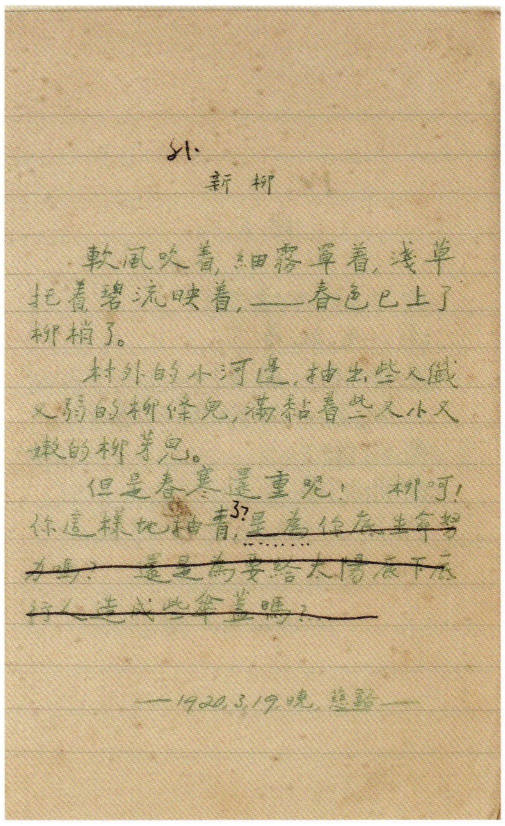
新柳
軟風吹着，細霧罩着，淺草托着，碧流映着，——春色已上了柳梢了。
村外的小河邊，抽出些又纖又弱的柳條兒，滿粘着些又小又嫩的柳芽兒。
但是春寒還重呢！柳呵！你這樣地抽青了？是為你底生命努力嗎？還是為要給太陽底下底行人造成些傘蓋嗎？
——1920,3,19.晚.慈谿——

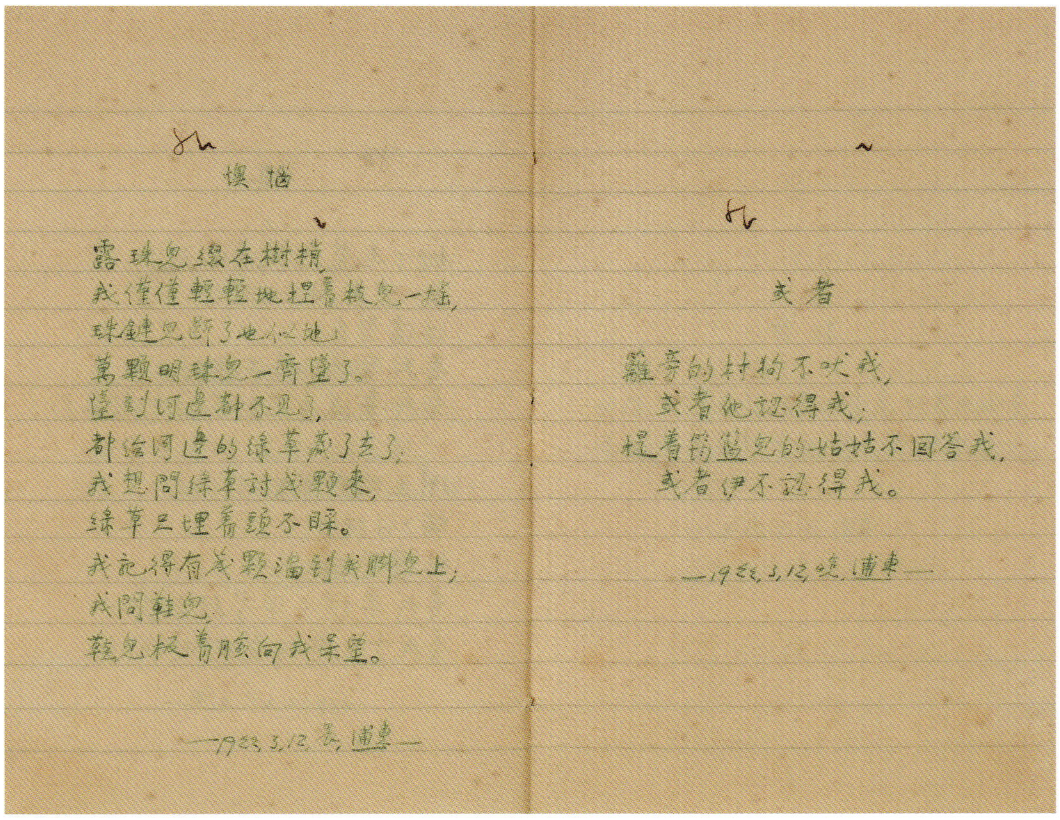
懊惱
露珠兒綴在樹梢，
我僅僅輕輕地捏著枝兒一搖，
珠鏈兒斷了也似地
萬顆明珠兒一齊墜了。
墜到河邊都不見了，
都給河邊的綠草藏了去了，
我想問綠草討我顆來，
綠草只埋着頭不睬。
我記得有幾顆溜到我腳兒上，
我問鞋兒，
鞋兒板着臉向我呆望。
——1923,3,12.晨.浦東——
或者
籬旁的村狗不吠我，
或者他認得我；
提着筍籃兒的姑姑不回答我，
或者伊不認得我。
——1923,3,12.晚.浦東——

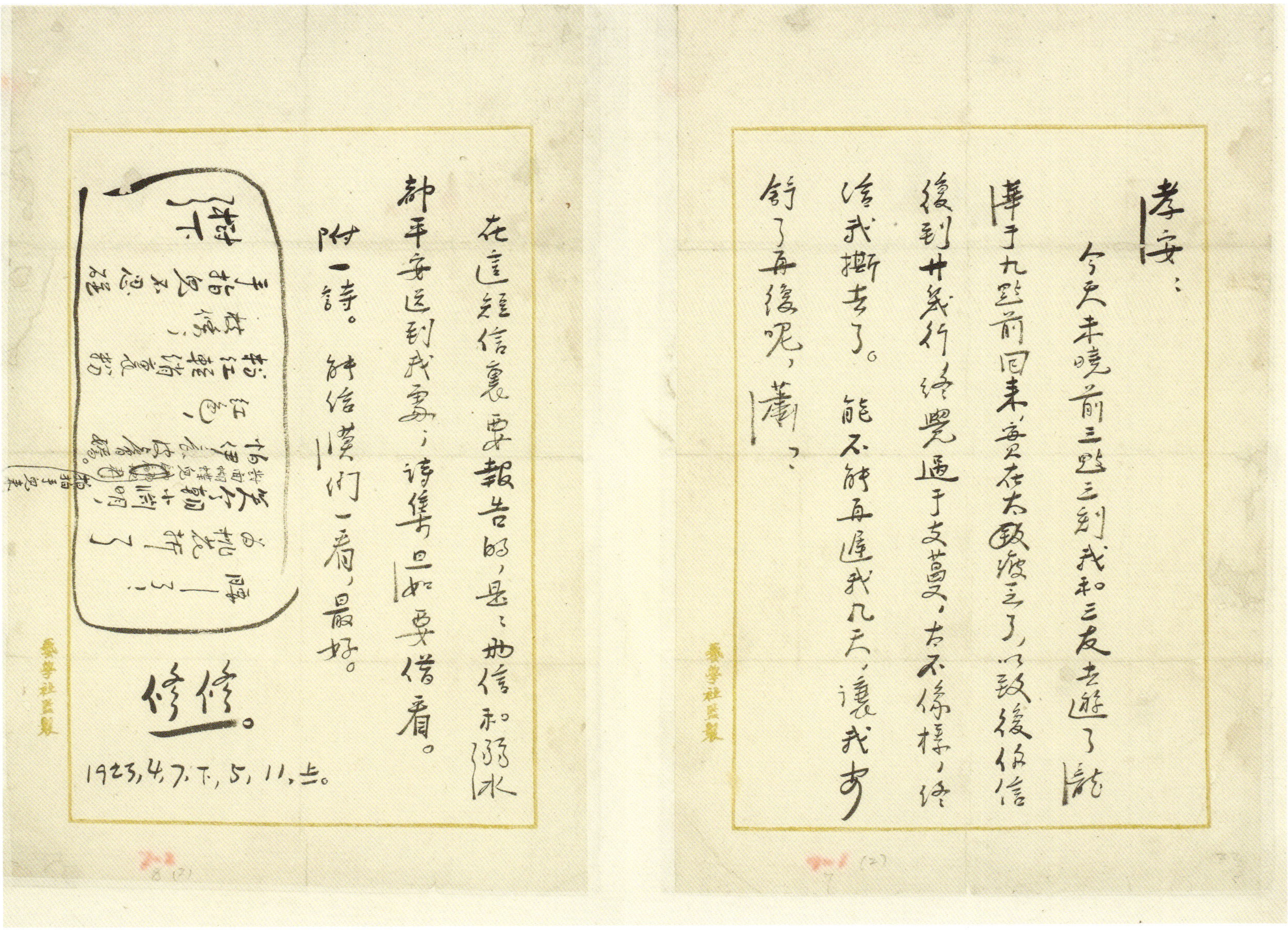
孝安：
今天未曉前三點三刻我和三友去遊了龍
華，于九點前回來，實在太疲乏了，以致復你信
復到廿幾行，總覺過于支蔓，太不像樣，終
給我撕去了。能不能再遲我几天，讓我
舒了再復呢，蕭蕭。
藝學社監製
在這短信裏要報告的，是：冊信和溺冰
都平安送到我處，詩集且如要借看。
附一詩。能給讀們一看，最好。
修修。
1923,4,7.下,5,11,去。
藝學社監製

王任叔（1901~1972）

浙江奉化人。字任叔，笔名巴人。作家、文学评论家、印度尼西亚历史学家。1928年留学日本。1930年加入“左联”。抗日战争爆发后，在上海编辑《译报》、《大家谈》和《申报•自由谈》。与许广平一起主持《鲁迅全集》的编辑工作。1941年赴南洋从事抗日活动，协助胡愈之开展华侨文化活动和统战工作。1947年进入解放区，任中共中央统战部副部长。建国后，历任中国首任驻印度尼西亚大使、人民文学出版社副社长等职。著有《监狱》、《论鲁迅的杂文》、《文学论稿》，译有《和平》等。

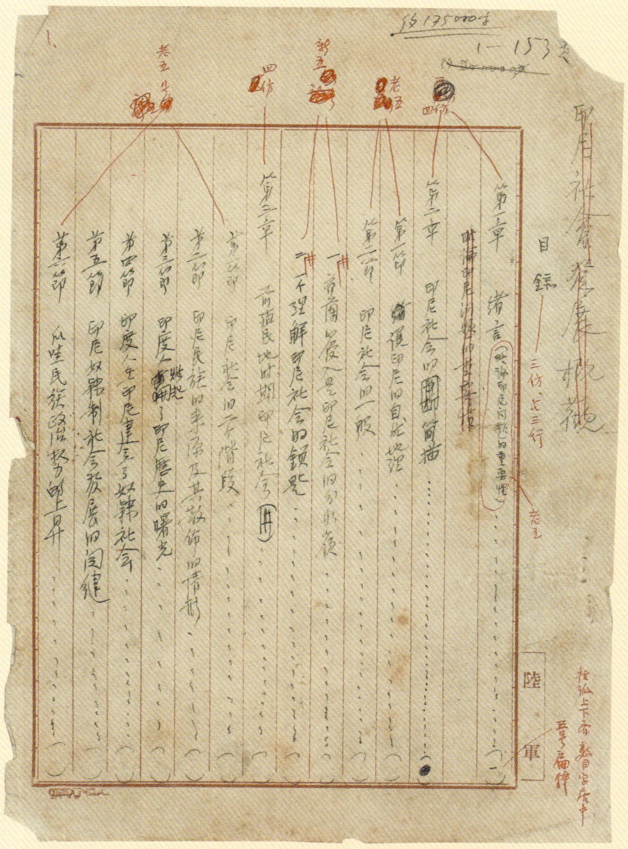

新世紀叢刊
印尼社會發展概觀
王任叔著
生活書店發行

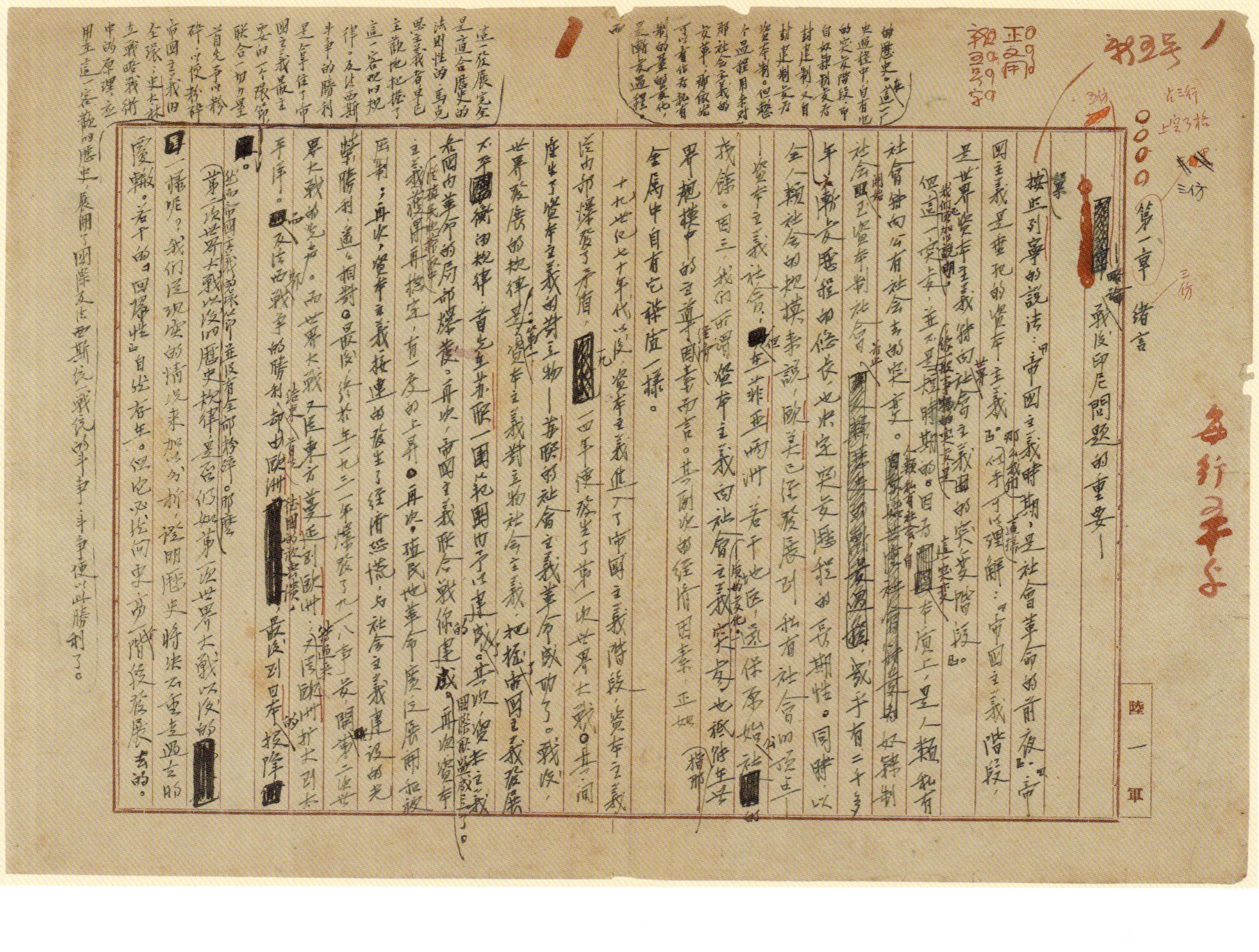

印尼社会发展概观

王任叔

1946年作 上海生活书店1948年出版

20世纪40年代，王任叔在印度尼西亚度过了难忘的七个年头，他与当地的华侨、印尼人民共生死同患难。建国后，他作为首任我国驻印度尼西亚特命全权大使，重返他视为第二故乡的千岛之国。《印尼社会发展概观》写成于1946年6月，其基本论点则构成于1944~1945年。王任叔曾表示研究印尼问题，是受学者胡愈之启发，他曾将这部手稿交胡氏校正。上海生活书店1948年出版该书。由于印尼时局的迅速变化，作者本人在书稿付印出版后，对其中某些观点也重新思索，但《印尼社会发展概观》仍是中国学者试图用历史唯物主义来研究和分析印度尼西亚社会和历史的最初著作。

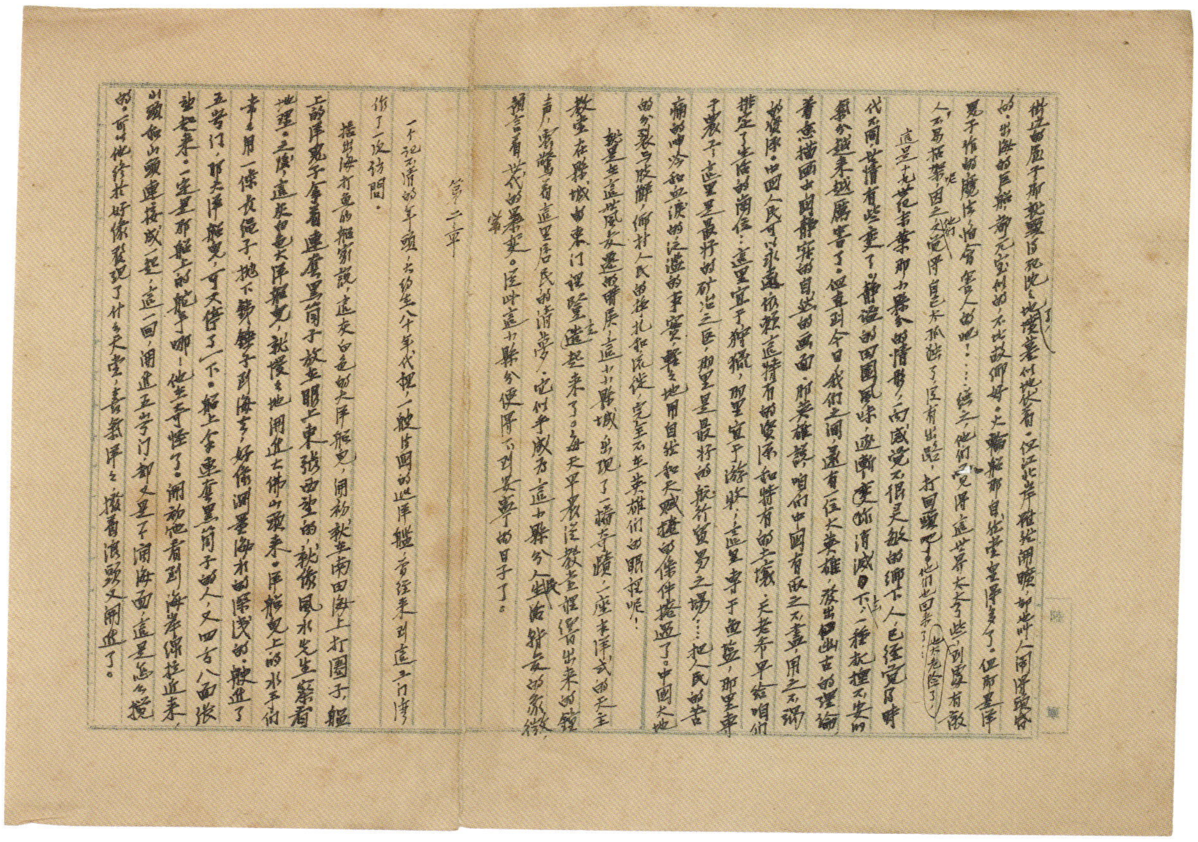

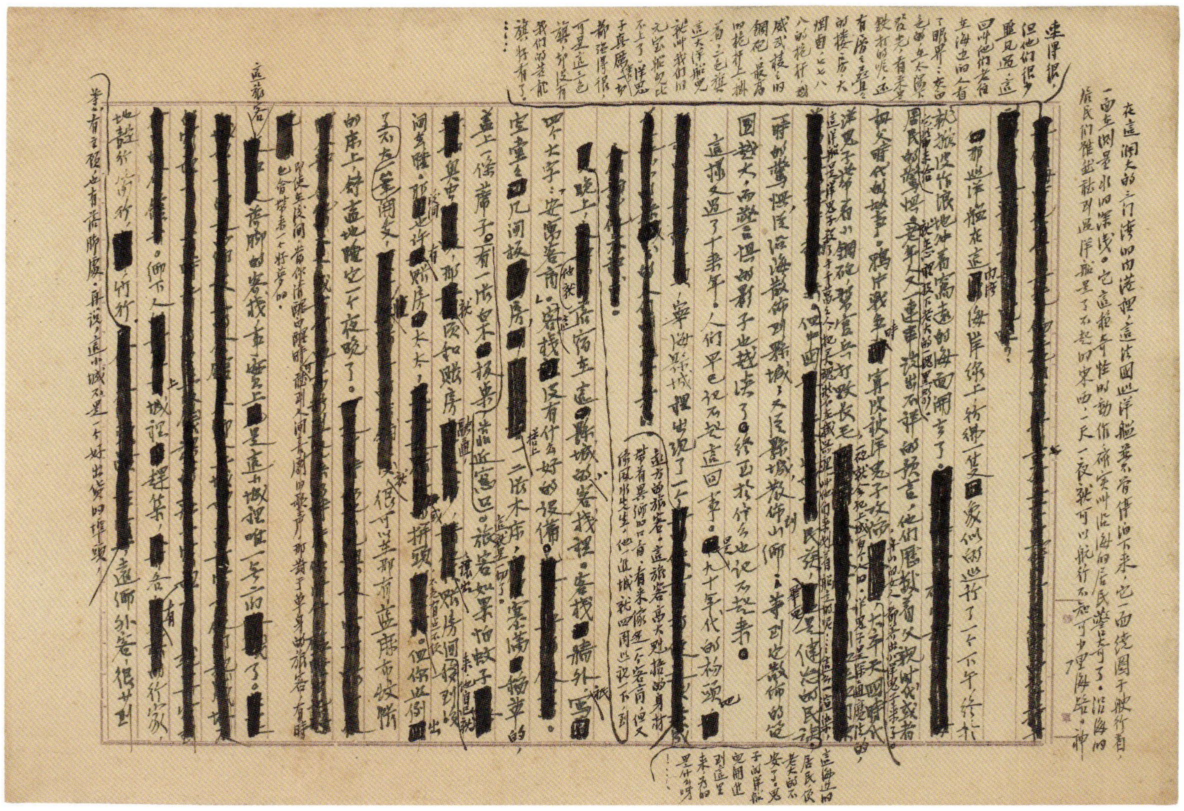

莽秀才造反记
巴人

莽秀才造反记　　王任叔

20世纪20~30年代　　人民文学出版社1984年出版

《莽秀才造反记》是王任叔一生最为重要的文学作品，又名《土地》。这部小说他曾“三次起稿，三次失掉”，倾注了数十年心血，跋涉数万里坎坷曲折的道路，而最终仅留存此一部珍贵遗稿。据手稿所见，小说未取书名，共十八章近四十万字，内容完整，但有多处修改痕迹，应为小说初稿。王任叔使用钢笔写在印有“陆军”二字的稿纸上，由稿纸推测，这部初稿应在20世纪20年代末期时执笔，用的是广州北伐军总司令部的办公用纸（王任叔曾在广州北伐军总司令部后方留守处任机要科秘书、科长）。20世纪30年代初，王任叔对初稿的前半部作了重大修改，手稿中可见多处用黑墨涂去，另用蝇头小楷在空行间填写修改的章句。抗战胜利后，王任叔在印尼重新起稿。1953年，他第四次拿笔修改《莽秀才造反记》，力图使它完整、充实。1982年《当代》第4期刊登了《莽秀才造反记》第一章；1984年这部沉睡半个多世纪的稿子由人民文学出版社正式发行。

许杰（1901~1993）

浙江天台人。原名世杰，字士仁。作家、文学评论家。1922年毕业于绍兴第五师范，后任教于中小学，参加文学研究会。1928年曾到吉隆坡，主编《益群日报》。1930年后，历任中山大学、安徽大学、暨南大学、同济大学、复旦大学教授等职。1951年调任华东师范大学中文系教授兼系主任。曾任作协上海分会副主席、上海市政协常委、上海市作协顾问等职。著有《暮春》、《新兴文艺短论》、《鲁迅小说讲话》、《许杰文学论文集》等。

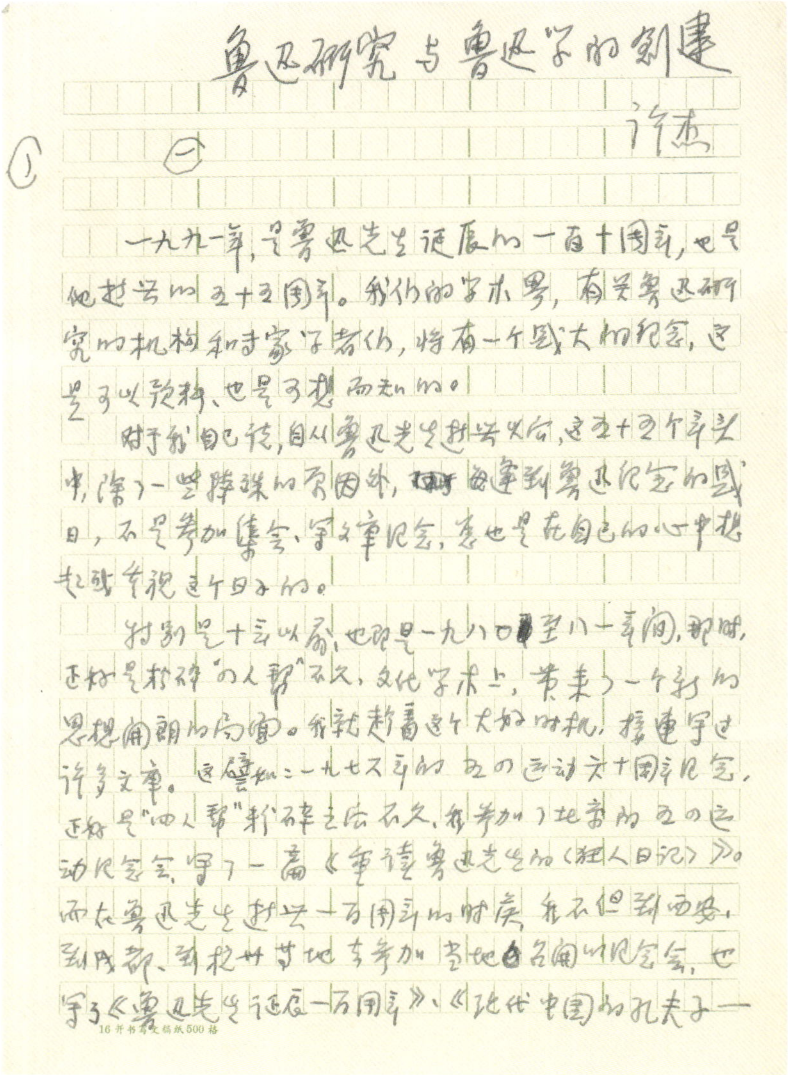

鲁迅研究与鲁迅学的创建

许杰

①

（一）

一九九一年，是鲁迅先生诞辰的一百十周年，也是他逝世的五十五周年。我们的学术界，有关鲁迅研究的机构和专家学者们，将有一个盛大的纪念，这是可以预料、也是可想而知的。

对于我自己说，自从鲁迅先生逝世以后，这五十五个年头中，除了一些特殊的原因外，每逢到鲁迅纪念的盛日，不是参加集会、写文章纪念，总也是在自己的心中想起或重视这个日子的。

特别是十年以前，也就是一九八〇至八一年间，那时，正好是粉碎"四人帮"不久，文化学术上，带来了一个新的思想开朗的局面。我就趁着这个大好时机，接连写过许多文章。这譬如一九七九年的五四运动六十周年纪念，正好是"四人帮"粉碎之后不久，我参加了北京的五四运动纪念会，写了一篇《重读鲁迅先生的〈狂人日记〉》。而在鲁迅先生逝世一百周年的时候，我不但到西安、到成都、到杭州等地去参加当地各自的纪念会，也写了《鲁迅先生诞辰一百周年》、《现代中国的孔夫子——

16开书写文稿纸500格

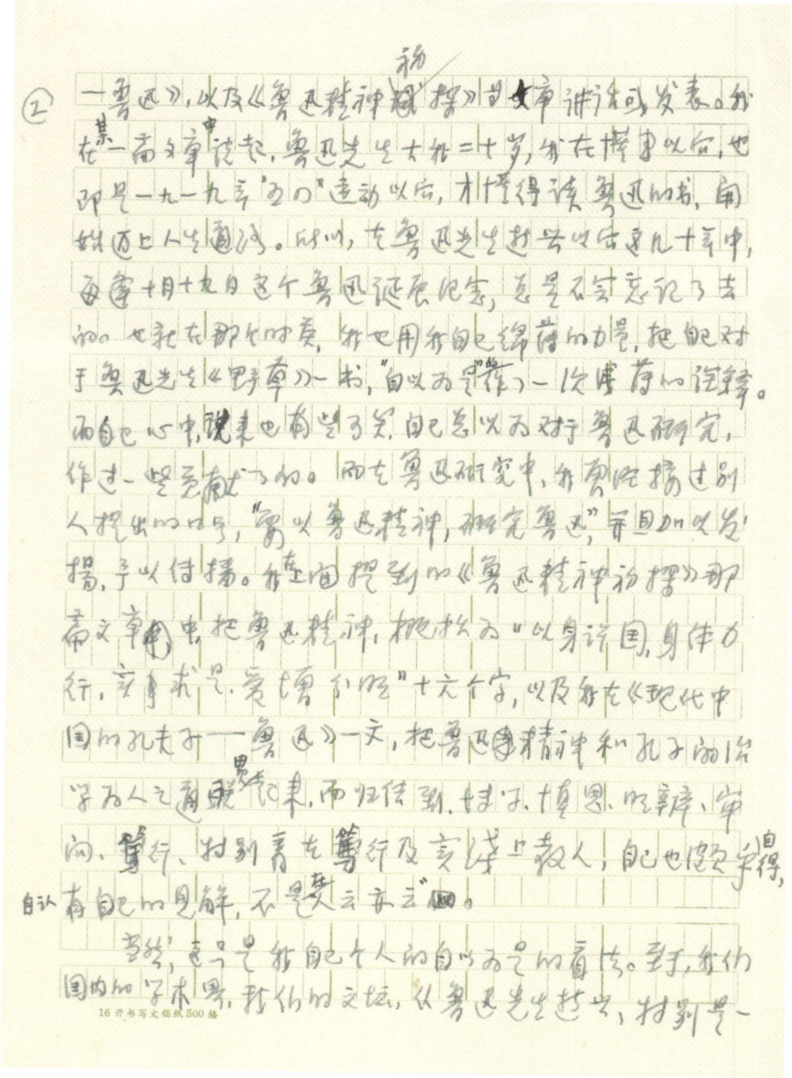

②

鲁迅》，以及《鲁迅精神初探》等文章诉诸同志发表。我在某一篇文章中谈起，鲁迅先生大我二十岁，我在懂事以后，也即是一九一九年"五四"运动以后，才懂得读鲁迅的书，开始走上人生道路。所以，在鲁迅先生逝世以后这几十年中，每逢十月十九日这个鲁迅诞辰纪念，总是不会忘记了去的。也就在那个时候，我也用我自己绵薄的力量，把自己对于鲁迅先生《野草》一书，"自以为是"作了一次粗浅的诠释。而自己心中，说来也有些可笑，自己总以为对于鲁迅研究，作过一些贡献了的。而在鲁迅研究中，我曾经接过别人提出的口号，"学以鲁迅精神，研究鲁迅"，并且加以发扬，予以传播。我在上面提到的《鲁迅精神初探》那篇文章中，把鲁迅精神，概括为"以身许国，身体力行，实事求是，宏博不陋"十六个字，以及我在《现代中国的孔夫子——鲁迅》一文，把鲁迅精神和孔子的治学为人之道联系起来，而归结到博学、慎思、明辨、审问、笃行，特别着重笃行及言传身教，自己也隐隐自得，自认有自己的见解，不是人云亦云。

当然，这只是我自己个人的自以为是的看法。至于，我们国内的学术界，我们的文坛，从鲁迅先生逝世，特别是一

16开书写文稿纸500格

许杰藏书 EXLIBRIS
87

许杰藏书票
杨可扬设计

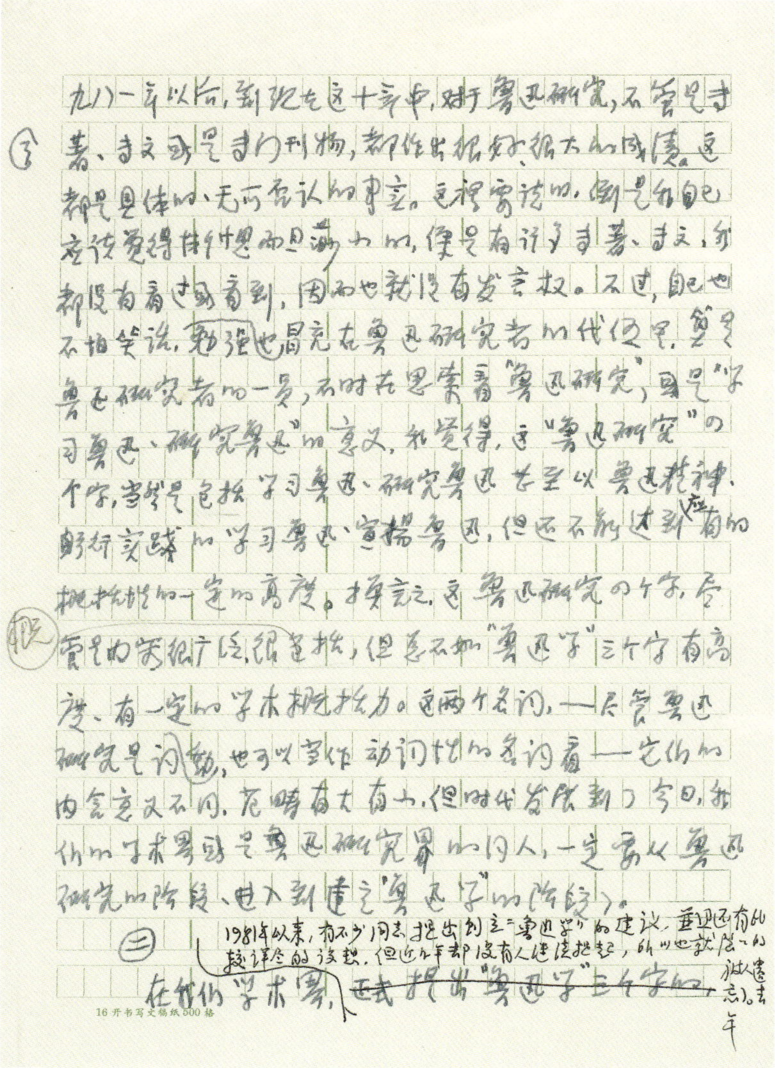

九八一年以后，到现在这十年中，对于鲁迅研究，不管是专著、专文或是专门刊物，都作出很好、很大的成绩。这都是具体的、无可否认的事实。这里要说明，我是自己应该觉得非常惭愧的，便是有许多专著、专文，我都没有看过或看到，因而也就没有发言权。不过，自己也不怕笑话，勉强也算是在鲁迅研究者的代表里，算是鲁迅研究者的一员，不时在思索着"鲁迅研究"或是"学习鲁迅、研究鲁迅"的意义。我觉得，这"鲁迅研究"四个字，当然是包括学习鲁迅、研究鲁迅甚至以鲁迅精神进行实践的学习鲁迅、宣扬鲁迅，但还不能达到应有的概括性的一定的高度。换言之，这鲁迅研究四个字，含意虽然很广泛、很全面，但总不如"鲁迅学"三个字有高度、有一定的学术概括力。这两个名词，——尽管鲁迅研究是词组，也可以当作动词性的名词看——它们的内含意义不同，范畴有大有小，但时代前进到了今日，我们的学术界或是鲁迅研究界的同人，一定要从鲁迅研究的阶段，进入到建立"鲁迅学"的阶段了。

（三）1981年以来，有不少同志提出创立"鲁迅学"的建议，并且还有比较详尽的论述，但近几年都没有人继续提起，所以也就被人遗忘了。去年在我们学术界，~~正式提出"鲁迅学"三个字的~~

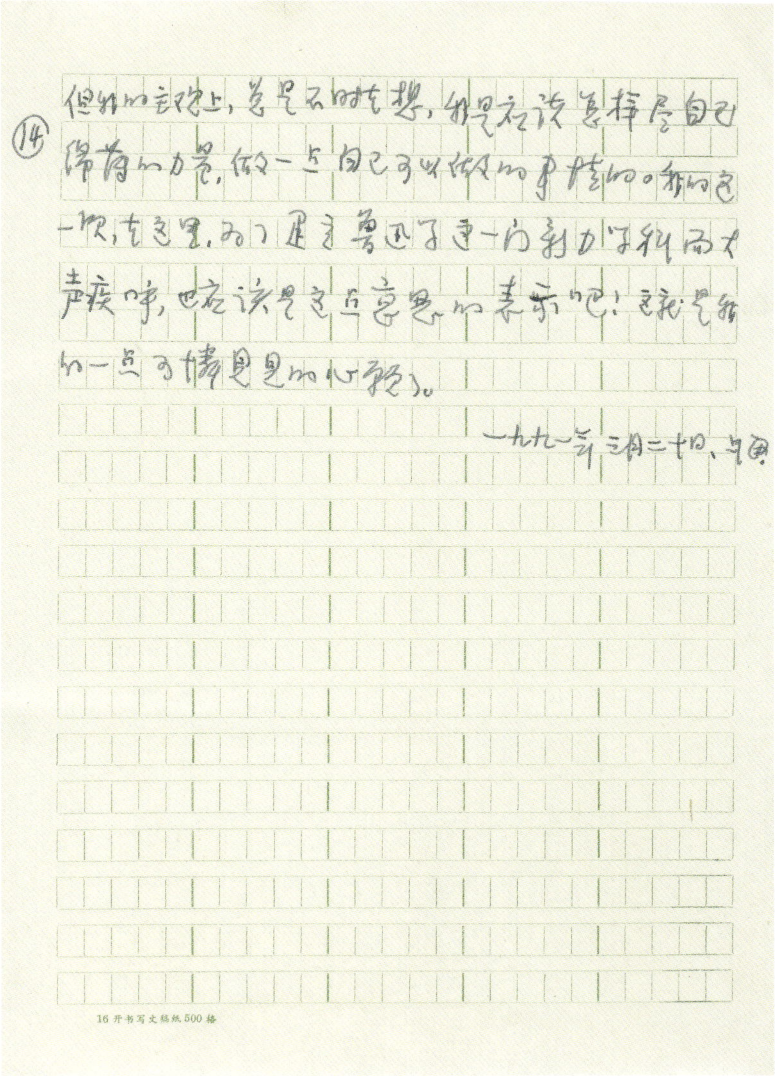

但我的主观上，总是不时在想，我是应该怎样尽自己绵薄的力量，做一点自己可以做的事情的。我们这一次，在这里，为了纪念鲁迅而进一步创办学科而大声疾呼，也应该是这点意思的表示吧！这就是我的一点可以表白的心愿了。

一九九一年三月二十日、上海

鲁迅研究与鲁迅学的创建　　许杰

1991年3月20日作

许杰的鲁迅研究，始于鲁迅逝世的1936年。敬佩于鲁迅的精神与人格，研究和宣传鲁迅成为许杰一项矢志不渝的工作。抗战时期，许杰在暨南大学讲授"小说论"课程时，就以鲁迅的小说作为范文，后将讲稿逐篇整理成文发表于报刊，1951年集结成《鲁迅小说讲话》出版。这是最早系统研究鲁迅小说的专著，在鲁迅小说研究领域具有开创和奠基的作用，3年中再版7次，深受读者欢迎。此篇手稿是许杰作于鲁迅诞辰110周年之际，在这片讲演稿中，他再度呼吁要加强鲁迅研究工作，并希望能够创立"鲁迅学"这一门新学科。

胡风（1902~1985）

湖北蕲春人。原名张光人，又名张光莹、张古因。文艺理论家、诗人、翻译家。曾就读于北京大学预科及清华大学，1929年赴日本，进庆应大学英文科，并从事普罗文学运动，参加日本反战同盟和日本共产党。1933年被驱逐回国，在上海参加“左联”，先后任宣传部长和书记等职。此后编辑《海燕》、《木屑文丛》、《工作与学习》丛刊，出版《七月》、《七月诗丛》、《七月文丛》、《希望》等。抗战时期任文协常委、重庆复旦大学教授等职。1954年他的《关于几年来文艺实践情况的报告》引起文艺和政治上的批判，蒙冤入狱，直至1979年获释出狱，1980年得到平反。后当选全国政协常委、中国文联第四届全国委员等。著有《文艺笔谈》、《民族战争与文艺性格》等。有《胡风全集》10卷行世。

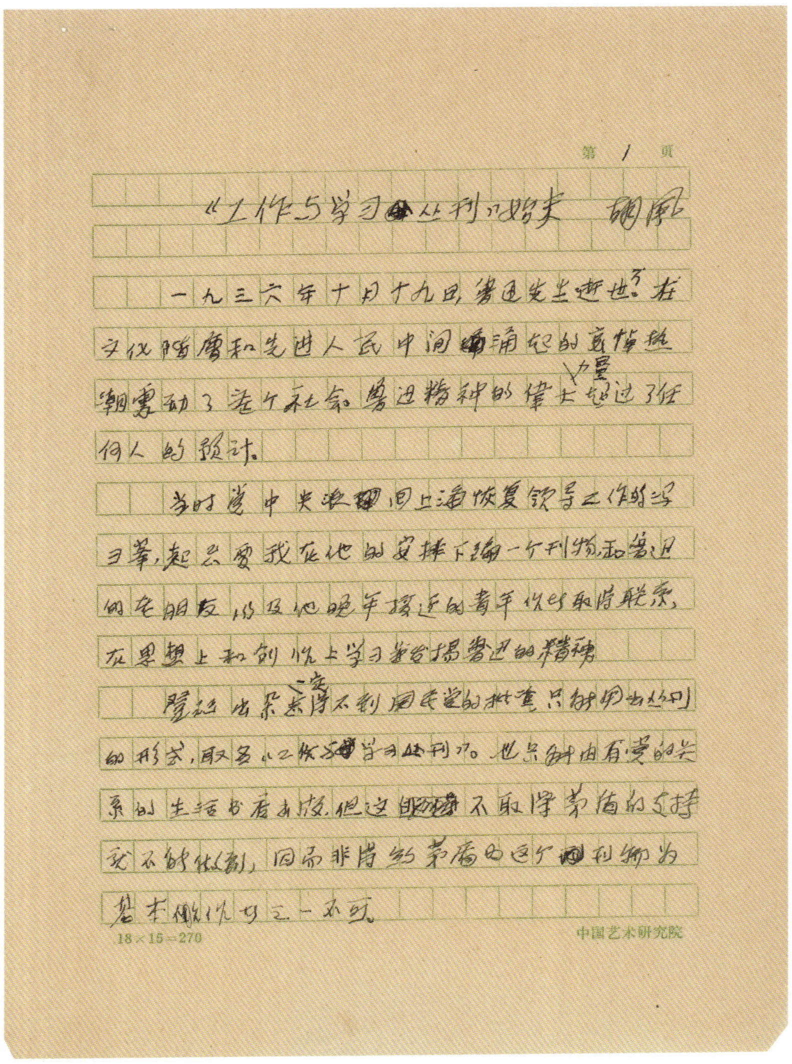

第 1 页

《工作与学习丛刊》始末 胡风

一九三六年十月十九日，鲁迅先生逝世了。在文化阵营和先进人民中间涌起的哀悼热潮震动了整个社会。鲁迅精神的伟大力量超过了任何人的预计。

当时党中央派冯雪峰同志回上海恢复领导工作，冯雪峰要我在他的安排下编一个刊物，和鲁迅的老朋友，以及他晚年接近的青年作家取得联系，在思想上和创作上学习并发扬鲁迅的精神。

鉴于出杂志一定得不到国民党的批准，只能用出丛刊的形式，取名《工作与学习丛刊》。也只能由有党的关系的生活书店出版。但这不取得茅盾的支持是不能做到的，因而非得约茅盾为这个丛刊的基本撰稿者之一不可。

18×15=270 中国艺术研究院

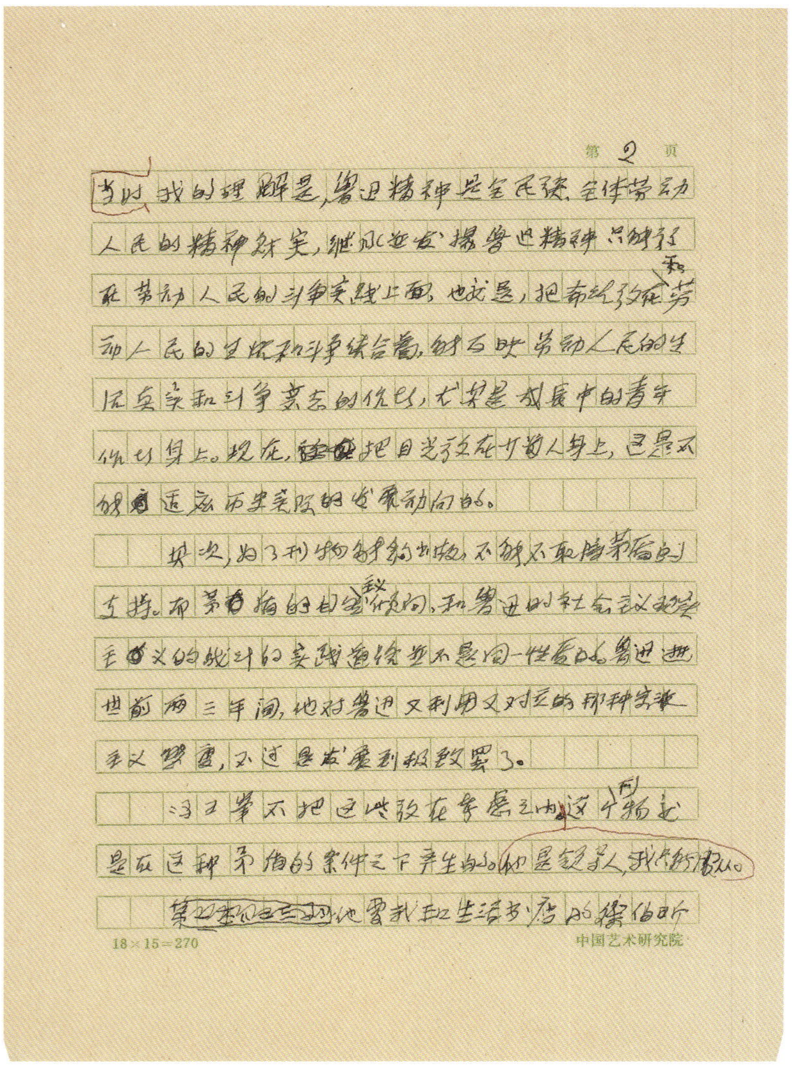

第 2 页

当时我的理解是，鲁迅精神是全民族、全体劳动人民的精神财宝，继承并发扬鲁迅精神只能在劳动人民的斗争实践上面。也就是，把希望寄托在和劳动人民的生活和斗争结合着，能反映劳动人民的生活真实和斗争要求的作家，尤其是成长中的青年作家身上。现在，把目光放在少数人身上，已是不能适应历史实际的发展动向的。

其次，为了刊物能够出版，不能不取得茅盾的支持。而茅盾的自由主义倾向，和鲁迅的社会主义现实主义的战斗的实践道路并不是同一性质的。鲁迅逝世前两三年间，他对鲁迅又利用又对立的那种宗派主义态度，不过是发展到极致罢了。

冯雪峰不把这些放在考虑之内，这个丛刊就是在这种矛盾的条件下产生的。但是较好人，我们能……

他要我和生活书店的徐伯昕

18×15=270 中国艺术研究院

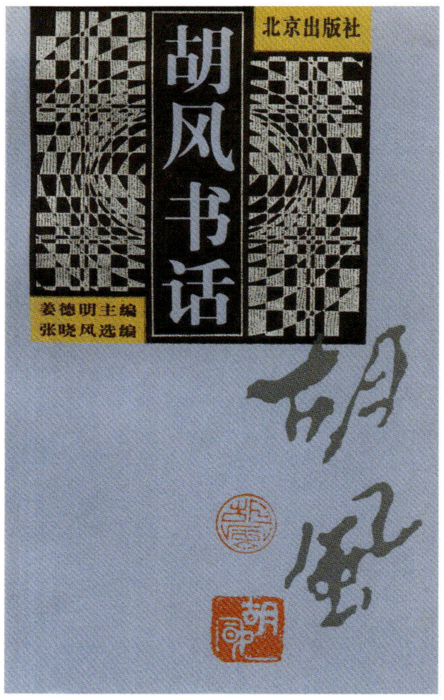
北京出版社
胡风书话
姜德明主编
张晓风选编
胡风

《工作与学习丛刊》始末　　胡风

1984年6月作　　《胡风晚年作品选》 漓江出版社1987年出版；《胡风书话》 北京出版社1998年出版

鲁迅先生逝世后，为了在思想上和创作上学习鲁迅、发扬鲁迅精神，《工作与学习丛刊》在茅盾、冯雪峰等人的支持下得以创刊，由胡风负责具体事务。胡风根据鲁迅的编辑思想，侧重于成长中的青年作家，把注意力集中在能体现鲁迅战斗精神的新生力量上。该篇手稿是胡风对《工作与学习丛刊》的忆述，回顾了从创立至终刊的来龙去脉，以及在此刊物上曾经发表过的，给他留下深刻印象的文章及作者，如端木蕻良、贾植芳等。手稿刊布于《胡风晚年作品选》、《胡风书话》。

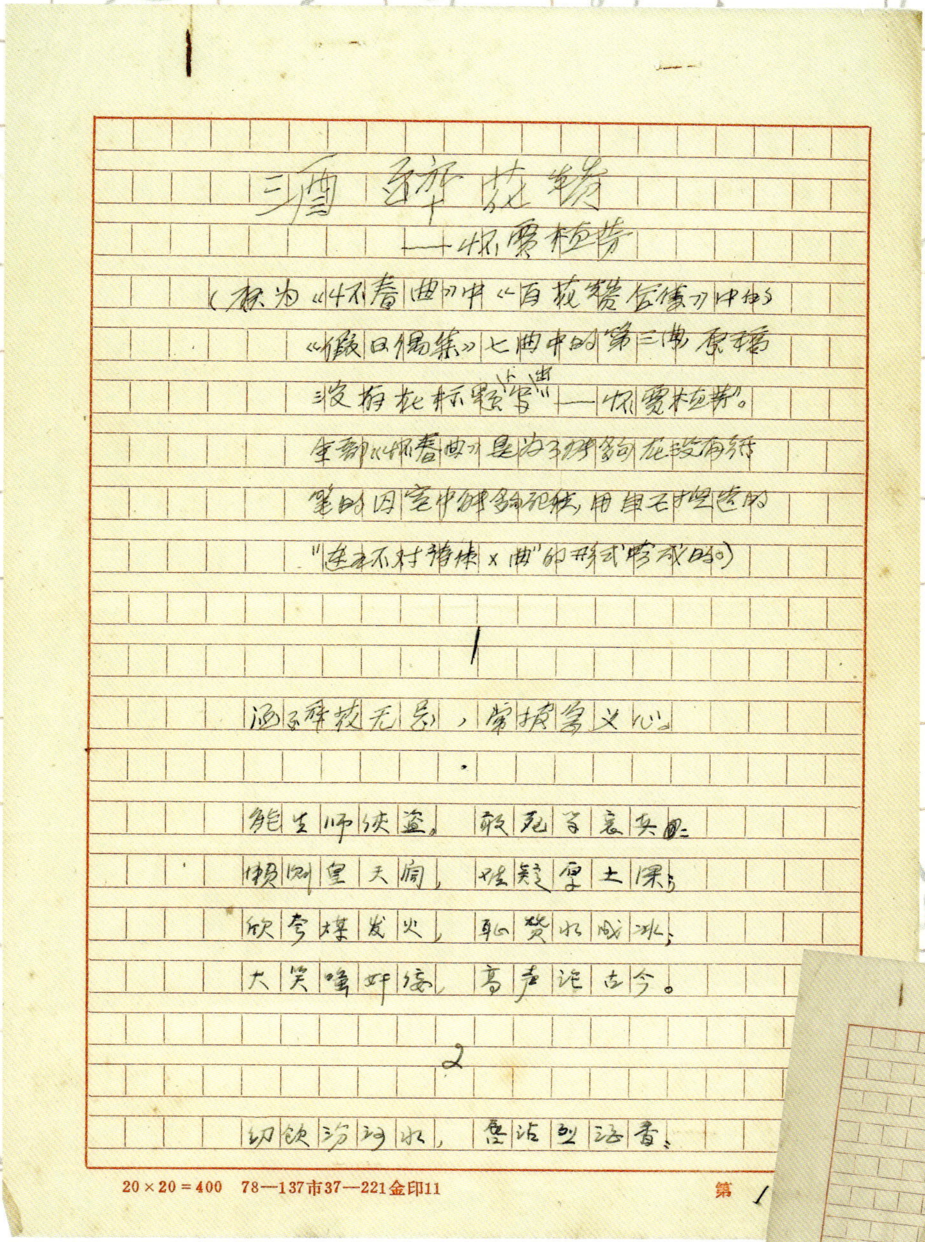
酒醉花赞
——怀贾植芳
（收为《怀春曲》中《百花赞会读》中的
《假日偶集》七曲中的第三曲。原稿
没有把标题写出——怀贾植芳。
全部《怀春曲》是为了[illegible]在没有纸
笔的囚室中[illegible]，用自己[illegible]的
"连环对称体×曲"的形式写成的。）

1

酒醉花无忌，常携[illegible]义心。

能生师侠盗，敢死学哀兵；
顿恻皇天阔，[illegible]厚土深；
欣夸煤发火，耻赞水成冰；
大笑嗤奸佞，高声论古今。

2

幼饮汾河水，[illegible]

20×20=400　78—137市37—221金印11　第 1

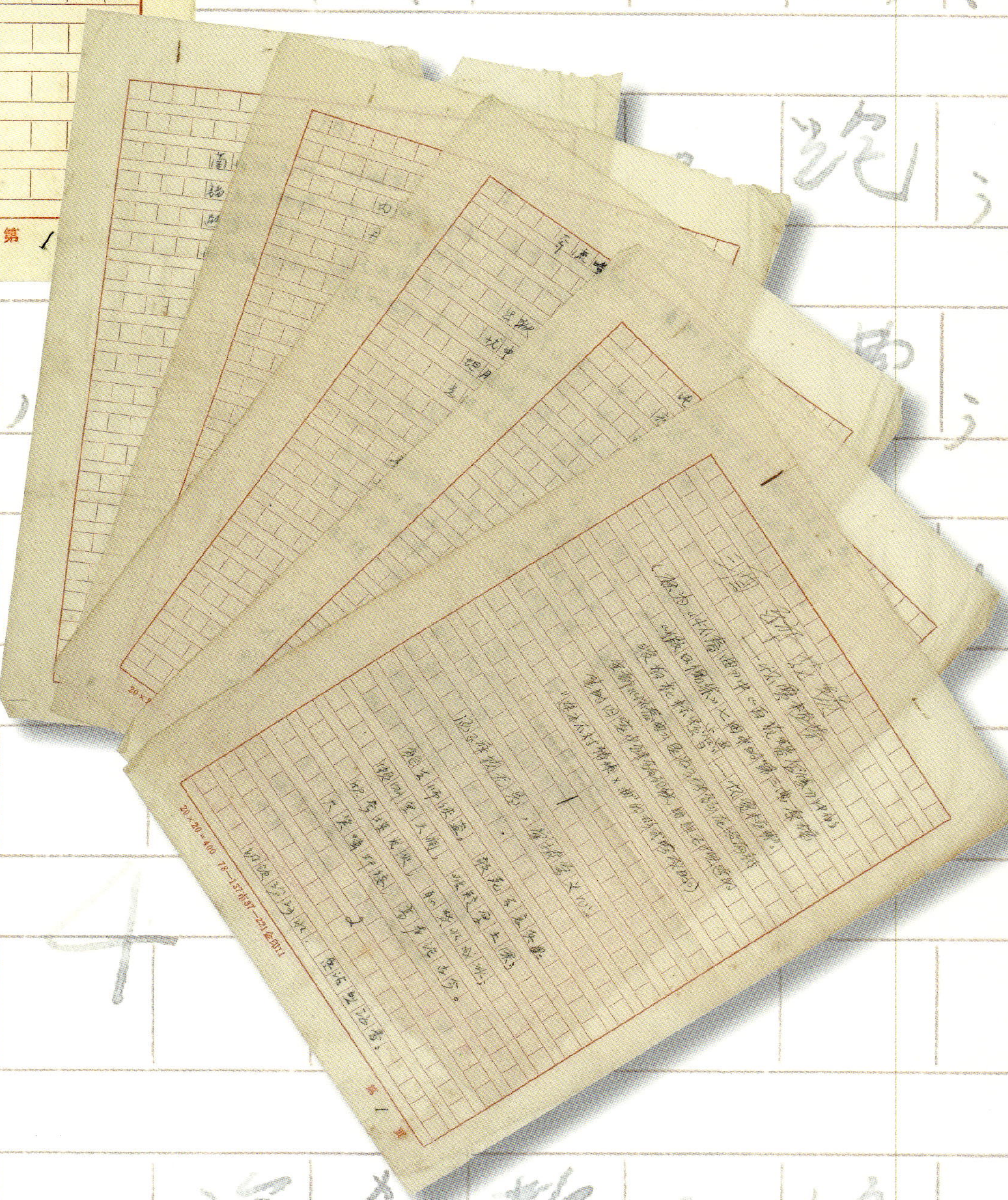

酒醉花赞——怀贾植芳　　胡风

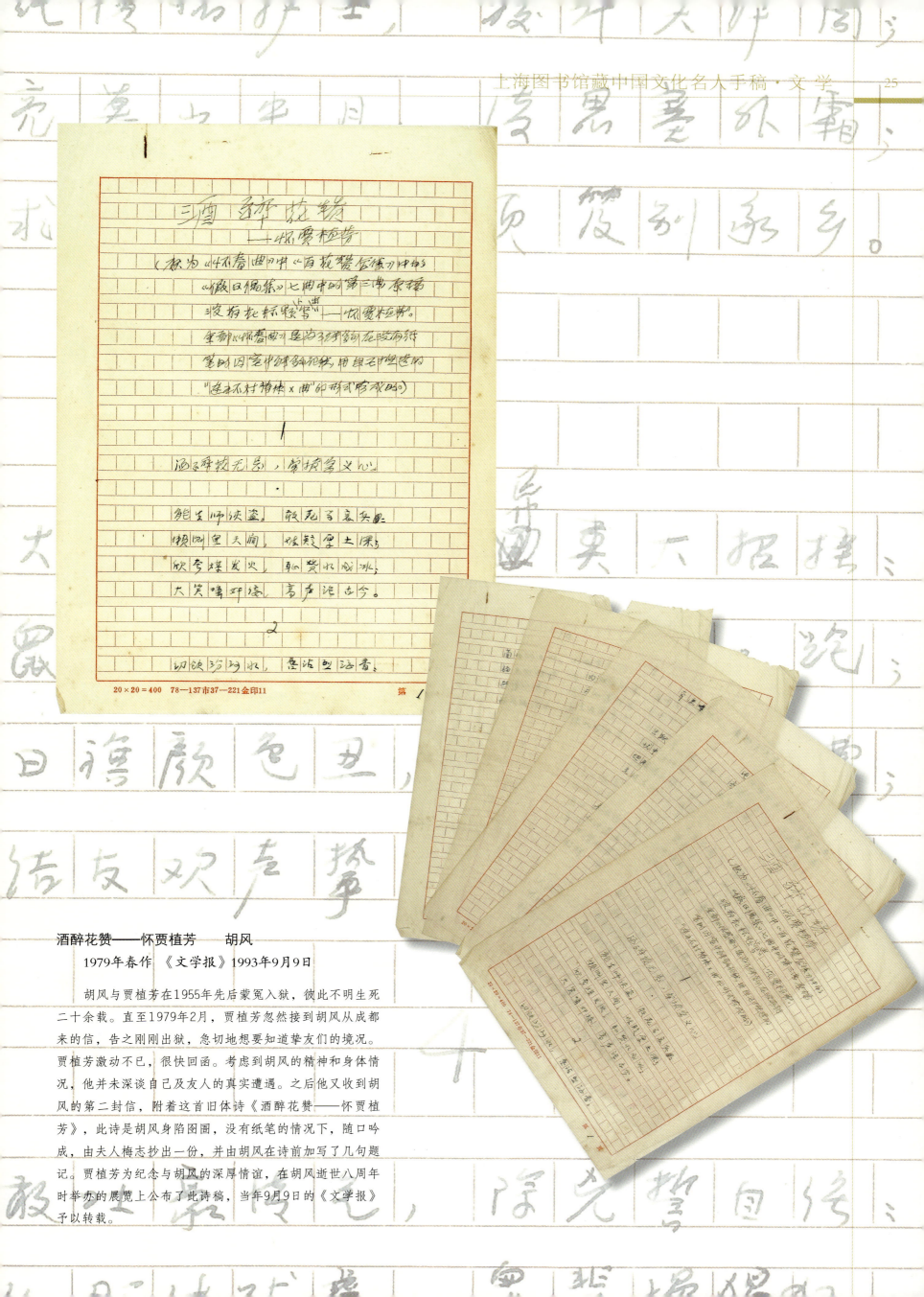

1979年春作　《文学报》1993年9月9日

胡风与贾植芳在1955年先后蒙冤入狱，彼此不明生死二十余载。直至1979年2月，贾植芳忽然接到胡风从成都来的信，告之刚刚出狱，急切地想要知道挚友们的境况。贾植芳激动不已，很快回函。考虑到胡风的精神和身体情况，他并未深谈自己及友人的真实遭遇。之后他又收到胡风的第二封信，附着这首旧体诗《酒醉花赞——怀贾植芳》，此诗是胡风身陷囹圄，没有纸笔的情况下，随口吟成，由夫人梅志抄出一份，并由胡风在诗前加写了几句题记。贾植芳为纪念与胡风的深厚情谊，在胡风逝世八周年时举办的展览上公布了此诗稿，当年9月9日的《文学报》予以转载。

阳翰笙（1902~1993）

四川高县人。原名欧阳本义，字继修。剧作家，1925年加入中国共产党，参加北伐与南昌起义，后参与筹组“左联”，先后担任“左联”、文总党团书记和中共中央上海局文委书记。此后，任国民政府军委政治部三厅主任秘书、文化工委副主任，参与领导文化界统战工作。建国后，历任中华全国电影艺术工作者协会主席、政务院文化工作委员会机关党组书记、总理办公室副主任、中国文联党组书记等职。1979年后任全国文联副主席。著有《天国春秋》、《李秀成之死》等剧本，创作拍摄有电影《八千里路云和月》、《一江春水向东流》、《万家灯火》、《三毛流浪记》等。有《阳翰笙选集》5卷行世。

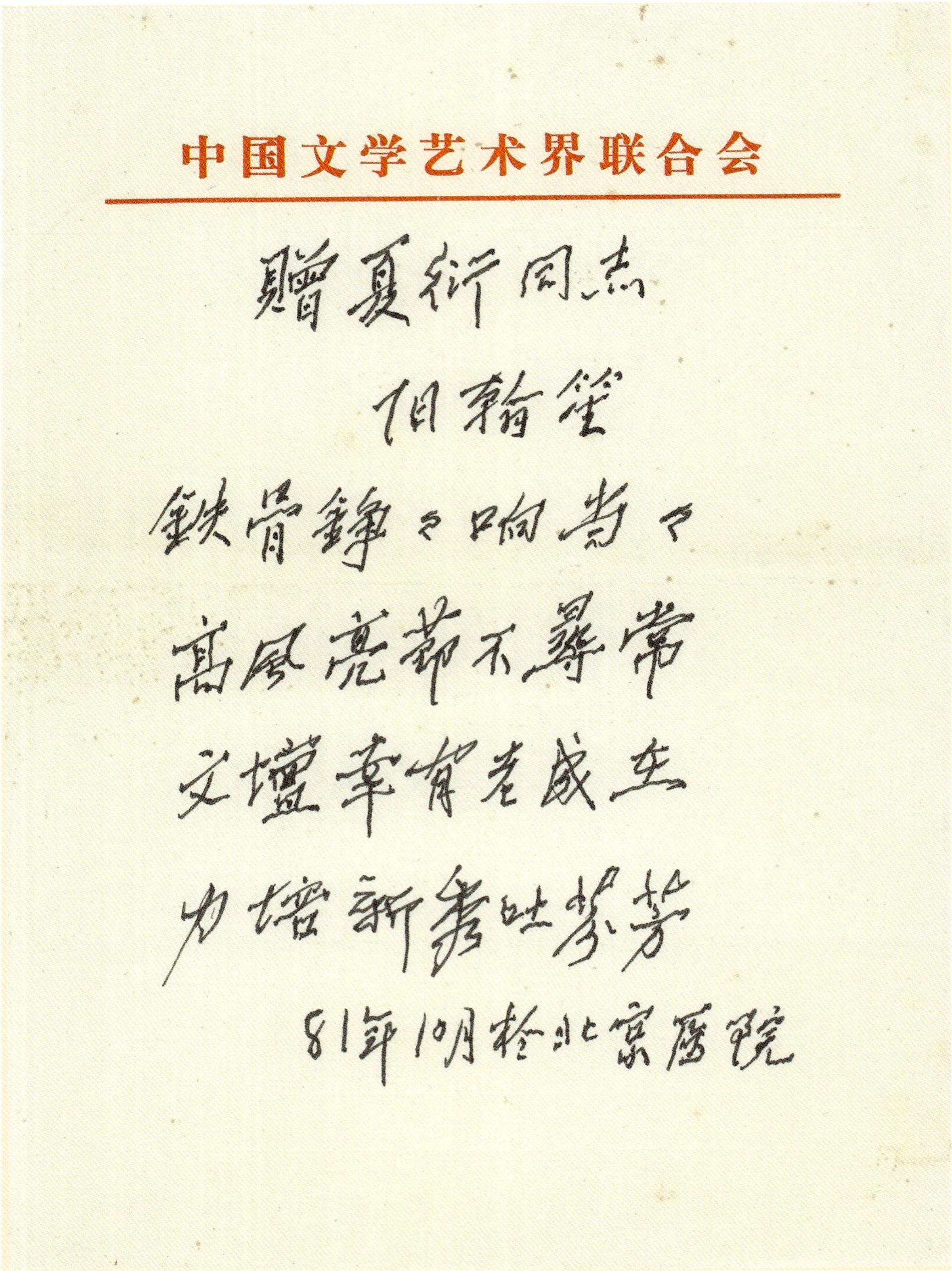

中国文学艺术界联合会

赠夏衍同志

阳翰笙

铁骨铮铮响当当

高风亮节不寻常

文坛革命老战士

力培新秀吐芬芳

81年10月於北京医院

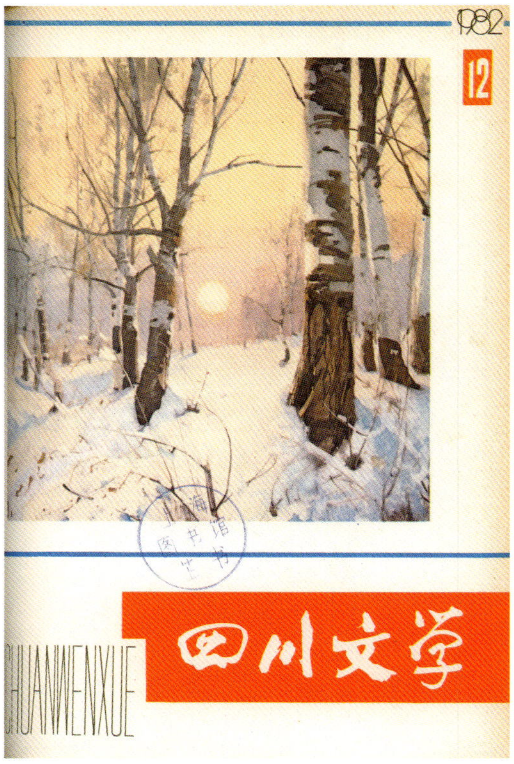
1982
12
四川文学

赠夏衍同志　　阳翰笙

1981年10月作　　《四川文学》1982年第12期

阳翰笙与夏衍自20世纪30年代结识，共同为党的文艺事业并肩战斗与工作几十载，结下了深厚的友谊。这篇诗稿作于老友夏衍生日前夕，阳翰笙此时虽住于医院，但仍亲笔题写，赞颂夏衍的人格魅力与对我国文化事业的卓越贡献。

聂绀弩（1903~1986）

湖北京山人。原名聂国棪，笔名绀弩、耳耶等。作家。1924年入黄埔军校。1932年参加“左联”，1934年编辑《中华日报》副刊《动向》。1938年到延安，不久到新四军编辑《抗敌》杂志。1940年参加《野草》编辑部。1945~1946年任重庆《商务日报》和《新民报》副刊编辑。建国后，任香港《文汇报》总主笔、人民文学出版社副总编辑兼古典文学部主任。著有杂文集《关于知识分子》、《历史的奥秘》、《二鸦杂文》等，另有《中国古典小说论集》、《聂绀弩诗全编》。

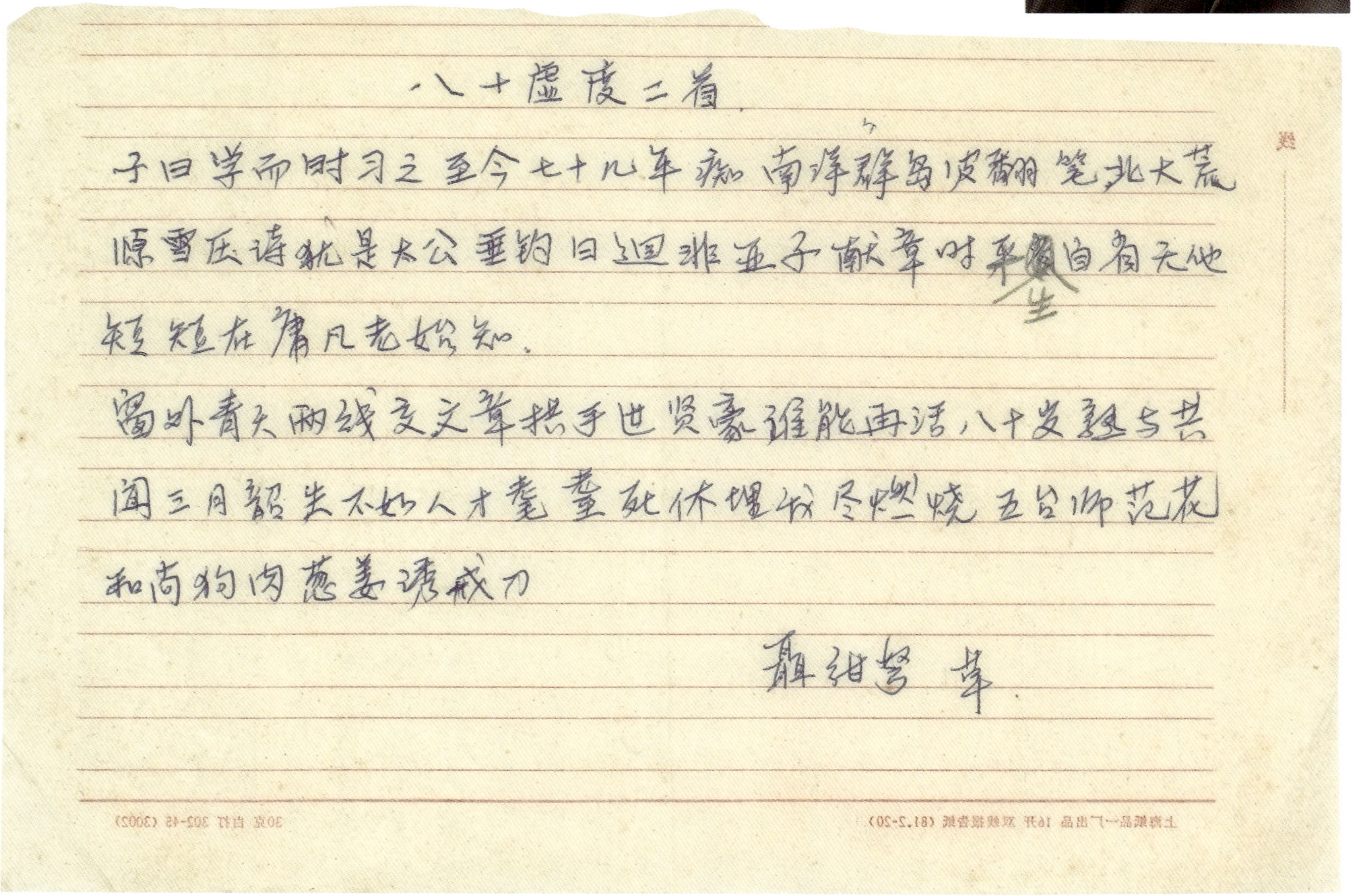

八十虚度二首

子曰学而时习之至今七十几年痴 南洋群岛波翻笔 北大荒原雪压诗 犹是太公垂钓日 迥非亚子献章时 平生自省无他短 短在庸凡老始知。

窗外青天两线交 文章拱手世贤豪 谁能再活八十岁 孰与共闻三月韶 生不如人才耄耋 死休埋我尽燃烧 五台师范花和尚 狗肉葱姜诱戒刀

聂绀弩 草

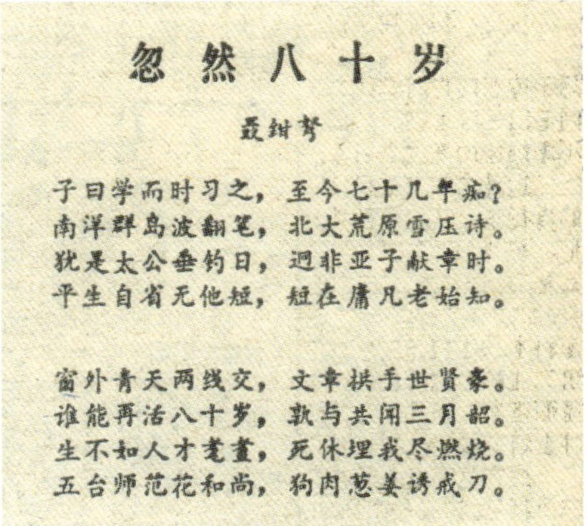

忽然八十岁

聂绀弩

子曰学而时习之，至今七十几年痴？
南洋群岛波翻笔，北大荒原雪压诗。
犹是太公垂钓日，迥非亚子献章时。
平生自省无他短，短在庸凡老始知。

窗外青天两线交，文章拱手世贤豪。
谁能再活八十岁，孰与共闻三月韶。
生不如人才耄耋，死休埋我尽燃烧。
五台师范花和尚，狗肉葱姜诱戒刀。

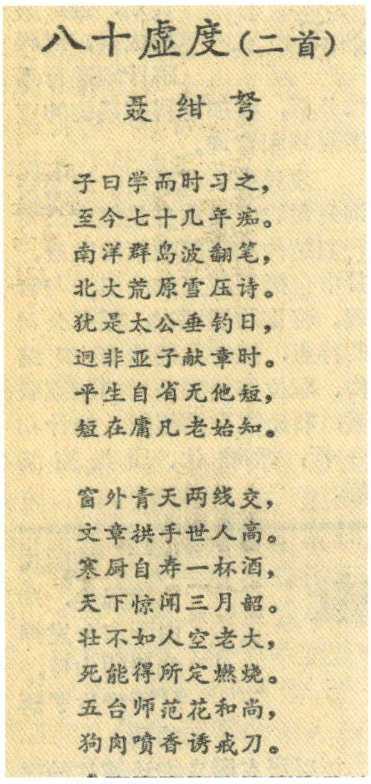

八十虚度（二首）

聂绀弩

子曰学而时习之，
至今七十几年痴。
南洋群岛波翻笔，
北大荒原雪压诗。
犹是太公垂钓日，
迥非亚子献章时。
平生自省无他短，
短在庸凡老始知。

窗外青天两线交，
文章拱手世人高。
寒厨自寿一杯酒，
天下惊闻三月韶。
壮不如人空老大，
死能得所定燃烧。
五台师范花和尚，
狗肉喷香诱戒刀。

八十虚度二首　　聂绀弩

1982年作　　《新民晚报》1982年4月23日

聂绀弩作于80岁时的这两首诗歌，发表在《新民晚报》1982年4月23日第5版，题为《忽然八十岁》。《聂绀弩全集》、《聂绀弩诗全编》、《聂绀弩旧体诗全编》等作品集都收录了这两首诗。这两首诗与聂绀弩在《光明日报》1982年4月7日第4版上发表的题为《八十虚度》两首诗，第一首完全一致；第二首的二、三联改动较大，手稿和《新民晚报》版为“谁能再活八十岁，孰与共闻三月韶。生不如人才耄耋，死休埋我尽燃烧”，《光明日报》版作“寒厨自寿一杯酒，天下惊闻三月韶。壮不如人空老大，死能得所定燃烧”，应该是同一作品不同版本的修订稿。

巴金（1904~2005）

四川成都人。原名李尧棠，字芾甘，笔名巴金、马拉、王文慧等。作家、文学翻译家。被誉为是中国五四新文化运动以来最有影响的作家之一，是20世纪中国杰出的文学大师。1927年赴法留学。1928年底回国编辑《文学丛刊》，从事文学创作。1934年冬游学日本，次年8月回国。之后任上海文化生活出版社、平明出版社总编辑。新中国建立后，历任中国作协副主席，《文艺月报》、《收获》、《上海文学》主编，中国文联副主席，中国作协主席等职。著有长篇小说《激流三部曲》：《家》、《春》、《秋》、中篇小说《第四病室》、《憩园》和散文集《随想录》等。有《巴金全集》26卷行世。

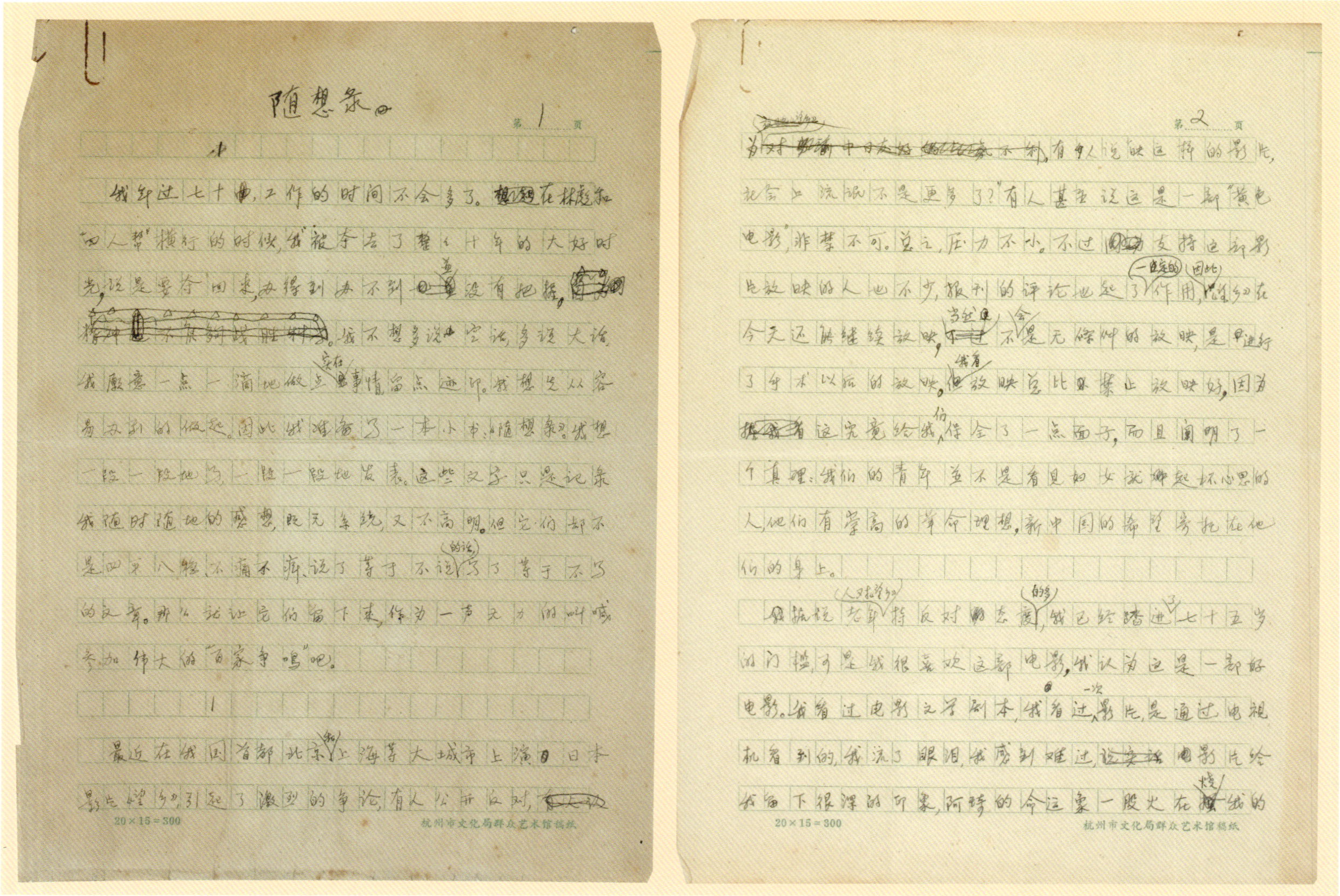

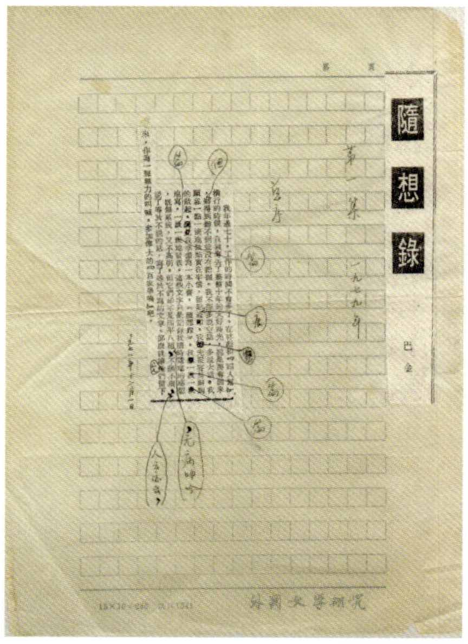

《随想录》第一集　　巴金

1978年~1979年作　　香港《大公报》1978年~1979年

《随想录》是巴金晚年创作的一部散文集，这是巴金用全部人生经验来倾心创作的作品，分为《随想录》、《探索集》、《真话集》、《病中集》、《无题集》共五集，统称《随想录》。本馆收藏的《随想录》第一集手稿共30篇，创作于1978年12月至1979年8月，1978年12月至1979年9月在香港《大公报》副刊《大公园》上连载。连载时，除第五篇《怀念萧珊》和第二十五篇《中岛健藏先生》外，其余28篇都没有篇名。1979年，在三联书店（香港）有限公司结集出版之前，巴金才为其余诸篇定下篇名，并略作修订，本馆亦藏有出版前巴金在剪报上作的样书修订稿。《随想录》可以说是当代中国最具影响力的散文集，发行量之大，已难以完整统计，在海外也有巨大的影响力，早在1982年就出版有日文版的《随想录》第一集，之后陆续出版有日文的全译本和英文、法文、韩文及俄文的选译本。

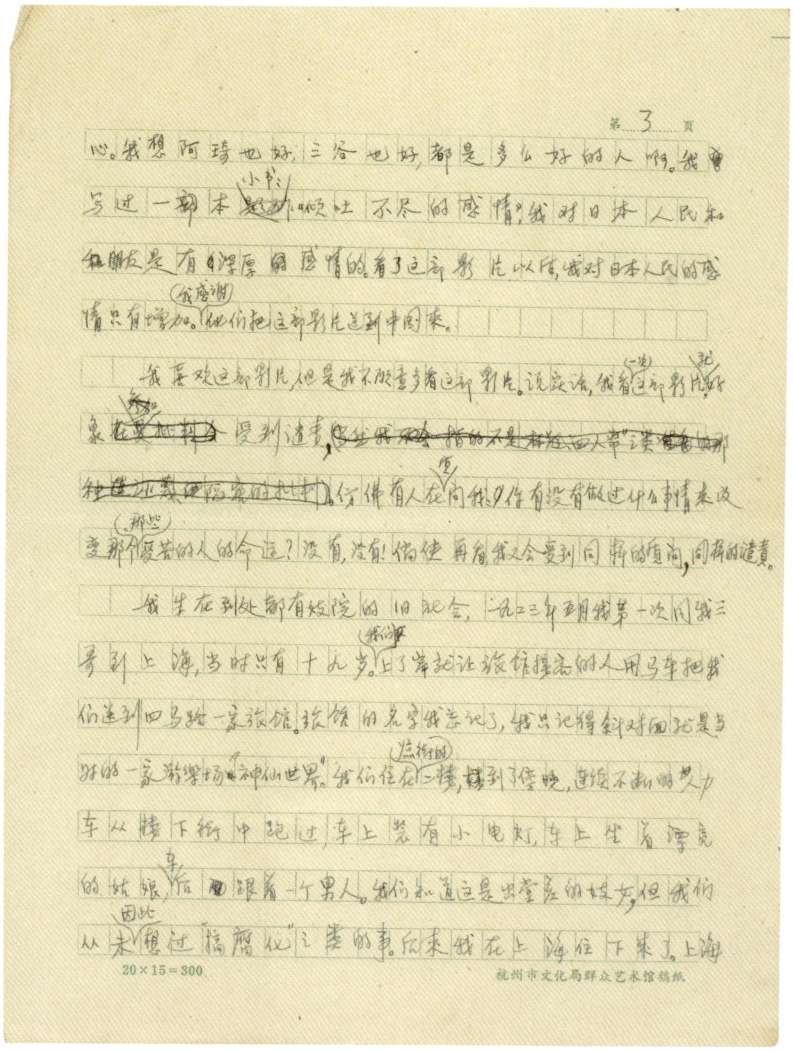
第 3 页
心。我想阿琦也好，三谷也好，都是多么好的人啊。我曾写过一本小书《倾吐不尽的感情》，我对日本人民和朋友是有深厚的感情的。看了这部影片以后，我对日本人民的感情只有增加。我感谢他们把这部影片送到中国来。
我喜欢这部影片，但是我不敢多看这部影片。说实话，我看一次这部影片就好象受到谴责，仿佛有人在质问我：你有没有做过什么事情来改变那些受苦的人的命运？没有，没有！倘使再看，我又会受到同样的质问，同样的谴责。
我生在到处都有妓院的旧社会，一九二三年五月我第一次同我三哥到上海，当时只有十九岁。上了岸我们就让旅馆接客的人用马车把我们送到四马路一家旅馆。旅馆的名字我忘记了，我只记得斜对面就是当时的一家游乐场"神仙世界"。我们住在临街的二楼，从早到傍晚，连续不断的人力车从楼下街中跑过，车上装有小电灯，车上坐着漂亮的姑娘，车后跟着一个男人。我们知道这是出堂差的妓女，但我们从未想过"搞腐化"之类的事。因此后来我在上海住下来了。上海
20×15＝300
杭州市文化局群众艺术馆稿纸

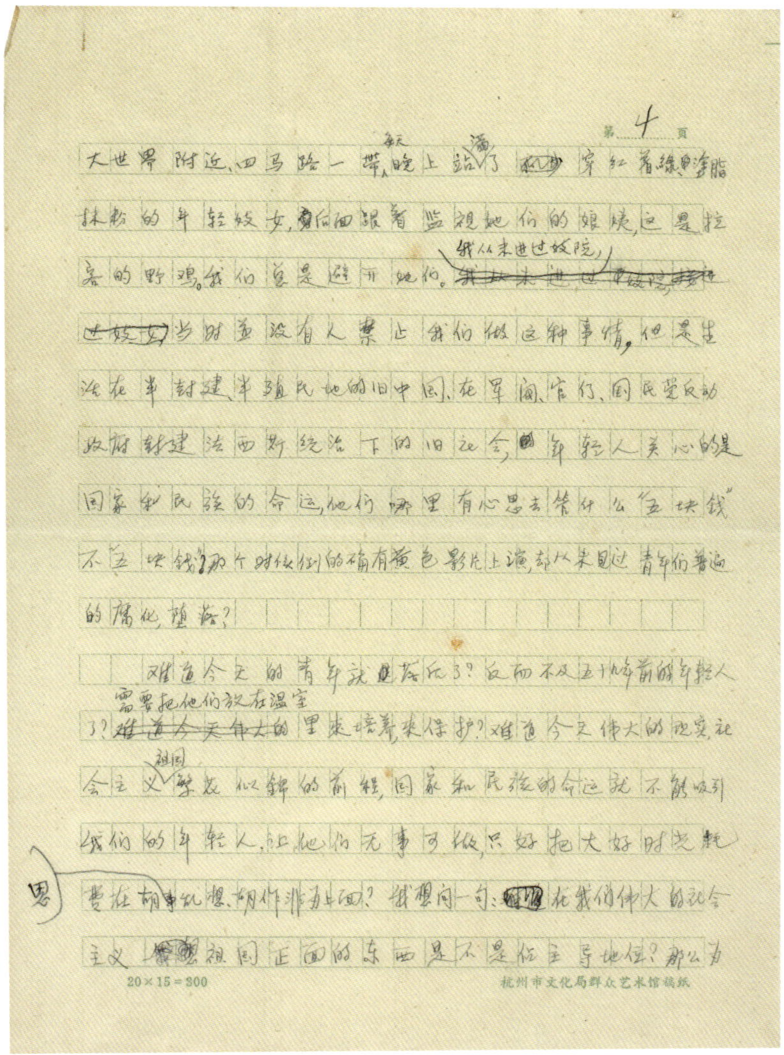
第 4 页
大世界附近、四马路一带每天晚上站满了穿红着绿、涂脂抹粉的年轻妓女，后面跟着监视她们的娘姨，这是拉客的野鸡。我们总是避开她们。我从来未进过妓院，当时并没有人禁止我们做这种事情。但是生活在半封建半殖民地的旧中国，在军阀、官僚、国民党反动政府封建法西斯统治下的旧社会，年轻人关心的是国家和民族的命运，他们哪里有心思去管什么"五块钱"不"五块钱"？那个时候倒的确有黄色影片上演，却从来见过青年们普遍的腐化堕落？
难道今天的青年就堕落了？反而不及五十年前的年轻人了？需要把他们放在温室里来培养，来保护？难道今天伟大的社会主义祖国繁花似锦的前程，国家和民族的命运就不能吸引我们的年轻人，让他们无事可做，只好把大好时光耗费在胡思乱想、胡作非为上面？我想问一句：在我们伟大的社会主义祖国正面的东西是不是占主导地位？那么为
思
20×15＝300
杭州市文化局群众艺术馆稿纸

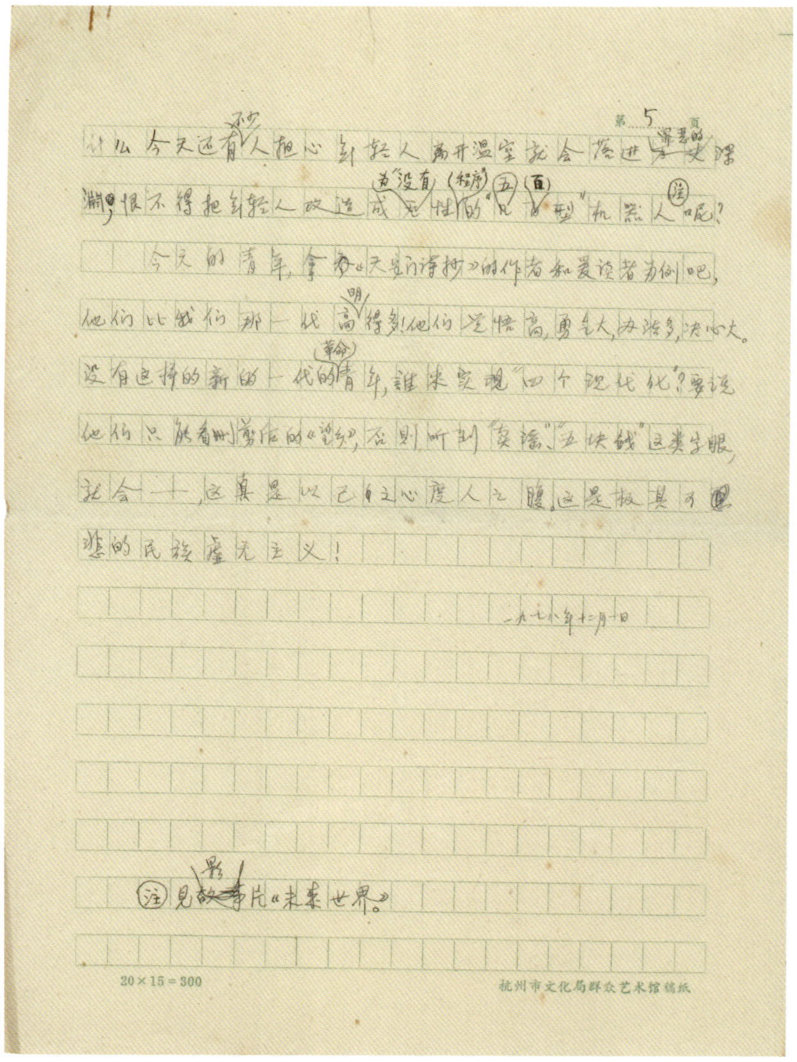
第 5 页
什么今天还有不少人担心年轻人离开温室就会落进罪恶的深渊，恨不得把年轻人改造成为没有（程序）性的"（五）（百）型"机器人㊟呢？
今天的青年，拿《天安门诗抄》的作者和爱读者为例吧，他们比我们那一代高明得多！他们觉悟高，勇气大，办法多，决心大。没有这样的新的一代的革命青年，谁来实现"四个现代化"？要说他们只能看删剪后的《望乡》，否则听到"卖淫"、"五块钱"这类字眼就会上钩，这真是以己之心度人之腹。这是极其可悲的民族虚无主义！
一九七八年十二月一日
㊟见影片《未来世界》。
20×15＝300
杭州市文化局群众艺术馆稿纸

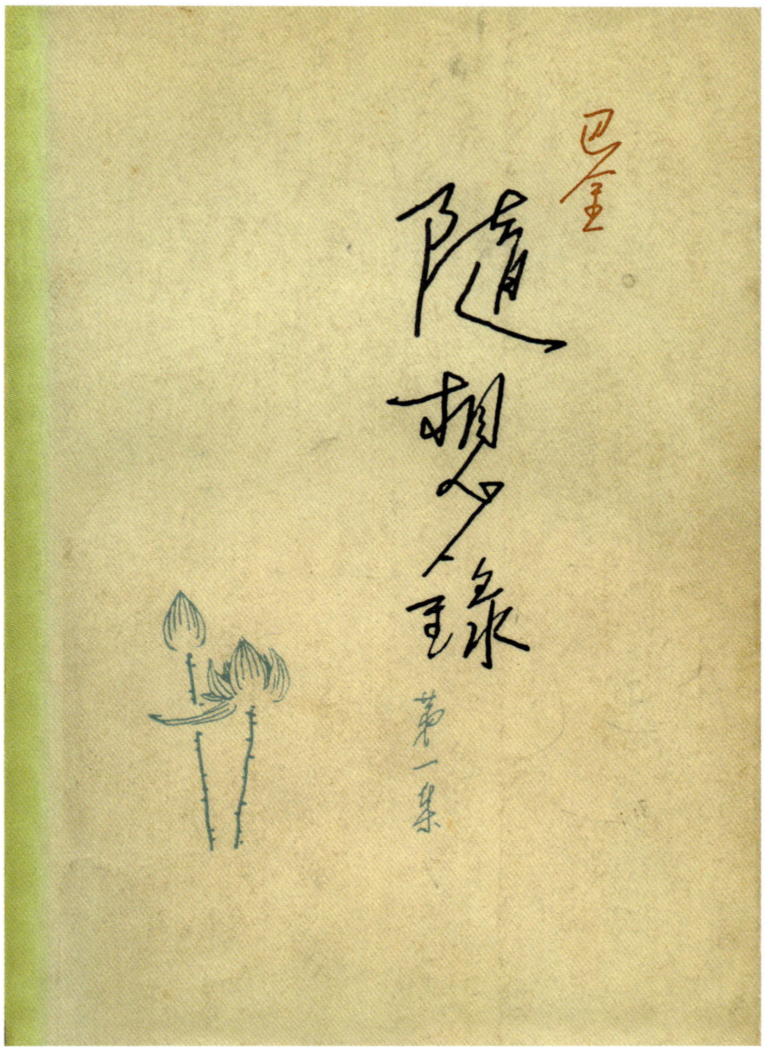
巴金
随想录
第一集

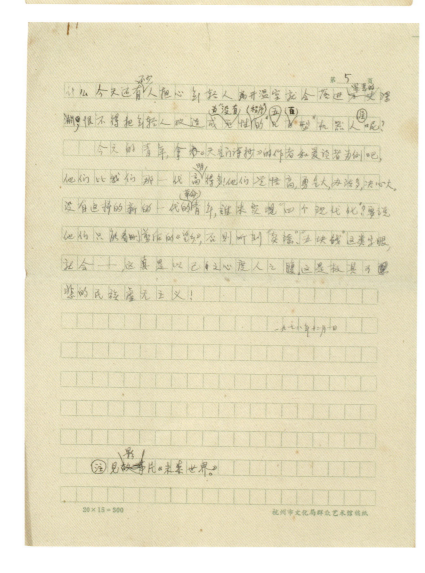

第四病室　巴金

1945年作　上海良友图书出版公司1946年1月出版

日记体小说《第四病室》是巴金后期小说创作的代表作之一，整体创作风格由早期热情奔放的抒情咏叹，转向冷静深刻的人生世相的揭示，通过写战时一间医院，以一个病人的18天日记，体现了战时大后方的众生相。这部中篇小说创作于1945年5月至7月间，完稿于重庆。1946年1月由良友复兴图书印刷公司出版兼印行初版，列《良友文学丛书》新编第三种。上海晨光出版公司1946 年11月版出版新版增加了《后记》1篇，之后晨光出版公司在1947年、1948年、1949年多次再版。建国后，《第四病室》也由上海新文艺出版社等多家出版社再版，并被收录入人民文学出版社1989年版《巴金全集》第八卷。

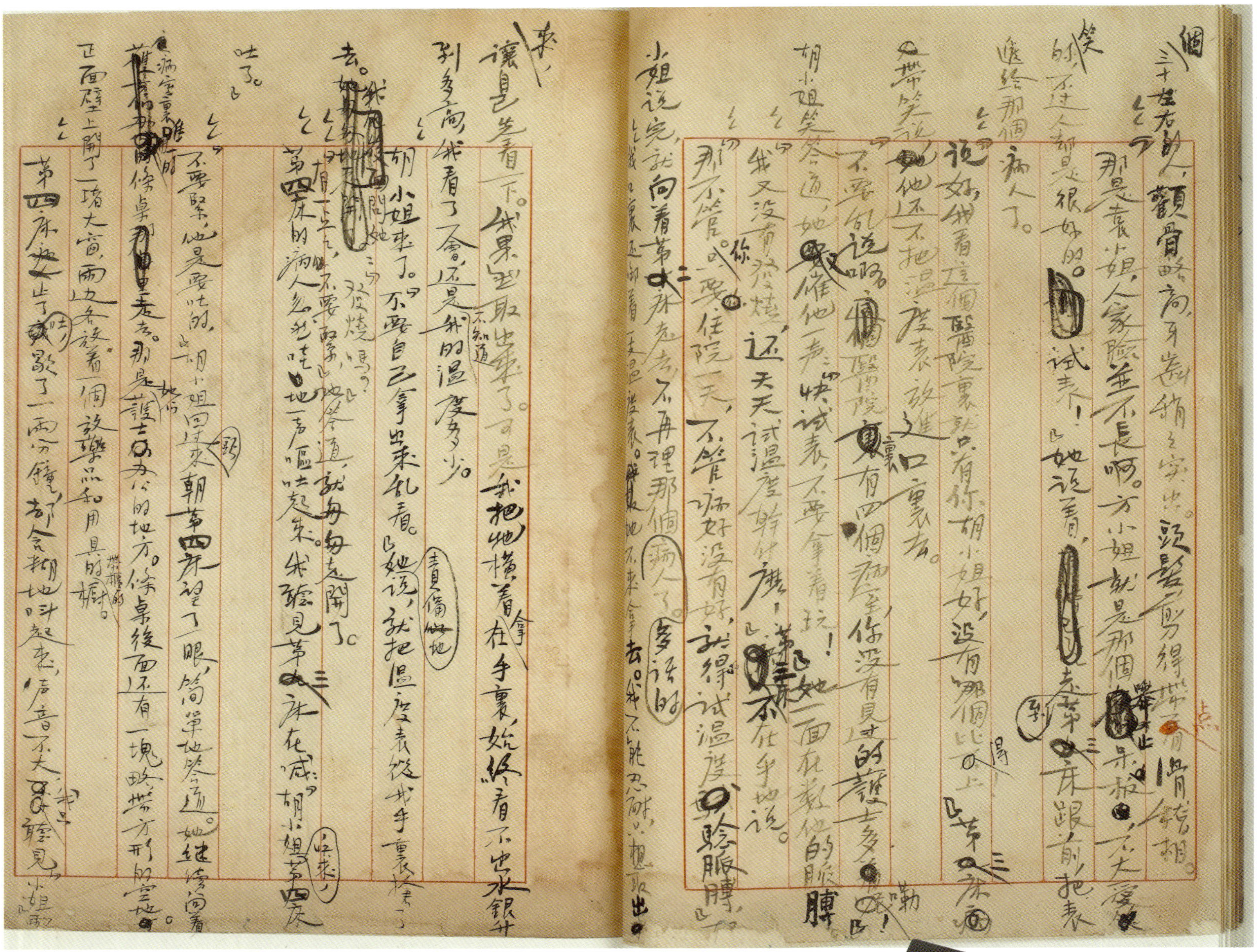

EXLIBRIS
巴金藏書

第四病室

巴金藏书票
倪建明设计

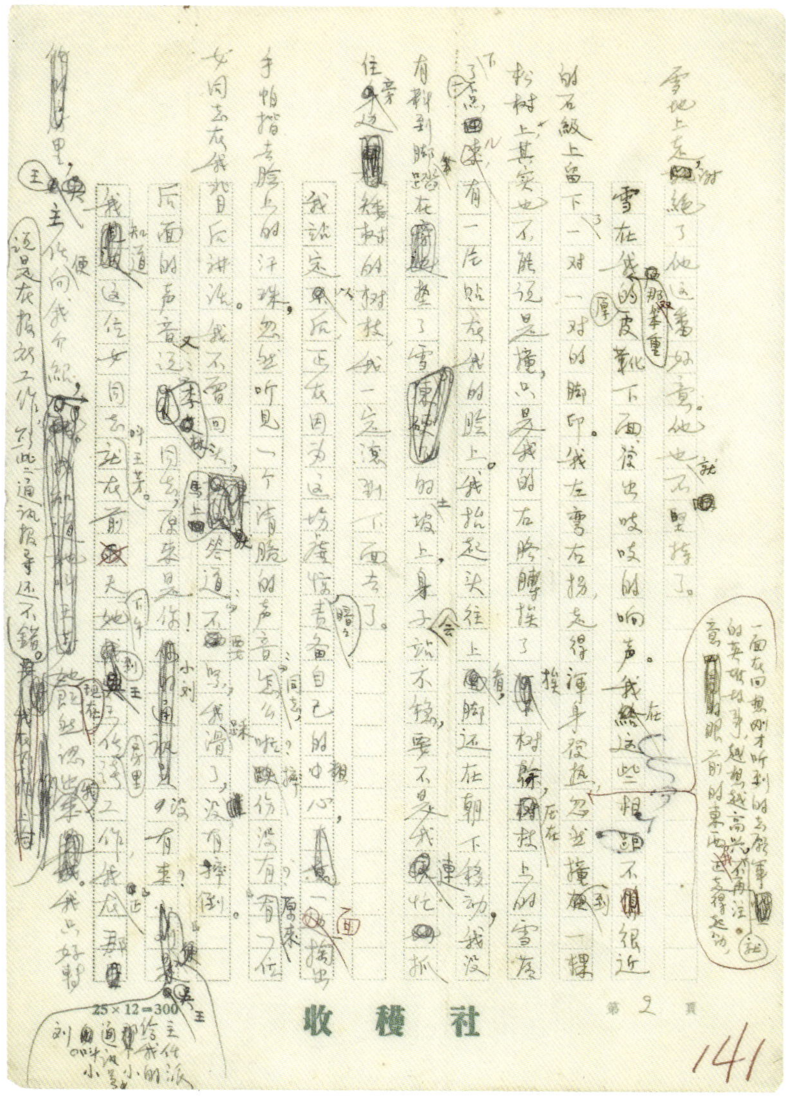

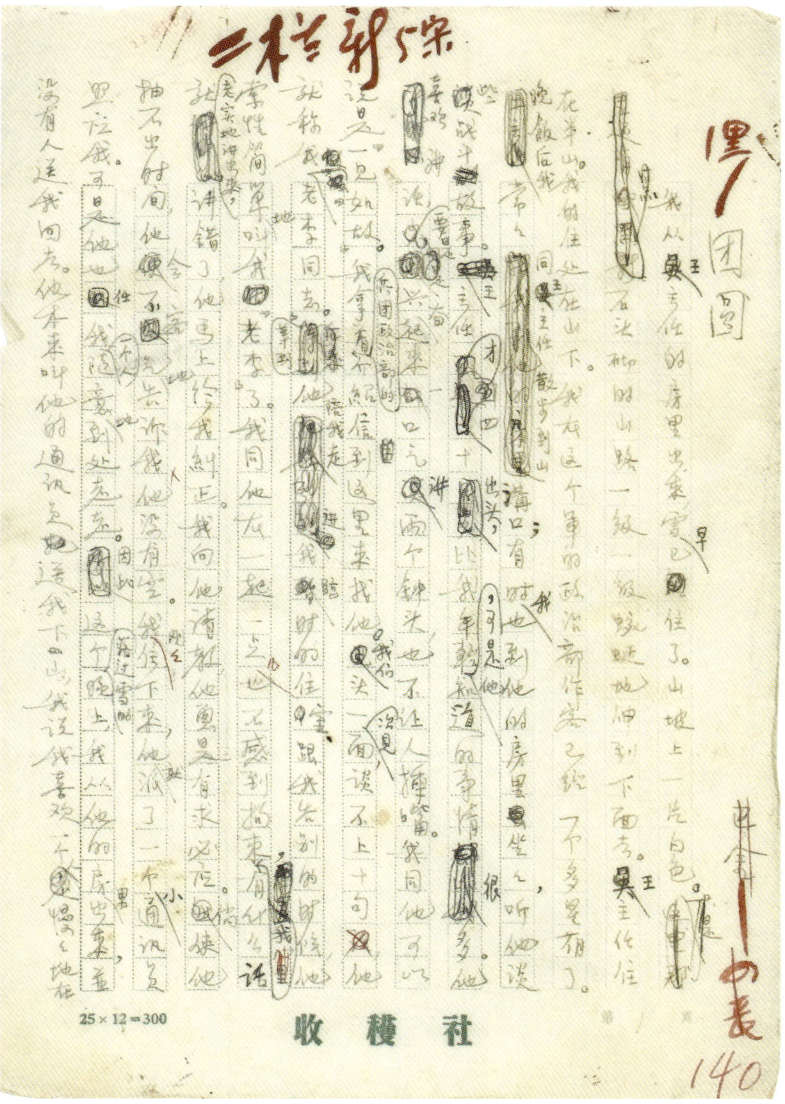

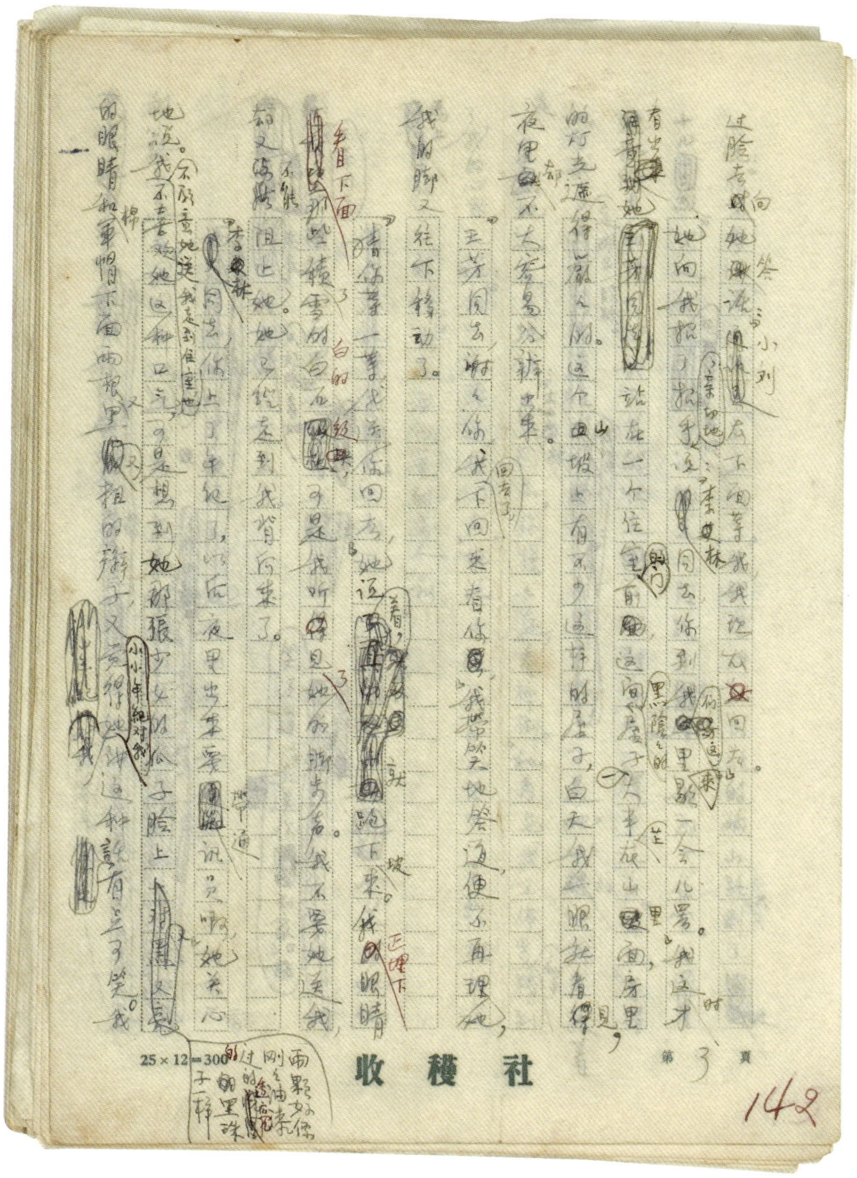

巴金珍藏
EXLIBRIS

巴金藏书票
杨可扬设计

团圆　　巴金

1961年7月20日作　　　《上海文学》1961年8月

小说《团圆》是巴金在抗美援朝期间赴朝鲜体验志愿军生活之后，经过多年的积淀，取材于战争经历创作的一篇中篇小说，完稿于1961年7月，同年8月发表于《上海文学》。小说一经发表，就引起时任文化部副部长夏衍的关注，责成长春电影制片厂拍摄成电影。1964年由长春电影制片厂改编拍摄成著名的电影《英雄儿女》。电影在上映之后引起巨大的反响，多年来和主题歌《英雄赞歌》一起成为家喻户晓的“红色经典”，是中国反映朝鲜战争最著名的影片之一。

艾芜（1904~1992）

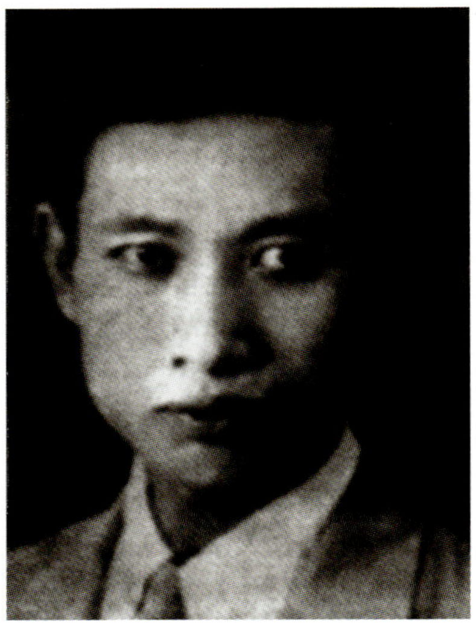

四川新繁人。原名汤道耕，又名汤爱吾，笔名艾芜。作家。1921年考入成都省立第一师范学校，后因不满学校守旧的教育和反抗旧式婚姻而弃学远行，曾漂泊至缅甸、新加坡。1931年回国到上海，开始创作生活，次年加入“左联”。抗战爆发后，在桂林、重庆从事革命文学活动。建国后，历任四川省文联名誉主席、作协四川分会名誉主席、中国作协理事。著有《人生哲学的一课》、《南行记》、《山中牧歌》、《夜景》、《浪花集》等。有《艾芜文集》10卷行世。

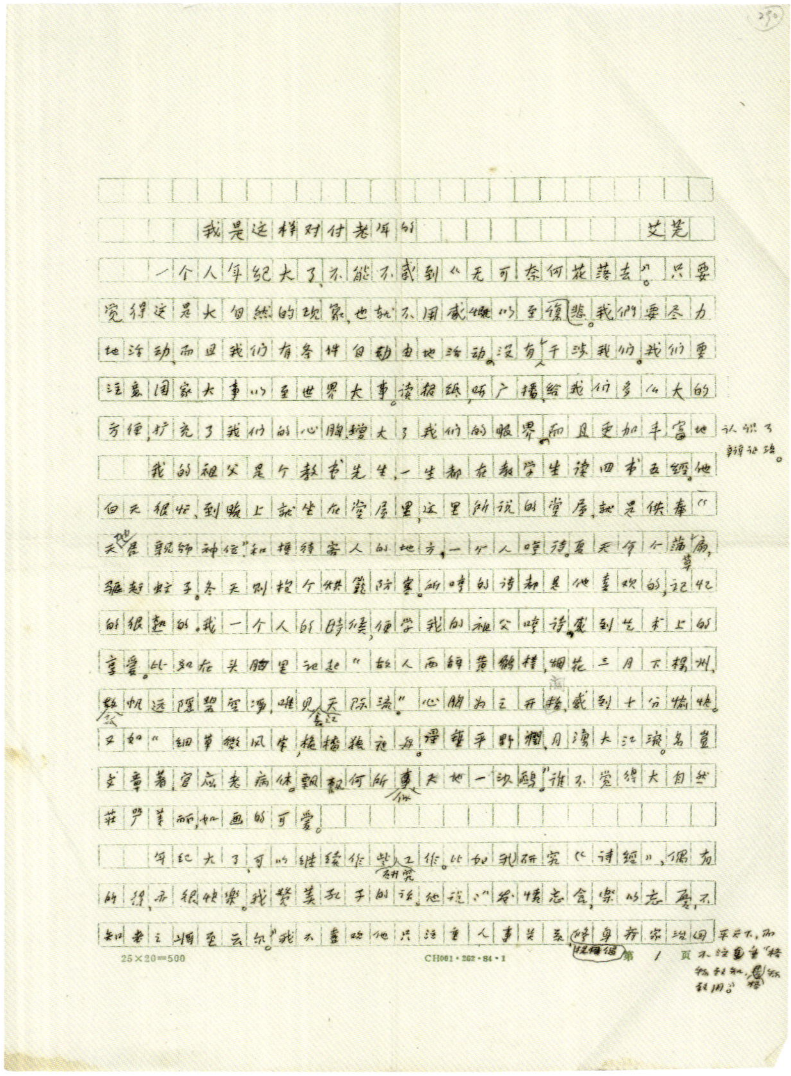

我是这样对付老年的　艾芜

一个人年纪大了，不能不感到“无可奈何花落去”。只要觉得这是大自然的现象，也就不用感慨以至悲伤。我们要尽力地活动，而且我们有条件自由地活动，没有人干涉我们。我们要注意国家大事以至世界大事。读报纸，听广播，给我们多么大的方便，扩充了我们的心胸，增大了我们的眼界，而且更加丰富地认识了辩证法。

我的祖父是个教书先生，一生都在教学生读四书五经。他白天很忙，到晚上就坐在堂屋里，这里所说的堂屋，就是供奉“天地君亲师神位”和接待客人的地方，一个人吟诗。夏天拿个蒲草扇，驱赶蚊子。冬天则提个烘笼防寒。所吟的诗都是他喜欢的，记忆得很熟的。我一个人的时候，便学我的祖父吟诗，感到艺术上的享受。比如在头脑里记起“故人西辞黄鹤楼，烟花三月下扬州。孤帆远影碧空尽，唯见长江天际流。”心胸为之开朗，感到十分愉快。又如“细草微风岸，危樯独夜舟。星垂平野阔，月涌大江流。名岂文章著，官应老病休。飘飘何所似，天地一沙鸥。”谁不觉得大自然庄严美丽，如画的可爱。

年纪大了，可以继续作些研究工作。比如我研究《诗经》，偶有所得，亦很快乐。我赞美孔子的话。他说：“发愤忘食，乐以忘忧，不知老之将至云尔。”我不喜欢他只注重人事关系，修身齐家治国平天下，而……

25×20=500　CH001·262·84·1　第 1 页

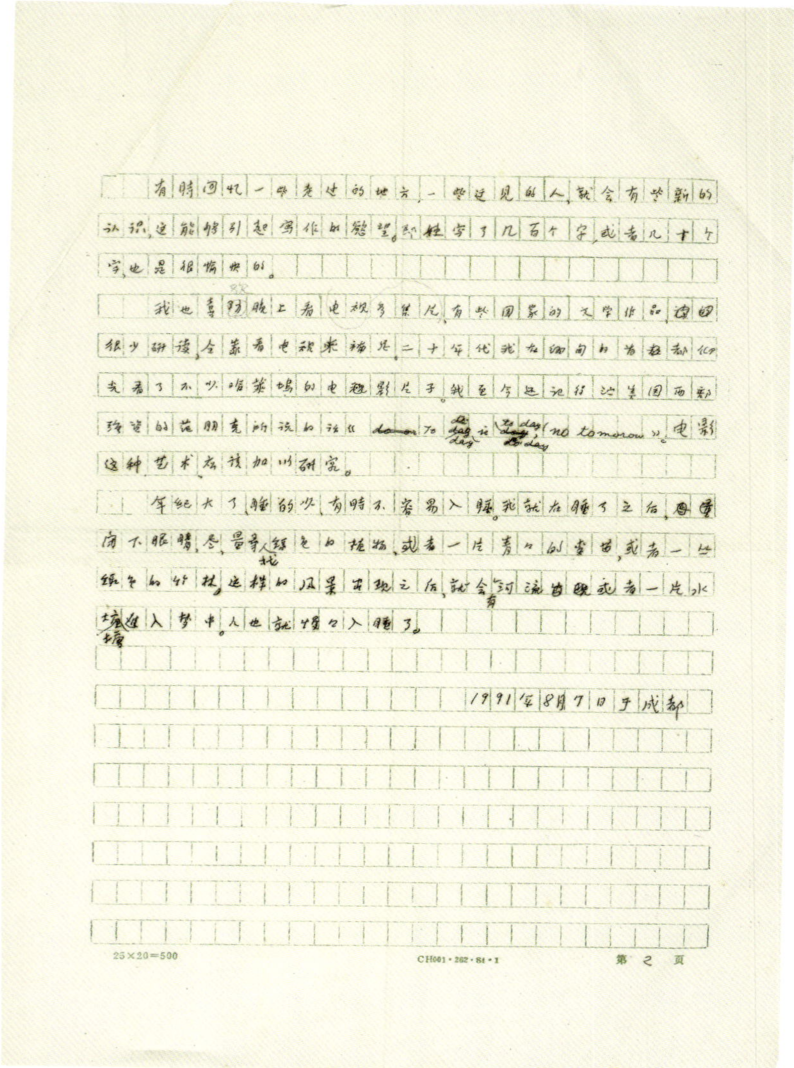

有时回忆一些走过的地方，一些遇见的人，就会有些新的认识，这能够引起写作的欲望。即使写了几百个字，或者几十个字，也是很愉快的。

我也喜欢晚上看电视影片，有些国家的文学作品，我因很少研读，全靠看电视来补足。二十年代我在缅甸仰光都看了不少好莱坞的电影片子，我至今还记得美国西部强盗的首领所说的话《to day is to day, no tomorrow》。电影这种艺术应该加以研究。

年纪大了，睡的少，有时不容易入睡。我就在睡了之后，尽量闭下眼睛，尽量寻找绿色的植物，或者一片青青的麦苗，或者一些绿色的竹林，这样的风景出现之后，就会有河流出现，或者一片水塘进入梦中，人也就慢慢入睡了。

1991年8月7日于成都

25×20=500　CH001·262·84·1　第 2 页

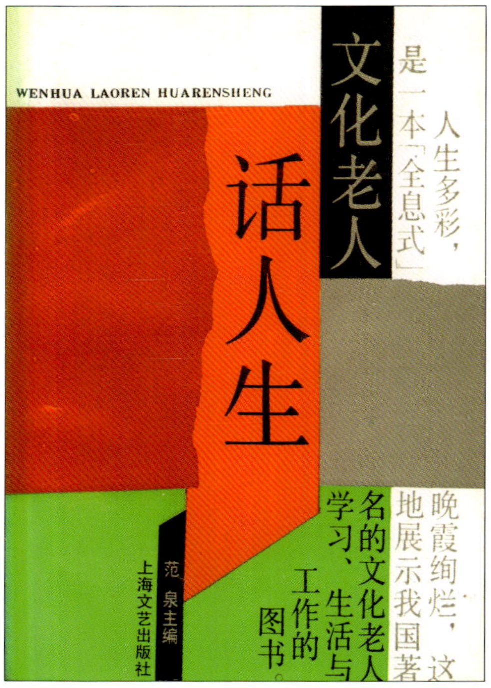
WENHUA LAOREN HUARENSHENG
文化老人
话人生
人生多彩，是一本「全息式」
晚霞绚烂，这地展示我国著名的文化老人学习、生活与工作的图书。
范泉主编
上海文艺出版社

我是这样对付老年的　艾芜

1991年作　《文化老人话人生》上海文艺出版社1992年出版

1991年时范泉联系了我国最享盛名的近80位文化老人，请他们描绘自己在进入老年以后的生活和心态，抒发他们对于人生的理解和看法。组稿工作比较顺利，半年即告完成。艾芜晚年因病长期住院，搁笔已久，他应约破例执笔，写了此篇谈论老年的文章，成为他晚年所写的少数文章之一。此稿收入上海文艺出版社1992年出版的《文化老人话人生》中。

丁玲（1904~1986）

湖南临澧人。原名蒋冰之，亦名蒋玮，丁冰之。作家。受五四思潮的影响，1923年进共产党创办的上海大学中文系学习，1927年发表小说《莎菲女士的日记》等作品，引起文坛的热烈反响。1930年参加中国左翼作家联盟，后出任"左联"机关刊物《北斗》主编及"左联"党团书记。1933年被国民党特务绑架，1936年逃离南京转赴中共中央所在地陕北保安县，在陕北历任西北战地服务团团长，《解放日报》文艺副刊主编等职。新中国成立后，丁玲先后担任《文艺报》主编，中共中央宣传部文艺处长，中国作协党组书记、副主席等职，1955年和1957年被错误地定为"丁玲、陈企霞反党小集团"和"丁玲、冯雪峰右派反党集团"主要成员，1958年又受到"再批判"，并被下放到北大荒劳动改造。1979年平反后重返文坛，出任中国作家协会副主席等职。著有《莎菲女士的日记》、《太阳照在桑干河上》等。有《丁玲全集》12卷行世。

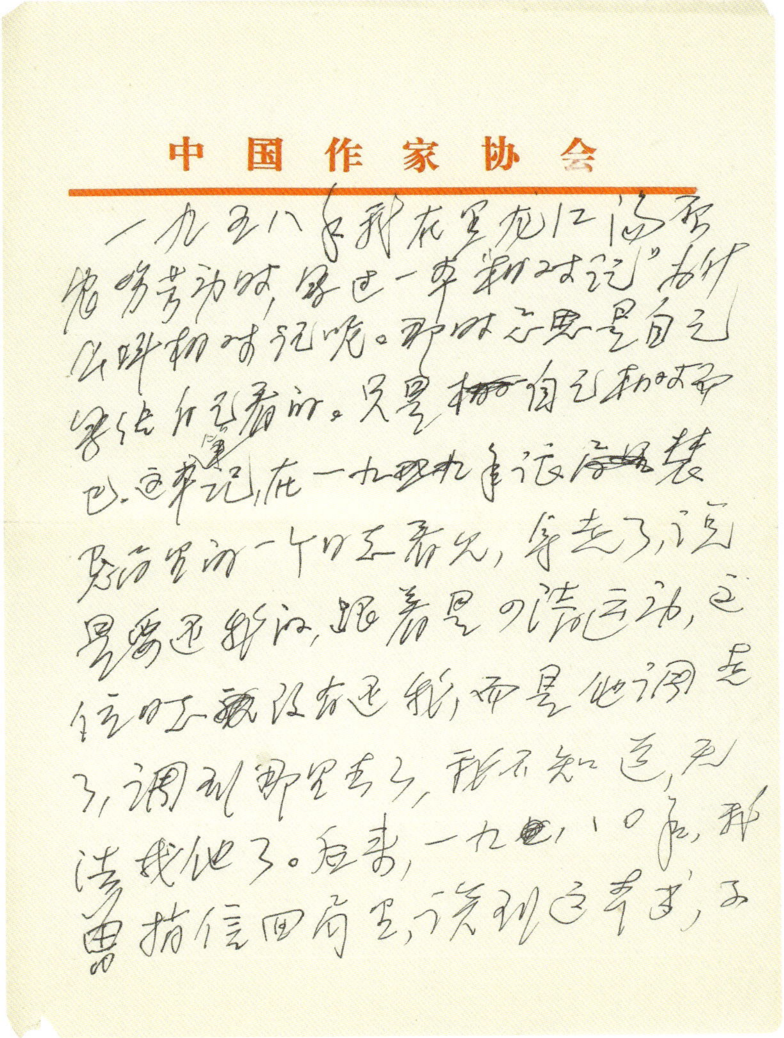

中国作家协会

一九五八年我在黑龙江汤原农场劳动时，写过一本"相对记"。为什么叫相对记呢。那时只是自己写给自己看的。只是自己相对[illegible]。这本记，在一九五九年[illegible]被另一个同志看见，拿去了，说是要还我的，跟着是四清运动，这位同志没有还我，而是他调走了，调到哪里去了，我不知道，也没法找他了。后来，一九八〇年，我曾托信回农场，谈到这本书，不

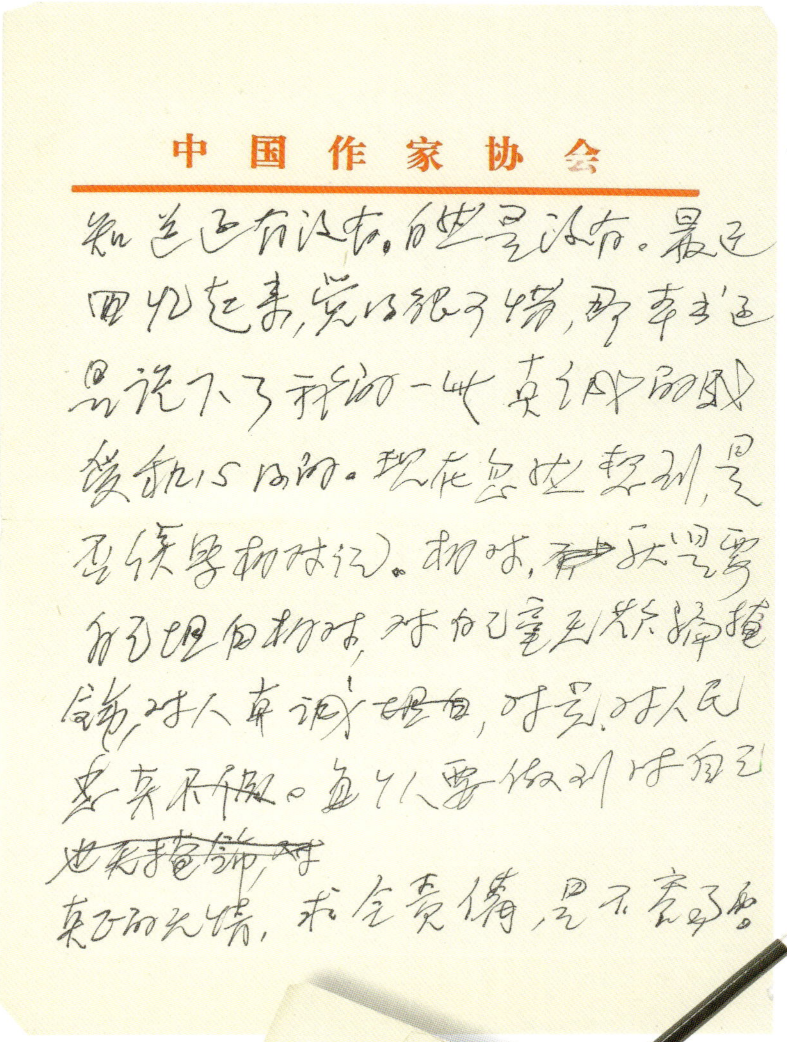

中国作家协会

知道还有没有。自然是没有。最近回忆起来，觉得很可惜，那本书还是记下了我的一些真诚的感受和心得。现在忽然想到，是否续写相对记。相对，就是要自己坦白相对，对自己毫无欺骗掩饰，对人真诚，对党、对人民忠实不假。每个人要做到对自己[illegible]真正的无情，我会责备，是不容易的。

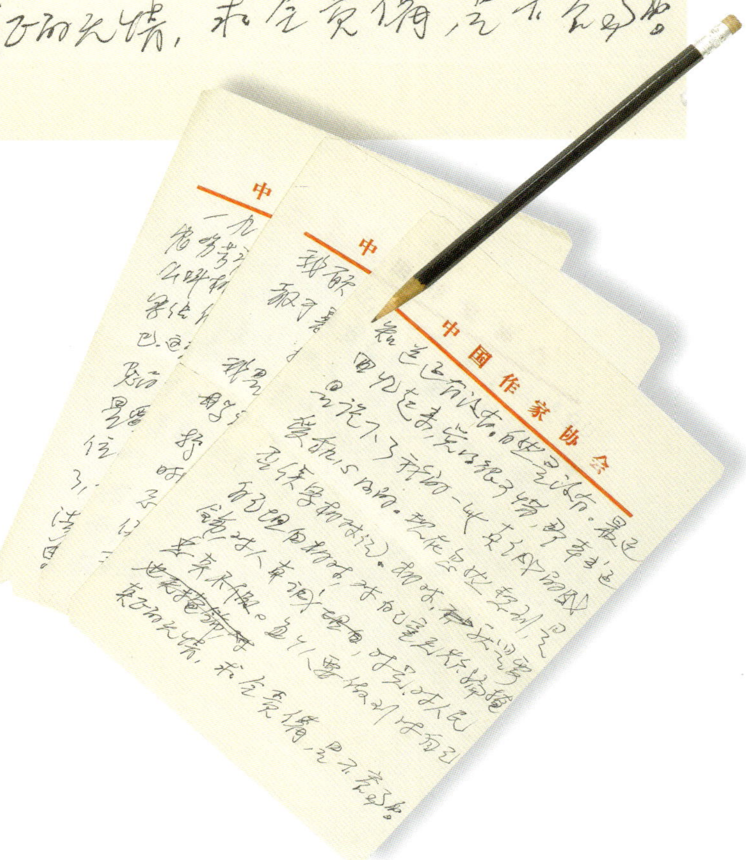

病中随笔　　丁玲

1985年作

此篇手稿是丁玲病中完成的一篇随感。作者于去世前一年，回忆自己曾于1958年被下放至北大荒汤原农场时期写过一本名为《相对记》的小书，其中记录了她当年的一些真情实感，之后因借人而不得，颇觉遗憾。对丁玲来说，"相对"就是"要自己坦白相对，对自己毫无欺骗掩饰，对人真诚"，在生命的最后岁月里，经历了时代变幻与人生起伏后的丁玲，由衷地感慨到"愿意真正的，敢于认识自己，敢于暴露自己"，也从一个侧面反映出这位杰出女作家的晚年心境。

沙汀（1904~1992）

四川安县人。原名杨朝熙，又名杨子青，笔名沙汀。小说家、作家。毕业于四川省立第一师范学校。1931年写出第一篇小说《俄国煤油》。次年参加“左联”，曾任“左联”常务秘书。1938年11月随贺龙赴晋西北和冀中。1940年回重庆从事写作，创作《淘金记》、《困兽记》、《还乡记》。建国后，历任四川文联主席、作协四川分会主席、中国科学院文学研究所所长等职。著有《淘金记》、《困兽记》、《还乡记》、《木鱼山》等。有《沙汀文集》7卷行世。

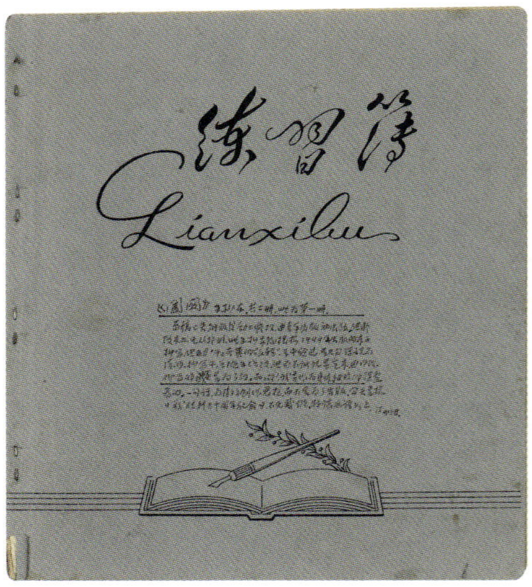
练习簿
Lianxibu

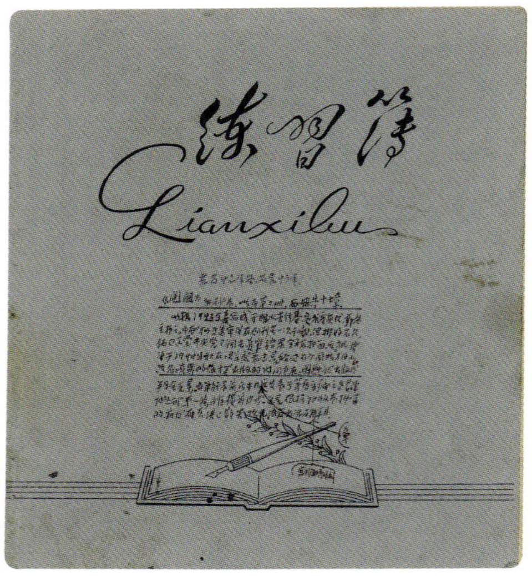
练习簿
Lianxibu

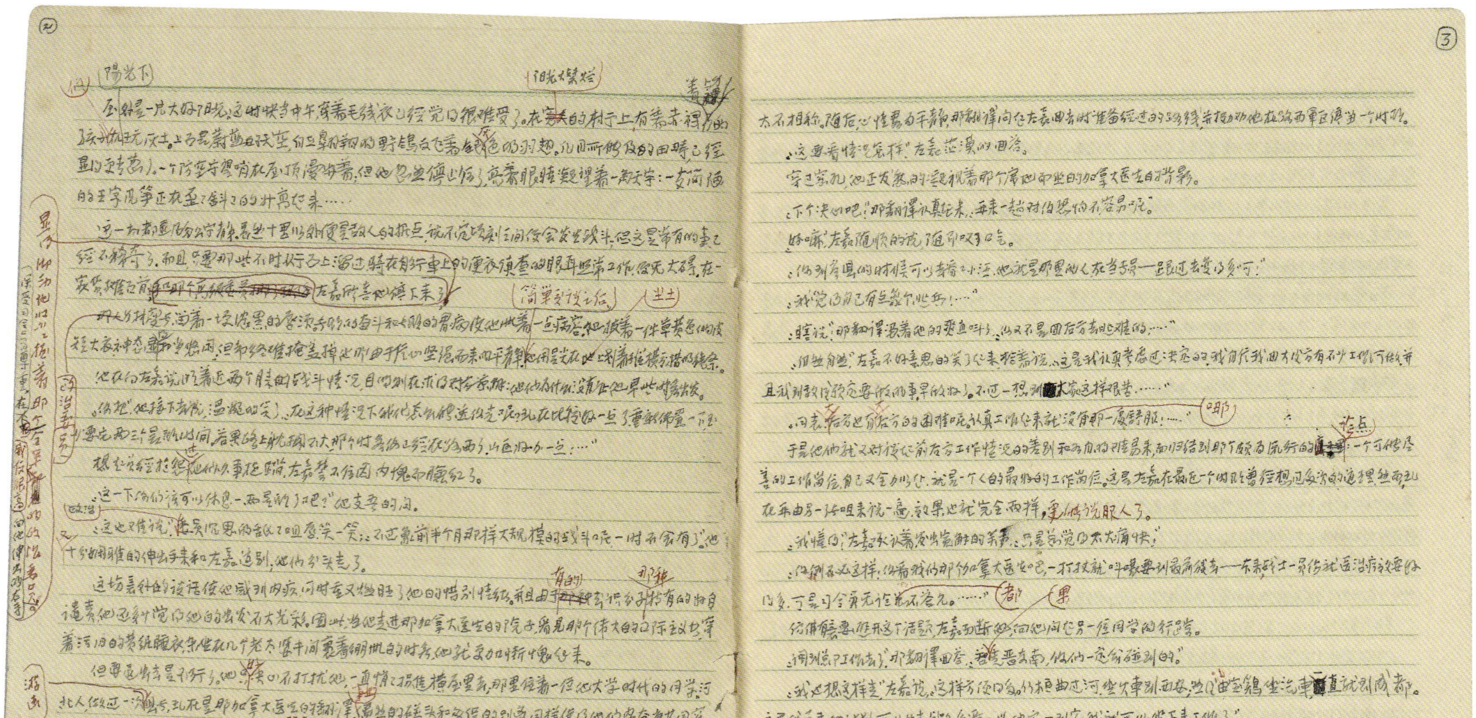

闖關
沙汀著
新羣出版社印行

闯关　沙汀

1975年复抄　当今出版社（重庆）1944年出版

1975年正值抗日战争胜利30周年，沙汀将《闯关》文字作了部分修改。当年由于沙老还处于被“审查”时期，且《闯关》原稿已失，此手稿是根据初版本复抄在两本练习簿上。据沙老回忆，《闯关》最早单行本出版前，经历不少波折。1943年夏，沙汀完成文稿，寄重庆郭沫若主编的《中原》，经审校后拟在创刊号上一次刊载，但排印不久，当时的国民党中央党部将原稿调去复审，结果全稿扣留，最后几经周转国民党才同意将《闯关》改名为《奇异的旅程》出版。1944年5月，当今出版社（重庆）出版《奇异的旅程》。1946年8月，新群出版社出版了沪版《闯关》（即《奇异的旅程》）。另，1944年3月，沙汀曾将《闯关》中的部分章节发表于茅盾主编的《文阵新辑•纵横前后方》中。

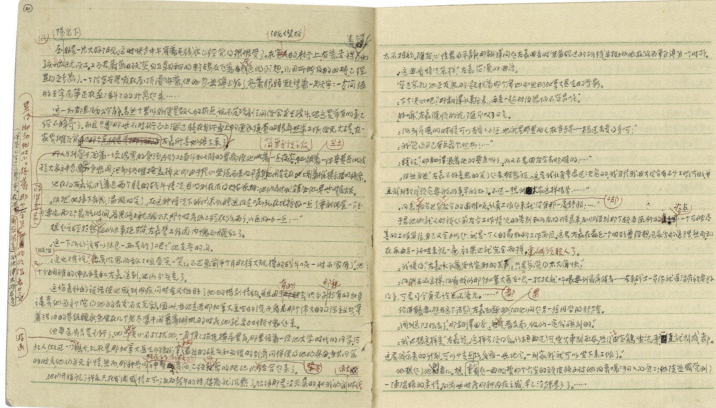

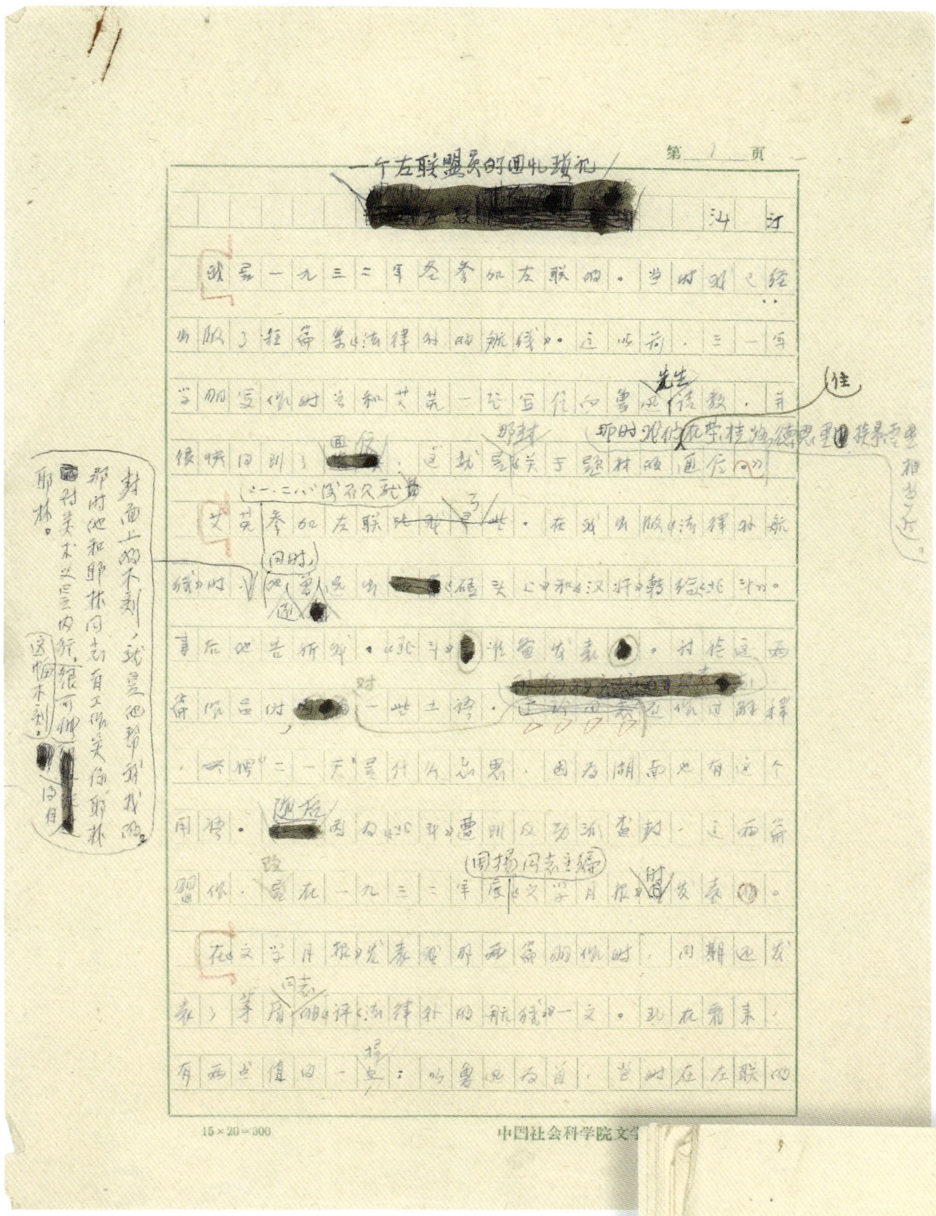

ZHONGGUO XIANDAI WENXUE YANJIU CONGKAN
中国现代文学研究丛刊
2
北京出版社

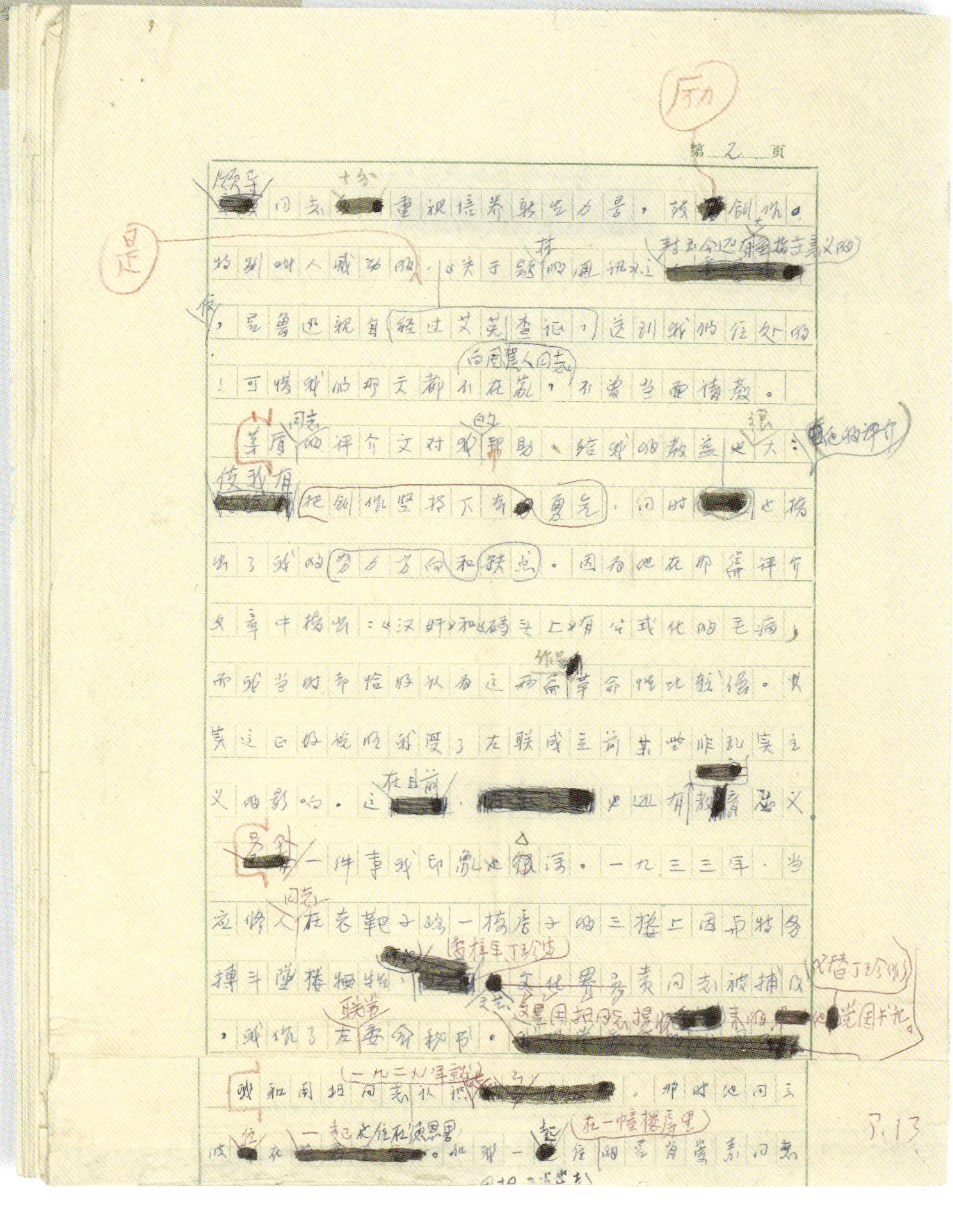

一个左联盟员的回忆琐记　　沙汀

1979年作　《中国现代文学研究丛刊》1980年第2辑

《一个左联盟员的回忆琐记》是沙汀为纪念“左联”成立50周年所撰写的文章。作者记叙了20世纪30年代初加入“左联”时受到鲁迅、茅盾等人的帮助、鼓励及后来任“左联”常委会秘书时遇见的人，经历的事。此稿发表于《中国现代文学研究丛刊》总第三辑（1980年）中。

冯至（1905~1993）

河北涿州人。原名冯承植，字君培。诗人、文学翻译家。1921年入北京大学。1923年参加文艺团体浅草社。1925年与友人创立沉钟社。1928年任北京大学助教。1930年赴德国留学。1935年回国后任教于上海同济大学。之后历任昆明西南联合大学外文系教授、北京大学西方语言文学系教授等职。1964年起担任中国社科院外国文学研究所所长。著有诗集《昨日之歌》、《十四行集》、散文集《山水》和论文集《论歌德》，译有《海涅诗选》等。有《冯至文集》12卷行世。

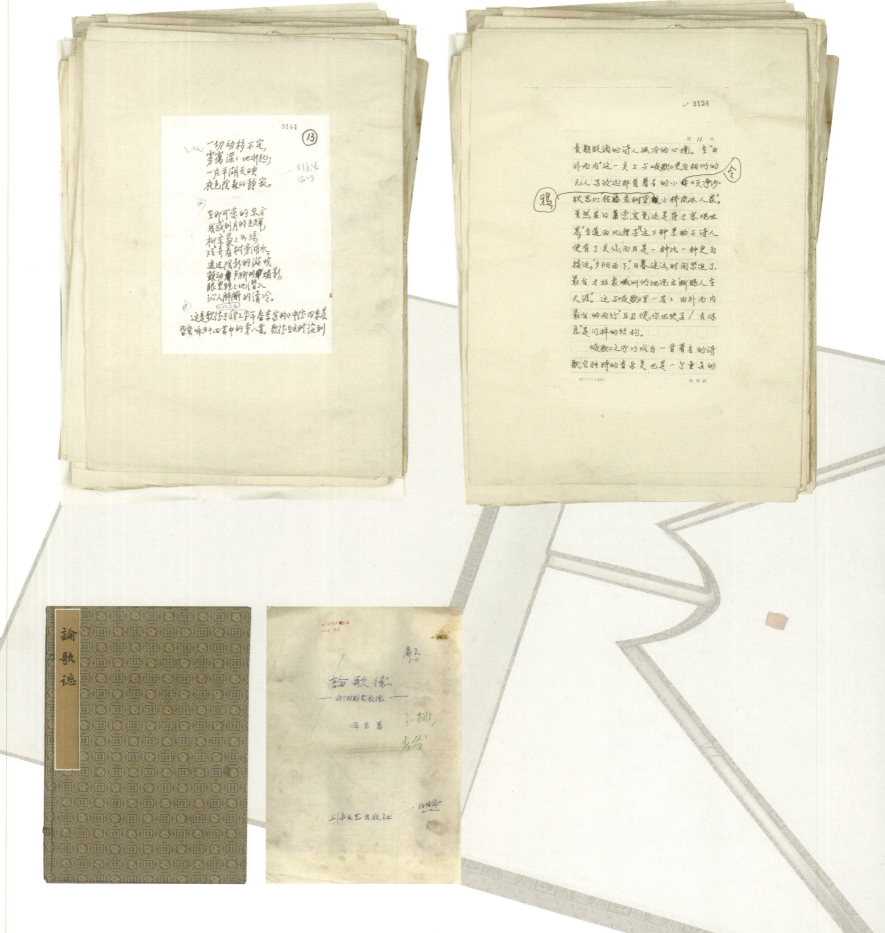

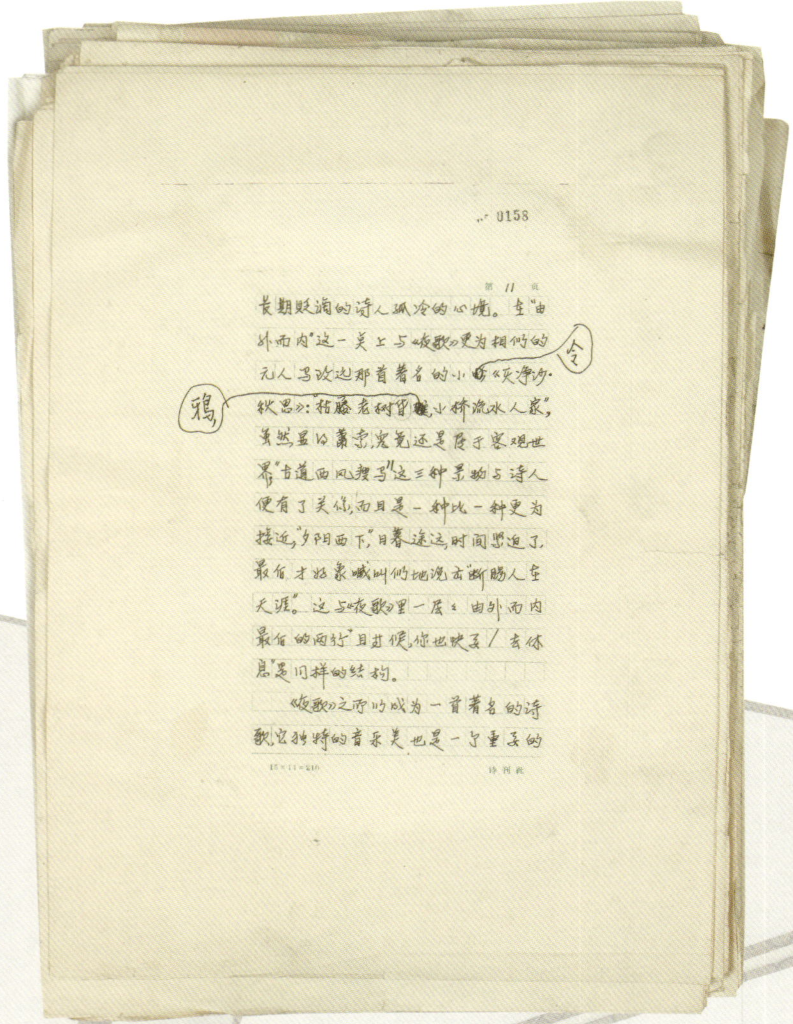

論歌德

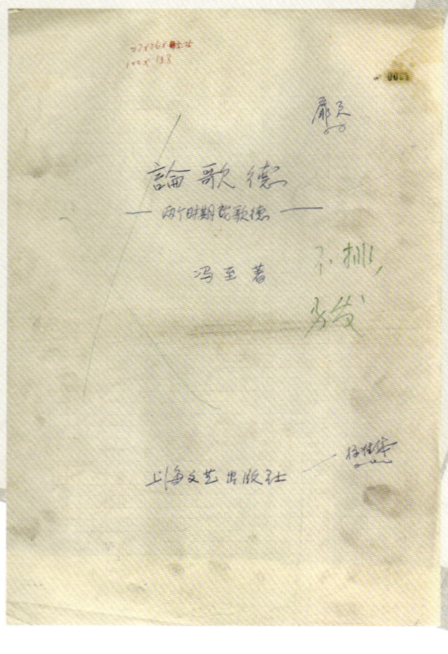
論歌德
冯至著

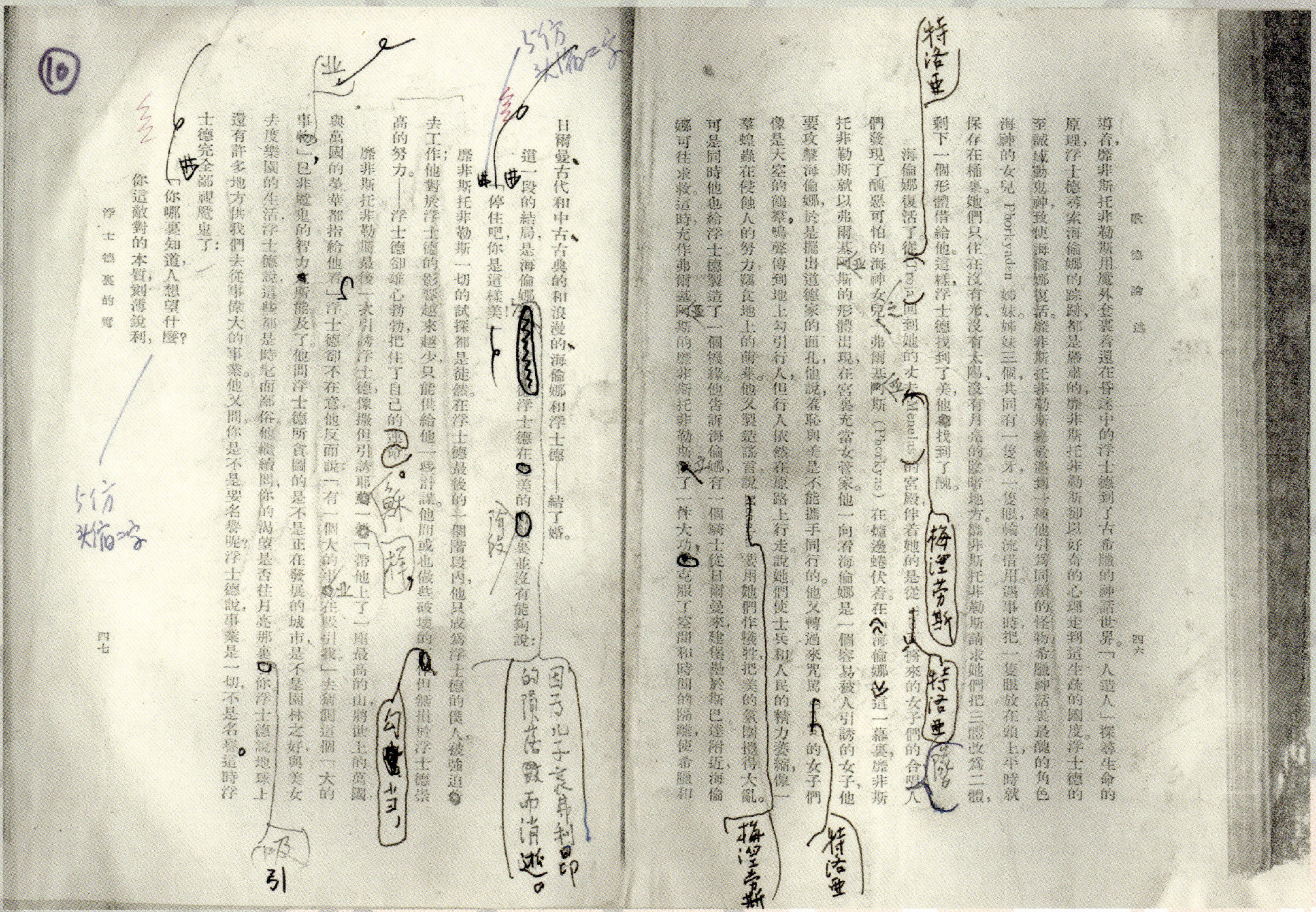
歌德論述 四六

導着，靡非斯托非勒斯用魔外套裏着還在昏迷中的浮士德到了古希臘的神話世界。「人造人」探尋生命的原理，浮士德尋索海倫娜的踪跡，都是嚴肅的，靡非斯托非勒斯卻以好奇的心理走到這生疏的國度。浮士德的至誠感動鬼神，致使海倫娜復活。靡非斯托非勒斯終於遇到一種他引爲同類的怪物希臘神話裏最醜的角色海神的女兒 Phorkyaden 姊妹，姊妹三個共同有一隻牙一隻眼輪流借用，遇事時把一隻眼放在頭上，平時就保存在桶裏。她們只住在沒有光、沒有太陽、沒有月亮的陰暗地方。靡非斯托非勒斯請求她們把三體改爲二體，剩下一個形體借給他。這樣，浮士德找到了美，他也找到了醜。

海倫娜復活了，從(Troja)回到她的丈夫(Menelas)的宮殿，伴着她的是從…擄來的女子們的合唱。人們發現了醜惡可怕的海神女兒，弗爾基阿斯(Phorkyas)在爐邊蜷伏着。在海倫娜這一幕裏，靡非斯托非勒斯就以弗爾基阿斯的形體出現，在宮裏充當女管家。他一向着海倫娜是一個容易被人引誘的女子，他要攻擊海倫娜，於是擺出道德家的面孔，他說羞恥與美是不能攜手同行的。他又轉過來咒罵…的女子們像是天空的鶴群，鳴聲傳到地上，勾引行人，但行人依然在原路上行走。說她們使士兵和人民的精力萎縮，像一羣蝗蟲在侵蝕人的努力，竊食地上的萌芽。他又製造謠言說…要用她們作犧牲，把美的氣氛攪得大亂。可是同時他也給浮士德製造了一個機緣，他告訴海倫娜，有一個騎士從日爾曼來，建堡壘於斯巴達附近，海倫娜可往求救。這時充作弗爾基阿斯的靡非斯托非勒斯做了一件大功，克服了空間和時間的隔離，使希臘和

日爾曼、古代和中古、古典的和浪漫的、海倫娜和浮士德——結了婚。

這一段的結局是海倫娜…浮士德在…美的…裏並沒有能夠說：「停住吧，你是這樣美！」

靡非斯托非勒斯一切的試探都是徒然。在浮士德最後的一個階段內，他只成爲浮士德的僕人，被強迫去工作；他對於浮士德的影響越來越少，只能供給他一些計謀，他間或也做些破壞的工作，但無損於浮士德崇高的努力。——浮士德卻雄心勃勃，把住了自己的運命。

靡非斯托非勒斯最後一次引誘浮士德，像撒但引誘耶穌一樣，「帶他上了一座最高的山，將世上的萬國與萬國的榮華都指給他看」，浮士德卻不在意，他反而說「有一個大的…在吸引我。」去籌劃這個「大的事物」，已非魔鬼的智力所能及了。他問浮士德所貪圖的是不是正在發展的城市，是不是園林之好與美女去度樂園的生活。浮士德說這些都是時髦而鄙俗，他繼續問你的渴望是否往月亮那裏，浮士德說地球上還有許多地方供我們去從事偉大的事業。他又問你是不是要名譽呢？浮士德說事業是一切，不是名譽。這時浮士德完全鄙視魔鬼了：

「你哪裏知道人想望什麼？

你這敵對的本質，刻薄銳利，

浮士德裏的魔 四七

论歌德

论歌德——两个时期论歌德　　冯至

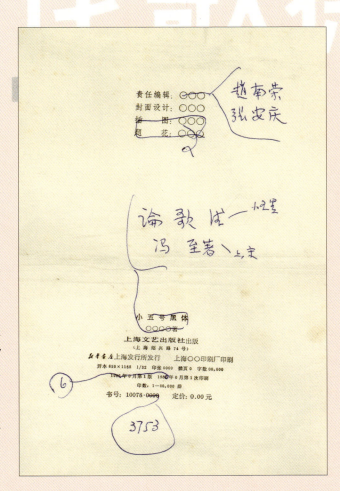

1978~1986年作　　上海文艺出版社1986年出版

《论歌德》是冯至外国文学研究的代表作。早在西南联大时期，冯至就已经开始了对歌德及德国文学的研究。全书分为上下两卷，上卷创作于1941~1947年间，曾在1948年由正中书局结集出版为《歌德论述》；下卷创作于1978之后的几年，间隔30年之久，因此冯至在手稿中拟了“两个时期论歌德”这样一个副题名。本馆收藏的这部《论歌德》手稿是1986年上海文艺出版社出版前的修改稿，其中有部分冯至的亲笔手稿，也有部分复写稿、他人的抄稿和《歌德论述》样书修订稿，手稿的校改部分都出自冯至亲笔。

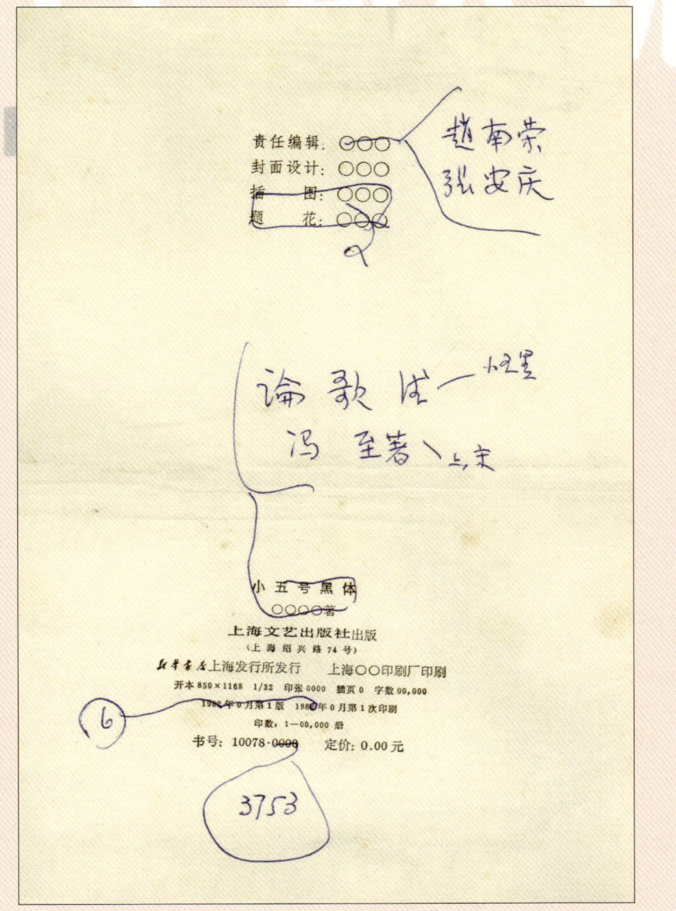
责任编辑：○○○　赵南荣
封面设计：○○○　张安庆
插　　图：○○○
题　　花：○○○

论歌德——小五黑
冯至著、上宋

小五号黑体
○○○○著
上海文艺出版社出版
（上海绍兴路74号）
新华书店上海发行所发行　上海○○印刷厂印刷
开本 850×1168　1/32　印张 0000　插页 0　字数 00,000
198?年0月第1版　198?年0月第1次印刷
印数：1—00,000 册
书号：10078·0000　3753　定价：0.00元

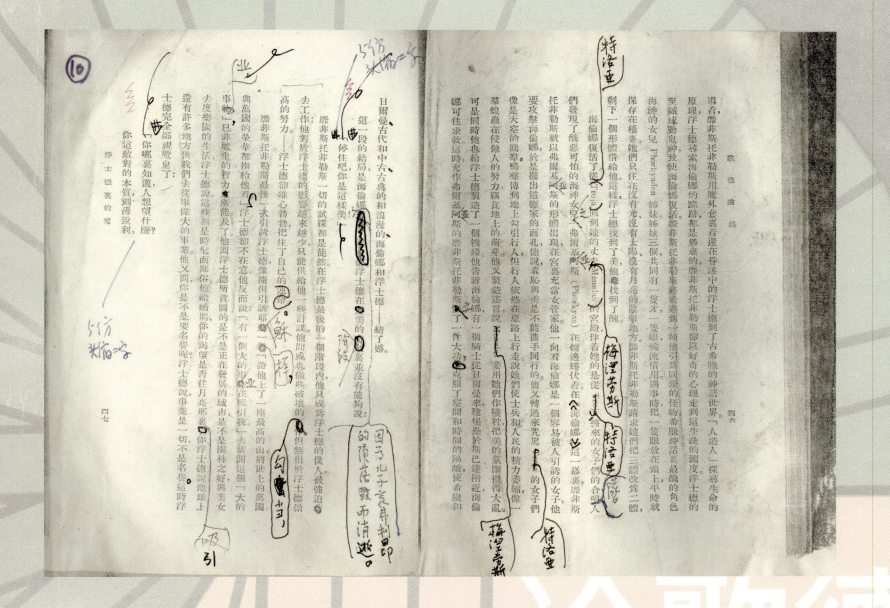

臧克家（1905~2004）

山东诸城人。字孝荃。诗人。1923年就读于山东省立第一师范。1930年考入青岛大学。抗战期间赴前线从事文化工作，后在重庆参加文艺界抗协。胜利后，任《侨声报》副刊编辑，《文讯》主编，与曹辛之合编《诗创造》。新中国成立后，历任人民出版社编审、中国文联委员、中国作协书记处书记、《诗刊》主编等。著有《烙印》、《自己的写照》、《泥土的歌》等。有《臧克家全集》12卷行世。

臧克家藏书票

梁栋 设计

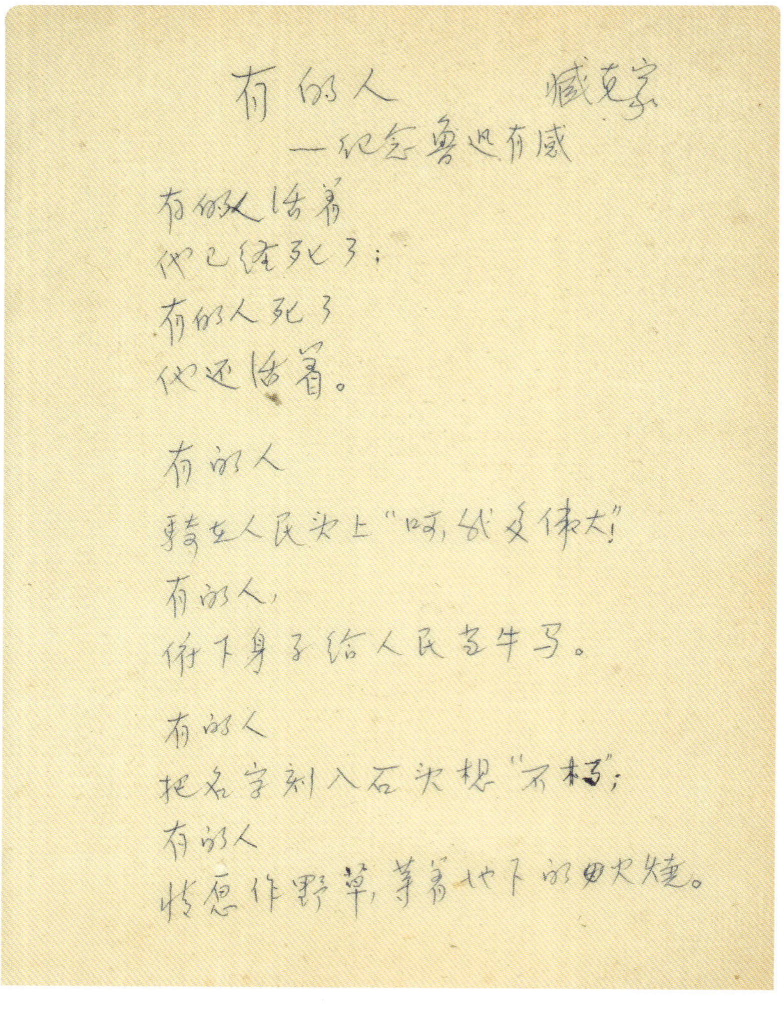

有的人　　臧克家

——纪念鲁迅有感

有的人活着
他已经死了；
有的人死了
他还活着。

有的人
骑在人民头上"呵，我多伟大！"
有的人，
俯下身子给人民当牛马。

有的人
把名字刻入石头想"不朽"；
有的人
情愿作野草，等着地下的火烧。

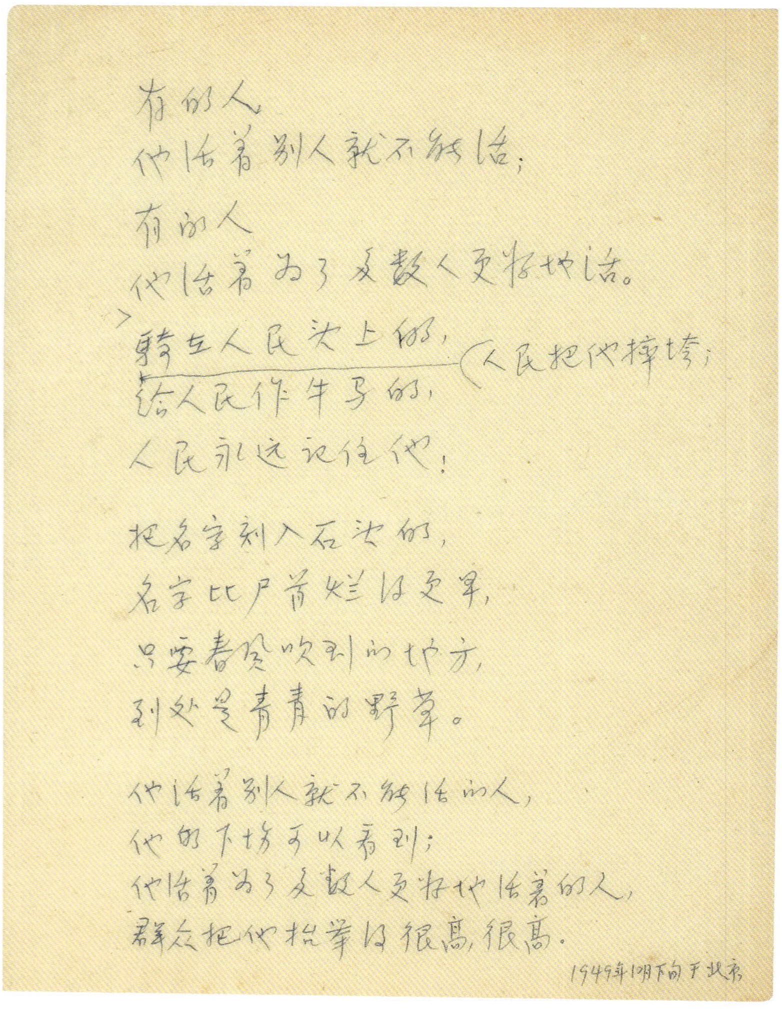

有的人
他活着别人就不能活；
有的人
他活着为了多数人更好地活。

骑在人民头上的，（人民把他摔垮；）
给人民作牛马的，
人民永远记住他！

把名字刻入石头的，
名字比尸首烂得更早，
只要春风吹到的地方，
到处是青青的野草。

他活着别人就不能活的人，
他的下场可以看到；
他活着为了多数人更好地活着的人，
群众把他抬举得很高，很高。

1949年11月下旬于北京

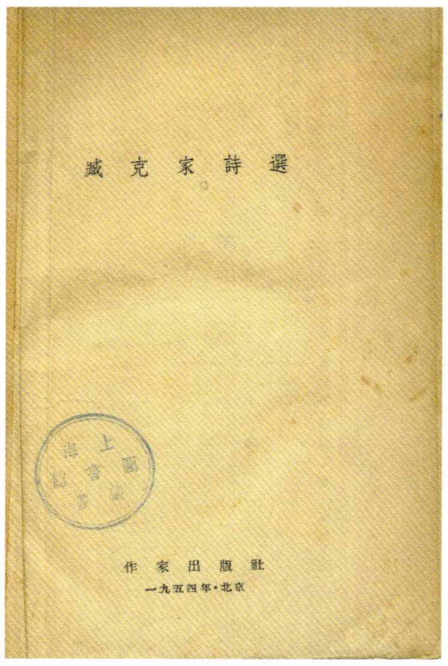
臧克家詩選
作家出版社
一九五四年·北京

有的人——纪念鲁迅有感　　臧克家

《臧克家诗选》作家出版社1954年出版

1949年10月，新中国刚刚成立，正值鲁迅逝世十三周年，全国各地第一次公开隆重地纪念这位伟大的文学家。臧克家亲身参加了纪念活动，目睹了人民群众纪念鲁迅的盛况，有感而发，写下了这首新诗。1954年作家出版社出版的《臧克家诗选》收录了这首诗歌。《有的人》这首诗很早就入选中学语文课本，并且一直是保留篇目，影响了几代中国人，是传世的名篇。

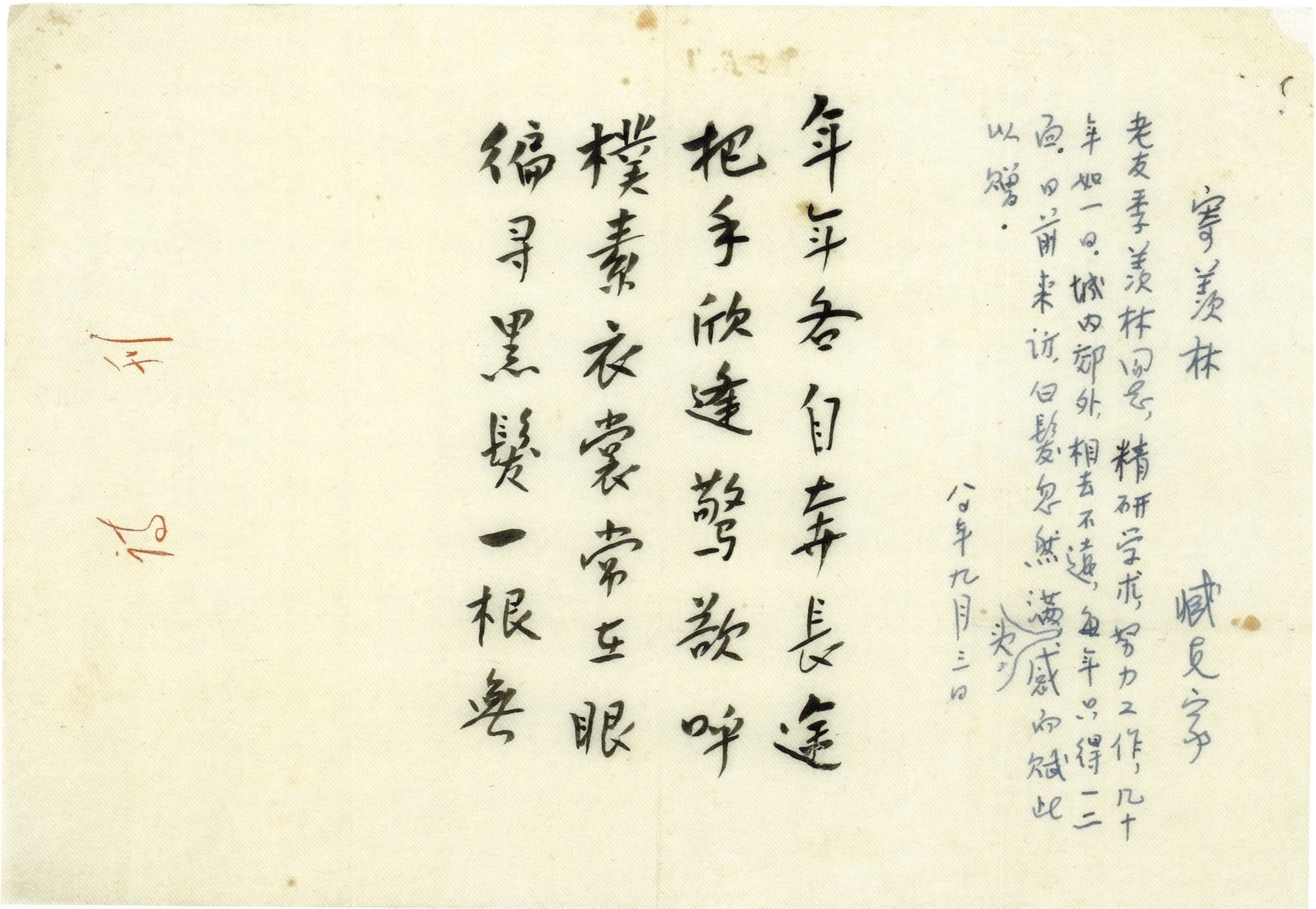

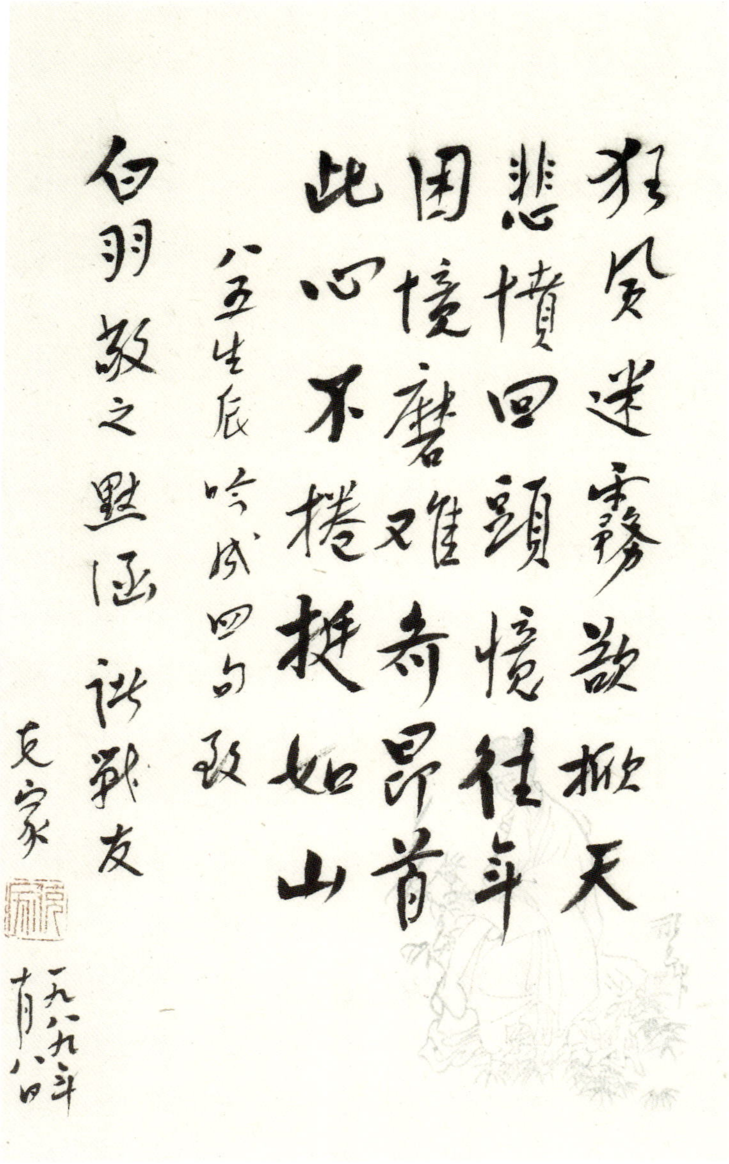

寄羡林　　臧克家

1980年9月3日作　　《友声集：旧体诗词集》云南人民出版社1980年出版

臧克家与老友季羡林同住在北京，但见面不多。季羡林1980年到访，臧克家见他满头白发，特赋诗以赠，后收入云南人民出版社1980年出版的臧克家、程光锐与刘征合集的《友声集：旧体诗词集》，题为《赠季羡林同志》，山东文艺出版社1980年9月出版的《臧克家文集》和时代文艺出版社出版的《臧克家全集》也都收录了这首诗。

八五生辰吟成四句致白羽敬之默涵诸战友　　臧克家

1989年10月8日作　　《诗刊》1990年第4期

这首七言绝句是臧克家作于85岁生辰之时，后发表于《诗刊》1990年第4期，为《近作三绝》之一，题为《寄战友》。1992年出版的《臧克家旧体诗稿》增订版和《臧克家全集》第四卷都收录了这首诗歌。

陈伯吹（1906~1997）

上海宝山人。原名陈汝埙，笔名夏雷、红孩子。儿童文学家。大夏大学教育学院院士。早年从事教育工作。1927年出版了儿童文学作品《学校生活记》。1930年起，相继主编北新书局《小学生》半月刊、《小朋友丛书》，儿童书局《儿童杂志》、《常识画报》。1943年至1945年，任职北碚国立编译馆。抗战胜利后参与发起组织“上海儿童文学工作者联谊会”。建国后，历任华东师范大学、北京师范大学教授，人民教育出版社编审，上海少年儿童出版社副社长等职。著有《阿丽思小姐》、《一只想飞的猫》、《儿童文学简论》，译有《渔夫和金鱼的故事》等。

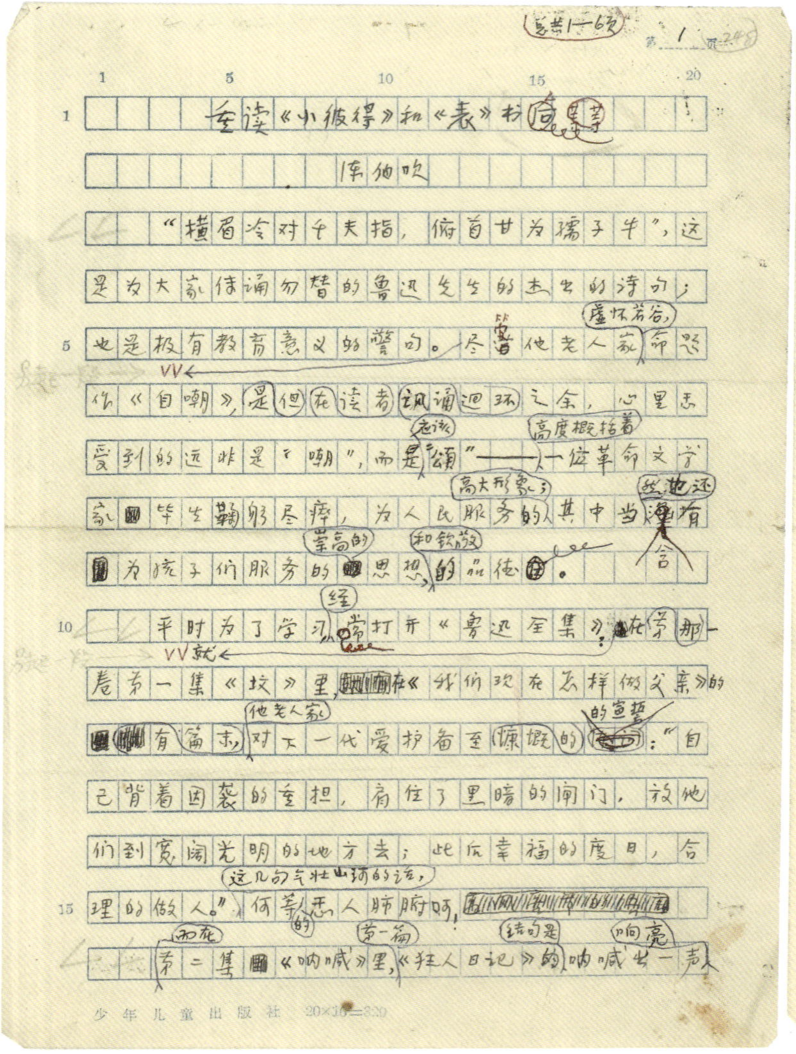
第1页
重读《小彼得》和《表》书后
陈伯吹
少年儿童出版社 20×16=320

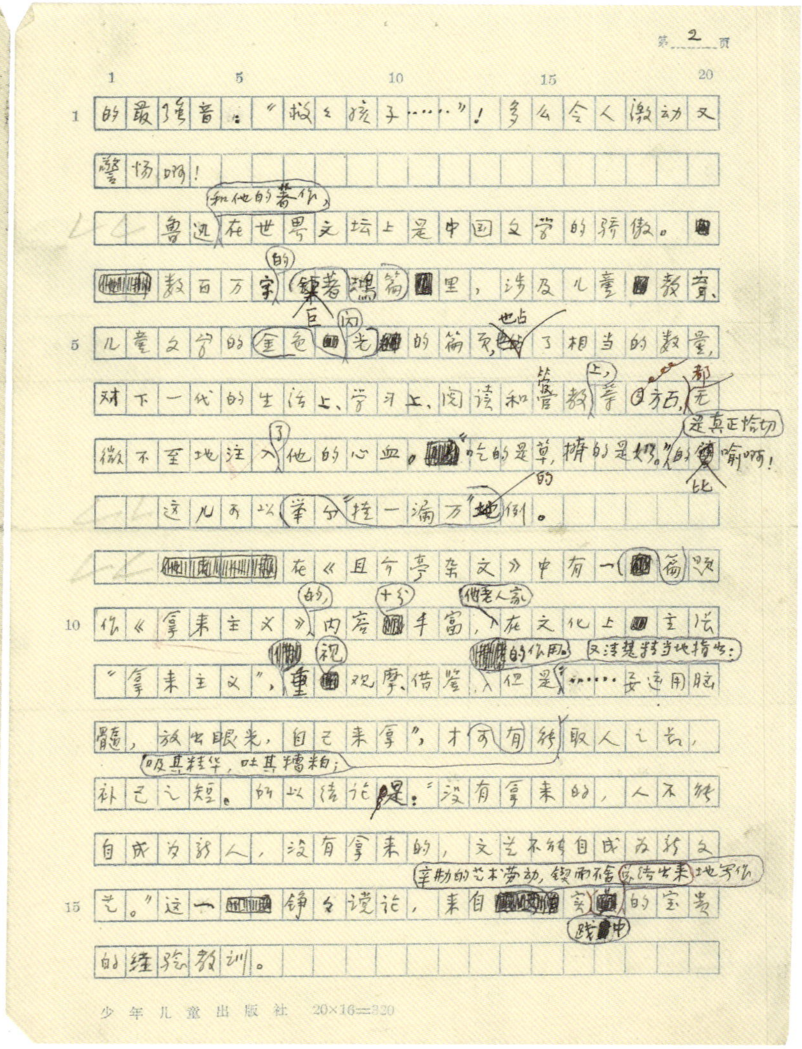
第2页
少年儿童出版社 20×16=320

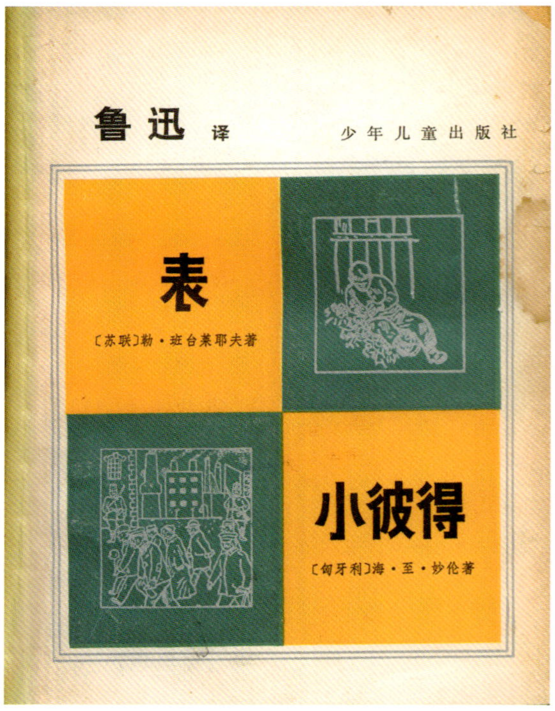
鲁迅 译
少年儿童出版社
表
〔苏联〕勒·班台莱耶夫著
小彼得
〔匈牙利〕海·至·妙伦著

重读《小彼得》和《表》书后　　陈伯吹

1981年作　　《表　小彼得》少年儿童出版社1981年出版

20世纪30年代，鲁迅翻译了两篇优秀的儿童文学作品《表》、《小彼得》。1981年，少年儿童出版社再次印刷出版了《表　小彼得》。陈伯吹重读鲁迅先生翻译的《小彼得》和《表》两篇文章，从中得到的感悟不仅是在如何进行成功的文学翻译，更有关于教育观点上的启发，鲁迅先生坚持的“教育者必须先受教育”使得这两篇文章不仅仅是儿童的读物，也成为了成人的教育读本。此稿后以《〈表　小彼得〉序——纪念鲁迅先生诞辰一百周年》为题，于1981年正式出版。

于伶（1907~1997）

江苏宜兴人。原名任锡圭，字禹成，笔名尤兢、叶富根等。剧作家、导演。解放前长期从事中共地下文化领导工作，1932年参加“左联”北平分盟，并筹建了“剧联”。抗战期间组织救亡演剧队、青鸟剧社、上海剧艺社等开展抗战宣传工作。新中国成立后，历任上海市文化局局长、中国文联委员、中国剧协副主席、上海市文联副主席、作协上海分会副主席、上海市电影局顾问等职。戏剧作品有《女子公寓》、《夜上海》等。

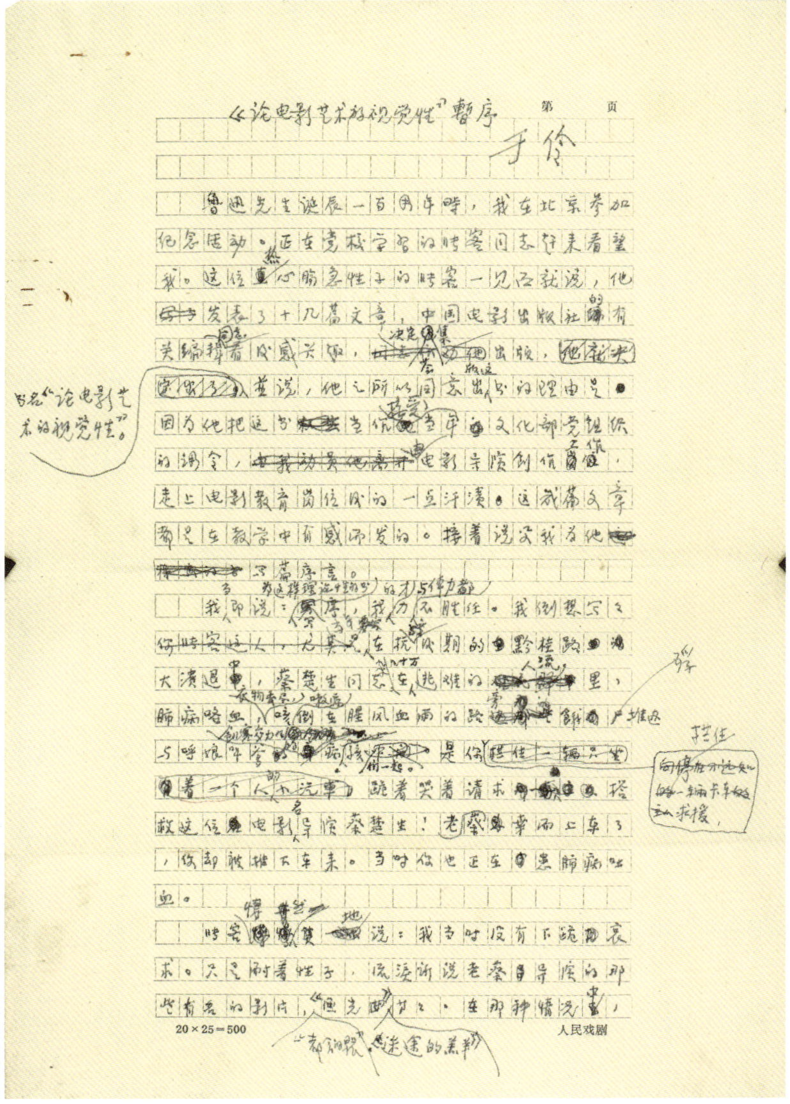

《论电影艺术的视觉性》暂序

于伶

第 页

20×25=500 人民戏剧

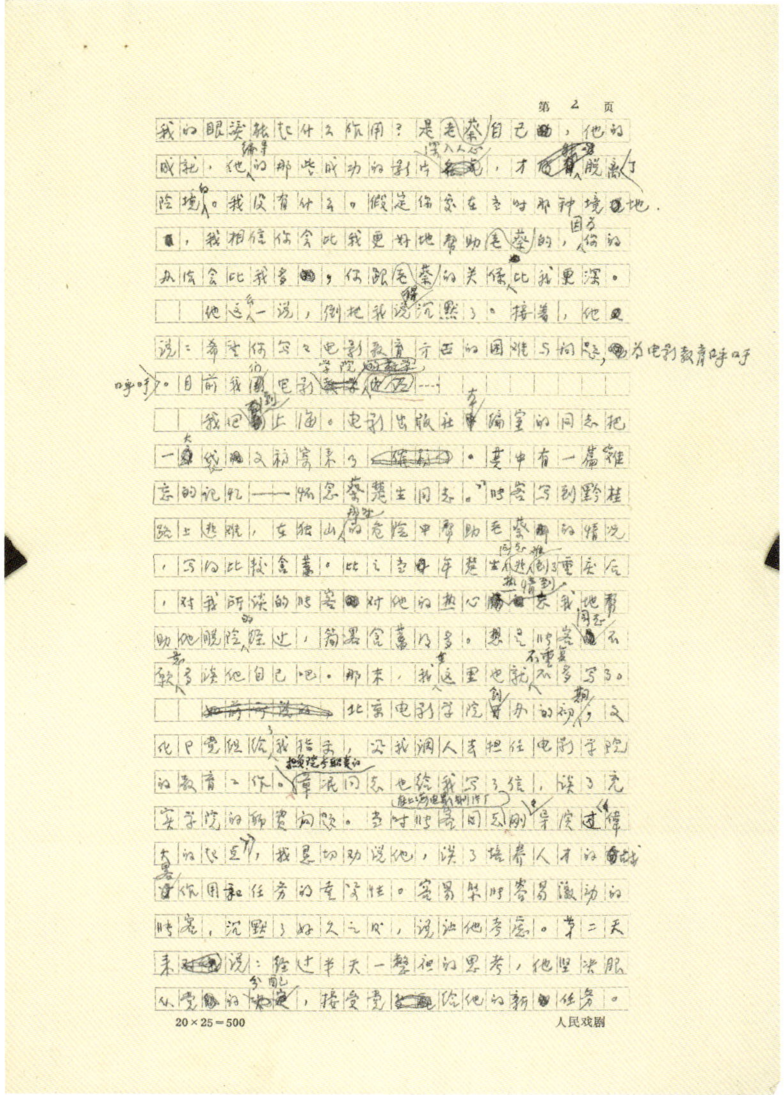

第 2 页

20×25=500 人民戏剧

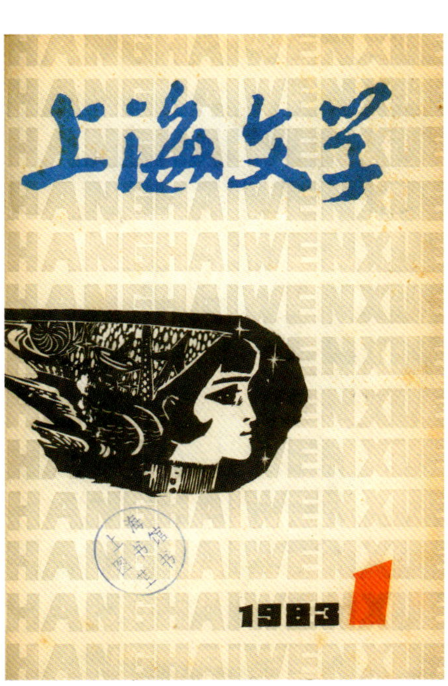
上海文学
1983 1

《论电影艺术的视觉性》暂序　　于伶

1982年3月作　　《上海文学》1983年第1期

此篇手稿是于伶为老同事张客的《论电影艺术的视觉性》所写之序，该书于1983年由中国电影出版社出版。张客原先在上海电影制片厂工作，后因组织需要，调任北京电影学院。于伶回忆了张客在抗战时期与蔡楚生的情谊，以及建国后服从组织安排，赴北京电影学院从教的情况。在此篇手稿中，于伶还用心良苦地呼吁有关方面能够重视我国的电影教育事业，推动我国的电影艺术更好更快地发展。

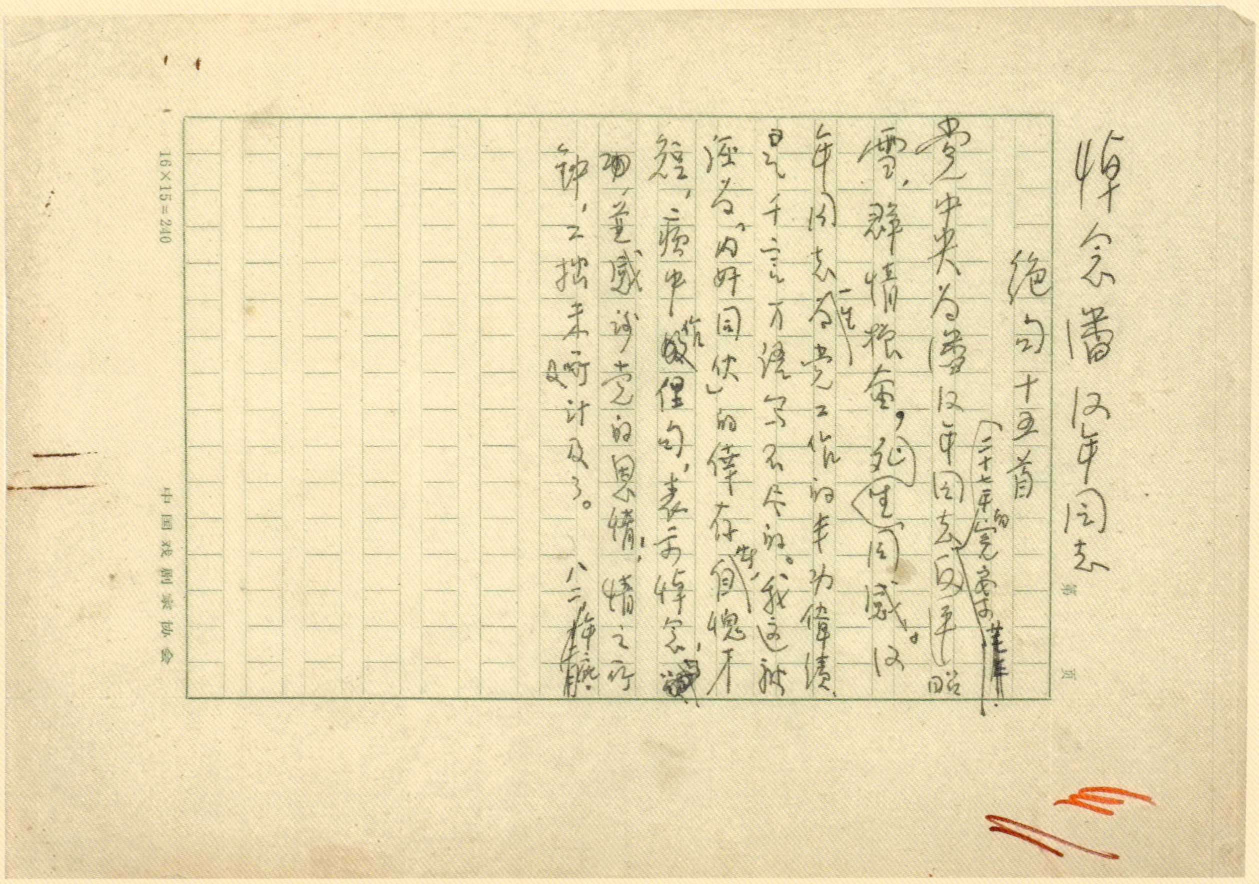
悼念潘汉年同志
绝句十五首

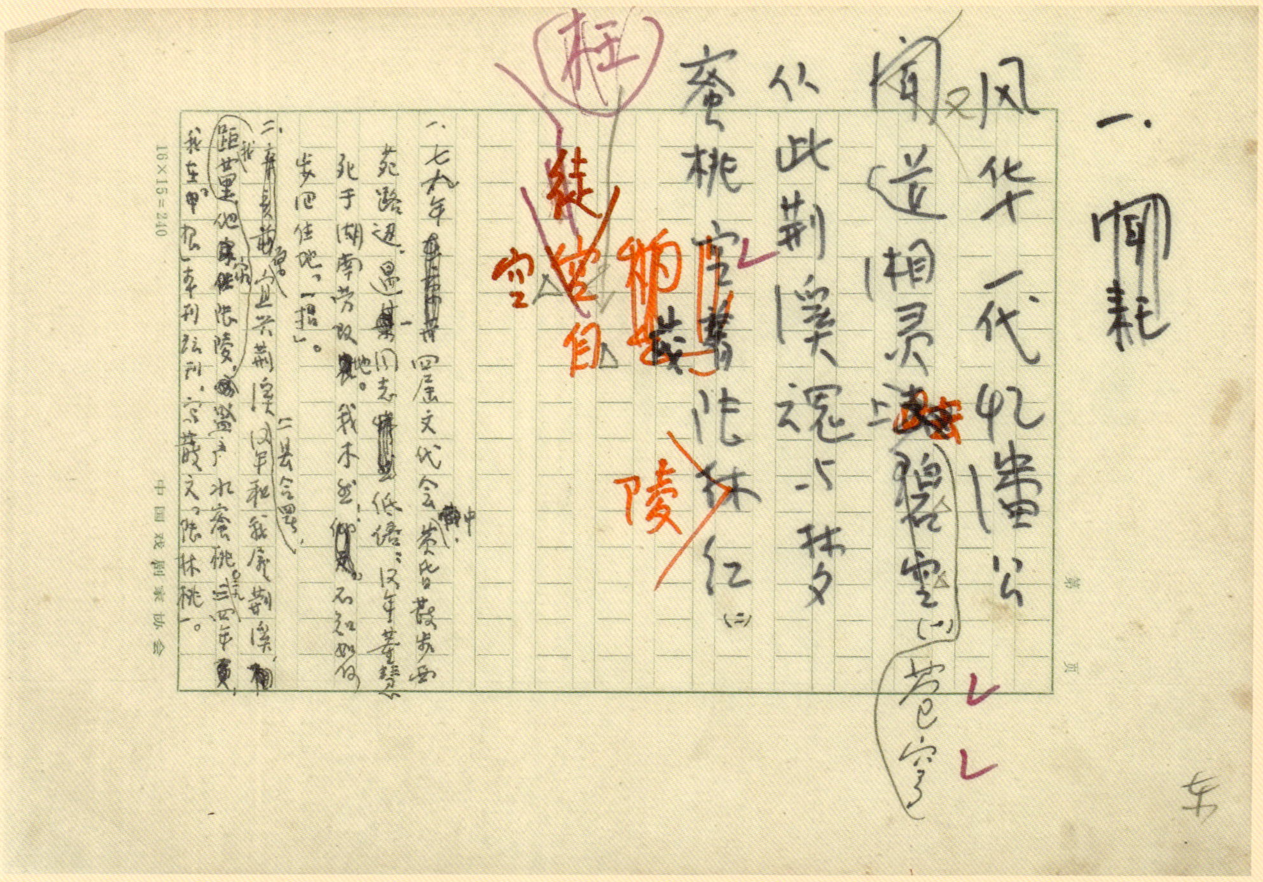

悼念潘汉年同志　　于伶

1982年10月作　　《解放日报》1983年2月27日

此部《悼念潘汉年同志》的诗稿是于伶在潘汉年平反之际所写，追怀了潘汉年同志为党为人民的丰功伟绩。手稿中共有诗作15篇，公开发表于1983年2月27日《解放日报》上时删去《长江途中》一篇，其余部分诗篇题目略作调整，如《左联成立》在发表时改为《左联功绩》，《祖半倾谈》改为《回上海》，《光化门》改为《进南京》，计14篇。此14篇诗作后又收入1985年出版的《回忆潘汉年》和1997年出版的《于伶诗钞》。

回憶潘漢年

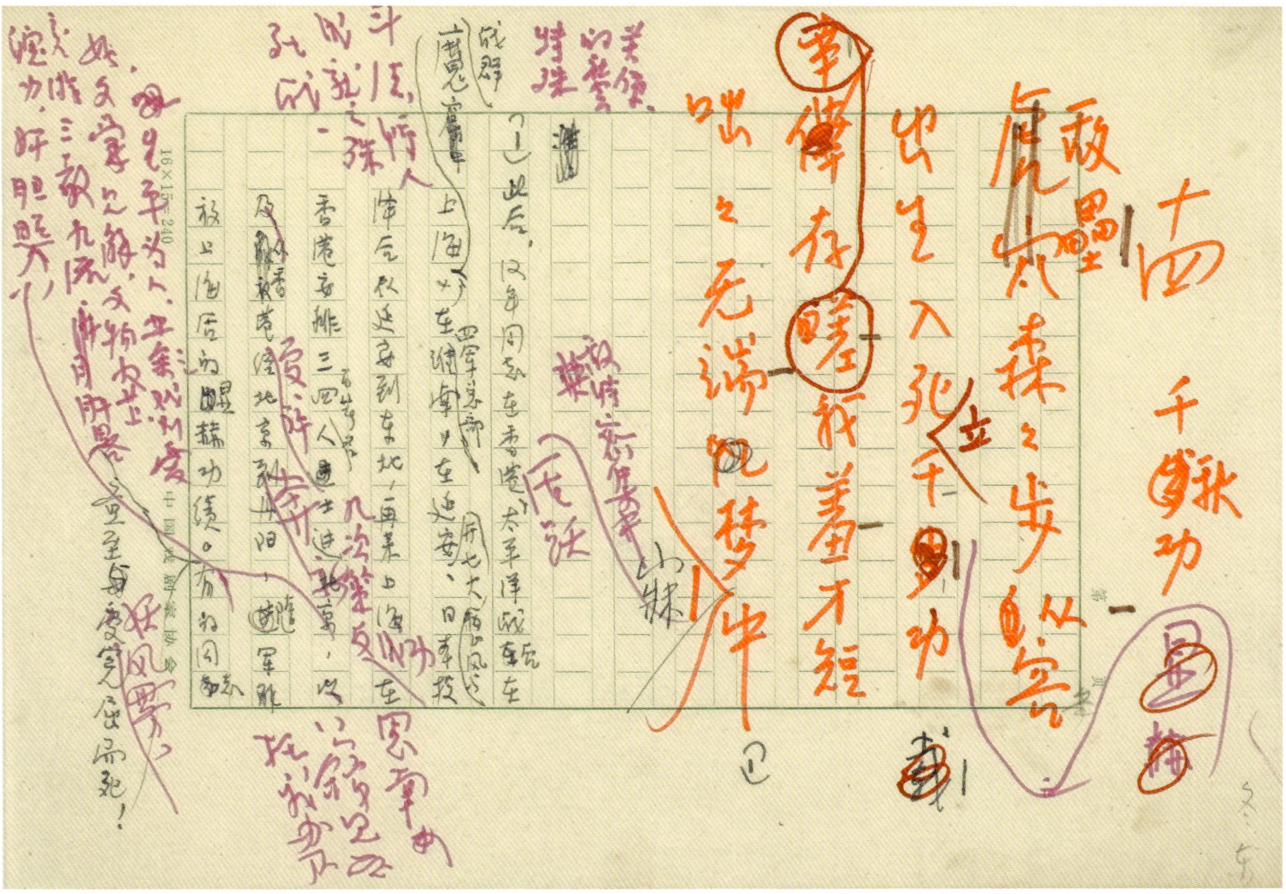

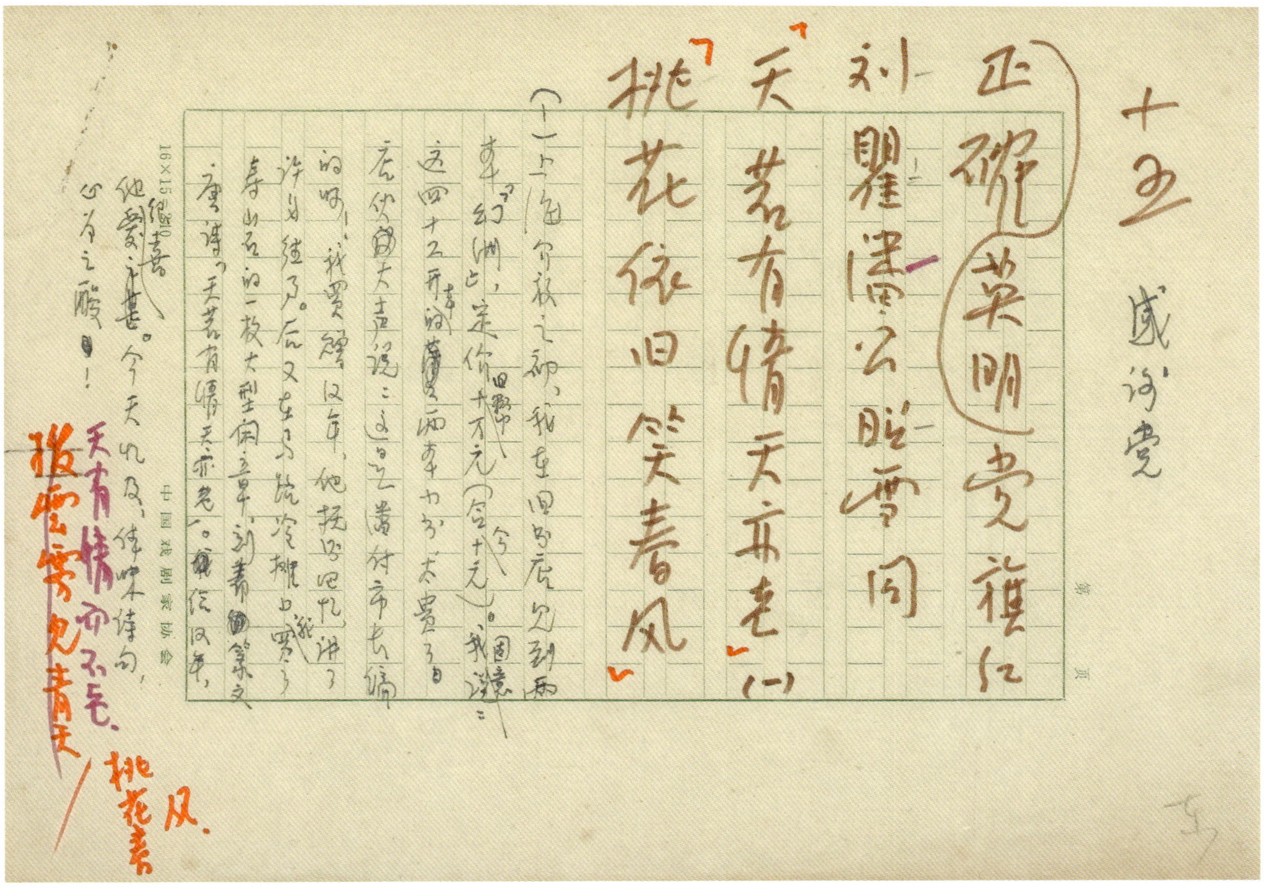
十五

正确英明党旗红，

刘瞿潘公胜雪同，

「天若有情天亦老」(一)

「桃花依旧笑春风」

陈白尘（1908~1994）

江苏淮阴人。剧作家、戏剧活动家。1927年起先后在上海艺术大学及南国艺术学院学习并开始创作。1937年后相继参与组织上海影人剧团、中华剧艺社等戏剧团体。1947年任上海昆仑影业公司编导主任，为昆仑影业公司创作了第一个电影文学剧本《天官赐福》。 建国后任上海戏剧电影工作者协会主席、中国作协秘书长、中国戏剧家协会副主席、南京大学中文系教授等职务。著有戏剧《升官图》、《大风歌》，小说《漩涡》等。

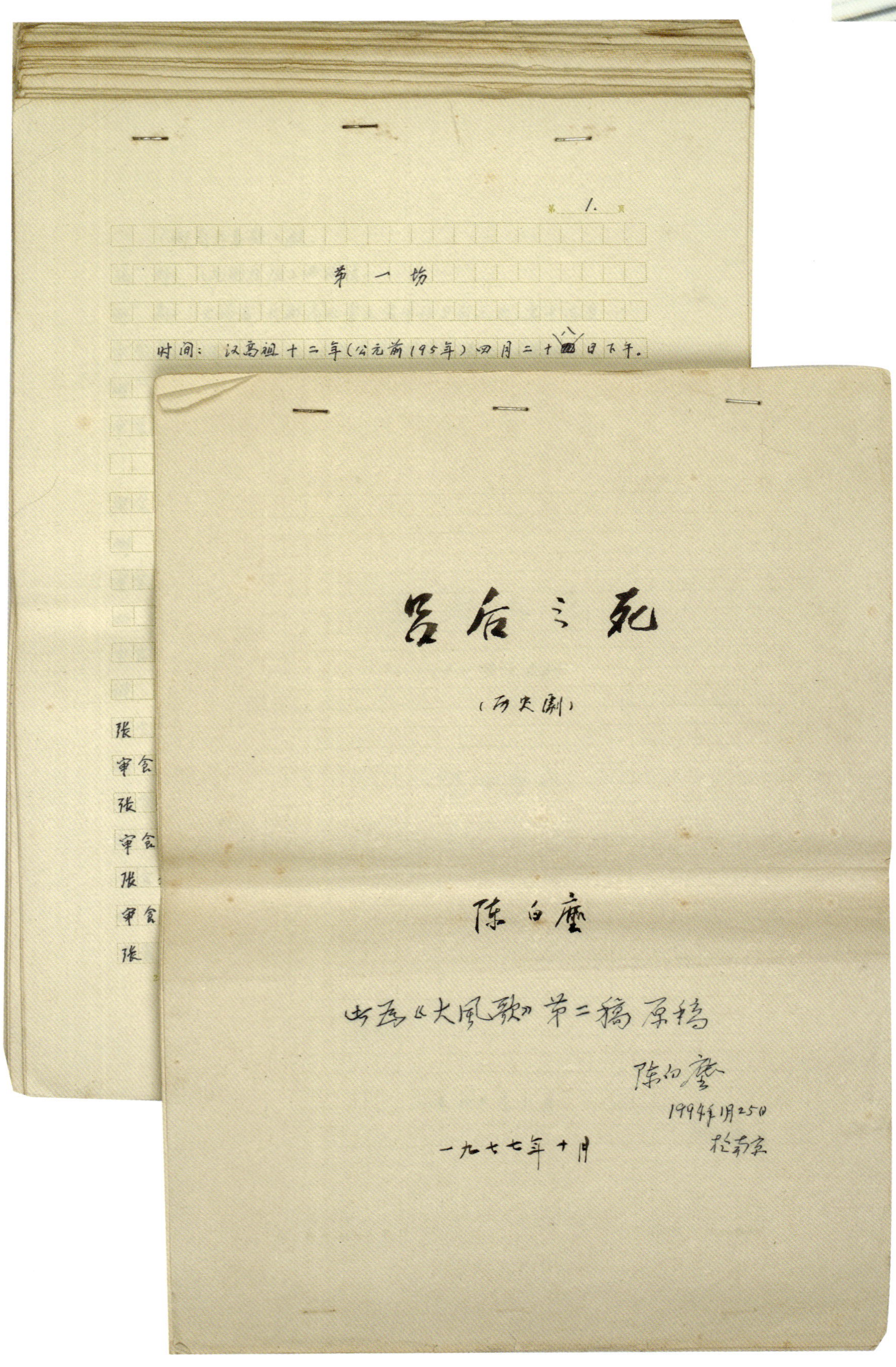
1.
第一场
时间：汉高祖十二年（公元前195年）四月二十　日下午.
吕后之死
（历史剧）
陈白麈
此为《大风歌》第二稿原稿
陈白麈
1994年1月25日
于南京
一九七七年十月

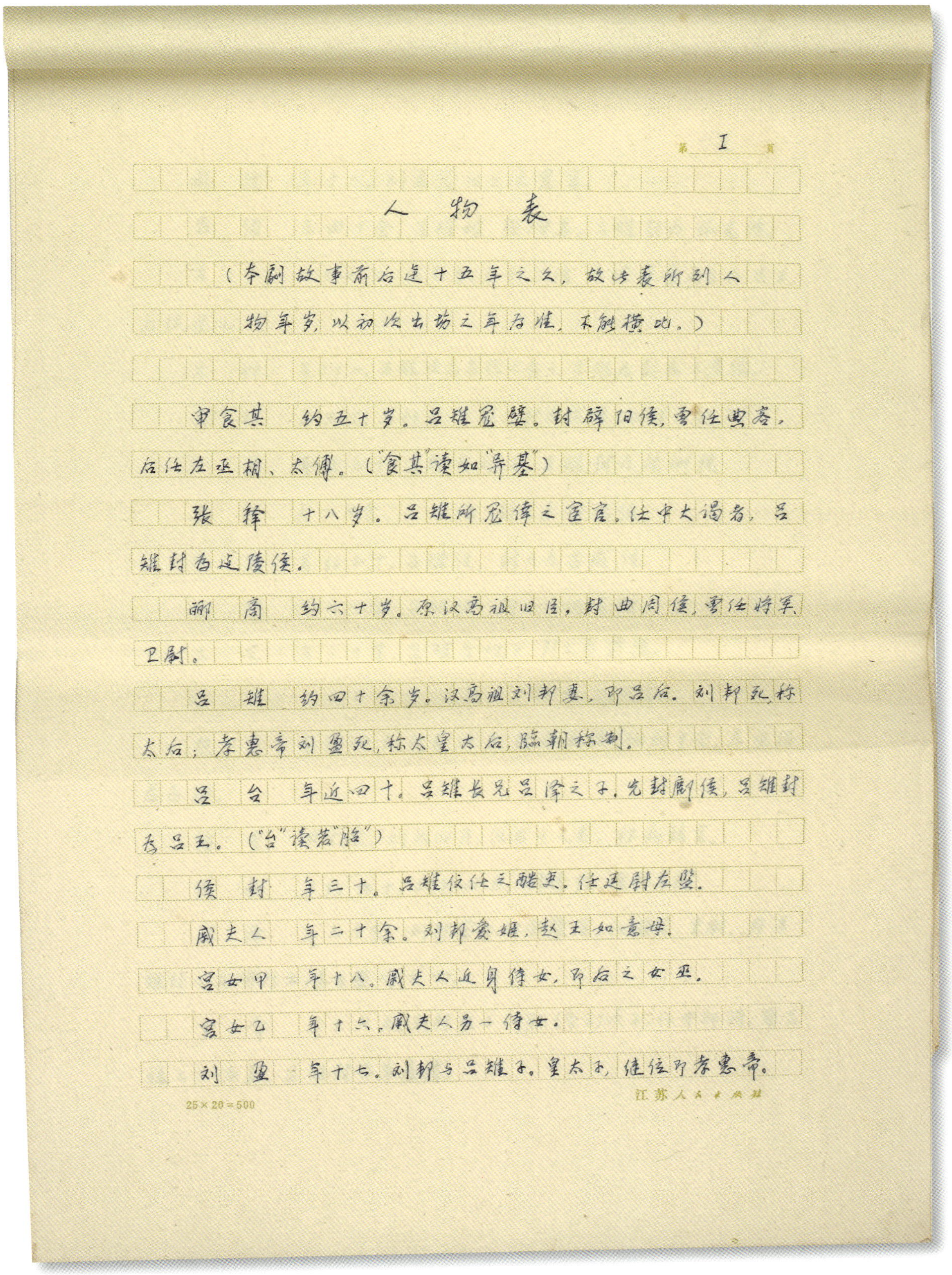

吕后之死　　陈白尘

1977年10月作　　《剧本》1979年第1期

剧本《吕后之死》，是陈白尘“文革”后创作的著名历史剧《大风歌》的第二稿，《吕后之死》是作品创作初期的题名。《大风歌》在1977年9月完成初稿，之后一年之内六易其稿，一直到第四稿时才正式定名为《大风歌》。本馆收藏的这个第二稿手稿，不仅剧本的名称与定稿不同，整个剧本在场次安排上也有很大的区别。定稿后的剧本为七幕话剧，共分二十三场，第二稿手稿仅分为十四场，未定几幕。《大风歌》最早发表于《剧本》1979年第1期，同年9月四川人民出版社出版单行本，当年就搬上舞台，演遍了北京、杭州、重庆等地，还在国庆三十周年献礼会演中获得创作及演出一等奖。

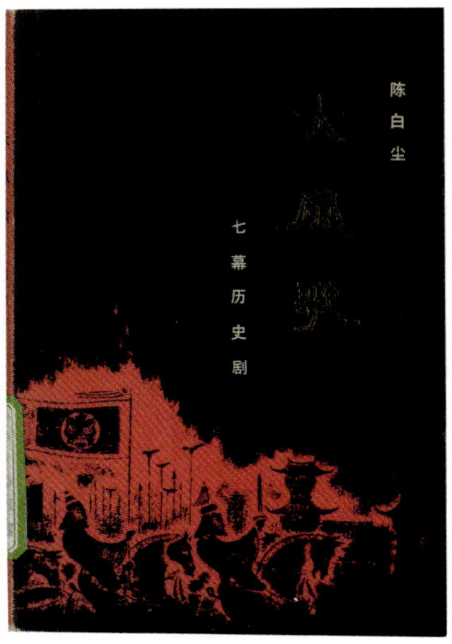

陈白尘
大风歌
七幕历史剧

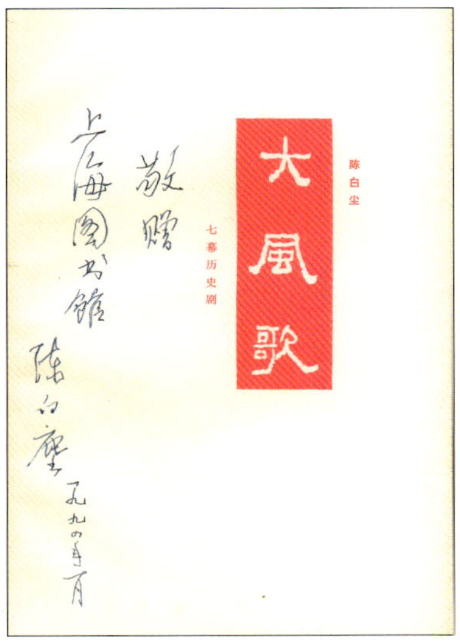

大風歌
陈白尘
七幕历史剧

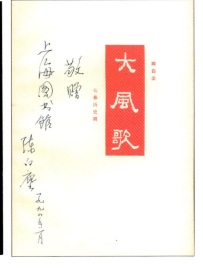

秦瘦鸥（1908~1993）

上海嘉定人。原名秦浩，笔名秦瘦鸥。作家。上海商科大学毕业。后曾任报社编辑、主笔，持志学院、大夏大学讲师。解放后，参加作协，历任香港《文汇报》副刊组组长、集文出版社总编辑、上海文化出版社编辑室主任、上海文艺出版社编审、上海出版文献资料编辑所编辑等职。著有《秋海棠》、《危城记》，译有《御香缥缈录》等。

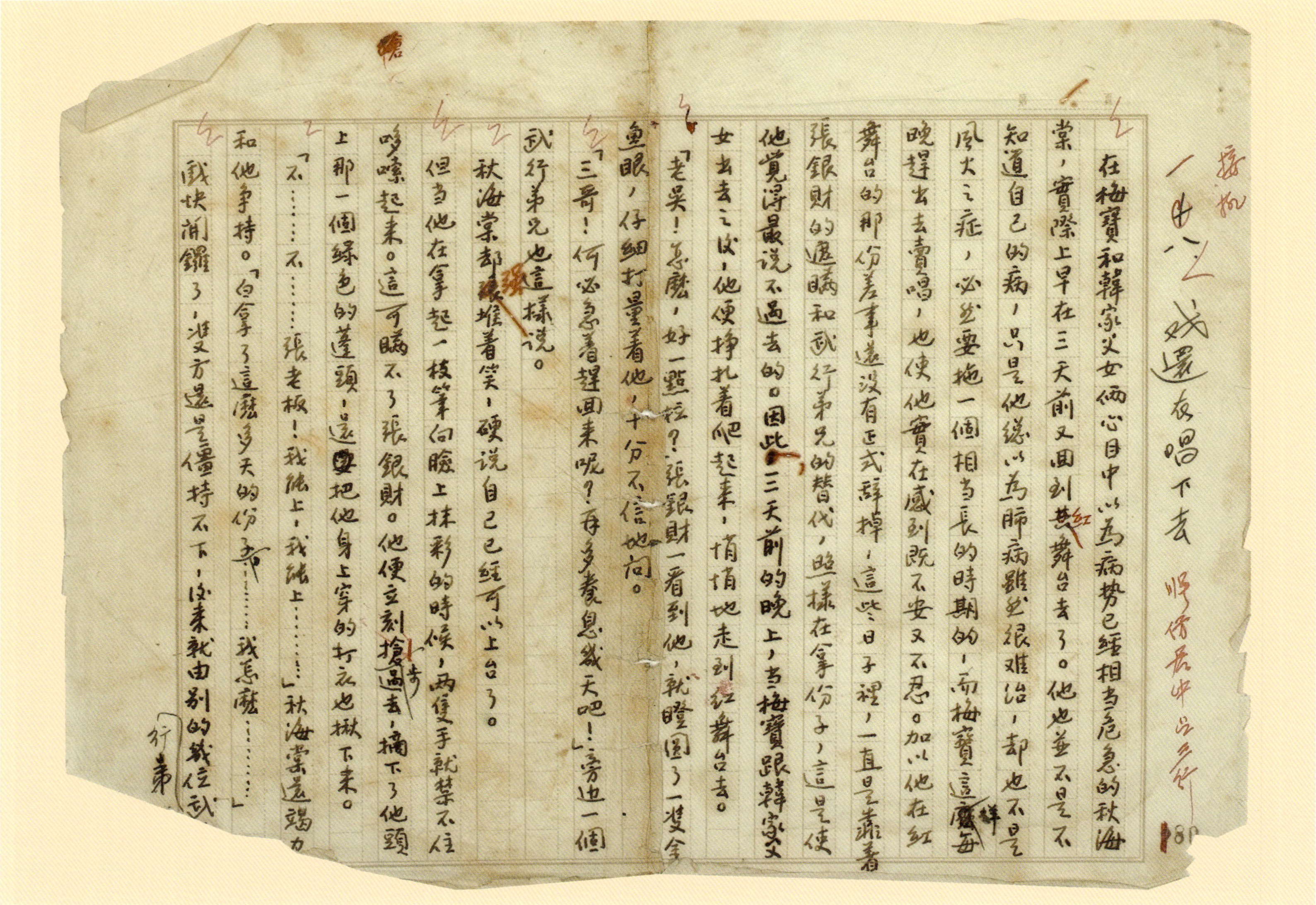

在梅寶和韓家父女倆心目中以為病勢已經相當危急的秋海棠，實際上早在三天前又回到共舞台去了。他也並不是不知道自己的病，只是他總以為肺病雖然很難治，卻也不是風火之症，必並要拖一個相當長的時期的，而梅寶這樣每晚趕出去賣唱，也使他實在感到既不安又不忍。加以他在紅舞台的那份差事還沒有正式辭掉，這些日子裡，一直是靠着張銀財的遮瞞和武行弟兄的替代，照樣在拿份子，這是使他覺得最說不過去的。因此，三天前的晚上，當梅寶跟韓家父女出去了以後，他便掙扎着爬起來，悄悄地走到紅舞台去。

「老吳！怎麼，好一點啦？」張銀財一看到他，就瞪圓了一雙金魚眼，仔細打量着他，十分不信地問。

「三哥！何必急着趕回來呢？再多養息幾天吧！」旁邊一個武行弟兄也這樣說。

秋海棠都硬堆着笑，硬說自己已經可以上台了。

但當他在拿起一枝筆向臉上抹彩的時候，兩隻手就禁不住哆嗦起來。這可瞞不了張銀財。他便立刻搶過去，摘下了他頭上那一個綠色的蓬頭，還要把他身上穿的打衣也揪下來。

「不……不……張老板！我能上，我能上……」秋海棠還竭力和他爭持。「白拿了這麼多天的份子……我怎麼……」

我快閒鑼了，雙方還是僵持不下，後來就由別的幾位武行弟兄

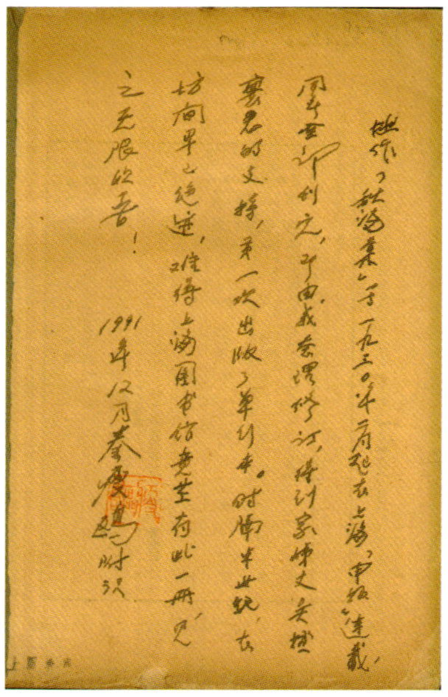

《秋海棠》第十八节　　秦瘦鸥

《申报・春秋》1941年2月至12月

长篇小说《秋海棠》在1941年2月至12月的《申报・春秋》上首次连载，在当时引起了惊人的连锁反应。1942年7月由金城图书公司发行单行本，在"孤岛"时期的上海迅速成为畅销书。1943年12月23日经中国联合电影公司将其改编拍摄的电影在上海首映。1942年12月至1943年5月，由小说原作者与顾仲彝共同改编为舞台剧本，由费穆和黄佐临联合导演，在上海连演4个半月，共演出150余场，足见《秋海棠》在当时影响之深。建国后，在1957年由上海文化出版社出版修订版，由程十发绘图，当年就多次重印，共发行二十万册。《秋海棠》还曾被改编为沪剧、粤剧、评弹，拍摄了电影和多个版本电视连续剧，译成多种外文出版，有"民国第一言情小说"之称。本馆收藏有小说第十八节的手稿和秦瘦鸥为1980年版所作后记。

秋
海
棠
秦瘦鸥／著
百花洲文艺出版社

秋海棠

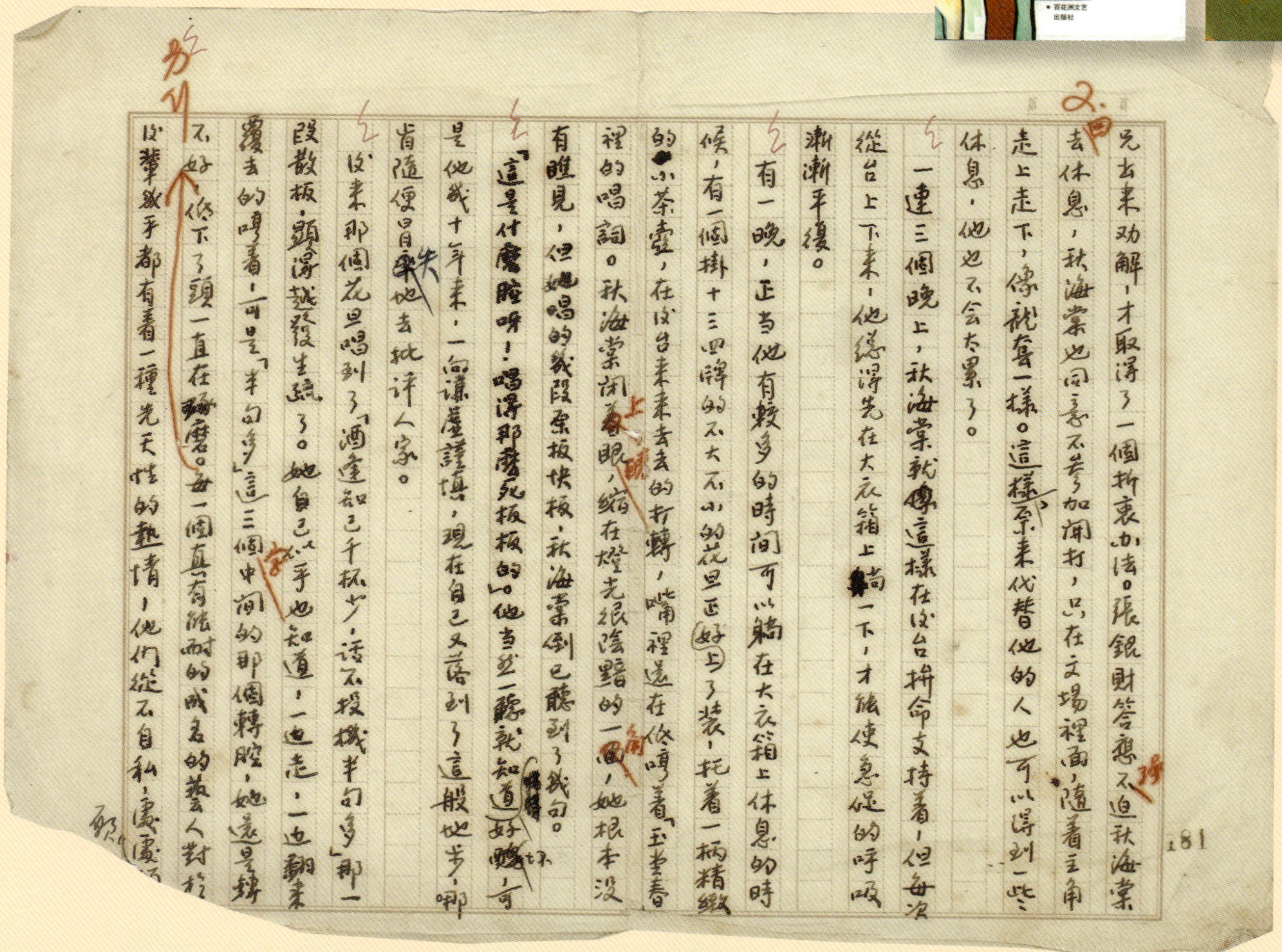

先出来劝解，才取得了一個折衷办法。張銀財答應不逼秋海棠去休息，秋海棠也同意不参加開打，只在文場裡面，隨着主角走上走下，像龍套一樣。這樣，原來代替他的人也可以得到一些休息，他也不会太累了。

一連三個晚上，秋海棠就像這樣在後台拚命支持着，但每次從台上下來，他總得先在大衣箱上躺一下，才能使急促的呼吸漸漸平復。

有一晚，正當他有較多的時間可以躺在大衣箱上休息的時候，有一個掛十三四牌的不大不小的花旦正好上了裝，托着一柄精緻的小茶壺，在後台來來去去的打轉，嘴裡還在低哼着「玉堂春」裡的唱詞。秋海棠閉上眼，縮在燈光很陰黯的一角，她根本沒有瞧見，但她唱的幾段原板快板，秋海棠倒已聽到了幾句。

「這是什麼腔呀！唱得那麼死板板的。」他立刻就知道好壞，可是他幾十年來，一向謙虛謹慎，現在自己又落到了這般地步，哪肯隨便冒失地去批評人家。

後來那個花旦唱到了「酒逢知己千杯少，話不投機半句多」那一段散板，顯得越發生疏了。她自己也知道，一边走，一边翻來覆去的哼着，可是「半句多」這三個字中間的那個轉腔，她還是轉不好。秋海棠低下了頭一直在琢磨。每一個真有能耐的成名的藝人對於後輩救手都有着一種先天性的熱情，他們從不自私，處處

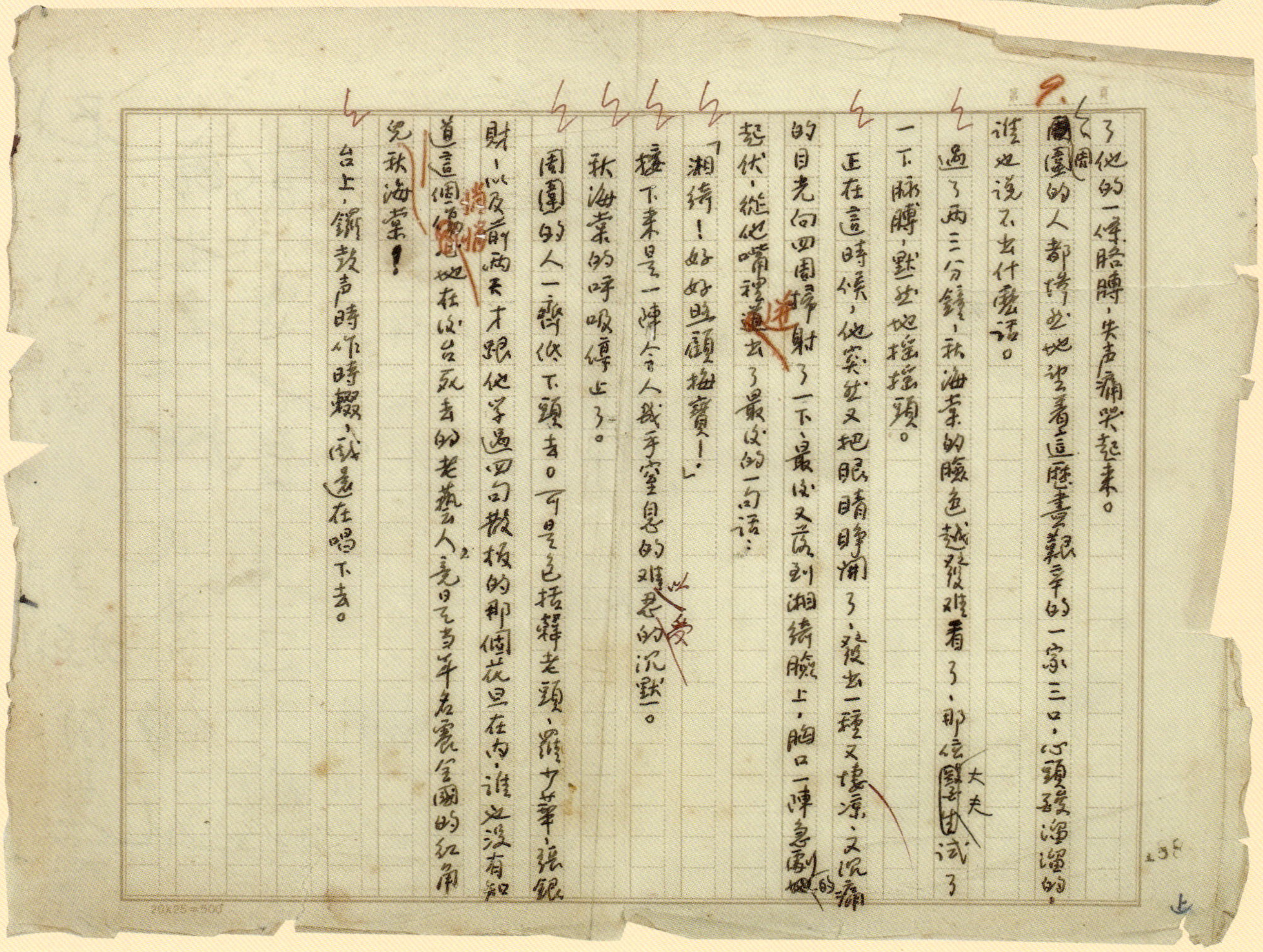

了他的一條胳膊，失声痛哭起來。

周圍的人都悽然地望着這麼艱辛的一家三口，心頭酸溜溜的，誰也說不出什麼話。

過了兩三分鐘，秋海棠的臉色越發難看了，那位大夫試了一下脈搏，默然地搖搖頭。

正在這時候，他突然又把眼睛睜開了，發出一種又悽涼、又沉痛的目光向四周掃射了一下，最後又落到湘綺臉上，胸口一陣急劇的起伏，從他嘴裡迸出了最後的一句話：

「湘綺！好好照顧梅寶！」

接下來是一陣令人幾乎窒息的難忍的沉默。

秋海棠的呼吸停止了。

周圍的人一齊低下頭去。可是包括韓老頭、羅少華、張銀財，以及前兩天才跟他學過四句散板的那個花旦在內，誰也沒有知道這個悄悄地在後台死去的老藝人，竟是當年名震全國的紅角兒秋海棠！

台上，鑼鼓声時作時輟，戲還在唱下去。

傅雷（1908~1966）

上海南汇人。字怒安，号怒庵。翻译家。肄业于上海持志大学。早年赴法留学。1931年回国后任上海美专教授。1934年与人合办《时事汇报》。抗战期间在上海从事文学翻译工作，曾主编《大陆》月刊。抗战胜利后，与马叙伦等成立中国民主促进会，发行《新语》半月刊。建国后，历任作协上海分会理事、书记处书记，法国巴尔扎克研究协会会员等职。“文化大革命”中，受迫害而含冤死去。主要译著有《约翰·克利斯朵夫》、《高老头》、《欧也妮·葛朗台》等。有《傅雷全集》20卷行世。

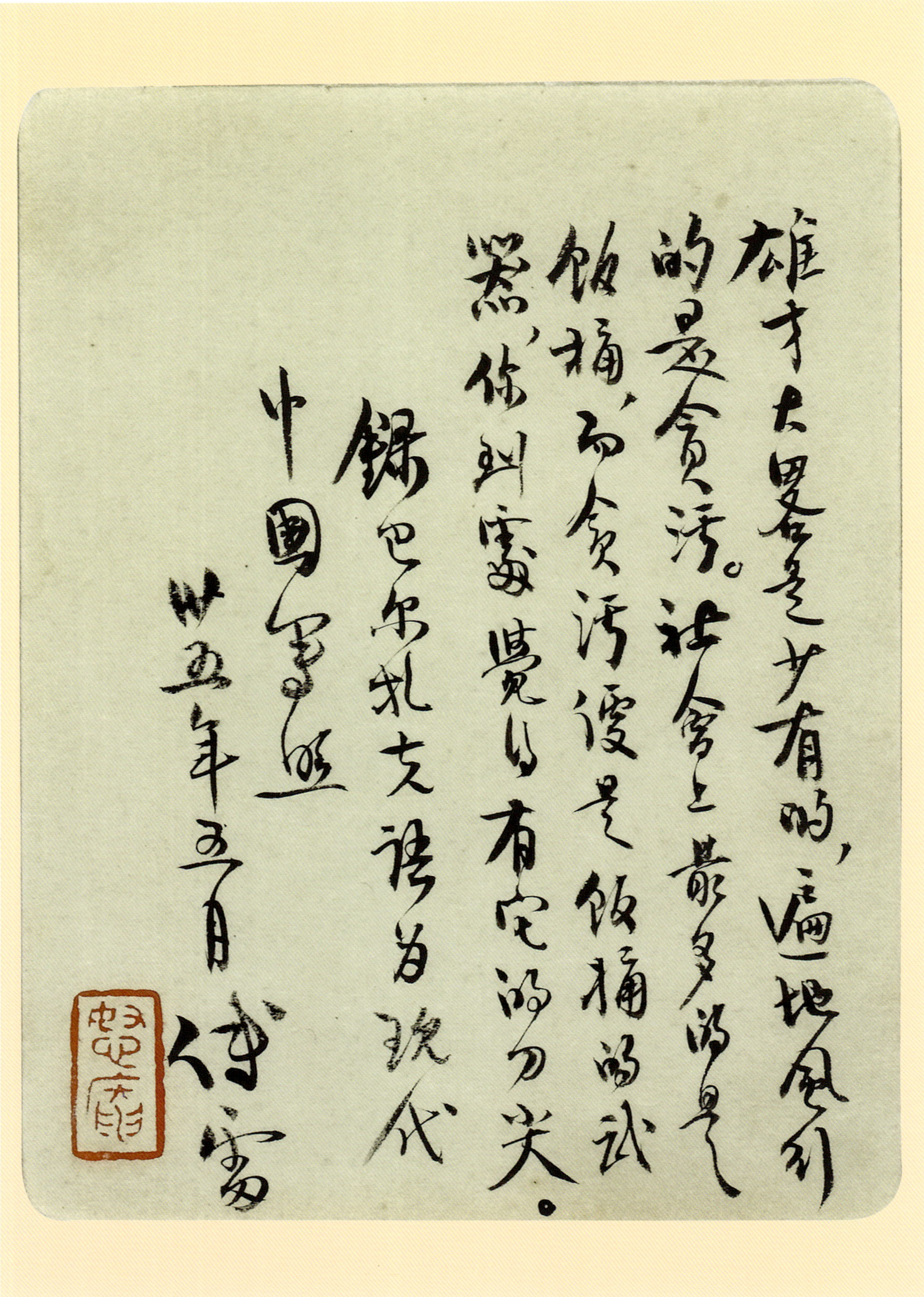

雄才大略是少有的，遍地風行的是貪污。社會上最多的是飯桶，而貪污便是飯桶的武器，你到處覺得有它的刀尖。

錄巴爾扎克語為現代中國寫照

卅五年五月 傅雷

录巴尔扎克语为现代中国写照　傅雷
1946年

此稿乃是傅雷于1946年翻译的巴尔扎克之名句。

靳以（1909~1959）

天津人。原名章方叙，笔名靳以。作家。少年时代就读于天津南开中学，后入复旦大学国际贸易系。1928年在鲁迅所编《语丝》发表处女诗作。1934年起，先后与郑振铎合办《文学季刊》，与巴金合编《文季月刊》。抗战期间任重庆复旦大学国文系教授，兼任重庆《国民公报·文群》编辑。1946年随复旦大学迁回上海，任国文系、新闻系主任，并接手兼编《大公报·星期文艺》，与叶圣陶等合编《中国作家》等。建国后，历任沪江大学、复旦大学教授，《收获》主编，上海作家协会副主席，中国作协书记处书记等职。著有《青的花》、《红烛》、《人世百图》等。有《靳以选集》5卷行世。

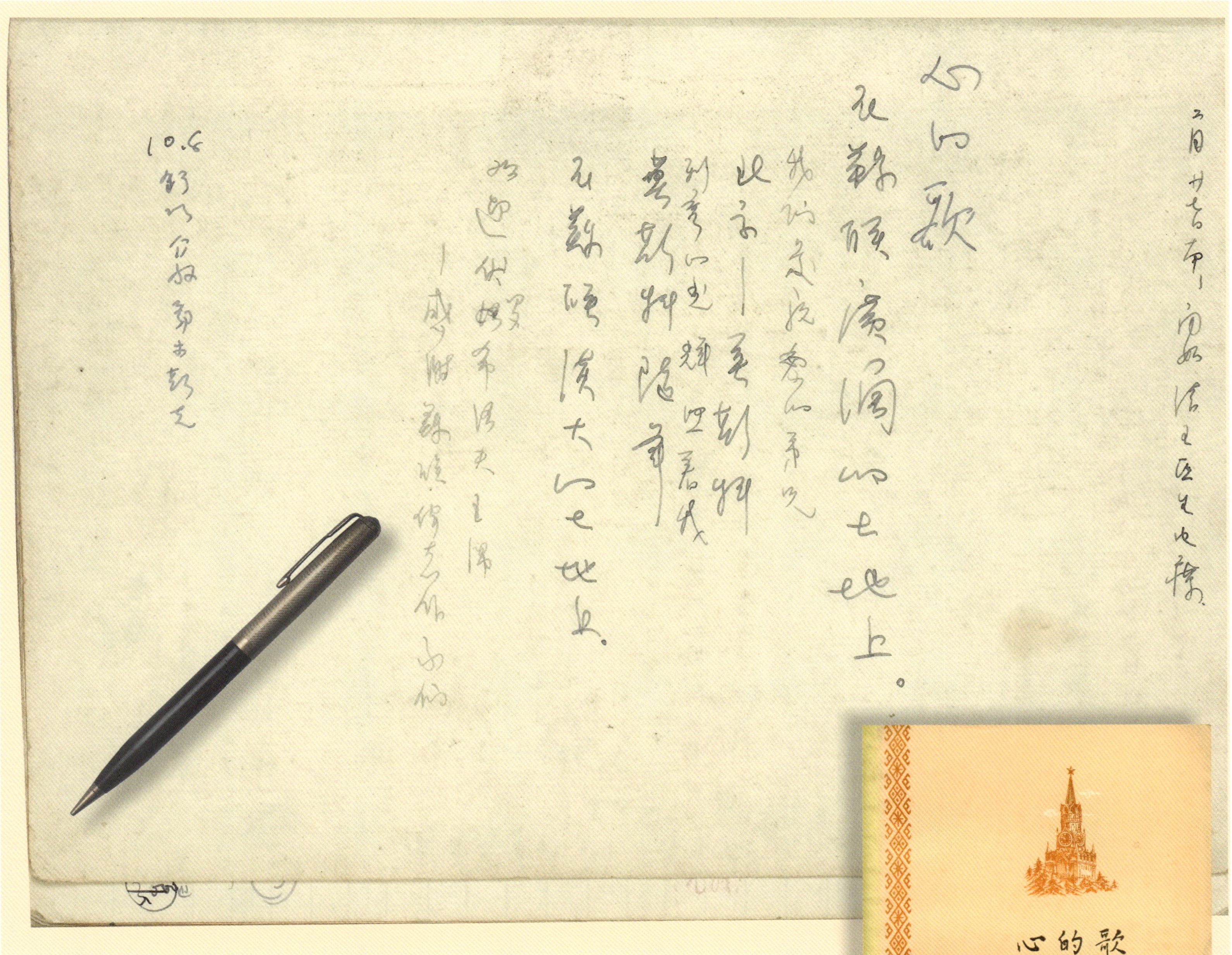
心的歌
在苏联广阔的土地上。

心的歌
靳　以著
新文艺出版社

心的歌　　靳以

1956~1957年作　　新文艺出版社1957年出版

《心的歌》分三大章，是靳以在1956年11月参加作家访问团到苏联访问后所写的散文特写集。手稿与新文艺出版社出版的《心的歌》相比较，手稿篇目撰写的次序与出版篇目次序有较大不同，手稿中《一双灵巧的手》、《幸福的会见》、《黑海边来的石子》、《长流水的泉碑》、《给鲍里斯· 波列伏依同志》等6篇未入选出版，靳以命名它们是“记忆中的珠子”。

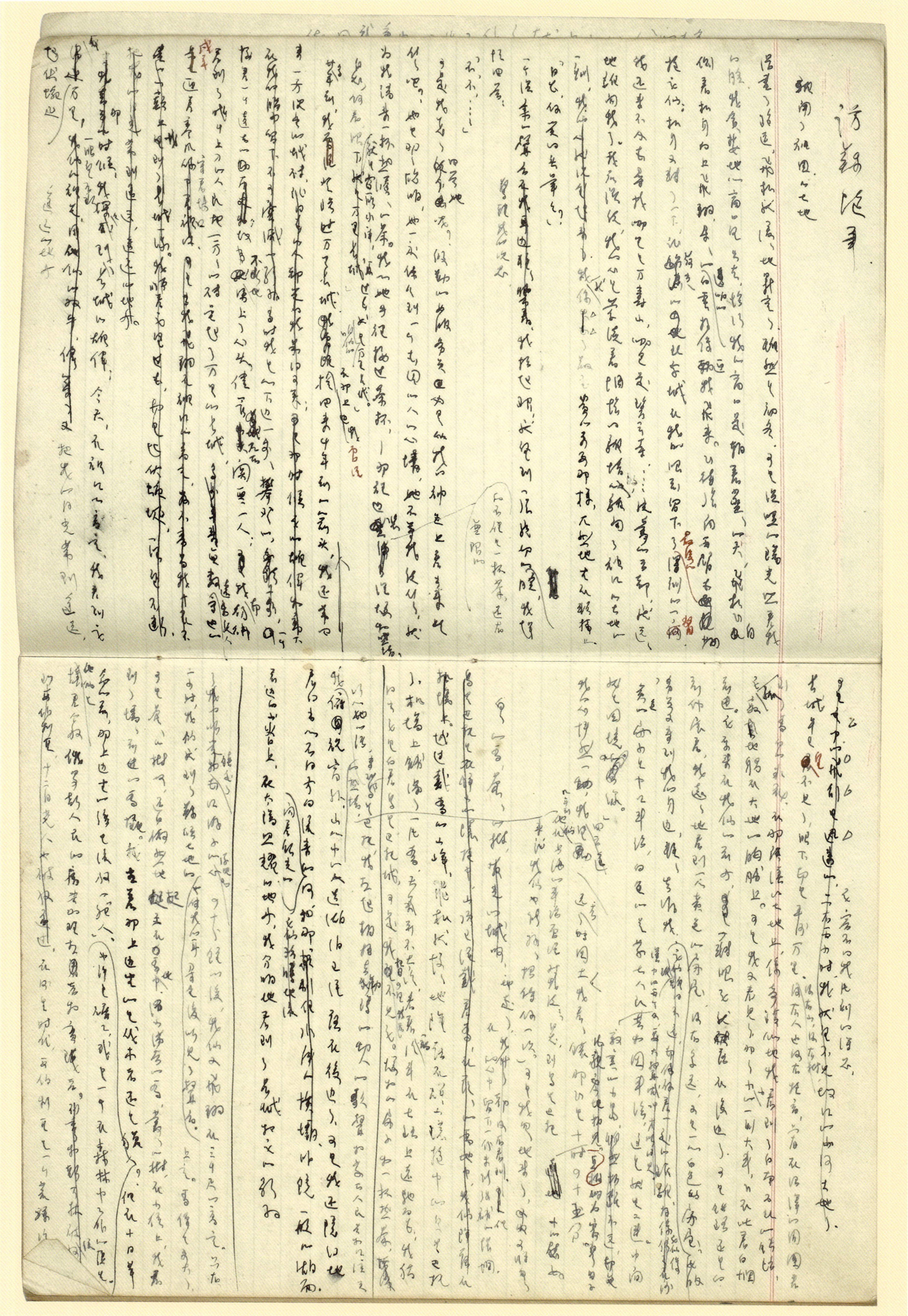

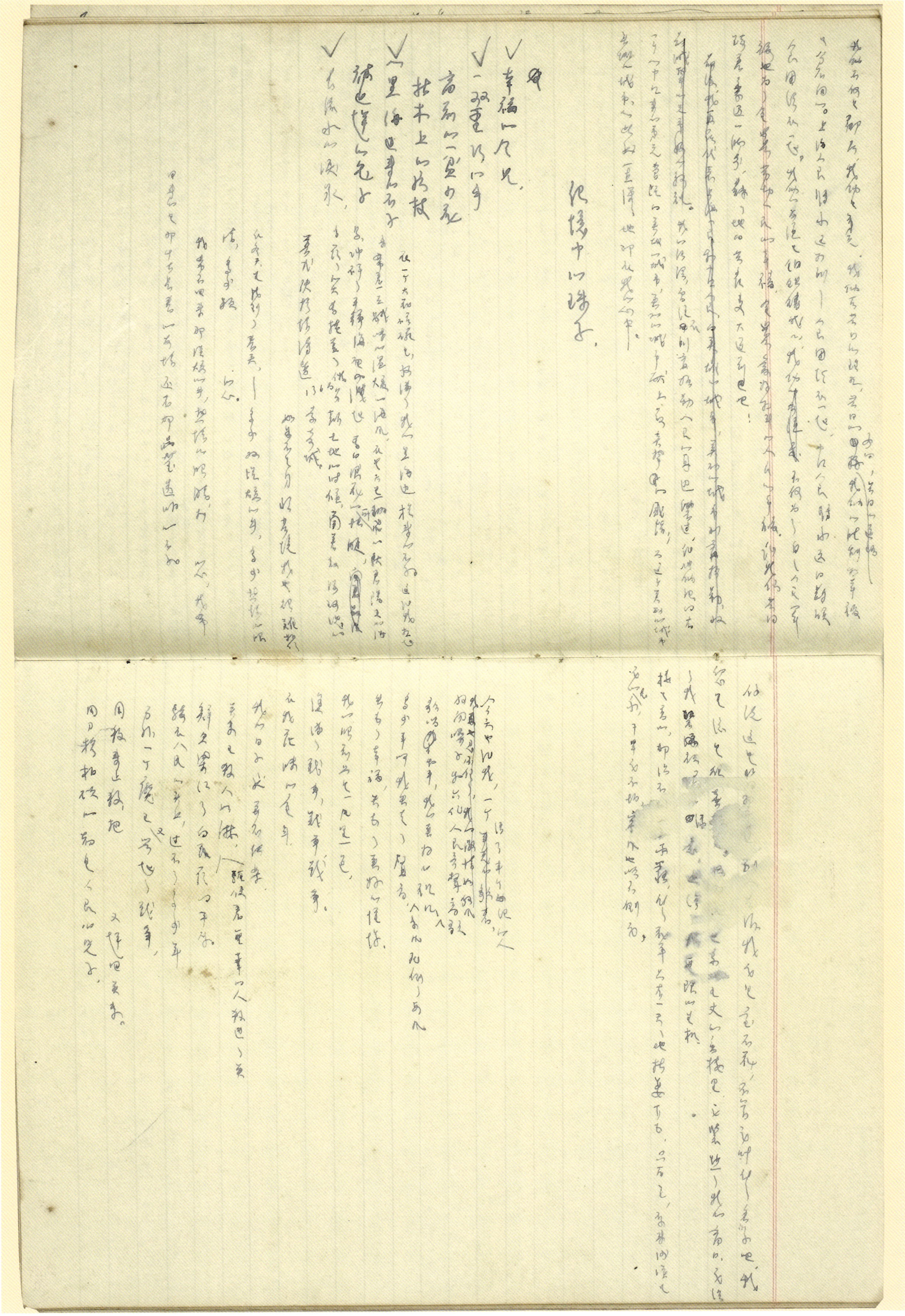

柯灵（1909～2000）

浙江绍兴人。原名高隆任，字季林。作家、电影理论家、编辑家。1931年入上海天一影片公司，1933年后任明星影片股份有限公司任宣传主任、明星二厂厂务秘书、并参加左翼影评小组。1937年后相继主编了《世纪风》、《浅草》、《草原》等文艺副刊并主编《万象》杂志。抗日战争胜利后任《文汇报》主笔兼副刊主任，又兼任编辑《新民晚报》副刊，参与发起组织中国民主促进会并任常委。1948年参与香港《文汇报》的创办和编辑工作，任副总编辑，并担任永华影业公司编剧。建国后，柯灵历任《文汇报》副社长兼总编辑、上海电影剧本创作所所长、作协上海分会副主席、上海电影艺术研究所所长等，曾任全国政协第二至五届委员、第六届常务委员等。著有《夜店》、《乱世风光》等。有《柯灵文集》6卷行世。

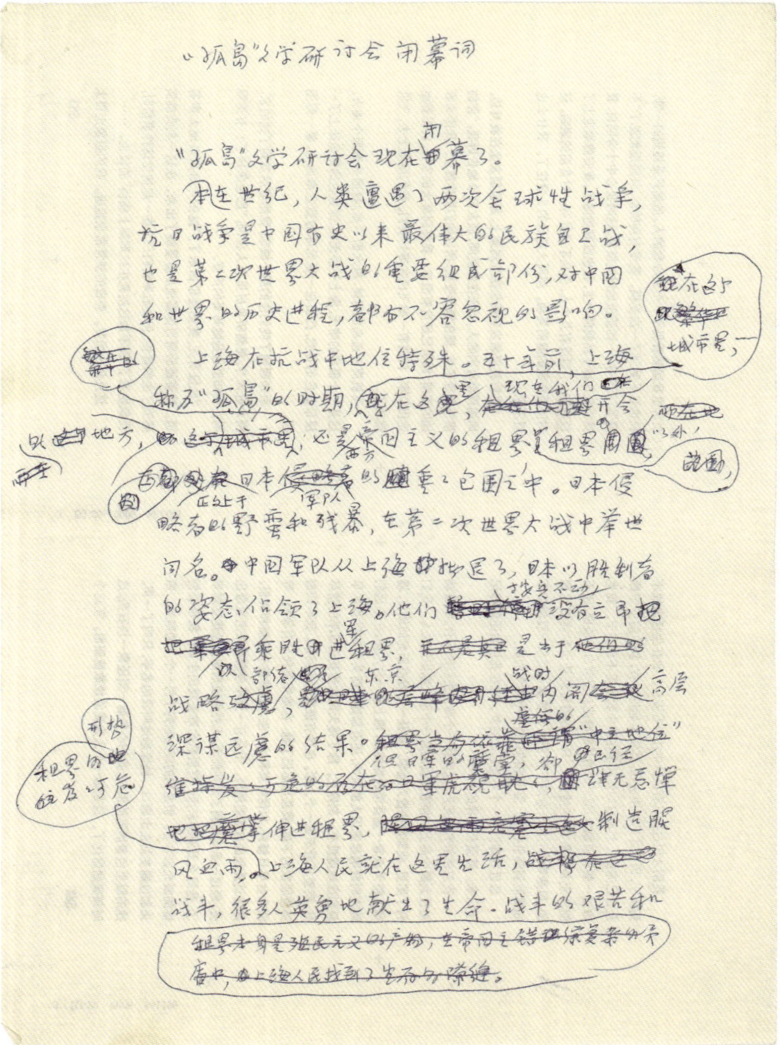

"孤岛"文学研讨会闭幕词

"孤岛"文学研讨会现在闭幕了。

本世纪，人类遭遇了两次全球性战争，抗日战争是中国有史以来最伟大的民族自卫战，也是第二次世界大战的重要组成部份，对中国和世界的历史进程，都有不容忽视的影响。

上海在抗战中地位特殊。五十年前，上海称为"孤岛"的时期，……日本侵略者的野蛮和残暴，在第二次世界大战中举世闻名。中国军队从上海撤退了，日本以胜利者的姿态，占领了上海。他们……没有立即……租界，……战略考虑，……东京……内阁……高层……深谋远虑的结果。……伸进租界，……制造腥风血雨。上海人民就在这里生活，……战斗，很多人英勇地献出了生命。战斗的艰苦和

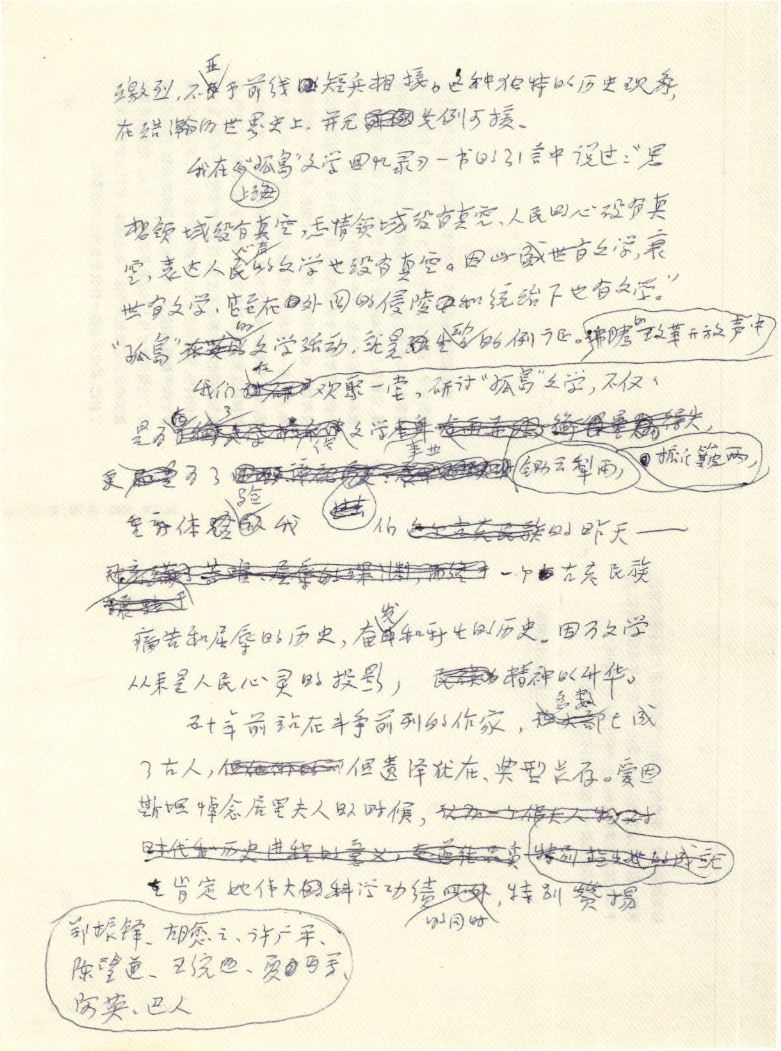

激烈，不亚于前线的短兵相接。这种独特的历史现象，在浩瀚的世界史上，并无先例可援。

我在《"孤岛"文学回忆录》一书的引言中说过："思想领域没有真空，感情领域没有真空，人民的心没有真空，表达人民心声的文学也没有真空。因此盛世有盛世文学，衰世有衰世文学，它在外国的侵凌和统治下也有文学。""孤岛"的文学活动，就是最坚强的例证。

我们在此欢聚一堂，研讨"孤岛"文学，不仅是为了……文学……更……重新体验我们……的昨天——一个古老民族痛苦和屈辱的历史，奋发和新生的历史。因为文学从来是人民心灵的投影，……精神的升华。

五十年前站在斗争前列的作家，多数都已成了古人，但遗泽犹在，典型长存。爱因斯坦悼念居里夫人的时候，……肯定她伟大的科学功绩的同时，特别赞扬……

郑振铎、胡愈之、许广平、陈望道、王统照、夏丏尊、阿英、巴人

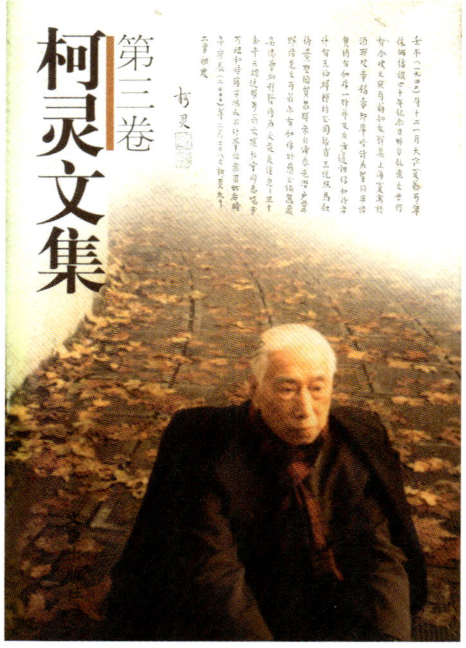
柯灵文集
第三卷

"孤岛"文学研讨会闭幕词　　柯灵

1992年11月7日作　　《柯灵文集》第三卷文汇出版社2001年出版

柯灵是抗战时期坚守沪上的重要作家和报刊编辑之一，由他主编的一系列文艺副刊是"孤岛"时期上海主要的抗战文化堡垒。此手稿是柯灵为1992年召开的"孤岛"文学研讨会的闭幕式所作，回顾了抗战时期无数仁人志士在文化战线的卓越工作，并呼吁不忘民族痛苦和屈辱的历史，克服缺点、发扬优点，建设更美好的未来。手稿与已刊文字没有出入。

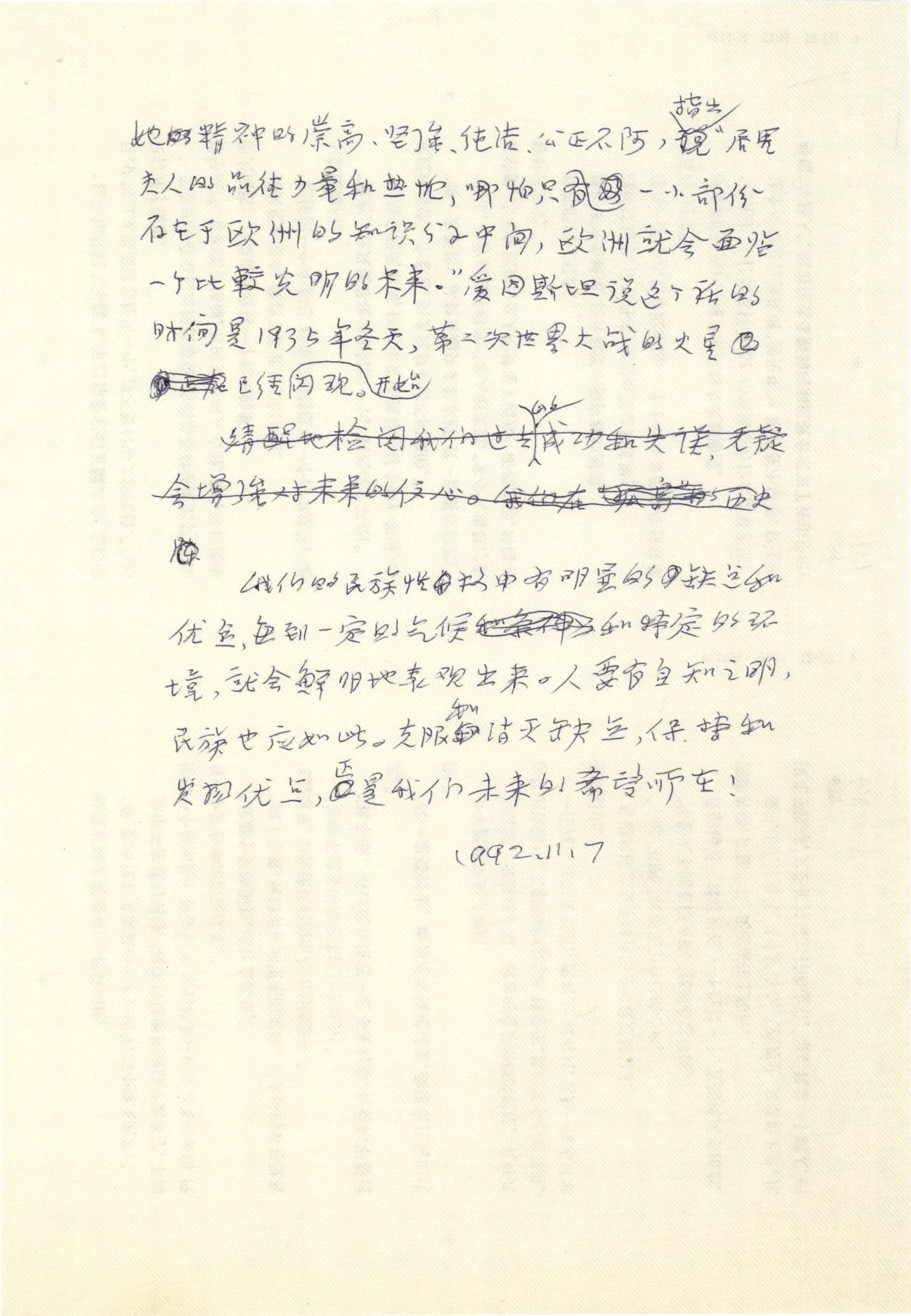

她的精神的崇高、坚毅、纯洁、公正不阿，指出"居里夫人的品德力量和热忱，哪怕只有一小部分存在于欧洲的知识分子中间，欧洲就会面临一个比较光明的未来。"爱因斯坦说这个话的时间是1935年冬天，第二次世界大战的火星已经开始闪现。

我们的民族性格中有明显的缺点和优点，遇到一定的气候和特定的环境，就会鲜明地表现出来。人要有自知之明，民族也应如此。克服我们的缺点，保持和发扬优点，正是我们未来的希望所在！

1992.11.7

柯灵藏书

柯灵藏书票

杨可扬设计

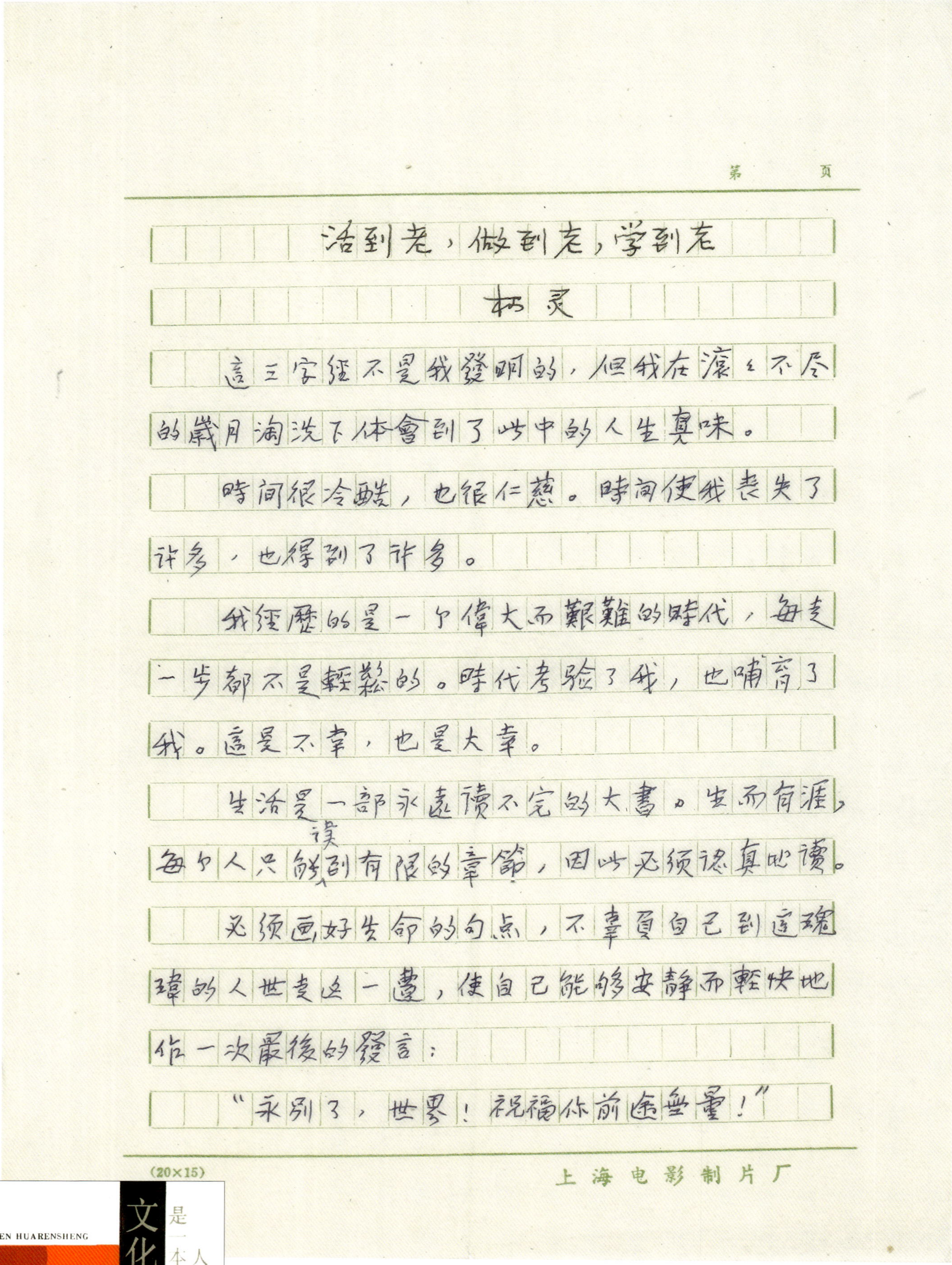

第 页
活到老，做到老，学到老
柯灵
這三字经不是我發明的，但我在滚滚不尽的歲月淘洗下体會到了此中的人生真味。
時间很冷酷，也很仁慈。時间使我丧失了许多，也得到了许多。
我经歷的是一个偉大而艱難的時代，每走一步都不是輕鬆的。時代考验了我，也哺育了我。這是不幸，也是大幸。
生活是一部永遠讀不完的大書。生而有涯，每个人只能读到有限的章節，因此必须認真地讀。
必须画好生命的句点，不辜负自己到這瑰瑋的人世走这一遭，使自己能够安静而輕快地作一次最後的發言：
"永别了，世界！祝福你前途無量！"
(20×15)
上海电影制片厂

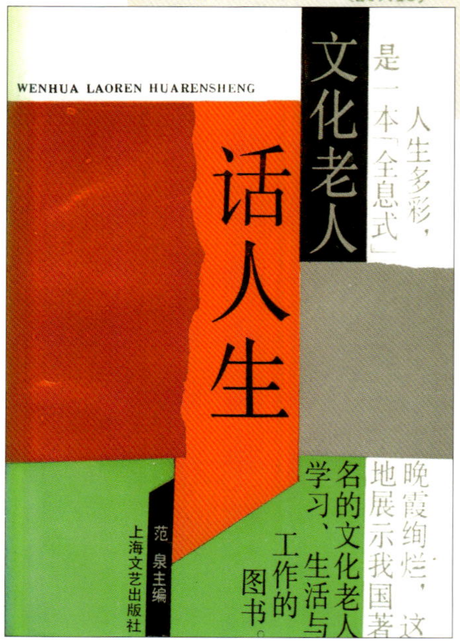

WENHUA LAOREN HUARENSHENG
文化老人话人生
人生多彩，
晚霞绚烂，这
是一本"全息式"
地展示我国著
名的文化老人
学习、生活与
工作的
图书。
范泉主编
上海文艺出版社

活到老，做到老，学到老　　柯灵

1991年作　　《文化老人话人生》上海文艺出版社1992年出版

此文是柯灵应范泉之邀所作。柯灵作为文化老人，写下此篇名为"活到老，做到老，学到老"的随感，饱含了自己对时间、时代、生活的人生感悟，以及对生命最后旅程的体认。

任钧（1909~2003）

广东梅县人。原名卢新奇，后改卢嘉文。笔名有卢森堡、森堡、孙博、叶荫等，1934年改用新笔名任钧。作家、诗人。1928年起在复旦大学外语系、中文系就读，1929年赴日本早稻田大学文学部学习，与蒋光慈创立太阳社东京分社。1932年初回国随即加入“左联”，并倡议发起成立“中国诗歌会”。1933年任“左联”组织部长，1938年任教于四川国立剧专，1949年任国立上海音乐专科学校教授，1957年起任上海第一师范学院（今上海师范大学）教授及上海社科院文学研究所兼职研究员。著有《冷热集》、《新诗选》、《新中国万岁》等，译有《母亲们》、《隐秘的爱》等。

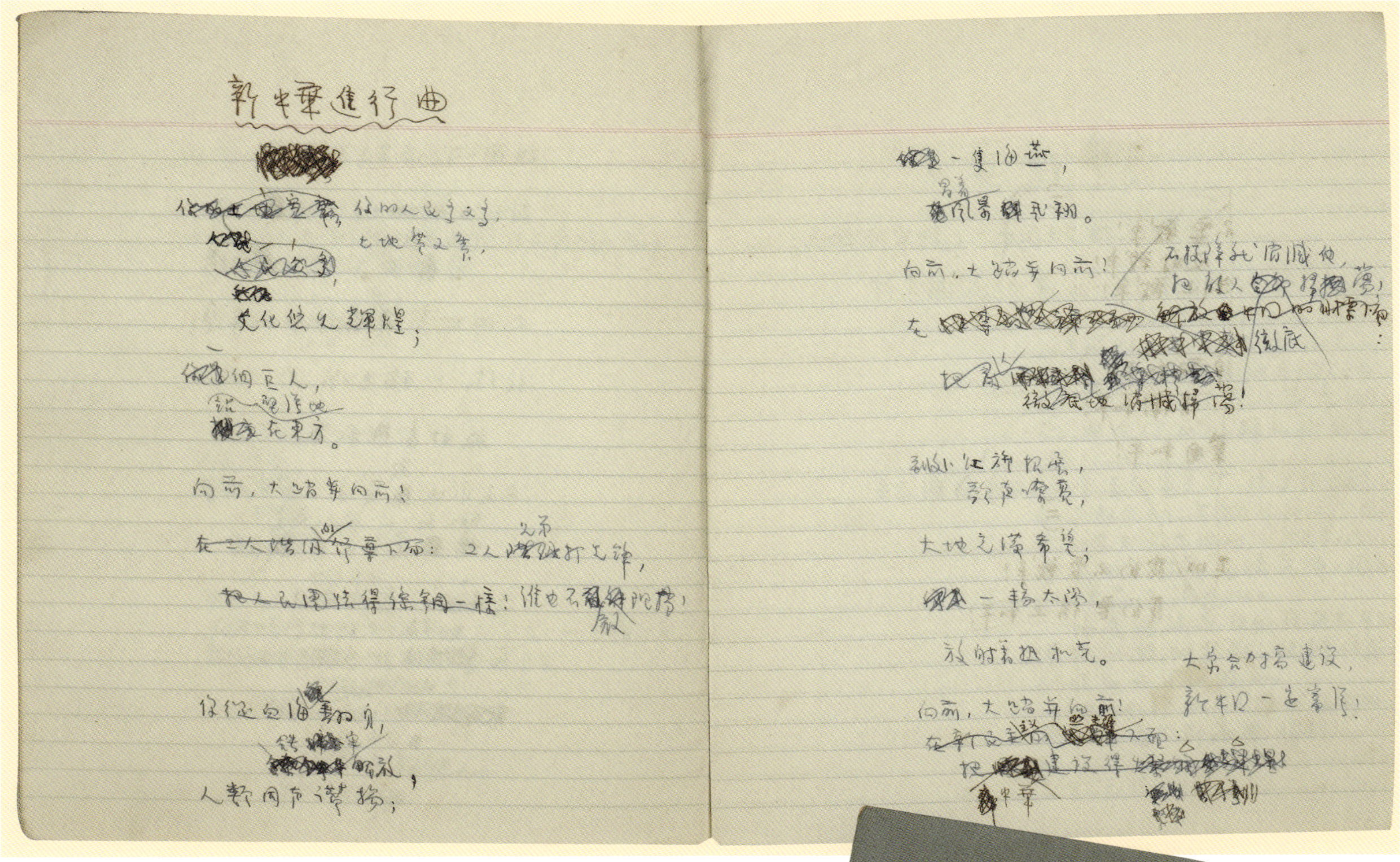

新中國萬歲

任钧诗歌　　任钧

1949~1951年作

任钧是我国左翼文学领域新诗运动的先行者之一，这8册笔记本内计有任钧诗歌手稿60篇，完成作品的时间跨度在1949年至1951年间，诗歌内容大都是以热情歌颂祖国与劳动人民为主题。新中国的诞生，赐予任钧强烈的创作灵感与激情，使他在继续深入生活汲取素材的基础上，创作了大量现实主义的诗作，笔记本上近三分之一的诗篇曾发表于《解放日报》、《文汇报》、《人民诗歌》、《十人桥》、《新中国万岁》等报刊和诗集。

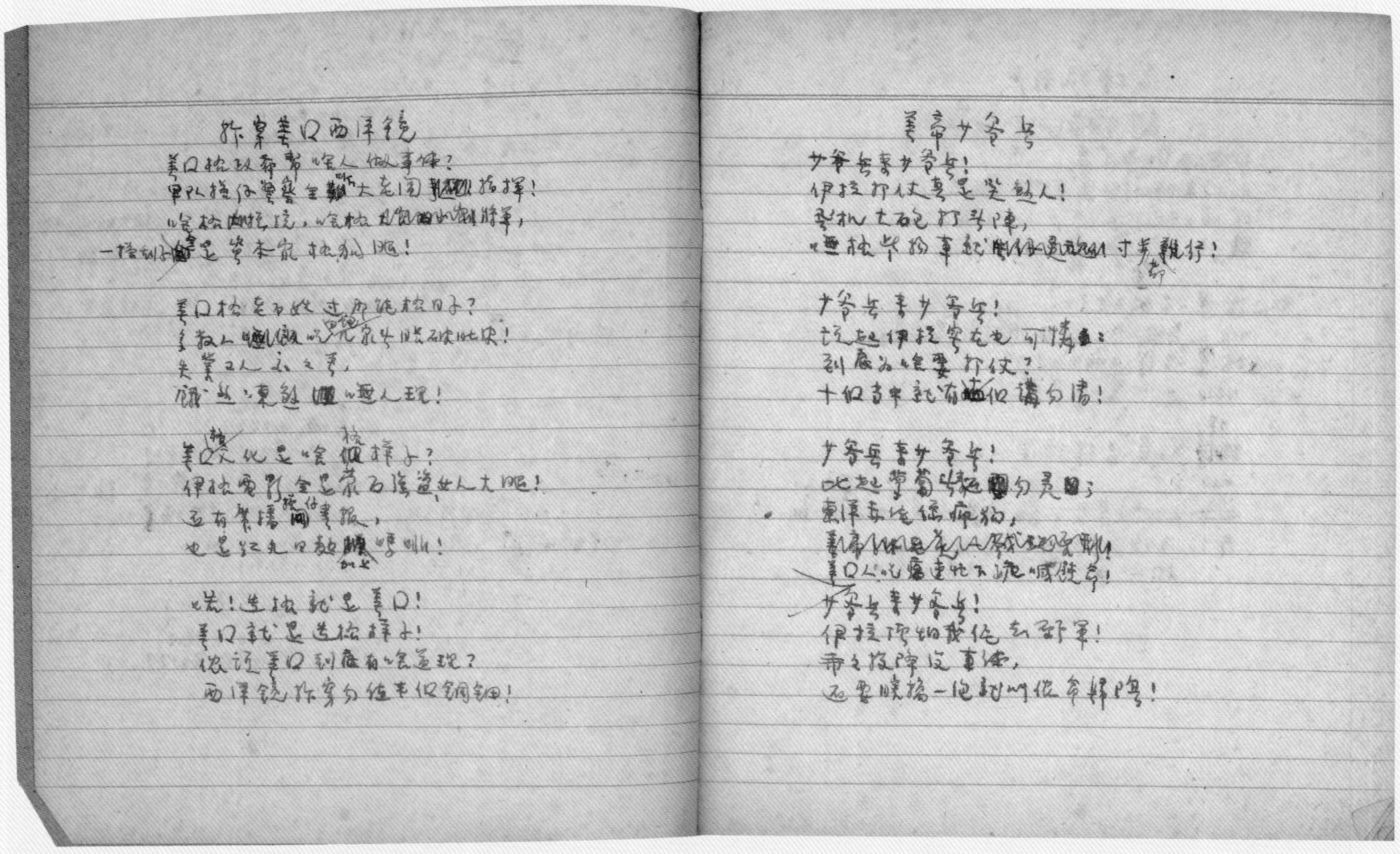
拆穿美国西洋镜

嗳！迭格就是美国！
美国就是迭格样子！
侬话美国到底有啥道理？
西洋镜拆穿勿值半个铜钿！

美帝少爷兵

少爷兵末少爷兵！
伊拉打仗真是笑煞人！

少爷兵末少爷兵！
讲起伊拉实在也可怜：
到底为啥要打仗？
十个当中就有九个搞勿清！

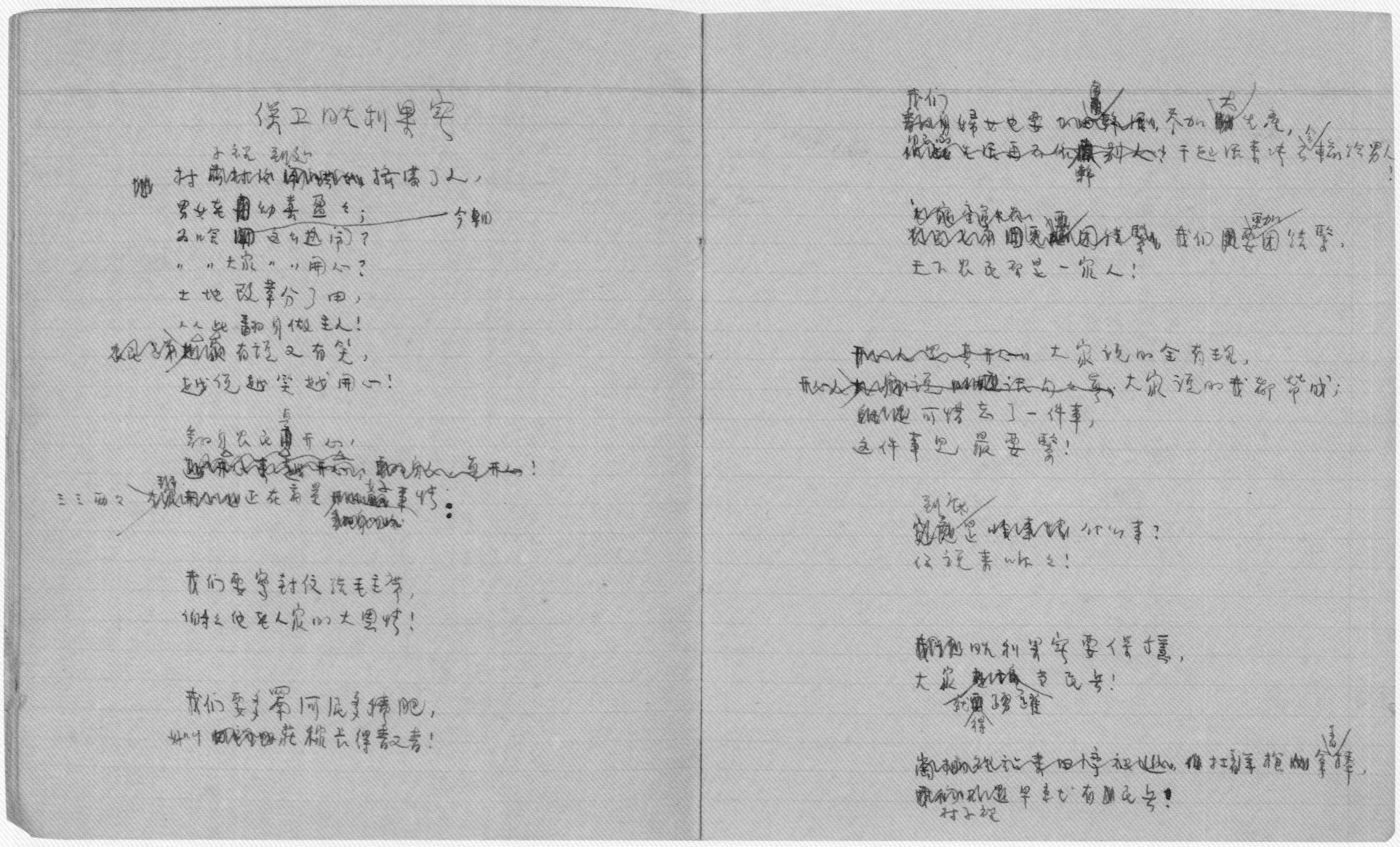
保卫胜利果实

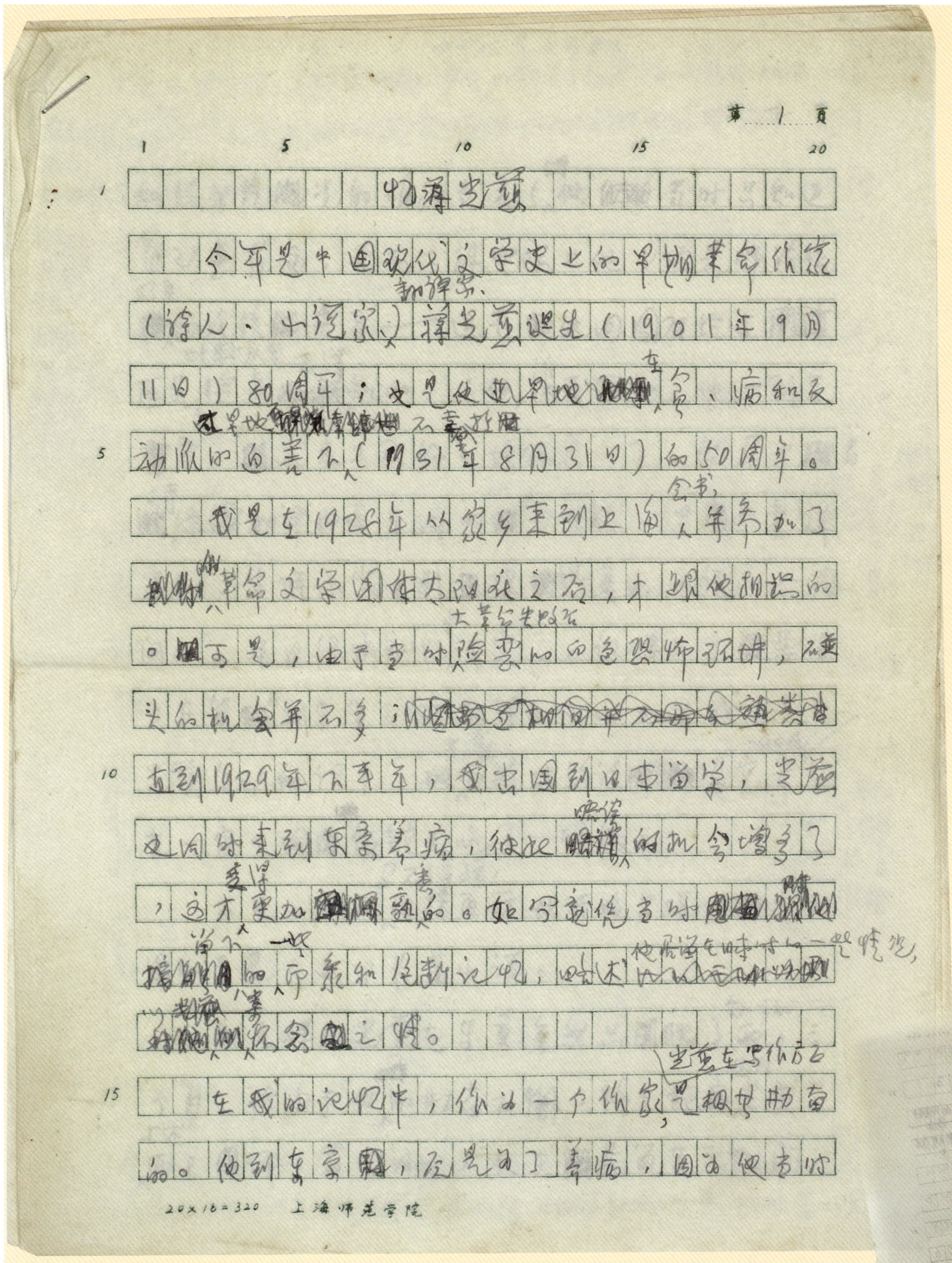

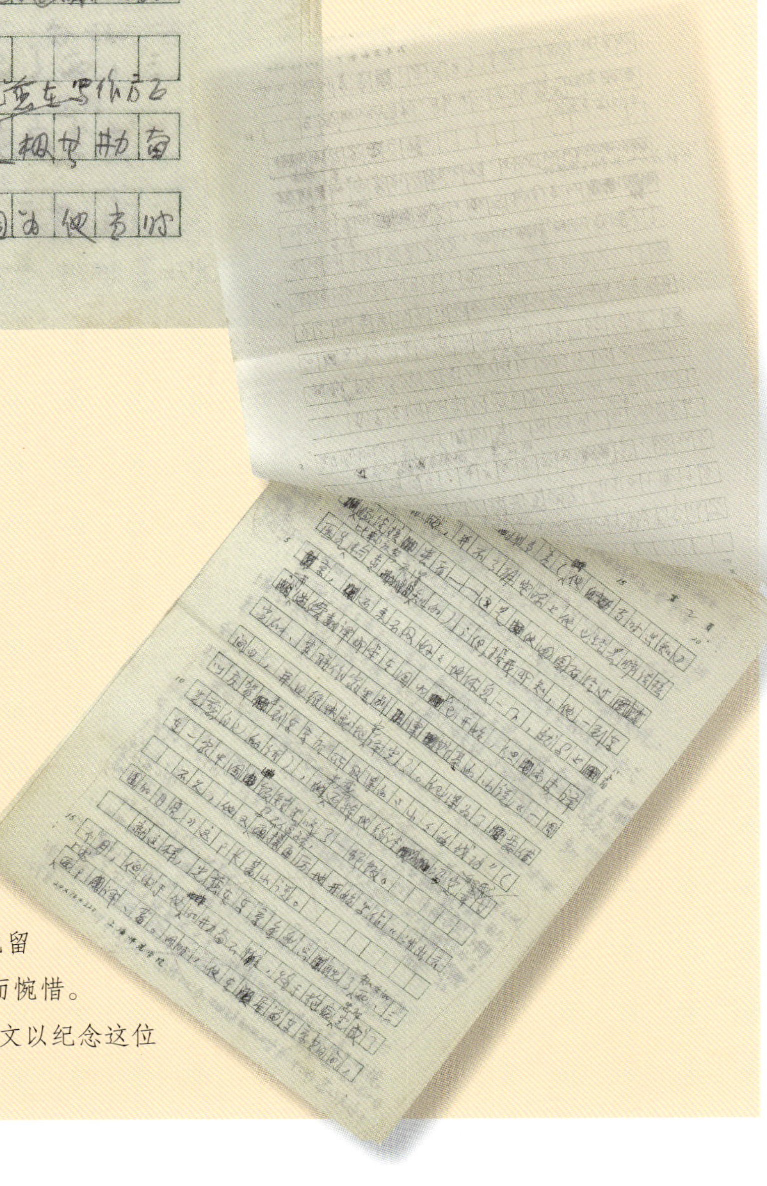

忆蒋光慈　　任钧

1981年8月作　　《文学报》1981年9月10日

1928年任钧在求学于复旦大学期间，结识了刚刚创立了“太阳社”的蒋光慈。一年后任钧赴日本留学，蒋光慈也恰于此时到东京养病，因而彼此的晤谈与交流逐渐增多。之后两人一起创建了“太阳社”东京支社。此时的任钧经常把自己的作品交予蒋光慈指正，得到了蒋光慈的热情回应与勉励期望，令任钧深为感动并给他留下了深刻印象。蒋光慈因肺病于1931年去世，令友朋无不为其早逝而惋惜。半个世纪后，任钧在蒋光慈诞辰80周年、逝世50周年之际，特写下此文以纪念这位当年的文学师友。

艾青(1910~1996)

浙江金华人。原名蒋海澄，笔名艾青。诗人。1928年考入国立杭州西湖艺术院。翌年赴法习画。1932年回国，在上海加入中国左翼美术家联盟，不久被捕入狱，在狱中写成诗作《大堰河——我的保姆》。建国后，历任全国政协候补委员、中国文联委员、中国作协副主席等。被誉为中国现代诗的代表诗人之一。代表作有《大堰河——我的保姆》、《北方》、《艾青诗选》等。

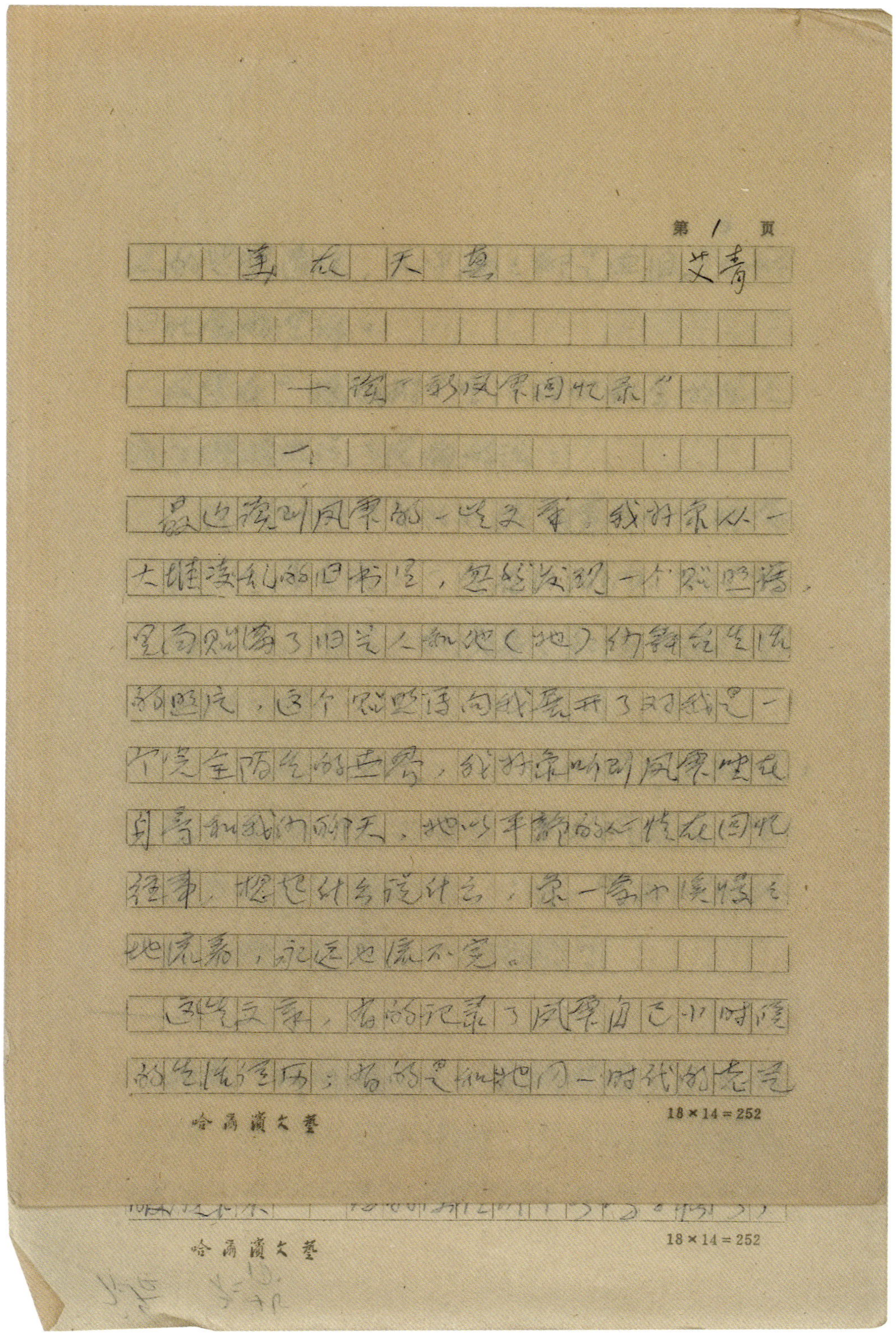

第 1 页

美在天真　艾青

——读"新凤霞回忆录"

一

最近读到凤霞的一些文章，我好像从一大堆凌乱的旧书里，忽然发现一个贴照簿，里面贴满了旧艺人和他（她）们舞台生活的照片，这个贴照簿向我展开了对我是一个完全陌生的世界，我好像听到凤霞坐在身旁和我们聊天，她以平静的心情在回忆往事，想起什么说什么，像一条小溪慢慢地流着，永远也流不完。

这些文章，有的记录了凤霞自己小时候的生活经历，有的是和她同一时代的老

哈尔滨文艺　18×14＝252

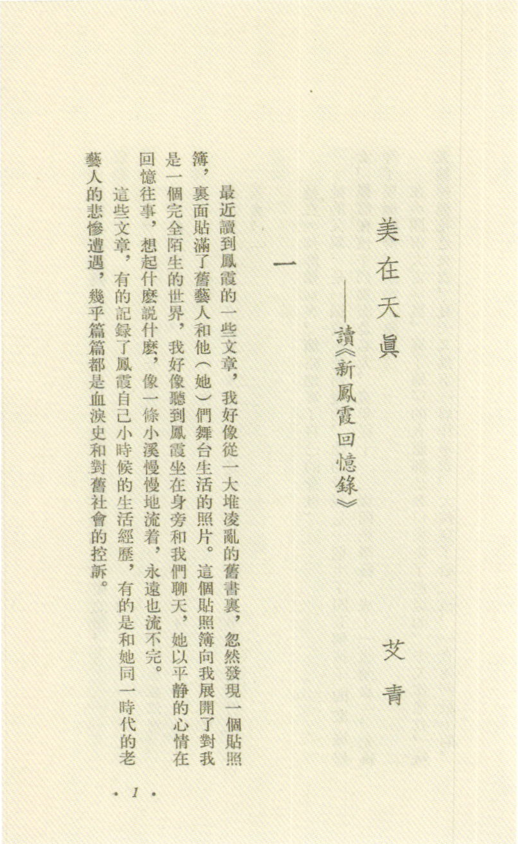

美在天真

——讀《新鳳霞回憶錄》

艾　青

一

最近讀到鳳霞的一些文章，我好像從一大堆凌亂的舊書裏，忽然發現一個貼照簿，裏面貼滿了舊藝人和他（她）們舞台生活的照片。這個貼照簿向我展開了對我是一個完全陌生的世界，我好像聽到鳳霞坐在身旁和我們聊天，她以平靜的心情在回憶往事，想起什麽説什麽，像一條小溪慢慢地流着，永遠也流不完。

這些文章，有的記録了鳳霞自己小時候的生活經歷，有的是和她同一時代的老藝人的悲慘遭遇，幾乎篇篇都是血淚史和對舊社會的控訴。

· 1 ·

新凤霞回忆录

美在天真——读“新凤霞回忆录”　艾青

1980年作　《读者》1980年第3期

《美在天真——读“新凤霞回忆录”》是诗人艾青为评剧演员新凤霞新作——《新凤霞回忆录》所撰写的序言，艾青将书中的部分篇章作了简要介绍。“美在天真”是他对新凤霞一百多篇回忆文章的评价。此篇手稿最早发表于《读者》1980年第3期。后收录于香港三联书店1980年出版的《新凤霞回忆录》中。

卞之琳(1910~2000)

江苏海门人。笔名季陵、H.C、老卞等。诗人、文学翻译家。1929年考入北京大学英语系。1930年秋开始写新诗，抗日战争前主要以翻译西洋文学作品为主，与巴金合编《水星》月刊。1946年任南开大学教授。是新文化运动中重要的诗歌流派“新月派”的代表诗人。1949年回国后任北京大学教授、中国社会科学院外国文学研究所研究员等职。著有诗集《三秋草》、《鱼目集》，译有《莎士比亚悲剧四种》等。有《卞之琳文集》3卷行世。

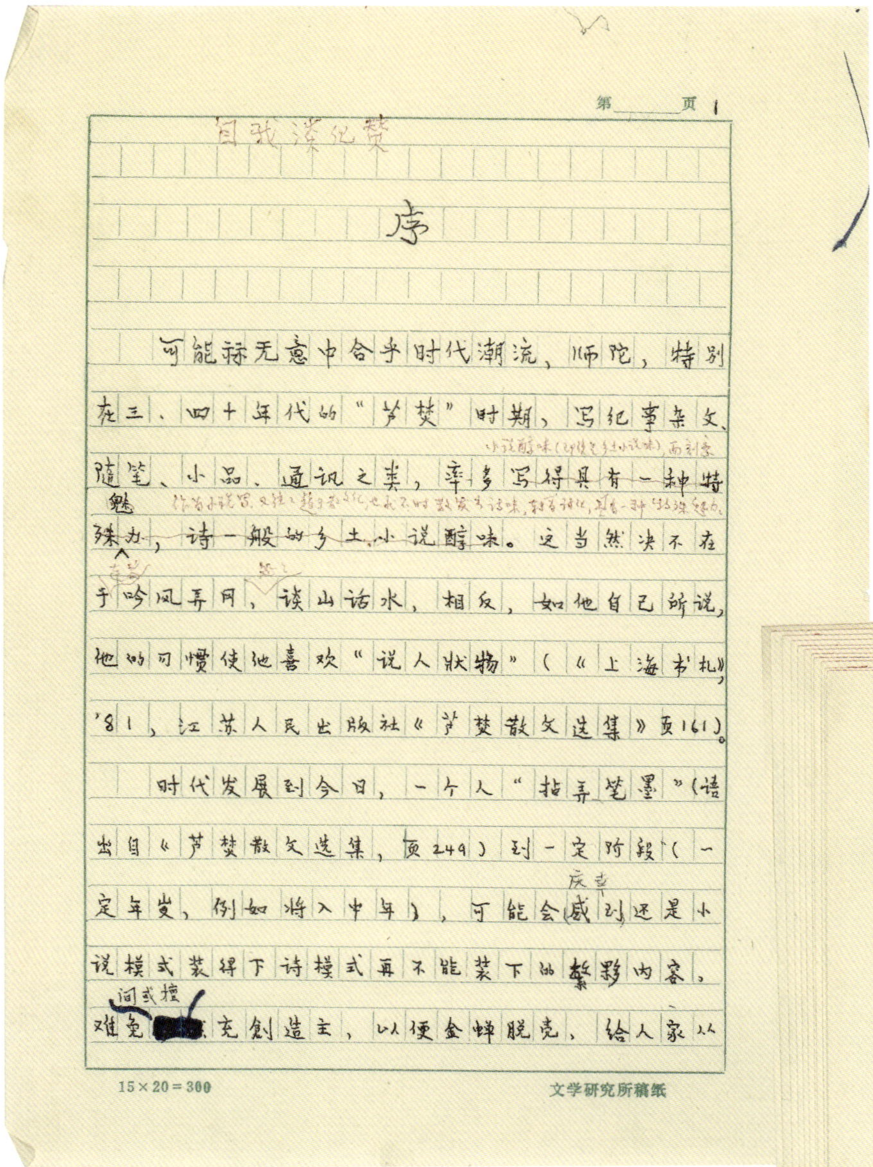

第 页 1

序

可能称无意中合乎时代潮流，师陀，特别在三、四十年代的“芦焚”时期，写纪事杂文、随笔、小品、通讯之类，率多写得具有一种特殊魅力，诗一般的乡土小说醇味。这当然决不在于吟风弄月，谈山话水，相反，如他自己所说，他的习惯使他喜欢“说人状物”（《上海书札》，'81，江苏人民出版社《芦焚散文选集》页161）。

时代发展到今日，一个人“拈弄笔墨”（语出自《芦焚散文选集，页249）到一定阶段（一定年岁，例如将入中年），可能会感到还是小说模式装得下诗模式再不能装下的繁影内容，难免[redacted]充创造主，以便金蝉脱壳，给人家以

15×20=300 文学研究所稿纸

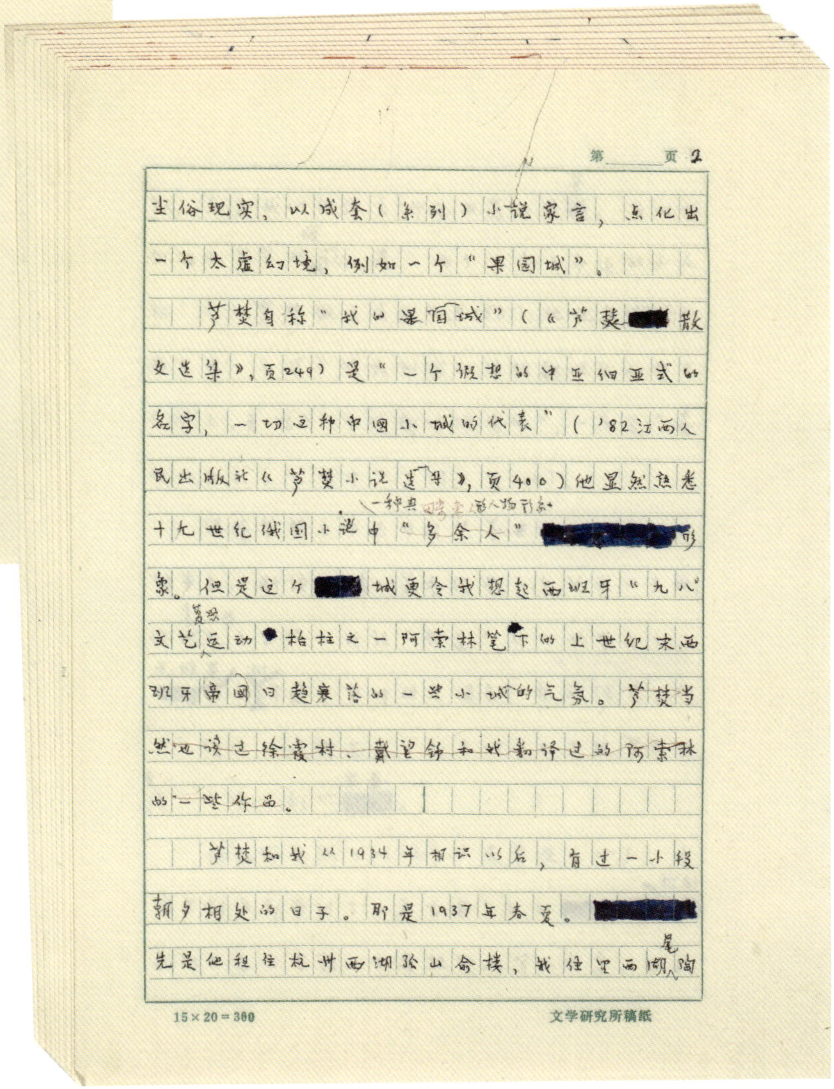

第 页 2

尘俗现实，以成套（系列）小说家言，点化出一个太虚幻境，例如一个“果园城”。

芦焚自称“我的果园城”（《芦焚[redacted]散文选集》，页249）是“一个假想的中亚细亚式的名字，一切这种中国小城的代表”（'82江西人民出版社《芦焚小说选集》，页400）他显然熟悉十九世纪俄国小说中“多余人”[redacted]形象。但是这个[redacted]城更令我想起西班牙“九八文艺运动”柱柱之一阿索林笔下的上世纪末西班牙帝国日趋衰落的一些小城的气氛。芦焚当然也读过徐霞村、戴望舒和我翻译过的阿索林的一些作品。

芦焚和我从1934年相识以后，有过一小段朝夕相处的日子。那是1937年春夏。[redacted]先是他租住杭州西湖孤山俞楼，我住里西湖陶

15×20=300 文学研究所稿纸

《果园城——芦焚小说选》序　　卞之琳

1996年作　　《果园城》珠海出版社1997年出版

《果园城——芦焚小说选》的编辑罗岗邀卞之琳写序，卞之琳将他与芦焚之间的交往逸事写入序言中，语言生动活泼，手稿中书写的文字虽有些微颤，但亦清晰。

姚雪垠（1910~1999）

河南邓县人。原名姚冠三，字汉英，笔名雪痕、雪垠。作家。肄业于河南大学预科。1931年因参加学潮被学校当局开除，此后刻苦自学，多次投稿《晨报》、《大公报》等报刊。1937年主编《风雨》周刊。1943年到重庆，任中华全国文艺界抗敌协会理事。建国后曾任上海大夏大学教授。1957年创作长篇历史小说《李自成》。1963年出版了第1卷，译成日文后获日本文部省、外务省颁发的文化奖。1976年出版的第2卷获首届茅盾文学奖。著有《牛全德与红萝卜》、《李自成》等。有《姚雪垠文集》20卷行世。

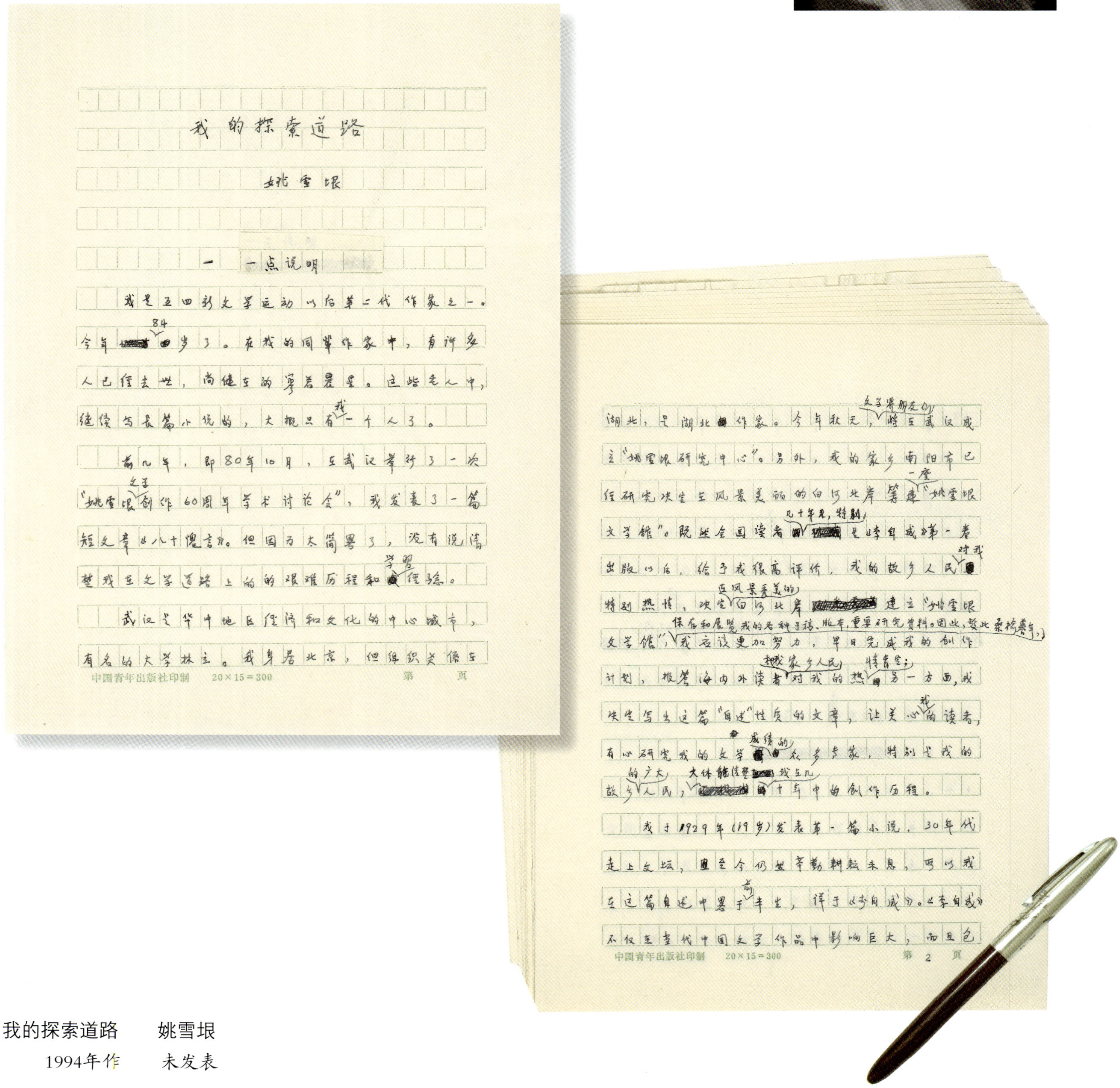

我的探索道路

姚雪垠

一 一点说明

我是五四新文学运动以后第二代作家之一。今年84岁了。在我的同辈作家中，有许多人已经去世，尚健在的寥若晨星。这些老人中，继续写长篇小说的，大概只有我一个人了。

前几年，即80年10月，在武汉举行了一次"姚雪垠文学创作60周年学术讨论会"，我发表了一篇短文章《八十愧言》。但因为太简略了，没有说清楚我在文学道路上的的艰难历程和学习经验。

武汉是华中地区经济和文化的中心城市，有名的大学林立。我身居北京，但组织关系在

中国青年出版社印制 20×15=300 第 页

湖北，是湖北作家。今年秋天，文学界朋友们将在武汉成立"姚雪垠研究中心"。另外，我的家乡南阳市已经研究决定在风景美丽的白河北岸筹建一座"姚雪垠文学馆"。既然全国读者几十年来，特别是《李自成》第一卷出版以后，给予我很高评价，我的故乡人民对我特别热情，决定在风景秀美的白河北岸建立"姚雪垠文学馆"，保存和展览我的各种手稿、版本，重要研究资料。因此，趁此桑榆暮年，我应该更加努力，早日完成我的创作计划，报答海内外读者和我家乡人民对我的热情寄望；另一方面，我决定写出这篇"自述"性质的文章，让关心我的读者，有心研究我的文学成绩的众多专家，特别是我的故乡的广大人民，大体能清楚我在几十年中的创作历程。

我于1929年（19岁）发表第一篇小说，30年代走上文坛，直至今仍然辛勤耕耘未息，所以我在这篇自述中略于前半生，详于《李自成》。《李自成》不仅在当代中国文学作品中影响巨大，而且也

中国青年出版社印制 20×15=300 第 2 页

我的探索道路　　姚雪垠

1994年作　　未发表

《我的探索道路》是姚雪垠本人于1997年捐赠的一篇未刊手稿。作者在文中表示将着重描述创作小说《李自成》的过程，对青年时期的创作则简单阐述。从手稿内容来看，这是篇未完稿，作者仅写了20世纪30至40年代初的故事。据姚雪垠儿子姚海天先生表示，此稿将收入《姚雪垠研究学刊》中。

林焕平（1911~2000）

广东台山人。原名林灿桓。文艺理论家。1930年到上海，参加"左联"。1933年赴日本留学。是"左联"东京支盟负责人之一，主编《东流》。1937年因反日被逐回国，任广州美专、广西大学等学校教授。1946年后任沪、港《文汇报》社论委员。1951年回桂林，加入民盟。历任广西大学、广西师院教授，广西文联副主席，中国作协广西分会名誉主席，中国文艺理论学会第三、四届副会长等职。著有《活的文学》、《茅盾在香港和桂林的文学成就》等。

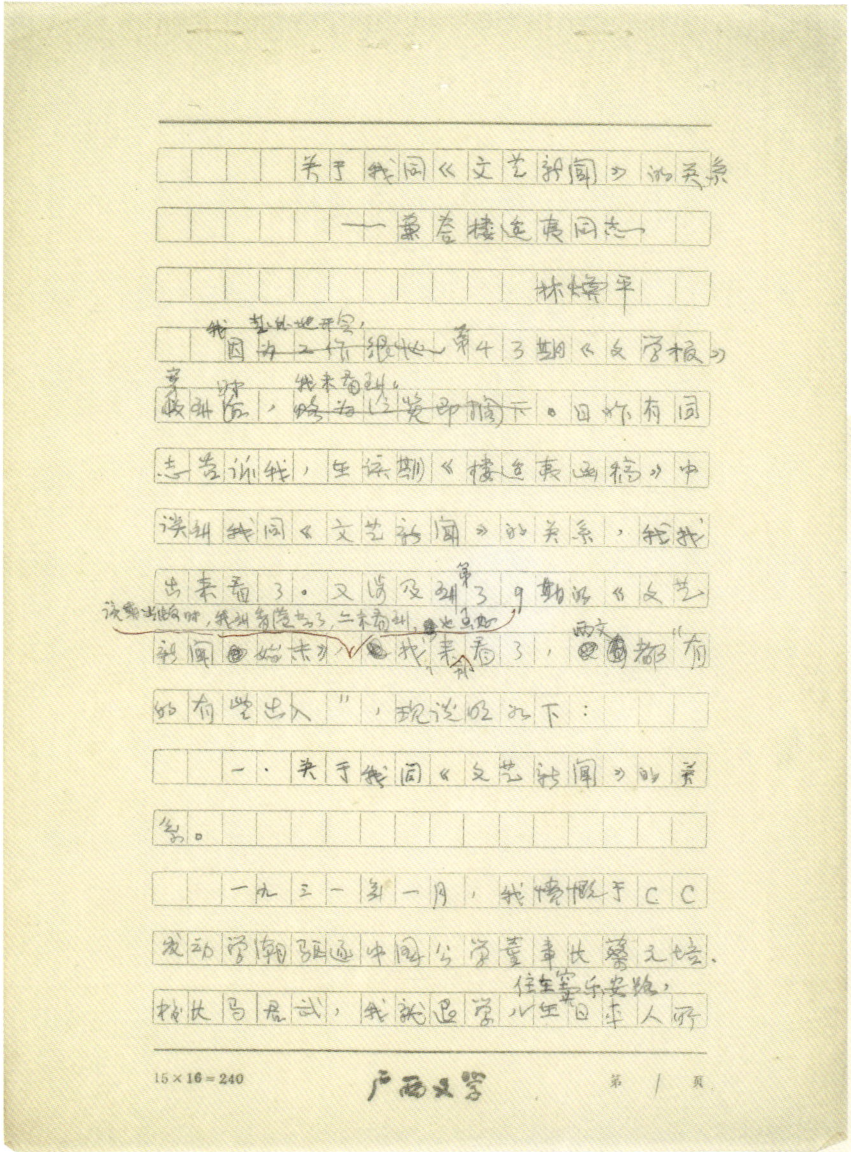

关于我同《文艺新闻》的关系
——兼答楼适夷同志——
林焕平

我整天地开会，第43期《文学报》寄到时，我未看到。日前有同志告诉我，在该期《楼适夷函稿》中谈到我同《文艺新闻》的关系，我找出来看了。又谈及到第39期的《文艺新闻》始末》（该报出版时，我到香港去了，未看到，最近才见到），我未看了，两文都"有的有些出入"，现说明如下：

一、关于我同《文艺新闻》的关系。

一九三一年一月，我憧憬于CC发动学潮驱逐中国公学董事长蔡元培、校长马君武，我就退学，住在赛乐安路，在日本人所

15×16=240　广西文学　第 1 页

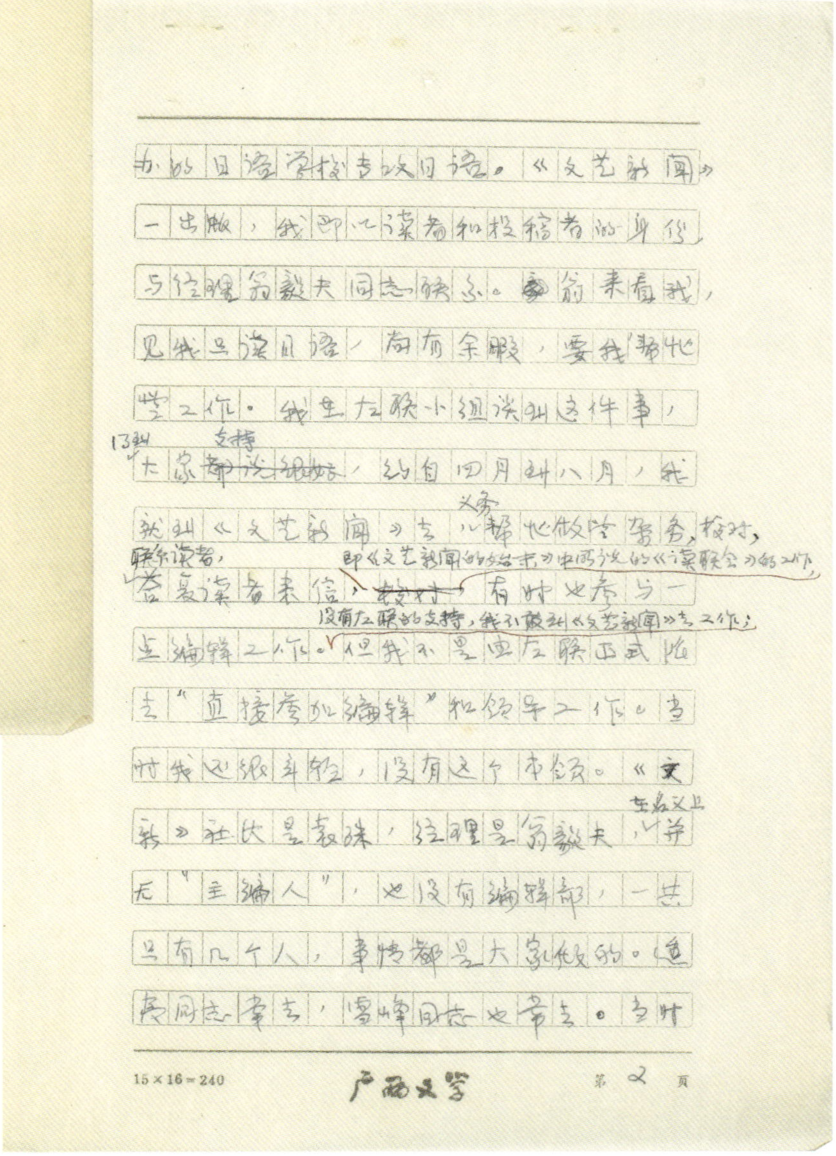

办的日语学校去学日语。《文艺新闻》一出版，我即以读者和投稿者的身份与经理翁毅夫同志联系。翁来看我，见我只读日语，尚有余暇，要我帮忙些工作。我在左联小组谈到这件事，大家支持，约自四月到八月，我就到《文艺新闻》去义务帮忙做些杂务，校对，联系读者，答复读者来信，即《文艺新闻》的始末》中所说的《读者联会》的工作，有时也参与一些编辑工作。没有左联的支持，我不能到《文艺新闻》去工作；但我不是由左联正式派去"直接参加编辑"和领导工作。当时我也很年轻，没有这个本领。《文新》社长是袁殊，经理是翁毅夫，在名义上并无"主编人"，也没有编辑部，一共只有几个人，事情都是大家做的。适夷同志常去，雪峰同志也常去。当时

15×16=240　广西文学　第 2 页

关于我同《文艺新闻》的关系——兼答楼适夷同志　　林焕平

1982年5月1日作

此稿缘起于楼适夷发表在《文学报》的一篇文章中谈到林焕平与《文艺新闻》的关系，林焕平有不同的意见，故而写下此稿作为回应。

朱雯（1911~1994）

上海松江人。字皇闻，笔名王坟、蒙夫。作家、翻译家。1932年东吴大学文学系毕业。曾任江苏省立松江中学、广西省立桂林高级中学教员。曾与人合编《中学生文艺月刊》，主编上海《大众夜报·七月》。1944年起，历任上海法学院、上海财经学院、上海震旦大学文学院、上海师范大学教授。著有小说《动乱一年》、《逾越节》等，译有《苦难的历程》、《彼得大帝》、《里斯本之夜》等。

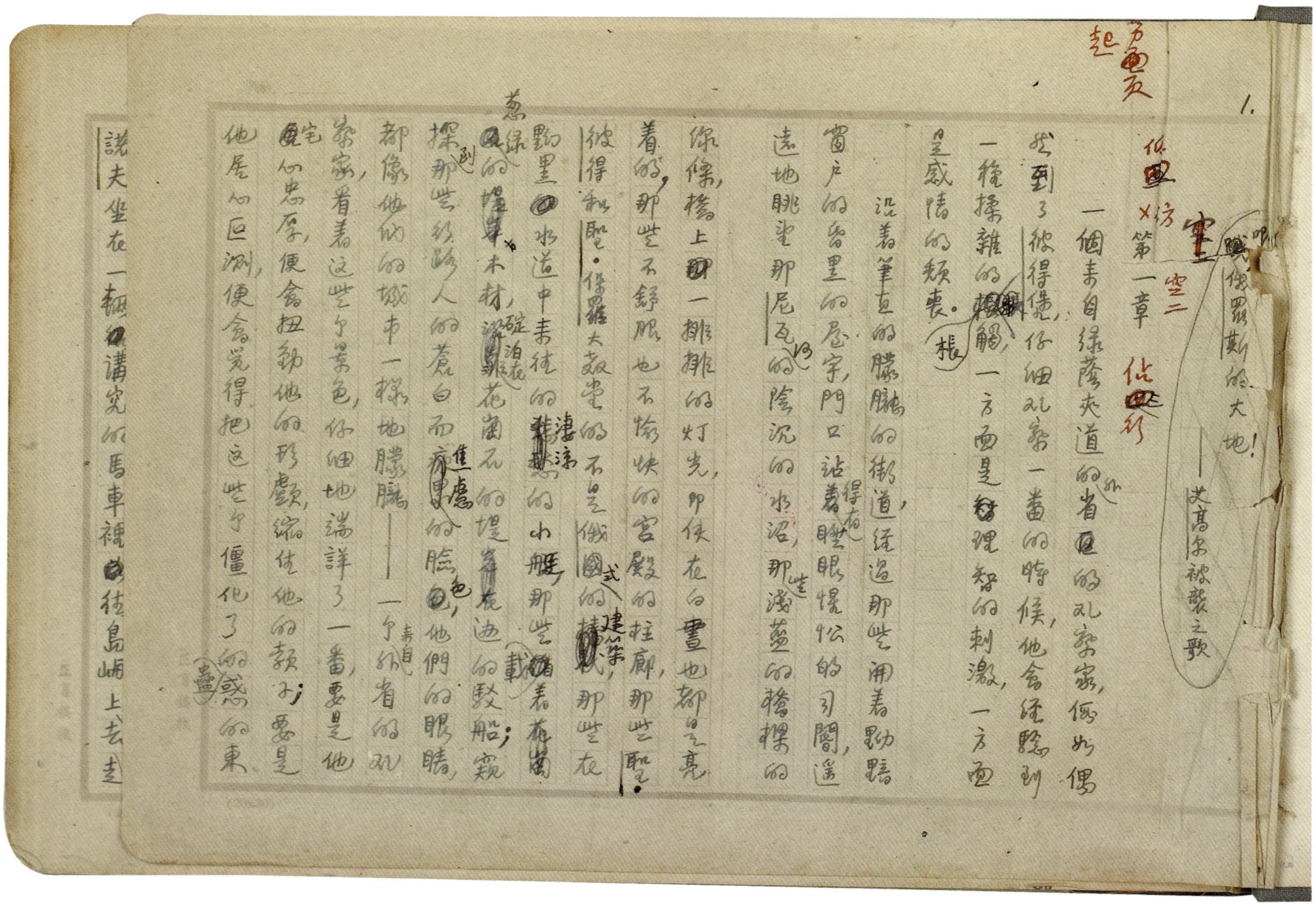

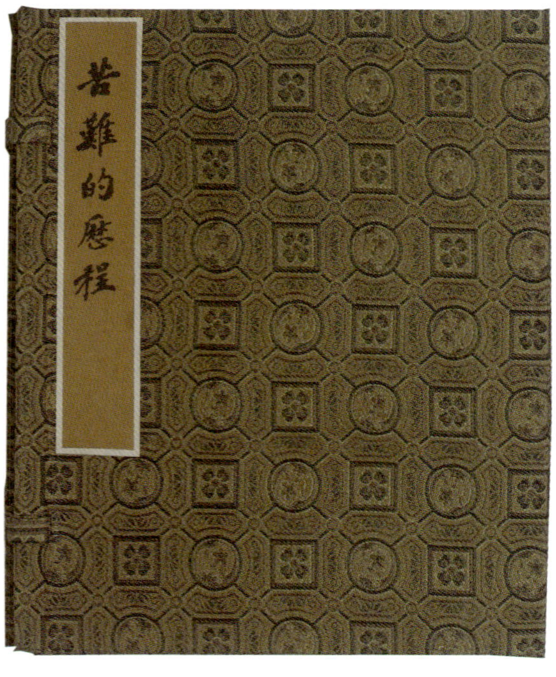
苦難的歷程

朱雯

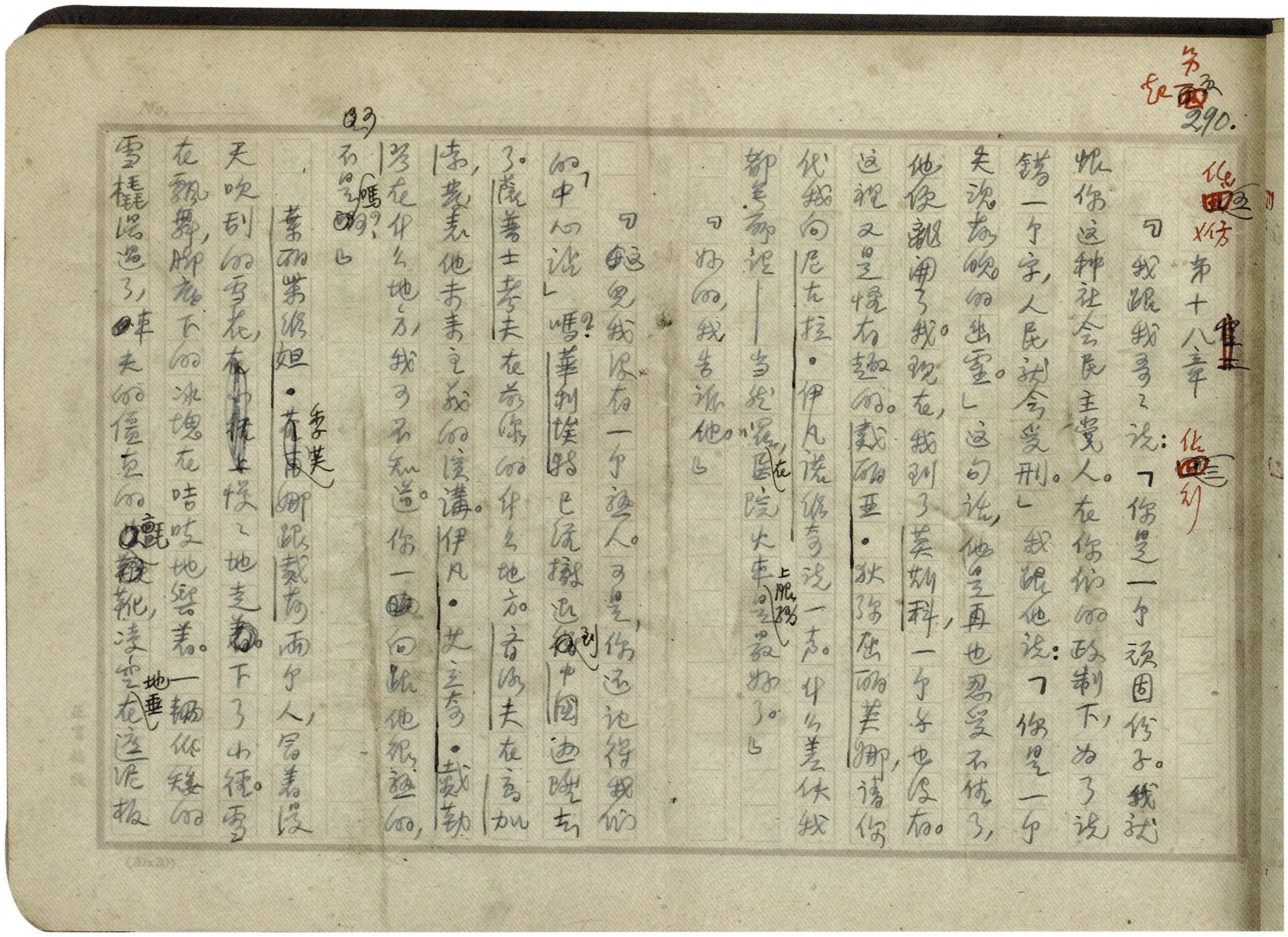

上海图书馆
赠
朱雯
一九九二年七月

《苦难的历程》第一部　　朱雯

1946年译　　上海文风出版社1949年出版

1946年夏，朱雯开始着手翻译这部阿·托尔斯泰名著，1951年初秋完成了全书的初译稿。此手稿仅是《苦难的历程》三部曲中的第一部《姐妹俩》，作者所据为1946年纽约出版的埃迪斯·波恩的英译本。1949年《往十字架之路》（《苦难的历程》原译名）由上海文风出版社出版，但当时仅发行了前两部，朱雯将此两部译稿的样书修订稿亦一同捐赠给上图手稿馆。1951年初秋至1957年底，《苦难的历程》又先后经过了三次的修改和重译。从最初根据的1946年纽约出版的埃迪斯·波恩的英译本，到后来的1953年莫斯科外国文书籍出版社出版的艾维和塔契安娜·李维诺娃的英译本，最后又根据1950年苏联国家文学出版社出版的原文本，并参照1954年莫斯科外国文书籍出版社出版的埃里斯·奥伦的法译本做了校正。

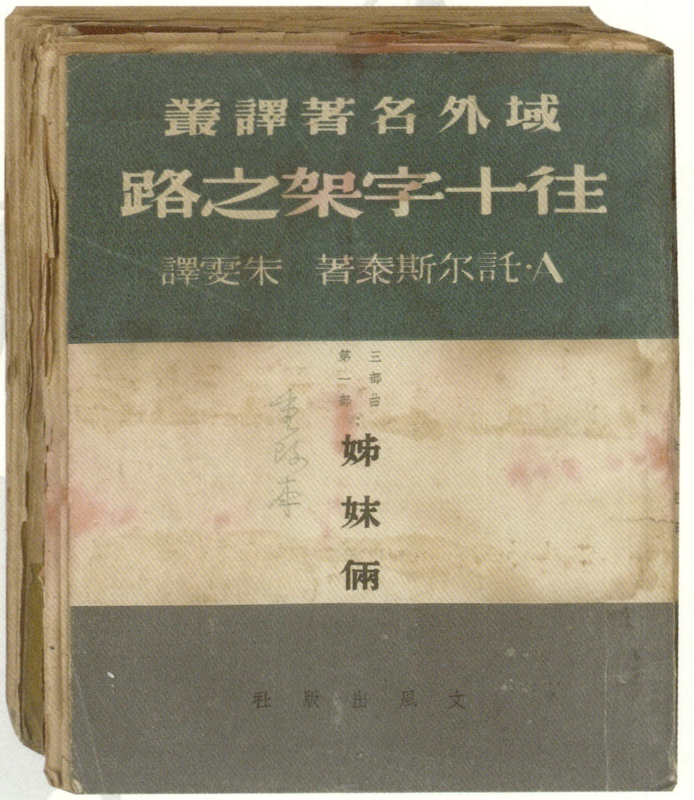
域外名著譯叢
往十字架之路
A·託爾斯泰 著 朱雯 譯
三部曲
姊妹倆
文風出版社

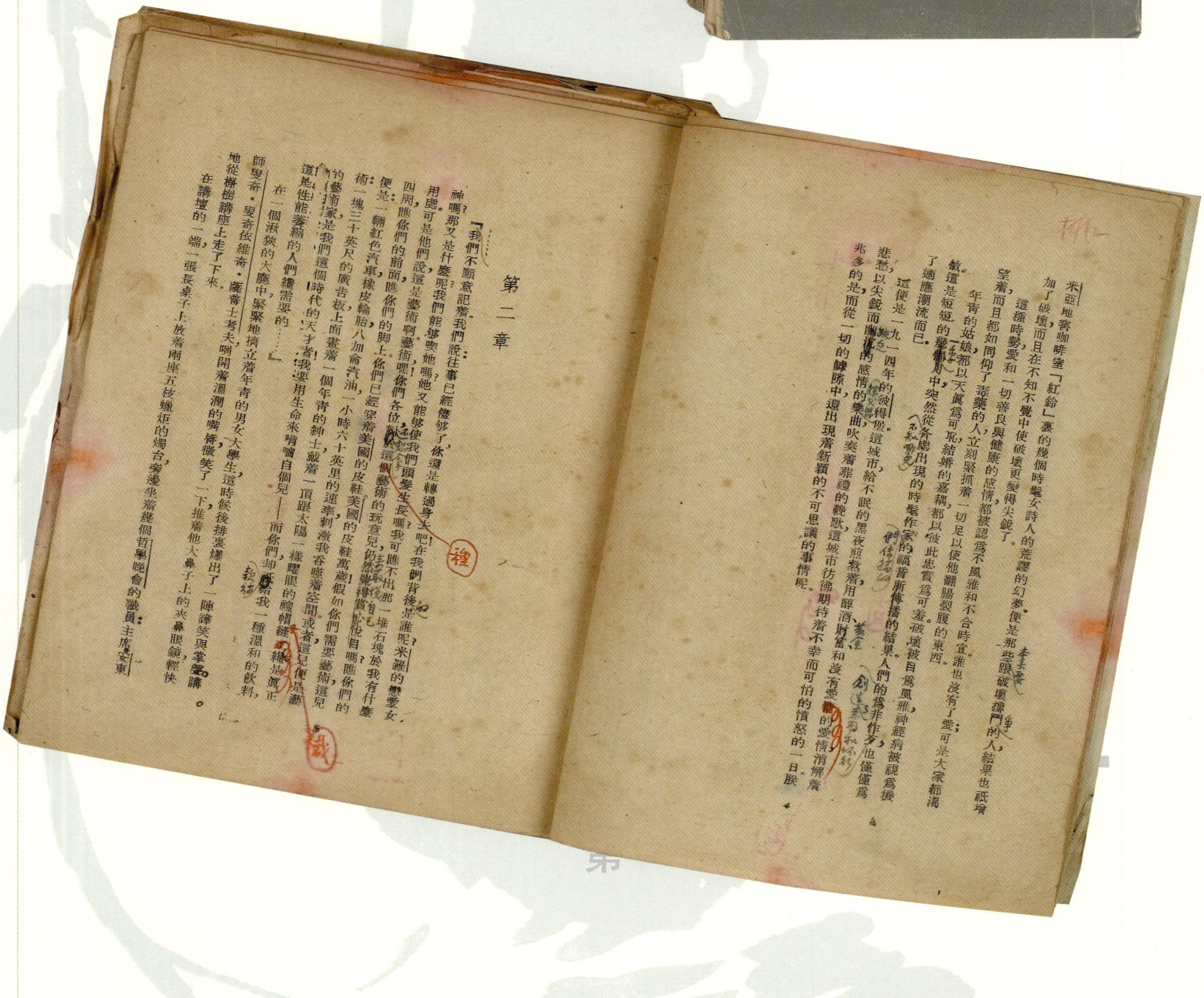
第二章

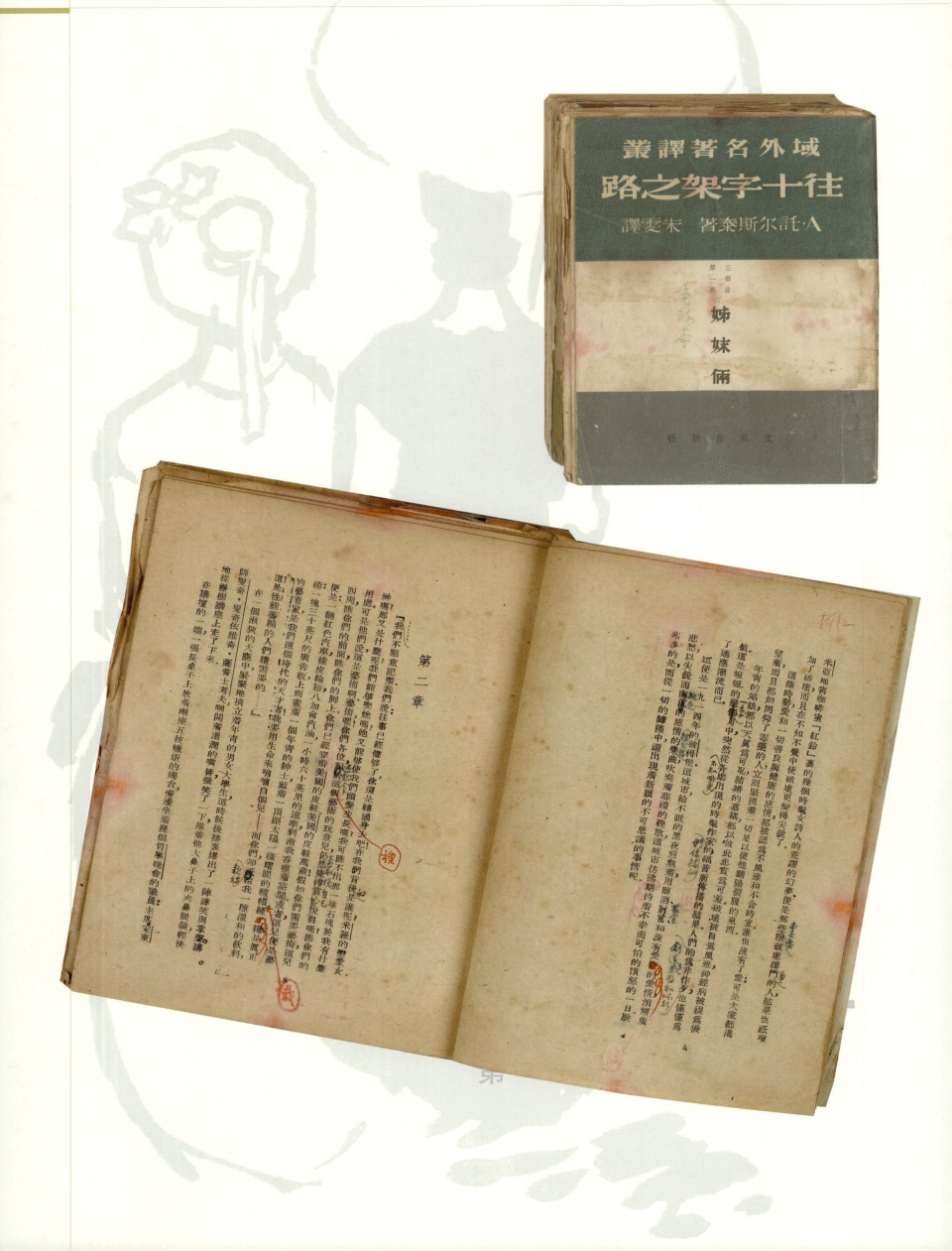

辛笛（1912~2004）

江苏淮安人。原名王馨迪，笔名王辛笛、一民。诗人、作家。1928年开始发表诗文。1935年清华大学外文系毕业。1936年赴英国爱丁堡大学研究英国文学，与诗人艾略特、史本德等曾相过从。1939年回国。抗战胜利后，兼任《美国文学丛书》和《中国新诗》编委。与其他诗友以《中国新诗》及《诗创造》为园地，形成具有现代诗歌流派特色的“九叶”诗人群体。建国后，历任中国作家协会理事、上海作家协会副主席等职。著有《珠贝集》、《手掌集》、《辛迪诗稿》，校对狄更斯长篇小说中译本《尼古拉斯·尼克尔贝》等。

路友梅女士惠存
封题寄远
王辛笛
六十有八
书在上海
一九七九年五月七日
贞白文梁专由香港来游江南，彼此又已劳燕分飞
恰好卅三年了。

封题寄远　辛笛

1979年抄

《封题寄远》是辛笛小楷手抄的诗作集。诗集“小引”中提到的“贞白文”即高贞白（伯雨），香港著名文人，在报上辟有“听雨楼随笔”专栏，他的侄子高承志是辛笛在南开中学和清华大学的同学。“文革”结束后，高贞白到上海，转告辛笛，某知心读者，一直爱读他的诗作，辛笛悉之，决定抄录一些诗作，以满足读者的愿望。这本手抄的诗集中除重录读者喜爱的两首诗外，还抄下20世纪40年代后期创作的，但未及收入《手掌集》的诗作10首，以及分别在以后年代写的4首。这本手抄的诗集因怕邮寄折损，当时没有寄出，后辛笛赴香港开会时却忘了此事，手抄线装本即保留至今。

端木蕻良（1912~1996）

辽宁昌图人，满族。原名曹汉文，笔名端木蕻良，并以笔名行。作家。1928年入南开中学读书并开始写作。1932年考入清华大学，同年加入“左联”。抗日战争和解放战争时期，先后在山西、重庆等处任教，在重庆、香港、上海等地编辑《文摘》副刊、《时代文学》杂志、《大刚报》副刊《大江》、《求是》等，长期从事进步的文化工作。解放后任北京市文联副秘书长、北京市作家协会副主席、中国作家协会理事等职。著有长篇小说《科尔沁旗草原》、《曹雪芹》等。有《端木蕻良文集》4卷行世。

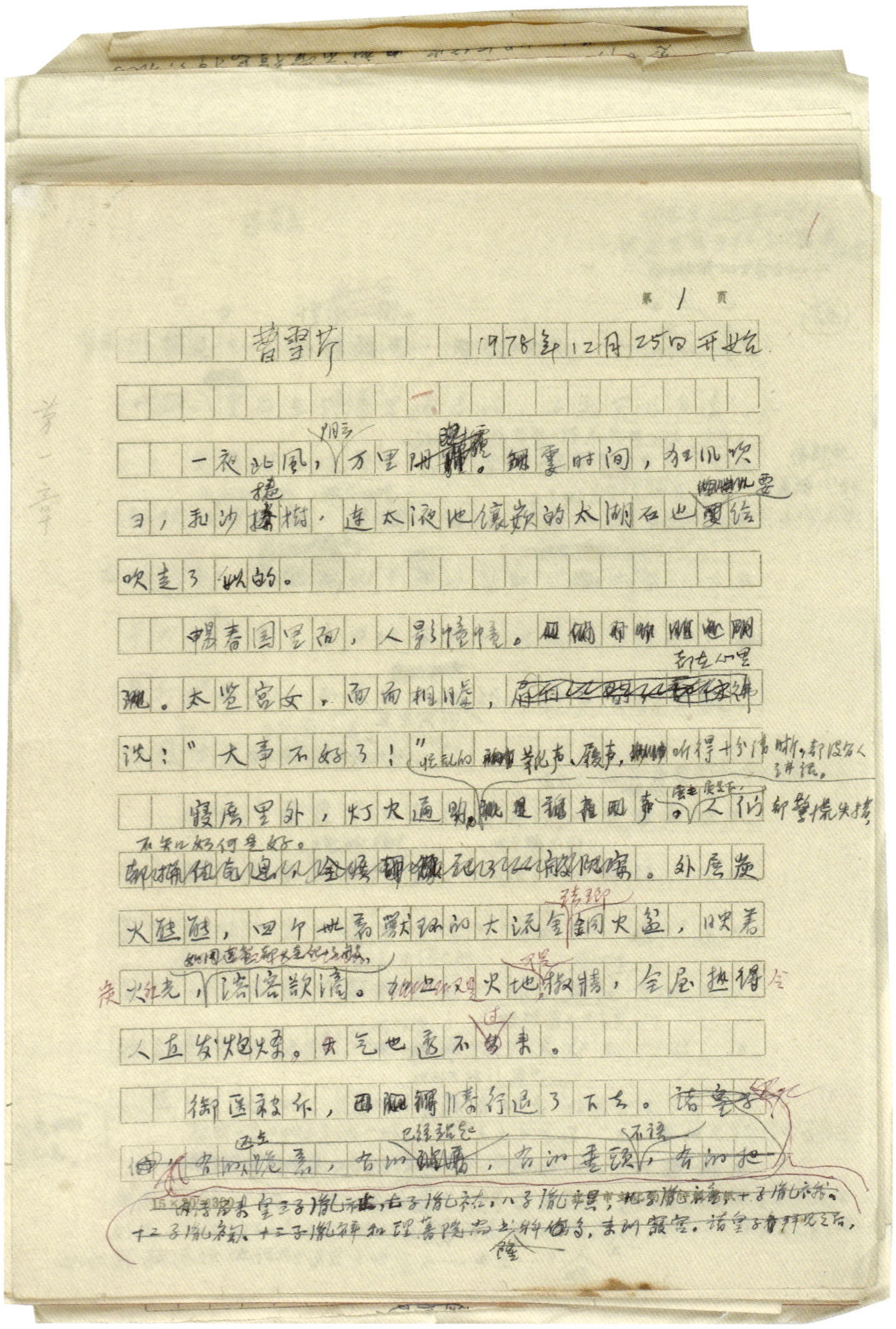
第1页

曹雪芹　1978年12月25日开始

第一章

一

一夜北风，……

曹雪芹

《曹雪芹》上卷部分章节　端木蕻良

1978年始作　北京出版社1980年出版

长篇小说《曹雪芹》是端木蕻良晚年的代表作，分上、中两卷出版，下卷未能行世。本书始于康熙晏驾、清朝皇室权利争夺剧烈的时代，止于雍正皇帝决定下令查抄曹家。上卷描绘了曹雪芹幼年时期的生活，上至军国大事，下至市井逸闻，曹雪芹及其家族荣辱兴衰的人生画卷徐徐展开。1980年4月，北京出版社正式出版《曹雪芹》上卷，由戴敦邦作插图，出版后即被抢购一空，之后在不到一年时间里，连续印刷四次，累计达五十余万册。本馆收藏的上卷部分手稿，始创作于1978年12月，包括上卷的回目和前九章的手稿。

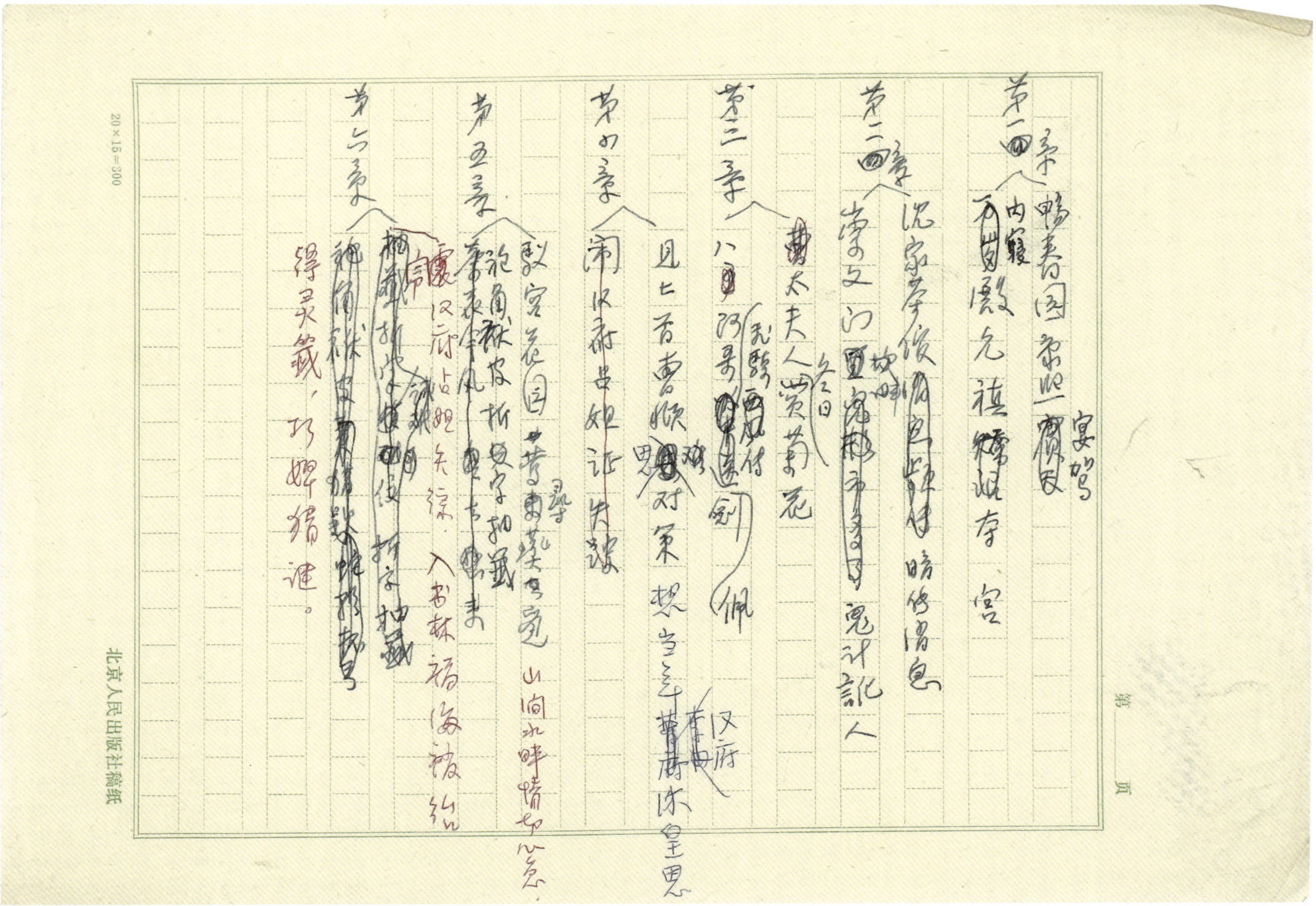
20×15=300
北京人民出版社稿纸
第 页

曹雪芹
端木蕻良著
上卷
長篇小說·插圖本

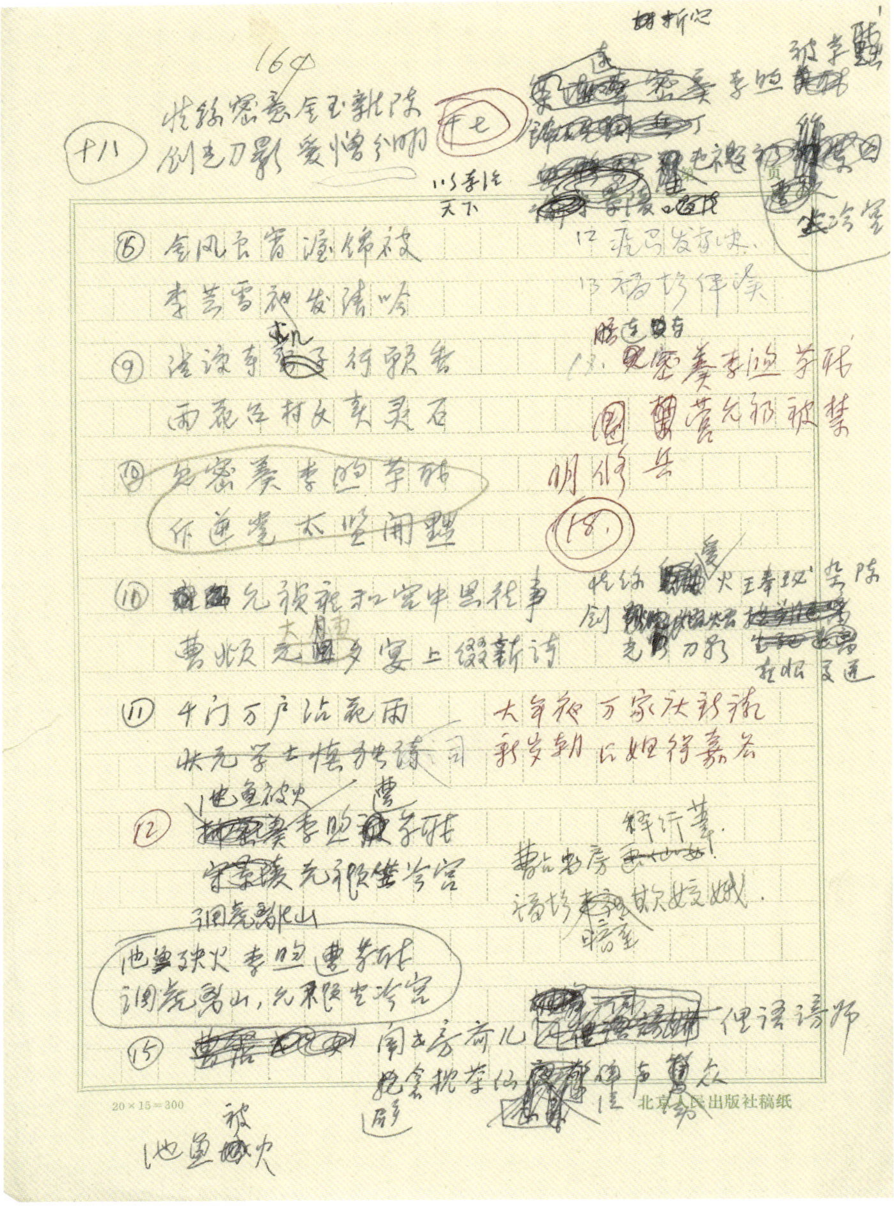
20×15=300
北京人民出版社稿纸

戈宝权（1913~2000）

江苏东台人。笔名葆荃、北泉、北辰、苏牧等。翻译家、作家、外交家。1932年上海大夏大学毕业后供职于《时事新报》，1935年去莫斯科任天津大公报驻苏记者，1938年回国加入中国共产党。历任《中苏文化》、《群众》编辑编委等职。抗战胜利后，在上海生活书店和时代出版社工作，负责《苏联文艺》的编辑出版工作。新中国成立后，任驻苏大使参赞、中苏友协副秘书长、作协理事等。1957年起任中国科学院文学研究所、外国文学研究所研究员。1975年起兼任北京鲁迅研究室顾问。著有《苏联文学讲话》等，编译有《普希金文集》等。

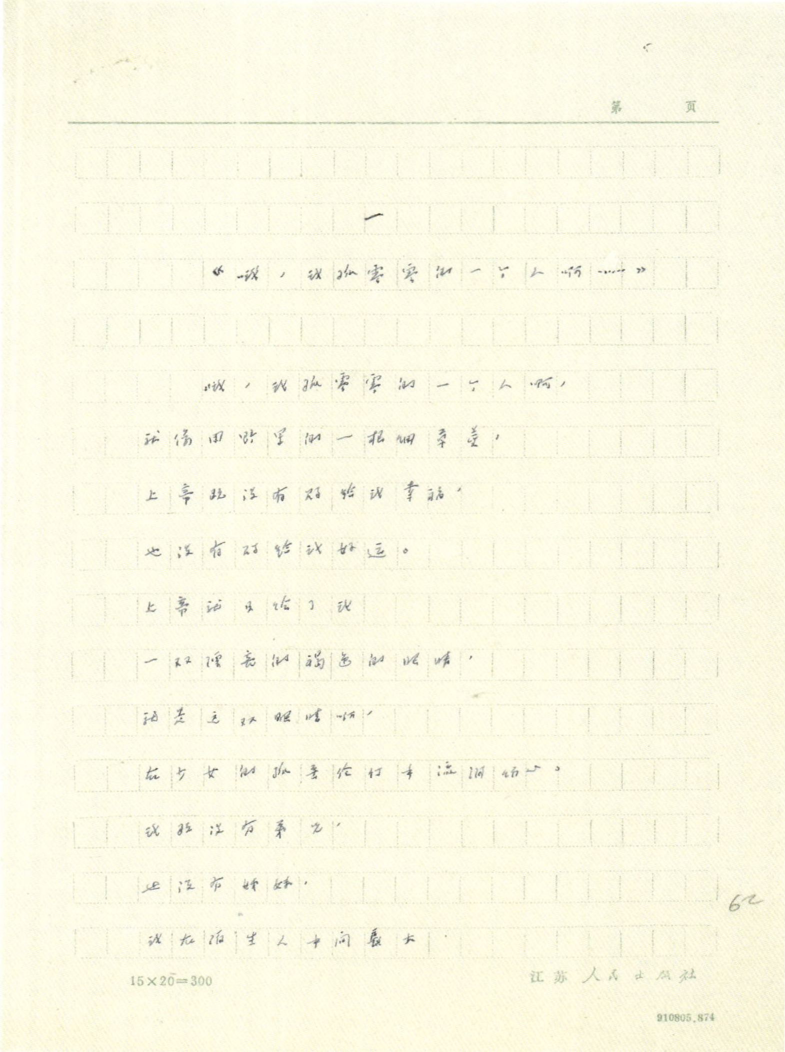

第　页

一

"哦，我孤零零的一个人啊……"

哦，我孤零零的一个人啊，
我像田野里的一根细草茎，
上帝既没有对给我幸福，
也没有对给我好运。
上帝只是给了我
一双漂亮的褐色的眼睛，
就是这双眼睛啊，
在少女的孤寂的时刻中流泪哭泣。
我既没有弟兄，
也没有姊妹，
我在陌生人中间长大

62

15×20=300　江苏人民出版社

910805.874

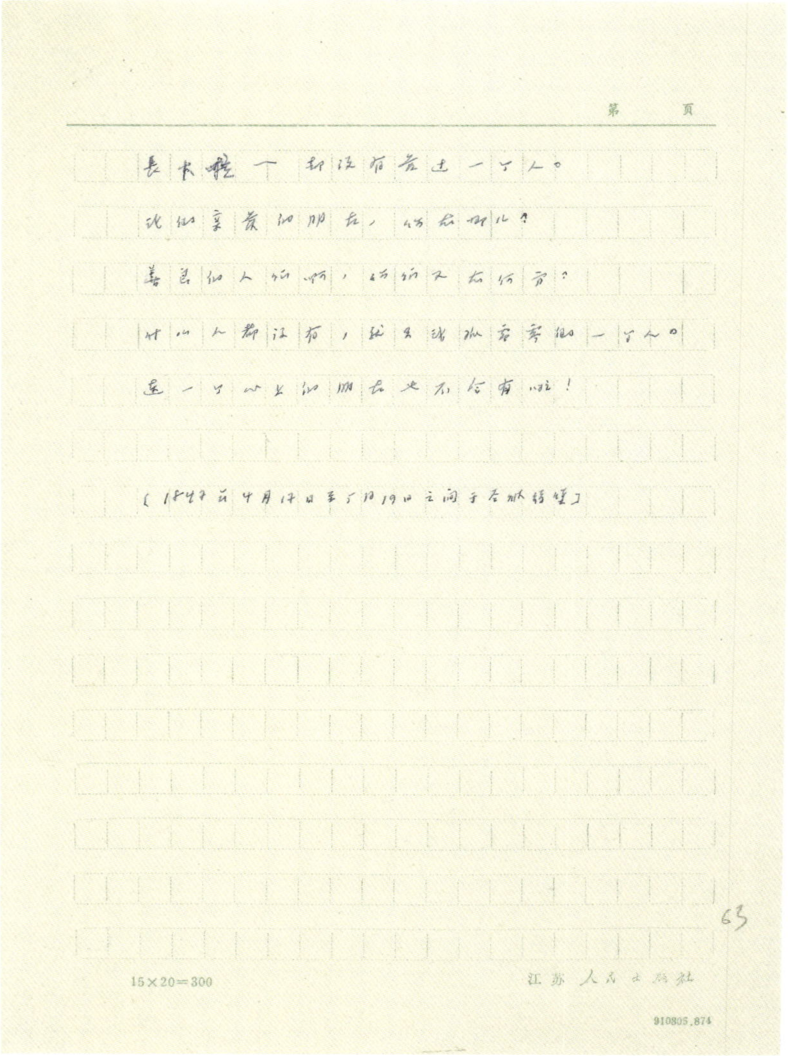

第　页

长大成人——却没有爱过一个人。
我的亲爱的朋友，你在哪儿？
善良的人们啊，你们又在何方？
什么人都没有，就只我孤零零的一个人。
连一个心上的朋友也不会有啦！

〔1847年4月17日至5月19日之间于彼得堡〕

63

15×20=300　江苏人民出版社

910805.874

乌克兰伟大人民诗人
谢甫琴科诗集
戈宝权译・译林出版社出版

谢甫琴科诗集　　戈宝权

1988~1990年译　　译林出版社1990年出版

谢甫琴科（1814~1861）是乌克兰伟大的人民诗人、乌克兰近代文学的奠基人和乌克兰文学语言的创建者，戈宝权从20世纪30年代起就已开始翻译并研究谢甫琴科的诗作。戈宝权原本打算在谢甫琴科逝世100周年之际能够出版谢甫琴科文集，但由于"文革"而未能出版。该手稿为戈宝权直接译自乌克兰文，从1988年夏天开始翻译至1990年出版，是当时唯一直接从乌克兰文译成中文的谢氏诗集，其中很多诗是首次与我国读者见面，同时也是收诗最多、最完美的谢甫琴科诗歌集中文版本之一。该诗集出版后，在国内外引起了强烈的反响，很多关于此诗集的介绍、评析文字见诸报刊。乌克兰作家协会因戈宝权在译介乌克兰古典和当代文学方面的贡献，于1988年授予其"伊万・弗兰科文学奖"。

张光年（1913~2002）

湖北光化人。原名张文光，笔名光未然。诗人、文艺活动家。1927年加入共青团。20世纪30年代初曾在武汉私立大学肄业。1937年加入中国共产党，后到延安，创作著名组诗《黄河大合唱》，又在重庆、缅甸、昆明等地从事抗日活动。1946年后主持北方大学艺术学院、华北大学文艺学院教学工作。新中国成立后，任中国作协书记处书记、党组副书记、党组书记、副主席等职。著有歌词《五月的鲜花》，组诗歌词《黄河大合唱》，论文集《风雨文谈》等。有《张光年文集》5卷行世。

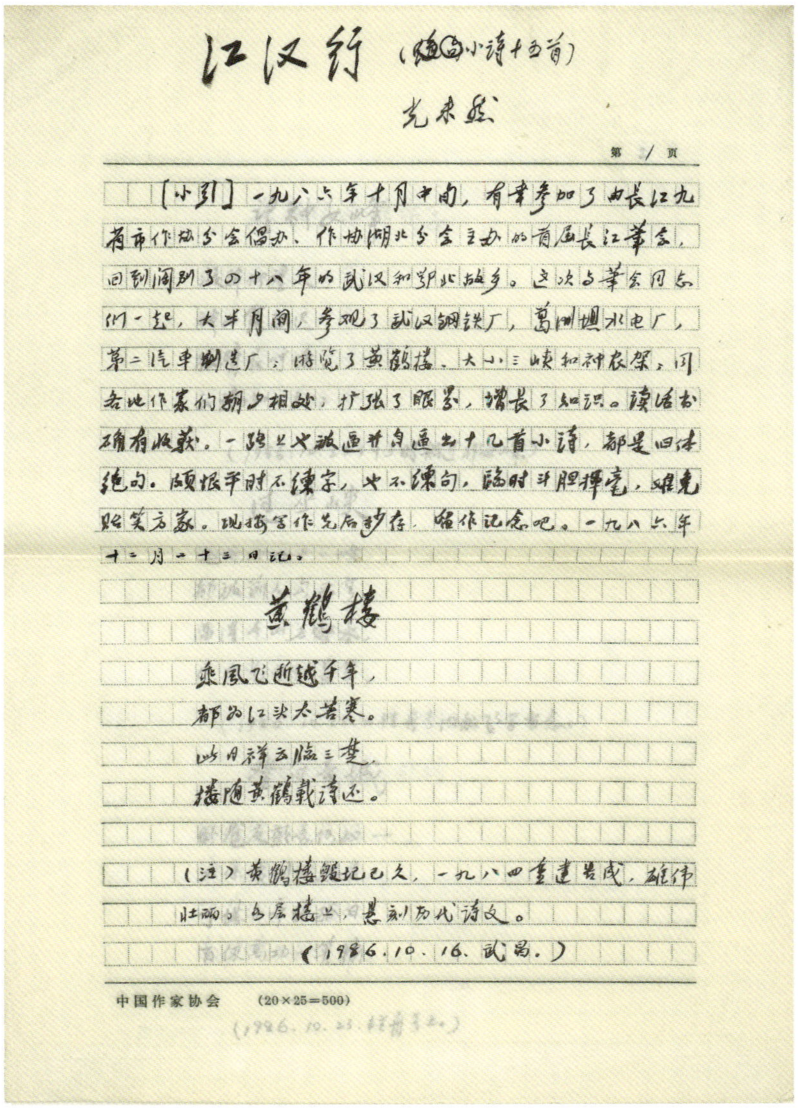

江汉行（小诗十五首）

光未然

第 1 页

〔小引〕一九八六年十月中旬，有幸参加了由长江九省市作协分会倡办、作协湖北分会主办的首届长江笔会，回到阔别了四十八年的武汉和鄂北故乡。这次与笔会同志们一起，大半月间，参观了武汉钢铁厂，葛洲坝水电厂，第二汽车制造厂；游览了黄鹤楼、大小三峡和神农架，同各地作家们朝夕相处，扩张了眼界，增长了知识。读活书确有收获。一路上也被逼并自逼出十几首小诗，都是旧体绝句。颇恨平时不练字，也不练句，临时斗胆挥毫，难免贻笑方家。现按写作先后抄存，留作记念吧。一九八六年十二月二十三日记。

黄鹤楼

乘风飞逝越千年，
都为江头太苦寒。
此日祥云临三楚，
楼随黄鹤载诗还。

（注）黄鹤楼毁圮已久，一九八四重建落成，雄伟壮丽。各层楼上，悬刻历代诗文。

（1986.10.16.武昌.）

中国作家协会 （20×25=500）

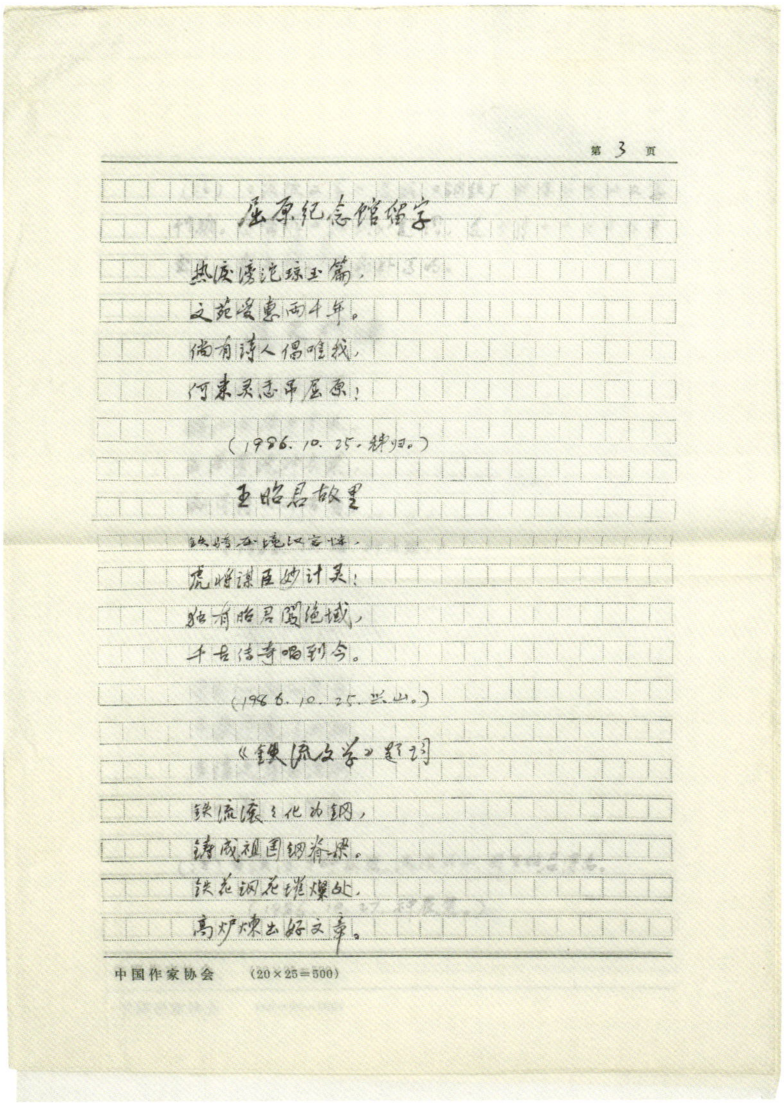

第 3 页

屈原纪念馆留字

热泪滂沱琢玉篇，
文苑受惠两千年。
倘有诗人偶唯我，
何来灵志吊屈原！

（1986.10.25.秭归。）

王昭君故里

[illegible]
虎将谋臣妙计奚；
独有昭君闯绝域，
千古传奇唱到今。

（1986.10.25.兴山。）

《铁流文学》题词

铁流滚滚化为钢，
铸成祖国钢脊梁。
铁花钢花璀璨处，
高炉炼出好文章。

中国作家协会 （20×25=500）

大型文学双月刊
中国作家
NGGUO ZUOJIA 1987.3
等待电话
少女的白桦林
世界冠军的世界
丐帮漂流记

江汉行　　张光年

1986年作　　《中国作家》1987年3月

《江汉行》（小诗十五首），初题为《绝句十五首》，是张光年1986年随首届长江笔会，回到阔别48年的武汉和鄂北故乡期间参观武汉钢铁厂、葛洲坝水电站，游览黄鹤楼、昭君墓等地有感而作。首发于《中国作家》1987年第3期，收录入《张光年文集》第一卷。这组诗歌和他大部分的诗作一样，署名光未然，并以此名发表。手稿与发表的定稿基本一致。

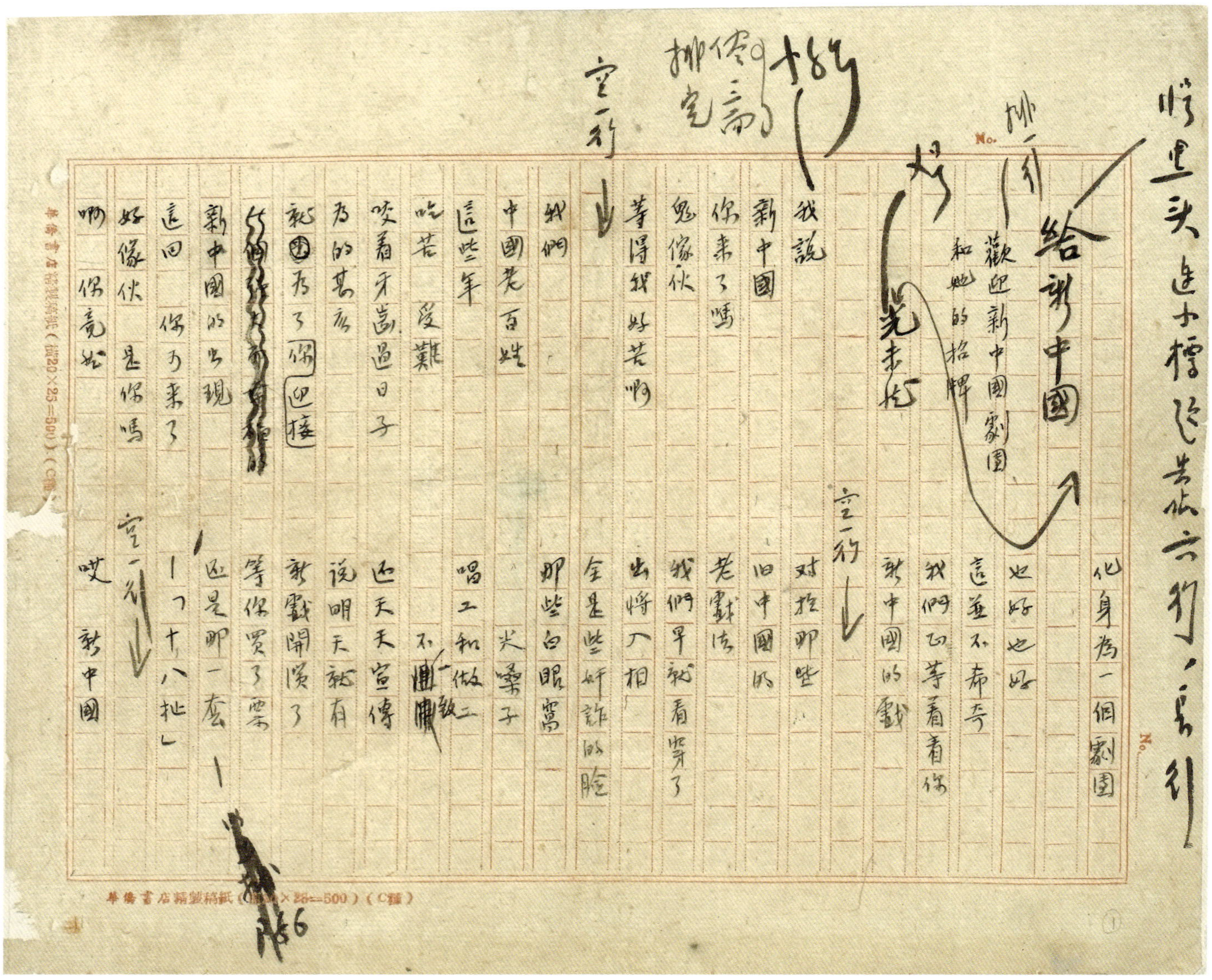

給新中國

歡迎新中國劇團
和她的招牌

我說
新中國
你來了嗎
鬼傢伙
害得我好苦啊

我們
中國老百姓
這些年
吃苦 受難
咬着牙齒過日子
為的甚麼
就為了你

新中國的出現
這回 你可來了
好傢伙 是你嗎
啊 你竟然
化身為一個劇團
也好也好
這並不希奇
我們早等着看你
新中國的戲

對於那些
舊中國的
老戲法
我們早就看穿了
出將入相
全是些奸詐的臉
那些白眼窩
尖嗓子
唱工和做工
還天天宣傳
說明天就有
新戲開演了
等你買了票
還是那一套
「一七十八扯」

哎 新中國

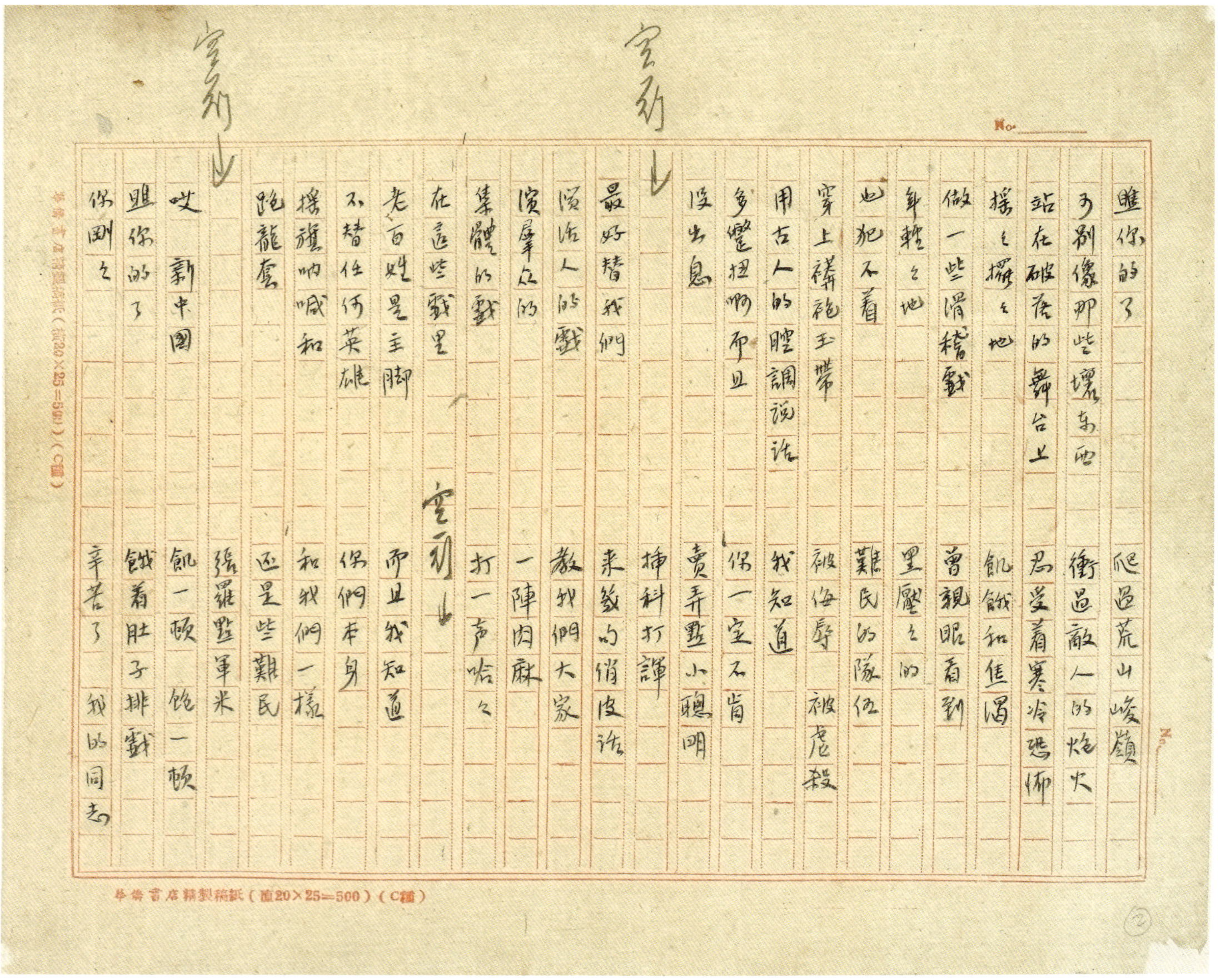

瞧你的了
可別像那些壞東西
站在破落的舞台上
搖搖擺擺地
做一些滑稽戲
年輕輕地
也犯不着
穿上蟒袍玉帶
用古人的腔調說話
多彆扭啊而且
沒出息

最好替我們
演活人的戲
演群眾的
集體的戲
在這些戲里
老百姓是主腳
不替任何英雄
搖旗吶喊和
跑龍套

哎 新中國
跟你說了
你剛剛
爬過荒山峻嶺
衝過敵人的炮火
忍受着寒冷恐怖
飢餓和焦渴
曾親眼看到
黑壓壓的
難民的隊伍
被侮辱 被虐殺
我知道
你一定不肯
賣弄點小聰明
插科打諢
來幾句俏皮話
教我們大家
一陣肉麻
打一聲哈哈

而且我知道
你們本身
和我們一樣
還是些難民
張羅點軍米
飢一頓 飽一頓
餓着肚子排戲
辛苦了 我的同志

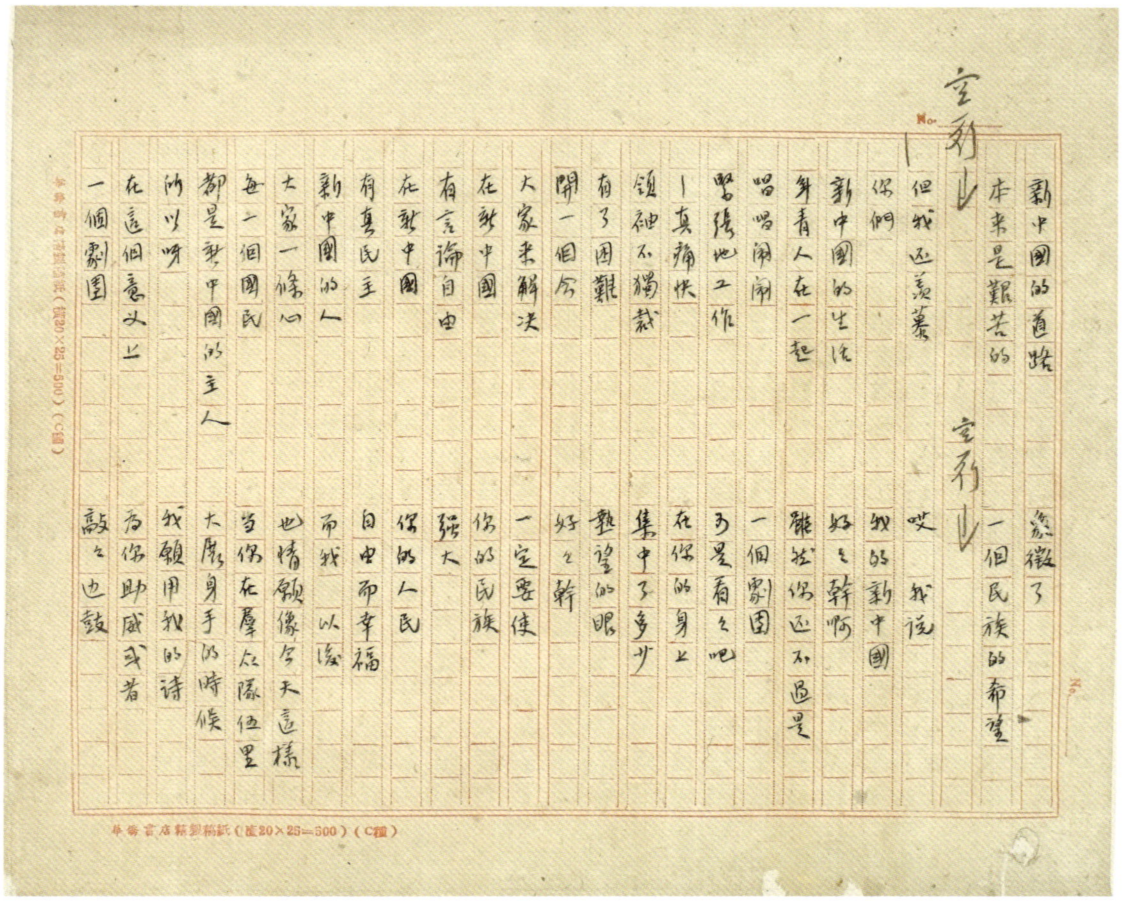
新中國的道路
本來是艱苦的——
但我還羨慕
你們
新中國的生活
年青人在一起
唱唱鬧鬧
緊張地工作
一眞痛快
領袖不獨裁
有了困難
開一個會
大家來解決
在新中國
有言論自由
在新中國
有真民主
新中國的人
大家一條心
每一個國民
都是新中國的主人
所以呀
在這個意义上
一個劇團
象徵了
一個民族的希望
哎 我說
我的新中國
好々幹啊
雖然你還不過是
一個劇團
可是看々吧
在你的身上
集中了多少
熱望的眼
好々幹
一定要使
你的民族
強大
你的人民
自由而幸福
而我 以後
也情願像今天這樣
當你在暴風隊伍里
大展身手的時候
我願用我的詩
為你助威或者
敲々邊鼓

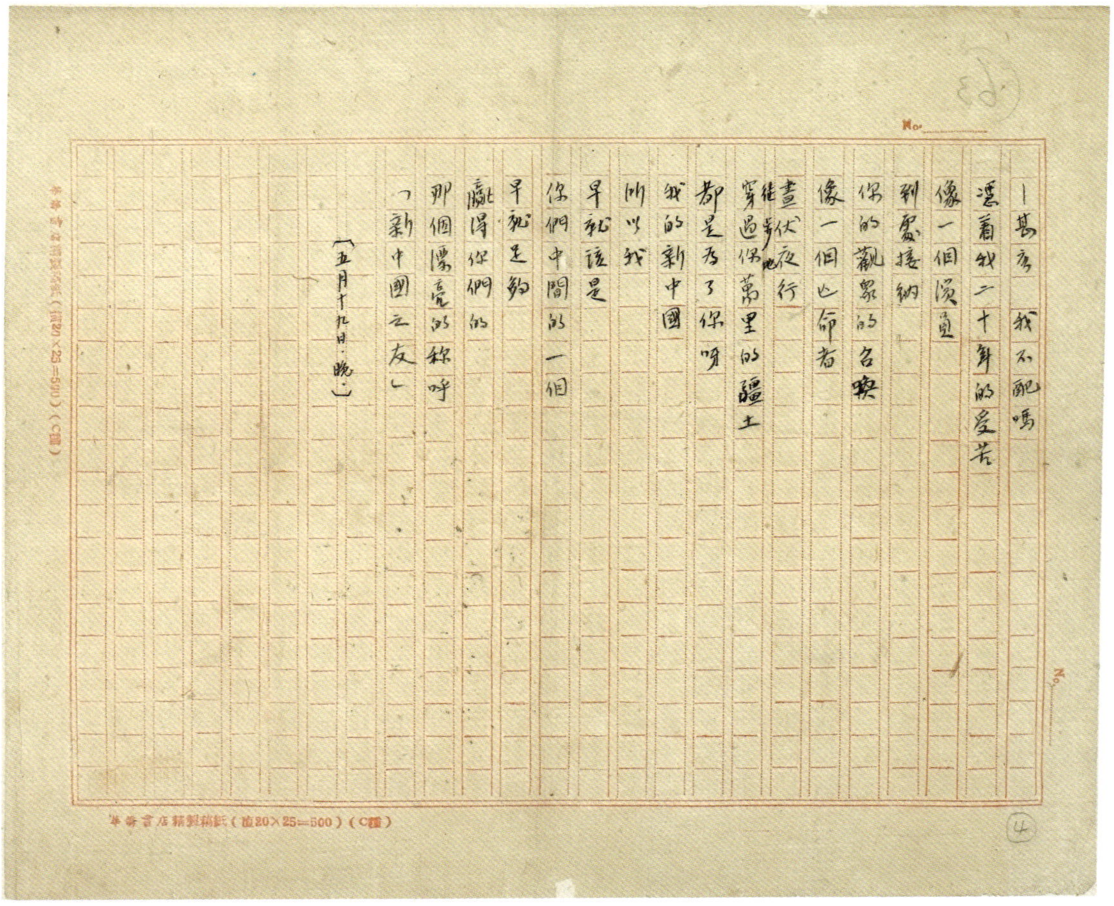
——甚至 我不配嗎
憑着我二十年的愛若
像一個演員
到處接納
你的觀眾的名喚
像一個亡命者
晝伏夜行
徒步地穿過你萬里的疆土
都是為了你呀
我的新中國
所以我
早就該是
你們中間的一個
早就足夠
贏得你們的
那個漂亮的稱呼
「新中國之友」
（五月十九日晚）

给新中国　　张光年

1945年作　　《张光年文集·第一卷》人民文学出版社2002年出版

《给新中国》是张光年创作于1945年5月19日的一首政治抒情诗。当时新中国剧团撤退到昆明，张光年在欢迎大会上朗诵了此诗，借此表达对新中国即将到来的渴望和对革命风潮的期望。这首热情奔放的政治抒情诗，产生于20世纪40年代昆明学生运动和民主运动高潮这一历史背景之下，在当时引起了很大的共鸣。手稿与收录入《张光年文集》第一卷的定稿，在结尾几句完全不同，手稿以“早就足够/赢得你们的/那个漂亮的称呼/‘新中国之友’”结尾，定稿改为“早就想死了你啊，我的亲爱的！我的新中国！”。

王西彦（1914~1999）

浙江义乌人。作家。20世纪30年代参加左联。1937年毕业于北平中国大学国学系。1939年底至福建主编《现代文艺》。后任桂林师范学院、湖南大学、武汉大学、浙江大学教授。新中国成立后历任浙江师范学院中文系主任，中国作协上海分会理事、副主席等职。著有长篇小说《古屋》、《神的失落》、《寻梦者》等。有《王西彦选集》4卷行世。

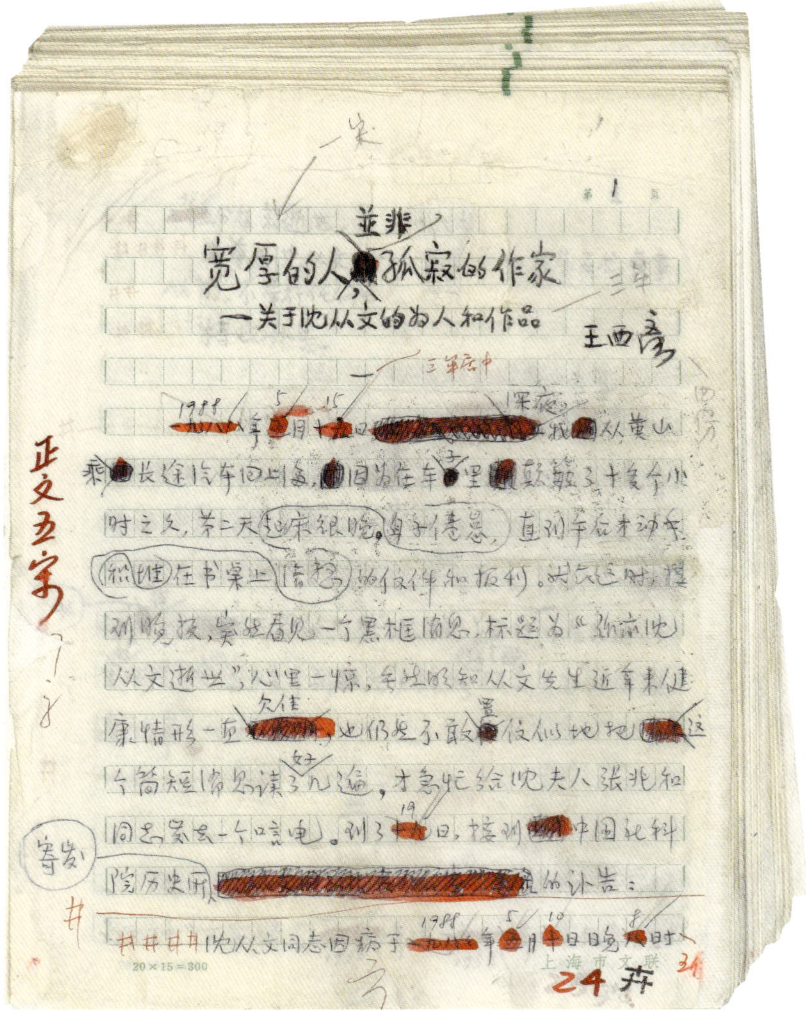
宽厚的人，并非孤寂的作家
——关于沈从文的为人和作品
王西彦

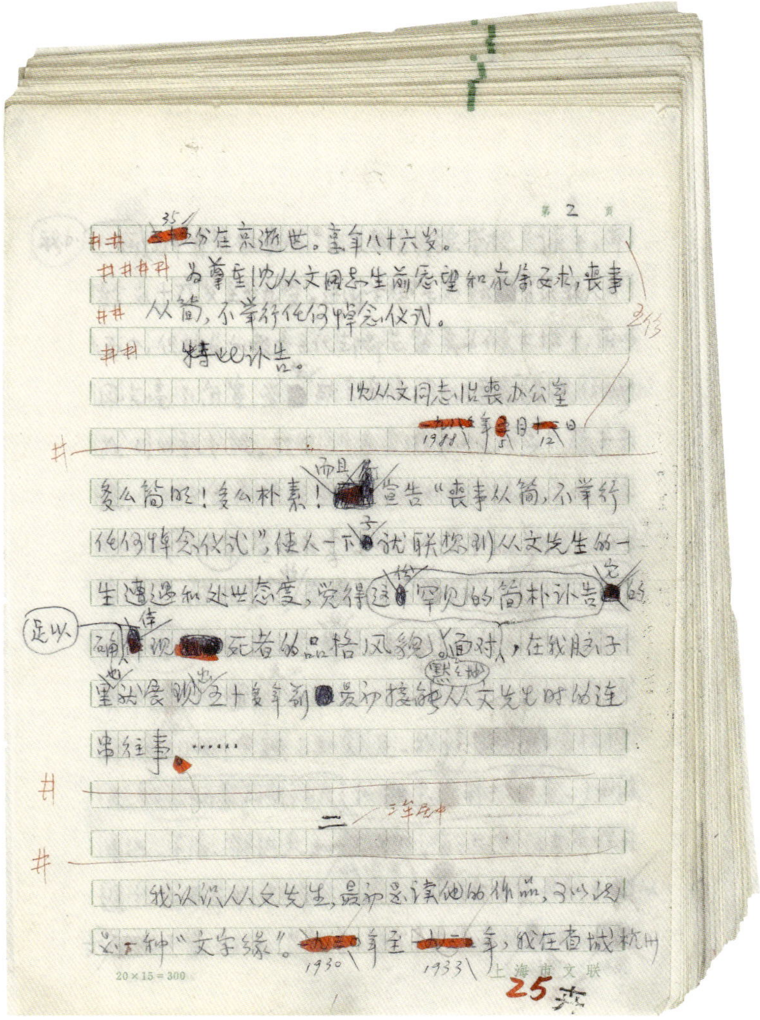

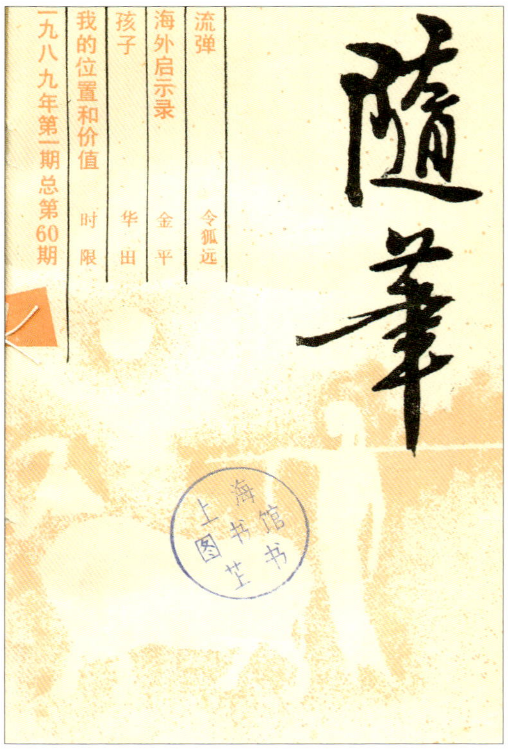
随笔
流弹　令狐远
海外启示录　金平
孩子　华田
我的位置和价值　时限
一九八九年第一期总第60期

宽厚的人，并非孤寂的作家——关于沈从文的为人和作品　　王西彦

1988年7月25日作　　《随笔》1989年第一期

手稿首发于《随笔》1989年第1期，并被收录入1989年湖南文艺出版社出版的纪念集《长河不尽流：怀念沈从文先生》。王西彦与沈从文相识于20世纪30年代，沈从文作为前辈对王西彦十分照顾，王西彦第一部作品集《夜宿集》就是由沈从文编辑并推荐给商务印书馆出版。这篇长达两万多字的散文，是王西彦得悉沈从文逝世之后所作，回忆了与沈从文交往的过程和沈从文坎坷的经历，并对沈从文的作品作了一些点评。

杜宣（1914~2004）

江西九江人。原名杜苍凌。剧作家、散文家。1931年入上海吴淞中国公学大学部预科，后组建“三三剧社”，参加“左联”，同年9月赴日本留学，在日本从事左翼文学和戏剧活动，出版《杂文》月刊。抗日战争爆发前夕回国。抗战胜利后在香港担任大千印刷出版社社长。建国后，历任国际政治经济研究所所长、亚非作家会议常设局常驻代表、中国戏剧家协会主席等职。著有话剧剧本《无名英雄》、《彼岸》、《沧海还珠》等。有《杜宣文集》8卷行世。

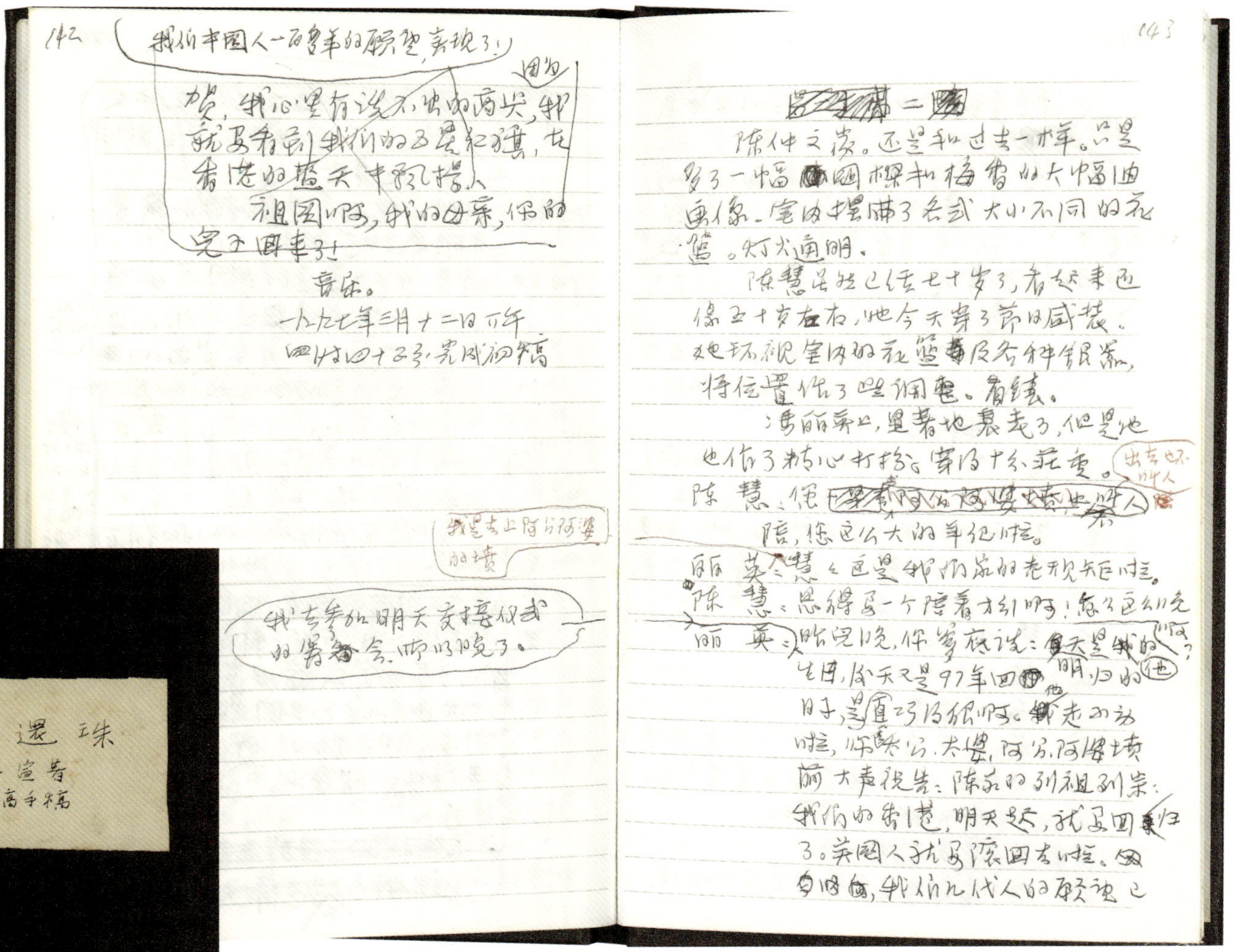

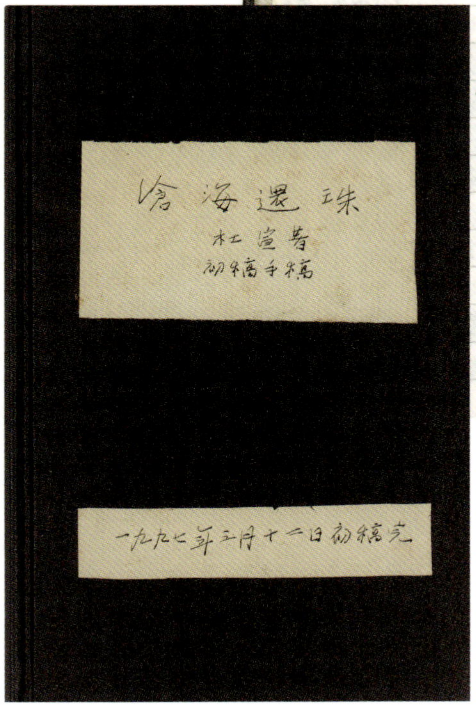
滄海還珠
杜宣著
初稿手稿
一九九七年三月十二日初稿完

上海戲劇
1997/3
沧海还珠
从美学上对「样板戏」说「不」
寻找公子虔
顾正秋与「财政厅长」之恋
球星今日粉墨登场
周瘦鹃踪迹寻访记
粉墨侠影
SHANGHAI DRAMA

沧海还珠　　杜宣

1997年作　　《上海戏剧》1997年第3期

史诗剧《沧海还珠》写成于香港回归之际，此剧以香港157年的历史为大背景，全剧共四幕十五场，以两个家庭几代人，在一百多年的浮沉中体现历史的变化为剧情，反映了邓小平同志“一国两制”思想，使香港平稳过渡，胜利回归。《沧海还珠》初稿撰写于笔记本上，经比对，手稿与出版物内容基本相同，其中第四幕第二场戏，杜宣写有两稿，初稿被划去打叉，并落款“一九九七年三月十二日”，二稿为基本定稿。此稿全文发表于1997年《上海戏剧》第3期。

徐迟（1914~1996）

浙江南浔人。作家。1931年开始写诗，1934年开始发表诗作。1936年9月，和诗人路易士一起协助戴望舒创办《新诗》。1943年任郭沫若主编的《中原》季刊执行编辑。1946年10月，在南浔中学担任教导主任。1949年出席第一次全国文代会，任英文刊物《人民中国》编辑。1961年离开北京，到长江水利工地深入生活，任湖北省文联副主席、湖北省作家协会副主席。1985年任中国作家协会湖北分会名誉主席。著有《哥德巴赫猜想》、《地质之光》等。有《徐迟文集》4卷行世。

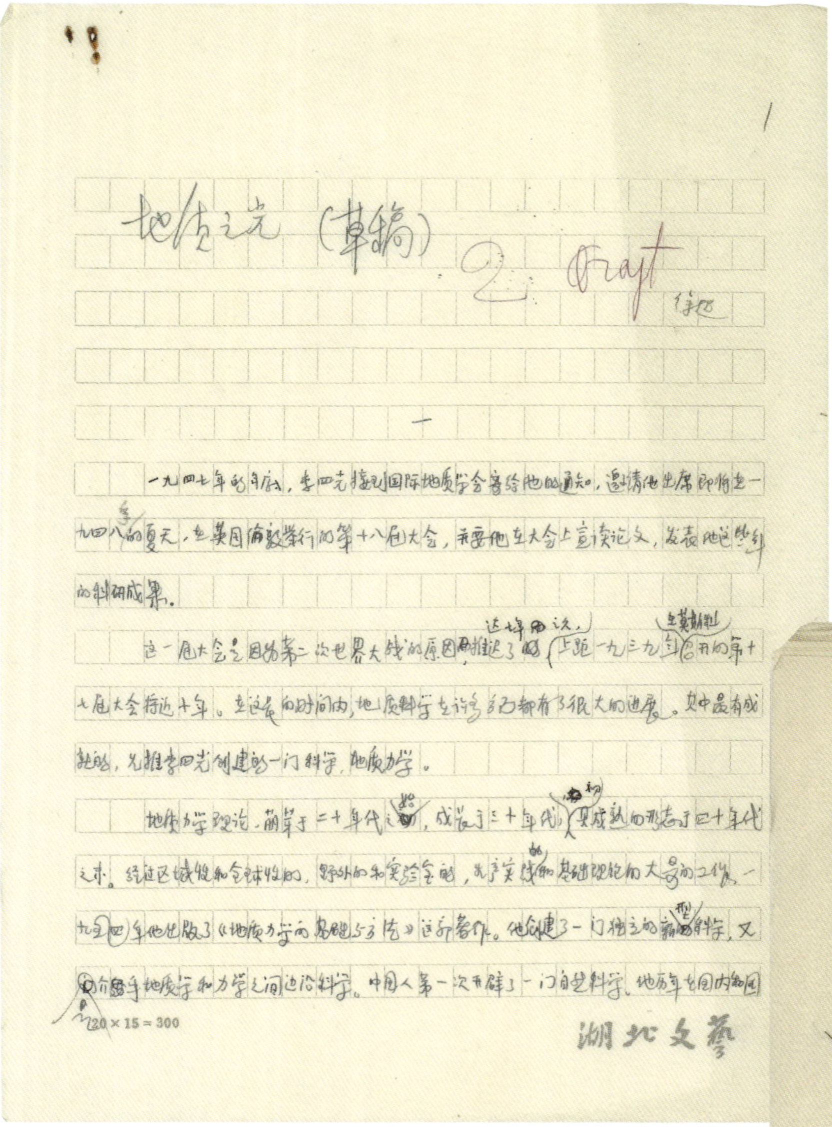
1
地质之光（草稿）
2. Draft
徐迟
一
一九四七年的春天，李四光接到国际地质学会寄给他的通知，邀请他出席即将在一九四八年的夏天，在英国伦敦举行的第十八届大会，并要他在大会上宣读论文，发表他的科研成果。
20×15=300
湖北文艺

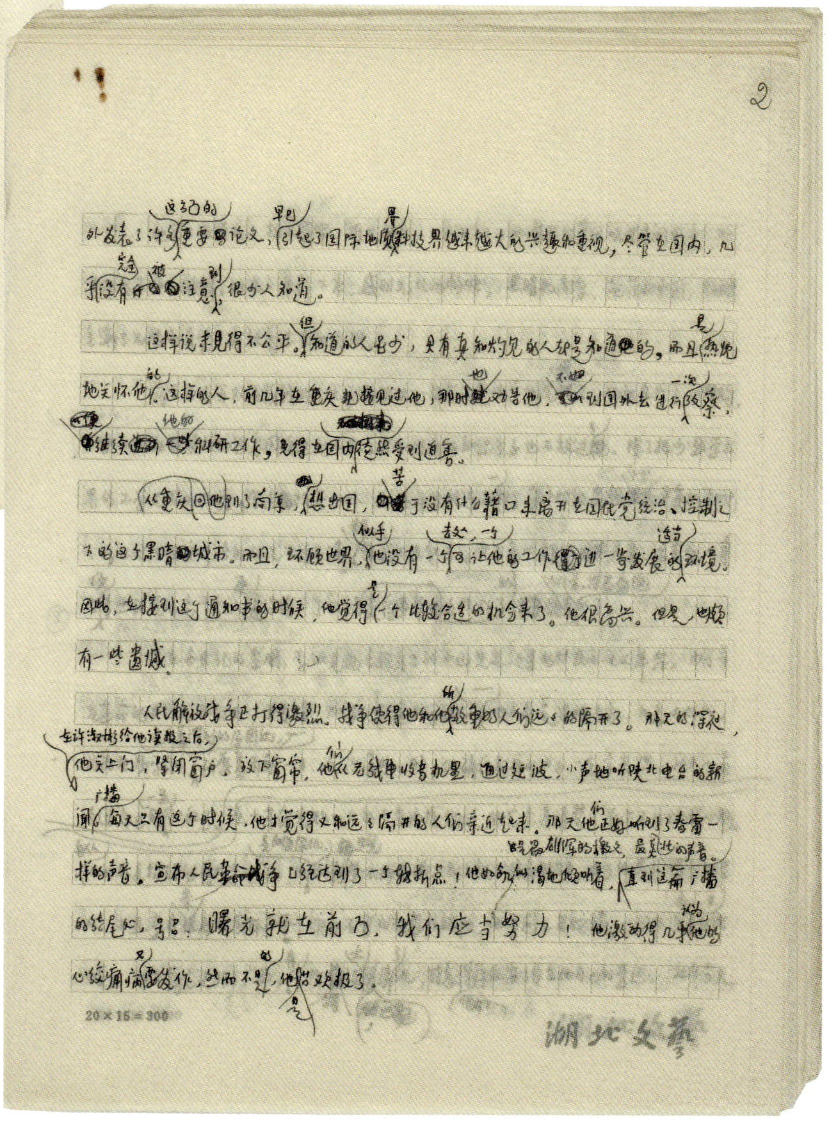
2
20×15=300
湖北文艺

地质之光 徐迟

1977年作 《人民文学》1977年第10期

《地质之光》是徐迟1977年所写的关于著名地质学家李四光事迹的报告文学，发表于《人民文学》1977年第10期，1981年获得全国优秀报告文学一等奖。本馆收藏有三个不同版本的手稿，分别是初稿（草稿）和两份修改稿。为了创作这篇报告文学，徐迟广泛收集和研究了李四光的著作、讲话记录和有关李四光的资料，并亲自采访了李四光之女，获得了详实的材料。他在创作这部作品之前已是国内著名的诗人、作家，这篇报告文学将政论、诗和散文溶于一体，结构宏大，语言华美，体现出作者诗人的气质。

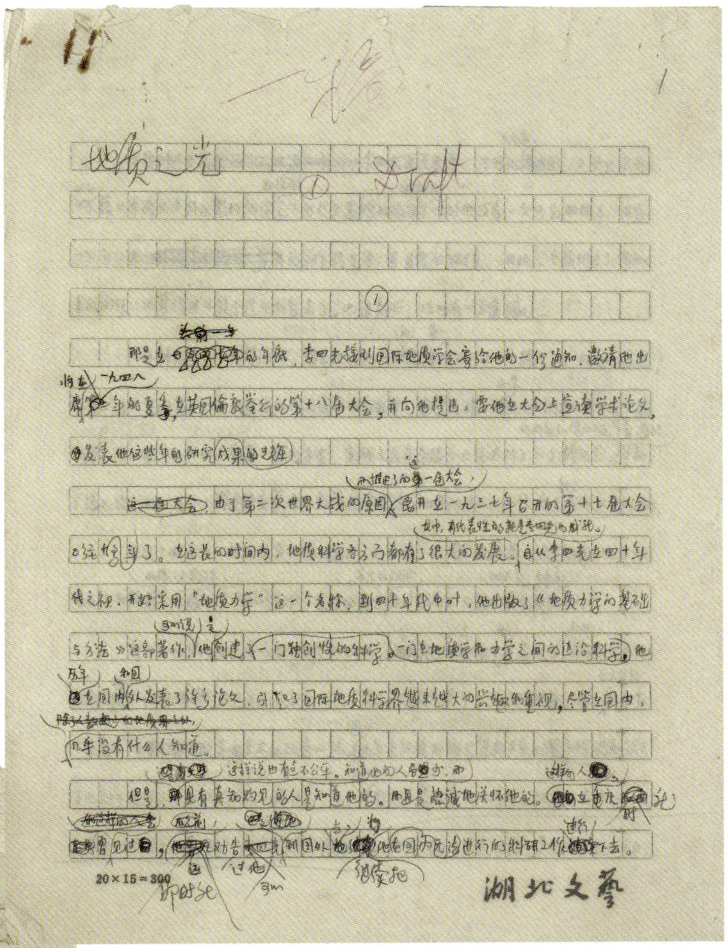

地质之光 ① 徐迟

①

那是在一九四七年的年底，李四光接到国际地质学会寄给他的一份通知，邀请他出席将在一九四八年的夏季，在英国伦敦举行的第十八届大会，并向他提出，要他在大会上宣读学术论文，发表他这些年的研究成果。

这一届大会，由于第二次世界大战的原因，离开在一九三七年召开的第十七届大会已经推迟了。在这长的时间内，地质科学各方面都有了很大的发展。自从李四光在四十年代之初，开始采用"地质力学"这一个名称，到四十年代中叶，他出版了《地质力学的基础与方法》这部著作，他创建了一门独创性的科学，一门在地质学和力学之间的边沿科学。他在国内发表了许多论文，引起了国际地质科学界越来越大的尝试和重视，尽管在国内，几乎没有什么人知道。

但是，却是有真知灼见的人是知道他的，而且是热诚地关怀他的。……曾见过面，……劝告……到国外……他在国内无法进行的科研工作进行下去。

20×15=300 湖北文艺

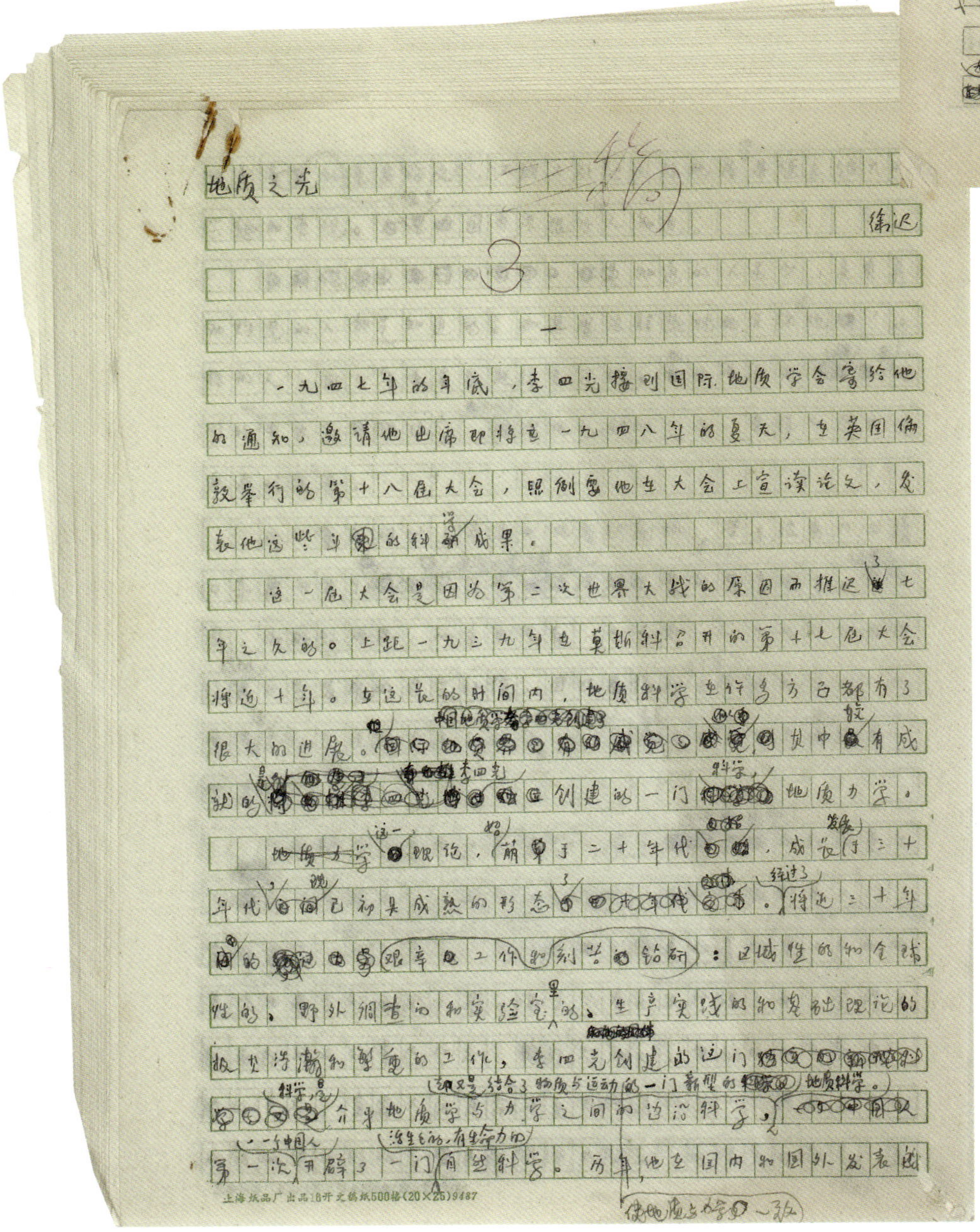

地质之光 徐迟

3

一

一九四七年的年底，李四光接到国际地质学会寄给他的通知，邀请他出席即将在一九四八年的夏天，在英国伦敦举行的第十八届大会，跟别忘他在大会上宣读论文，发表他这些年里的科学成果。

这一届大会是因为第二次世界大战的原因而推迟了七年之久的。上距一九三九年在莫斯科召开的第十七届大会将近十年。在这长的时间内，地质科学在许多方面都有了很大的进展。……创建的一门……地质力学。……

上海纸品厂出品 8开文稿纸500格(20×25)9487

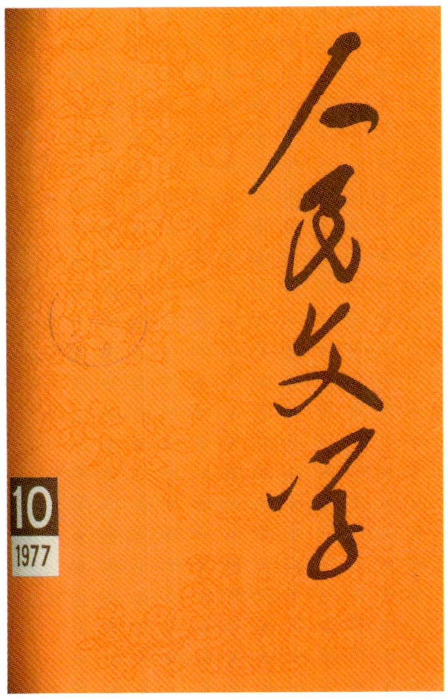
人民文学
10
1977

赵清阁（1914~1999）

河南信阳人。笔名赵天、铁谷。作家。开封艺术高中毕业以后，半工半读肄业于河南大学中文系。1933年考入上海美专，习西画，历任天一电影公司编辑、女子书店总编辑、《妇女文化》主编。1936年在《妇女文化》月刊发表第一部电影文学剧本《模特儿》。抗战爆发后，先后主编《弹花》、《中西文艺丛书》、《神州日报》副刊，并为《大公报》、《申报》等报撰稿。建国后，历任上海电影制片厂编剧、上海社科院文学研究所特约研究员。著有《红楼梦话剧集》、《月上柳梢》、《浮生若梦》、《抗战戏剧概论》等。

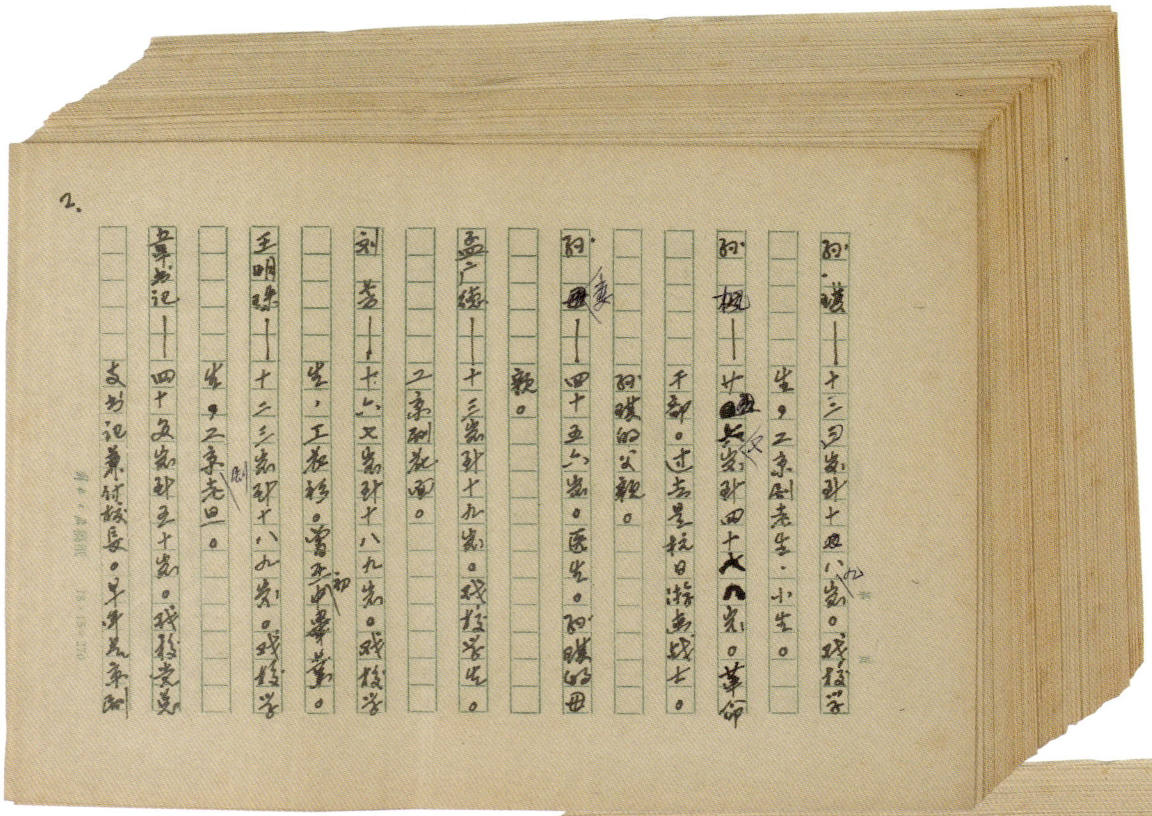

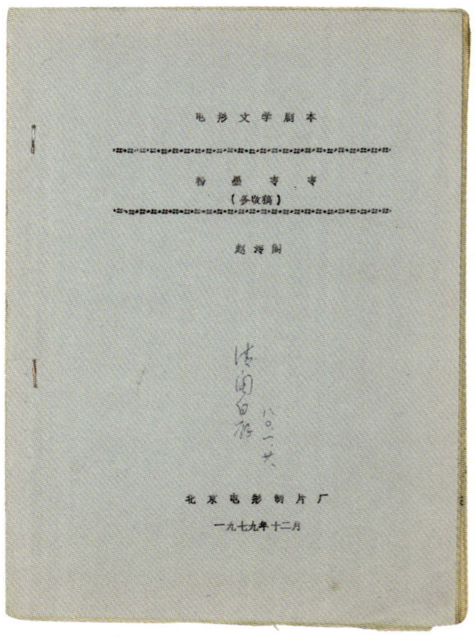

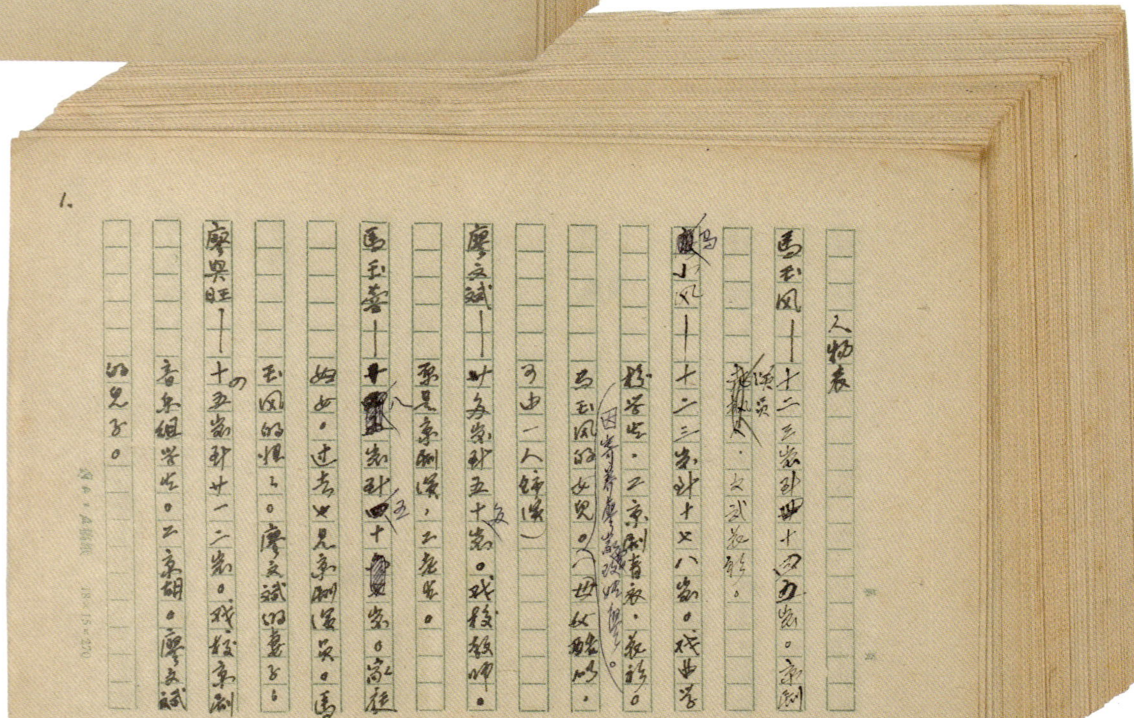

粉墨青青　　赵清阁

1979年作　　《西湖》第一、二月号

1978年赵清阁创作了剧本《粉墨青青》，该剧取材于京剧艺人事迹，生动地表现了新旧社会艺人的不同遭遇。1979年2月5日，《粉墨青青》刊于《西湖》第一、二月号。剧本发表后北京电影厂决定摄制，但要求加强戏剧性，增添故事情节，而赵清阁认为故事情节不能脱离生活胡编乱凑，且影片不宜太长。此稿为《粉墨青青》改写稿，作者落款时间为1979年8月5日。

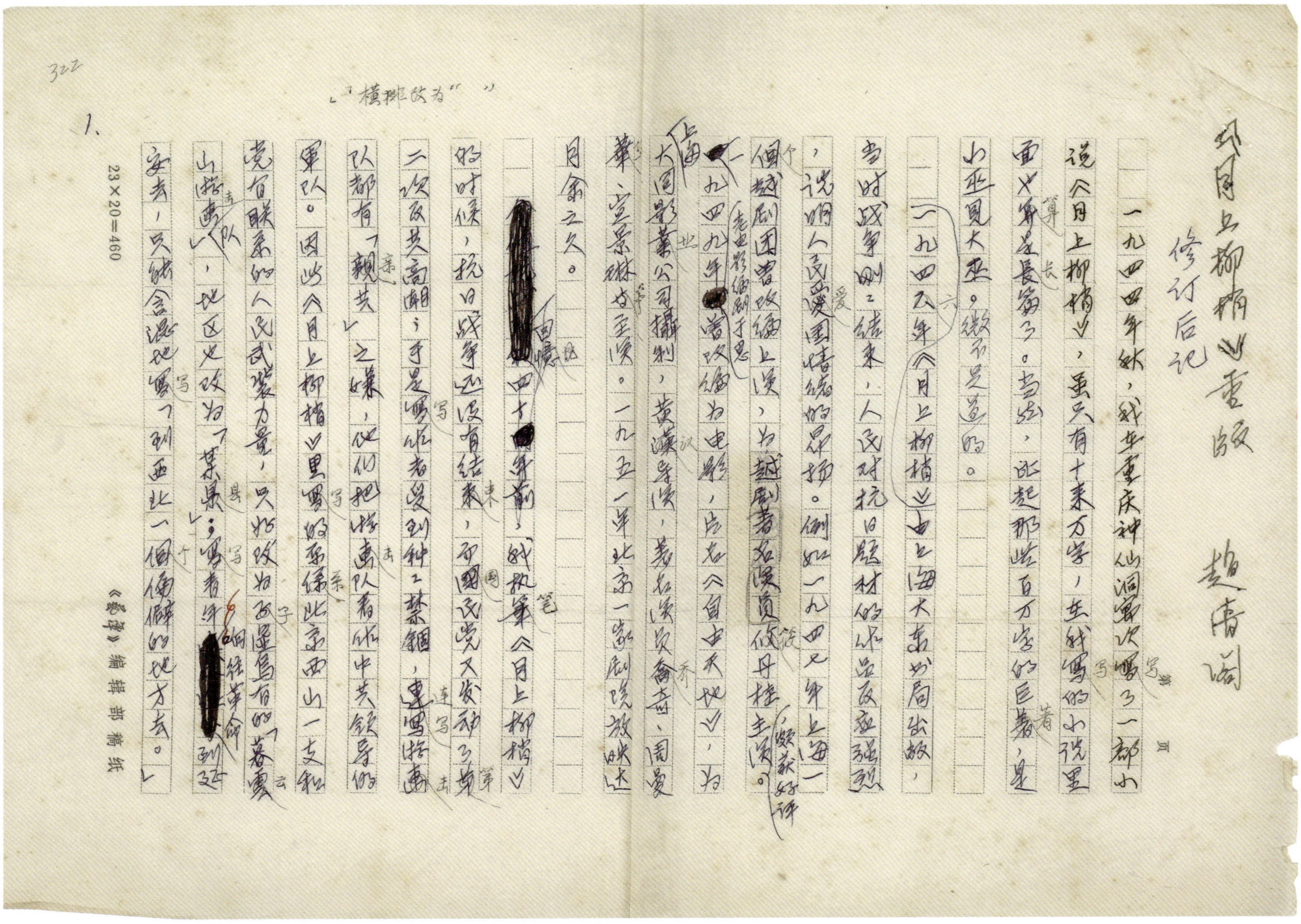

《月上柳梢》修订后记　　赵清阁

1985年10月作　　宁夏人民出版社出版1986年出版

《月上柳梢》原名《月上柳梢头》，1946年由上海大东书局出版发行。1985年，为了纪念抗战胜利40周年，赵清阁又将《月上柳梢》进行了一番修订。1986年，《月上柳梢》修订稿由宁夏人民出版社出版，赵清阁撰写“修订后记”。本馆藏两稿，经比对，第二稿为最后定稿。

月上柳梢

周而复（1914~2004）

安徽旌德人。作家。1933年入上海光华大学英国文学系。1936年与聂绀弩等创办《文学丛报》。1938年毕业后赴延安，任陕甘宁边区文化协会任文学顾问委员会主任委员。抗日战争胜利后，以新华社、《新华日报》特派员身份，随军事调查处赴各地采访。新中国成立后，历任华东局统战部秘书长、上海市委统战部副部长、中国人民对外文化协会副会长、文化部副部长等职。著有长篇小说《上海的早晨》、《白求恩大夫》等。有《周而复文集》22卷行世。

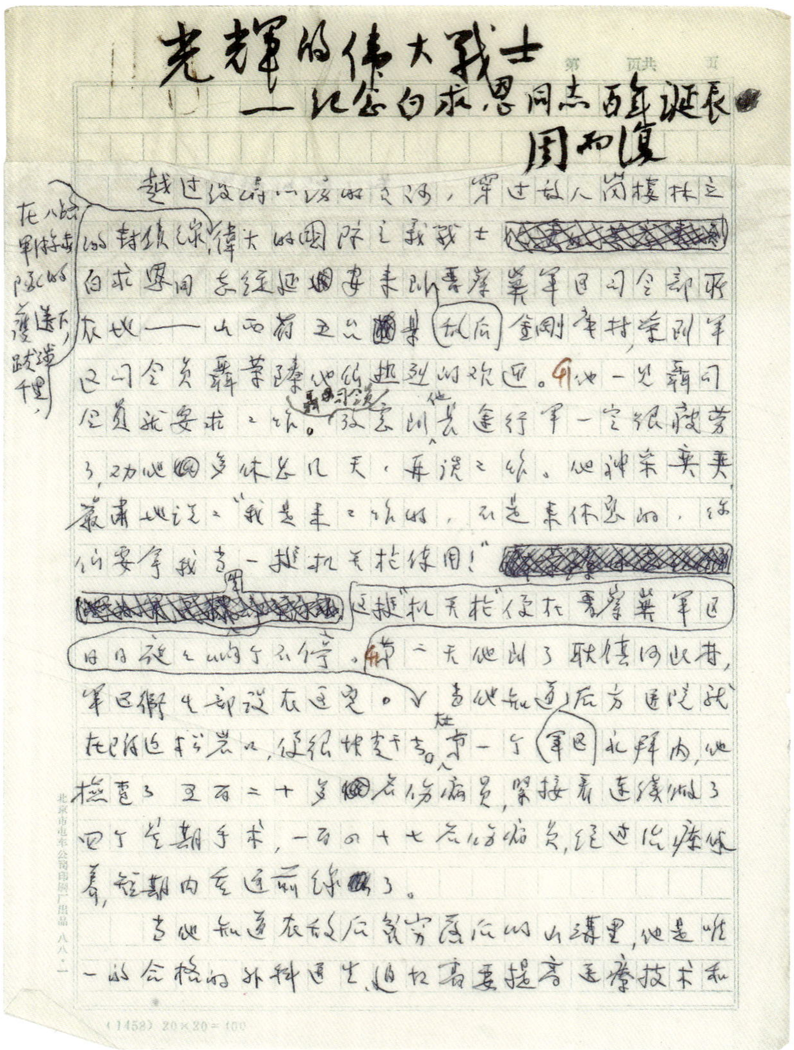

光辉的伟大战士
——纪念白求恩同志百年诞辰
周而复

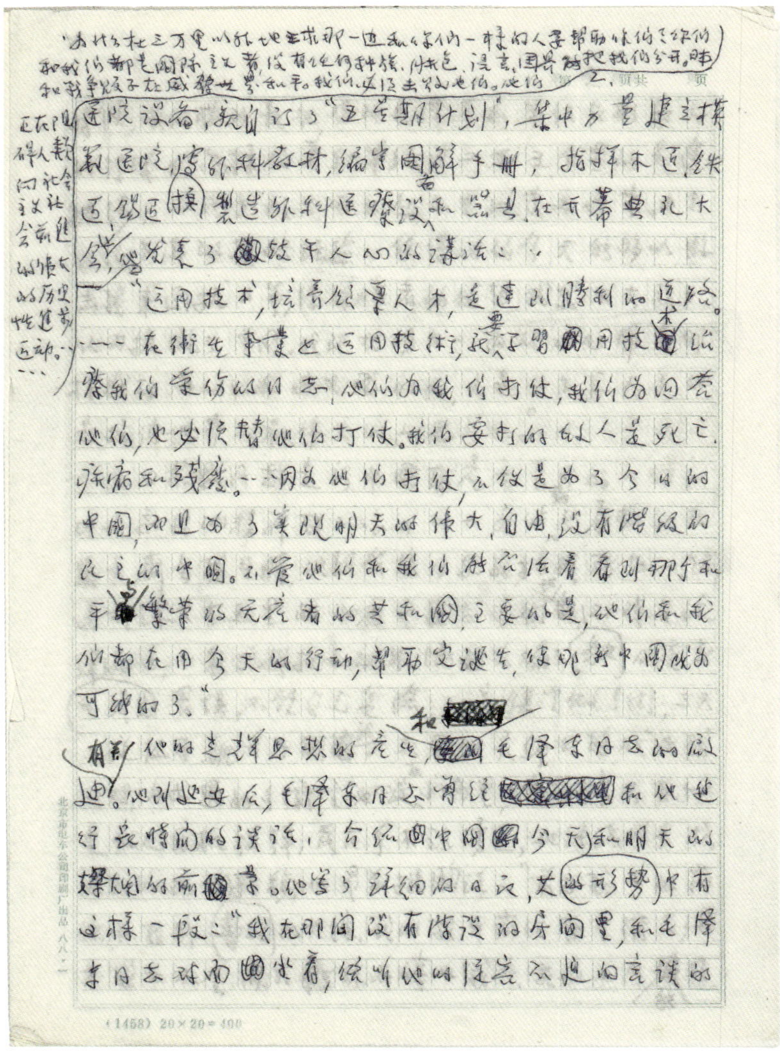

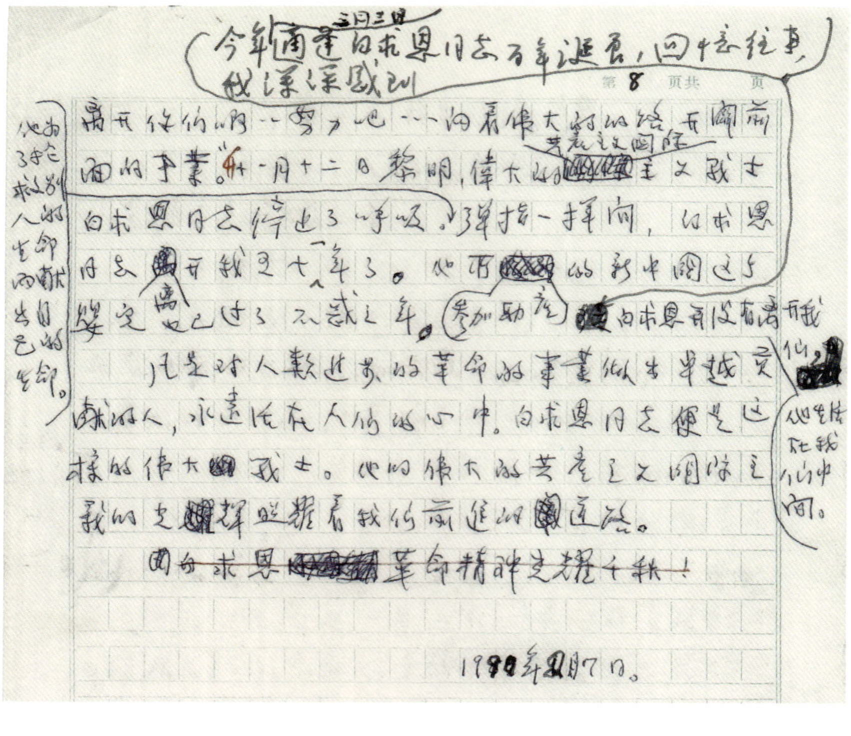

光辉的伟大战士——纪念白求恩同志百年诞辰　周而复

1989~1990 年作

此稿最初完成于1989年11月7日，是为纪念白求恩逝世50周年所作，同年11月12日发表于《光明日报》， 题为《他活在人们心中——纪念白求恩同志逝世五十周年》。1990年2月7日作者又在原手稿上做了一点修订和增补，并且更改了题名，作为纪念白求恩诞辰100周年的文章。周而复是最早在中国介绍白求恩事迹的人，早在1944年就创作了长篇报告文学《诺尔曼·白求恩断片》，并在此基础上于1946年完成了长篇小说《白求恩大夫》。

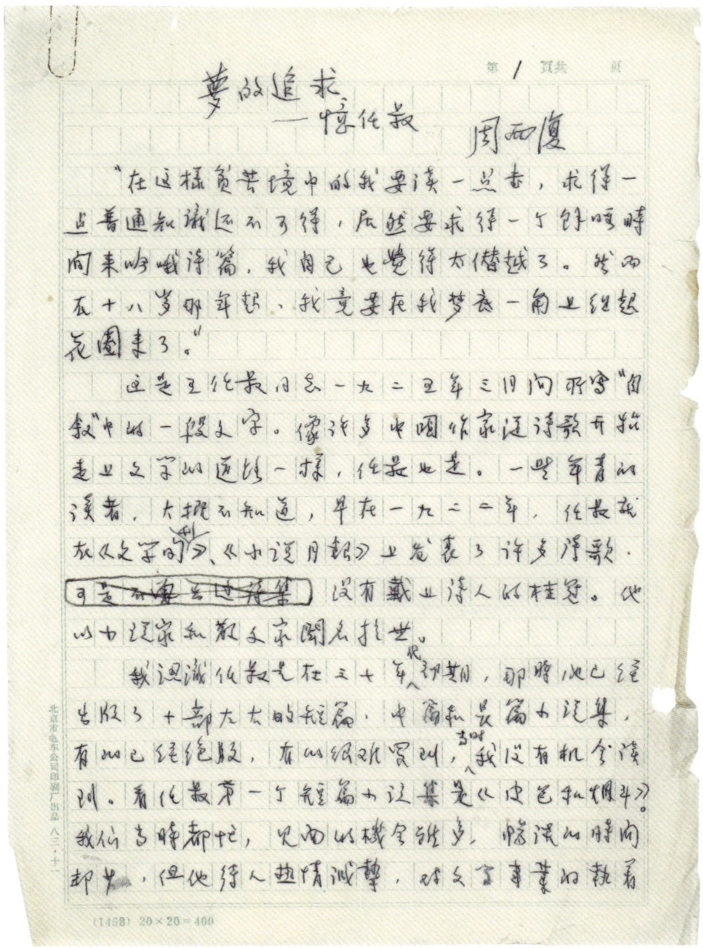
第 1 页共 页

梦的追求
——怀任叔
周而复

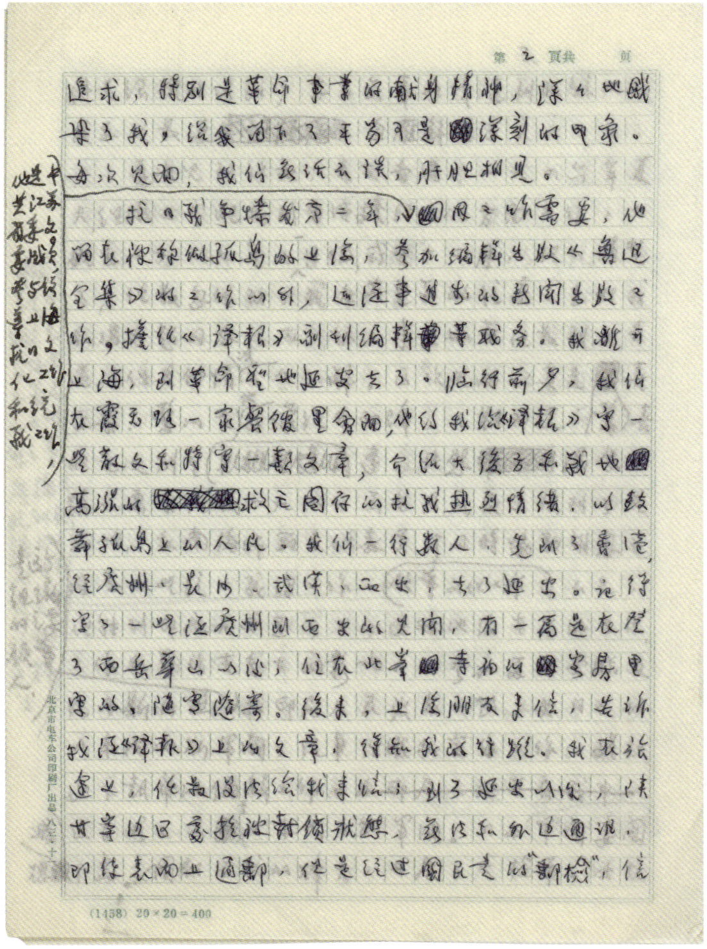
第 2 页共 页

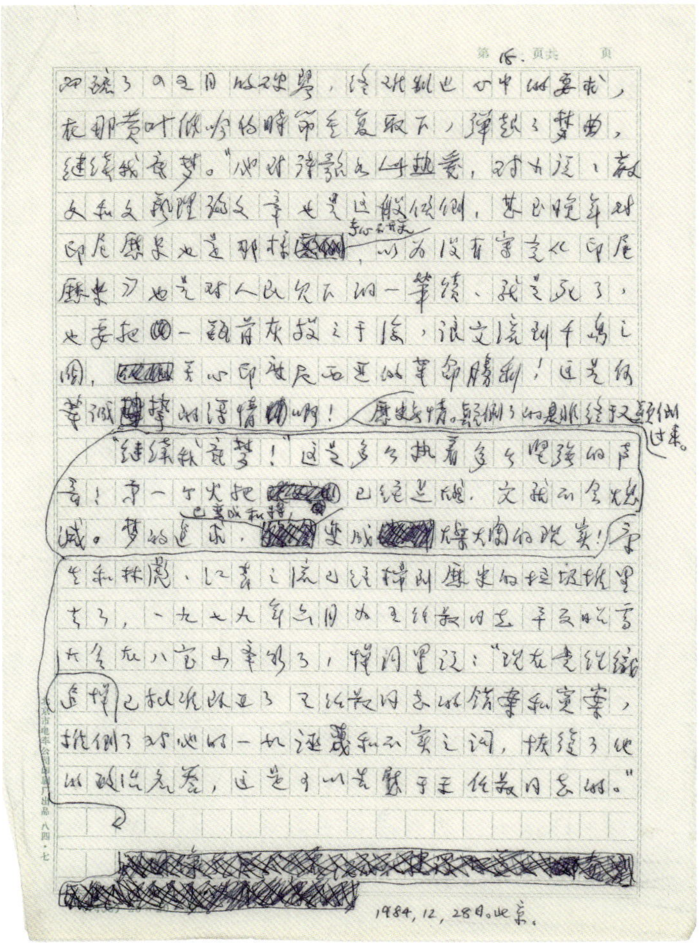

1984，12，28日。北京。

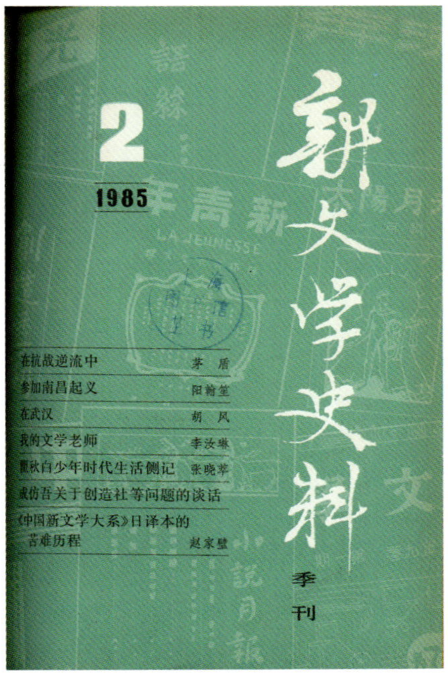
2
1985
新文学史料
季刊
在抗战逆流中　茅盾
参加南昌起义　阳翰笙
在武汉　胡风
我的文学老师　李济琛
重庆自少年时代生活侧记　张晓翠
成仿吾关于创造社等问题的谈话
《中国新文学大系》日译本的
苦难历程　赵家璧

梦的追求——忆任叔　　周而复

1984年作　　《新文学史料》1985年第2期

此稿是周而复为纪念王任叔（巴人）所作，完成于1984年12月28日。作者深情回忆了与王任叔从20世纪30年代相识后数十年间交往的故事，回顾了王任叔在新中国成立后出使印尼，在“反右”和“文革”中的遭遇等经历，文中饱含对友人逝去的悲痛之情。后刊于《新文学史料》1985年第2期，上海鲁迅纪念馆编辑的《巴人先生纪念集》也收录了这篇文章。

刘白羽（1916~2005）

北京通州人。当代散文家、作家。1934年考入北平民国大学中文系。1936年在《文学》上发表了短篇小说《冰天》，1938年奔赴革命圣地延安，投身到改变民族和祖国命运的斗争中。历任中华全国文艺界抗敌协会延安分会党支部书记，中国作家协会党组书记，作协副主席、书记处书记，文化部副部长，中国人民解放军总政治部文化部部长，《人民文学》主编等职。著有《草原上》、《第二个太阳》（获茅盾文学奖）、《红玛瑙集》等。有《刘白羽文集》10卷行世。

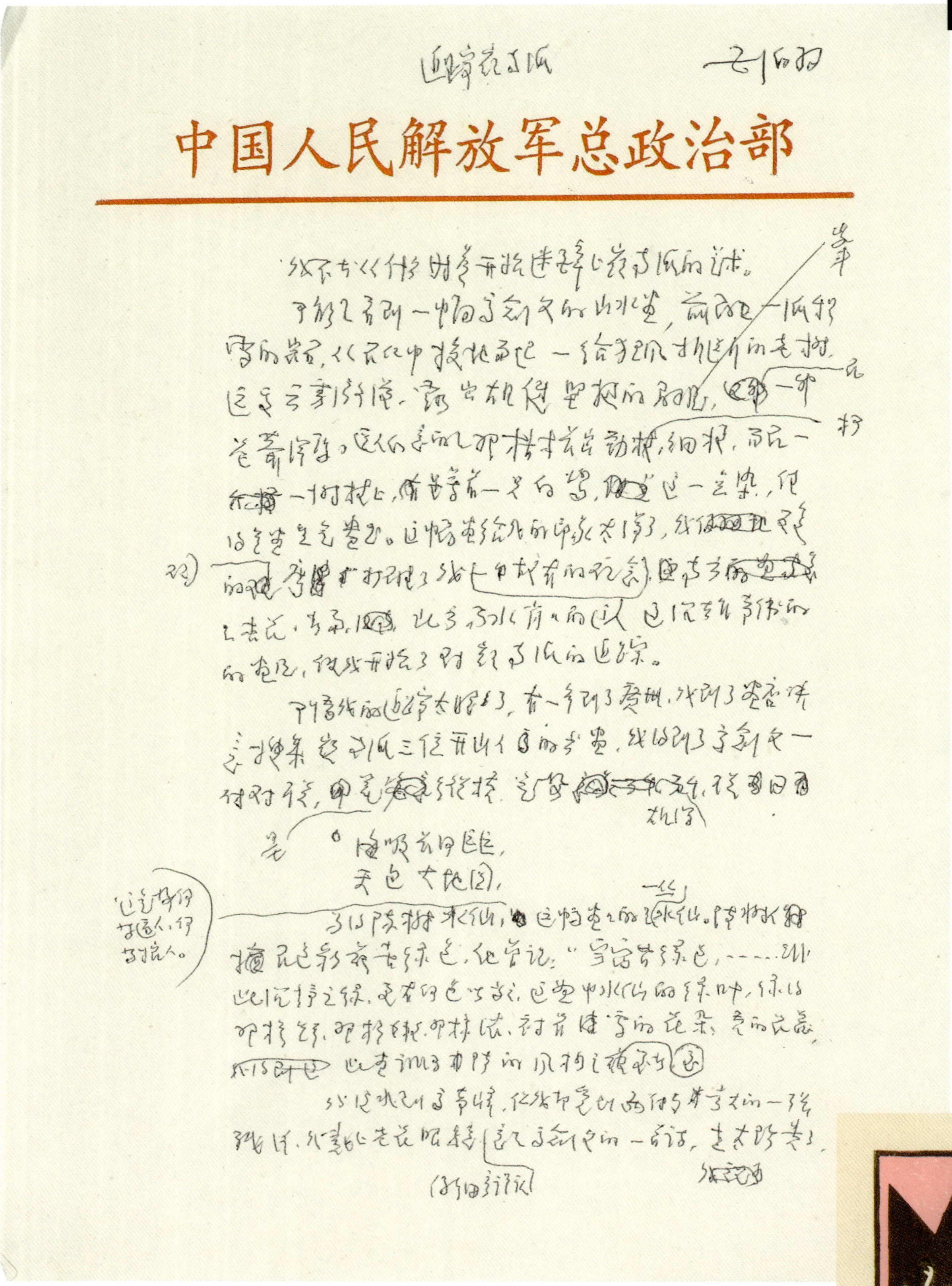

追踪茅盾小说　——刘白羽

中国人民解放军总政治部

EX·LIBRIS

刘白羽藏书票

梁栋设计

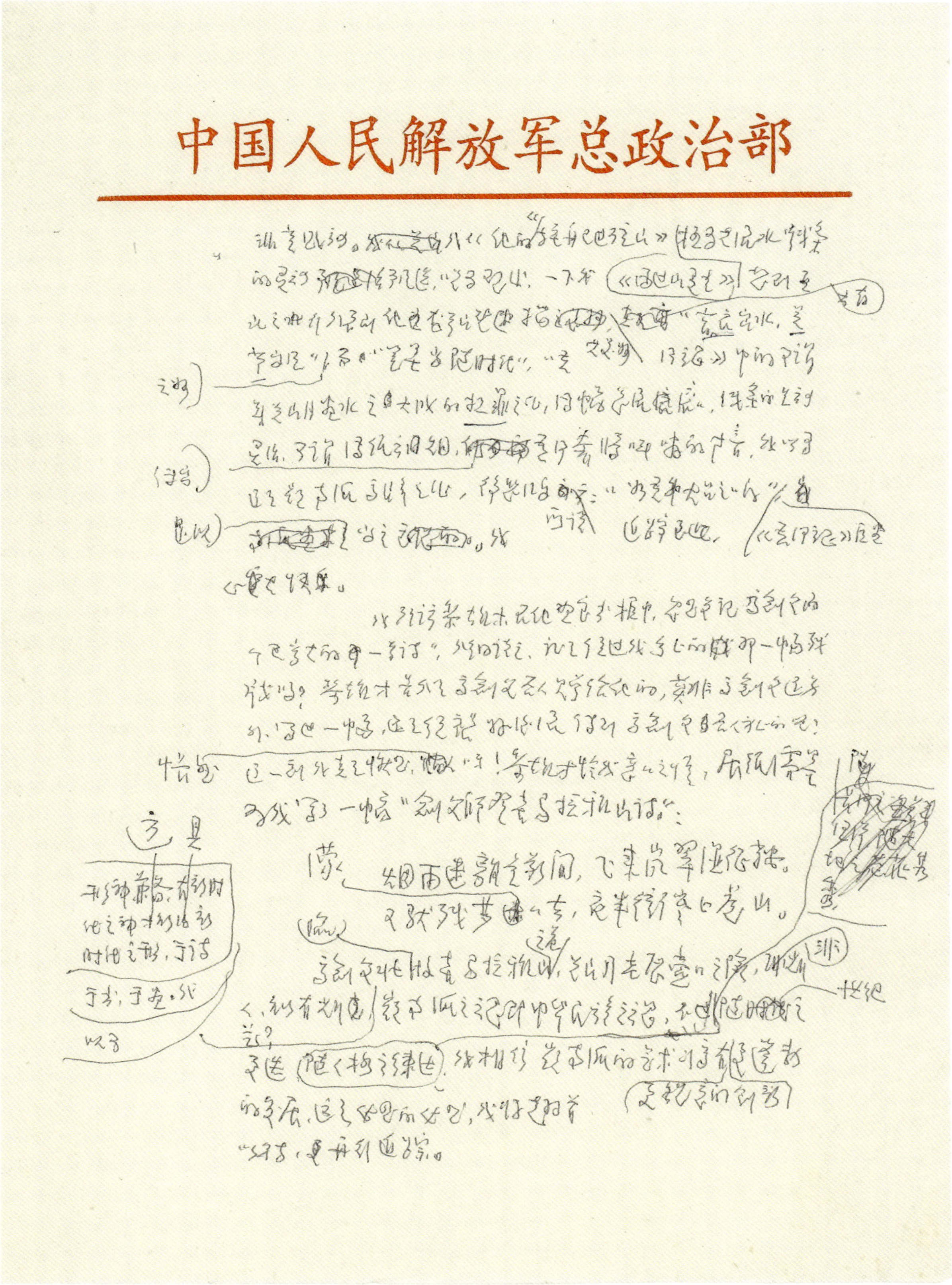
中国人民解放军总政治部

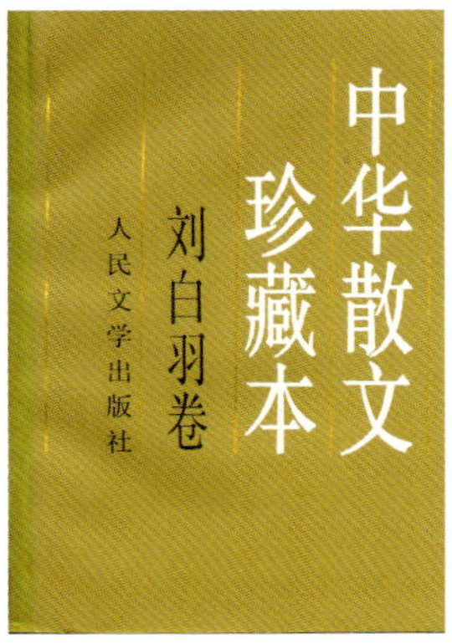
中华散文
珍藏本
刘白羽卷
人民文学出版社

追踪岭南派　　刘白羽

20世纪90年代作　　《文艺报》1996年2月16日

刘白羽迷醉岭南派艺术。《追踪岭南派》记叙了他追寻、收藏岭南派画家作品的过程，具体分析了岭南派的艺术特点和艺术价值。此文首次发表于1996年2月16日出版的《文艺报》中，后又收录于《中华散文珍藏本·刘白羽卷》。此稿为初稿，与出版文字相比较，除个别字词修改，文章最后一段有较多删略。

卜乃夫（1917~2002）

江苏扬州人。原名卜宝南，又名卜宁、卜怀君、卜琳等，笔名无名氏。作家。1917年生于南京，抗战前在北京大学旁听及自学，曾担任《扫荡报》、《中央日报》等报刊记者及西安《华北新闻》主笔，在韩国光复军中生活过一段时间。抗战胜利后开始隐居写作，1949年起久居杭州。1980年代赴台湾。著有《逝影》、《海边的故事》、《日耳曼的忧郁》、《北极风情画》、《塔里的女人》、《无名书》等。

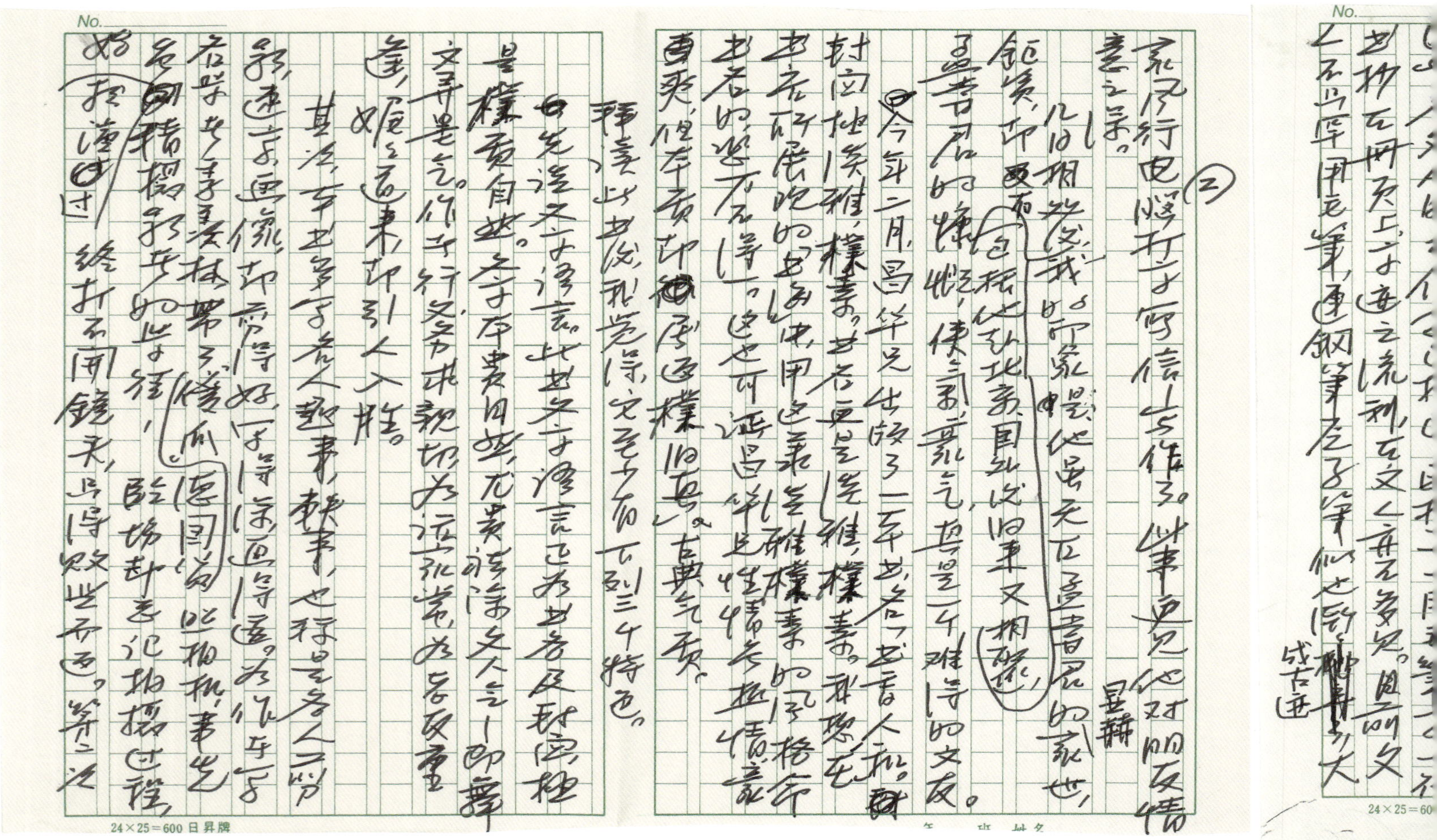

一本可爱的书　　卜乃夫

2002年3月29日作

此篇手稿是卜乃夫对好友张昌华的专著《书香人和》的书评。在卜乃夫看来，该书有三大特色，即语言质朴自然，记述传神，史料价值。在写作此篇手稿的前一年，卜乃夫曾赴祖国大陆，与上海方面的出版社商洽其代表作《无名书》的出版事宜，并在杭州度过中秋。半年后卜乃夫准备前去苏州前夕，因突发疾病而溘然离逝，再回故土的心愿遂成未尽的遗憾。

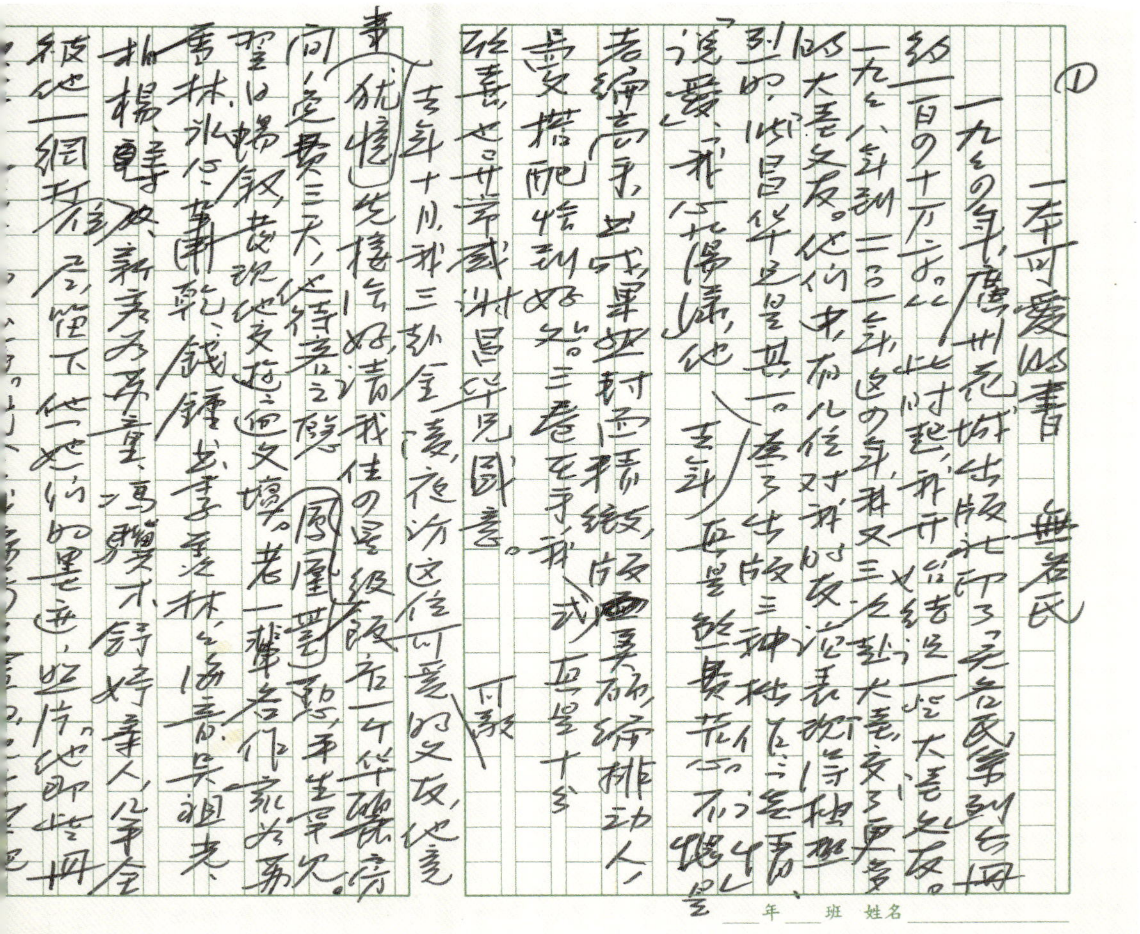

①

一本可爱的书　無名氏

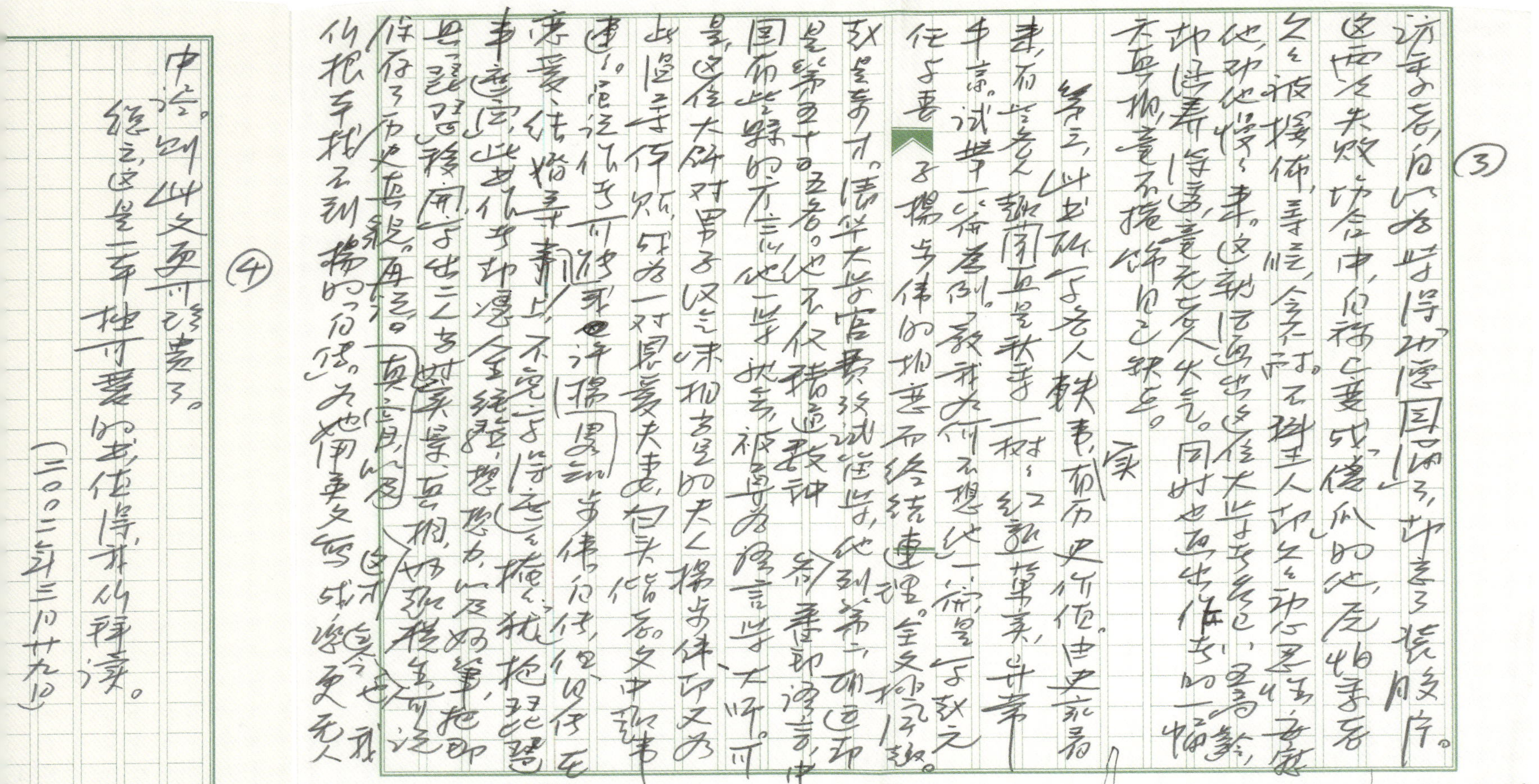

④

中论。到此文更可谓尽了。

总之，这是一本极可爱的书，值得我们细读。

（二〇〇二年三月廿九日）

吴祖光（1917~2003）

江苏常州人。又名吴召石、吴韶。剧作家、导演。曾在孔德学校肄业，后入中法大学文学系，未毕业即应聘任南京国立戏剧专科学校校长室秘书。1936年撰写小说《宫娥怨》于《文艺月刊》。1937年，以东北义勇军抗日为题材，写出了第一部剧本《凤凰城》。1941年后，历任中央青年剧社，《新民晚报》副刊编辑，香港大中华影业公司、香港永华影业公司导演等职。建国后应中央电影局之召，回北京任导演。著有《风雪夜归人》、《捉鬼传》、《闯江湖》等。有《吴祖光选集》6卷行世。

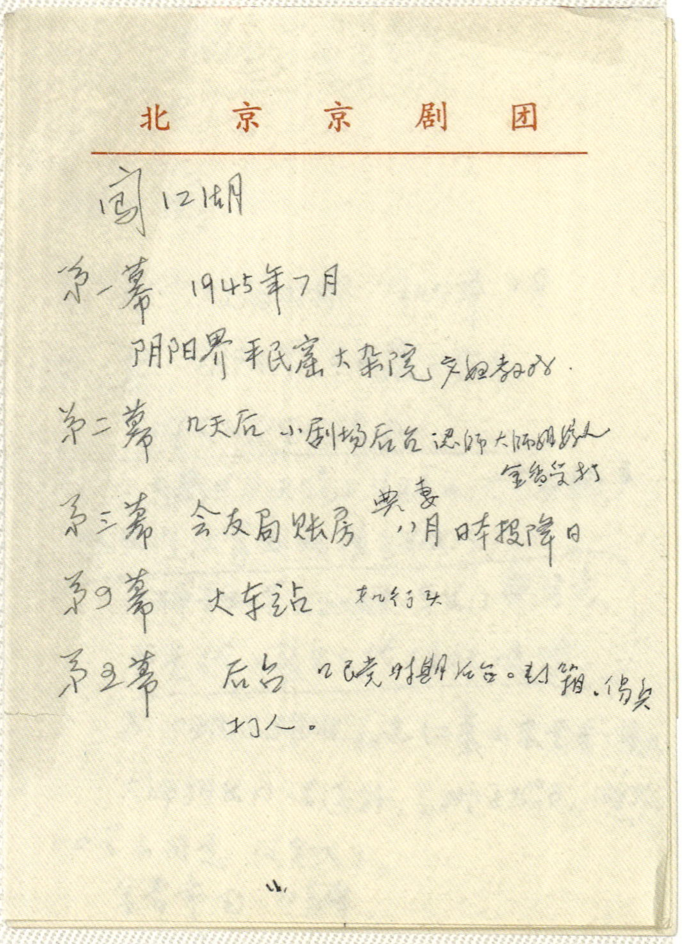

北京京剧团

闯江湖

第一幕 1945年7月

阴阳界平民窟大杂院

第二幕 几天后 小剧场后台

第三幕 会友局账房 8月日本投降日

第四幕 大车站

第五幕 后台

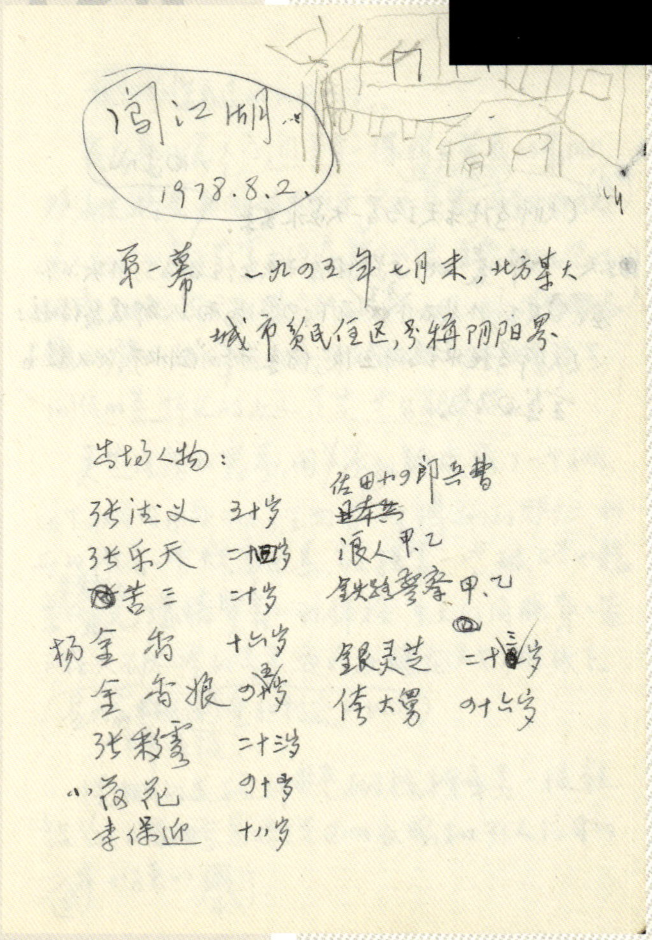

闯江湖 1978.8.2

第一幕 一九四五年七月末，北方某大城市贫民住区，号称阴阳界。

出场人物：

张志义 三十岁　佐田小四郎

张乐天 二十四岁　浪人甲乙

苦三 二十岁

杨金香 十六岁　银灵芝

金香娘　佟大嫚

张彩云 二十二岁

李保迎 十八岁

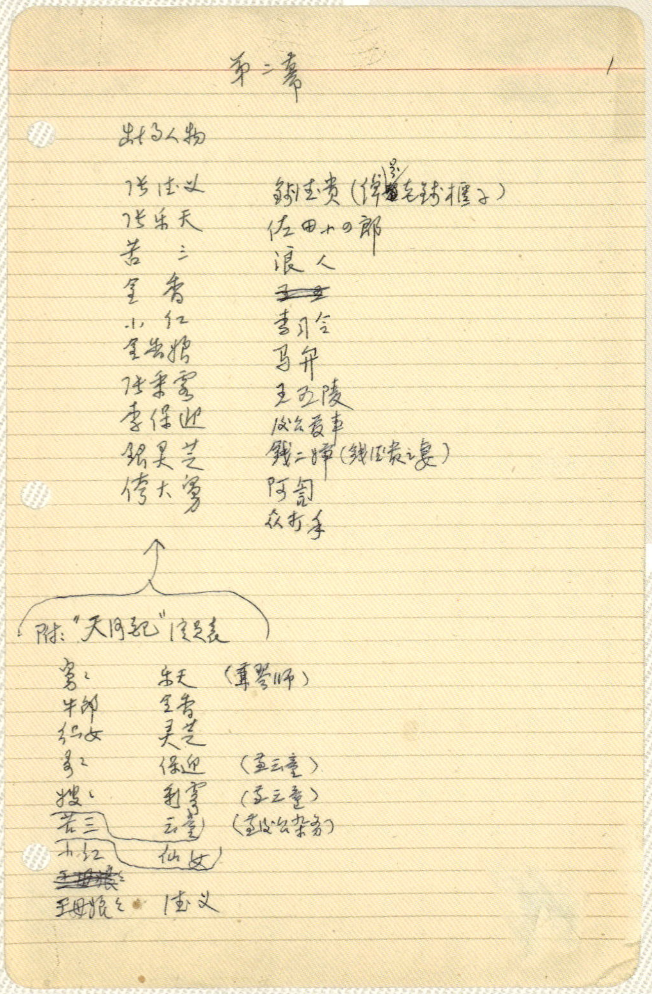

第二幕

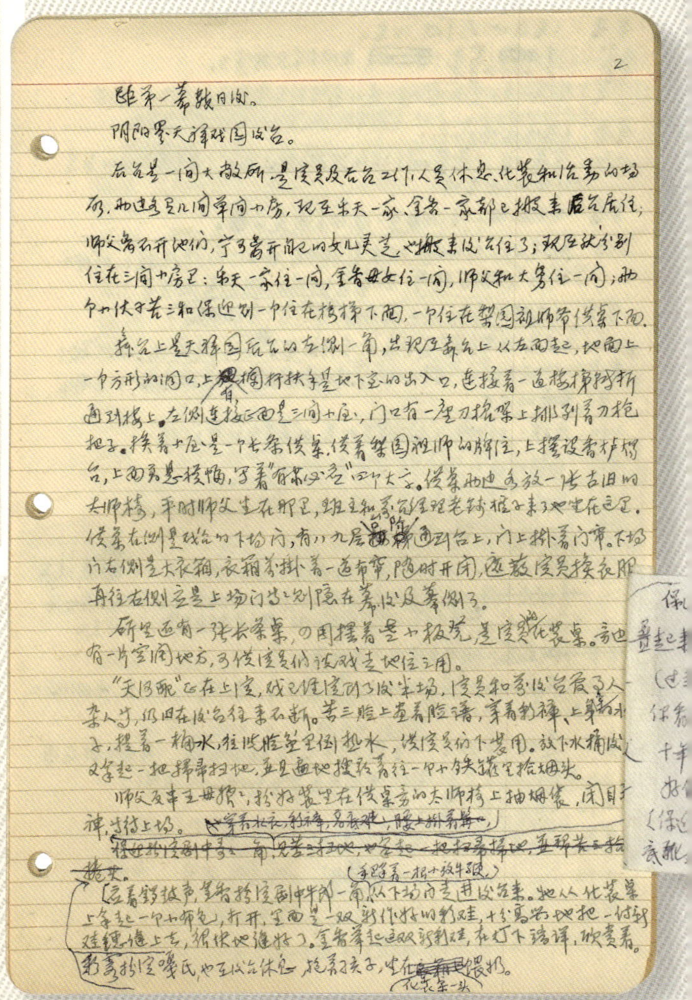

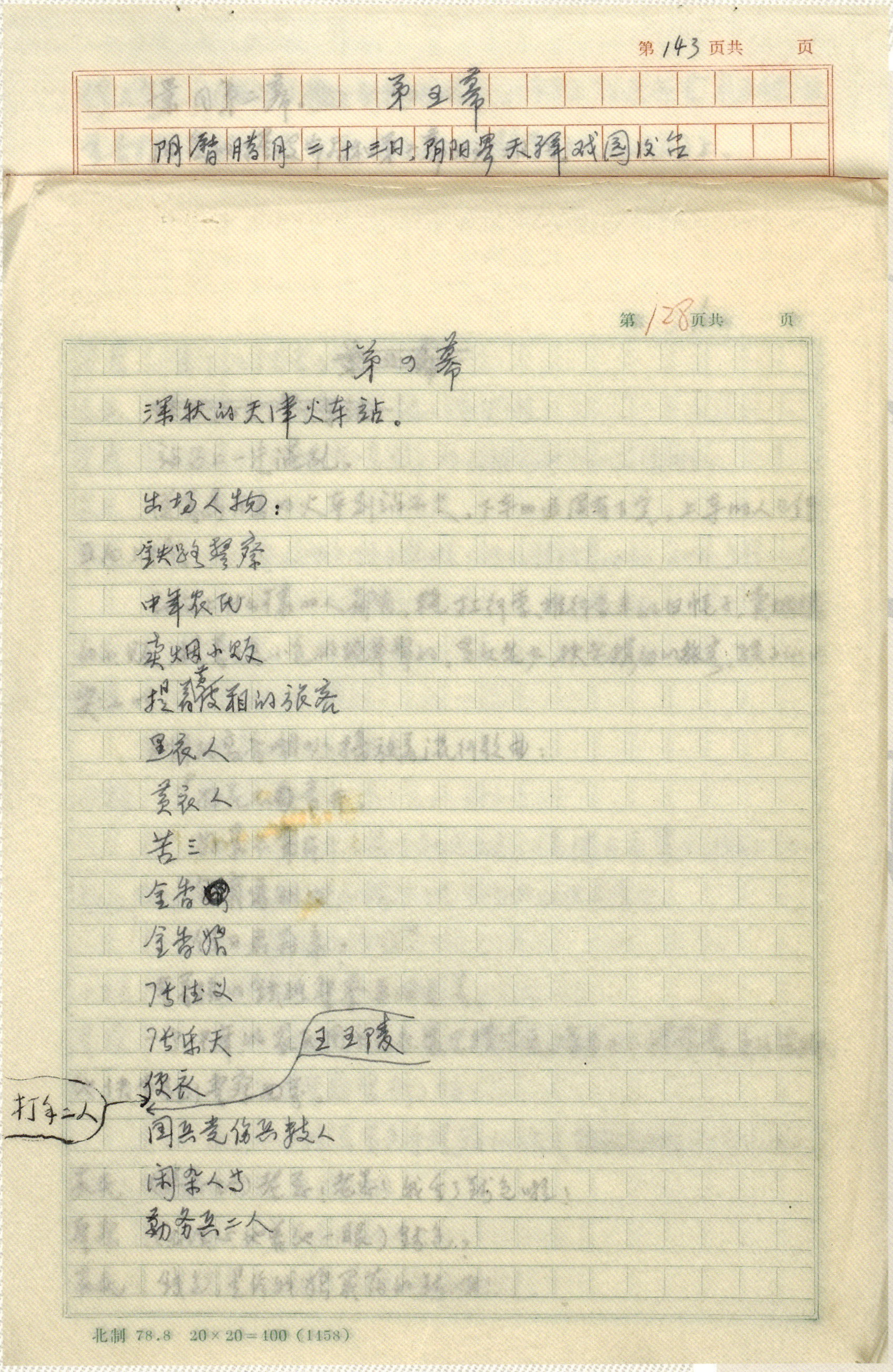
第143页共　页

第五幕

阴历腊月二十三日，阴阳界天祥戏园后台

第128页共　页

第四幕

深秋的天津火车站。

出场人物：

铁路警察

中年农民

卖烟小贩

提着皮箱的旅客

男旅人

黄旅人

苦三

金香

金香娟

张德义

张乐天　王玉陵

侠衣

打手二人

国民党伤兵数人

闲杂人等

勤务兵二人

北制 78.8　20×20=100（1458）

闯江湖
吴祖光

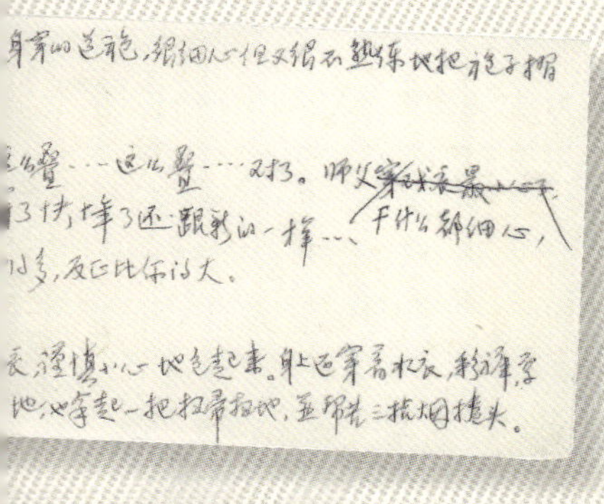

闯江湖　　吴祖光

1978年作　　《收获》1979年第3期

话剧本《闯江湖》讲述了一个江湖艺人的流浪生涯，剧本中的素材来源全靠吴祖光的妻子、评剧演员新凤霞提供，作者把旧社会生活在社会最底层的评剧艺人的血泪史用文字记录了下来。此手稿分别由五六种不同的稿纸组成：剧本提纲写在“北京京剧团”信笺上；第一幕剧写在笔记本上；第二、三幕剧写于打孔纸上；第四幕剧选用的是绿格文稿纸；第五幕剧则用了红格文稿纸。1979年，《收获》第3期全文发表了《闯江湖》；1980年，中国戏剧出版社以单行本的形式发行了《闯江湖》。

董林肯（1918~1982）

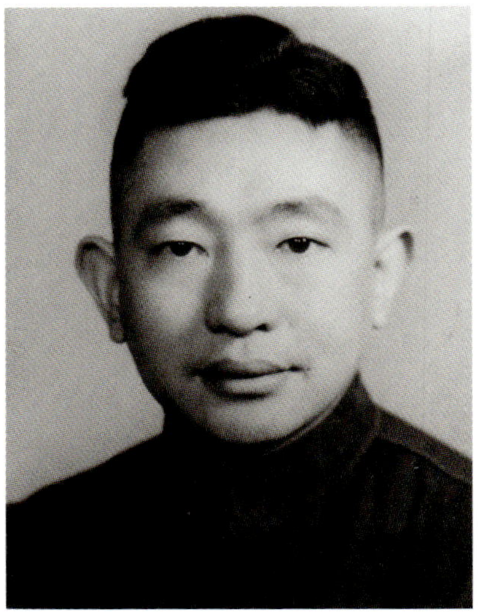

江苏昆山人。剧作家。中国儿童戏剧运动的创始人、领导者。1942年毕业于国立同济大学机电系。1938年在昆明创立了我国第一个儿童剧团——昆明儿童剧团，创作并导演了街头剧《难童》、三幕抗战儿童剧《小间谍》、《小主人》以及根据鲁迅的译作《表》改编的儿童剧等，轰动一时。建国后，将《表》剧重新修改整理后公演于兰心剧院，被誉为“儿童教育名剧”，受到国家副主席宋庆龄的关注和题词。昆明儿童剧团诞生为祖国的文艺事业培养和造就了许多优秀的文艺工作者，包括《阿诗玛》的编剧刘琦和著名话剧编导阿阳等。

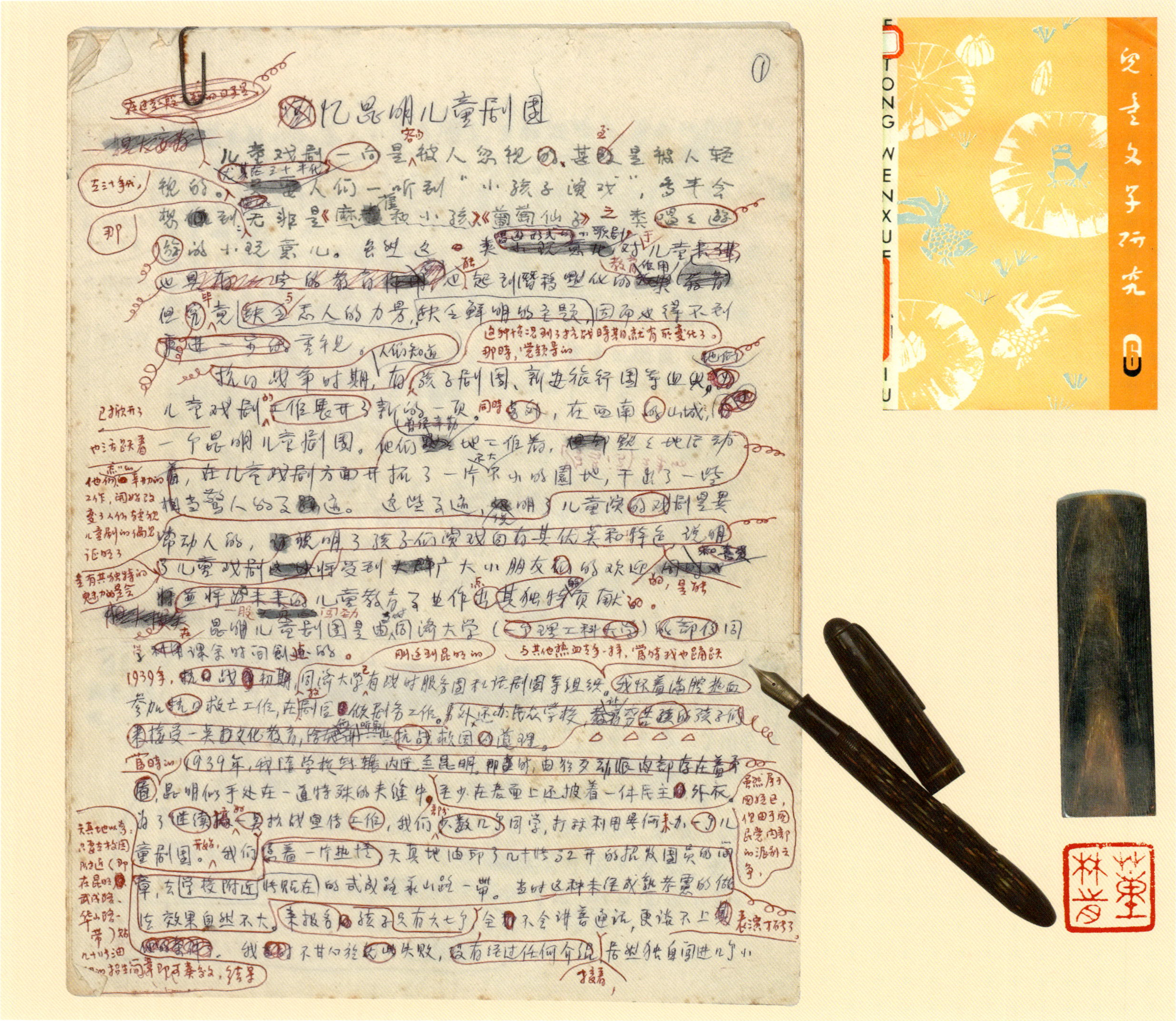
忆昆明儿童剧团
儿童文学研究
TONG WENXUE
董林肯

忆昆明儿童剧团　　董林肯

1980年作　　《儿童文学研究·第6辑》少年儿童出版社1981年出版

抗战初期，同济大学的学生们随校迁入了大后方城市——昆明，机电系学生董林肯在迁校途中，组织了剧社，进行戏剧宣传活动。1938年，在他的倡导下，由三十多位同济大学学生及个别西南联大同学参加的昆明儿童剧团成立了。剧团相继演出了由董林肯创作、改编的《小间谍》、《小主人》、《表》等经典儿童剧，受到观众的热烈欢迎。《忆昆明儿童剧团》是一篇记录昆明儿童剧团的发展过程，演出经历及影响的文章。该稿发表于1981年少年儿童出版社出版的《儿童文学研究·第6辑》中。

陆地（1918~2010）

广西扶绥人，壮族。原名陈克惠，笔名陆地，后以笔名行。作家。抗日战争爆发后，奔赴延安，先后入抗日军政大学和鲁迅艺术文学院文学系，毕业后历任鲁艺研究员、《部队生活报》特约记者和编辑、《东北日报》编辑部编辑组长。广西壮族自治区成立后，任自治区文学艺术界联合会主席、中国作家协会广西分会主席、中国文学艺术界联合会委员、中国作家协会民族文学创作委员会副主任等职。著有《北方》、《美丽的南方》、《怎样学文学》等。

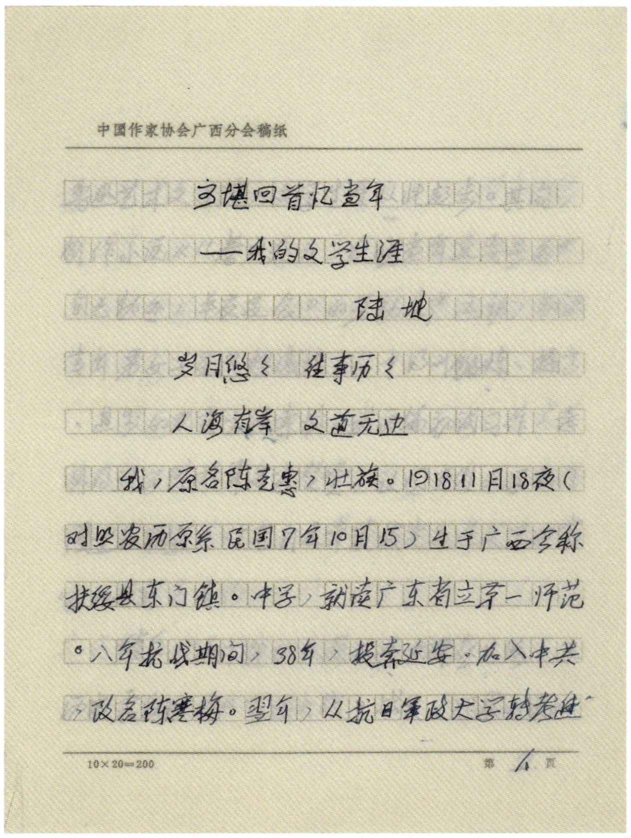

中国作家协会广西分会稿纸

可堪回首忆当年

——我的文学生涯

陆地

岁月悠悠　往事历历

人海有岸　文道无边

我，原名陈克惠，壮族。1918年11月18夜（时坐农历系民国7年10月15）生于广西今称扶绥县东门镇。中学，就读广东省立第一师范。八年抗战期间，38年，投奔延安，加入中共，改名陈寒梅。翌年，从抗日军政大学转考进

10×20=200　第 1 页

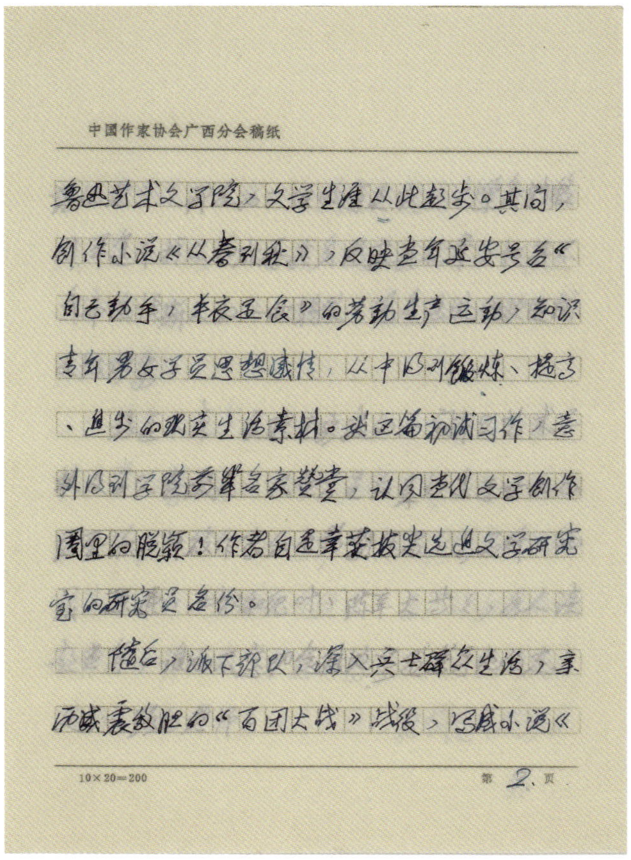

中国作家协会广西分会稿纸

鲁迅艺术文学院，文学生涯从此起步。其间，创作小说《从春到秋》，反映当年延安号召"自己动手，丰衣足食"的劳动生产运动，知识青年男女学员思想感情，从中得到锻炼、提高、进步的现实生活素材。这篇初试习作，意外得到学院前辈名家赞赏，认同当代文学创作园里的胚芽！作者自是幸获提选进文学研究室的研究员名份。

随后，派下部队，深入兵士群众生活，亲历威震敌胆的"百团大战"战役，写成小说《

10×20=200　第 2 页

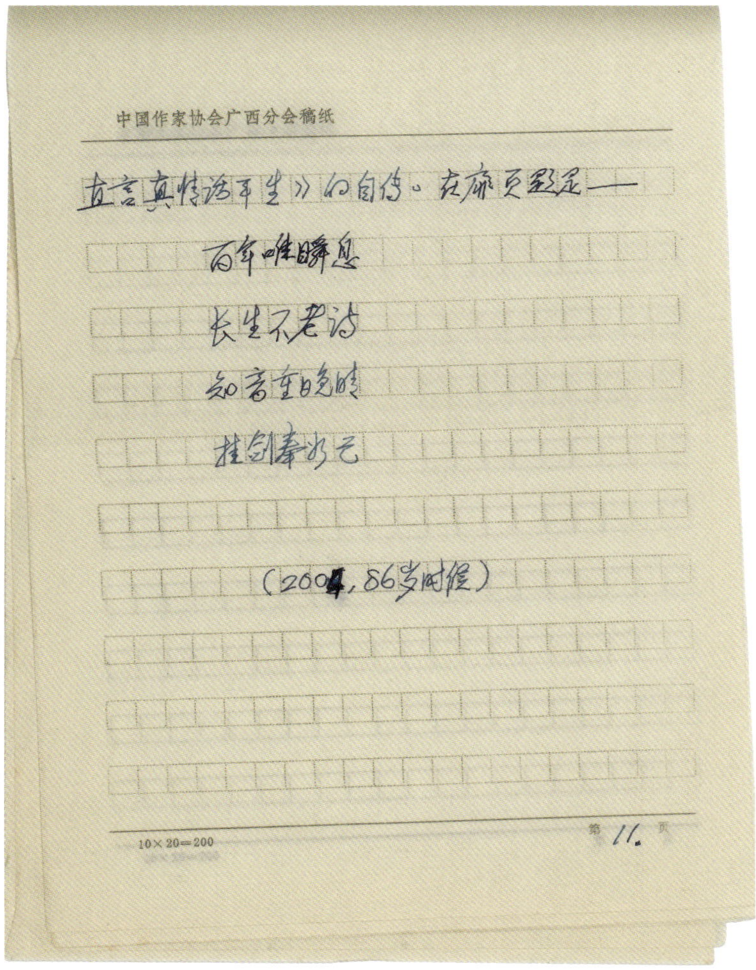

中国作家协会广西分会稿纸

直言真情话平生》的自传。在扉页题足——

百年唯瞬息

长生不老诗

知音在晚晴

挂剑奉[illegible]己

（2004，86岁时作）

10×20=200　第 11 页

可堪回首忆当年——我的文学生涯　　陆地

2004年作　　《广西文学》2005年第10期

陆地在此篇手稿中回顾了自己文学生涯，从抗战期间考入鲁艺走上文学道路，到之后各个历史时期的经历和创作。这篇作品创作于2004年，后发表于《广西文学》2005年第10期上，题为《可堪回首忆当年》。

GUANGXI LITERATURE
广西文学

李俍民（1919~1991）

浙江镇海人。原名李恺，又名李星。翻译家。1937年读中学时参加横河抗日救亡工作团，高中毕业后历任小学校长、教务主任等职。1942年至淮北苏皖边区抗日根据地参加革命，进抗大四分校学习，1946年入沪江大学外文系。1949年后曾在少年儿童出版社、上海编译所、人民文学出版社上海分社编译所、上海译文出版社编译所任职，并担任上海翻译家协会理事、上海市政府参事室参事、上海市政协委员等职。译著有《牛虻》、《斯巴达克斯》、《白奴》等。

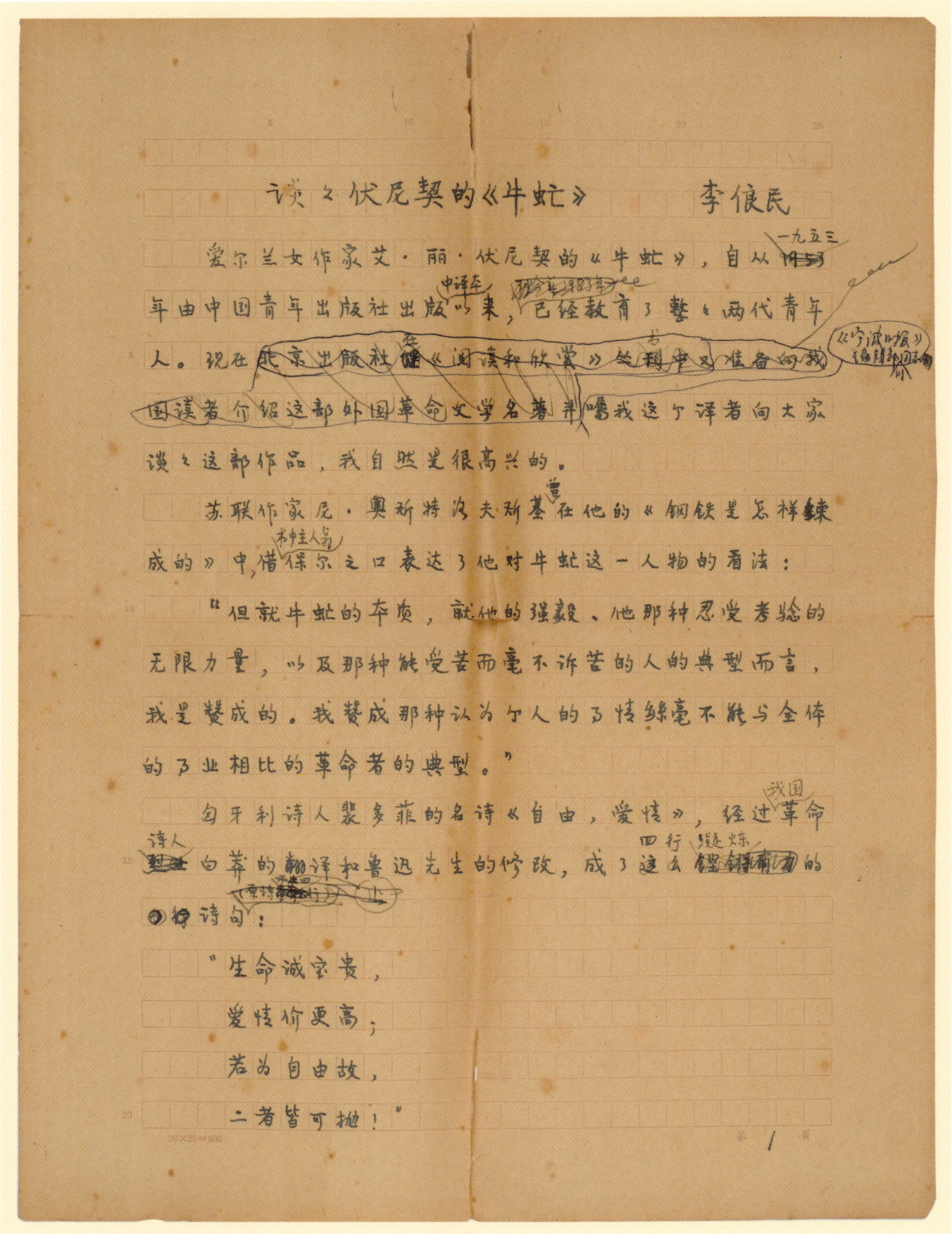

谈谈伏尼契的《牛虻》　　李俍民

爱尔兰女作家艾·丽·伏尼契的《牛虻》，自从一九五三年由中国青年出版社出版中译本以来，已经教育了整整两代青年人。现在北京出版社在《阅读和欣赏》节目中又准备向我国读者介绍这部外国革命文学名著并嘱我这个译者向大家谈谈这部作品，我自然是很高兴的。

苏联作家尼·奥斯特洛夫斯基曾在他的《钢铁是怎样炼成的》中，借书中主人翁保尔之口表达了他对牛虻这一人物的看法：

“但就牛虻的本质，就他的强毅、他那种忍受考验的无限力量，以及那种能受苦而毫不诉苦的人的典型而言，我是赞成的。我赞成那种认为个人的事情丝毫不能与全体的事业相比的革命者的典型。”

匈牙利诗人裴多菲的名诗《自由，爱情》，经过我国革命诗人白莽的翻译和鲁迅先生的修改，成了这么四行凝炼的诗句：

“生命诚宝贵，
爱情价更高；
若为自由故，
二者皆可抛！”

20×25=500　　第 1 页

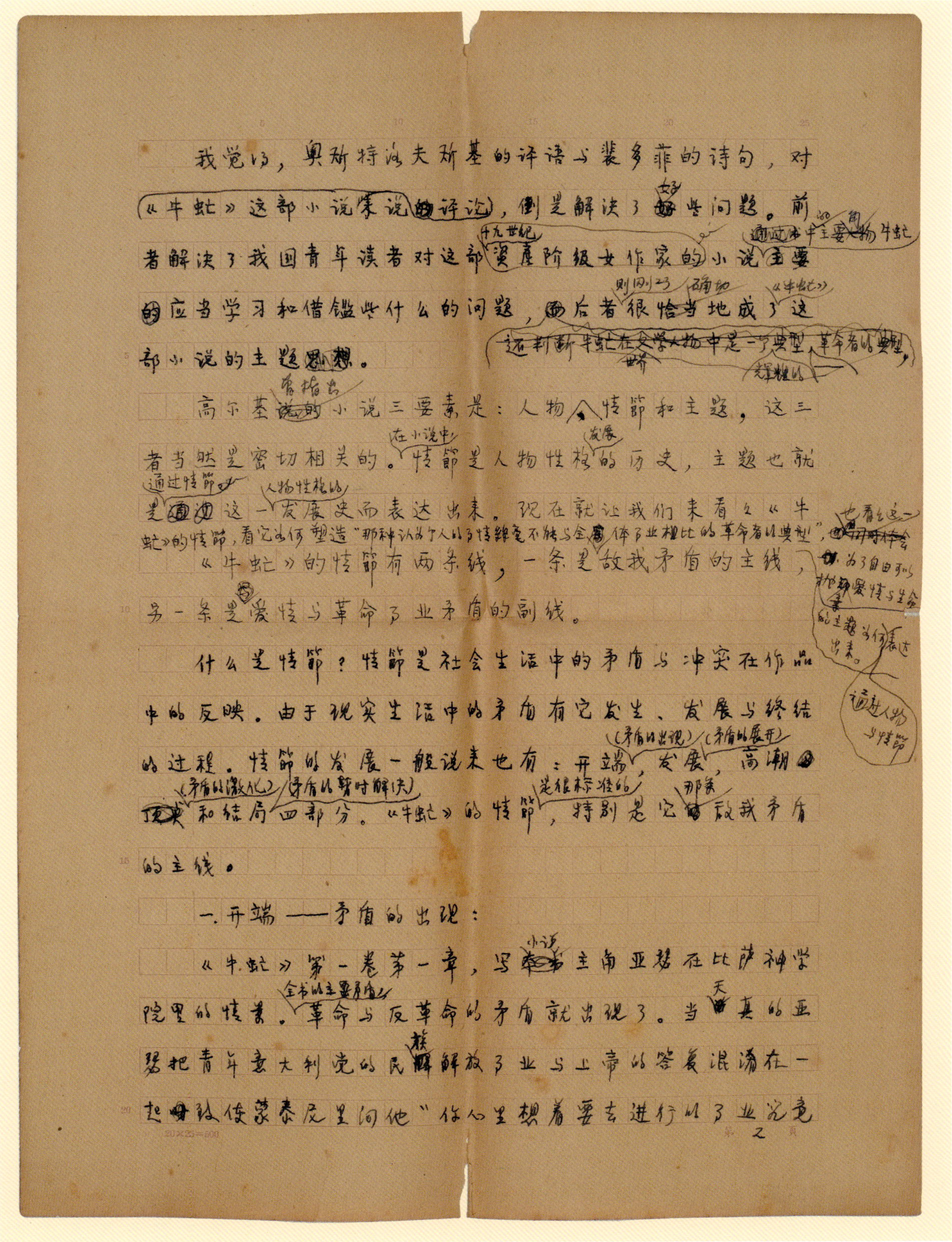

我觉得，奥斯特洛夫斯基的评语与裴多菲的诗句，对《牛虻》这部小说的评论，倒是解决了好些问题。前者解决了我国青年读者对这部十九世纪资产阶级女作家的小说主要应当学习和借鉴些什么的问题，后者则同时很恰当地成了这部小说的主题思想。

高尔基指出小说三要素是：人物、情节和主题，这三者当然是密切相关的。在小说中情节是人物性格发展的历史，主题也就是通过情节这一人物性格的发展史而表达出来。现在就让我们来看看《牛虻》的情节，看它如何塑造"那种认为个人的事情绝不能与全体事业相比的革命者的典型"。

《牛虻》的情节有两条线，一条是敌我矛盾的主线，另一条是爱情与革命事业矛盾的副线。

什么是情节？情节是社会生活中的矛盾与冲突在作品中的反映。由于现实生活中的矛盾有它发生、发展与终结的过程，情节的发展一般说来也有：开端（矛盾的出现）、发展（矛盾的展开）、高潮（矛盾的激化）和结局（矛盾的暂时解决）四部分。《牛虻》的情节，特别是它那段敌我矛盾的主线。

一、开端——矛盾的出现：

《牛虻》第一卷第一章，写小说主角亚瑟在比萨神学院里的情景。全书的主要角色革命与反革命的矛盾就出现了。当天真的亚瑟把青年意大利党的民族解放事业与上帝的答复混淆在一起时，使蒙泰尼里问他"你心里想着要去进行的事业究竟

20×25=500　第　页

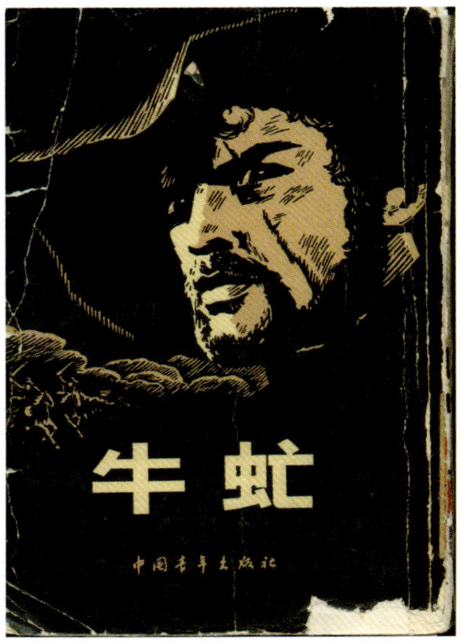
牛虻
中国青年出版社

谈谈伏尼契的《牛虻》　李俍民

李俍民在20世纪50年代根据英文原著，参考两种俄文译本，将《牛虻》译成中文出版，很快得到广大中国读者尤其是青年读者的热烈欢迎，在50年代被共青团中央列入向全国青年推荐的优秀读物。从1953年到1959年，该书发行量达到一百万册，由他翻译的《牛虻》成为新中国几代读者喜爱和受益最多的译本，李俍民以其特有的《牛虻》译者的角度，在此篇手稿中分析了《牛虻》这部小说的人物、情节、主题三大要素，并且着重介绍了情节的开端、发展、高潮、结局四个环节，在肯定小说优点的同时也指出了它的不足之处。

汪曾祺（1920~1997）

江苏高邮人。作家。1939年考入西南联大中国文学系，师从沈从文等名家学习写作。1941年起发表小说和诗。1948年到北平，任职历史博物馆，不久参加中国人民解放军四野南下工作团。 1950年调回北京，在文艺团体、文艺刊物工作。1962年起任北京京剧院编剧。1979年重新开始创作，1980年代以后写了许多描写民国时代风俗人情的小说，受到很高的赞誉。著有小说集《邂逅集》，小说《受戒》、《大淖记事》，散文集《蒲桥集》。有《汪曾祺全集》8卷行世。

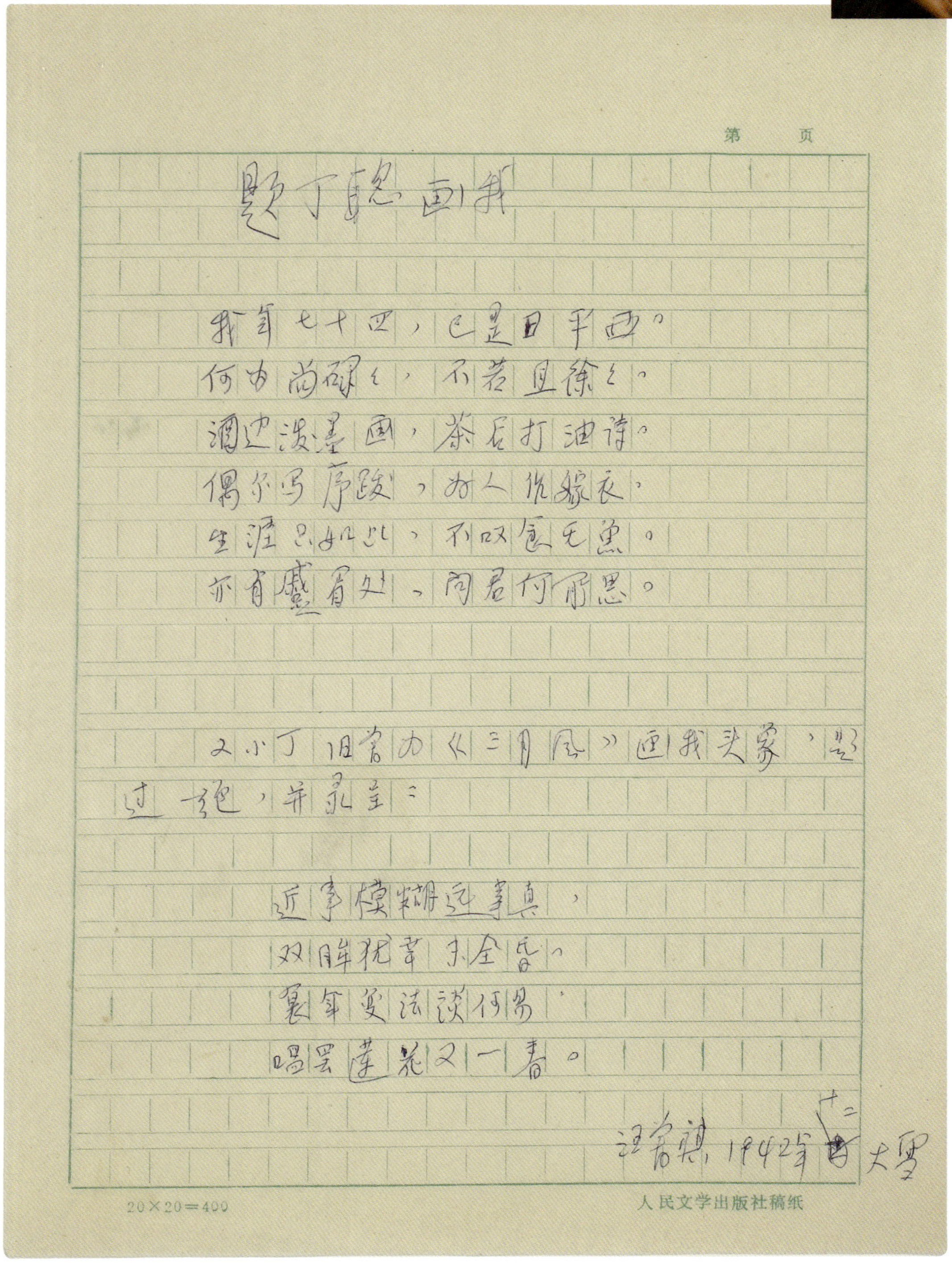

第 页

题丁聪画我

我今七十四，已是日平西。
何为尚碌碌，不若且徐徐。
酒边泼墨画，茶后打油诗。
偶尔写序跋，为人作嫁衣。
生涯只如此，不叹食无鱼。
亦有蹙眉处，问君何所思。

又小丁旧曾为《三月风》画我头象，题过一绝，并录之：

近事模糊远事真，
双眸犹幸未全昏。
衰年变法谈何易，
唱罢莲花又一春。

汪曾祺 1992年十二月大雪

20×20=400 人民文学出版社稿纸

题丁聪画我　　汪曾祺

1992年作　　《我画你写——文人肖像集》外文出版社 1996年出版

丁聪在1996年出版的《我画你写——文人肖像集》，收录了丁聪所画的文化名人肖像八十幅，诙谐的画像配上像主本人的自述，风趣隽永，别出心裁。汪曾祺就是其中一位。这篇《题丁聪画我》就是他为自己的画像配的自述，一首小诗，体现出汪曾祺晚年恬淡闲适的心态，有随缘自适的悠然意趣。另有绝句一首，是1987年汪曾祺为丁聪在《三月风》画其像所题，此番丁聪再度为汪曾祺画像，汪曾祺有感而重录。

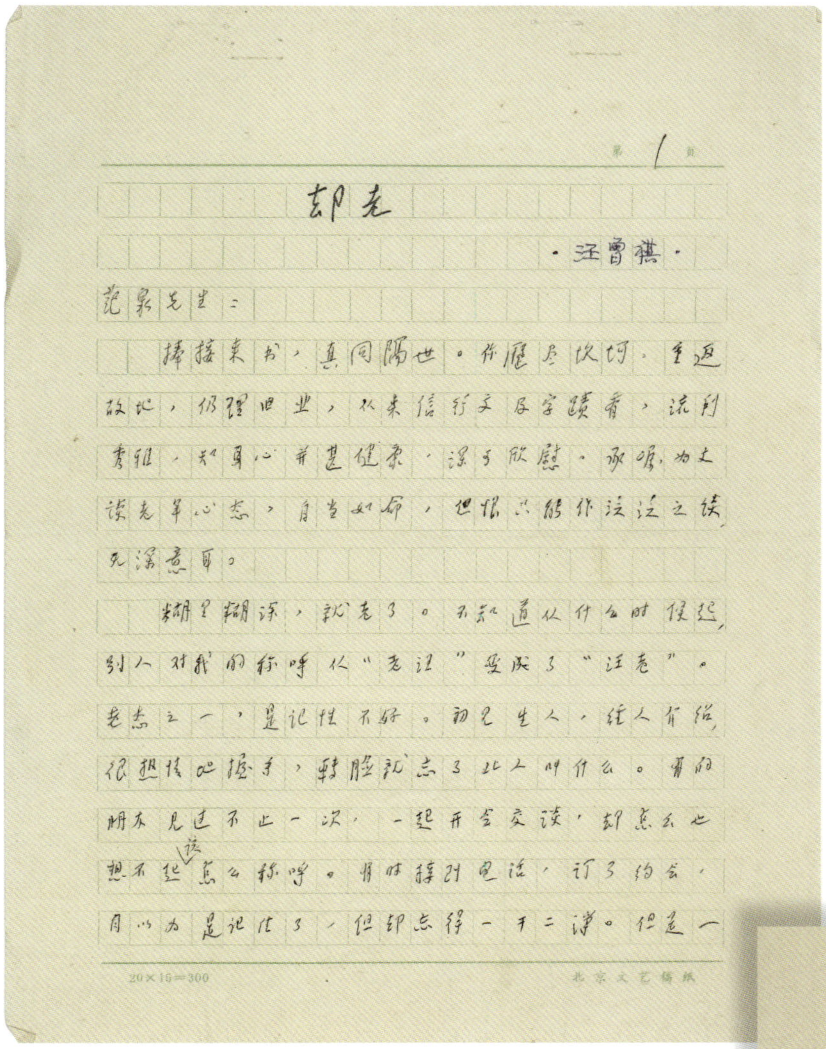

第1页

却老

·汪曾祺·

范泉先生：

捧接来书，真同隔世。你历尽坎坷，重返故地，仍理旧业，从来信行文及字迹看，说明秀雅，知身心并甚健康，深可欣慰。承嘱为文谈老年心态，自当如命，但恐不能作泛泛之谈，无深意耳。

糊里糊涂，就老了。不知道从什么时候起，别人对我的称呼从“老汪”变成了“汪老”。老态之一，是记性不好。初见生人，经人介绍，很热情地握手，转脸就忘了此人叫什么。有的朋友见过不止一次，一起开会交谈，却怎么也想不起该怎么称呼。有时接到电话，订了约会，自以为是记住了，但却忘得一干二净。但是一

20×15=300　　北京文艺稿纸

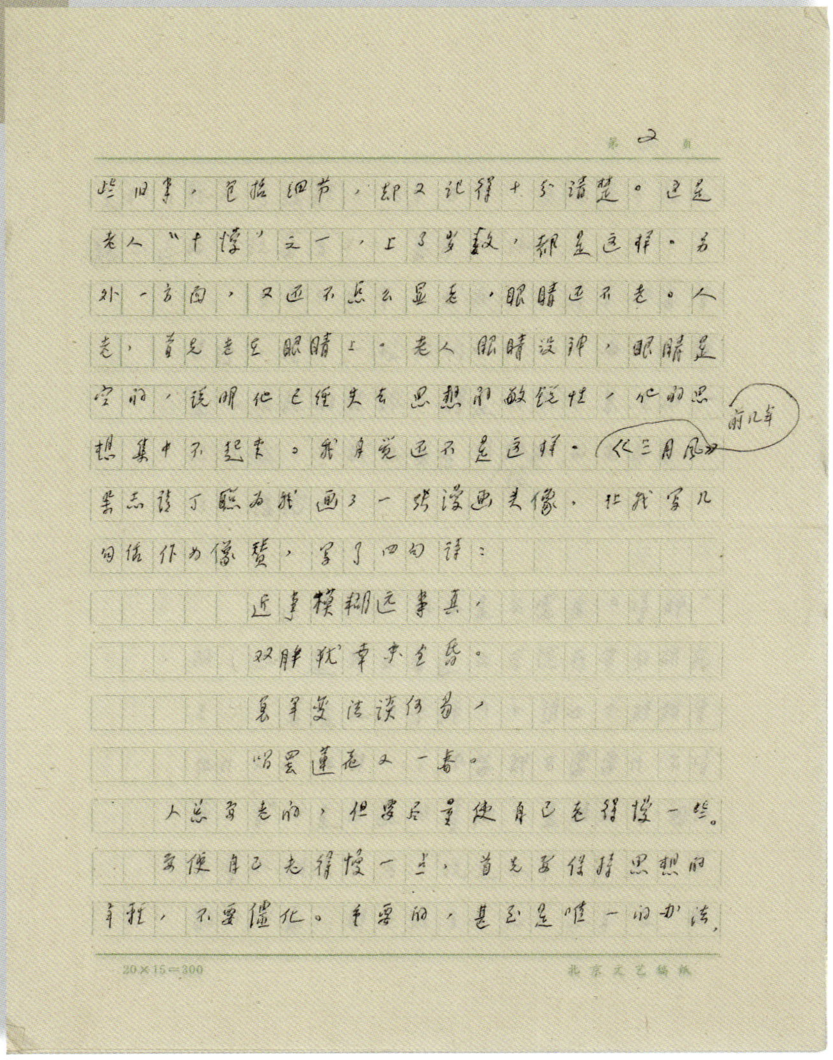

第2页

些旧事，包括细节，却又记得十分清楚。这是老人“十悖”之一，上了岁数，都是这样。另外一方面，又还不怎么显老，眼睛还不老。人老，首先老在眼睛上。老人眼睛没神，眼睛是空的，说明他已经失去思想的敏锐性，他的思想集中不起来。我自觉还不是这样。前几年《三月风》杂志请丁聪为我画了一张漫画头像，让我写几句话作为像赞，写了四句诗：

近事模糊远事真，
双眸犹幸未全昏。
衰年变法谈何易，
唱罢莲花又一春。

人总要老的，但要尽量使自己老得慢一些。

要使自己老得慢一点，首先要保持思想的年轻，不要僵化。重要的，甚至是唯一的办法，

20×15=300　　北京文艺稿纸

却老　　汪曾祺

1991年6月17日作　　《解放日报》1992年3月19日

《却老》这篇手稿是汪曾祺应范泉之邀所作，写于1991年6月17日。当时范泉向上百位老年作家、翻译家、艺术家约稿谈老年生活，这些稿件在1992年11月由上海文艺出版社结集出版《文化老人话人生》。《解放日报》1992年3月19日率先刊登《却老》这篇文章，并略作删减。

柏杨（1920~2008）

河南辉县人。本名郭衣洞，笔名柏杨。作家。1946年从四川的国立东北大学毕业后赴沈阳，曾任辽宁学院副教授。1949年前往台湾。从1950年起从事小说创作，先后担任“中国青年写作协会”总干事，成功大学副教授，台湾艺术专科学校教授，《自立晚报》副主编辑。1968年3月因翻译漫画“大力水手”被捕入狱达8年。1977年4月出狱后，在《中国时报》写“柏杨专栏”，发表大量杂文。20世纪80年代，柏杨赴新、马、美等国访问演讲，反响强烈。所出版的著作以《丑陋的中国人》影响最大，有《柏杨全集》25卷本行世。

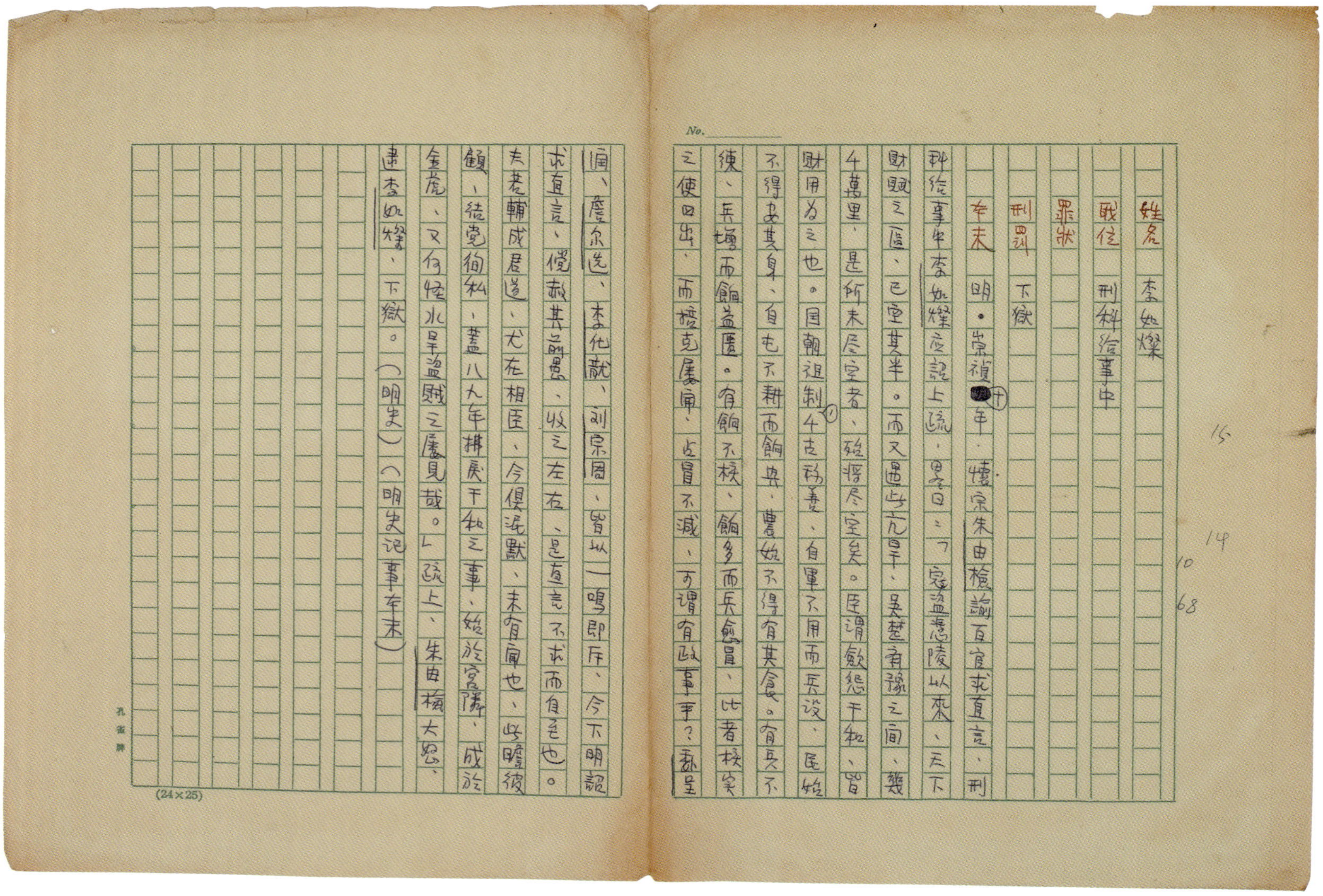

No.

姓名　李如燦

職位　刑科給事中

罪狀

刑罰　下獄

本末　明・崇禎十年，懷宗朱由檢諭百官求直言，刑科給事中李如燦應詔上疏，畧曰：「寇盜悉陵以來，天下財賦之區，已空其半。而又遇此亢旱，吳楚有豫之間，幾千萬里，是所未盡空者，殆將盡空矣。臣謂斂怨于私，皆財用為之也。因朝祖制①，千古移養，自軍不用而兵設，民始不得安其身，自屯不耕而餉出，農始不得有其食。有兵不練，兵增而餉益匱。有餉不核，餉多而兵愈冒，比者核實之使四出，而稽克屢聞，占冒不減，可謂有政事乎？孟呈洞、詹尔选、李化献、刘宗周，皆以一鳴即斥，今下明詔求直言，儻赦其前愆，收之左右，是直言不求而自至也。夫君輔成君道，尤在相臣，今俱泯默，未有聞也，岢瞻彼顧，結黨徇私，蓋八九年，排戾于私之事，始於宮闈，成於金虎，又何怪水旱盜賊之屢見哉。」疏上，朱由檢大怒，逮李如燦，下獄。（明史）（明史記事本末）

(24×25)

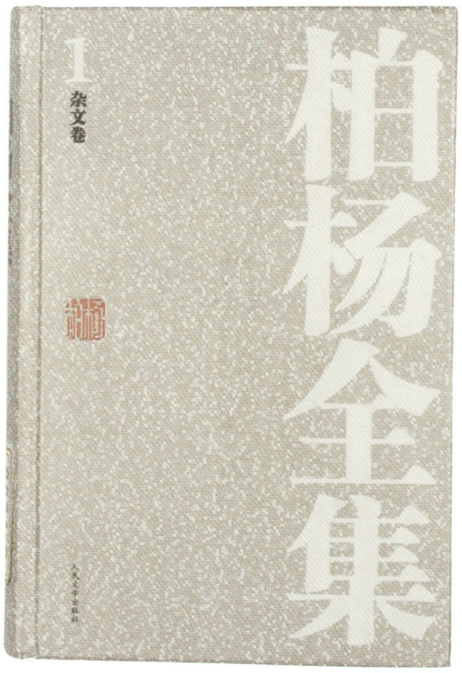
1
杂文卷
柏杨全集

历史人物传记资料　　柏杨

柏杨先生作为一名作家，创作了大量的杂文和小说，但他所写的多部史学著作也影响很大，畅销于海峡两岸。柏杨蒙冤入狱期间，一度被指派在监狱图书室管理图书，架上的一部《资治通鉴》成为他囚禁岁月的精神寄托，在狱中写出了三部史学著作：《中国历史年表》、《中国人史纲》、《中国帝王皇后亲王公主世系录》。本馆所藏手稿是柏杨先生历史撰述的七篇资料散稿，系柏杨2003年托台湾远流出版公司吴兴文先生带回大陆并赠予本馆的。之后，柏杨先生又将台湾版《丑陋的中国人》签名本赠予本馆。2009年，柏杨的夫人张香华女士将柏杨生前所用的笔赠予本馆，成为中国文化名人手稿馆收藏港澳台名家用笔之始。

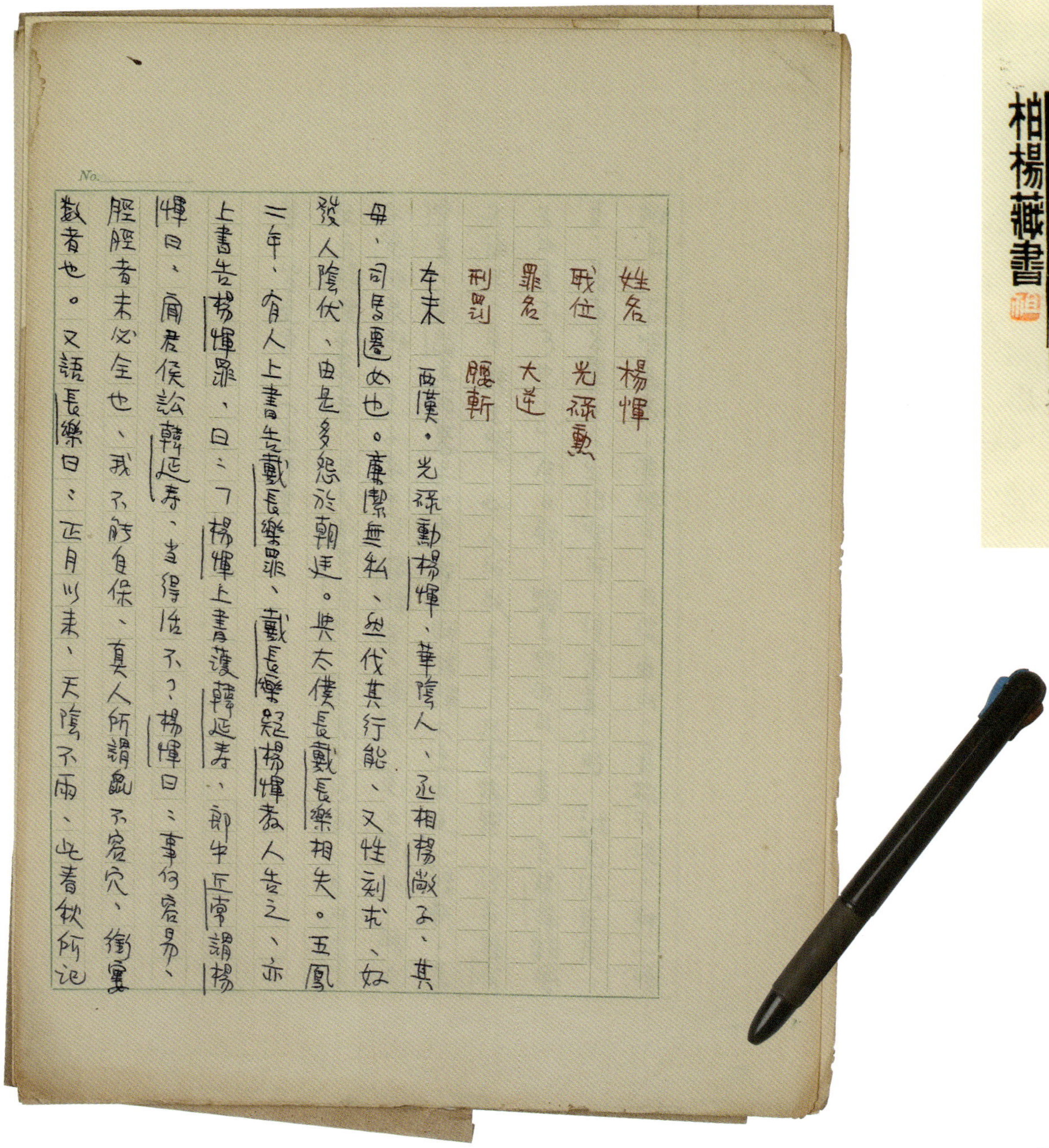
姓名 楊惲
職位 光祿勳
罪名 大逆
刑罰 腰斬
本末 西漢。光祿勳楊惲、華陰人、丞相楊敞子、其母、司馬遷女也。廉潔無私、然伐其行能、又性刻忮、好發人陰伏、由是多怨於朝廷。與太僕長戴長樂相失。五鳳二年、有人上書告戴長樂罪、戴長樂疑楊惲教人告之、亦上書告楊惲罪、曰：「楊惲上書訟韓延壽、郎中丘常謂楊惲曰：聞君侯訟韓延壽、當得活不？楊惲曰：事何容易、脛脛者未必全也、我不能自保、真人所謂鼠不容穴、銜窶數者也。又語長樂曰：正月以來、天陰不雨、此春秋所記

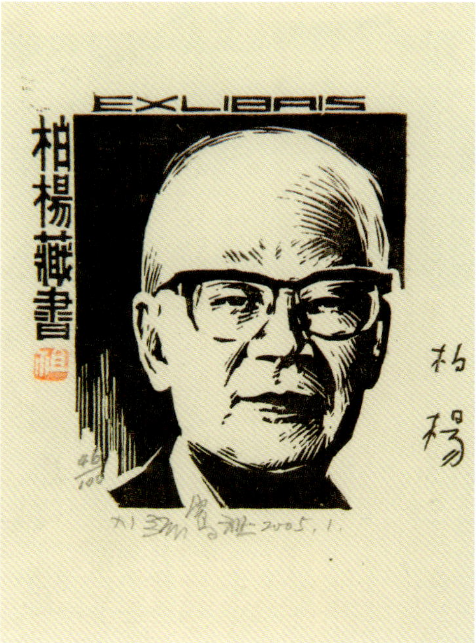
EXLIBRIS
柏楊藏書
柏楊

柏杨藏书票

张嵩祖设计

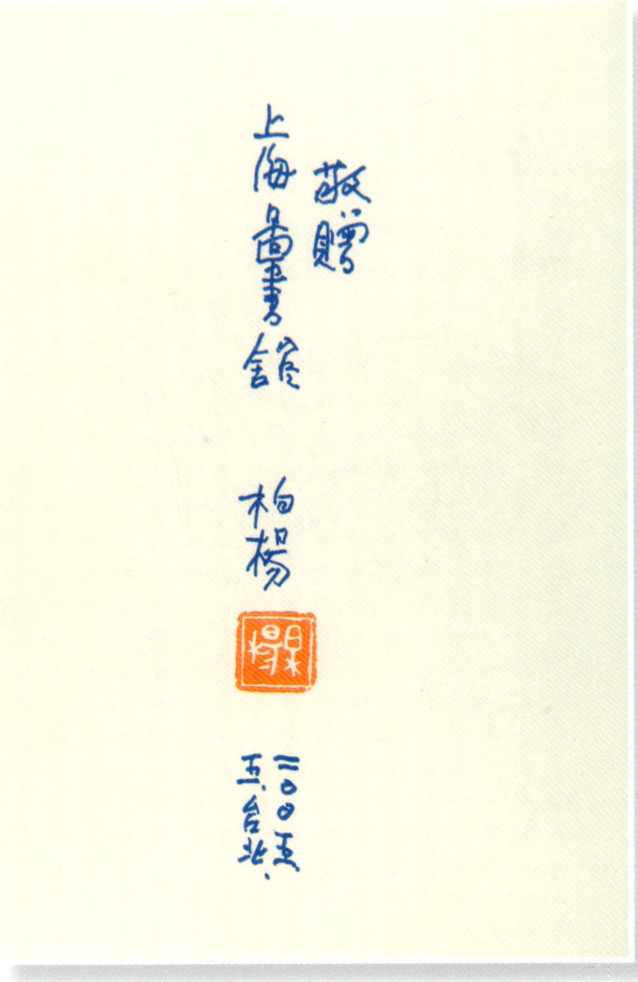
敬贈
上海圖書館
柏楊
二〇〇五
五
台北

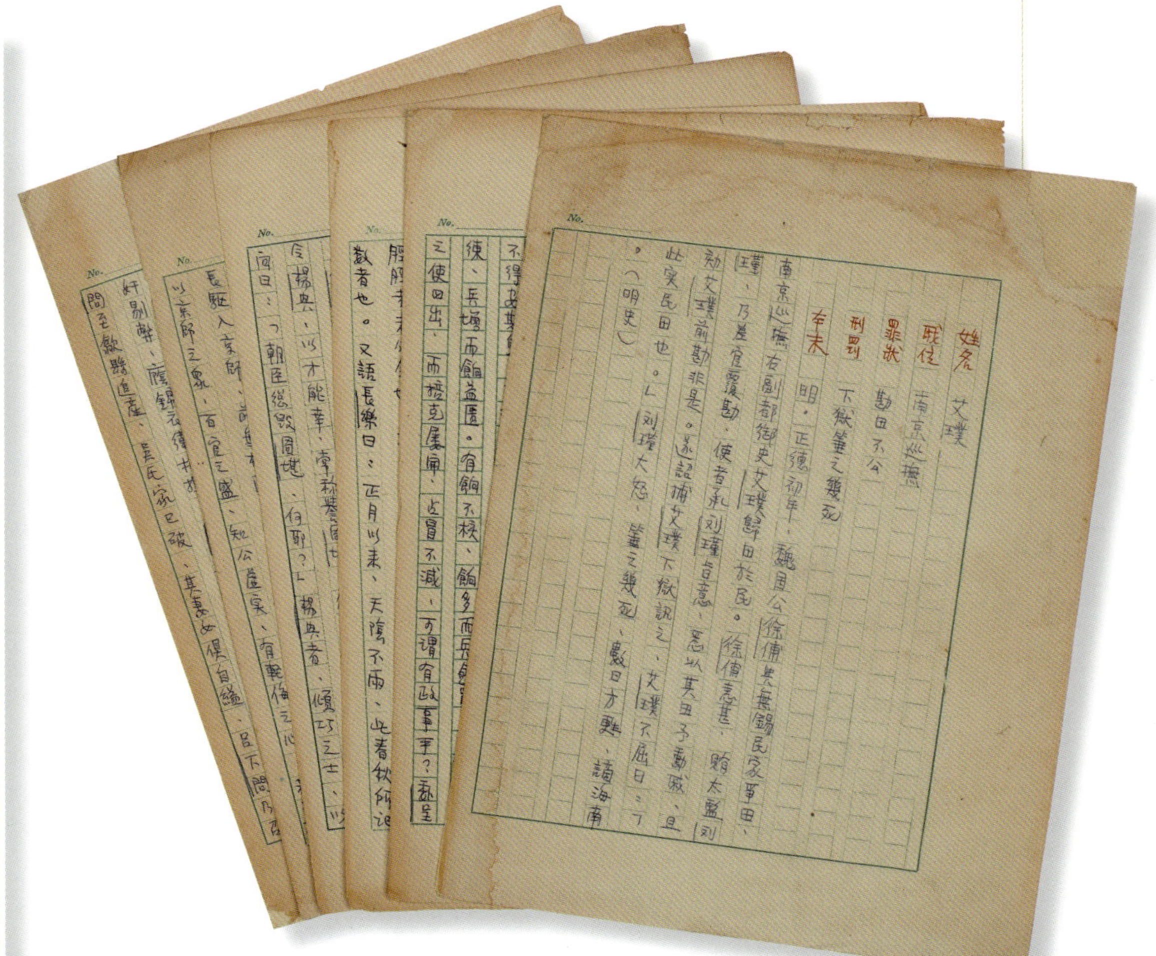

许觉民(1921~2006)

江苏苏州人。笔名法泯。文学评论家、作家。1937年初考入上海生活书店工作。建国后，历任上海三联书店副经理、上海军管会新闻出版处办公室副主任、中国社会科学院文学研究所所长、中国文艺理论学会理事会顾问等职。著有文学评论集《人生的道路》、《法泯文学评论选》等。

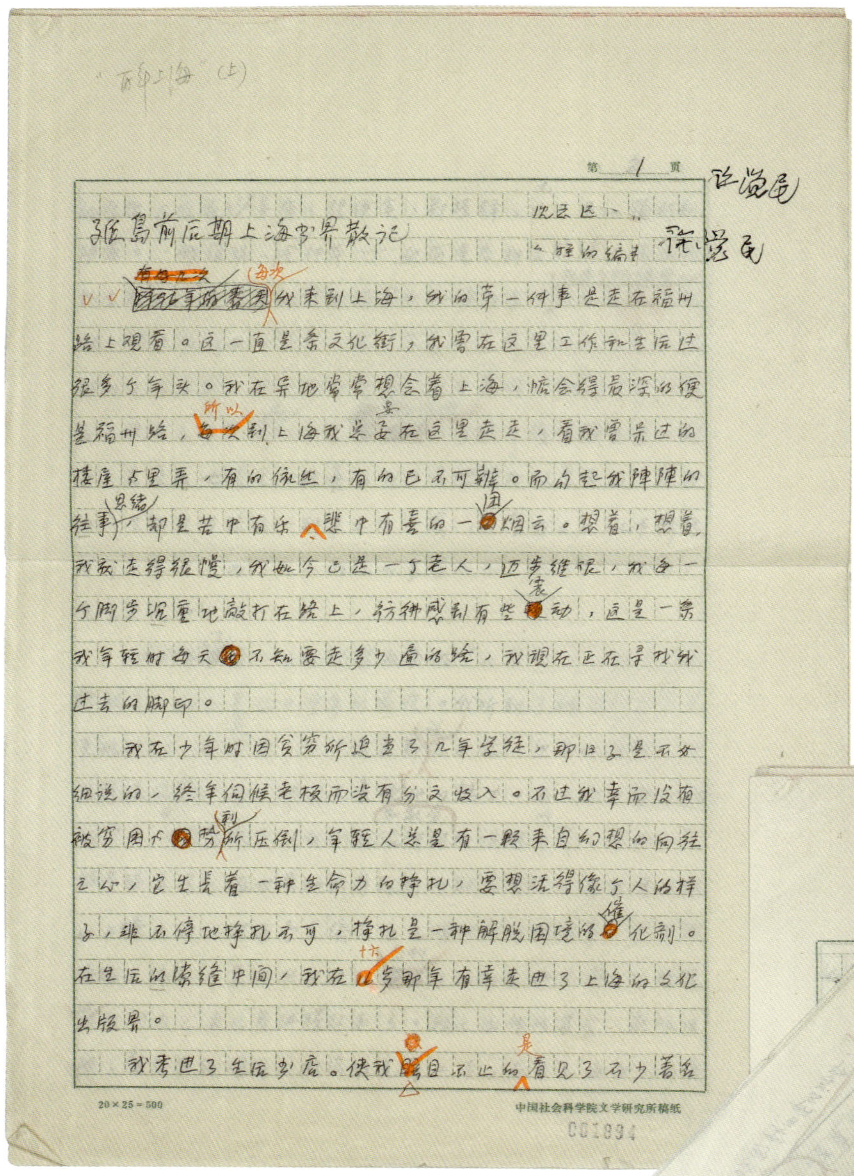
孤岛前后期上海书界散记
许觉民

孤岛前后期上海书界散记　　许觉民

《收获》1999年第6期

《孤岛前后期上海书界散记》记录了孤岛时期上海刊物兴盛的历史，披露了一些鲜为人知的故事。手稿中有多处朱笔修改处。作者文字朴素真诚、坦诚平实。此稿发表于1999年《收获》第6期。

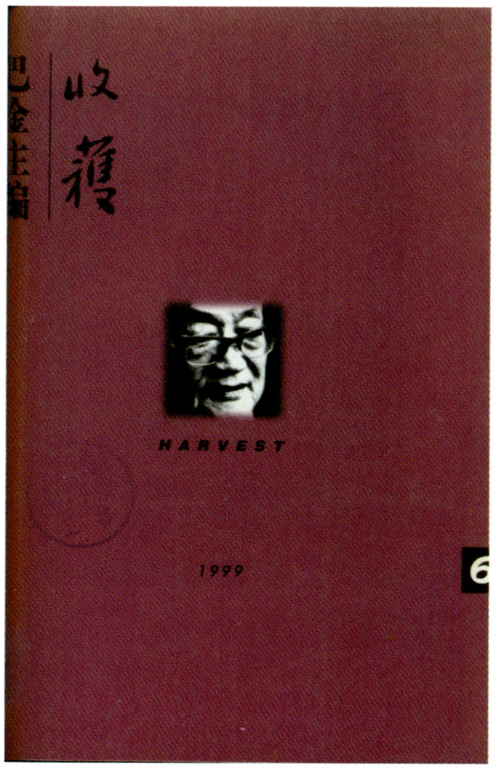
收获
巴金主编
HARVEST
1999
6

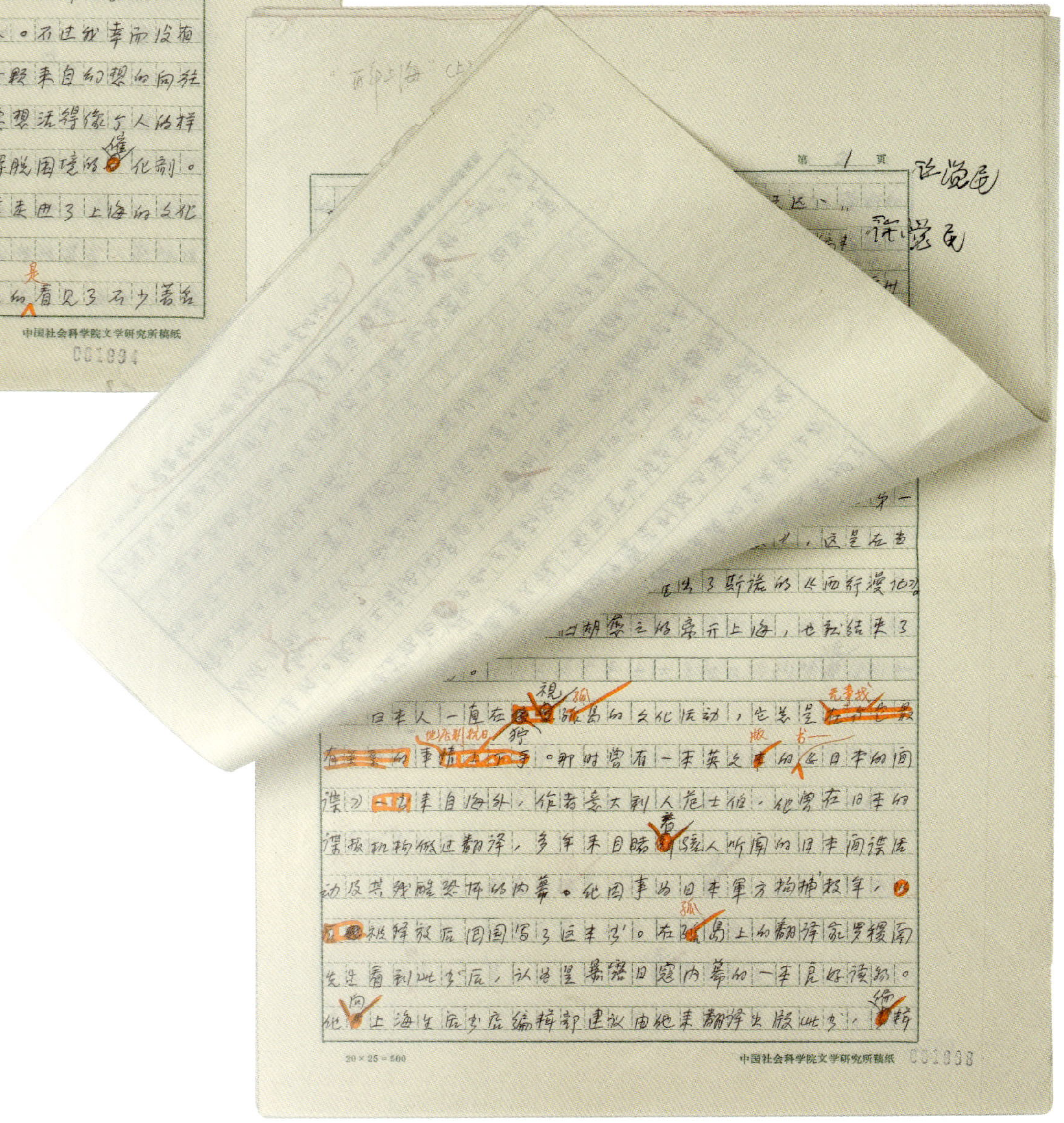

路翎（1923~1994）

原籍安徽无为，出生于江苏南京。原名徐嗣兴，笔名路翎。作家。1940年至1945年，先后任职于中央政学图书馆、燃料管理会。1938年开始在《大声日报》、《时事新报》等副刊发表作品。1939年投稿《七月》，得到胡风赞赏，后成该刊和《希望》主要撰稿人。1946年回南京。解放后任南京市军管会文艺处创作组组长，兼任南京大学讲师，并赴朝鲜慰问。1955年胡风事件发生后受到株连。1979年重返中国剧协工作。著有《财主底儿女们》、《燃烧的荒地》等。有《路翎文集》4卷行世。

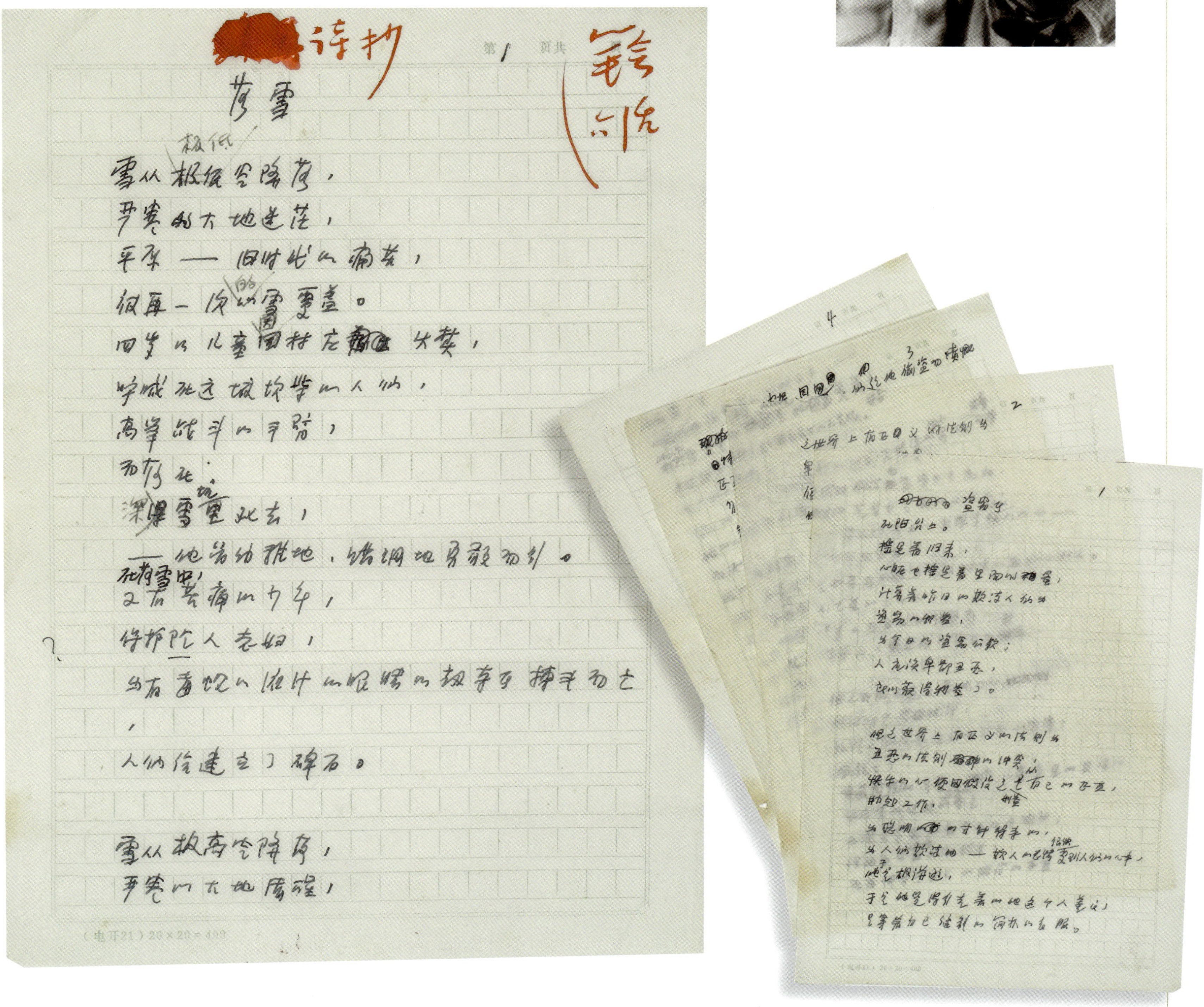

诗七首　　路翎

1990年3月作　　《作品》1996年8月

《落雪》、《雨中的街市》、《雨中的青蛙》、《马》、《蜻蜓》、《盗窃者》、《失败者》等七首诗是路翎晚年创作的诗歌，创作于1990年3月。据贾植芳在《应该写在前面的几句话》中所写，是20世纪90年代初期，他作为中间人，替一家报纸副刊向路翎约稿，路翎写下了这七首诗歌，后因故未能刊载，直到路翎去世两年多后，才在《作品》杂志1996年第8期上发表，题为《遗作七首》。这七首诗也以《诗七首》的题名被收录入1998年东方出版中心出版的《路翎晚年作品集》，据编者所记，这七首诗也直接引发了对《路翎晚年作品集》的编集意念。

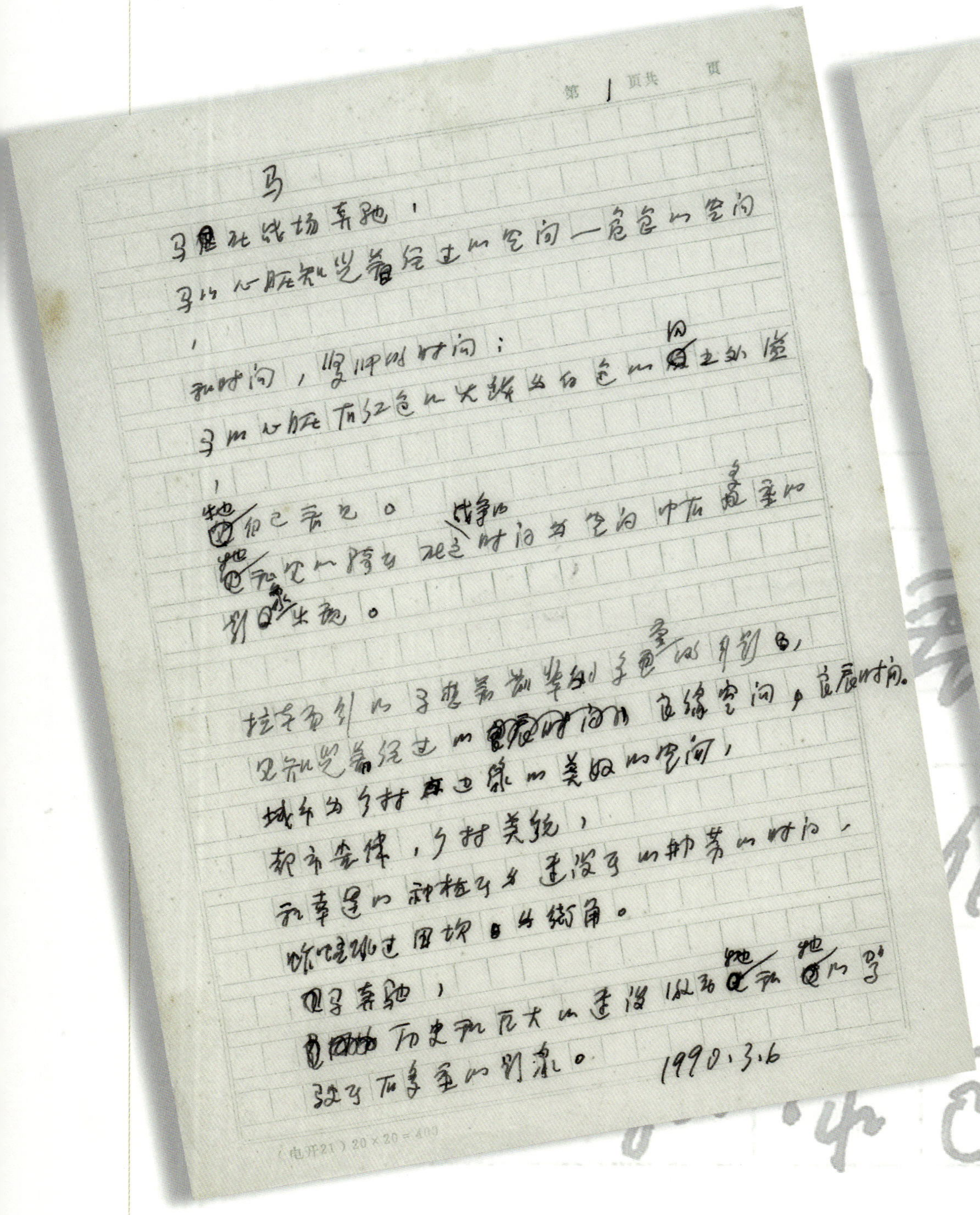

第 1 页共 页

马

马在战场奔驰，
马的心脏知觉着经过的空间——危急的空间
，
和时间，紧张的时间；
马的心脏有红色的火焰与白色的自由的血
，
她自己丢失。
她在它的背上，战争的时间与空间中有着多重的
影子出现。

拉车奔行的马想着当年剑与金的日子，
又知觉着经过的漫长时间，漫长空间，漫长时间。
城市与乡村之间的美好的空间，
都市金律，乡村美貌，
开车运的种植者与建设者的新芽的时间，
[illegible]过田埂与街角。
她子奔驰，
历史和巨大的建设做着她和她的马
驶向有多重的影流。 1990.3.6

（电开21）20×20＝400

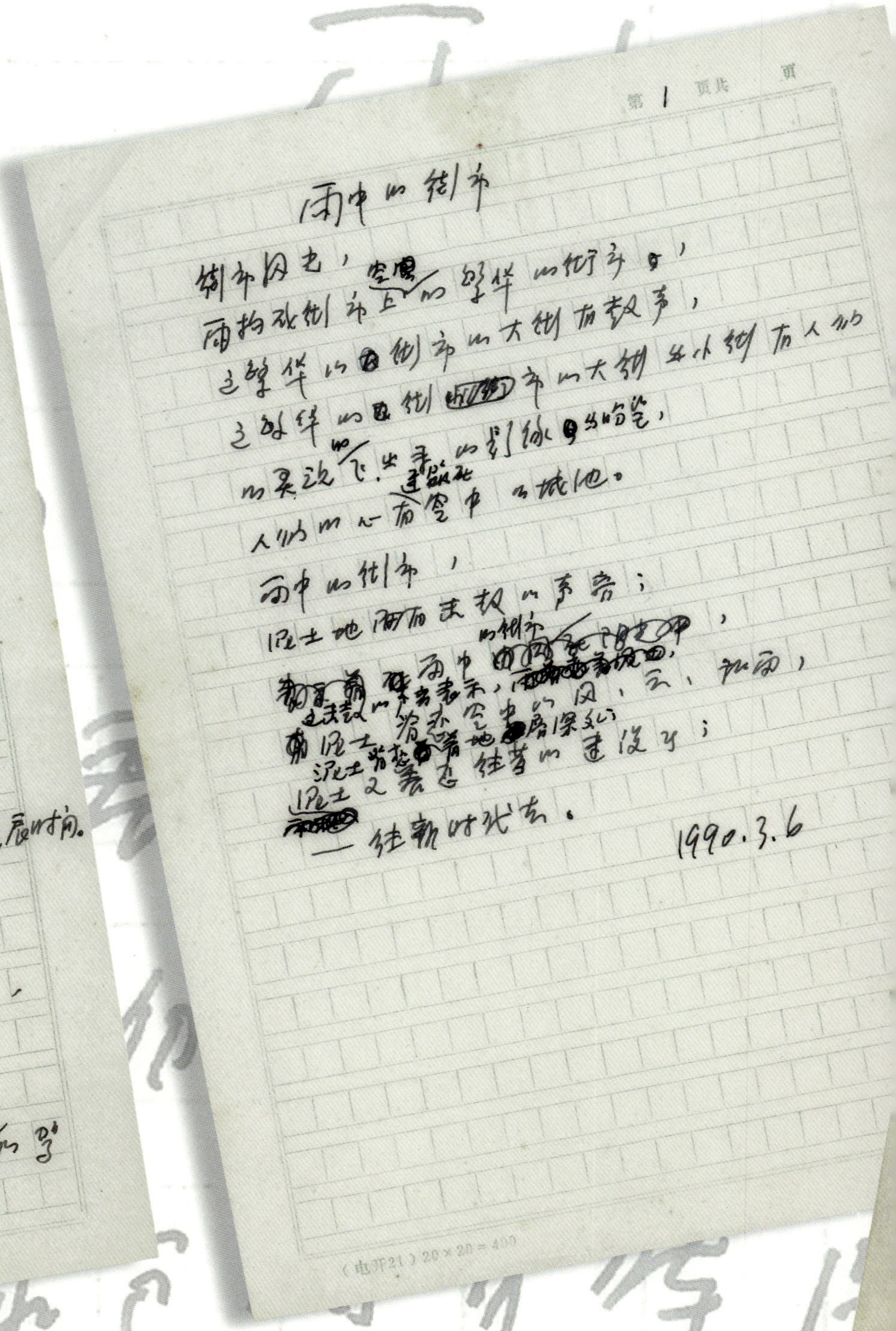

第 1 页共 页

雨中的街市

街市闪光，
雨打在街市上的繁华的街市，
雨打在街市的大街有数声，
这繁华的街市的大街与小街有人的
这繁华的街市的大街
的美设飞出来的彩绿的颜色，
人们的心在空中的城池。
雨中的街市，
泥土地有丰收的声音；
[illegible]
[illegible]
泥土又着急往着的建设了；
——往新时代去。
1990.3.6

（电开21）20×20＝400

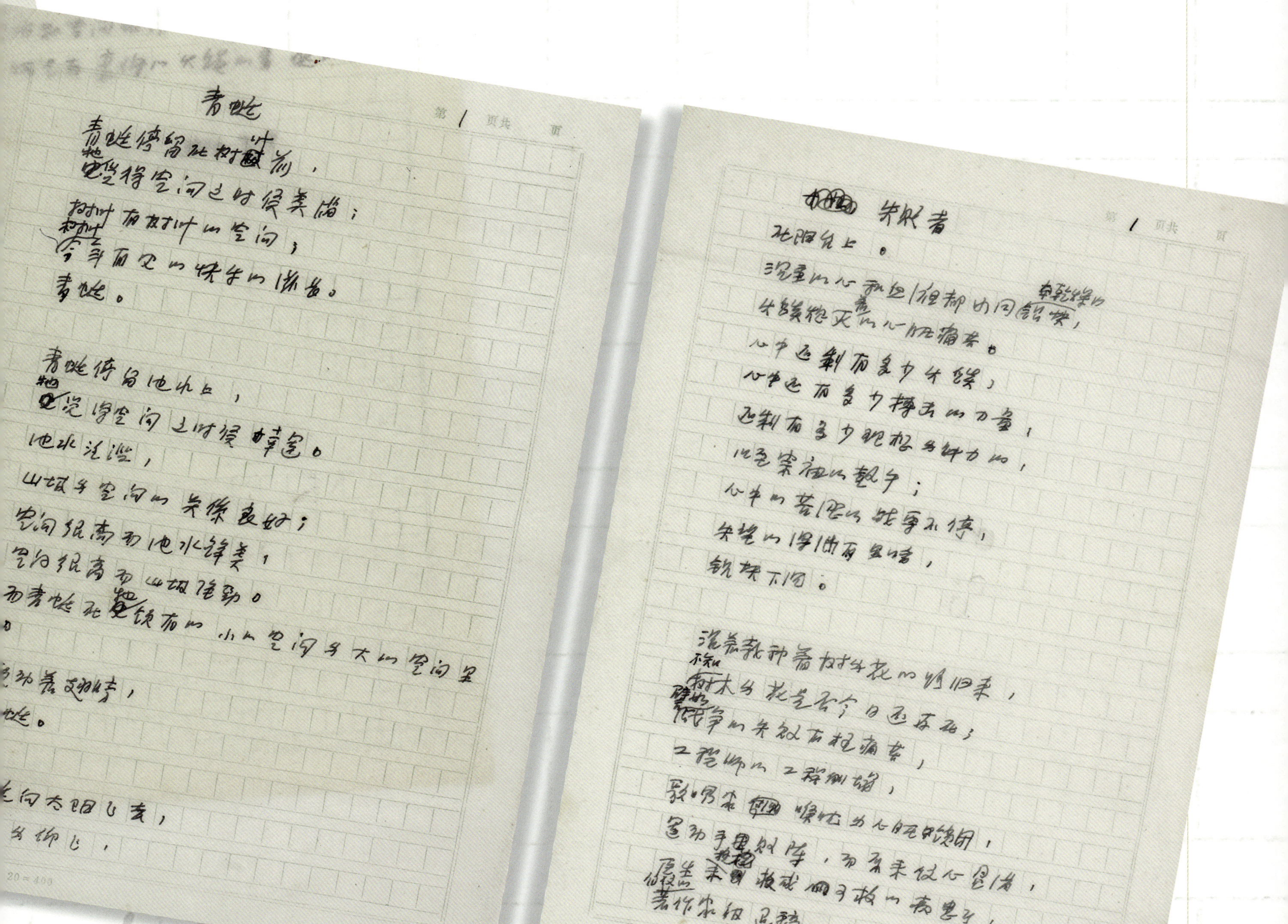
青蛙
第 1 页共 页
失败者
第 1 页共 页

茹志鹃（1925~1998）

浙江杭州人。作家。1943年毕业于浙江省武康县武康中学，同年夏在上海某小学任教。后参加新四军，在苏中军区文工团工作，在当话剧演员的同时开始从事文学创作。1955年转业到中国作协上海分会任《文艺月报》编辑。后任《上海文学》副主编、中国作协理事和作协上海分会副主席。著有《百合花》、《静静的产院》、《剪辑错了的故事》、《她从那条路上来》等。

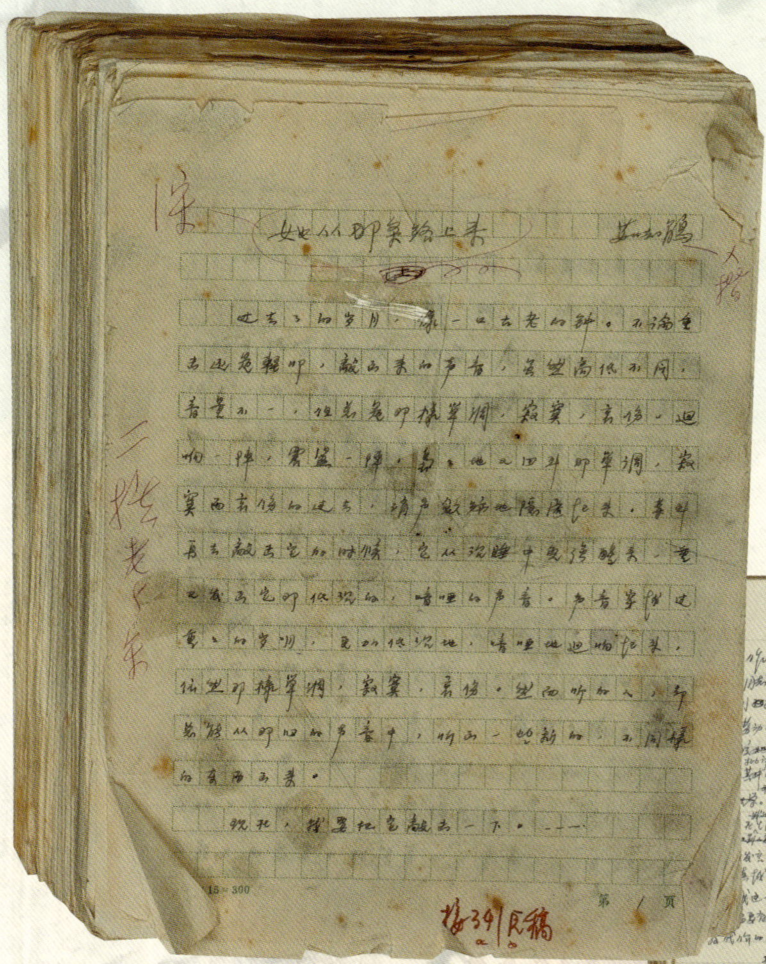
她从那条路上来
茹志鹃

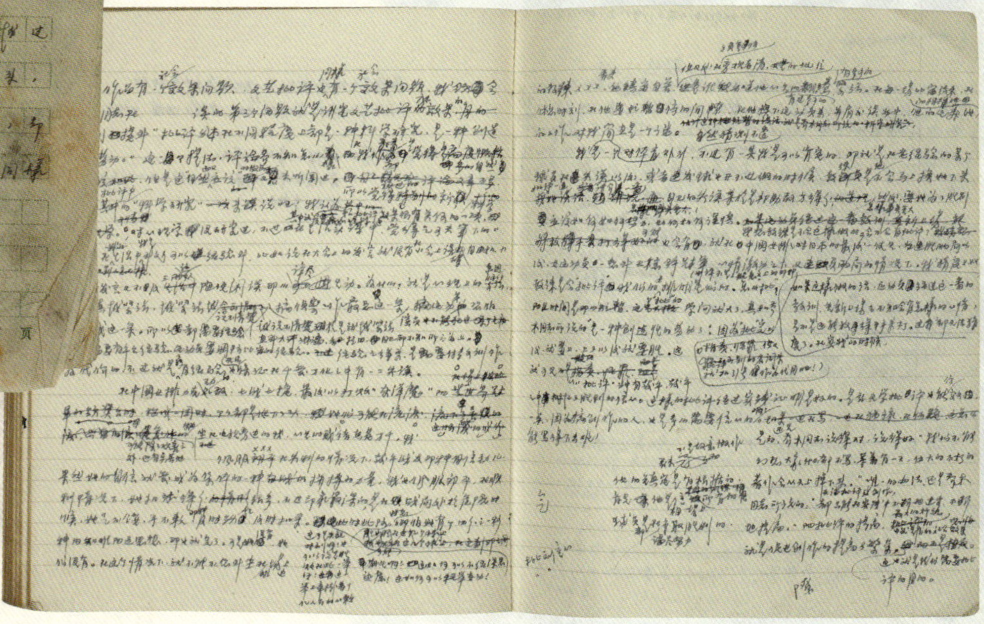

她从那条路上来
茹志鹃

《她从那条路上来》（上卷）　茹志鹃

1982 年作　《收获》1982 年第 4 期

《她从那条路上来》（中卷）　茹志鹃

1983~1984 年作　《收获》1999 年第 4 期

1982年茹志鹃完成长篇小说《她从那条路上来》（上卷），在《收获》杂志第4期全文发表，后又由李济生责编，上海文艺出版社1983年单行本出版。上卷（初稿）写于笔记本中，落款时间1982年4月17日；上卷（修改稿）写于绿格文稿纸上，落款时间1982年5月28日。20世纪90年代，茹志鹃女儿王安忆在母亲的遗物中找到中卷的三万字草稿，整理之后，由《收获》发表于1999年第4期中。2005年4月，由郑宗培担任责编，上海文艺出版社再次充实《她从那条路上来》，以新版发行。

她从那条路上来

收穫
1982
4

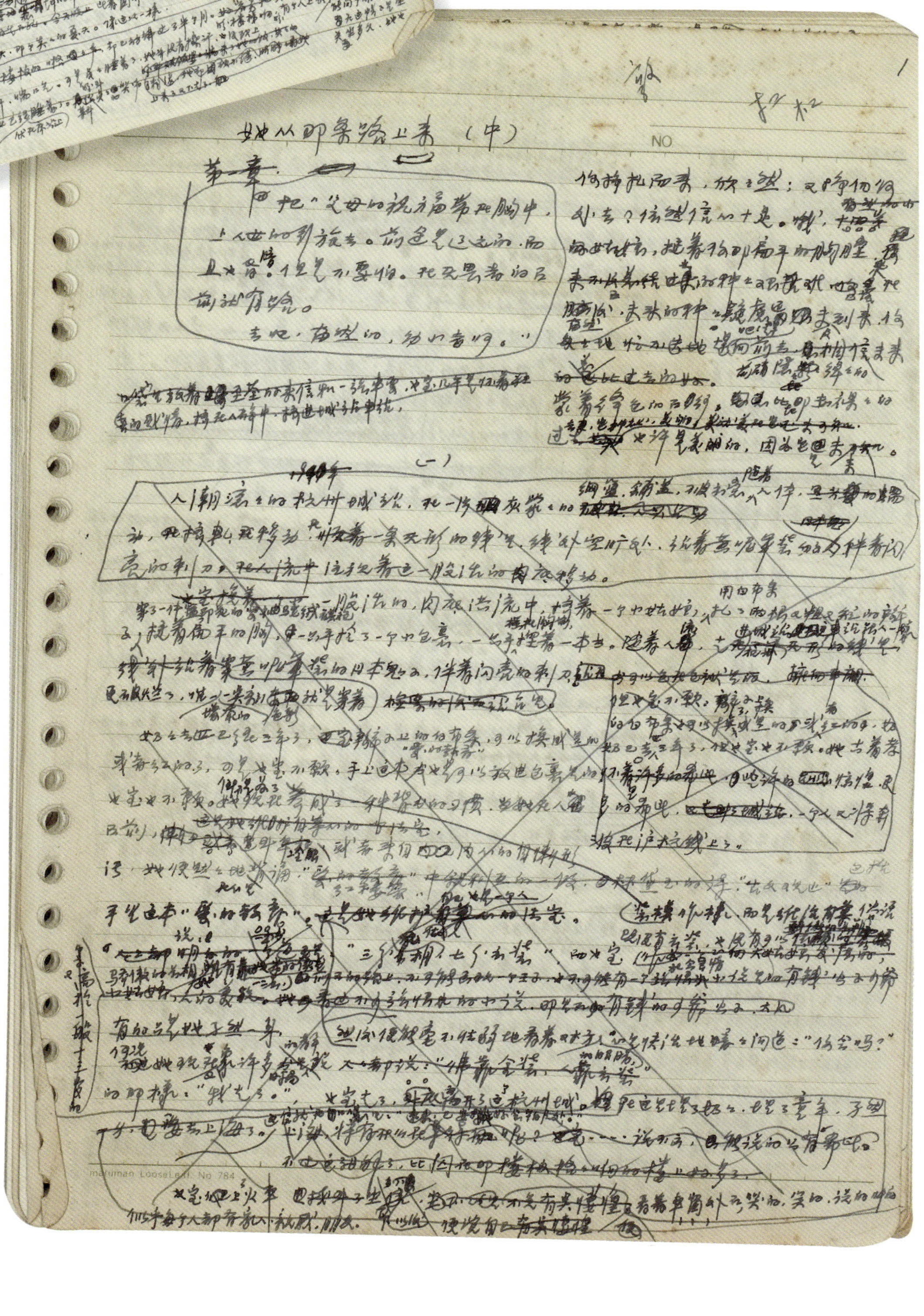
她从那条路上来（中）

李子云（1930~2009）

福建厦门人，笔名晓立。文学评论家、作家。曾肄业于上海震旦女子文理学院。1949年参加工作，先后在华东局宣传部、上海市委宣传部文艺处工作。1961年上海成立文学研究所，进文研所现代文学组。1950年开始写评论文章。“文革”中受到迫害。1977年底恢复工作后进入《上海文学》编辑部，曾任副主编。是中国文学史上女性主义批判的开拓者之一。著有《净化人的心灵》、《涓流集》、《往事与近事》、《许多种声音》等。

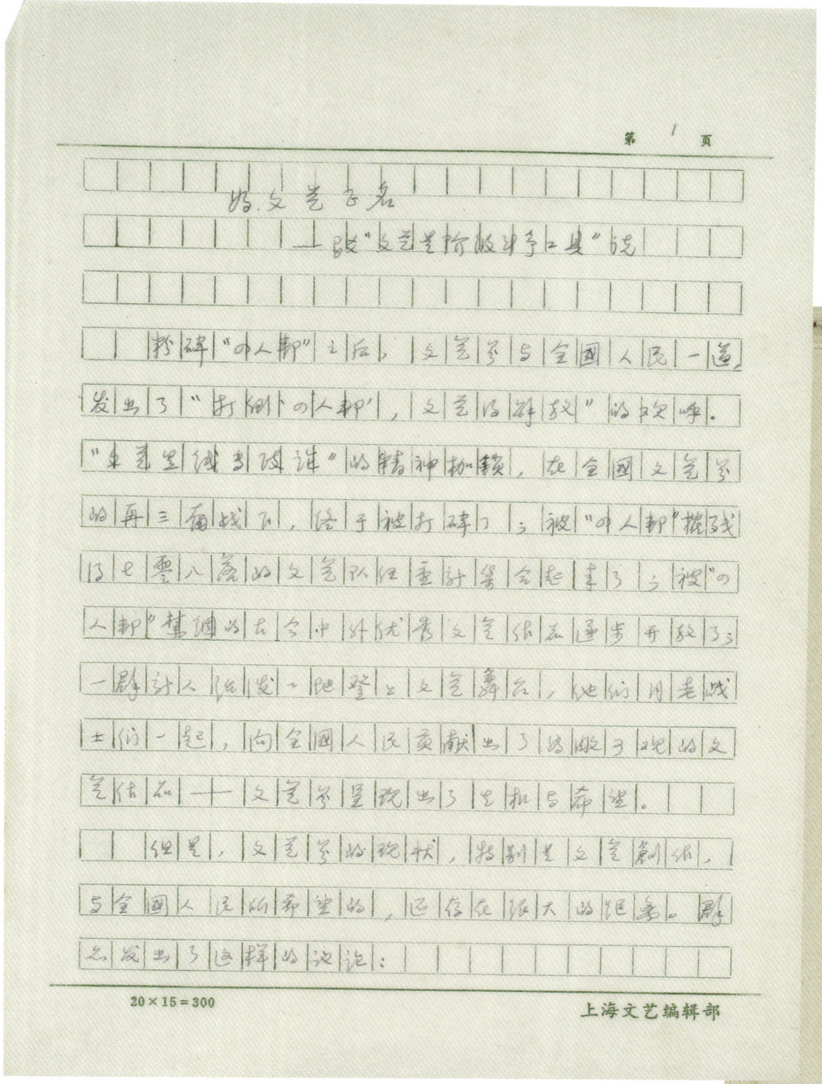

第 1 页

为文艺正名

——驳“文艺是阶级斗争工具”说

20×15=300

上海文艺编辑部

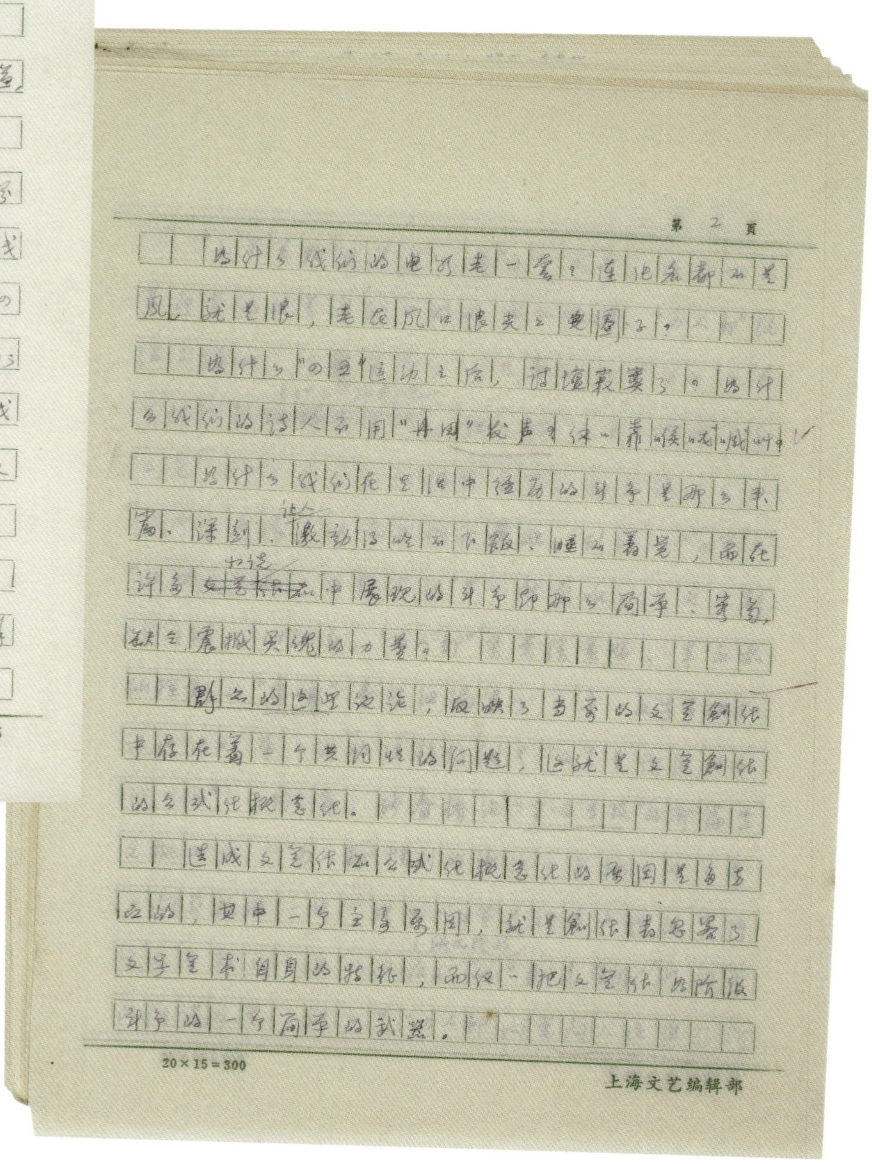

第 2 页

20×15=300

上海文艺编辑部

SHANGHAI
WEN XUE
上海文学
4
1979

为文艺正名——驳“文艺是阶级斗争工具”说　　李子云

1979年作　　《上海文学》1979年4月

文艺与政治的关系是长期困扰我国文艺评论界的难解。1979年3月，中国作协在京召开“全国文艺理论工作座谈会”，李子云登台发言，对“文艺是阶级斗争工具”提出了质疑。李子云有理有据的发言得到广泛重视和好评，座谈会简报组特地为她的发言专门编发了一期《简报》。会议结束后，在当时上海作协党组书记钟望阳同志支持下，时任《上海文学》编辑部负责人兼理论组长的李子云继续思考，在发言稿的基础上加以充实、修改、提高，以“本刊评论员”的名义在《上海文学》1979年4月号上发表了专论——《为文艺正名——驳“文艺是阶级斗争工具”说》。这篇批判“文艺是阶级斗争工具”的文章，使李子云在20世纪70年代末的文学界思想解放运动中扮演了重要角色。

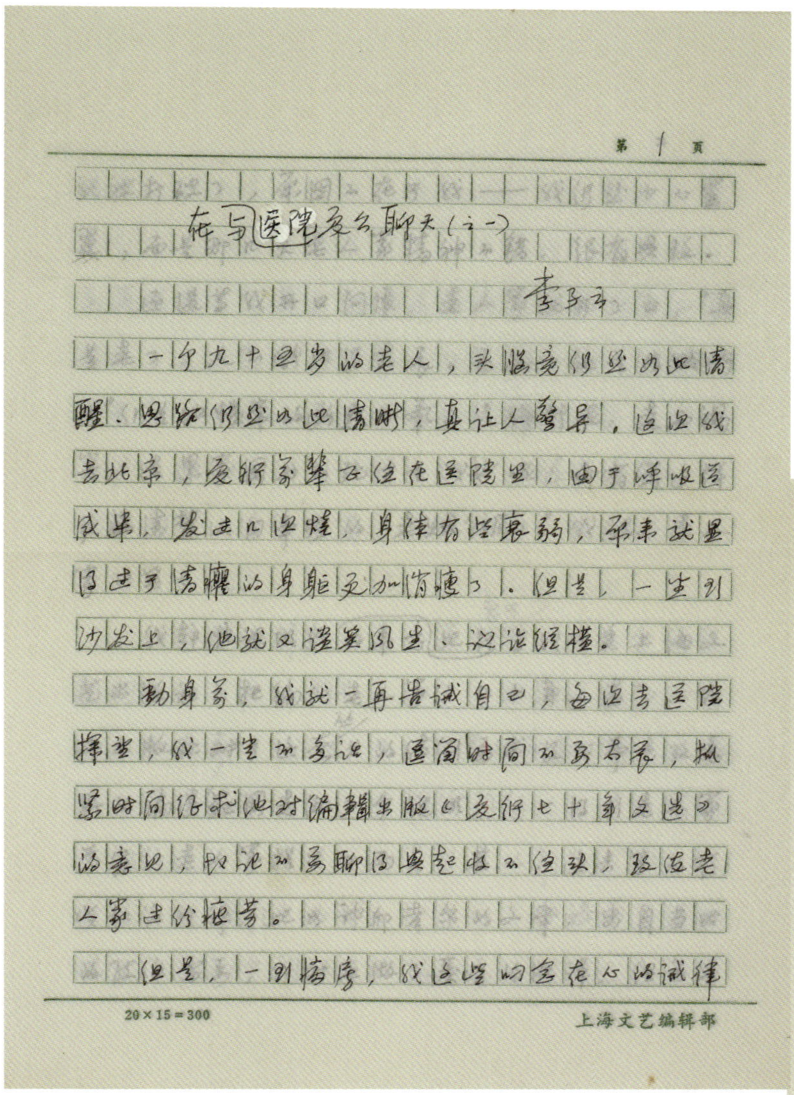

第 1 页

在医院与夏公聊天（之一）

李子云

一个九十五岁的老人，头脑竟仍然如此清醒，思路仍然如此清晰，真让人惊异。这次我去北京，夏衍同志仍住在医院里，由于呼吸道感染，发过几次烧，身体有些衰弱，本来就显得过于清癯的身躯更加消瘦了。但是，一坐到沙发上，他就又谈笑风生、议论纵横。

动身前，我就一再告诫自己，每次去医院探望，我一定不多说话，逗留时间不要太长，抓紧时间征求他对编辑出版《夏衍七十年文选》的意见，切记不要聊得兴起收不住头，致使老人家过份疲劳。

但是，一到病房，我这些叮嘱在心的诫律

20×15=300 上海文艺编辑部

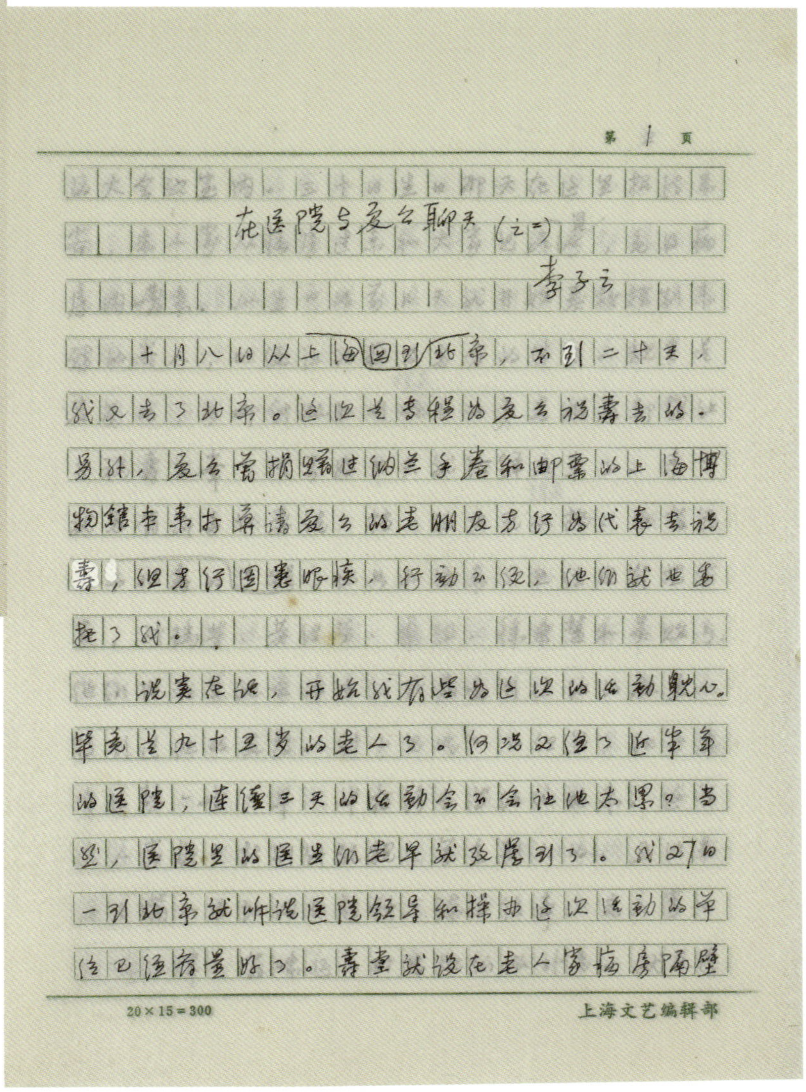

第 1 页

在医院与夏公聊天（之二）

李子云

十月八日从上海回到北京，不到二十天，我又去了北京。这次是专程为夏公祝寿去的。另外，夏公曾捐赠过的兰手卷和邮票的上海博物馆本来打算请夏公的老朋友方行为代表去祝寿，但方行因患眼疾，行动不便，他们就也要托了我。

说实在话，开始我有些为这次的活动耽心。毕竟是九十五岁的老人了。何况又住了近半年的医院，连续三天的活动会不会让他太累？当然，医院里的医生们老早就预想到了。我27日一到北京就听说医院领导和操办这次活动的单位已经商量好了。寿堂就设在老人家病房隔壁

20×15=300 上海文艺编辑部

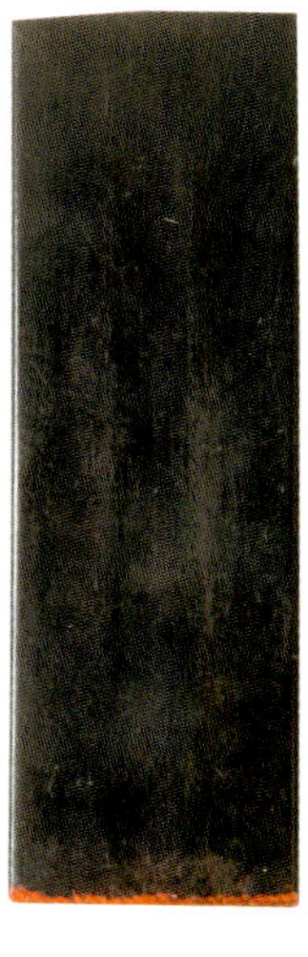

与夏公聊天　　李子云

1994年作　　《文汇报》1995年3月23日

李子云印

此稿原名为《在医院与夏公聊天》，1995年3月23日在《文汇报》第7版首次发表。后陆续在李子云作品集中先后刊载。李子云在上海市委宣传部曾担任夏衍部长的秘书。在夏部长身边工作的五年时间中，李子云勤奋好学、工作细致负责，得到夏公信任，夏公的言传身教使她在学识和品德方面受益无穷，夏公对她的指导与支持，持续了李子云一生。1994年夏天，李子云两次进京探望住在北京医院的夏衍。

伍略（1936~2006）

贵州凯里市(舟溪青蔓)人，苗族。原名龙明伍，笔名李入哲、紫戈等。作家。高中学历。1957年开始发表作品，创作以小说、散文为主，兼及诗歌、戏剧，一生共发表和出版小说、散文等作品200多万字。曾在乡村小学做过代课教师，在人民公社当过副社长，历任贵州省作家协会副主席、中国作家协会会员，为国家一级作家。著有《麻栗沟》、《卡领传奇》、《绿色的箭囊》等。

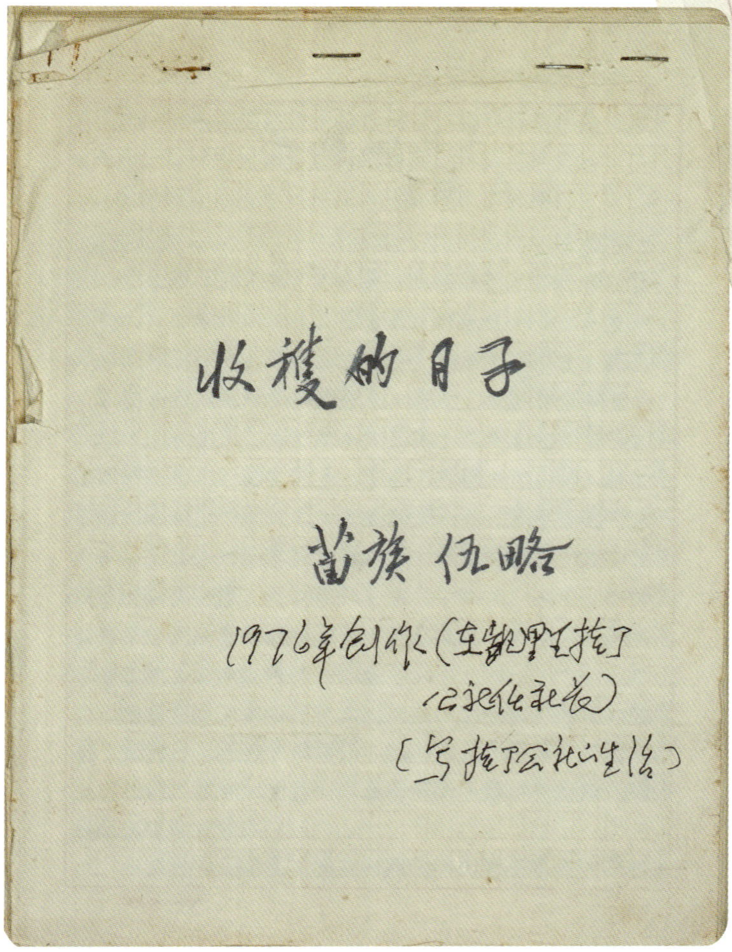

收穫的日子

苗族 伍略

1976年创作

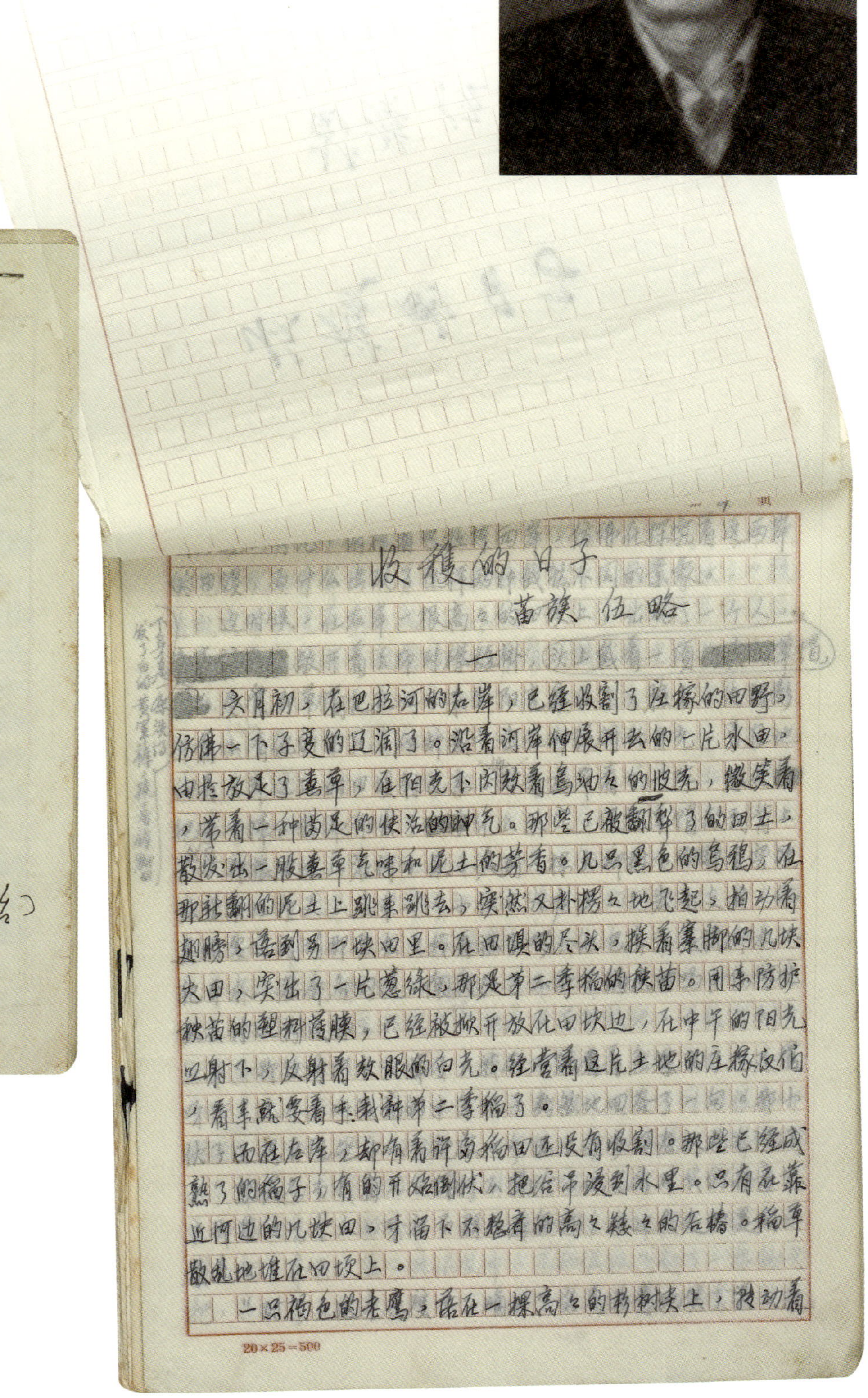

收穫的日子

苗族 伍略

一

六月初，在巴拉河的右岸，已经收割了庄稼的田野，仿佛一下子变的辽阔了。沿着河岸伸展开去的一片水田，由于放足了春草，在阳光下闪烁着乌油油的收光，微笑着，带着一种满足的快活的神气。那些已被翻犁了的田土，散发出一股青草气味和泥土的芳香。几只黑色的乌鸦，在那新翻的泥土上跳来跳去，突然又扑楞楞地飞起，拍动着翅膀，落到另一块田里。在田坝的尽头，挨着寨脚的几块大田，突出了一片葱绿，那是第二季稻的秧苗。用来防护秧苗的塑料薄膜，已经被掀开放在田坎边，在中午的阳光照射下，反射着刺眼的白光。经营着这片土地的庄稼汉们，看来就要着手栽种第二季稻了。

而在左岸，却有着许多稻田还没有收割。那些已经成熟了的稻子，有的开始倒伏，把谷吊浸到水里。只有在靠近河边的几块田，才留下不整齐的高高矮矮的谷桩。稻草散乱地堆在田坝上。

一只褐色的老鹰，落在一棵高高的杉树尖上，转动着

20×25=500

上海图书馆藏书
贵州文艺
UIZHOU WENYI·1975

收获的日子　　伍略

1967年作　　《贵州文艺》1975年第4期

1967年6月，伍略创作了一篇描述安定团结的小说——《收获的日子》。后受“文革”影响，伍略在十余年中几乎停止文学创作。1975年他重新振作，在《贵州文艺》第4期中发表《收获的日子》。

上海图书馆藏
中国文化名人手稿

艺 术 · Art

志士寧同俗、才高懷抱洪。一心知有國、罔

眾界、鍾情馬列風。休武太拳老、鎮

眼前多少事、盡付子孫爲。自負重鞭鎮

寧歸快、市康樂度明時。不作閑雲鶴、舒

南沙一野老、生性懶疏頑。垂釣溪頭目、

溪頭月

忘歲月、眼底有塵寰。叔自昏風暖、

苏局仙（1883~1991）

上海人。字裕国，室名东湖山庄、水石居、蓼莪居。清代末科秀才，长期从事教育工作，工诗及书法。1979年参加《书法》杂志举办的全国群众书法竞赛，以近百岁高龄荣获一等奖 。1985年被评为全国健康老人。曾任上海文史馆馆员、中国书法家协会会员、上海市书法家协会名誉理事。著有《蓼莪居诗集》、《水石居杂缀》、《东湖山庄百九诗集》、《水石居诗抄》等。

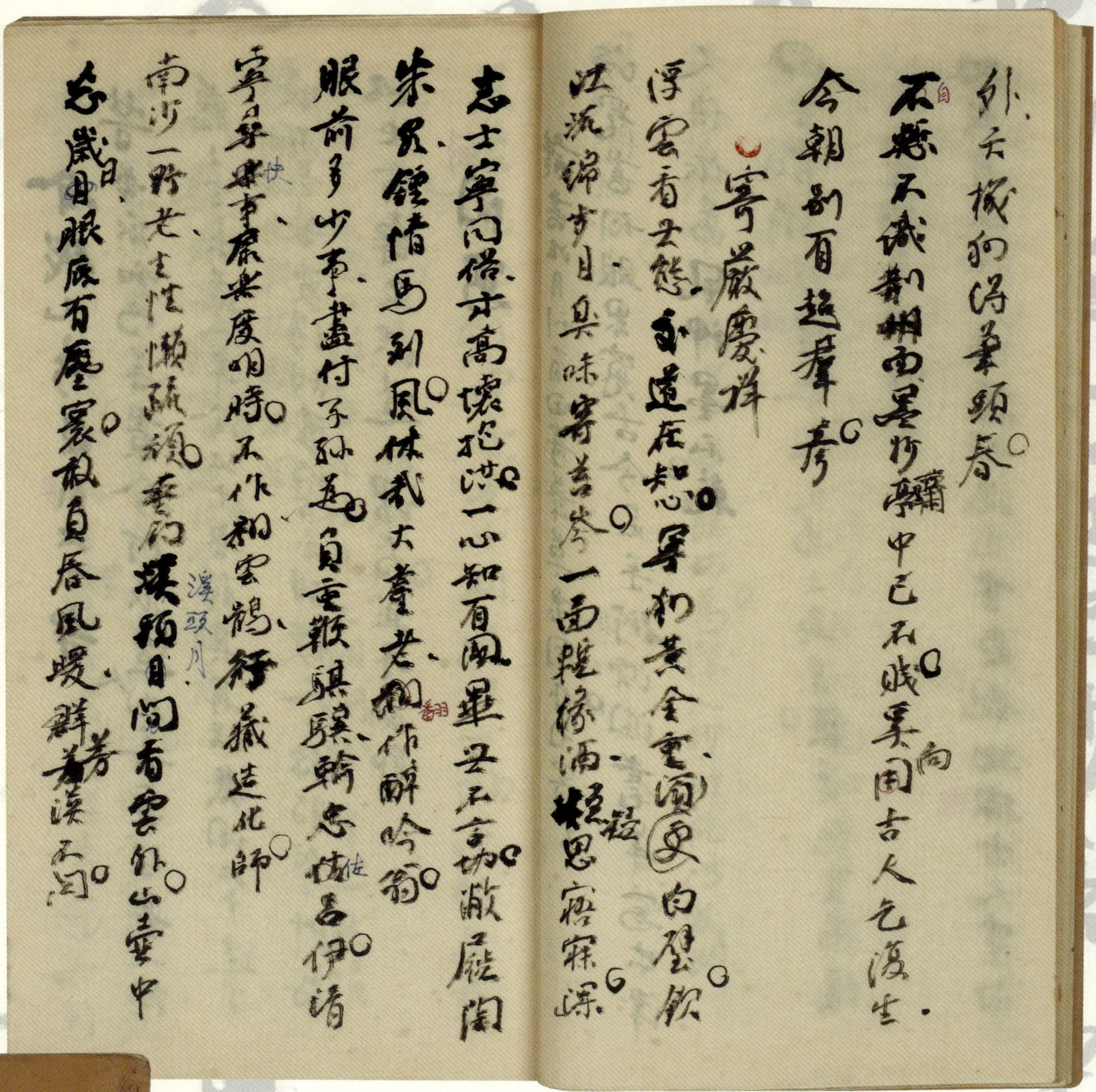

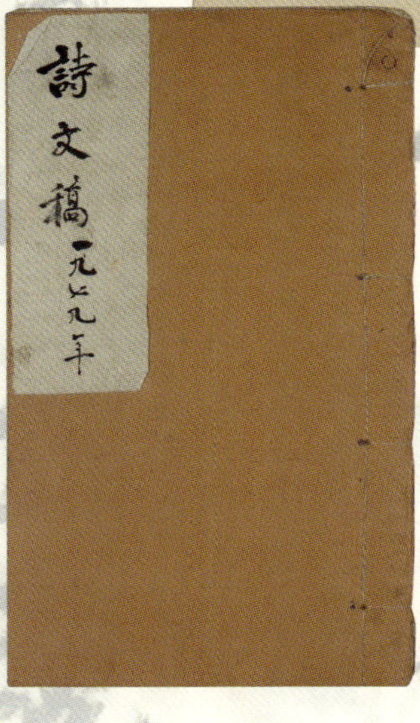
詩文稿 一九七九年

诗文稿　　苏局仙

1979年春

此稿为“上海第一老人”苏局仙于96岁高龄所作，诗文内容丰富，大都是苏老有感而发之作。上至对社会与民生问题的观察和思考，下至与亲朋好友的出游、相聚，评点书画等社交活动。此稿曾由苏局仙弟子上海古体诗人姚养怡于1986年冬通读过，并留有他的简要批注。

梅兰芳（1894~1961）

江苏泰州人。本名澜，字畹华。京剧艺术家。出身梨园世家。8岁开始学艺，11岁登台。1908年正式搭喜连城班。在长期的舞台实践中，形成自己的艺术风格，世称“梅派”。曾先后赴日、美、苏等国进行文化交流，在美国被授予博士学位。抗战时期，在敌伪统治下蓄须明志，拒绝演出。新中国成立后任中国京剧院院长、中国剧协副主席等职。著有自述传记《舞台生活四十年》。有《梅兰芳全集》8卷行世。

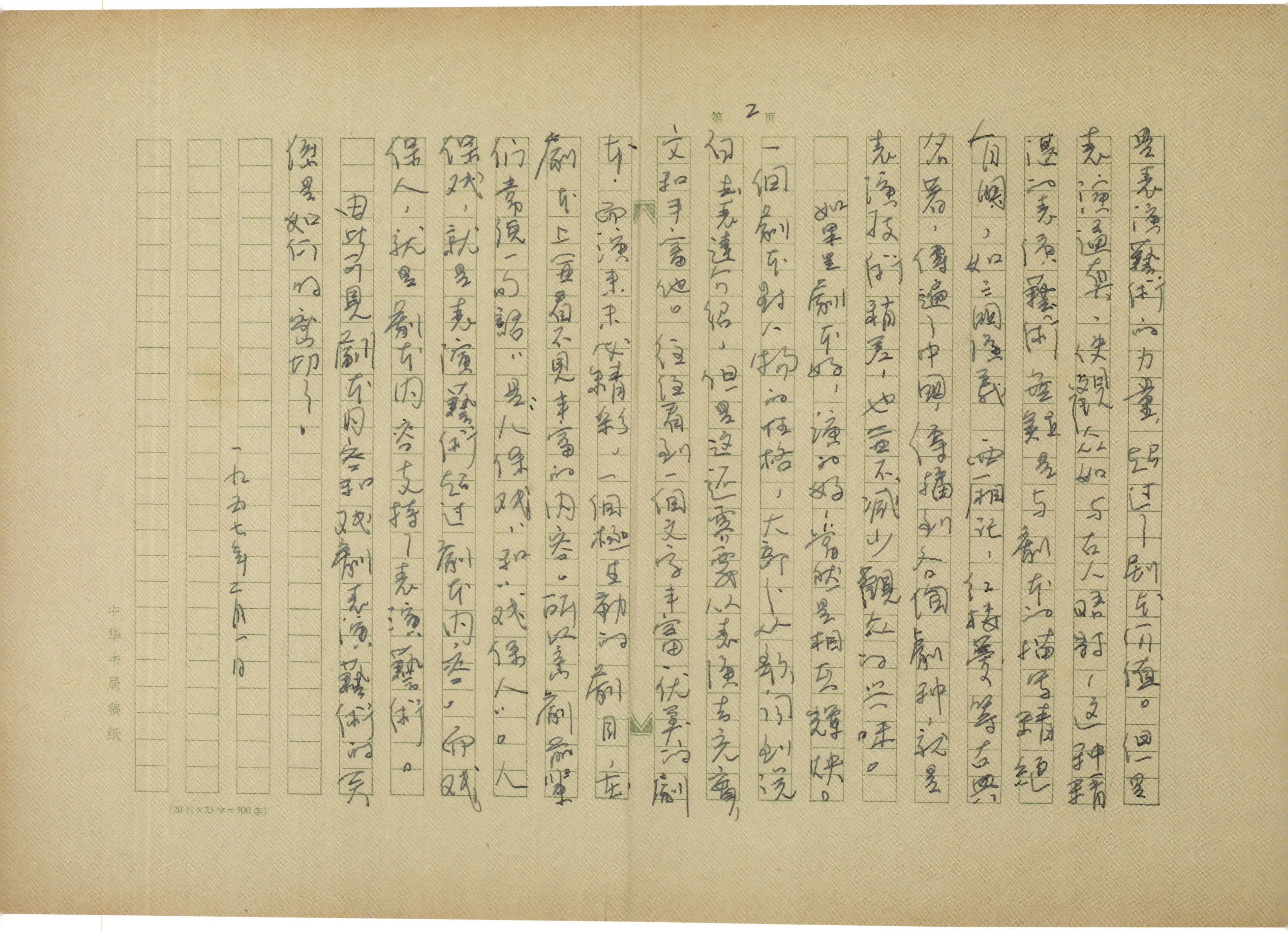
第 2 页

是表演藝術的力量，超过了剧本的价值。但是表演過程，使觀众如与古人晤對，這种精湛的表演藝術無疑是与剧本的描寫精絕有關，如三國演義、西厢記、紅樓夢等古典名著，傳遍了中國，傳播到各個劇种，就是表演技術精差，也無不減少觀众的興味。

如果是剧本好，演的好，當然是相互輝映。一個劇本對人物的性格，大部分以對話的表達介紹，但是這還需要以表演去充實，文和丰富他。往往看到一個文字丰富、优美的劇本，而演來未必精彩；一個極生動的劇目，在劇本上並看不見丰富的內容。所以京劇前輩們常說一句話："是人保戲"，和"戲保人"。人保戲，就是表演藝術給过劇本內容，而戲保人，就是劇本內容支持了表演藝術。

由此可見劇本內容和戲劇表演藝術的關係是如何的密切了。

一九五七年五月一日

中华书局稿纸

(20行×25字=500字)

梅兰芳剧照

编剧表演琐谈　　梅兰芳

1957年作

梅兰芳在这篇手稿中谈论了剧本与表演之间的关系，结合京剧前辈"人保戏"和"戏保人"的话，认为表演艺术和剧本的精彩程度有相辅相成、互相弥补的关系。这篇手稿在2000年河北教育出版社出版的八卷本《梅兰芳全集》中未见，是捐赠者赵敏在2005年中国嘉德国际第10期邮品钱币通讯拍卖中竞拍所得。

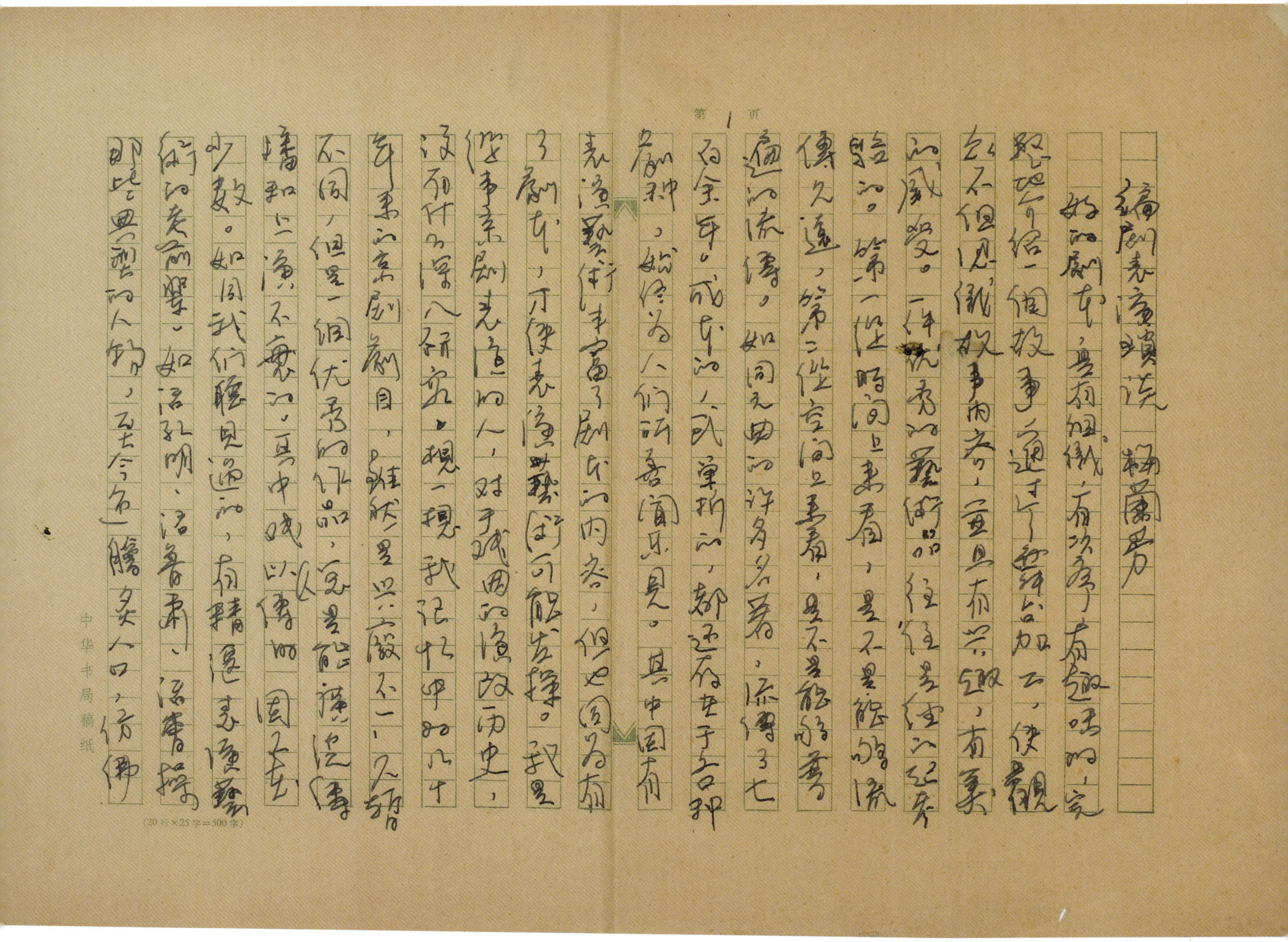
第 1 页

编剧表演琐谈　梅兰芳

好的剧本，要有组织，有次序，有趣味的，完整地介绍一个故事，通过舞台加工，使观众不但认识故事的内容，并且有兴趣，有美的感受。一件优秀的艺术品，往往是经过长时间的考验。第一从时间上来看，是不是能够流传久远；第二从空间上来看，是不是能够普遍的流传。如同元曲的许多名著，流传了七百余年。成本的、文武单折的，都还存在于各个剧种，始终为人们所喜闻乐见。其中固有表演艺术丰富了剧本的内容，但也因为有了剧本，才使表演艺术可能发挥。我是从事京剧表演的人，对于戏曲的沿革历史，没有什么深入研究。提一提我记忆中的几十年来的京剧剧目，虽然是兴废不一，大体不同，但是一个优秀的作品，总是能够流传播和上演不衰的。其中戏以人传的固不在少数。如同我们听见过的，有精湛表演艺术的老前辈，如演孔明、演鲁肃、演曹操那些典型的人物，至今仍脍炙人口，仿佛

中华书局稿纸

(20行×25字=500字)

张伯驹（1898~1982）

河南项城人。本名家骐，一作家麒，字丛碧，别号游春主人、好好先生等。文物收藏家、戏剧家、书画家、诗人。早年肄业于天津新学书院，曾任安武军提调参议等职，后任上海盐业银行常务董事。曾任华北文法学院教授，故宫博物院专员，北平美术分会理事长，民盟北平临时委员会委员。解放后，历任北京书法研究社副主席、北京市政协委员、民盟总部文教委员、国家文物局鉴定委员会委员、吉林省博物馆馆长、中央文史馆馆员等职。建国后曾将所藏《平复帖》、《游春图》、《张好好诗》等文物珍宝捐赠国家。著有《中国对联史话》、《丛碧书画录》、《诗钟分咏》等。

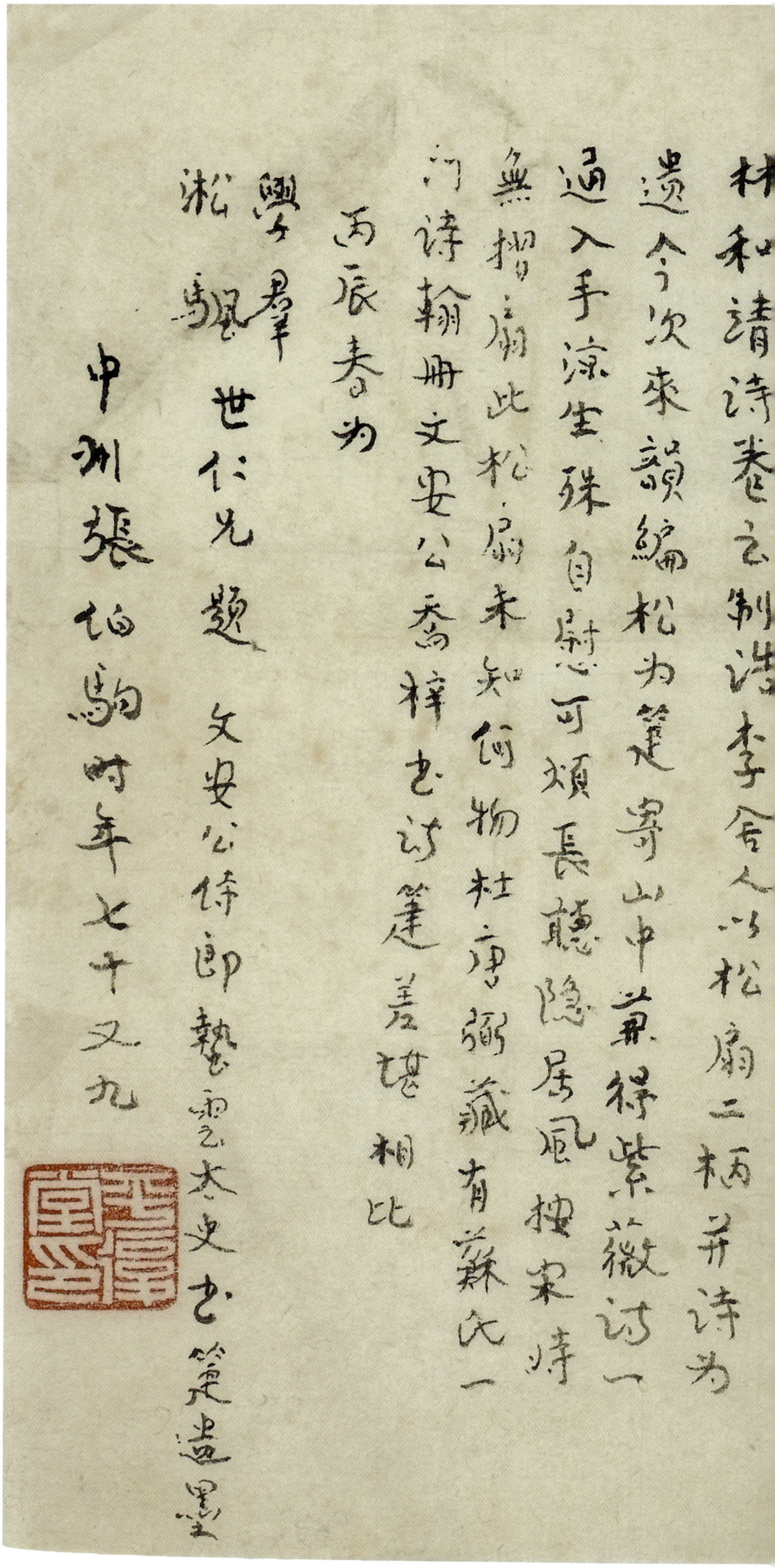
林和靖詩卷云制誥李舍人以松扇二柄并詩為
遺今次來韻編松為箑寄山中暑得紫薇詩一
通入手涼生殊自慰可煩長聽隱居風按宋時
無摺扇此松扇未知何物杜唐卿藏有蘇氏一
門詩翰冊文安公喬梓書法筆意堪相比
丙辰春為
學羣 世仁兄題 文安公侍郎藝雲太史書箑遺墨
淞颿
中州張伯駒時年七十又九

赠郭学群夫妇　　张伯驹

此诗稿乃是张伯驹79岁时手书，并赠予原上海图书馆副馆长郭学群先生及夫人。

日記曾經見舊藏攀龍髯計歲
滄桑雪天蹀躞煤山後誰識前
朝郭詩郎

曾見潘氏藏文安公日記中多禾黍之
思又嘗於雪天獨步煤山後過其婿家

東床舊匾尚珍儲松扇癡心同雪士
殊喬梓數行簪香體亦如蘇
氏一門書

黄佐临（1906~1994）

广东番禺人。原名黄作霖。戏剧、电影艺术家，导演。1925年留学英国，入伯明翰大学，在校期间，创作了处女作短剧《东西》和《中国茶》，深受英国著名喜剧大师萧伯纳的赞赏与鼓励，从此开始涉足戏剧。1935年再度赴英入剑桥大学，专攻莎士比亚和导演学。抗战后回国任教于重庆国立戏专。1940年起在上海苦干等剧团任编导，领导苦干剧团演出《夜店》，轰动一时。新中国成立后，任中国剧协副主席、上海人民艺术院院长等职，导演有《阿Q正传》、《升官图》、《陈毅市长》等话剧、电影近百部。著有《导演的话》。

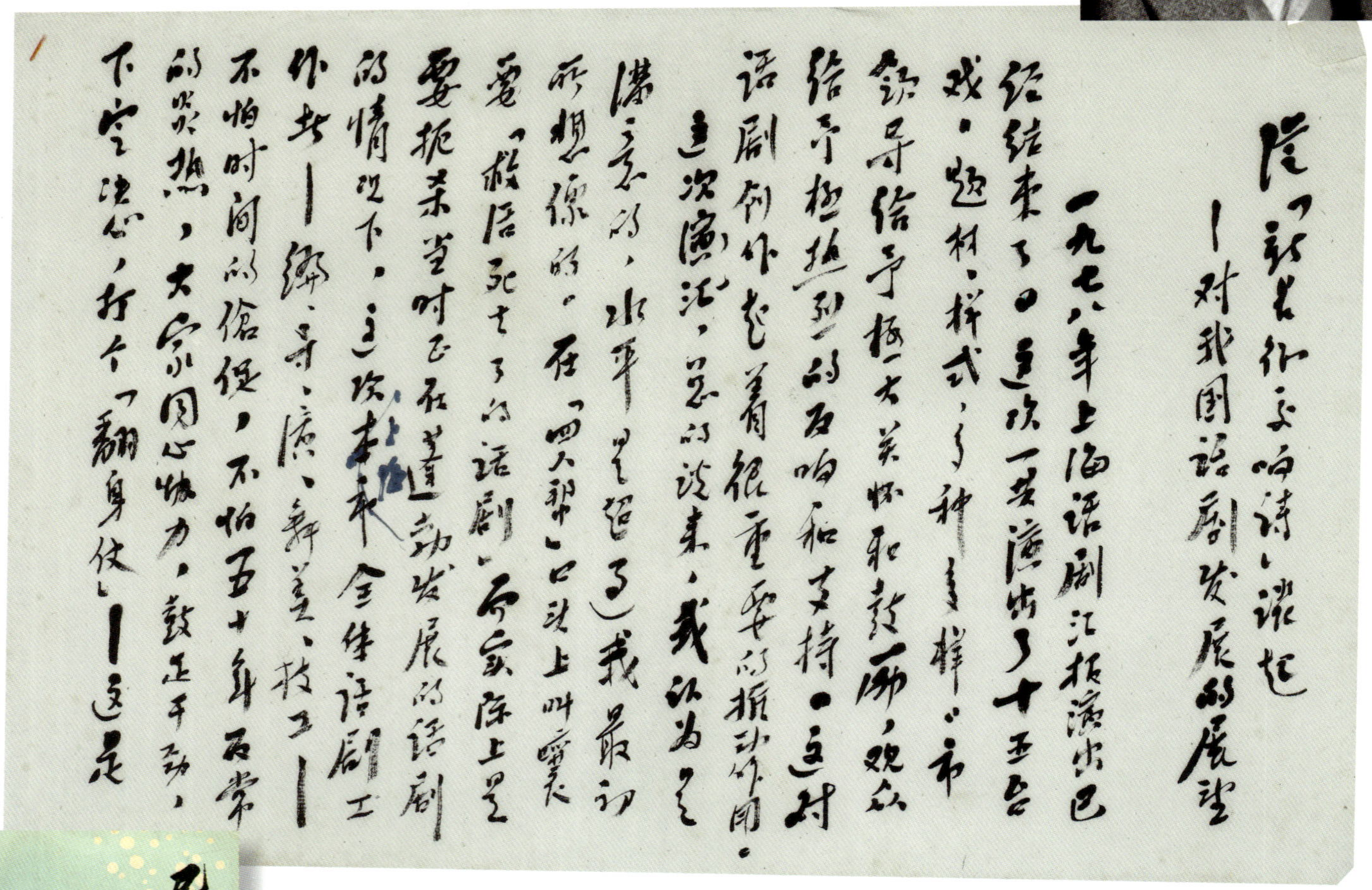

从"新长征交响诗"谈起
——对我国话剧发展的展望

一九七八年上海话剧汇报演出已经结束了。这次一共演出了十五台戏。题材、样式，多种多样。而领导给予极大关怀和鼓励，观众给予极热烈的反响和支持。这对话剧创作起着很重要的推动作用。这次演汇，总的说来，我认为是满意的，水平是超过了我最初所想像的。在"四人帮"口头上叫嚣"话剧已死亡了"的话剧，而实际上是要扼杀当时正在蓬勃发展的话剧的情况下，这次本来全体话剧工作者——编、导、演、舞美、技工——不怕时间的仓促，不怕五十年反常的炎热，大家同心协力，鼓足干劲，下定决心，打个"翻身仗"——这是

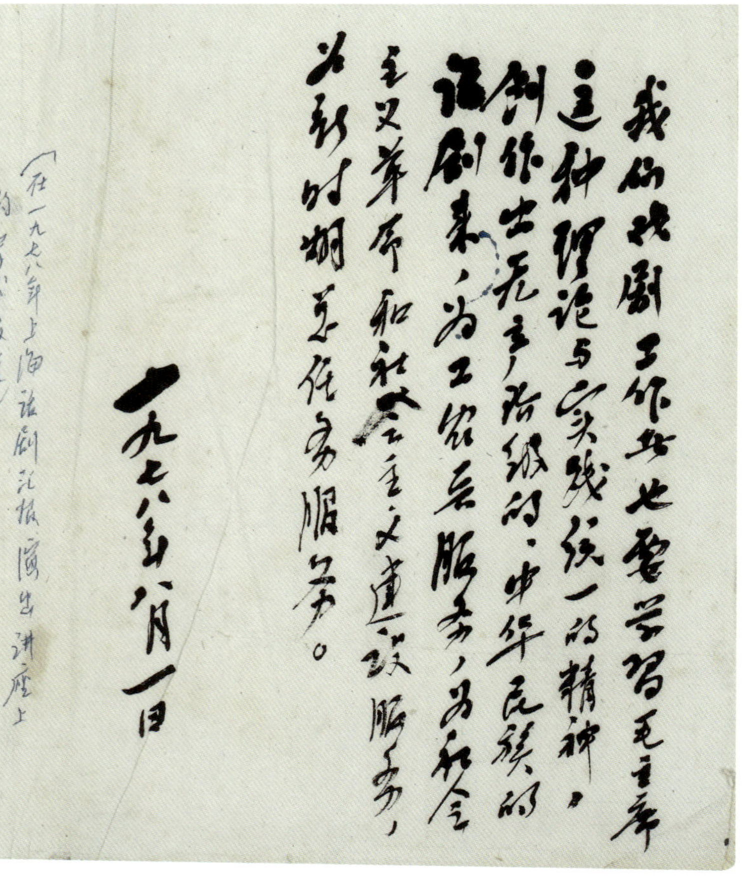

我们戏剧工作者也要学习毛主席这种理论与实践统一的精神，创作出无产阶级的、中华民族的话剧来，为工农兵服务，为社会主义革命和社会主义建设服务，为新时期总任务服务。

一九七八年八月一日

（在一九七八年上海话剧汇报演出讲座上的学术报告）

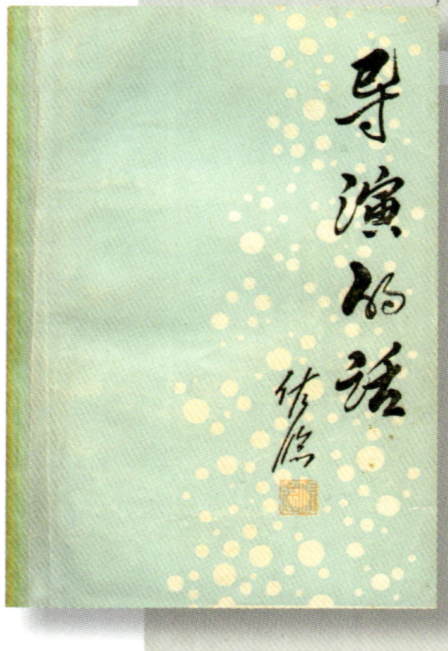
导演的话
佐临

从"新长征交响诗"谈起——对我国话剧发展的展望　　黄佐临

1978年8月1日作　　《人民戏剧》1978第11期

此稿是黄佐临在1978年上海话剧汇报演出讲座上作的学术报告，同年11月发表在《人民戏剧》杂志上。黄佐临所著《导演的话》收录了这篇讲稿。

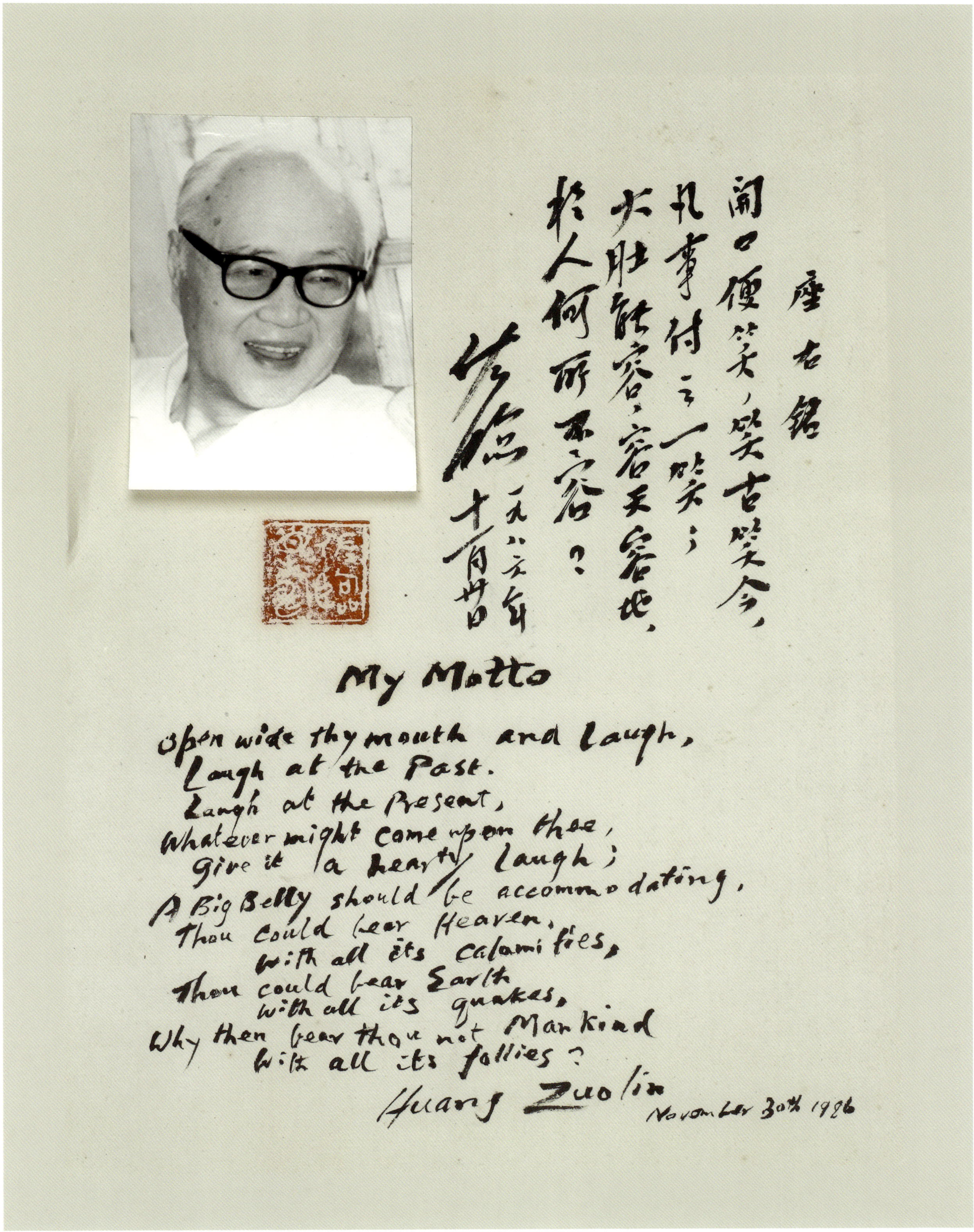

座右铭

開口便笑，笑古笑今，凡事付之一笑；大肚能容，容天容地，於人何所不容？

佐臨 一九八六年十一月卅日

My Motto

Open wide thy mouth and laugh,
Laugh at the Past,
Laugh at the Present,
Whatever might come upon thee,
Give it a hearty laugh;
A Big Belly should be accommodating,
Thou could bear Heaven,
with all its calamities,
Thou could bear Earth
with all its quakes,
Why then bear thou not Mankind
with all its follies?

Huang Zuolin
November 30th 1986

座右铭　　黄佐临

1986年11月30日作

“开口便笑，笑古笑今，凡事付之一笑；大肚能容，容天容地，于人何所不容”，是四川峨嵋山灵岩寺弥勒佛殿两侧的一副对联，黄佐临引为座右铭，并译为英文，表达豁达宽容的心态。手稿附有黄佐临照片，并钤有印章。

钱君匋（1906~1998）

浙江桐乡人。原名玉堂，字君匋，学名锦堂，又名钱安、钱涵、钱塘等，号豫堂、午斋、定香居士、抱华精舍主人等，笔名中鸾、白蕊先等。书籍装帧家、篆刻家、美术家、音乐家、作家。1927年起任开明书店美术编辑，澄衷中学、同济大学、复旦大学美术和音乐教员。1938年到万叶书店任编辑主任，主编《文艺新潮》、《文艺新潮小丛书》。新中国成立后，曾任上海音乐出版社总编辑、北京音乐出版社副总编辑。后调任上海文艺出版社，兼任华东师大教授。曾任上海市政协委员，市文史馆馆员，市文联委员，美协上海分会常务理事，书法家协会上海分会名誉理事，西泠印社副社长等职。著有《水晶座》、《钱君匋印存》、《鲁迅印谱》、《君匋书籍装帧艺术选》、《西洋古代·近代美术史》等。

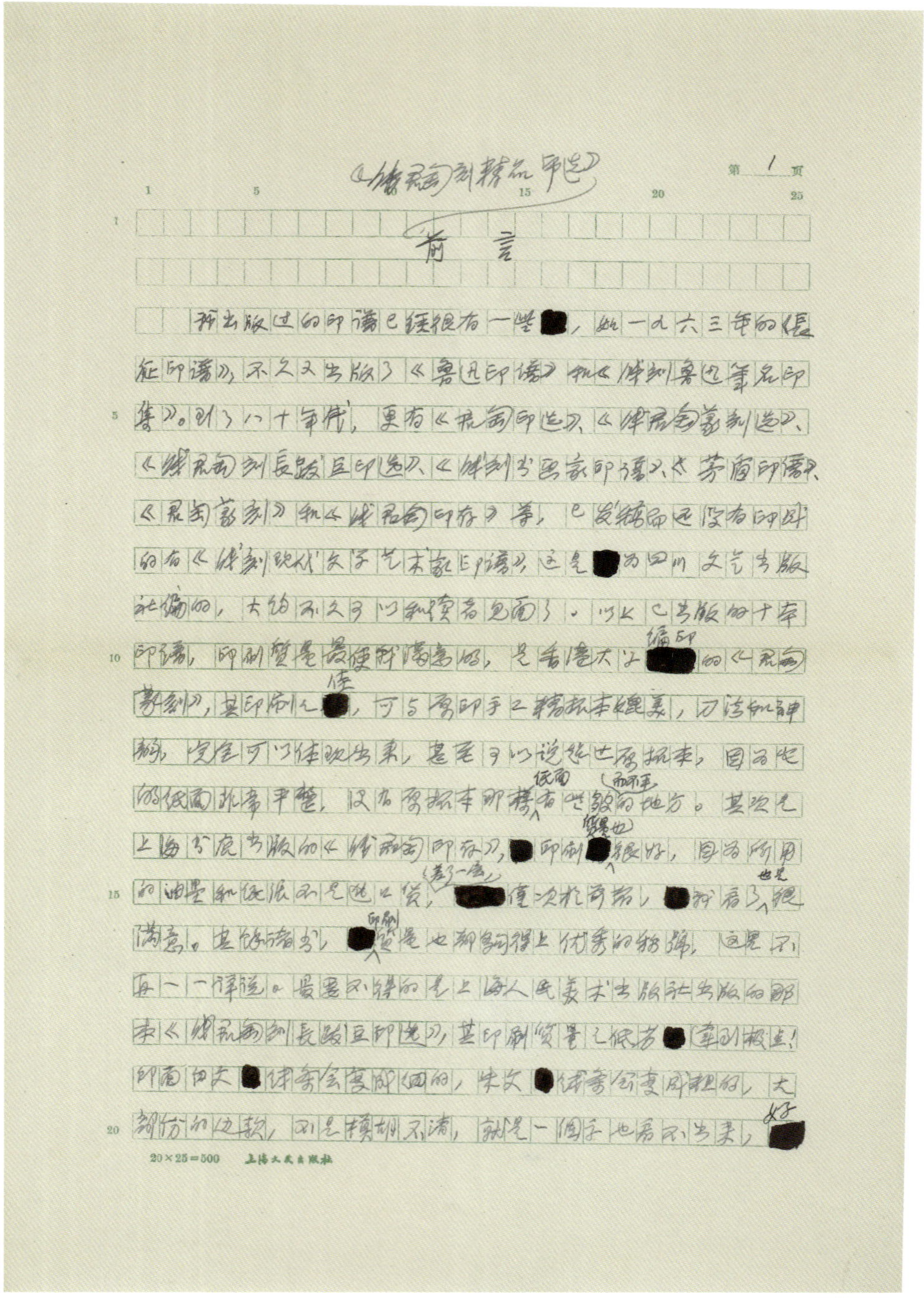

《钱君匋刻精品印选》　　第 1 页

前　言

我出版过的印谱已经很有一些[redacted]，如一九六三年的《长征印谱》，不久又出版了《鲁迅印谱》和《钱刻鲁迅笔名印集》。到了八十年代，更有《君匋印选》、《钱君匋篆刻选》、《钱君匋刻长跋巨印选》、《钱刻书画家印谱》、《茅盾印谱》、《君匋篆刻》和《钱君匋印存》等，已发稿而还没有印出的有《钱刻现代文学艺术家印谱》，这是[redacted]为四川文艺出版社编的，大约不久可以和读者见面了。以上已出版的十本印谱，印刷质量最使我满意的，是香港大业[redacted]编印的《君匋篆刻》，其印刷之[redacted]佳，可与原印手拓本媲美，刀法和神韵，完全可以体现出来，甚至可以说能比原拓本，因为它的纸面非常平整，没有原拓本印稿有些纸面（不平）皱的地方。其次是上海书店出版的《钱君匋印存》，[redacted]印刷[redacted]质量也很好，因为所用的油墨和纸张不免比较（差了一点），[redacted]这次极为高兴，[redacted]我看了也是很满意。其余诸书，[redacted]印刷还是也都够得上优秀的标准，这里不再一一详说。最最不满的是上海人民美术出版社出版的那本《钱君匋刻长跋巨印选》，其印刷质量之低劣[redacted]达到极点！印面由大[redacted]缩到会变成细的，朱文[redacted]缩多会变成粗的，大部分的边款，不是模糊不清，就是一个字也看不出来，好[redacted]

20×25=500　上海文艺出版社

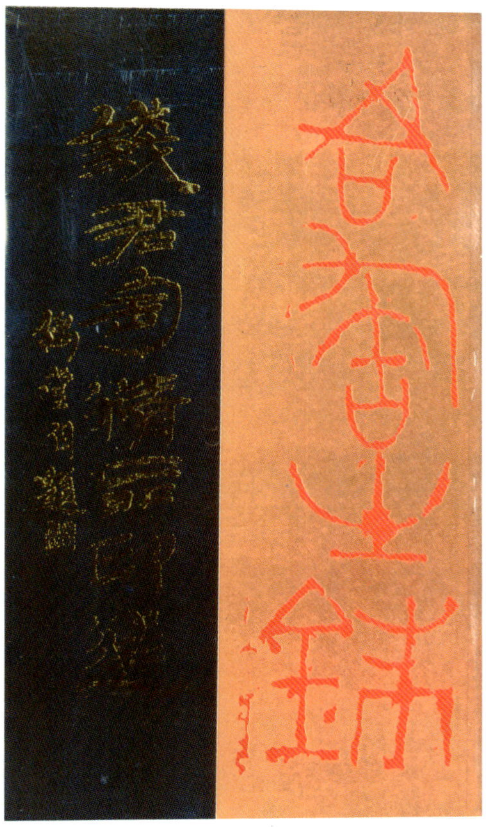

《钱君匋刻精品印选》前言　　钱君匋

1992年6月6日作

此篇手稿作于1992年，正值钱君匋从事篆刻艺术70年整，钱君匋从其上万方的作品中遴选出一部分，交予天津古籍出版社出版《钱君匋精品印选》，故钱君匋特作此前言。在正式出版的前言中，内容改动很大，删去了他对另一本印刻画册印刷质量的批评，而添补了自己刻印生涯的回顾和从事篆刻艺术的经验之谈。

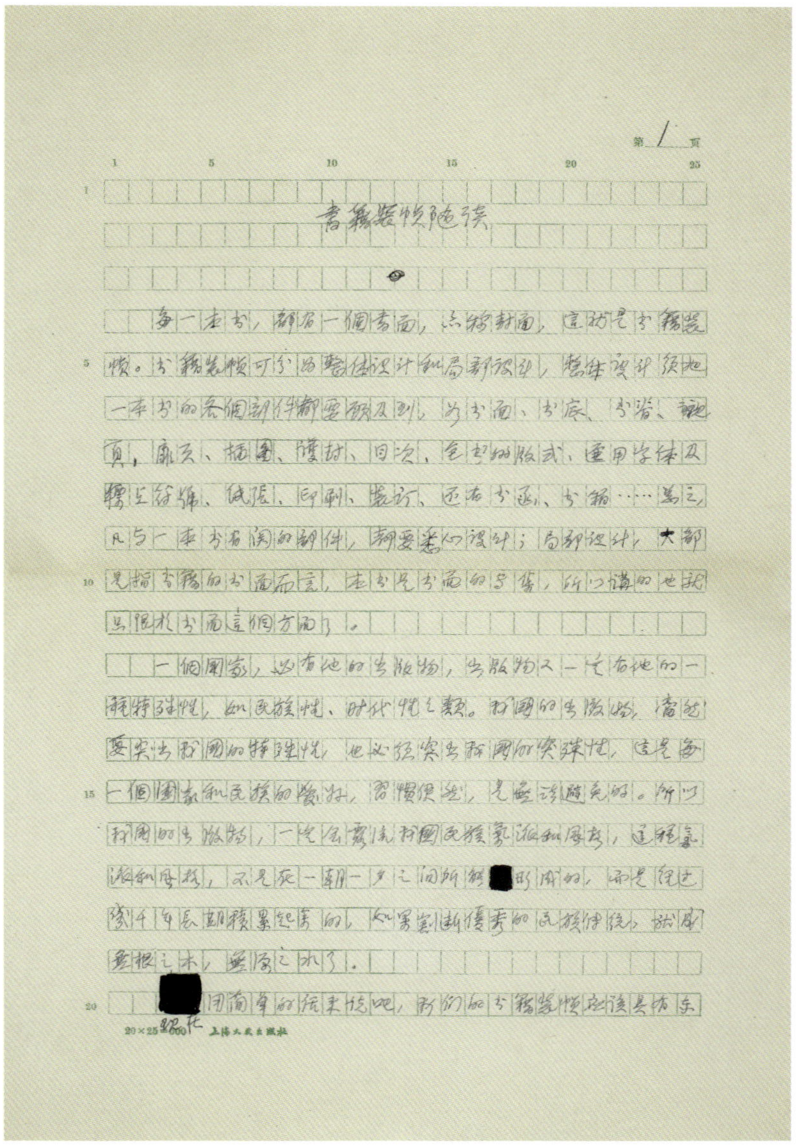
書籍裝帧隨談

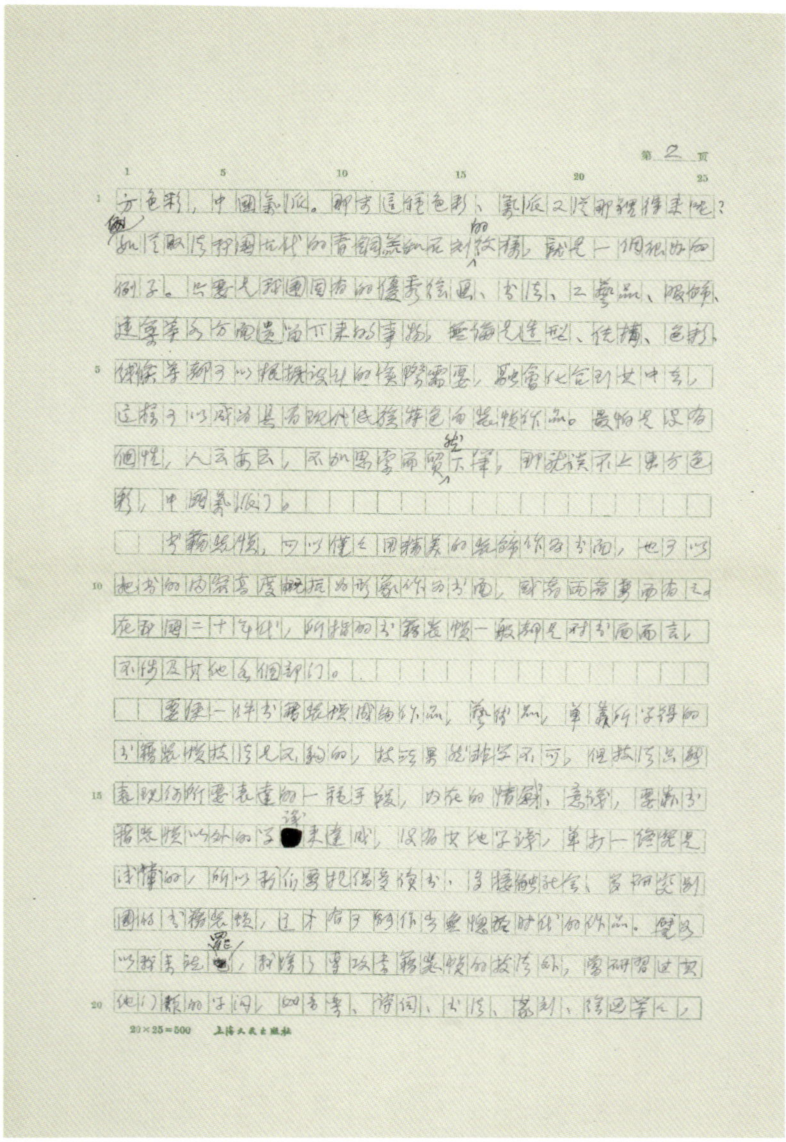

书籍装帧琐谈　　钱君匋

1992年7月31日作　　《钱君匋艺术论》线装书局1999年出版

作为书籍装帧大师，在这篇手稿中，钱君匋表达了对这一艺术的感受与见解，他认为，书籍装帧应有中国气派，即以民族的特色融合进装帧艺术中。此外，他还强调了装帧除了单纯技法之外，还要有广泛且丰厚的学识作为支撑，如此才能使书籍装帧成为艺术品。

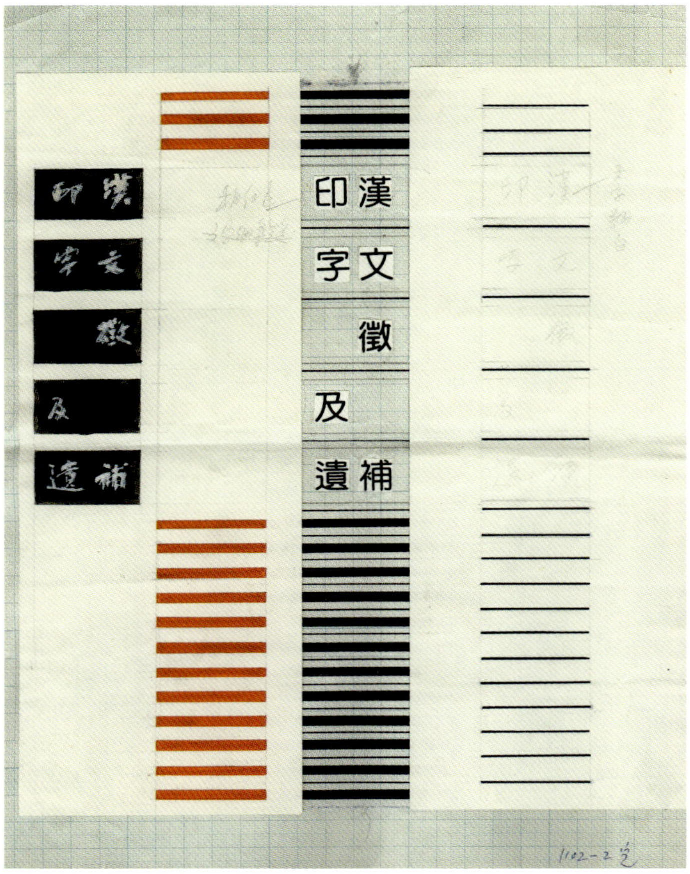
印 漢
字 文
徵
及
遺 補

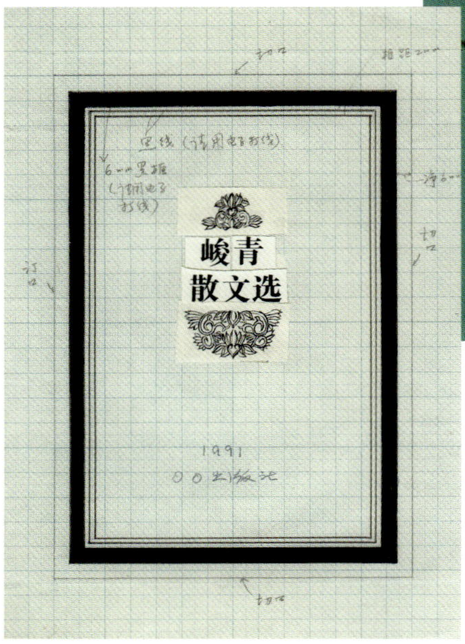
峻青
散文选

峻 青
散文选

钱君匋设计的书封

叶浅予（1907~1995）

浙江桐庐人。漫画家、国画家。自幼酷爱美术，18岁到上海。1927年与黄文农、张光宇等创办漫画刊物，创作长篇漫画《王先生》、《小陈留京外史》，名噪一时。1936年，联合全国漫画家举办第一次全国漫画展。抗日战争爆发后，担任漫画宣传队领队，参加抗敌救亡运动，并为全国漫画界救亡协会负责人之一。建国后，历任中央美术学院国画系主任、中国美协副主席等职。代表作有《叶浅予作品选集》、《叶浅予画舞》等。

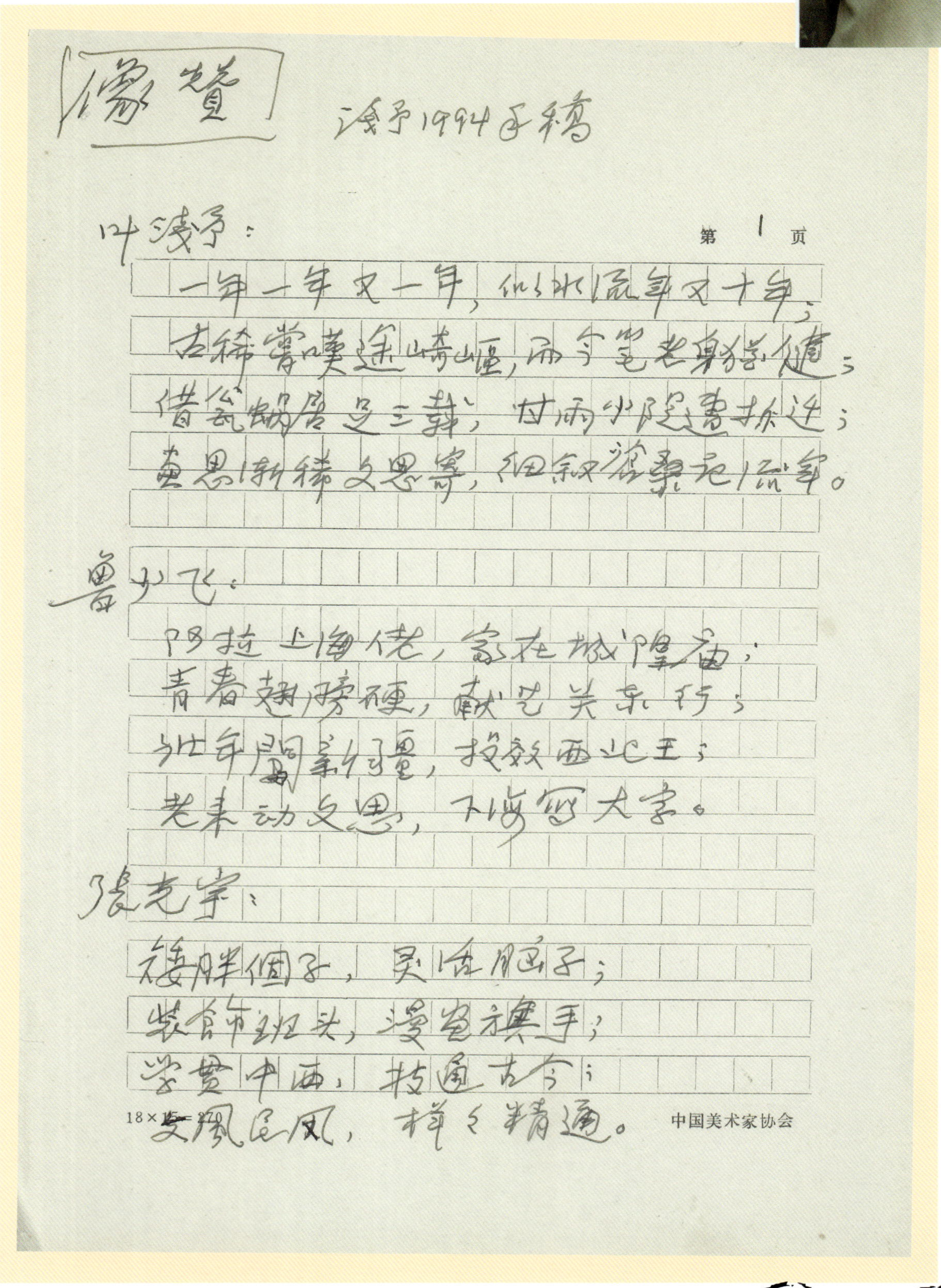

像赞　浅予1994手稿

叶浅予：　第1页

一年一年又一年，似水流年又十年；
古稀尝叹途崎岖，而今耄老身犹健；
借窝蜗居足三载，甘雨小院遭拆迁；
画思渐稀文思宽，细叙沧桑记流年。

鲁少飞：

阿拉上海佬，家住城隍庙；
青春翅膀硬，献艺关东行；
壮年闯新疆，投效西北王；
老来动文思，下海写大字。

张光宇：

矮胖个子，灵活脑子；
装饰班头，漫画旗手；
学贯中西，技通古今；
文风画风，样样精通。

18×15=270　中国美术家协会

像赞　叶浅予

1994年作　《我画你写——文化人肖像集》外文出版社1996年出版

叶浅予的这份手稿，是其生前为数不多的写稿之一。不仅有叶氏的自述，同时以诗作的形式，分别描绘了好友漫画家鲁少飞、张光宇、廖冰兄，舞蹈家戴爱莲。1996年，外文出版社出版的《我画你写——文化人肖像集》将此文收入其中。

叶浅予漫画作品《王先生》

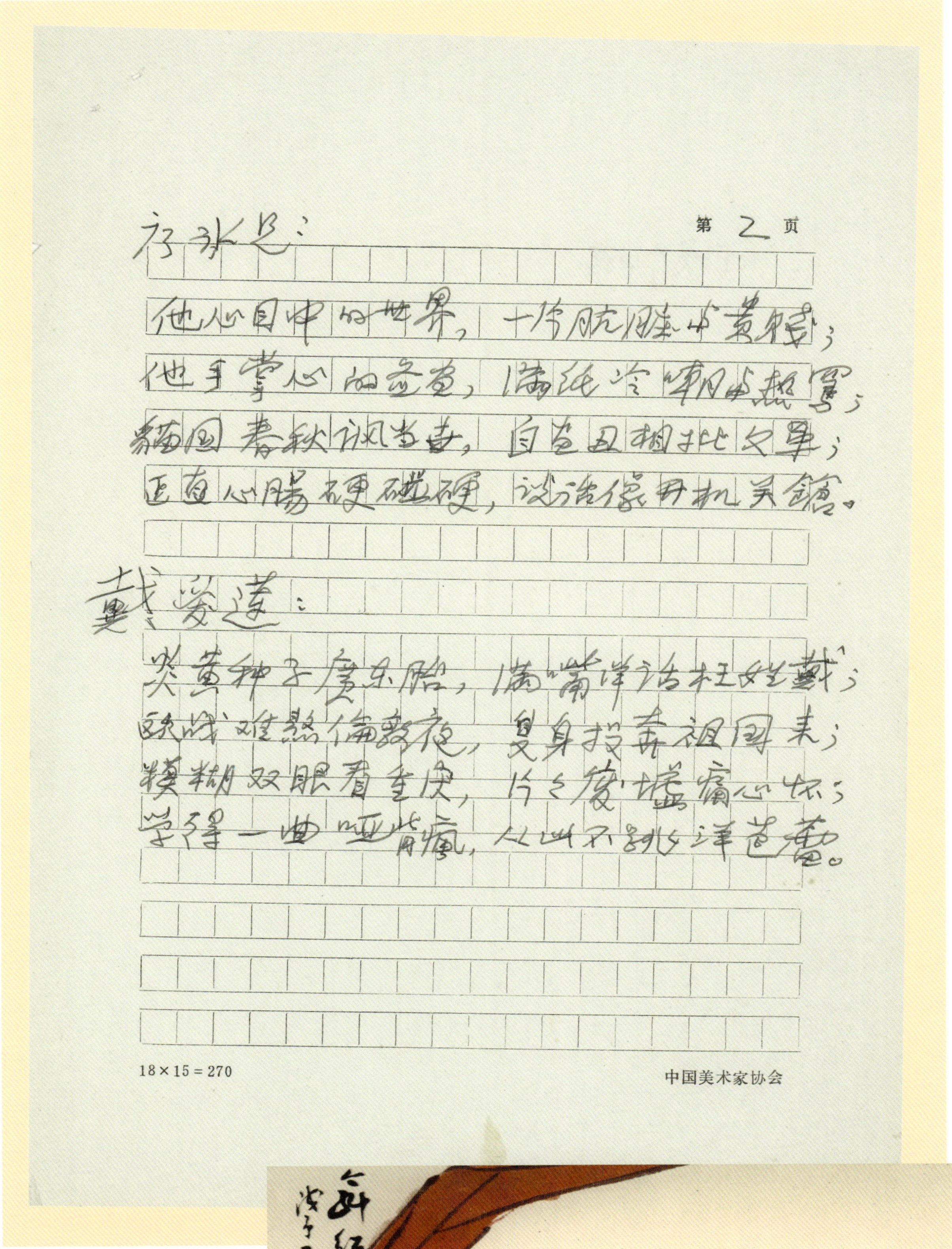
廖冰兄：　　第 2 页

他心目中的世界，一片肮脏和黄钱；
他手掌心的画笔，满纸冷嘲和热骂；
描画春秋讽当世，自画丑相批文章；
正直心肠硬碰硬，谈论像开机关枪。

戴爱莲：

炎黄种子广东胎，满嘴洋话枉姓戴；
欧战难熬伦敦夜，只身投奔祖国来；
模糊双眼看重庆，片片废墟痛心怀；
学得一曲哑背疯，从此不跳洋芭蕾。

18×15＝270　　中国美术家协会

舞红绸
浅予一九七五

叶浅予作品《舞红绸》

张乐平（1910~1992）

浙江海盐人。漫画家，20世纪30年代初在漫画界崭露头角，抗战时期率领漫画宣传队辗转各地宣传抗日，主编漫画报刊，解放后长年领军上海漫画队伍，晚年参与创办当时上海唯一一本漫画刊物《漫画世界》并任主编。他所创作的三毛形象，影响了几代读者，为中国漫画事业的发展做出了杰出的贡献。曾任全国政协委员，中国文联委员，中国美术家协会常务理事、顾问，上海市美术家协会副主席等职。代表作有《三毛流浪记》、《三毛从军记》等。

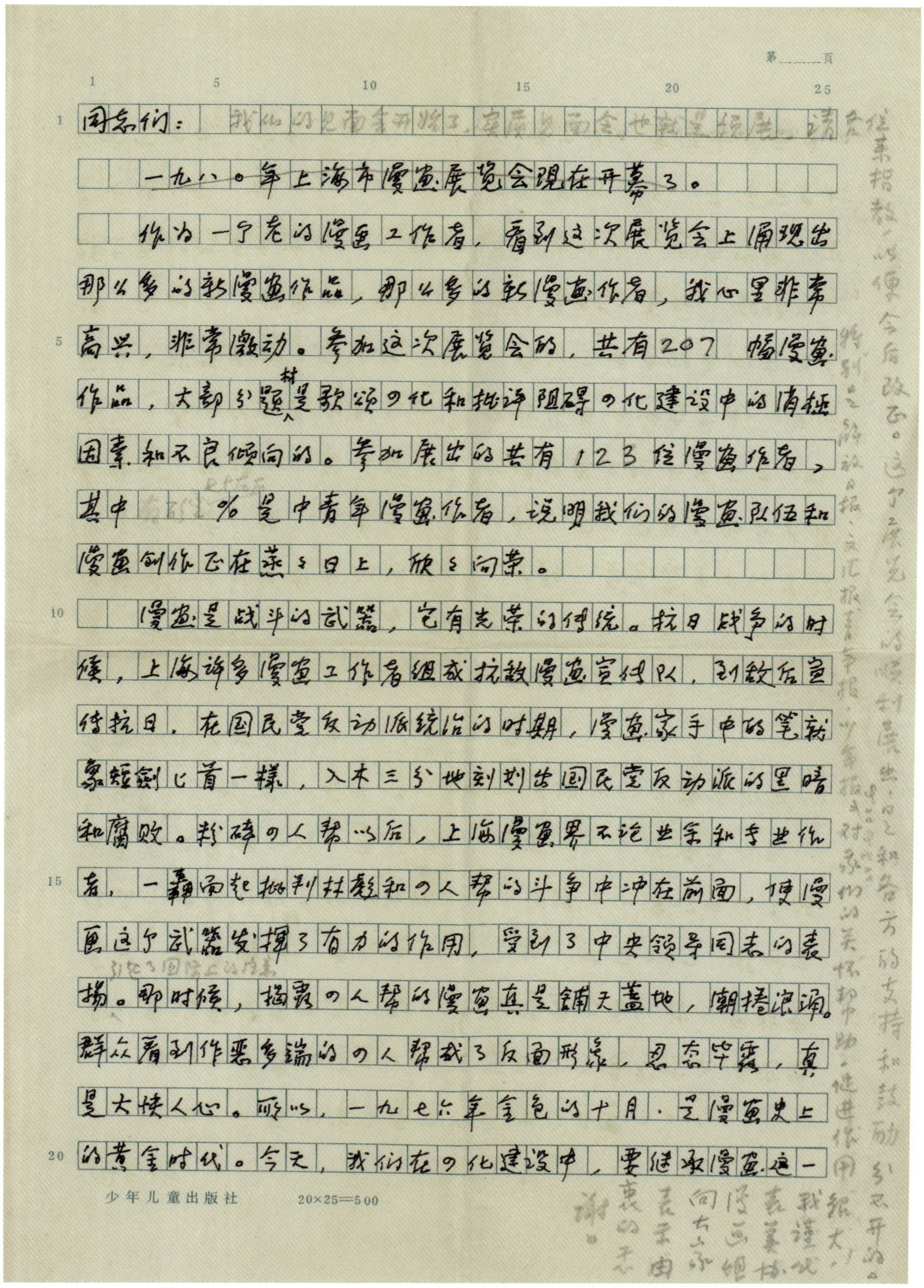

第____页

同志们：

一九八〇年上海市漫画展览会现在开幕了。

作为一个老的漫画工作者，看到这次展览会上涌现出那么多的新漫画作品，那么多的新漫画作者，我心里非常高兴，非常激动。参加这次展览会的，共有207幅漫画作品，大部分题材是歌颂四化和批评阻碍四化建设中的消极因素和不良倾向的。参加展出的共有123位漫画作者，其中 %是中青年漫画作者，说明我们的漫画队伍和漫画创作正在蒸蒸日上，欣欣向荣。

漫画是战斗的武器，它有光荣的传统。抗日战争的时候，上海许多漫画工作者组成抗敌漫画宣传队，到敌后宣传抗日。在国民党反动派统治的时期，漫画家手中的笔就象短剑匕首一样，入木三分地刻划出国民党反动派的黑暗和腐败。粉碎四人帮以后，上海漫画界不论业余和专业作者，一轰而起在批判林彪和四人帮的斗争中冲在前面，使漫画这个武器发挥了有力的作用，受到了中央领导同志的表扬。那时候，揭露四人帮的漫画真是铺天盖地，潮卷浪涌。群众看到作恶多端的四人帮成了反面形象，丑态毕露，真是大快人心。所以，一九七六年金色的十月，是漫画史上的黄金时代。今天，我们在四化建设中，要继承漫画这一

少年儿童出版社 20×25=500

赌

张乐平漫画作品

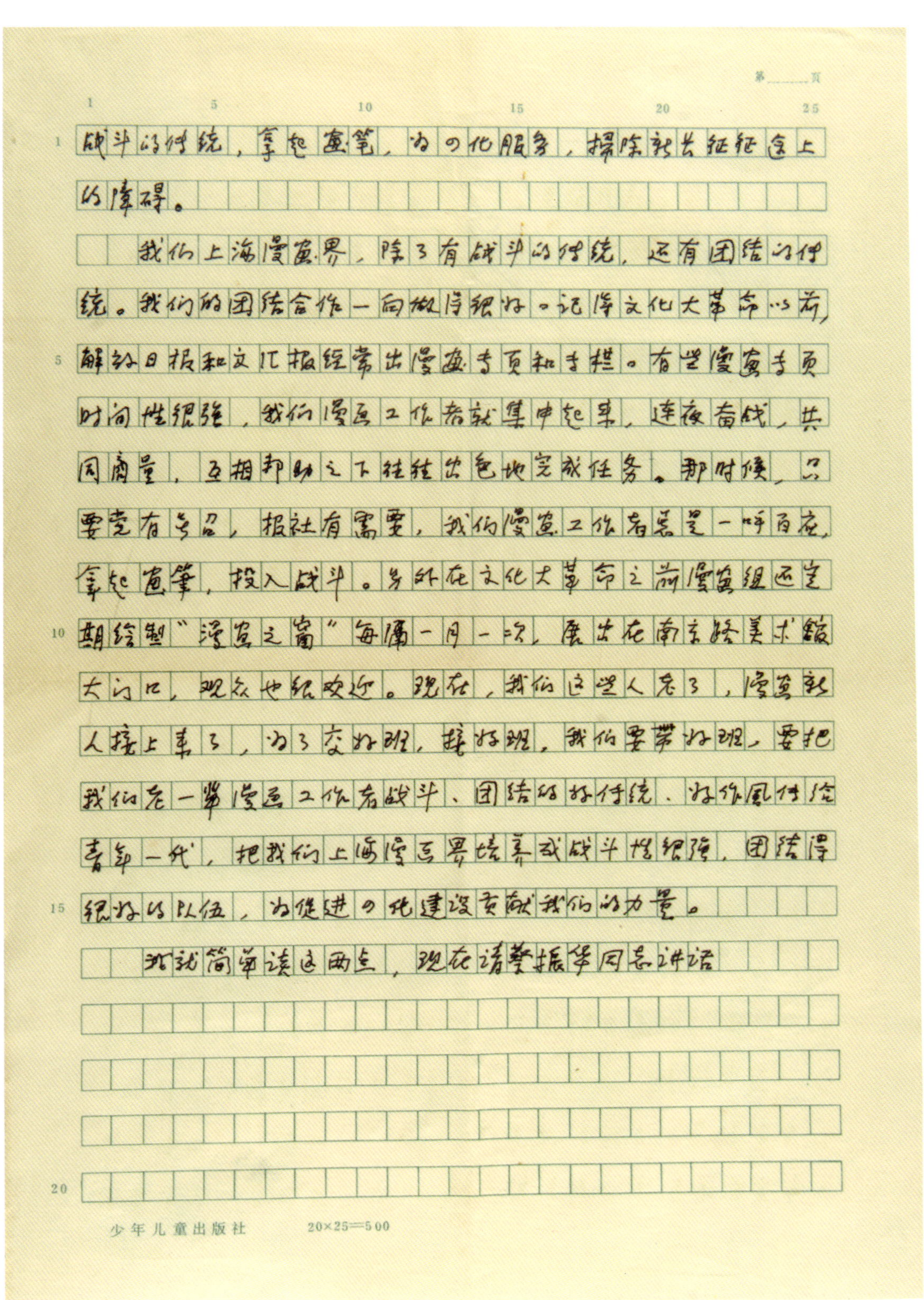
第____页

战斗的传统，拿起画笔，为四化服务，扫除新长征征途上的障碍。

我们上海漫画界，除了有战斗的传统，还有团结的传统。我们的团结合作一向做得很好。记得文化大革命以前，解放日报和文汇报经常出漫画专页和专栏。有些漫画专页时间性很强，我们漫画工作者就集中起来，连夜奋战，共同商量，互相帮助之下往往出色地完成任务。那时候，只要党有号召，报社有需要，我们漫画工作者总是一呼百应，拿起画笔，投入战斗。另外在文化大革命之前漫画组还定期绘制“漫画之窗”每隔一月一次，展出在南京路美术馆大门口，观众也很欢迎。现在，我们这些人老了，漫画新人接上来了，为了交好班，接好班，我们要带好班，要把我们老一辈漫画工作者战斗、团结的好传统、好作风传给青年一代，把我们上海漫画界培养成战斗性很强，团结得很好的队伍，为促进四化建设贡献我们的力量。

我就简单谈这两点，现在请蔡振华同志讲话

少年儿童出版社　20×25=500

5

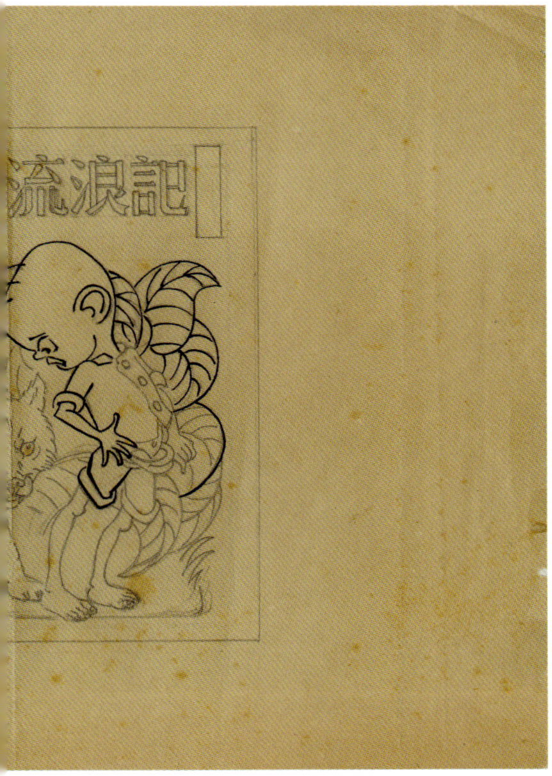
流浪記

1980 年上海市漫画展览会预展上的发言稿　　张乐平

1980年作

此稿为张乐平在1980年上海漫画展览会上的发言稿。时任上海美术界领导的张乐平，在本次展览预展上的讲话中，简要介绍了展览的特点，并回顾了上海漫画界战斗与团结的光荣传统，对传承优良传统提出了希望。

廖冰兄（1915~2006）

广西象州人。原名廖东生，因其妹名廖冰，故以冰兄为笔名。漫画家。1932年起从事漫画创作。抗战初期，由香港返回广东，以画宣传抗日救国，受到夏衍支持，在《救亡日报》特辟专栏刊登作品。1945～1946年举办八人抗日漫画展，《猫国春秋》漫画展，轰动一时。建国后，历任广州市文联编辑出版部部长、华南文艺学院教授等职。代表作有《猫国春秋》、《冰兄漫画——1932至1982年作品选》等。

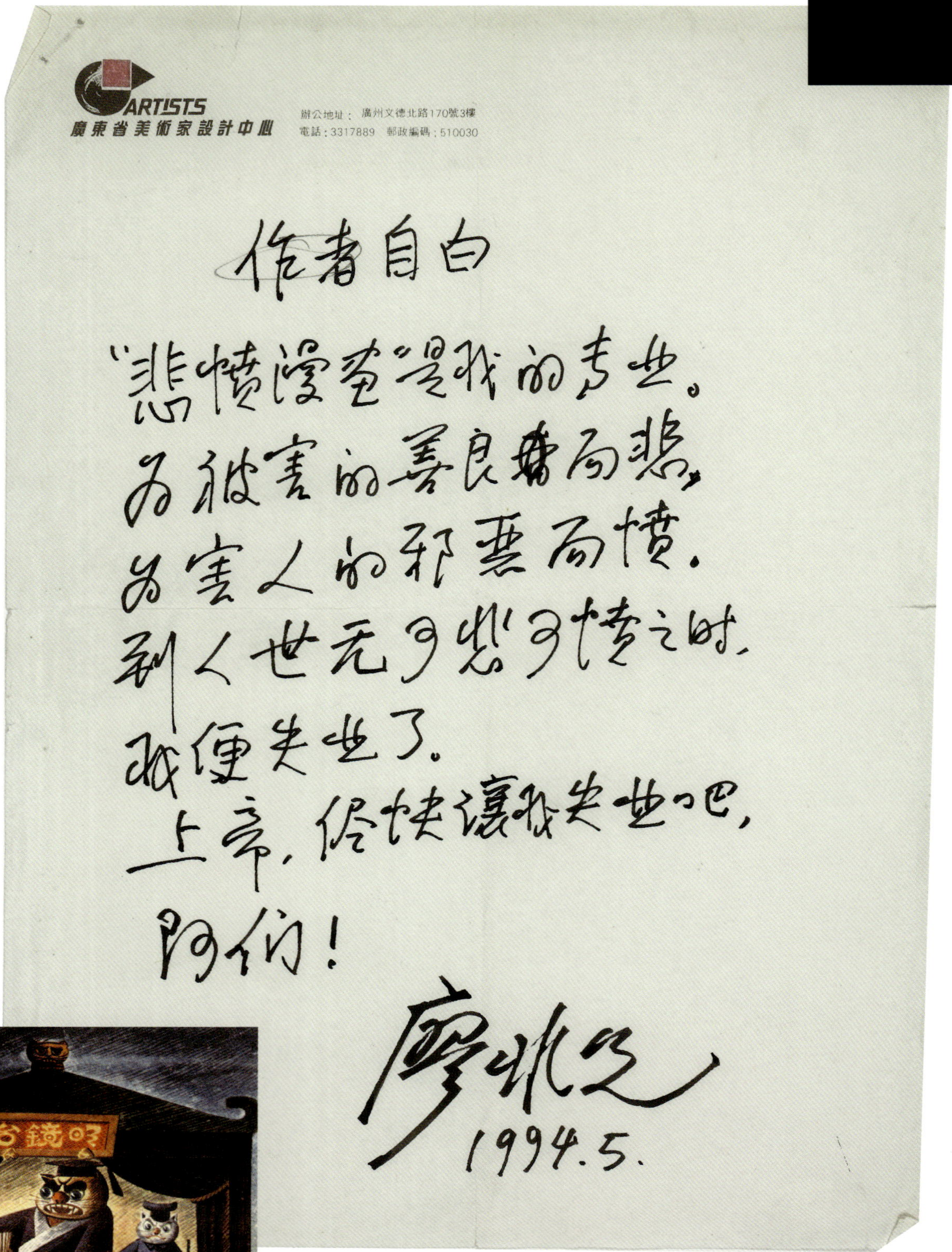

ARTISTS 廣東省美術家設計中心
辦公地址：廣州文德北路170號3樓
電話：3317889 郵政編碼：510030

作者自白

"悲愤漫画"是我的专业。
为被害的善良而悲，
为害人的邪恶而愤。
到人世无可悲可愤之时，
我便失业了。
上帝，尽快让我失业吧，
阿们！

廖冰兄
1994.5.

廖冰兄漫画作品

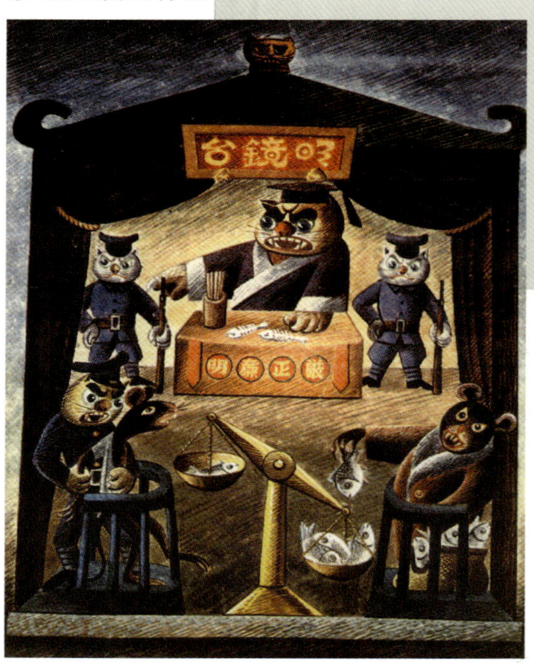
台鏡明

自白　　廖冰兄

1994年作　　《我画你写——文化人肖像集》外文出版社1996年出版

廖冰兄的漫画是独特的，不是餐中调料或餐后甜点，看他的漫画甚至会令人笑中带泪，感到莫名的沉重和压抑。廖冰兄在《自白》中写道："'悲愤漫画'是我的专业。为被害的善良而悲，为害人的邪恶而愤。到人世无可悲可愤之时，我便失业了。上帝，尽快让我失业吧，阿们！"1996年，外文出版社出版的《我画你写——文化人肖像集》将此文收入其中。

丁聪（1916~2009）

上海金山人。笔名小丁。漫画家。读中学时即开始发表漫画，抗日战争时期辗转于香港及西南大后方，从事画报编辑，舞台美术设计，艺专教员和画抗战宣传画等工作，同时创作抗日宣传画，参加过多次画展。1945~1947年在上海发表大量争民主、反内战的政治讽刺画。建国后，历任《人民画报》副总编、中国美术家协会漫画艺术委员会主任等职。代表作有《阿Q正传》插图、《丁聪漫画系列》，中外文版的《古趣图》、《今趣图》等。

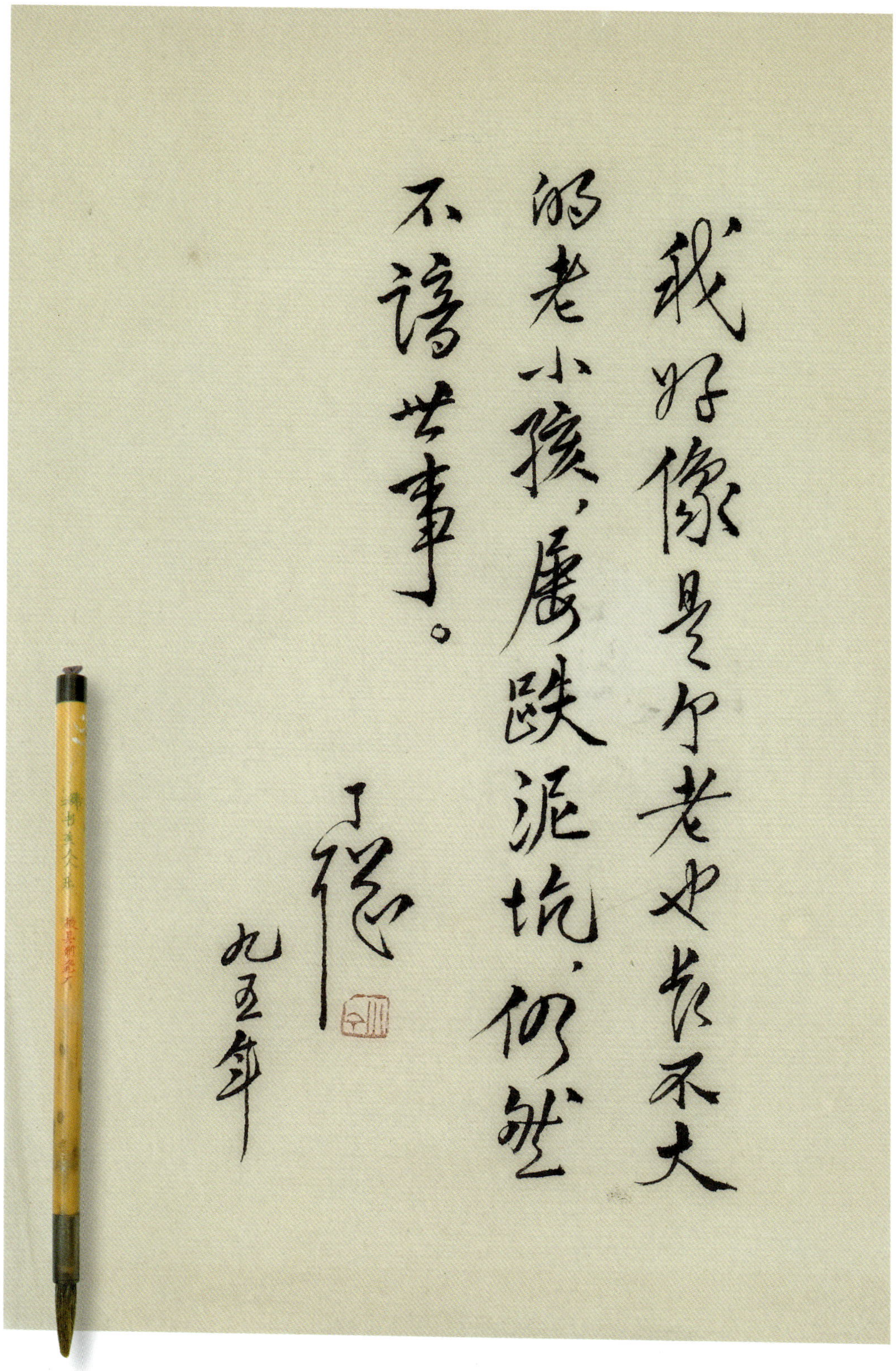

我好像是个老也长不大的老小孩，屡跌泥坑，仍然不谙世事。

丁聪

九五年

丁聪漫画作品

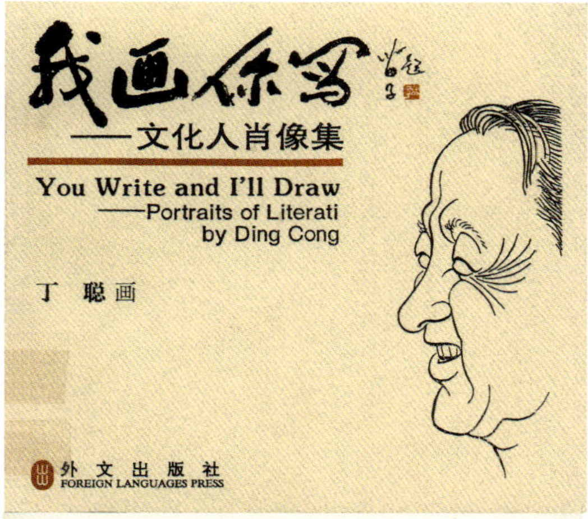
我画你写
——文化人肖像集
You Write and I'll Draw
——Portraits of Literati
by Ding Cong
丁 聪 画
外 文 出 版 社
FOREIGN LANGUAGES PRESS

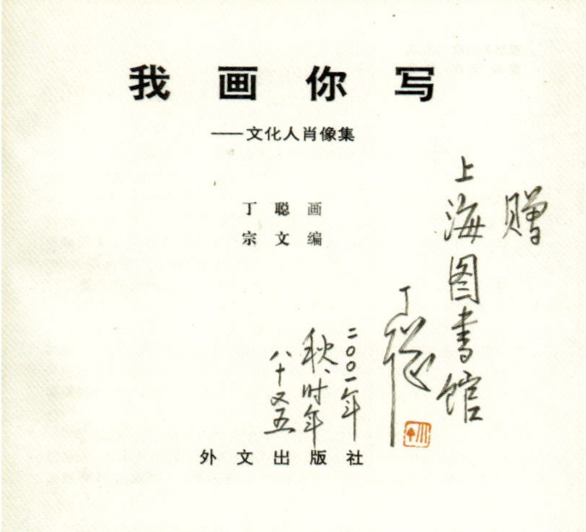
我 画 你 写
——文化人肖像集
丁 聪 画
宗 文 编
赠上海图书馆
丁聪
二〇〇一年秋 时年八十又五
外 文 出 版 社

小丁自述　　丁聪

1995年作　　《我画你写——文化人肖像集》外文出版社1996年出版

丁聪一生创作了大批刻画得惟妙惟肖的文化名人肖像。《我画你写——文化人肖像集》不仅收录了肖像，还把被画者本人及友朋们的言谈一起编入。收入此书的像主，大都是丁聪友朋，而他们相互之间，很多人亦是朋友，因此，所写的话不论是自嘲、调侃或“吹捧”，充满了友情的温馨。丁聪也给出了自画像的自述：“我好像是个老也长不大的老小孩，屡跌泥坑，仍然不谙世事。”

沈柔坚（1919~1998）

福建诏安人。画家。龙溪师范学校肄业。十五六岁起学习版画。抗日战争爆发后，参加新四军，从事美术创作。建国后，历任上海市军管会美术室主任、华东美术家协会创作委员会主任、中国美术家协会常务理事和上海分会副主席、《辞海》美术科目主编、《中国美术辞典》主编等职。作品《村屋》1986年获第九届全国版画展优等奖。著有《绘画与生活》。出版有《沈柔坚画集》、《沈柔坚速写》等。

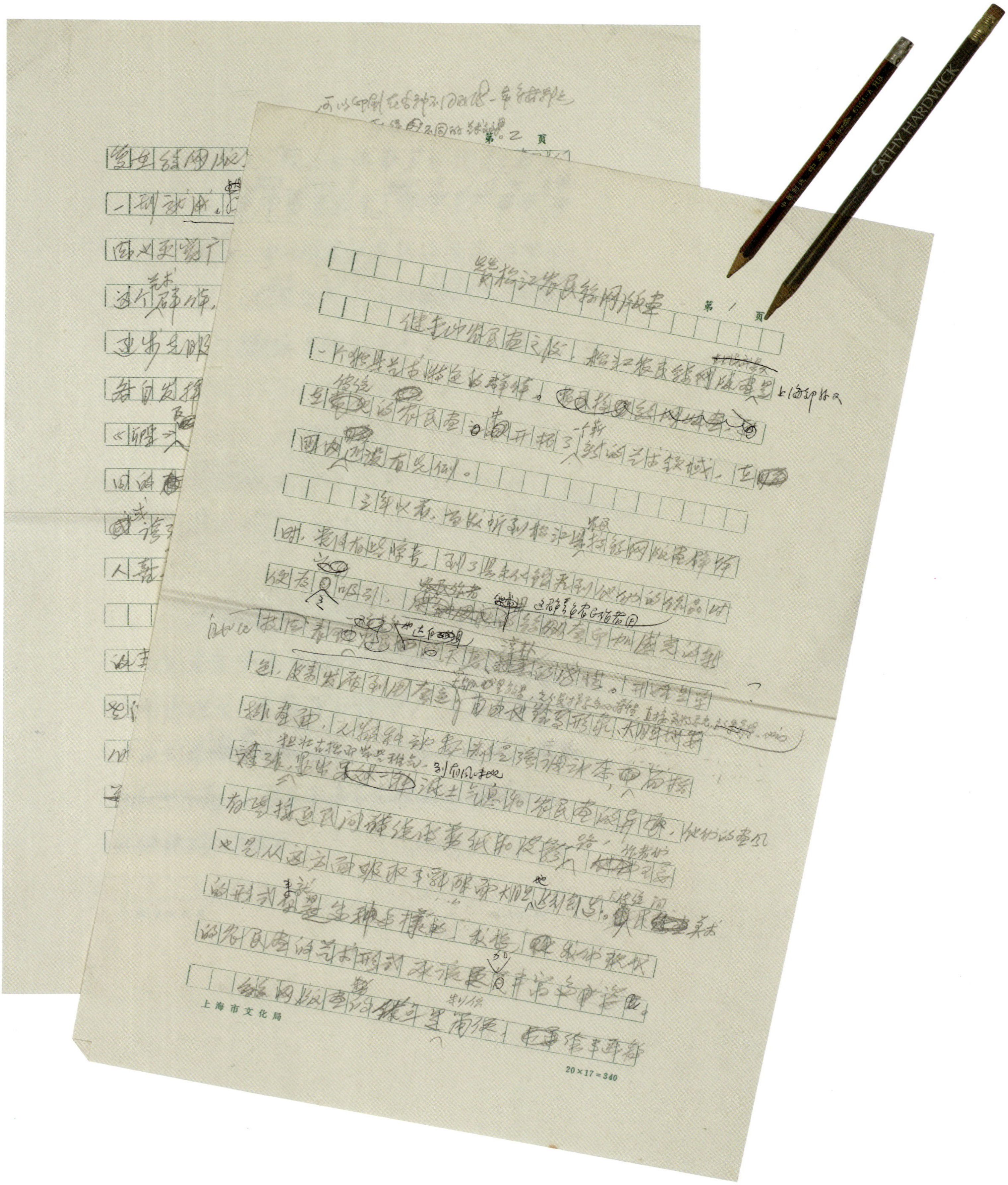
第 2 页
第 1 页
上海市文化局
20×17=340
CATHY HARDWICK

沈柔坚版画《渔舟》

赞松江丝网版画　　沈柔坚

1988年作　　《柔坚画谭》上海书店1990年出版

松江农民丝网版画与金山农民画、宝山农民画一起被并称为中国三大农民画。松江农民丝网版画脱胎于原有农民画的一般模式，利用丝网套印加感光的创新技法，使制版速度大大加快，表现手法也更宽广，可以印刷在各种不同的材料上，取得独特的艺术效果。该画种画面大胆、夸张，古拙并带有稚气，显出泥土气息和艺术天趣。沈柔坚撰文《赞松江丝网版画》，文中热情地称誉松江丝网版画“在传统的农民画中，开拓了一个崭新的艺术领域”。此文收录于《柔坚画谭》，手稿中有作者修改的痕迹。1998年，汉语大词典出版社出版《松江农民丝网版画》，著者选用这篇文章代序。

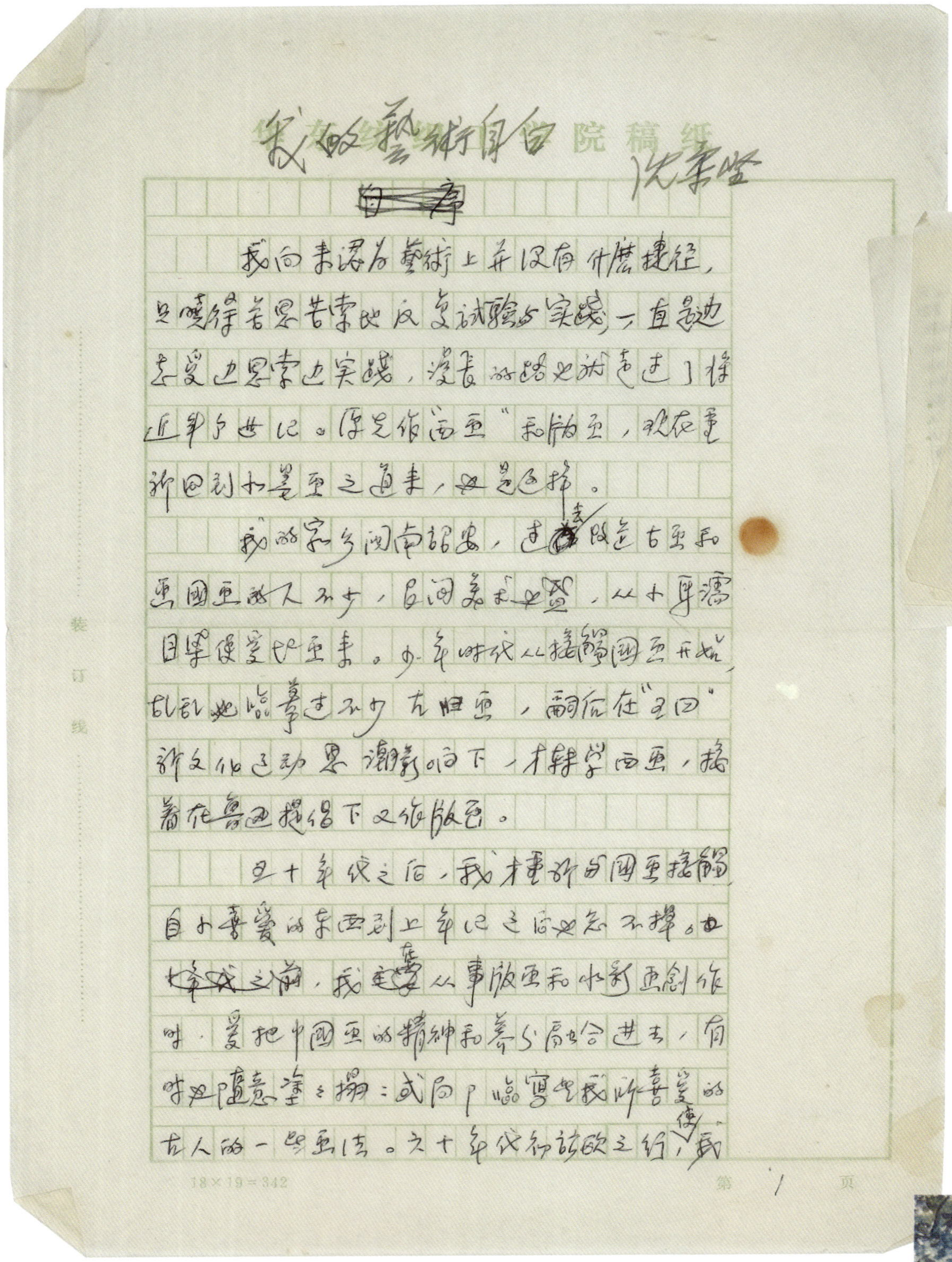

我的艺术自白 沈柔坚

我向来认为艺术上并没有什么捷径，只晓得苦思苦索地反复试验与实践，一直是边走边思索边实践，沿着这条路走过了将近半个世纪。除了作油画和版画，现在重新回到水墨画之道来，也是这样。

我的家乡闽南诏安，过去出过许多古画和画国画的人，民间美术也发达，从小耳濡目染便爱上画来。少年时代从接触国画开始，乱乱地临摹过不少古旧画，嗣后在"五四"新文化运动思潮影响下，才转学西画，接着在鲁迅提倡下又作版画。

五十年代之后，我才重新与国画接触，自小喜爱的东西到上年纪之后总忘不掉。在从事版画和水彩画创作时，要把中国画的精神和养分融合进去，有时也随意涂涂抹抹或向古临写些我所喜爱的古人的一些画法。六十年代初访欧之行，使我

18×19=342 第 1 页

沈柔坚油画作品

我的艺术自白 沈柔坚

1988年作 《柔坚画谭》上海书店1990年出版

沈柔坚作画、读书之余，也喜欢写些生活感受，创作心得之类的文章。1990年上海书店出版的《柔坚画谭》记录了沈柔坚数十年来在艺术道路上留下的足迹，收录了他所有谈画的文字。《我的艺术自白》初稿创作时间为1988年11月11日，手稿中有作者修改的痕迹，正式发表落款时间修订为1989年2月。

新凤霞（1927~1998）

新凤霞

天津人。原名杨淑敏。评剧演员。出身贫寒，7岁随刀马花旦堂姊杨金香学京剧。13岁拜邓观堂等为师。慧敏好学，十五六岁即任主演。解放后，艺术才能得到充分发挥，唱腔优美动听，以“疙瘩腔”著称。擅演《刘巧儿》、《花为媒》等。1951年参加解放军总政文工团，后又创立总政评剧团。1955 年中国评剧院成立，新凤霞在中国评剧院一团任演员、院艺术委员会副主任等职。著有《新凤霞回忆录》等。

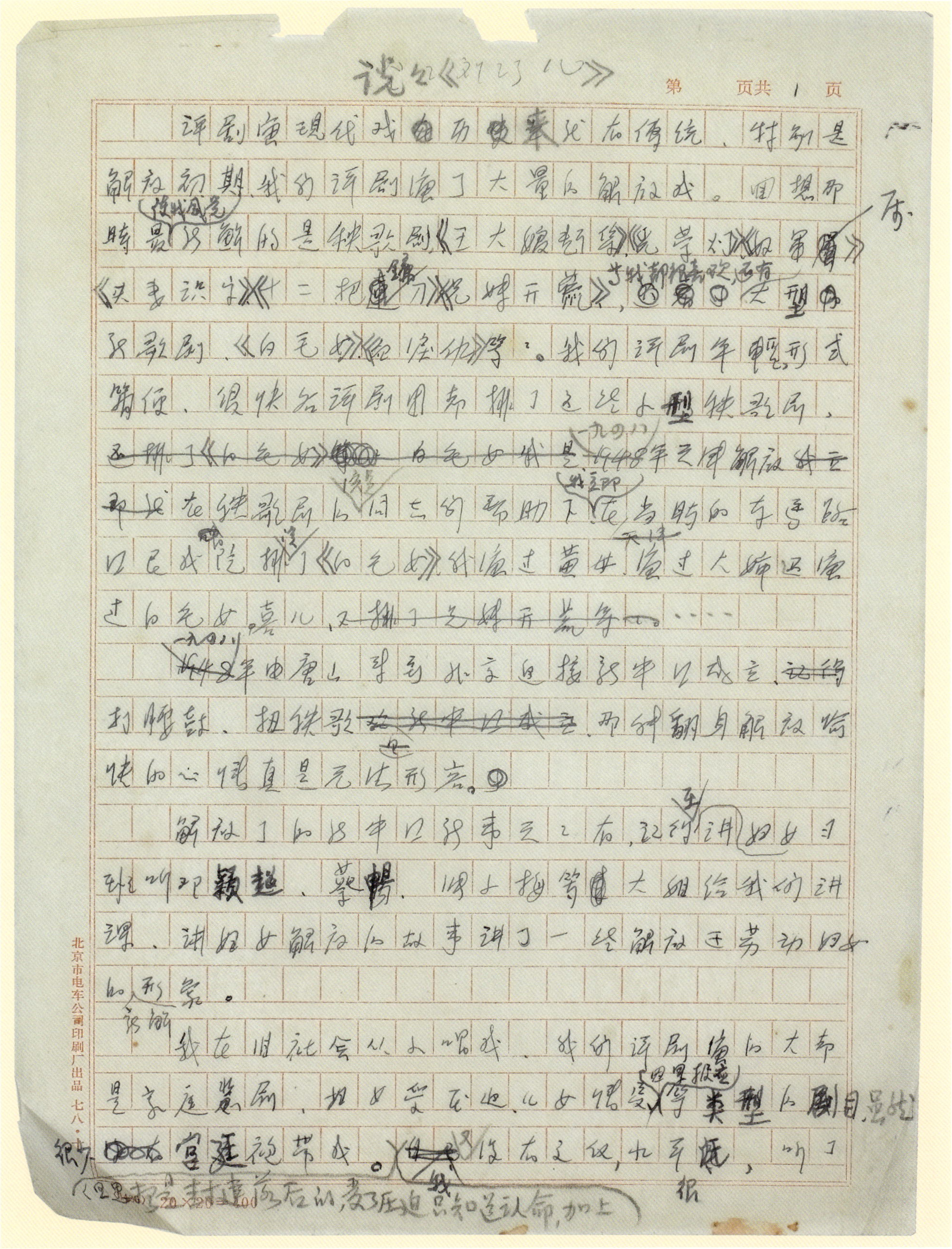

说《刘巧儿》 第 页共 1 页

评剧演现代戏有历史有优良传统，特别是解放初期我们评剧演了大量的解放戏。回想那时最受欢迎的是秧歌剧《王大娘赶集》《[illegible]》《夫妻识字》《十二把镰刀》《兄妹开荒》，[illegible]大型歌剧《白毛女》《血泪仇》等。我们评剧[illegible]形式简便，很快各评剧团都排了这些小型秧歌剧，[illegible]一九四八年天津解放[illegible]在秧歌剧团同志的帮助下[illegible]排了《白毛女》，我演过黄母，演过大婶，还演过白毛女喜儿……

一九四八年由唐山到了北京，迎接新中国成立，打腰鼓、扭秧歌，那种翻身解放愉快的心情真是无法形容。

解放了的妇女中国新事多多，记得讲妇女[illegible]，[illegible]大姐给我们讲课，讲妇女解放的故事，讲了一些解放区劳动妇女的形象。

我在旧社会从小唱戏，我们评剧演的大都是家庭[illegible]剧，[illegible]宫廷[illegible]带戏。[illegible]

[illegible]封建[illegible]知道认命，加上

20×20=400

北京市电车公司印刷厂出品 七八·

《刘巧儿》剧照

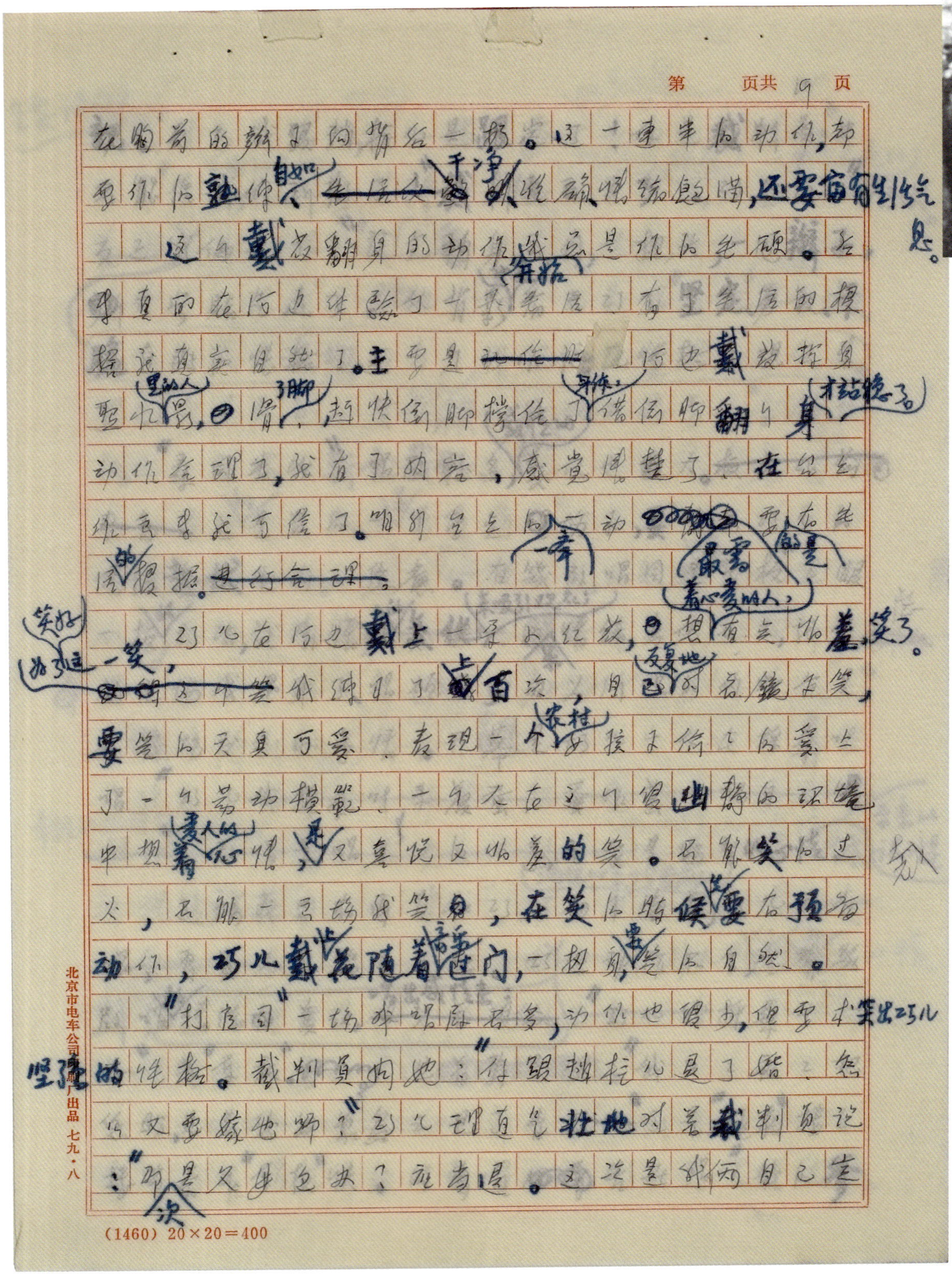
第 页共 9 页
北京市电车公司印刷厂出品 七九·八
(1460) 20×20=400

说说“刘巧儿” 新凤霞

《新凤霞回忆录》 香港三联书店1980年出版

新凤霞的文章第一次发表于1957年，当时她正在学写日记，正巧被记者夏景凡发现，拿去发表在《人民日报》上。“文革”结束后，新凤霞正式开始学习写作。她的文章充满了真挚朴实的感情，让人感觉“一片天籁”。1980年香港三联书店出版了《新凤霞回忆录》，《说说“刘巧儿”》亦发表其中。《刘巧儿》是青年时代新凤霞主演的一出在全国产生重大影响的剧目。人们通过《刘巧儿》了解评剧，新凤霞演唱艺术也获得广大评剧观众的喜爱。手稿中有多处蓝笔修改校正，这些正是丈夫吴祖光的真情付出，新凤霞曾谓“跟才子吴祖光结婚助我学文化”。

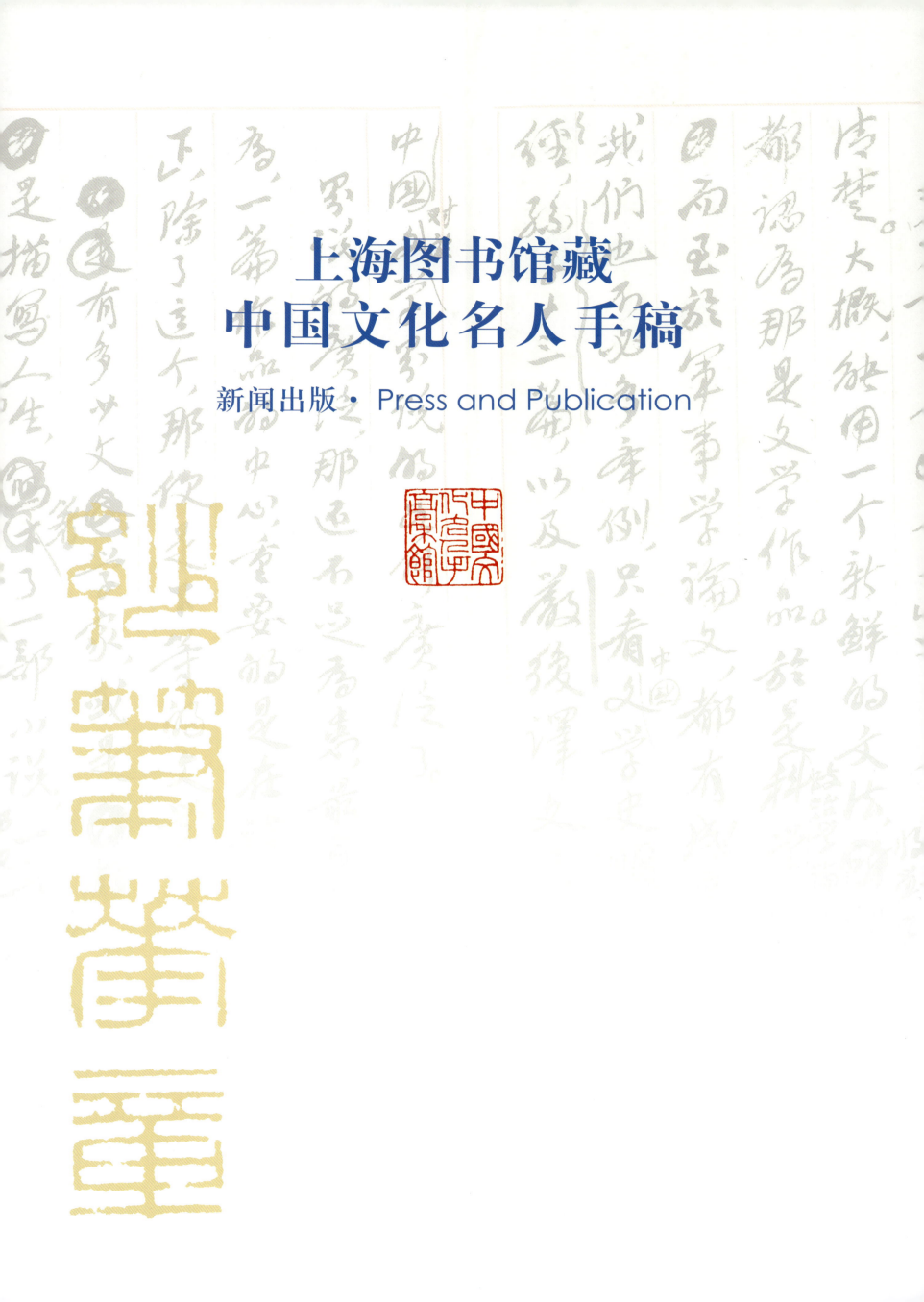

上海图书馆藏
中国文化名人手稿

新闻出版・Press and Publication

戈公振（1890~1935）

江苏东台人。原名绍发，号公振。新闻记者、新闻学家。1912年在《东台日报》任编辑。1913年到上海有正书局图画部当学徒，次年入《时报》社任职十余年至总编辑。1920年首创了《图画时报》，1930年创办《申报星期画刊》。1925年起在多所大学讲授新闻学和中国报学史。1927年出国考察报业历时达两年。1933年至1935年夏在苏联考察，并为国内报刊撰写通讯，报道苏联状况。回国后因病去世。著有《中国报学史》等。

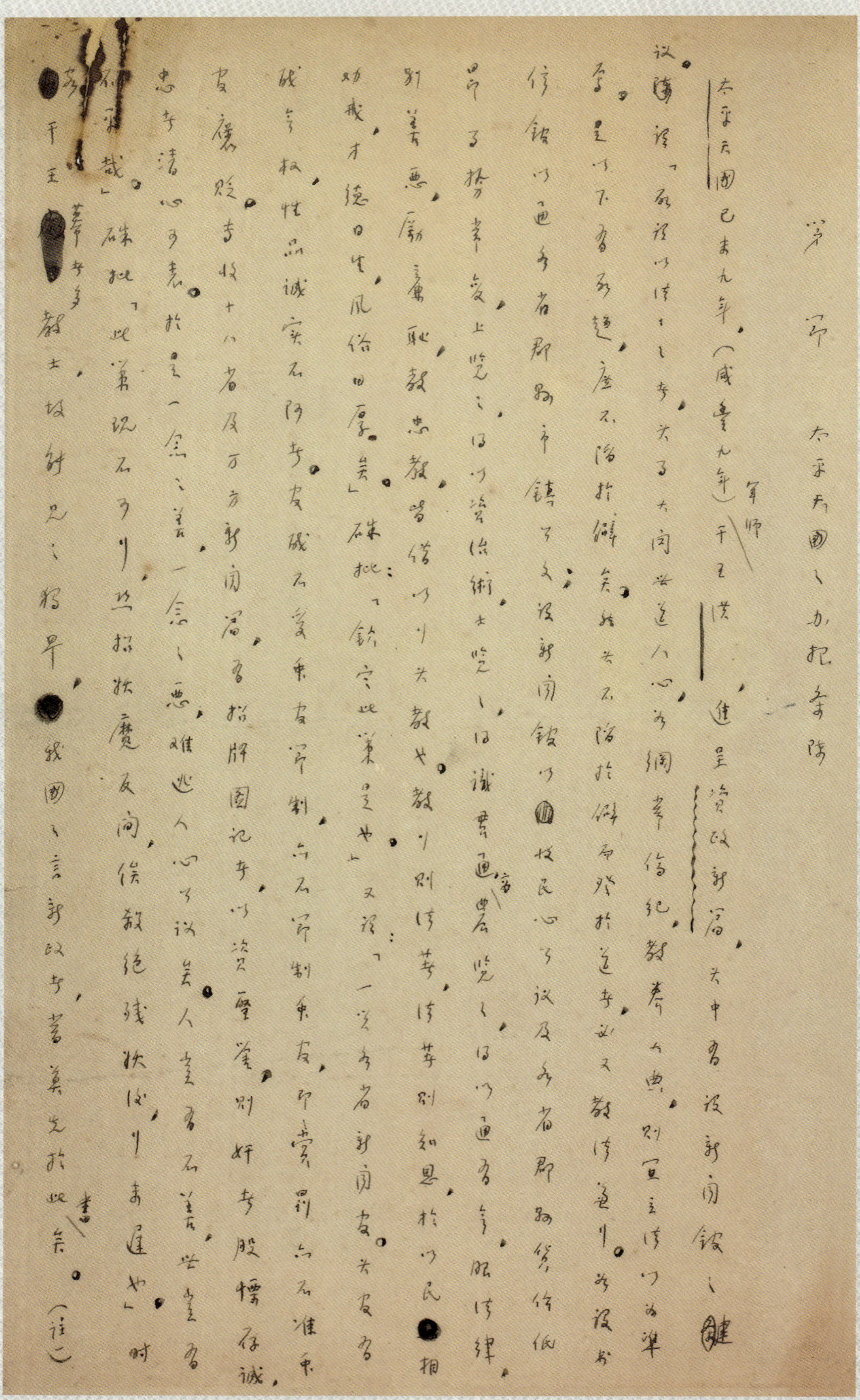

第 节 太平天国之办报条陈

太平天国己未九年（咸丰九年）干王洪仁玕进呈资政新篇，其中有设新闻馆之建议。谓：「取证以往之事，大都出自人心所关，宜纪载其要典，则可立法以为准守。是以下有变通，庶不陷于僻矣；然亦不陷于僻而终于遍者，必又教法兼行。如设书信馆以通各省郡县市镇公文，设新闻馆以收民心公议及各省郡县货价低昂，事势常变。上览之，得以资治术；士览之，得以识变通；商农览之，得以通有无，昭法律，别善恶，励廉耻，教忠孝，皆借此以行其教也。教行则法著，法著则知恩，于以民相劝戒，才德日生，风俗日厚矣」。硃批：「钦定此策是也」。又谓：「一兴各省新闻官，其官有职无权，性品诚实不阿者，官职不受众官节制，亦不节制众官，即赏罚亦不准众官褒贬。专收十八省及万方新闻篇有招牌图记者，以资圣鉴，则奸者股慄存诚，忠者清心可表，于是一念之善，一念之恶，难逃人心公议矣。人岂有不善，世岂有不平哉」。硃批：「此策现不可行，恐招妖魔乘间，俟杀绝残妖后行未迟也」。时干王年方多，教士投其所见之独早，我国之言新政者，当莫先于此矣。（注一）

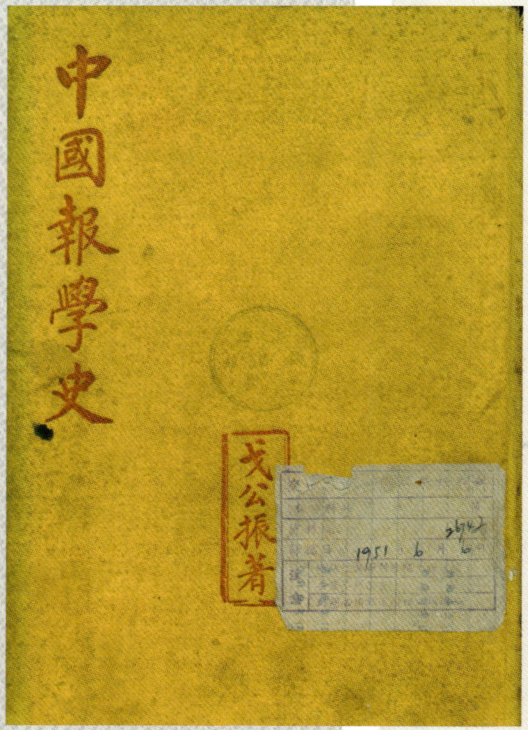
中國報學史
戈公振著

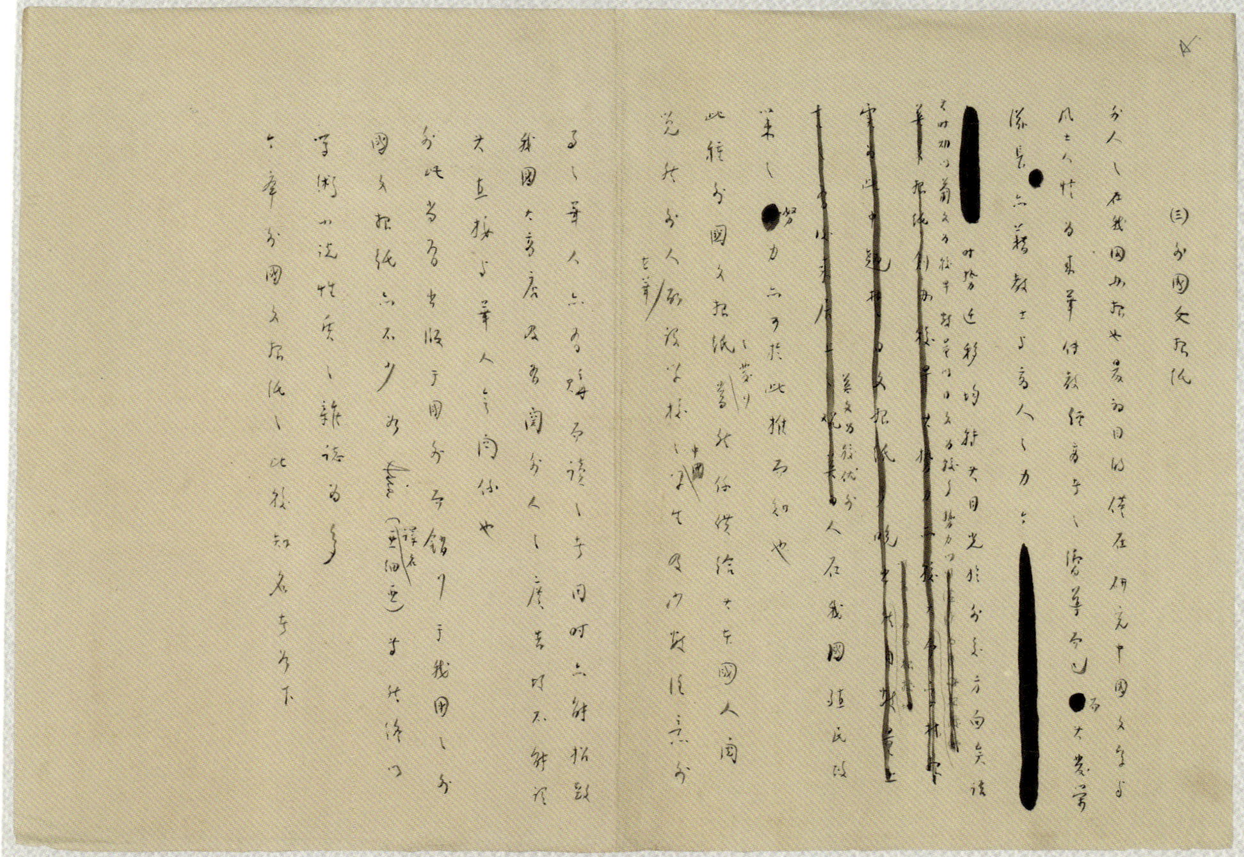

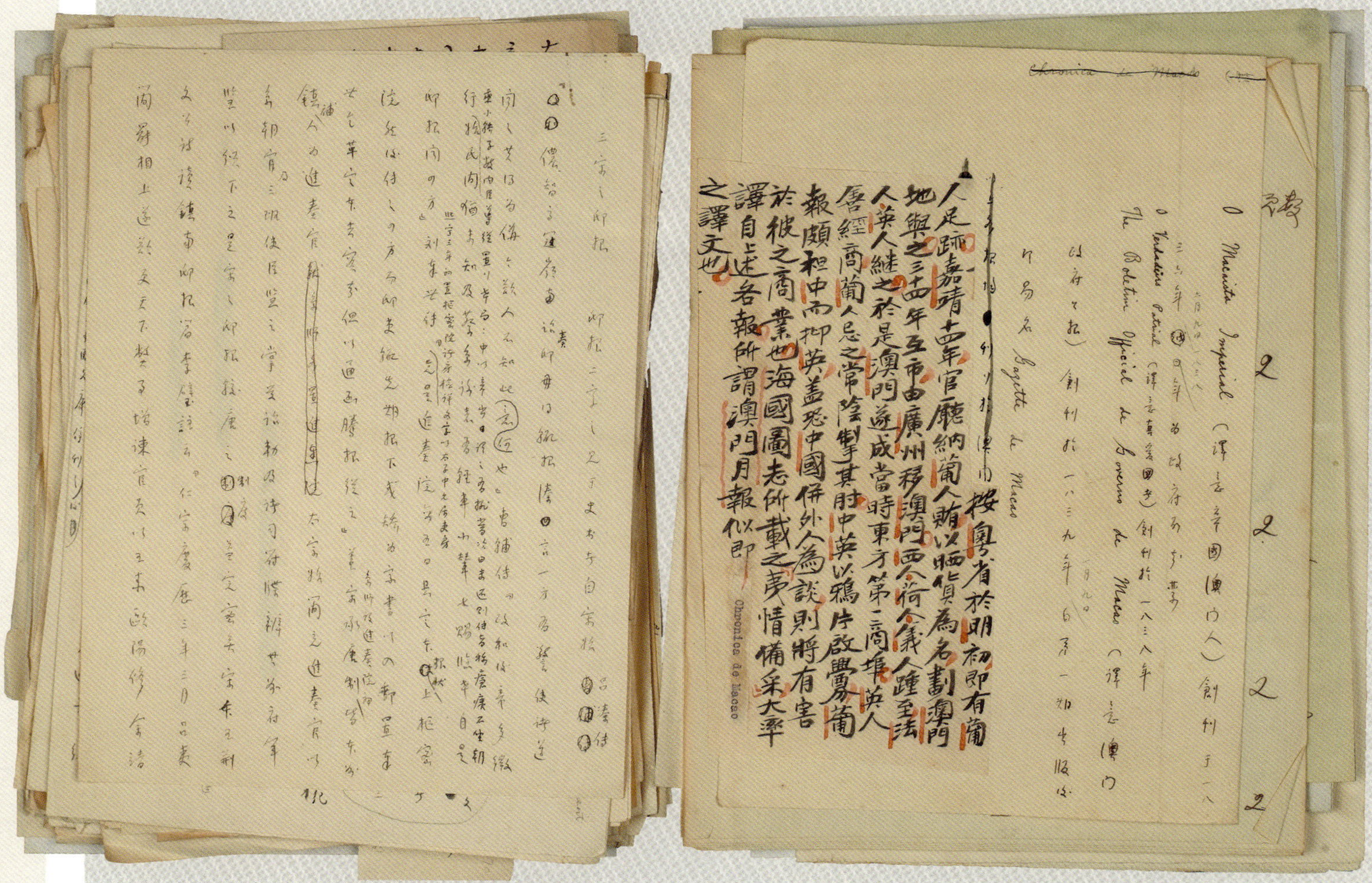

中国报学史　　戈公振

商务印书馆1927年出版

戈公振所著《中国报学史》是我国第一部全面系统论述中国新闻事业发展历程的专著，此书材料丰富详实，1927年11月由商务印书馆出版后，深受好评。20世纪50年代，作者的侄子戈宝权将戈公振藏书捐赠于徐家汇藏书楼，其中一函稿本即为戈公振撰写此书的手稿散页和作者所搜集的资料摘录。

任白涛（1890~1952）

河南南阳人。笔名一碧、冷公。新闻工作者、新闻学者。早年曾任《民立报》、《神州日报》、《时报》、《新闻报》驻开封特约通讯员。1916年赴日留学，在早稻田大学攻读政治经济学，在日本求学期间写成了我国第一部新闻学专著《应用新闻学》。1921年回国，在杭州创建中国新闻学社。建国后，定居上海，继续从事新闻学研究，是中国新闻学建设的开拓者之一。著有《应用新闻学》、《综合新闻学》、《日本对华的宣传政策》、《抗战期间的新闻宣传》等。

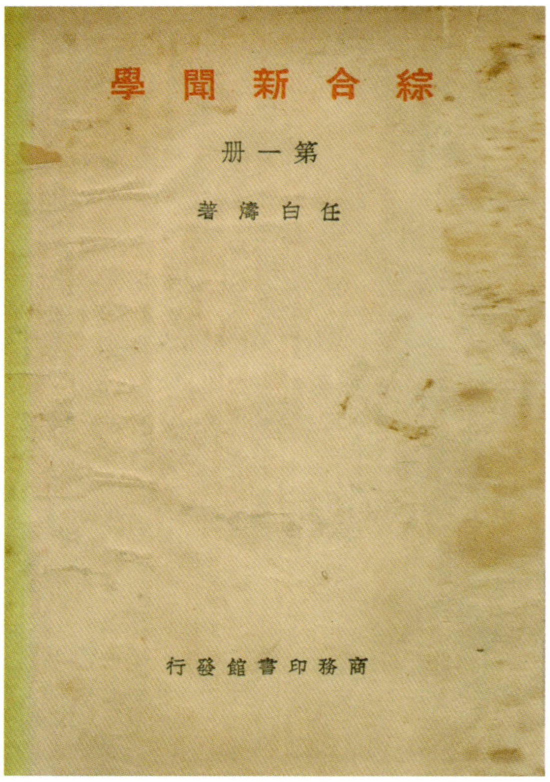
綜合新聞學
第一冊
任白濤著
商務印書館發行

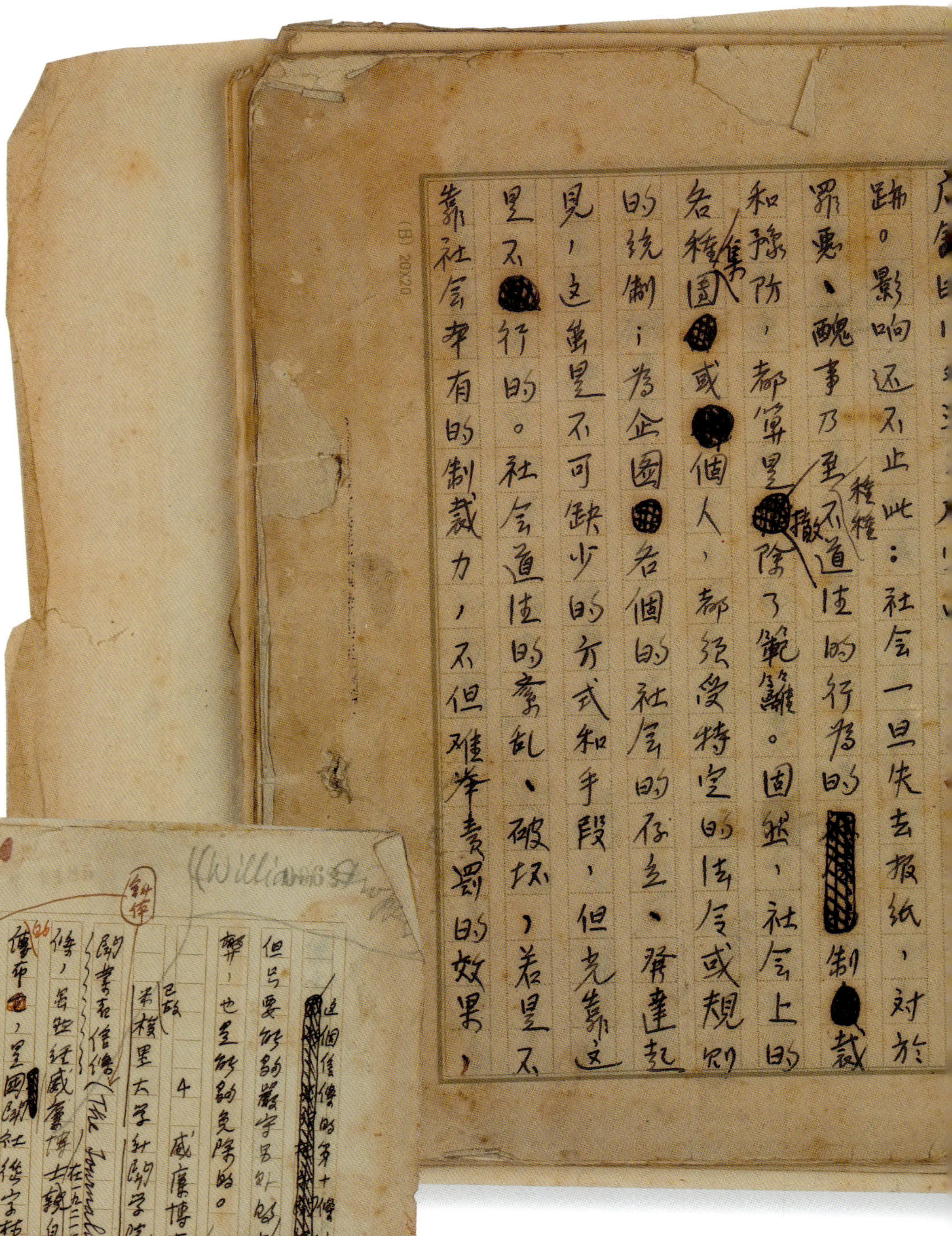

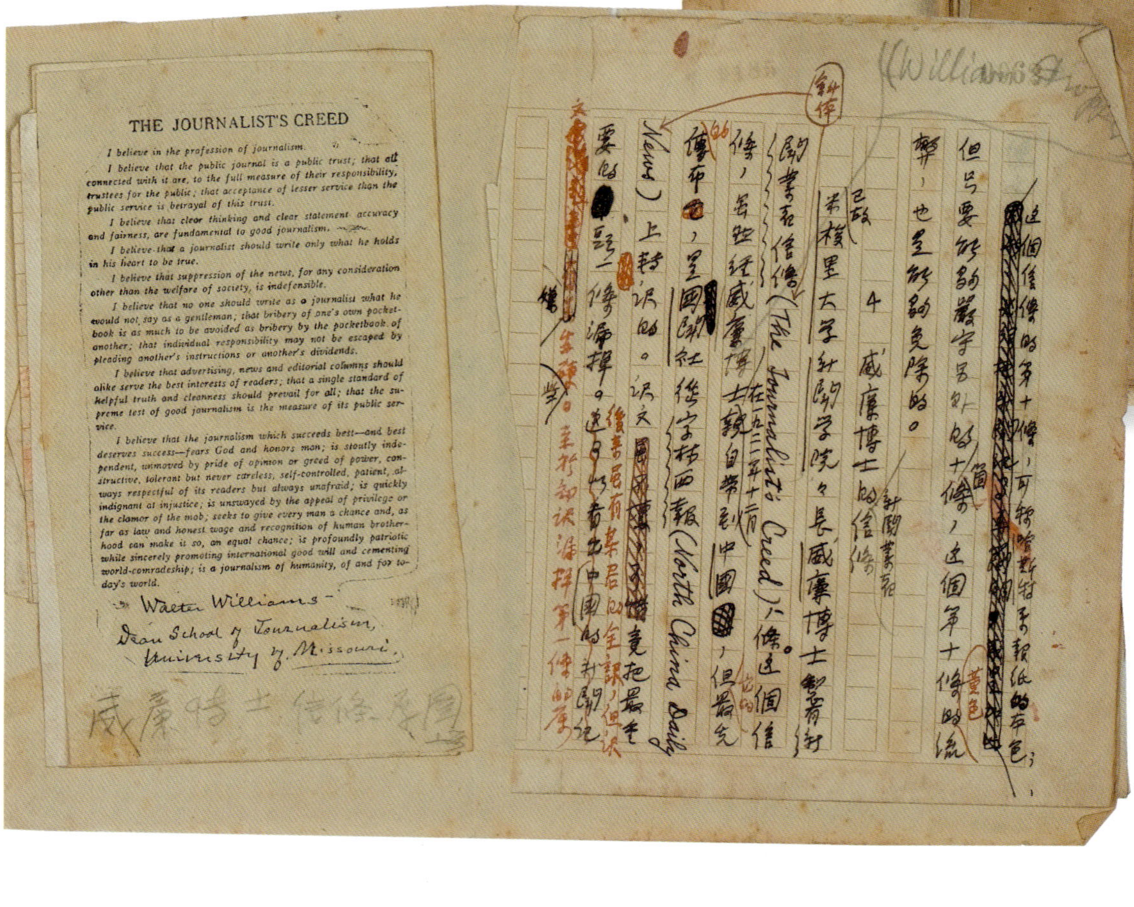

THE JOURNALIST'S CREED

I believe in the profession of journalism.

I believe that the public journal is a public trust; that all connected with it are, to the full measure of their responsibility, trustees for the public; that acceptance of lesser service than the public service is betrayal of this trust.

I believe that clear thinking and clear statement accuracy and fairness, are fundamental to good journalism.

I believe that a journalist should write only what he holds in his heart to be true.

I believe that suppression of the news, for any consideration other than the welfare of society, is indefensible.

I believe that no one should write as a journalist what he would not say as a gentleman; that bribery of one's own pocketbook is as much to be avoided as bribery by the pocketbook of another; that individual responsibility may not be escaped by pleading another's instructions or another's dividends.

I believe that advertising, news and editorial columns should alike serve the best interests of readers; that a single standard of helpful truth and cleanness should prevail for all; that the supreme test of good journalism is the measure of its public service.

I believe that the journalism which succeeds best—and best deserves success—fears God and honors man; is stoutly independent, unmoved by pride of opinion or greed of power, constructive, tolerant but never careless, self-controlled, patient, always respectful of its readers but always unafraid; is quickly indignant at injustice; is unswayed by the appeal of privilege or the clamor of the mob; seeks to give every man a chance and, as far as law and honest wage and recognition of human brotherhood can make it so, an equal chance; is profoundly patriotic while sincerely promoting international good will and cementing world-comradeship; is a journalism of humanity, of and for today's world.

Walter Williams
Dean School of Journalism,
University of Missouri.

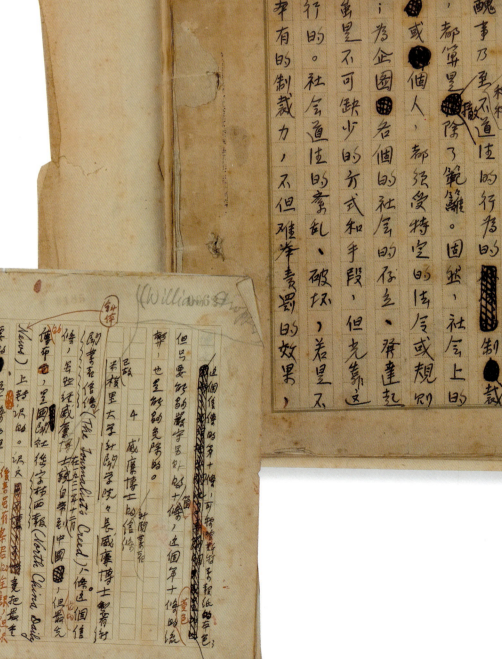

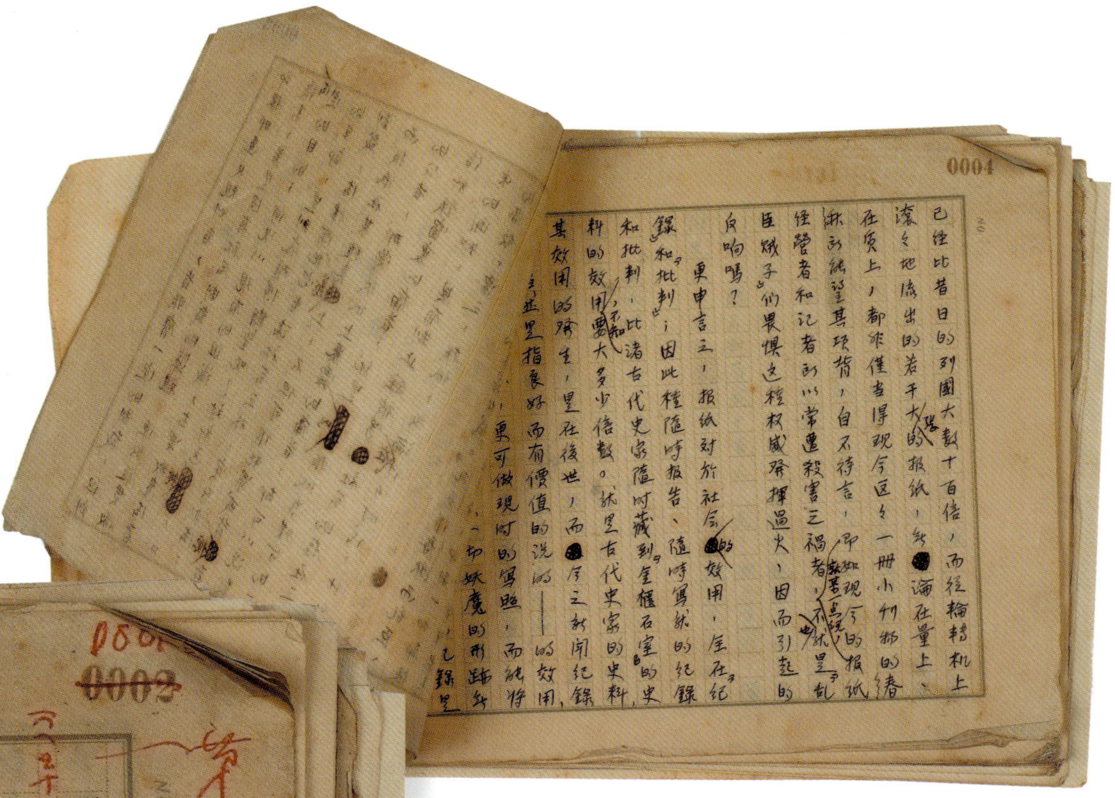

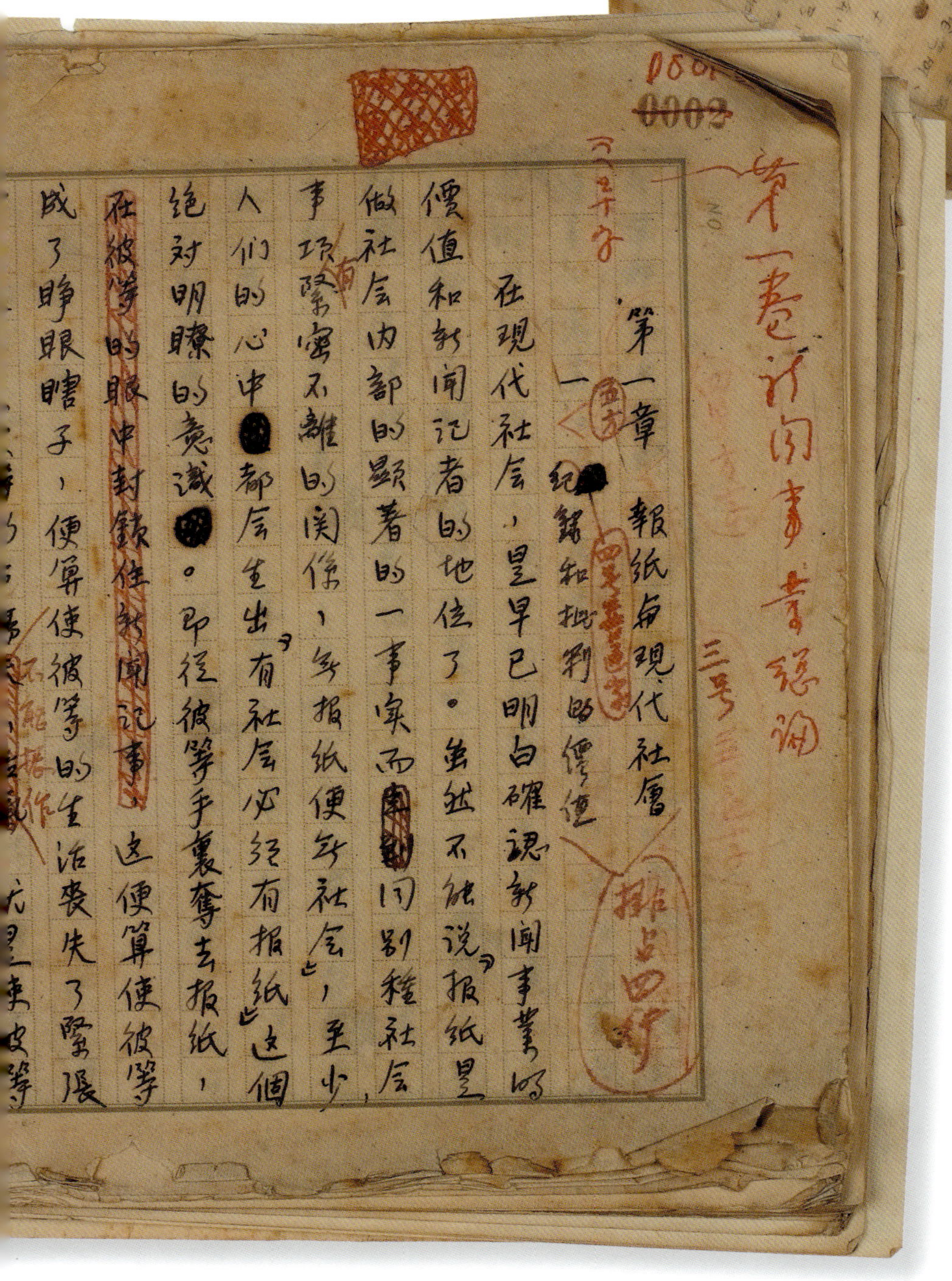

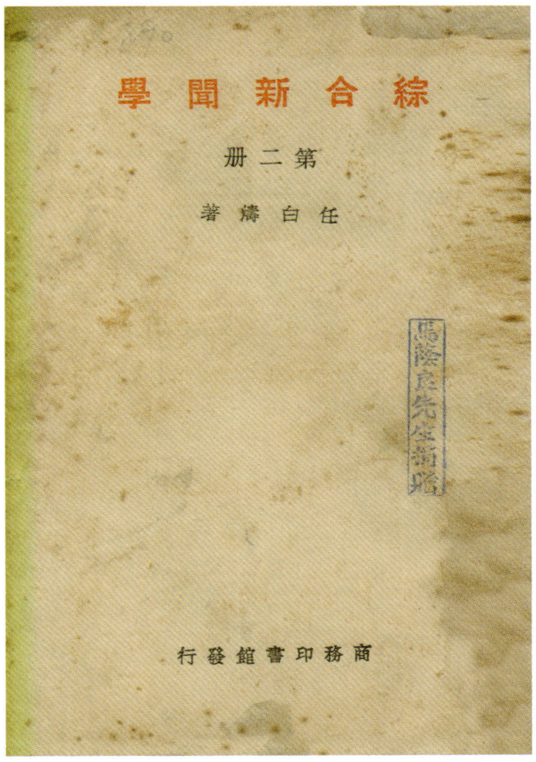
綜合新聞學
第二册
任白濤著
商務印書館發行

综合新闻学　任白涛

1935年作　商务印书馆（长沙）1941年出版

1935年任白涛完成《应用新闻学》后，着手撰写《综合新闻学》，于1937年完成文稿。这是一部结合中国实际的系统化、体系化的新闻学权威著作。整部巨著共分4册，计130万字。内容包括新闻学理论、报刊发展史、新闻采访学及各国报刊、通讯社采访技术介绍等。1941年，此书第一、二册由商务印书馆（长沙）出版，由于排印中差错较多，第三、四册原稿被撤回。解放后，任白涛继续从事《综合新闻学》的修订工作，可惜未及再版，就因中风去世。馆藏手稿仅有《综合新闻学》第一卷第一章至第六卷第六章。

曹聚仁（1900~1972）

浙江兰溪人。字挺岫，笔名陈思、丁凡、土老儿等。作家、记者、学者。浙江省立第一师范学校毕业。1921年到上海教书，并为《民国日报》副刊《觉悟》撰稿。1923年起，先后在暨南、复旦、大夏等大学任教授，并从事文学活动，与鲁迅交往甚密。1932年起，先后主编《涛声》、《太白》、《芒种》等刊物。抗战爆发后任中央通讯社战地特派记者，曾采访报道淞沪战役、台儿庄会战及东南各战区。1950年赴香港，仍从事新闻工作及写作，曾数次回大陆采访，并致力于祖国统一大业。著有《万里行日记》、《鲁迅评传》、《国学概论》等。

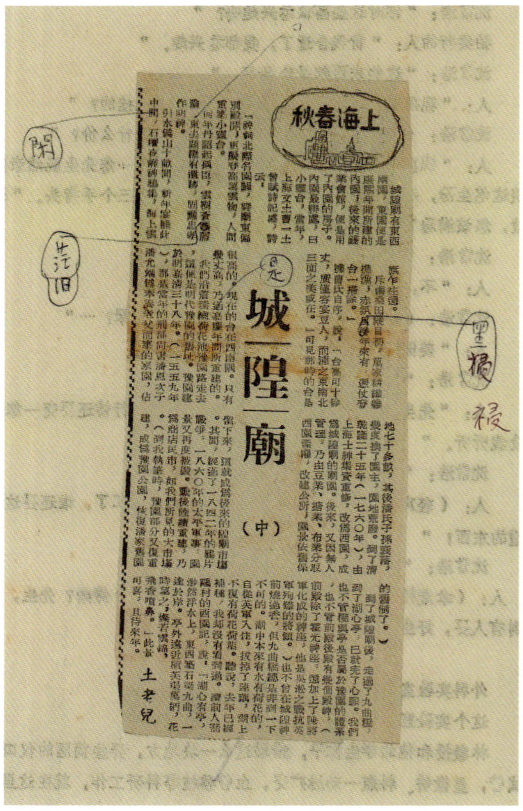
上海春秋
城隍廟
（中）
土老兒

春
秋
上海
曹聚仁著
曹雷 曹宪镛编
Shanghai Renmin Chubanshe
上海人民出版社

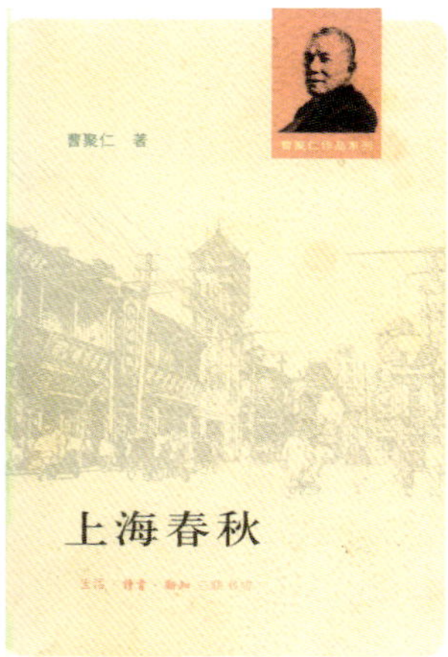
曹聚仁 著
上海春秋

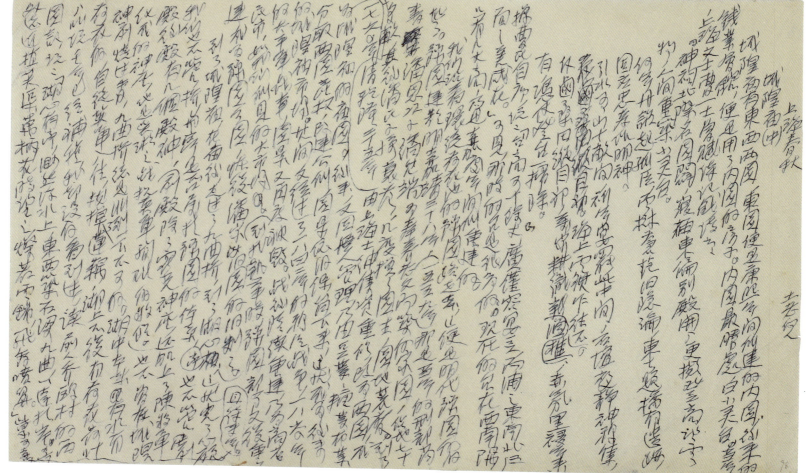
上海春秋
城隍庙（中）
土老儿

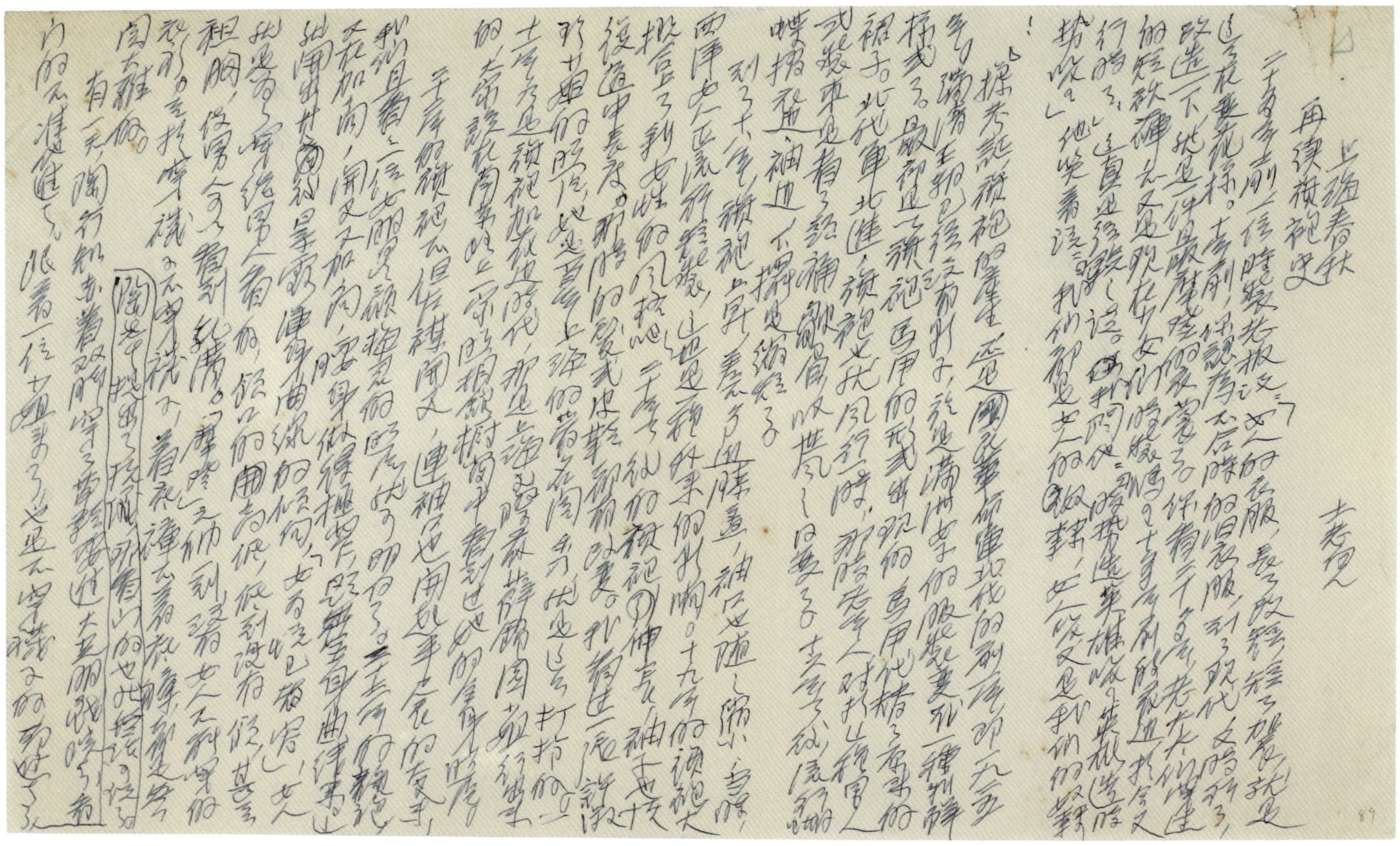

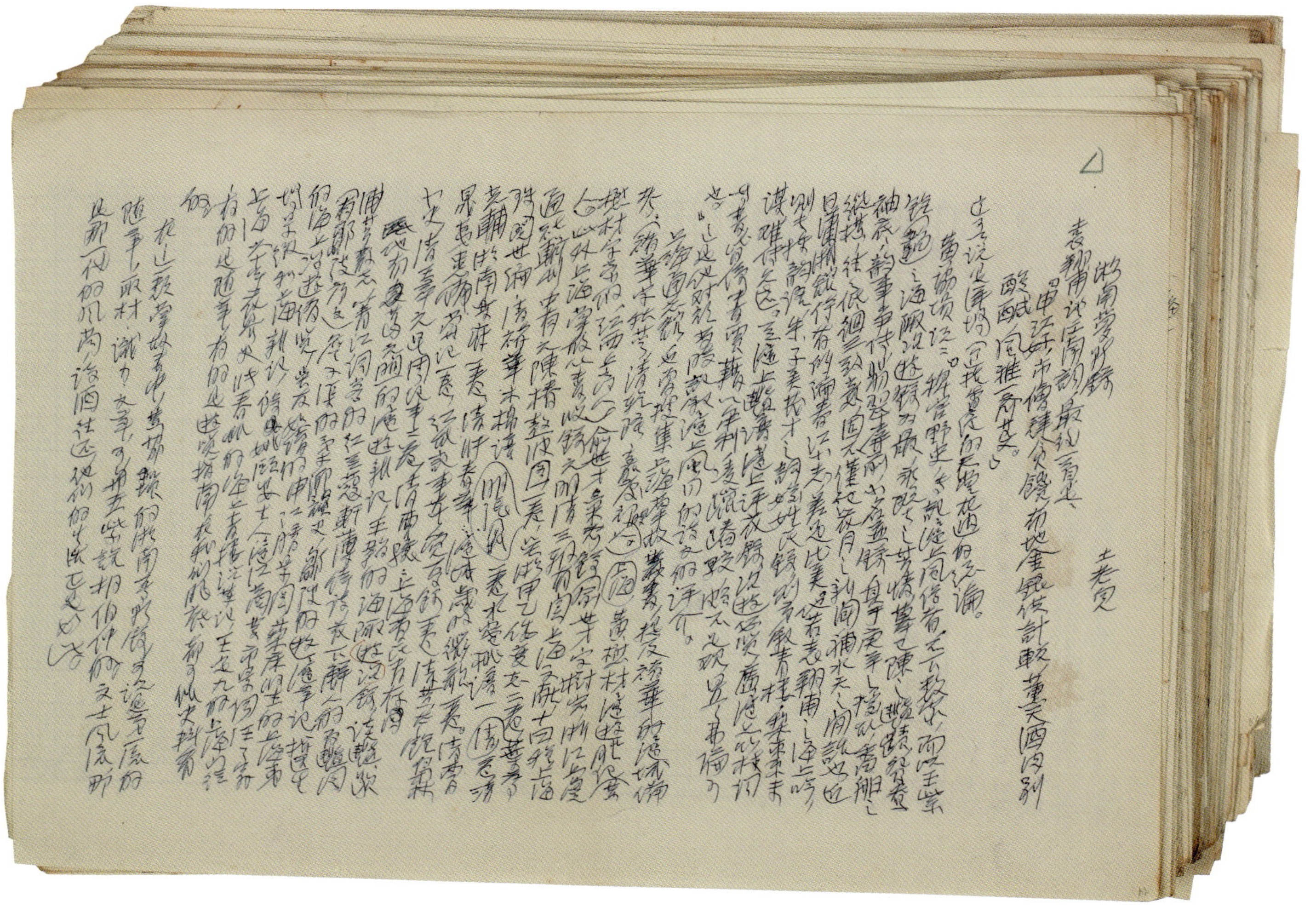

上海春秋　　曹聚仁

1960年代作　　上海人民出版社1996年出版

曹聚仁曾在上海生活了二十多个年头，因而对这座城市具有特殊感情。20世纪60年代初，在香港的《循环日报》上开写专栏“上海春秋”，向海外读者介绍上海的历史沿革。这些手稿中的大部分稿件是曹聚仁多次回内地（包括上海）后写成发表的，他以“土老儿”的身份，从一个老上海的视角，记录了上海的古往今来、风云人物、民情风俗、掌故轶事。作者病故时正值国内动乱之中，这批手稿和剪报经辗转运回上海，由夫人邓珂云整理、汇辑为上海地方史志随笔集《上海春秋》。经查对，手稿中有部分篇目未被收入正式出版的《上海春秋》，如“京派与海派”、“杨家桥头”、“再谈青莲阁”等。1996年，上海人民出版社出版《上海春秋》，三联书店（北京）将《上海春秋》列入“曹聚仁作品系列”于2007年再度付梓。

张友鸾（1904~1990）

安徽安庆人。新闻工作者、中国古典文学专家、编辑。1922年入北京平民大学新闻系，曾为邵飘萍所办的《京报》主编《文学周刊》，1925年任《世界日报》总编辑，1927年受李大钊委派任《国民晚报》社长。曾参加《民生报》、《新民报》、《立新》等民营报纸的创刊工作，并任总编辑，抗战期间赴重庆任《新民报》主笔、经理。抗战胜利后，返南京自办《南京人报》。解放后，任南京市人民政府监察委员会委员，1953年奉调人民文学出版社任编辑。著有《秦淮粉墨图》等。

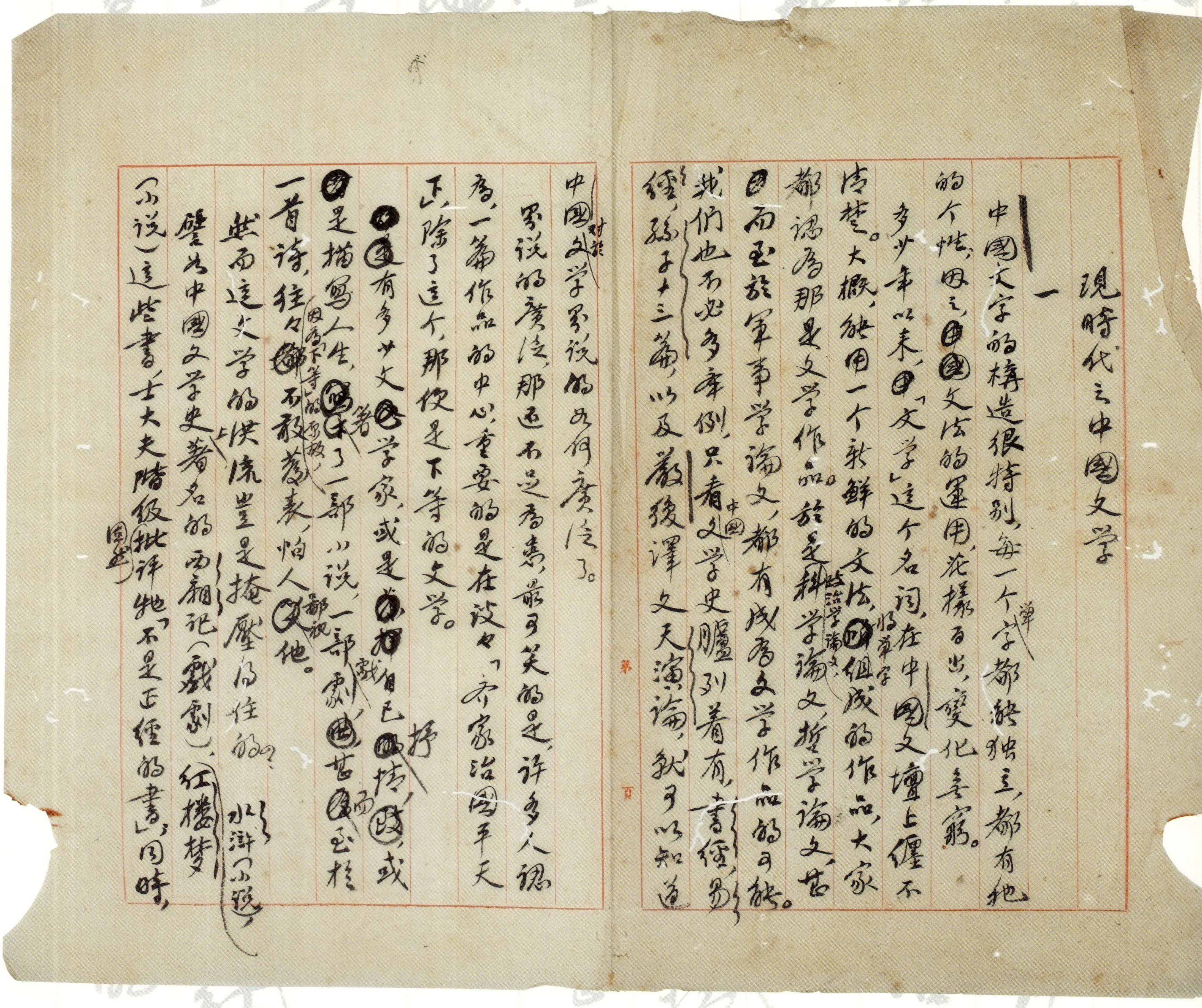

現時代之中國文學

一

中國文字的構造很特別，每一个單字都能独立，都有他的个性，因之文法的運用，花樣百出，變化無窮。多少年以來，「文学」這个名詞，在中國文壇上僅不清楚。大概，能用一个新鮮的文法，組成的作品，大家都認為那是文学作品。於是科学論文，哲学論文，甚而至於軍事學論文，都有成為文学作品的可能。我們也不必多舉例，只看中國文学史臚列着有，書經，易經，孫子十三篇，以及嚴復譯天演論，就可以知道中國對於文学界說的如何廣泛了。

界說的廣泛，那還不足為患，最可笑的是，許多人認為，一篇作品的中心重要的是在設々「齊家治國平天下」，除了這个，那便是下等的文学。

中國有多少文学家，或是自己抒情，或是描寫人生，著了一部小說，一部戲劇，甚而至於一首詩，往々因為下等不敢發表，怕人鄙視他。此而這文学的洪流豈是掩壓得住的？

譬如中國文學史著名的西廂記（戲劇），紅樓夢，水滸（小說）（小說）這些書，士大夫階級批評他，不是正經的書，同時，

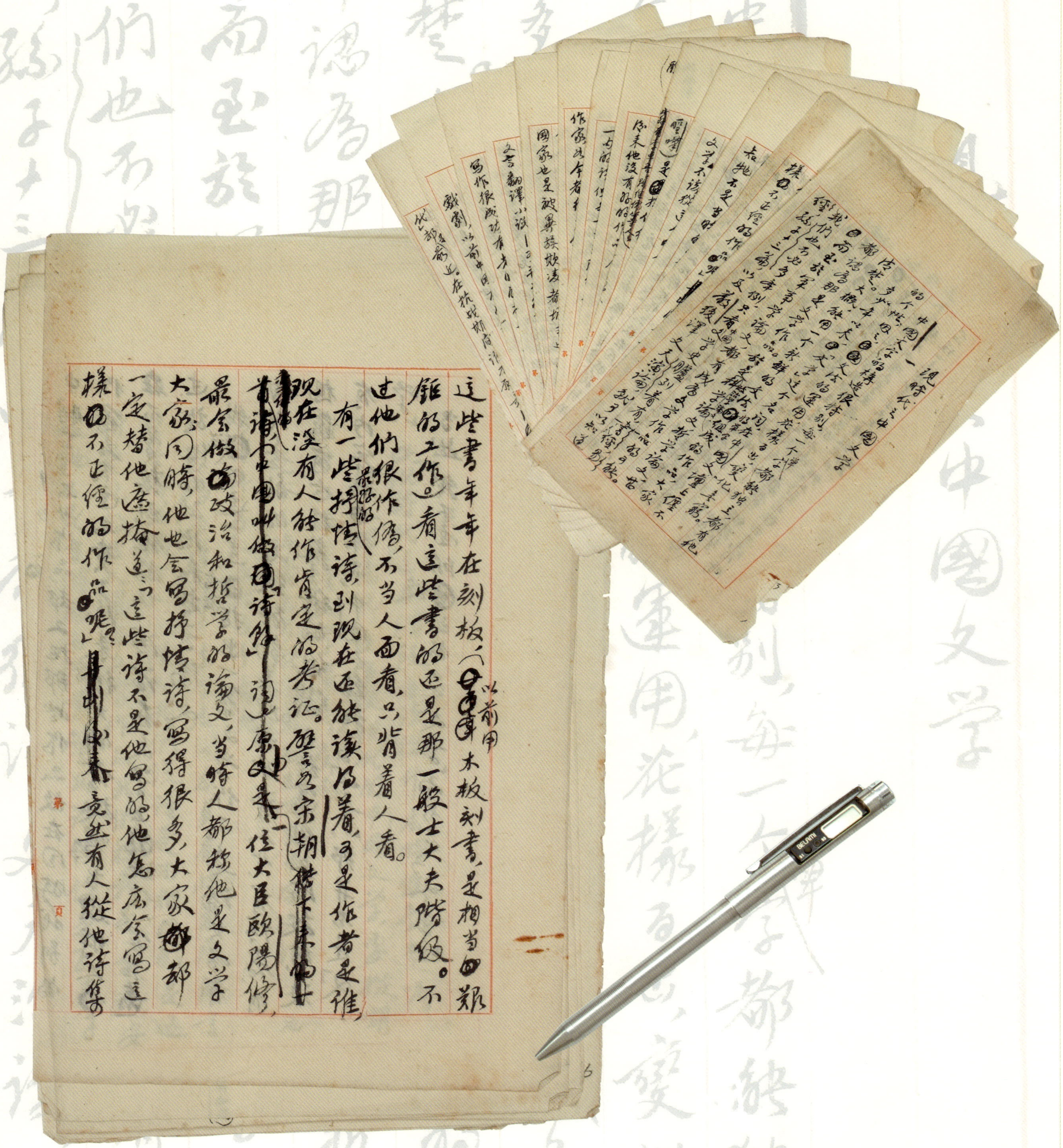

现时代之中国文学　　张友鸾

1942~1945年作

张友鸾在手稿中对文学的概念首先予以界定，并对现时代中国文学从白话文学革命开始的观点提出异议。他认为，白话文学早已有之，并不是创新，而且用白话文写的作品不一定都是文学作品。除此以外，又简要介绍了近几十年的文学作品，包括散文、诗、小说、戏剧的代表作以及具有广泛影响力的著者。从内容上看，此手稿应是张友鸾作于抗战时期的重庆，此时他正主笔《新民报》，具体年份从他所举的几部戏剧作品可以推断，应在1942年至1945年之间。

楼适夷（1905~2001）

浙江余姚人。原名锡椿，笔名剑南、思一、小楼。作家、文学翻译家。早年到上海在钱庄当学徒。1928年入上海艺术大学。1929年留学日本。1931年回国，从事“左联”工作，编辑《文艺新闻》等刊物。1933年被捕，在狱中翻译了高尔基的《在人间》。1937年出狱后，到武汉任《新华日报》副刊编辑，参加了《抗战文艺》初期的编辑工作。1947年赴香港与周而复创办《小说》月刊。建国后，历任中国作协理事、出版总署副处长、人民文学出版社副社长兼副总编等职。著有《她的彷徨》，译有《在人间》、《天平之甍》等。

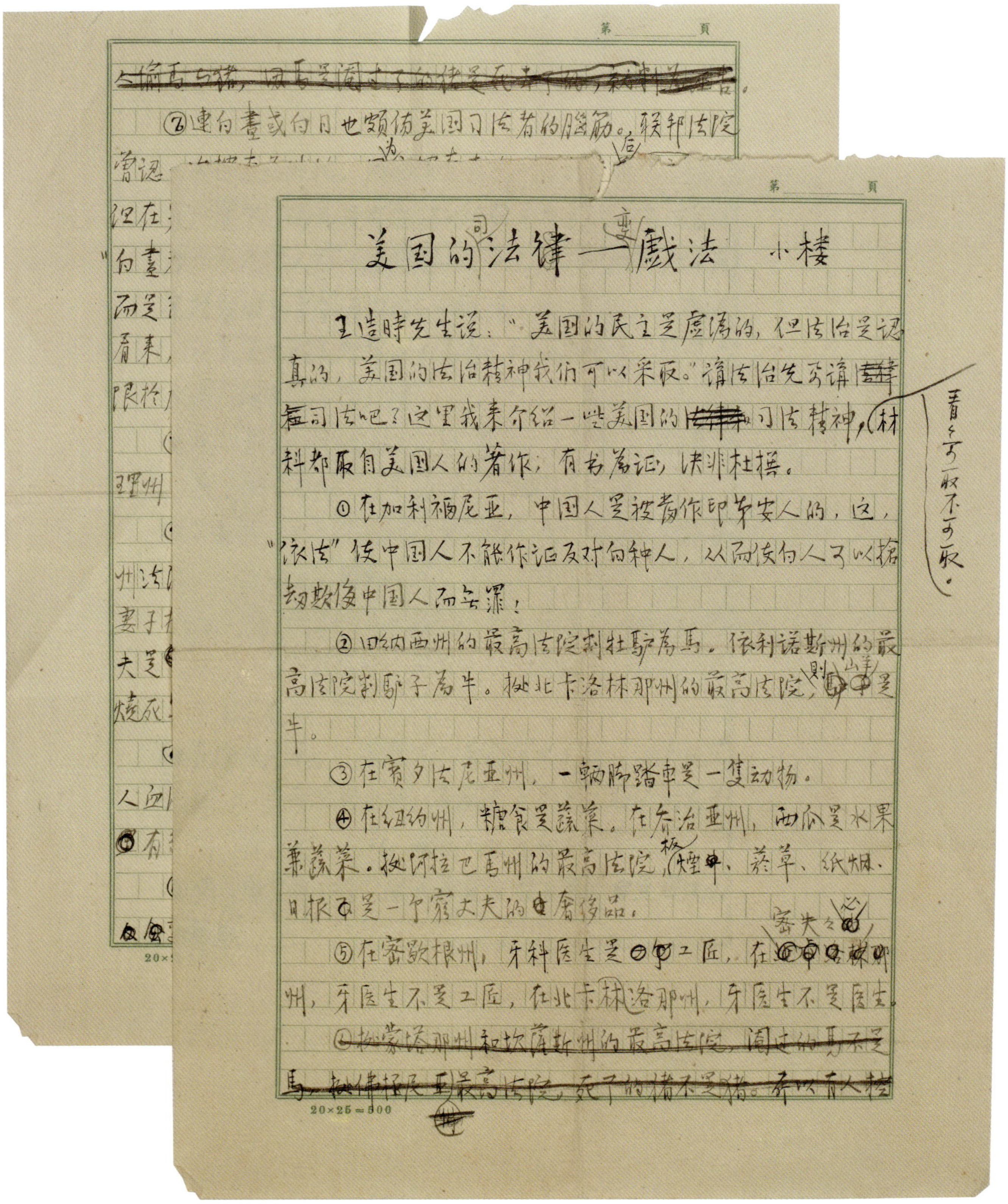
美国的司法——变戏法　小楼

王造時先生説："美国的民主是虚偽的，但法治是認真的，美国的法治精神我们可以采取。"請法治先生們請看看司法吧？這里我来介绍一些美国的司法精神，材料都取自美国人的著作，有书為証，決非杜撰。

①在加利福尼亚，中国人是被當作印第安人的，這"該法"使中国人不能作証反对白种人，从而使白人可以搶劫欺侮中国人而無罪！

②田纳西州的最高法院判駐驢為馬。依利諾斯州的最高法院判驢子為牛。據北卡洛林那州的最高法院，則山羊是牛。

③在賓夕法尼亚州，一輛腳踏車是一隻动物。

④在紐约州，糖食是蔬菜，在乔治亚州，西瓜是水果兼蔬菜。據阿拉巴馬州的最高法院，棒糖、煙草、纸烟、日报不是一个窮大夫的奢侈品。

⑤在密歇根州，牙科医生是手工匠，在密士失必州，牙医生不是工匠，在北卡林洛那州，牙医生不是医生。

看之可取不可取。

美国的司法——变戏法　楼适夷

这是一篇借用美国公民著作中的材料，来抨击美国司法精神的文章。据手稿所见，这是篇未完稿。

萨空了（1907~1988）

蒙古族人。新闻工作者、社会活动家。1927年开始从事新闻工作，曾任《立报》总编辑兼经理。1939年赴新疆从事抗日宣传活动，任《新疆日报》社长。1941年任重庆《新蜀报》总经理，配合《新华日报》进行抗日救亡宣传。之后陆续出任《光明报》、《华商报》总经理，1949年任《光明日报》秘书长。建国后任中央人民政府新闻总署副署长、出版总署副署长、国家民委副主任、全国政协副秘书长、民盟中央副主席等。后历任全国政协常务委员、副秘书长，中华全国新闻工作者协会理事。民盟副主席等职。著有《科学的新闻学概论》、《香港沦陷日记》等。

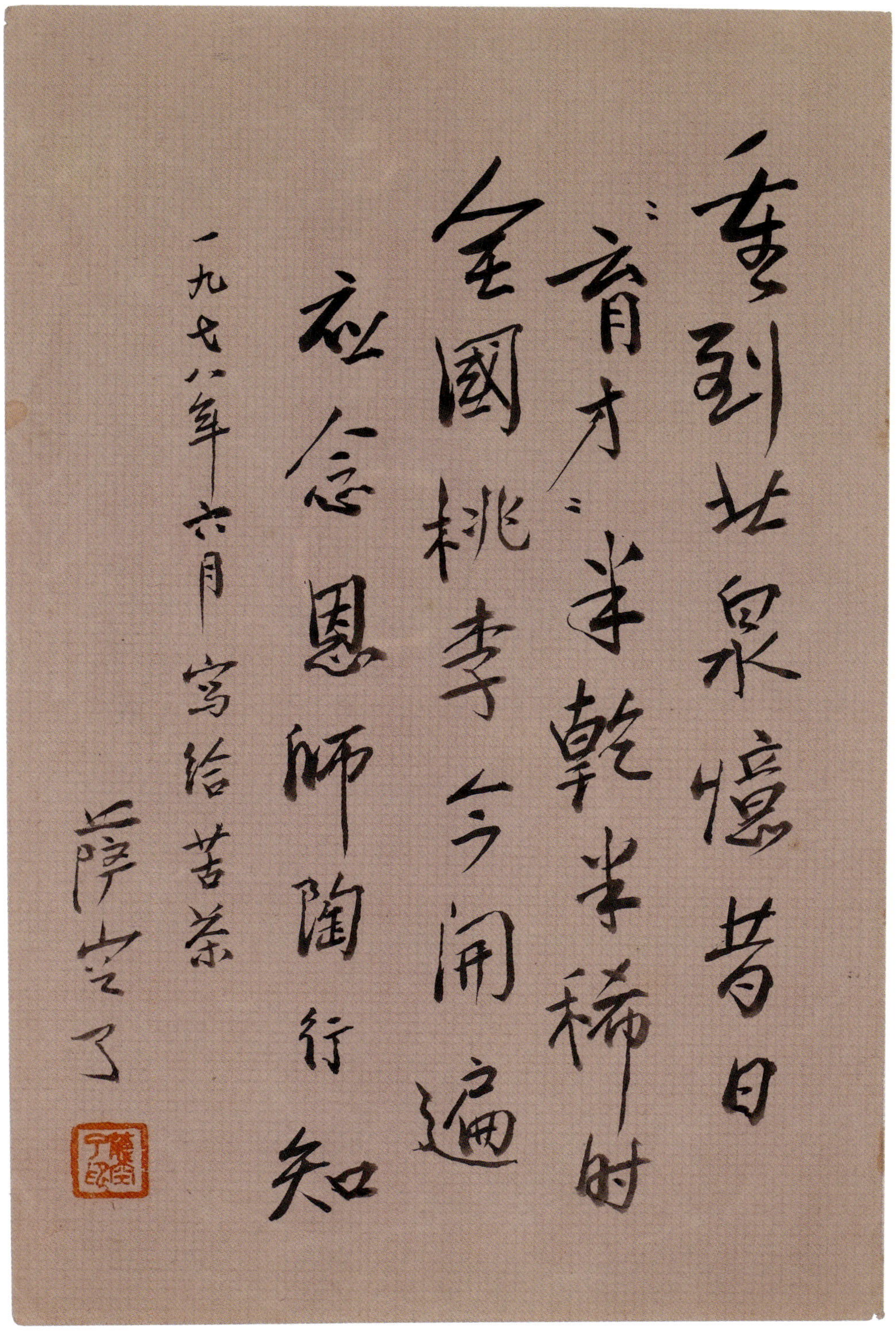
重到北泉憶昔日
育〃才〃半乾半稀时
全國桃李今開遍
紀念恩師陶行知
一九七八年六月写给苦茶
萨空了

写给苦茶　　萨空了

1978年6月作

此诗稿是萨空了写给长女萨沄的（萨沄原名萨苦茶），1978年6月底，萨空了作为民盟临时党支部负责人，参加全国政协委员赴四川参观团，在参观重庆北泉之后，写下此诗以感怀陶行知对中国教育做出的杰出贡献。

萧乾（1910~1999）

祖籍黑龙江，生于北京，蒙古族。原名萧秉乾，笔名萧乾，后以笔名行。作家、记者、文学翻译家。早年在中华书局当学徒。1933年在燕京大学读书时，开始在《大公报》等发表作品。1935年毕业后，先后主编津、沪、港《大公报·文艺》，兼任旅行记者。1944年担任《大公报》驻英特派员兼战地记者，是采访二战欧洲战场的中国战地记者。新中国成立后历任英文《人民中国》副总编辑、人民文学出版社编辑、中央文史馆馆长等职。著有《篱下集》、《梦之谷》等，译有《好兵帅克》、《汤姆·琼斯》等。文集有《萧乾全集》7卷行世。

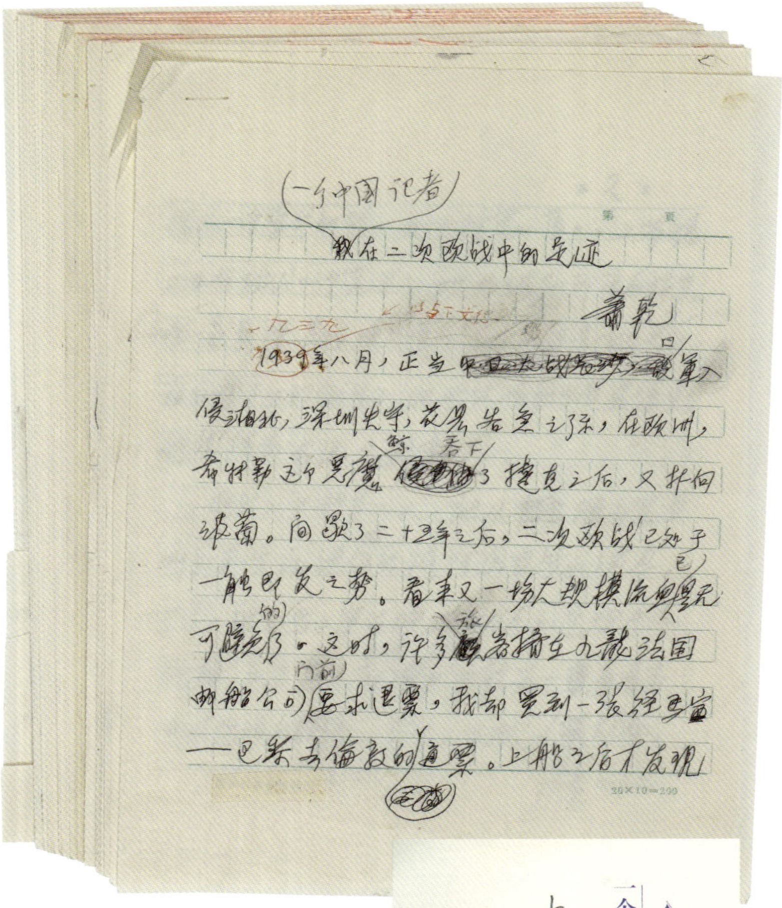
一个中国记者在二次欧战中的足迹
萧乾

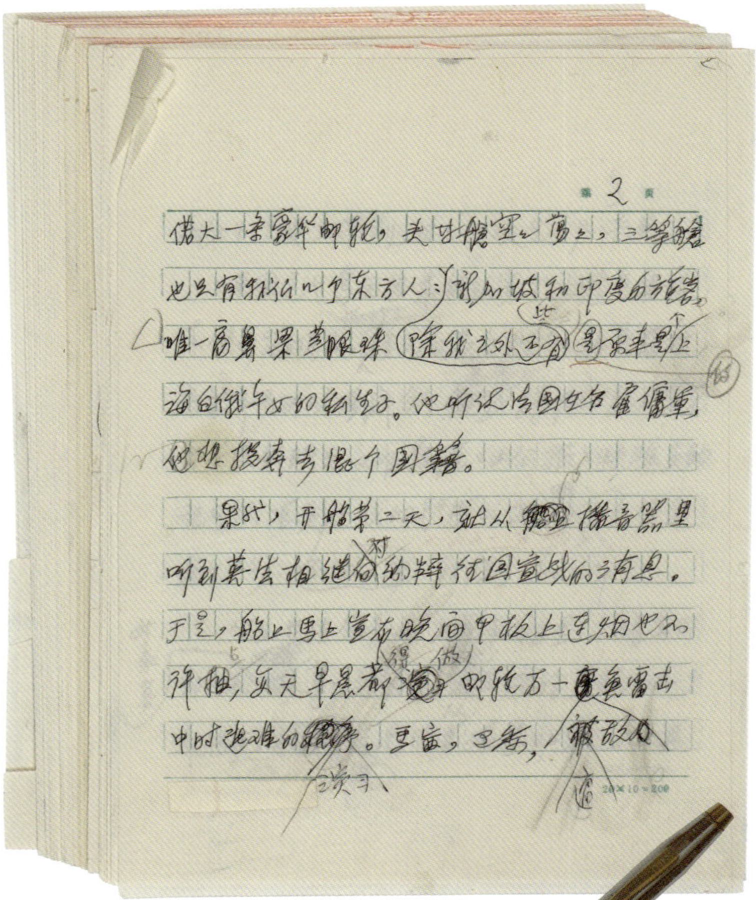

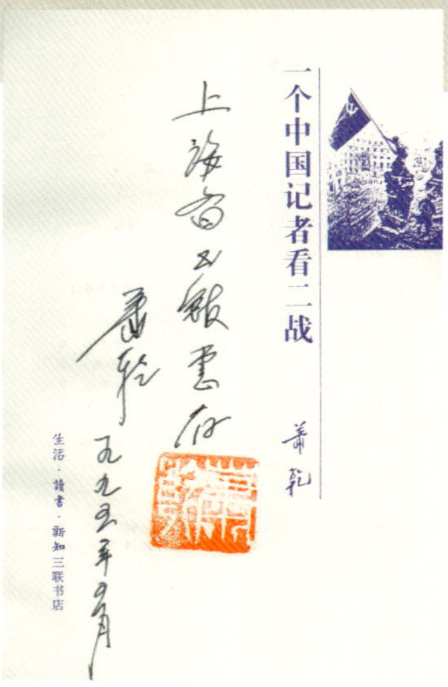
一个中国记者看二战
萧乾
生活·读书·新知三联书店

一个中国记者看二战
萧乾

一个中国记者在二次欧战中的足迹　　萧乾

1995年作　　《一个中国记者看二战》三联书店1995年出版

萧乾是二战欧洲战场上唯一的《大公报》记者，亲身经历了西欧二战的全过程。1995年二战胜利五十周年之际，萧乾创作了一系列回忆二战的文章，结集为《一个中国记者看二战》，1995年由三联书店出版。《一个中国记者在二次欧战中的足迹》就是其中一篇。这篇手稿记录了萧乾1939年在西欧经历英法对德宣战、在伦敦遭受德军轰炸、诺曼底登陆前夕正式成为《大公报》战地记者、随美军挺进莱茵河、赴美采访旧金山联合国成立大会、踏访战后的柏林以及纽伦堡审战犯的经历。

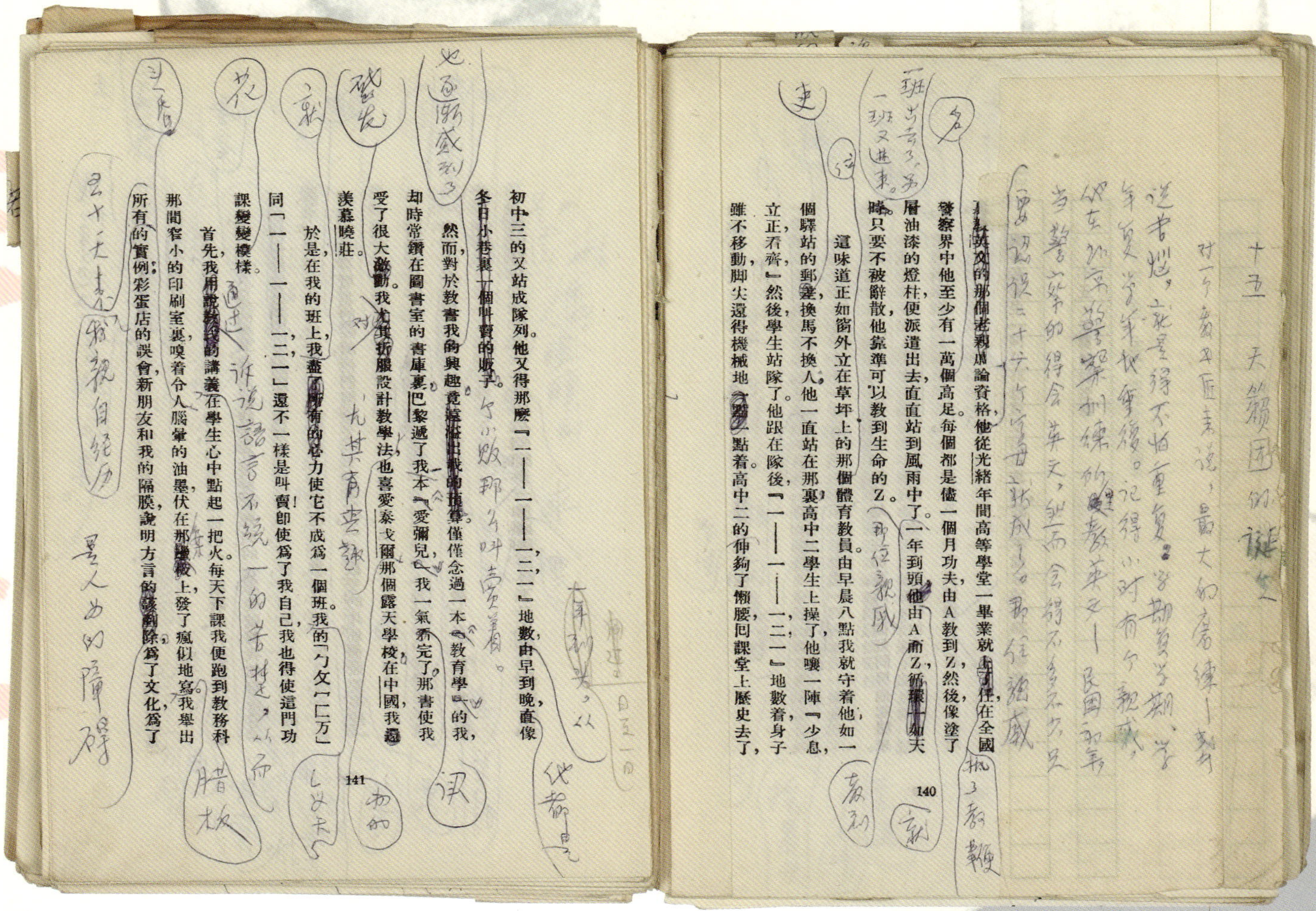

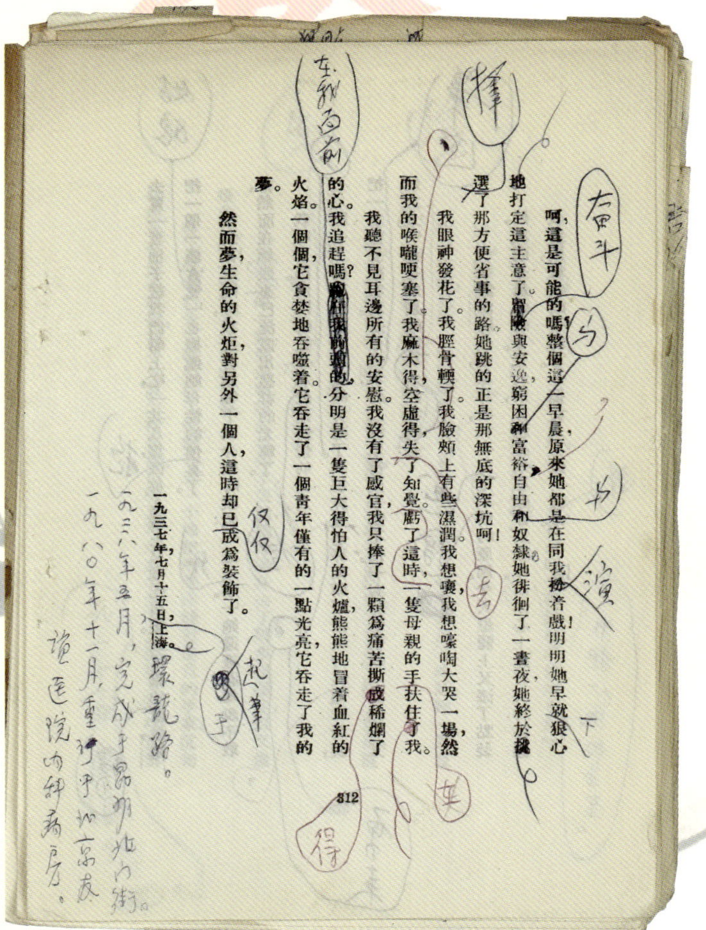

梦之谷　　萧乾

1980年作　　广东人民出版社1981年出版

《梦之谷》是萧乾20世纪30年代创作的自传体长篇小说，描写了20世纪30年代初期一位北方知识青年流浪到岭东，与当地受后母虐待的姑娘相恋的爱情悲剧。这部小说早在1938年11月即已由文化生活出版社出版。本馆收藏的这部样书修订稿，是萧乾在1980年11月在北京友谊医院病房中，以香港中流出版社1979年10月出版的单行本为基础的修订稿。修订版由广东人民出版社在1981年出版。

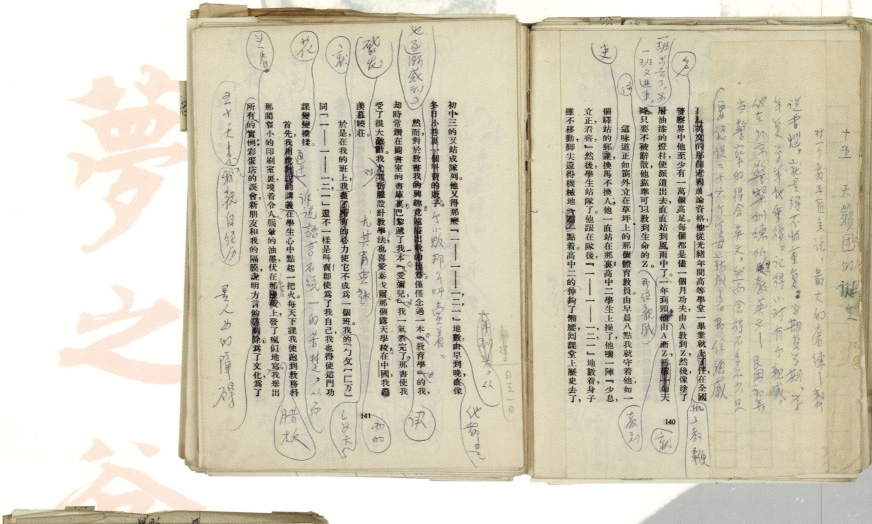

劳荣（1911~1989）

上海人。原名李守先。作家、诗人、翻译家。1930年代初期开始发表作品，1933年参与创建南京世界语学会，后参加上海文化界救亡协会宣传工作。曾在《大公报》任英文翻译兼《大公园地》副刊主编，并参与《天津日报》的创办工作。解放后，任中国作协天津分会理事、天津外国文学学会副理事长、中华全国世界语协会理事、《新港》杂志编委等。著有《脚印》、《天津之歌》，译作有《西里西亚之歌》等。有《劳荣文集》10卷行世。

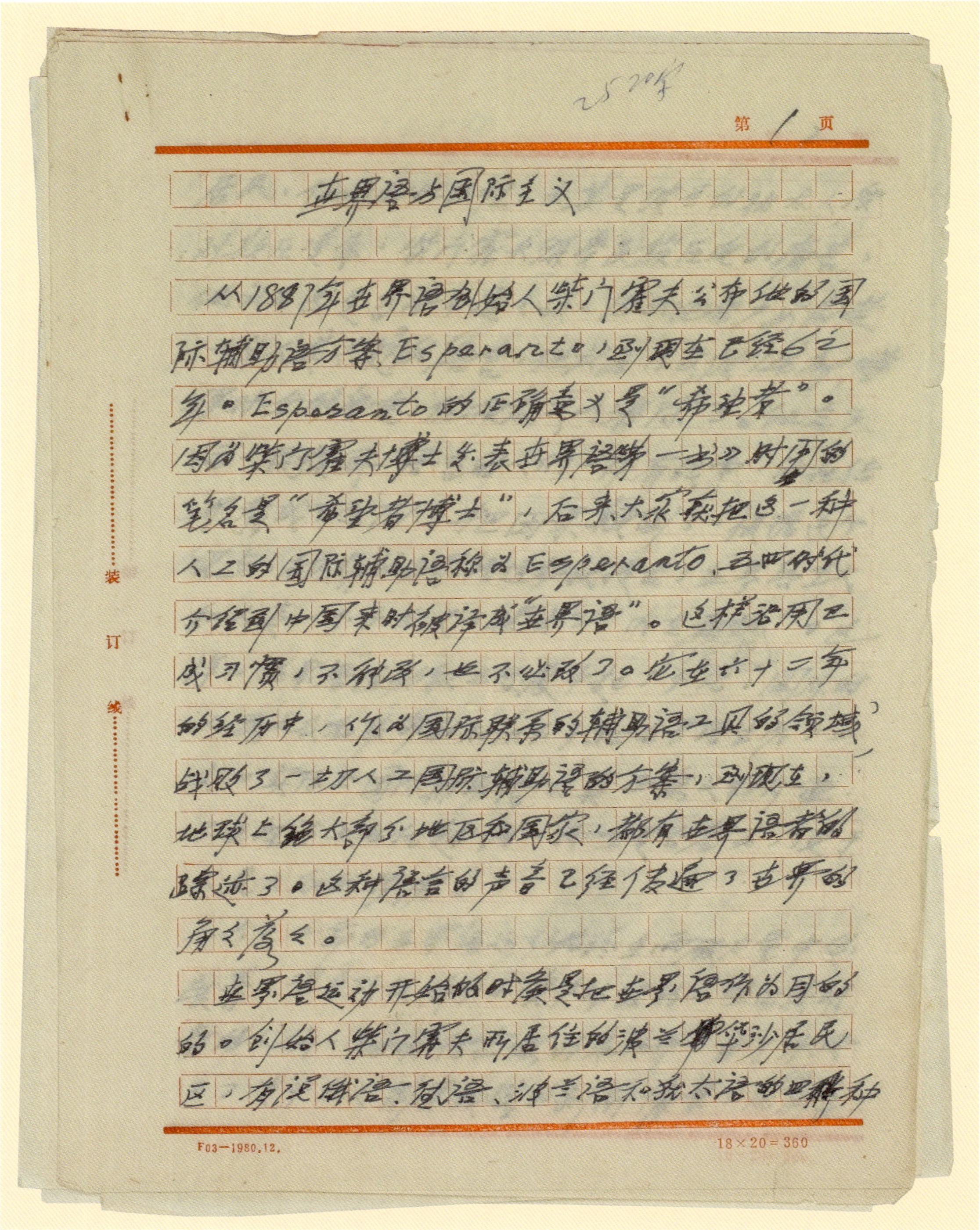
25207
第 1 页
世界语与国际主义
从1887年世界语创始人柴门霍夫公布他的国际辅助语方案Esperanto以到现在已经62年。Esperanto的正确意义是"希望者"。因为柴门霍夫博士发表世界语第一书的时候的笔名是"希望者博士"，后来大家就把这一种人工的国际辅助语称为Esperanto。三十年代介绍到中国来时被译成"世界语"。这样沿用已成习惯，不能改，也不必改了。在这六十二年的经历中，作为国际联系的辅助语工具的领域战胜了一切人工国际辅助语的方案，到现在，世界上绝大部分地区和国家，都有世界语者的踪迹了。这种语言的声音已经传遍了世界的角角落落。
世界语运动开始的时候是抱着世界和平的目的的。创始人柴门霍夫所居住的波兰华沙居民区，有说俄语、德语、波兰语和犹太语的四种……
装订线
F03—1980.12.
18×20＝360

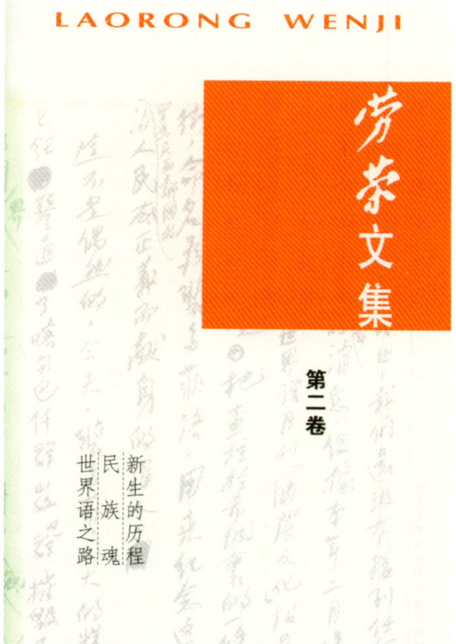
LAORONG WENJI
劳荣文集
第二卷
新生的历程
民族魂
世界语之路

世界语与国际主义　　劳荣

1949年作　　《劳荣文集·第二卷》香港中华儿女出版社有限公司2007年出版

劳荣通过自学世界语，走上了文学翻译之路。他从事世界语在中国的译介与推广工作几十年，对中国的世界语事业倾注了毕生心血。他从世界语翻译出版《被打穿了的布告》、《沉默的防御工事》、《裁判》、《努力之歌》、《西里西亚之歌》等小说和诗集。此篇手稿写于新中国建立之初，当时的劳荣满怀热情，全身心地投入到祖国的建设事业中，并希望能够利用世界语这一工具在文化建设的高潮里做出新的贡献。

周振甫（1911~2000）

浙江平湖人。原名麟瑞，笔名振甫，后以笔名行。中华书局编审、学者。1931年入无锡国学专修学校，随著名国学家钱基博学习治学。1933年入开明书店帮助宋云彬校对了《辞通》后，开始了他的校对、编辑生涯。1971年调中华书局，参加校点《明史》。1976年调入人民文学出版社鲁迅著作编辑室，参加注释《鲁迅全集》。治学以古典文艺理论及诗词注释和研究为主。著有《文心雕龙新注》、《诗词例话》等。有《周振甫文集》10卷行世。

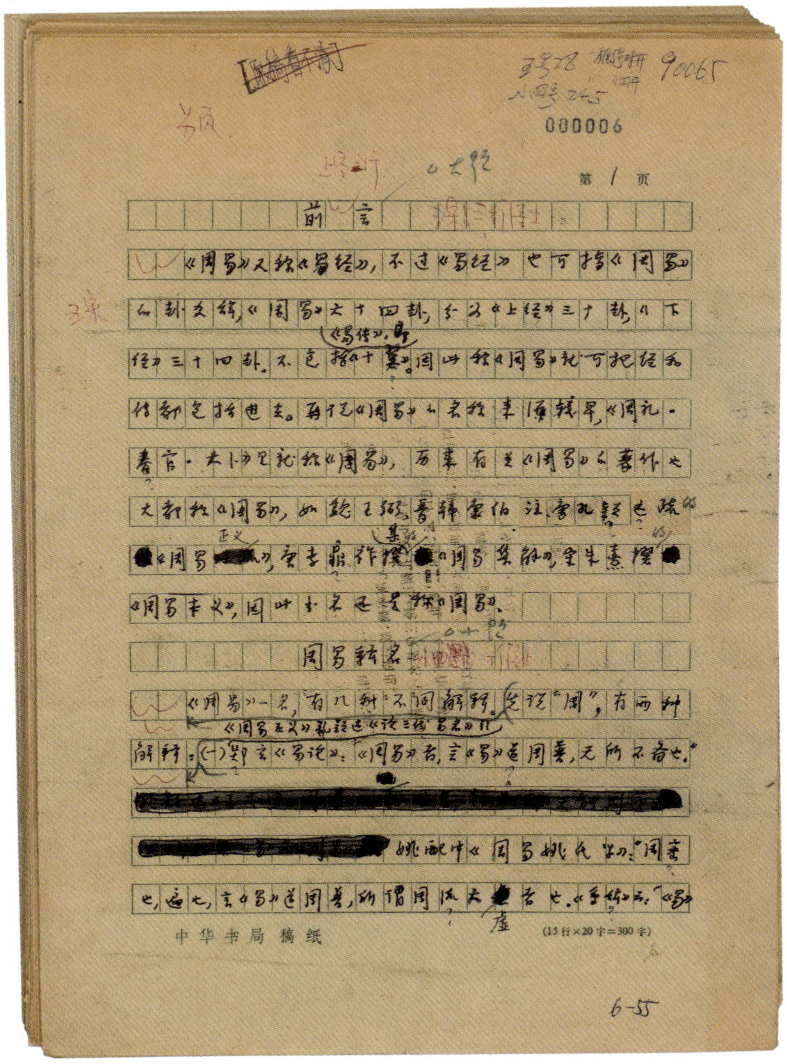

前言

周易释名

中华书局稿纸 (15行×20字=300字)

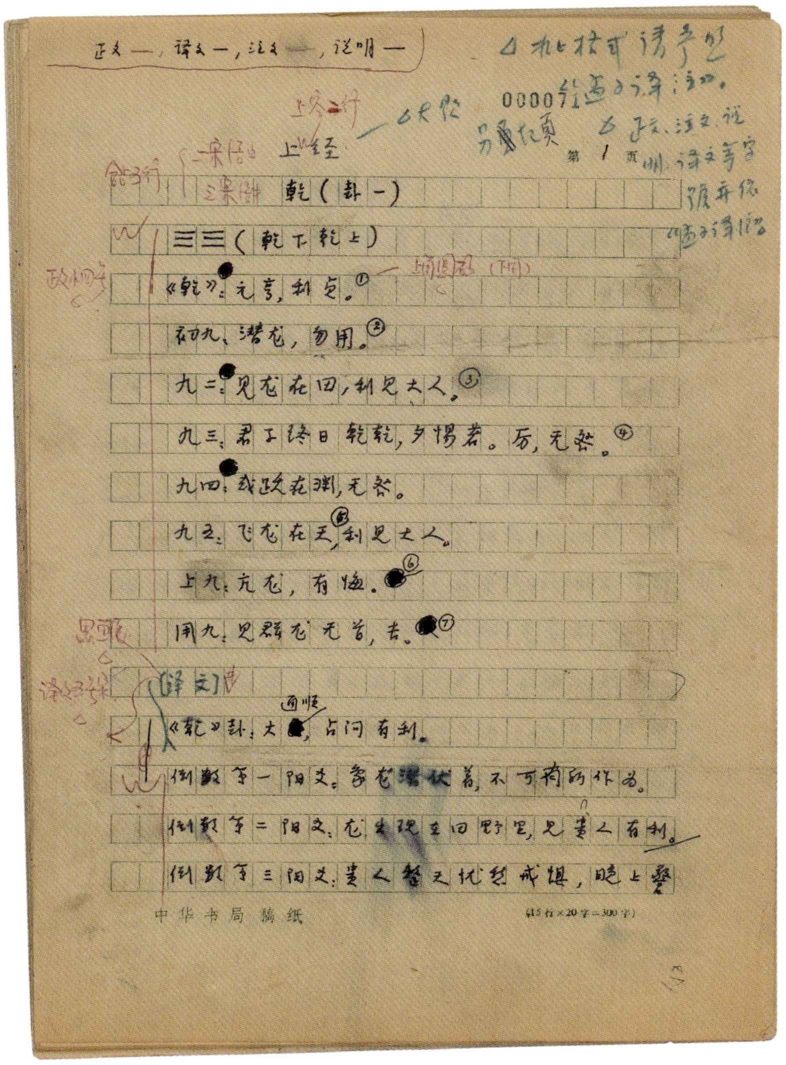

乾（卦一）

初九，潜龙，勿用。

九二：见龙在田，利见大人。

九四：或跃在渊，无咎。

上九：亢龙，有悔。

中华书局稿纸 (15行×20字=300字)

中国古典名著译注丛书
周易译注
周振甫译注
中华书局

周易译注　　周振甫

1989年作　　中华书局1991年出版

《周易》作为百经之首，自古以来注本颇多，周振甫在参考各大经典注本的基础上，结合自己多年的研究心得，对《周易》的版本流传、理解《周易》的方法以及《周易》中卜筮的具体过程、卦象的来历、爻辞的含义、各卦的地位都作了深入浅出的介绍，注释详尽，译文通俗易懂。1989年完稿，本馆藏有这部作品完整的手稿，中华书局在1991年出版《周易译注》，之后，此书多次重印，是一部畅销的学术著作。

姜椿芳（1912~1987）

江苏常州人。笔名林陵、什之等。翻译家、编辑出版家、教育家、中国现代百科全书事业奠基人。曾任共青团哈尔滨市委、满洲省委宣传部部长，1936年到上海后，任中共上海局文委文化总支部书记、《时代》周刊主编。1945年主办《时代日报》，并任总编辑和时代出版社社长。建国后，历任上海俄文学校（上海外国语大学前身）校长、党委书记，上海市文化局对外联络处处长，中共中央马恩列斯著作编译局副局长、顾问。参加了《马克思恩格斯全集》、《列宁全集》和《斯大林全集》的编译和部分译文的定稿工作。1978年后主持筹办《中国大百科全书》编辑出版工作，并先后任《中国大百科全书》总编委会副主任，中国大百科全书出版社总编辑、顾问，中国翻译工作者协会第一、二届会长，第五、六届全国政协常委等。

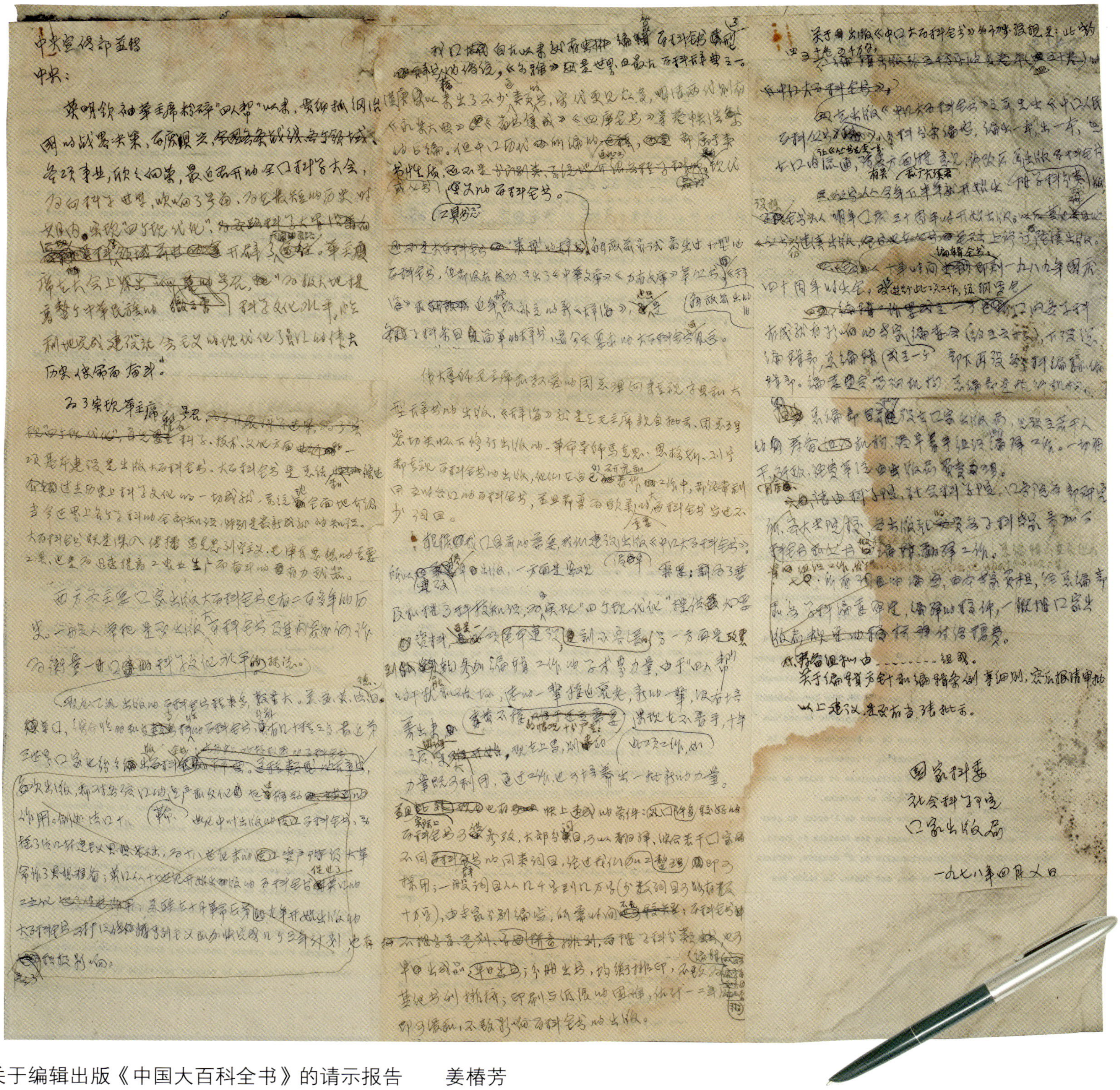

关于编辑出版《中国大百科全书》的请示报告　　姜椿芳

1978年4月7日作　　未完整公开刊载

此稿的写作缘起于姜椿芳在“文革”中的思虑，即必须尽快编辑出版百科全书，提高国民的文化素质，普及科学文化知识，改变整个国家文化落后、知识贫乏的状态。《关于编辑出版<中国大百科全书>的请示报告》由姜椿芳连夜起草完成，并由国家出版事业管理局、中国科学院、中国社会科学院联署报中宣部并中共中央，很快得到中央领导的一致同意。在姜椿芳的倡议下，《中国大百科全书》编辑出版工作正式启动。该手稿在《姜椿芳传》中有部分刊载。

冯英子（1915~2009）

江苏昆山人。原名冯轶，笔名冯逢。新闻记者、编辑。1932年进《昆山民报》、《新昆山报》当记者，后入上海《大晚报》、《大公报》为战地记者。1938年在汉口加入中国青年新闻记者协会任干事。抗战期间，在《力报》、《中国晨报》等报社任职。1949年任香港《周末报》副社长兼总编辑，香港《文汇报》代总编辑。1953年返上海，历任《新闻日报》编辑部主任、《新民晚报》副总编辑等职。著有《水浒人物论》、《我所走过的道路》、《冯英子杂文选》等。

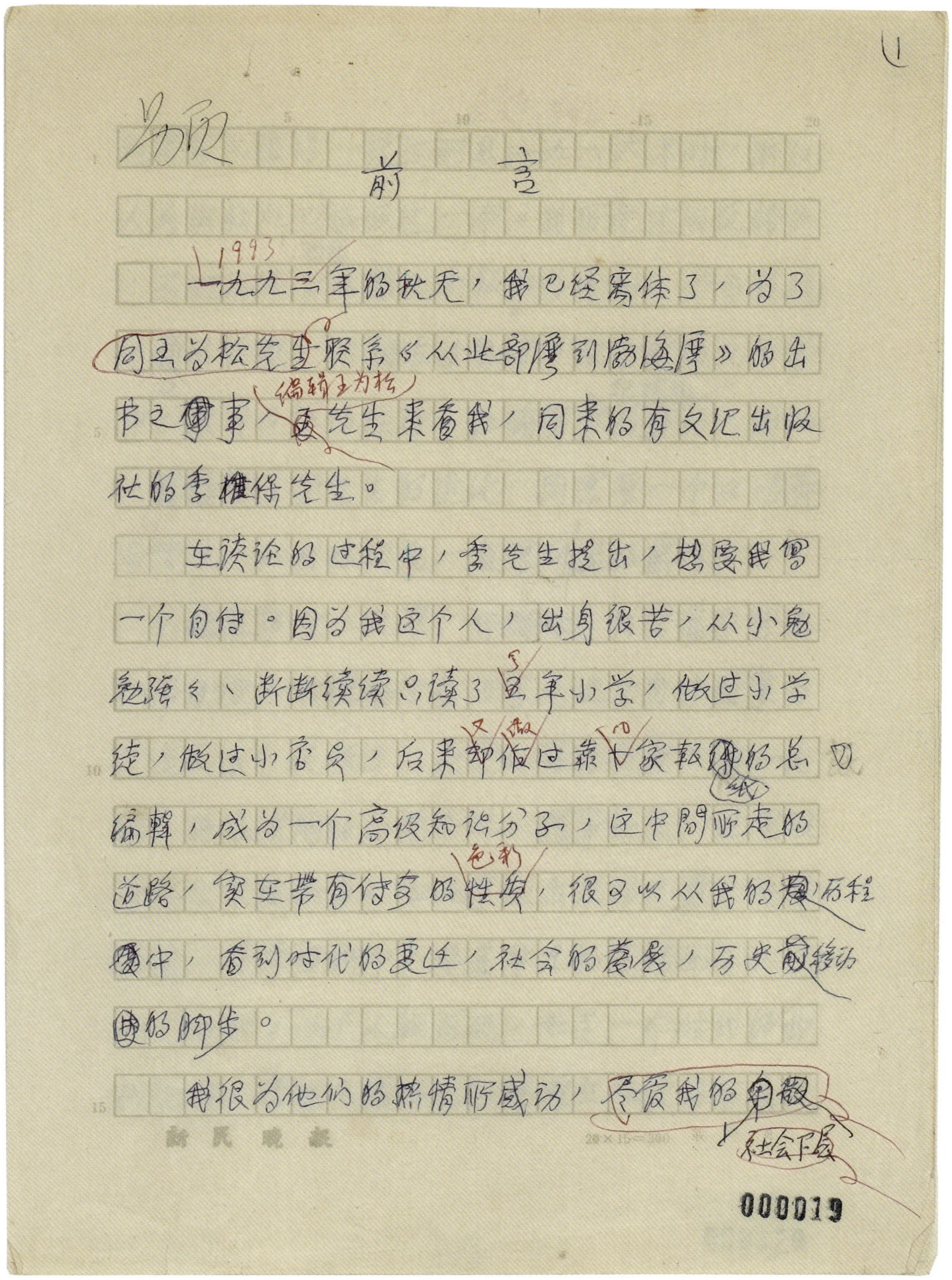

劲草

前言

1993年的秋天，我已经离休了，为了同王为松先生联系《从北部湾到渤海湾》的出书之事，编辑王为松先生来看我，同来的有文汇出版社的李樵保先生。

在谈论的过程中，李先生提出，想要我写一个自传。因为我这个人，出身很苦，从小就勉强强强、断断续续只读了五年小学，做过小学徒，做过小店员，后来又做过近十家报纸的总编辑，成为一个高级知识分子，这中间所走的道路，实在带有传奇的色彩，很可以从我的历程中，看到时代的变迁，社会的发展，历史移动的脚步。

我很为他们的热情所感动，尽管我的社会下层

新民晚报 20×15=300

000019

人生有限，历史无穷，
一个人所走的道路非
常有限，但他却是某
一部分历史的见证。
劲草
冯英子自传
华东师范大学出版社

劲草—冯英子自传　　冯英子

1994年作　　华东师范大学出版社1999年出版

冯英子出身贫寒，做过小学徒、小店员，后来又做过近十家报纸的总编辑，成为一个高级知识分子。在冯英子这段带有传奇色彩的历程中，我们可以看到时代的变迁，社会的发展，历史移动的脚步。整部自传由240余篇故事组成，作者采用白描的手法，照实叙述。1999年，华东师范大学出版社将此自传正式出版。手稿中有作者朱笔修改校正。

范泉（1916~2000）

上海金山人。原名徐炜。作家、编辑家。上海复旦大学新闻学系毕业，20世纪30年代开始从事新闻出版工作，先后编过《文艺春秋》、《文艺》等杂志、丛书十五种，担任过上海《文汇报》等四种报纸、三种副刊的编辑或主编。40年代起进行小说、散文、童话、民间传说等创作，并翻译许多世界名著。先后担任永祥印书馆总编辑、上海市新闻出版印刷学校副校长、复旦大学文学院讲师、新中国艺术学院和青海师范大学教授、上海书店出版社编审等职。著有《浪花》、《西洋近代文艺思潮讲话》、《幸福岛》等，编有《中国近代文学大系》等。

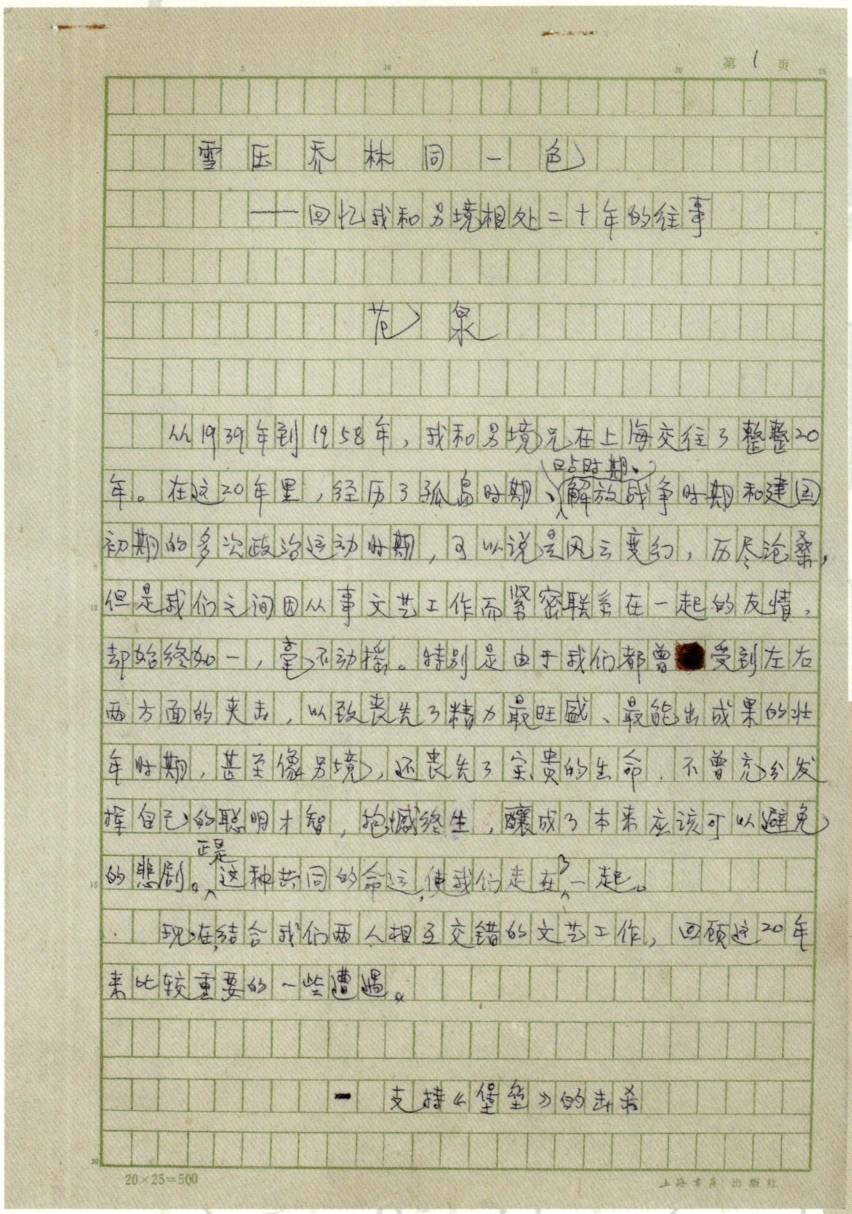

第1页

雪压乔林同一色

——回忆我和另境相处二十年的往事

范泉

从1939年到1958年，我和另境兄在上海交往了整整20年。在这20年里，经历了孤岛时期、沦陷时期、解放战争时期和建国初期的多次政治运动时期，可以说是风云变幻，历尽沧桑，但是我们之间因从事文艺工作而紧密联系在一起的友情，却始终如一，毫不动摇。特别是由于我们都曾受到左右两方面的夹击，以致丧失了精力最旺盛、最能出成果的壮年时期，甚至像另境，还丧失了宝贵的生命，不曾充分发挥自己的聪明才智，抱憾终生，酿成了本来应该可以避免的悲剧。正是这种共同的命运，使我们走在了一起。

现在，结合我们两人相互交错的文艺工作，回顾这20年来比较重要的一些遭遇。

一 支持《堡垒》的斗争

20×25=500

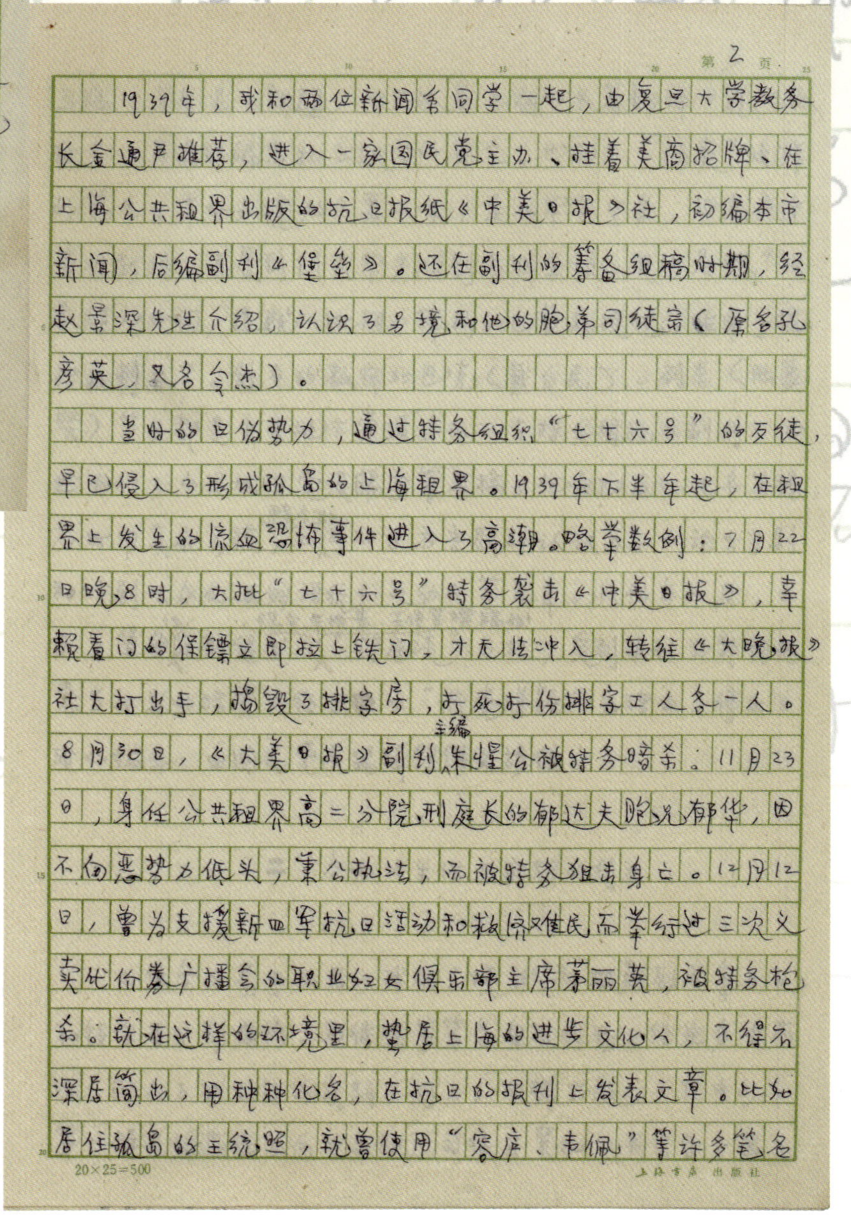

第2页

1939年，我和两位新闻系同学一起，由复旦大学教务长金通尹推荐，进入一家国民党主办、挂着美商招牌、在上海公共租界出版的抗日报纸《中美日报》社，初编本市新闻，后编副刊《堡垒》。还在副刊的筹备组稿时期，经赵景深先生介绍，认识了另境和他的胞弟司徒宗（原名孔彦英，又名今杰）。

当时的日伪势力，通过特务组织“七十六号”的歹徒，早已侵入了形成孤岛的上海租界。1939年下半年起，在租界上发生的流血恐怖事件进入了高潮。略举数例：7月22日晚8时，大批“七十六号”特务袭击《中美日报》，幸赖看门的保镖立即拉上铁门，才无法冲入，转往《大晚报》社大打出手，捣毁了排字房，打死打伤排字工人各一人。8月30日，《大美日报》副刊主编朱惺公被特务暗杀。11月23日，身任公共租界高二分院刑庭长的郁达夫胞兄郁华，因不向恶势力低头，秉公执法，而被特务狙击身亡。12月12日，曾为支援新四军抗日活动和救济难民而举行过三次义卖优价券广播会的职业妇女俱乐部主席茅丽瑛，被特务枪杀。就在这样的环境里，蛰居上海的进步文化人，不得不深居简出，用种种化名，在抗日的报刊上发表文章。比如居住孤岛的王统照，就曾使用“容庐、韦佩”等许多笔名

20×25=500 上海书店出版社

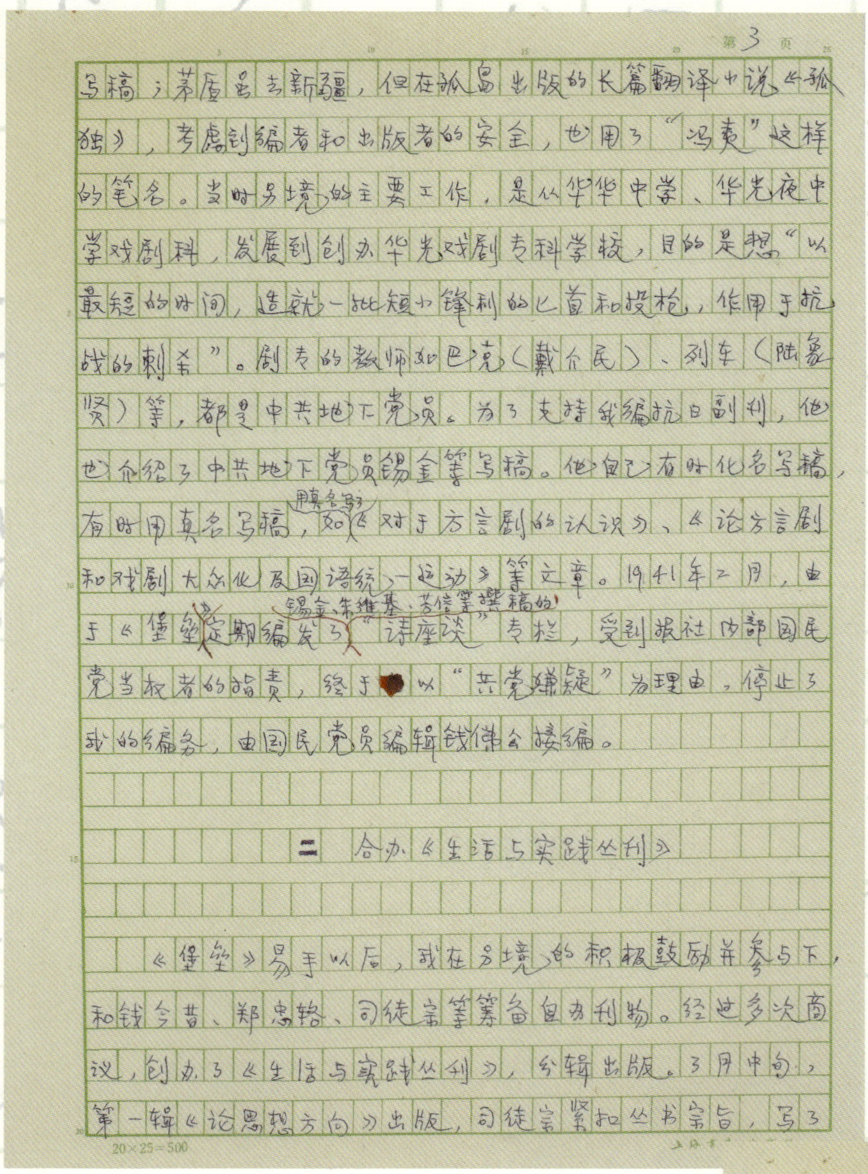
第3页

写稿；茅盾虽去新疆，但在孤岛出版的长篇翻译小说《孤独》，考虑到编者和出版者的安全，也用了"冯夷"这样的笔名。当时另境的主要工作，是从华华中学、华光夜中学戏剧科，发展到创办华光戏剧专科学校，目的是想"以最短的时间，造就一批短小锋利的匕首和投枪，作用于抗战的刺杀"。剧专的教师如巴克（戴介民）、列车（陆象贤）等，都是中共地下党员。为了支持我编抗日副刊，他也介绍了中共地下党员锡金等写稿。他自己有时化名写稿，有时用真名写稿，（用真名写了）如《对于方言剧的认识》、《论方言剧和戏剧大众化及国语统一运动》等文章。1941年二月，由于《堡垒》定期编发了（锡金、朱维基、芳信等撰稿的）"诗座谈"专栏，受到报社内部国民党当权者的指责，终于[illegible]以"共党嫌疑"为理由，停止了我的编务，由国民党员编辑钱佛公接编。

二　合办《生活与实践丛刊》

《堡垒》易手以后，我在另境的积极鼓励并参与下，和钱今昔、郑忠铭、司徒宗等筹备自办刊物。经过多次商议，创办了《生活与实践丛刊》，分辑出版。3月中旬，第一辑《论思想方向》出版，司徒宗紧扣丛书宗旨，写了

20×25=500

雪压乔林同一色——回忆我和另境相处二十年的往事　范泉

1992年8月5日作　　《香港文学》第92期；《新文学史料》1992年第4期

范泉与孔另境自1939年因都从事文艺工作而开始交往，俩人共同经历了抗战至新中国成立后的时代变迁，历经沧桑二十年，结下深厚友谊。1958年范泉因受迫害而流放至青海，未想与孔另境一别竟成永诀，多年后范泉才知晓孔另境已于1972年去世。孔另境于1925年加入中共，曾参加北伐，后到上海从事写作，1938年创办花光戏剧专校，曾编《剧本丛刊》、《新文学丛刊》等、著有《中国小说史料》、《斧声集》等。新中国成立后，担任春明出版社总编辑，上海文化出版社、上海文艺出版社编审等职，是一位才华横溢的文学工作者。在孔另境去世20周年时，范泉特作此文以追念这位相交二十年的老友。

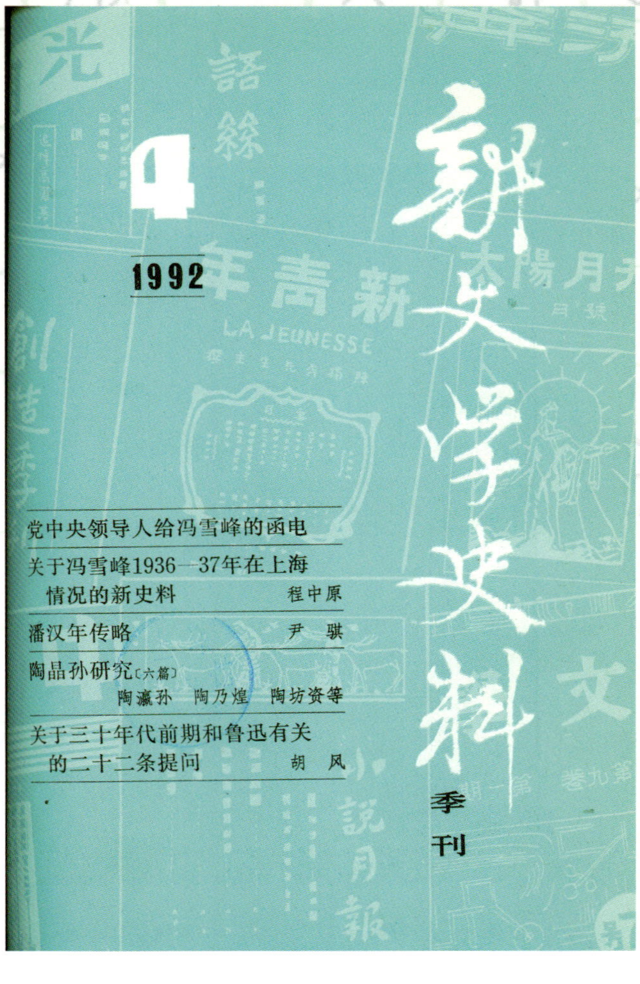
4
1992
新文学史料
季刊
党中央领导人给冯雪峰的函电
关于冯雪峰1936—37年在上海情况的新史料　程中原
潘汉年传略　尹骐
陶晶孙研究（六篇）　陶瀛孙　陶乃煌　陶坊资等
关于三十年代前期和鲁迅有关的二十二条提问　胡风

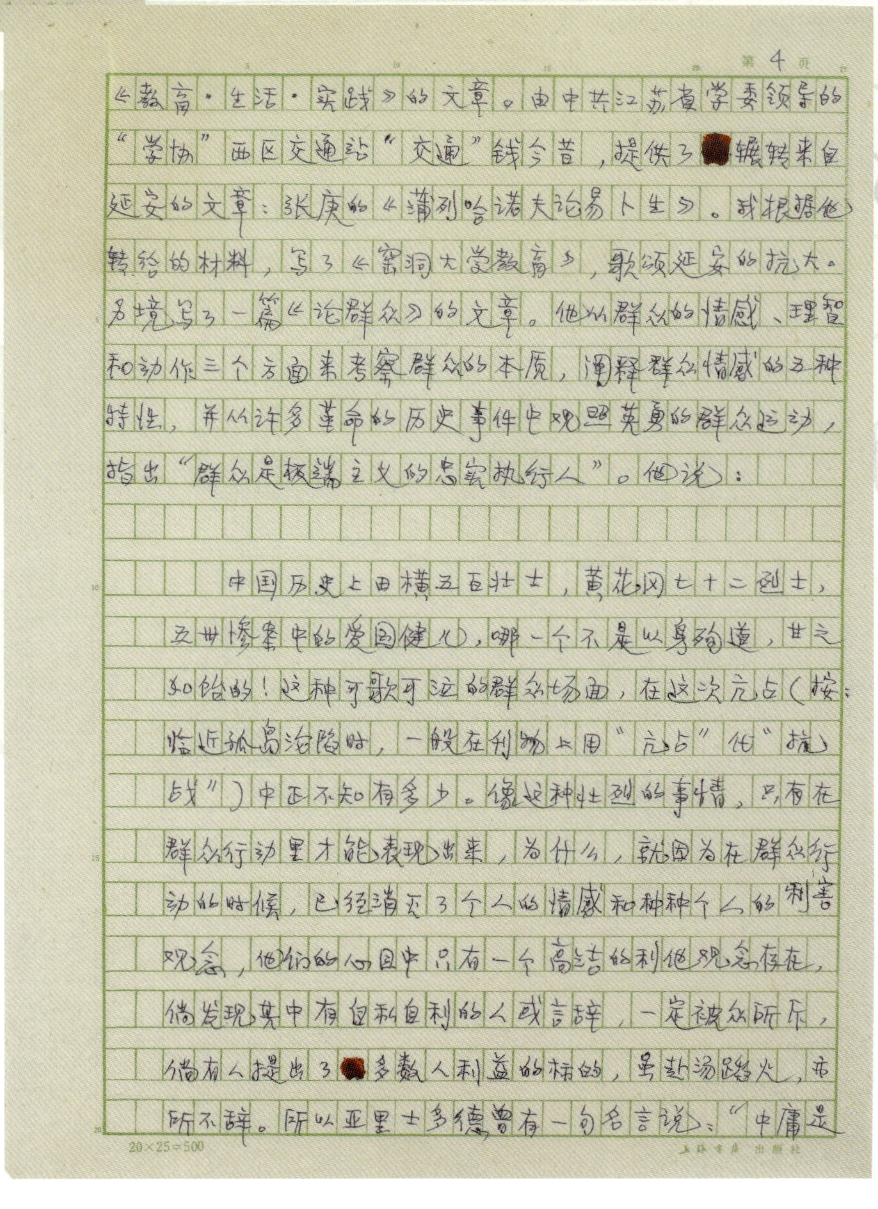
第4页

《教育·生活·实践》的文章。由中共江苏省学委领导的"学协"西区交通站"交通"钱今昔，提供了[illegible]辗转来自延安的文章：张庚的《蒲列哈诺夫论易卜生》。我根据他转给的材料，写了《窑洞大学教育》，歌颂延安的抗大。另境写了一篇《论群众》的文章。他从群众的情感、理智和动作三个方面来考察群众的本质，阐释群众情感的五种特性，并从许多革命的历史事件中观照英勇的群众运动，指出"群众是极端主义的忠实执行人"。他说：

中国历史上田横五百壮士，黄花冈七十二烈士，五卅惨案中的爱国健儿，哪一个不是以身殉道，甘之如饴的！这种可歌可泣的群众场面，在这次无占（按：临近孤岛沦陷时，一般在刊物上用"无占"代"抗战"）中正不知有多少。像这种壮烈的事情，只有在群众行动里才能表现出来，为什么，就因为在群众行动的时候，已经消灭了个人的情感和种种个人的利害观念，他们的心目中只有一个高洁的利他观念存在，倘发现其中有自私自利的人或言辞，一定被众所斥，倘有人提出了[illegible]多数人利益的标的，虽赴汤蹈火，亦所不辞。所以亚里士多德曾有一句名言说："中庸是

20×25=500　上海书店出版社

曹辛之（1917~1995）

江苏宜兴人。原名曹新民，笔名杭约赫，别名曹吾，曲公等。诗人、出版家、装帧艺术家。从中学时代起，曹辛之在报刊上发表诗文，1936年他与吴伯文等创办抗日文艺周刊《平话》。1938年赴延安先后就读于陕北公学与鲁迅艺术学院。1940年在重庆生活书店任《全民抗战》编辑，开始从事书籍装帧设计。抗战胜利后至上海，他与臧克家等创办星群出版社，并与人合办《诗创造》、《中国新诗》月刊。新中国建立后，任职于北京三联书店、人民美术出版社，曾任中国出版工作者协会装帧艺术研究会会长。出版有诗集《春之露》、《噩梦录》、《红烧的城》、《复活的土地》、《最初的蜜》，另有《曹辛之装帧艺术》、《曹辛之书法选》等。

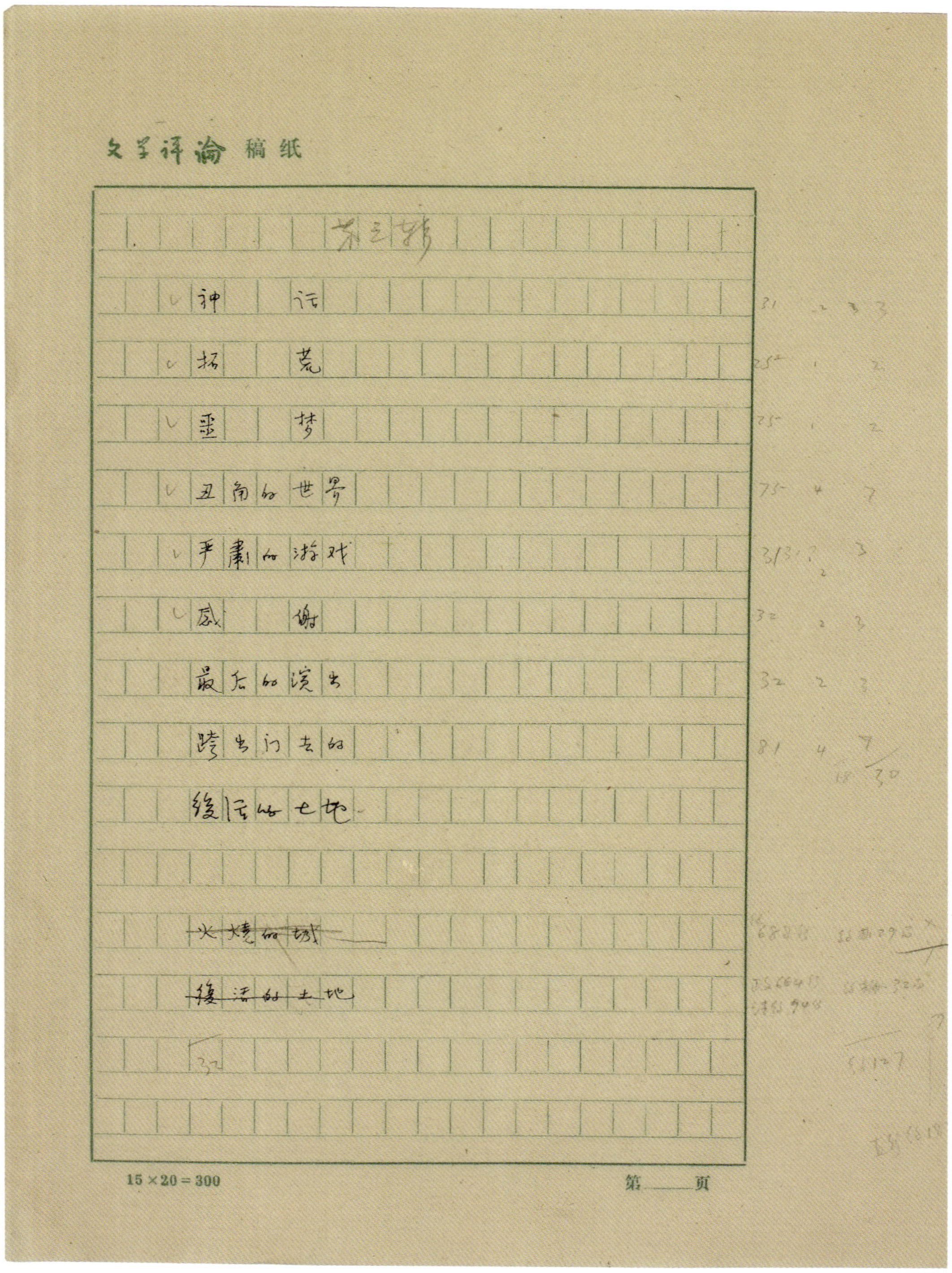
文学评论 稿纸

第三辑

神话

拓荒

噩梦

五角的世界

严肃的游戏

感谢

最后的演出

跨出门去的

复活的土地

~~火烧的城~~

~~复活的土地~~

15×20=300　　第＿＿页

最初的蜜——杭约赫诗稿　　曹辛之

文化艺术出版社1985年10月出版

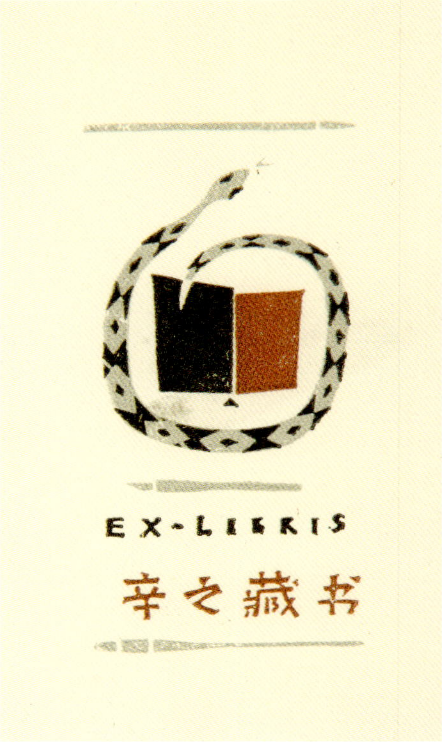
EX-LIBRIS
辛之藏书

曹辛之藏书票

陈世五设计

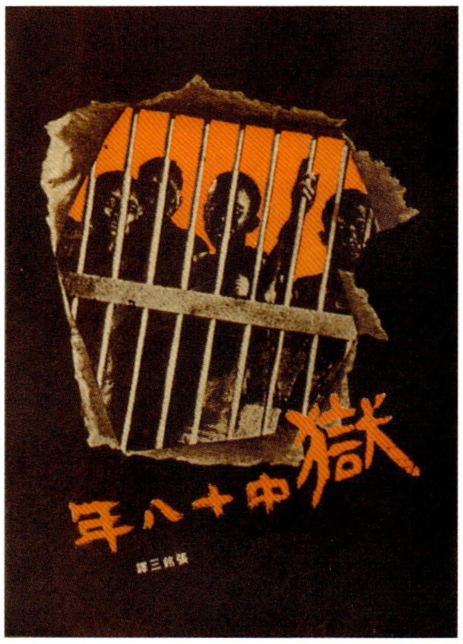
狱中十八年

曹辛之设计的封面

作为“九叶”著名诗人之一，曹辛之在建国后几乎停止了诗歌创作。其原因他在《面对严肃的时辰》中有过说明，在1985年10月出版的《最初的蜜——杭约赫诗稿》后记中又作了补充交代。本馆所藏的曹辛之诗稿是《最初的蜜——杭约赫诗稿》的部分散篇，共23首，是诗人编选本书时辑录旧作的誊抄稿和部分新作的初稿、修订稿，稿纸上还留有版式设计要求的文字。其中《致苦雨庵主人》一诗，诗人三易其稿，从作者“要改写”（见手稿第四页）的字里行间中，可以看到诗人字斟句酌的创作艰辛。

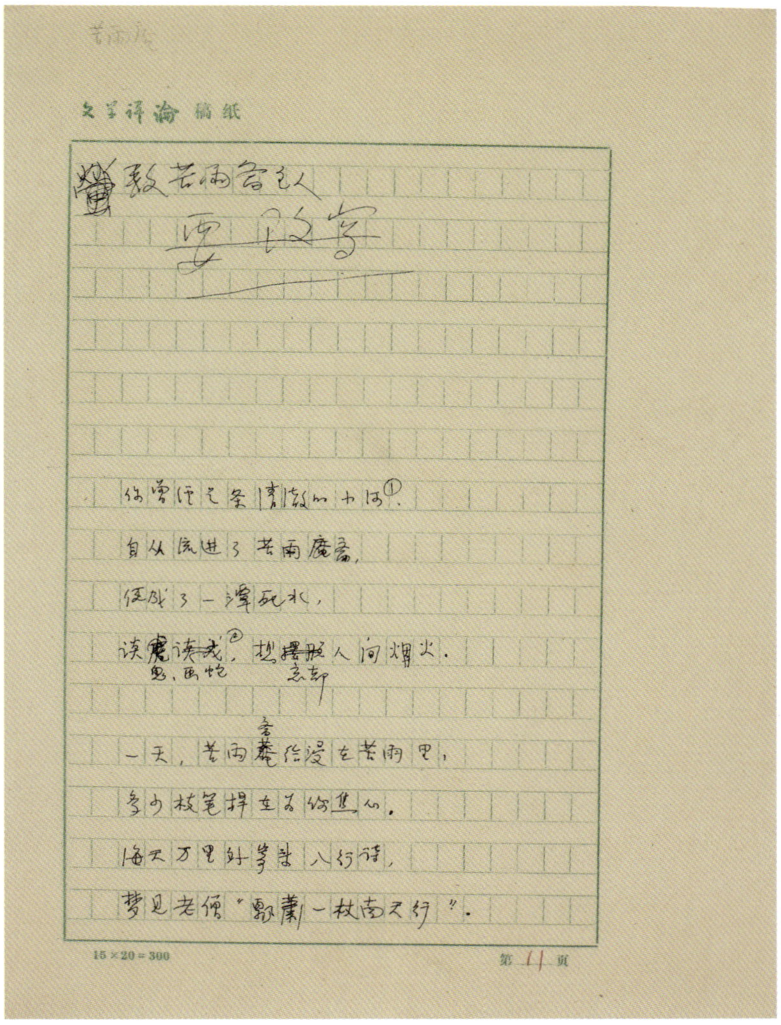
文学评论 稿纸

致苦雨斋主人

你曾经是条清澈的小河①，
自从流进了苦雨斋，
便成了一潭死水，
谈鬼、画蛇②，想忘却人间烟火。

一天，苦雨斋给浸在苦雨里，
多少枝笔捍在为你焦心，
海天万里外寄来八行诗，
梦见老僧"瓢萧一杖南天行"。

15×20＝300　第 11 页

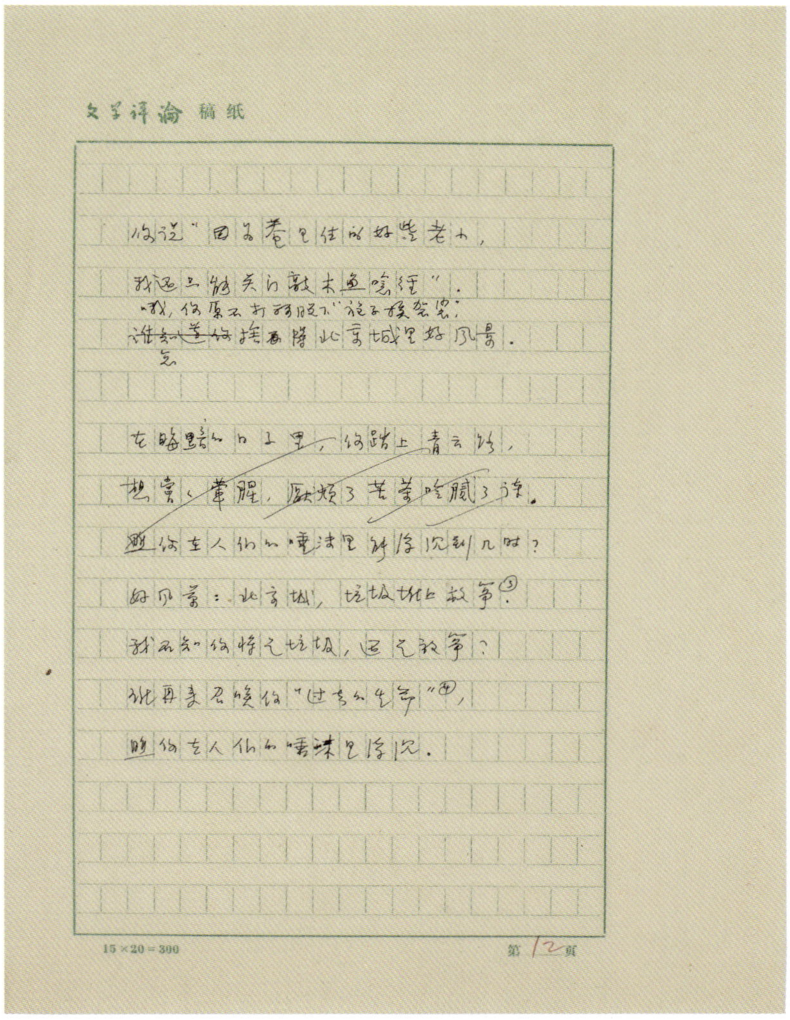
文学评论 稿纸

你说"因为巷里住的好些老小，
我还不能关门敲木鱼念经"。
哦，你原来打算脱下袈裟换袈裟，
要去接待北京城里好风景。

在暗黜的日子里，你踏上青云路，
热衷、荣耀，厌烦了苦茶吃腻了斋。
难道你主人们的唾沫里能浮沉到几时？
好风景：北京城，垃圾堆上放风筝③。
我不知你将之垃圾，还是风筝？
我再来召唤你"过去的生命"④，
哎你主人们的唾沫里浮沉。

15×20＝300　第 12 页

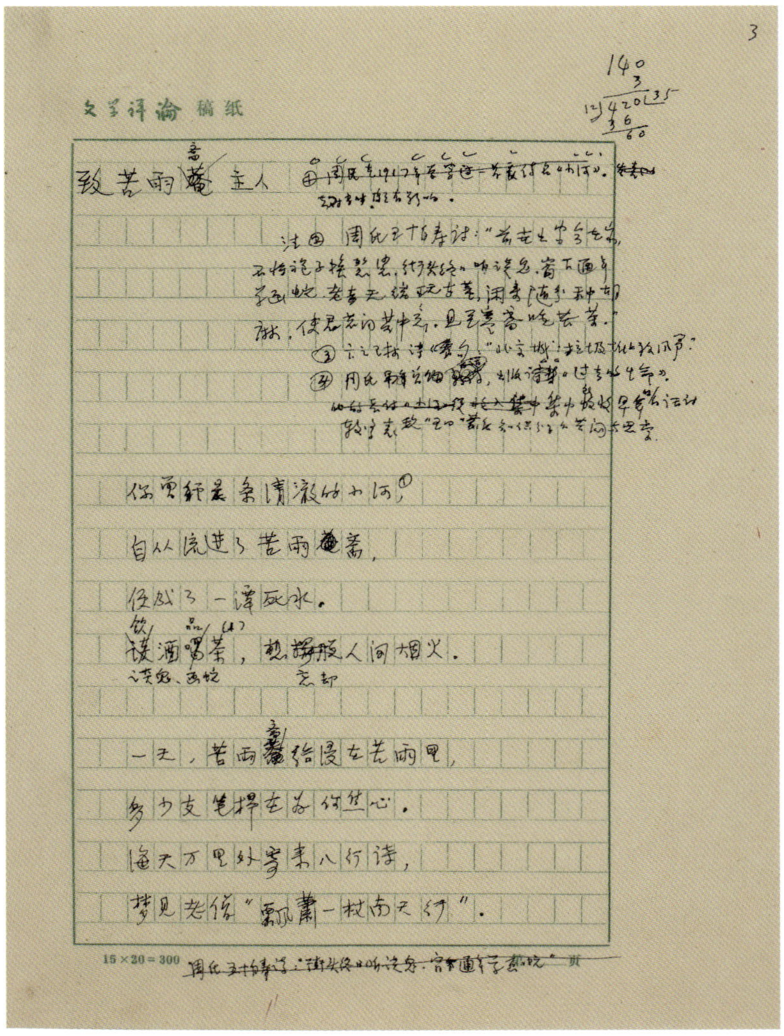
文学评论 稿纸

致苦雨斋主人

你曾经是条清澈的小河①，
自从流进了苦雨斋，
便成了一潭死水。
饮酒品茶，想忘却人间烟火。
谈鬼、画蛇

一天，苦雨斋给浸在苦雨里，
多少支笔捍在为你焦心。
海天万里外寄来八行诗，
梦见老僧"瓢萧一杖南天行"。

15×20＝300

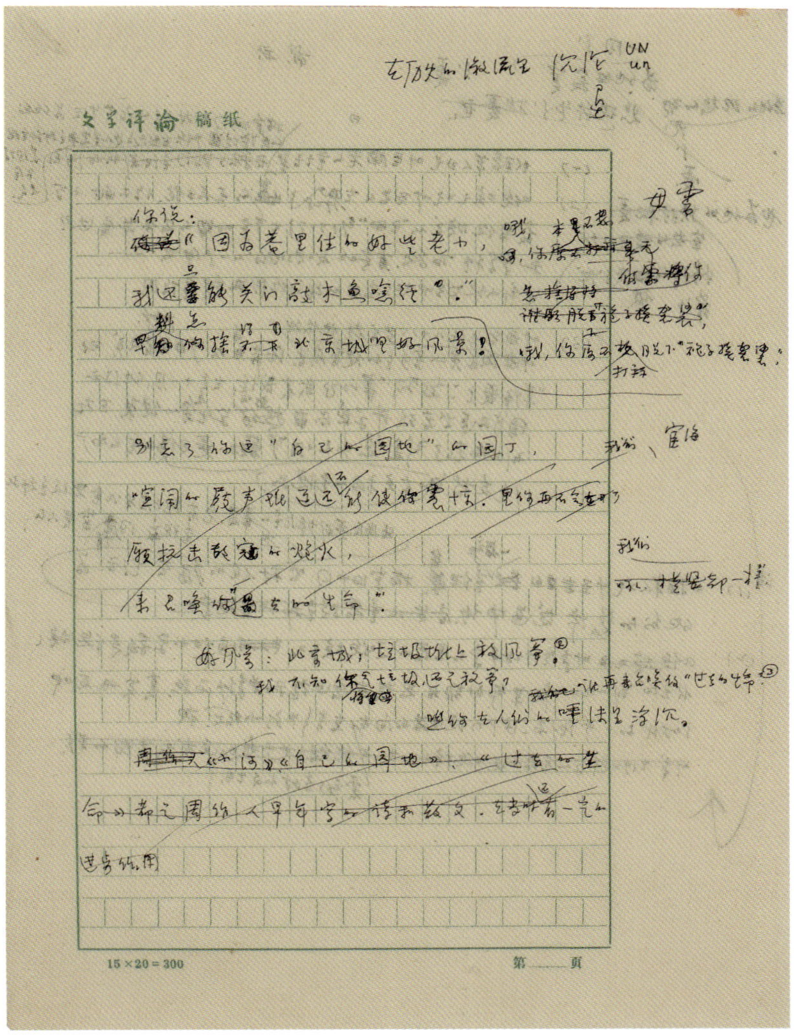
文学评论 稿纸

你说：
"因为巷里住的好些老小，
我还不能关门敲木鱼念经"。
早想你接待北京城里好风景！

别忘了你是"自己的园地"的园丁，
喧闹的声浪送到你的书房。
厨房里的炉火，
来召唤你过去的生命"。

好风景：北京城，垃圾堆上放风筝④，
我不知你是垃圾还是风筝？
哎你主人们的唾沫里浮沉。

15×20＝300　第　页

方平（1921~2008）

上海人。原名陆吉平。文学翻译家。早年在私营银行供职，在进步刊物上发表诗歌散文。解放后长期从事出版和翻译工作，曾任上海译文出版社编审，外国文学编辑室主任；上海作家协会理事，中国莎士比亚研究会会长，上海翻译家协会理事，中国作家协会会员。著作有《白朗宁夫人传》，论文集《和莎士比亚交个朋友吧》、《三个从家庭出走的妇女》、《顶楼上藏着一个疯女人》，主要译作有《十日谈》（合译），《莎士比亚喜剧五种》、《奥瑟罗》、《呼啸山庄》、《李尔王》，主编《新莎士比亚全集》12卷。

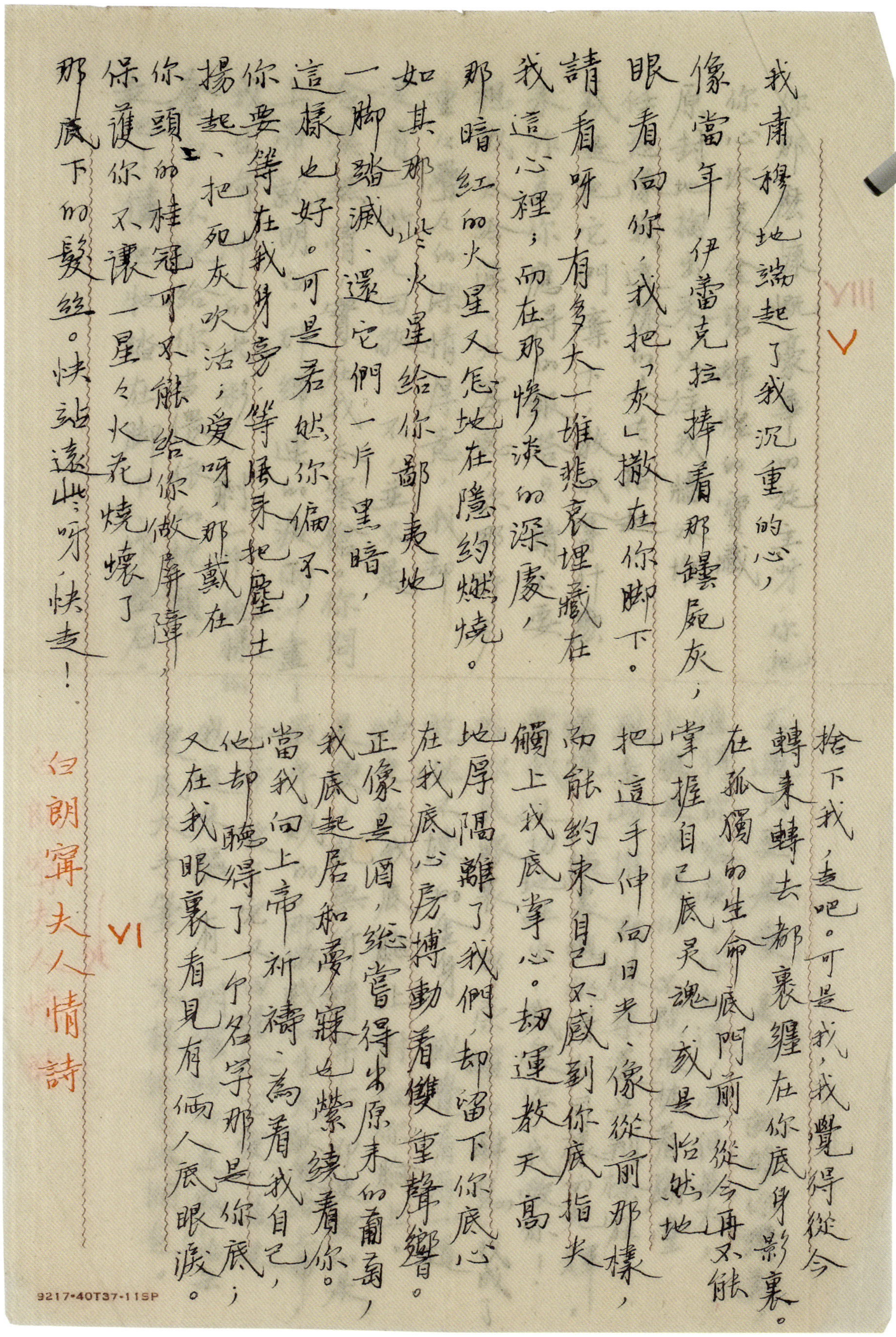

VIII V

我肅穆地端起了我沉重的心，
像當年伊蕾克拉捧着那鏤屍灰；
眼看向你，我把「灰」撒在你腳下。
請看呀，有多大一堆悲哀埋藏在
我這心裡；而在那慘淡的深處，
那暗紅的火星又怎地在隱約燃燒。
如其那些火星給你鄙夷地
一腳踏滅，還它們一片黑暗，
這樣也好。可是君然你偏不，
你要等在我身旁，等風來把塵土
揚起、把死灰吹活；愛呀，那戴在
你頭上的桂冠可不能給你做屏障，
保護你不讓一星星火花燒壞了
那底下的髮絲。快站遠些，呀，快走！

VI

捨下我，走吧。可是我，我覺得從今
轉來轉去都裏纏在你底身影裏。
在孤獨的生命底門前，從今再不能
掌握自己底靈魂，或是怡然地
把這手伸向日光，像從前那樣，
而能約束自己不感到你底指尖
觸上我底掌心。劫運教天高
地厚隔離了我們，卻留下你底心
在我底心房搏動着雙重聲響。
正像是酒，總嘗得出原來的葡萄，
我底起居和夢寐也縈繞着你。
當我向上帝祈禱，為着我自己，
他卻聽得了一個名字，那是你底；
又在我眼裏看見有倆人底眼淚。

白朗寧夫人情詩

9217·40T37·11SP

白朗宁
爱情十四
方
上海译

上海图书馆藏
中国文化名人手稿

学 术 · Academia

黎锦熙（1890~1978）

湖南湘潭人。字劭西。语言学家。早年参加同盟会。曾任长沙报馆总编辑、湖南省立第一师范教员。1919年后任北京高等师范学校（北京师大前身）国文系教授，前后达数十年之久。1945年与许德珩等倡导成立九三学社。新中国成立后任北师大中文系主任。又任中国科学院哲学社会科学学部委员、中国文字改革委员会委员、九三学社中央常委等职。著有《新著国语文法》、《比较文法》等，主编有《汉语词典》。

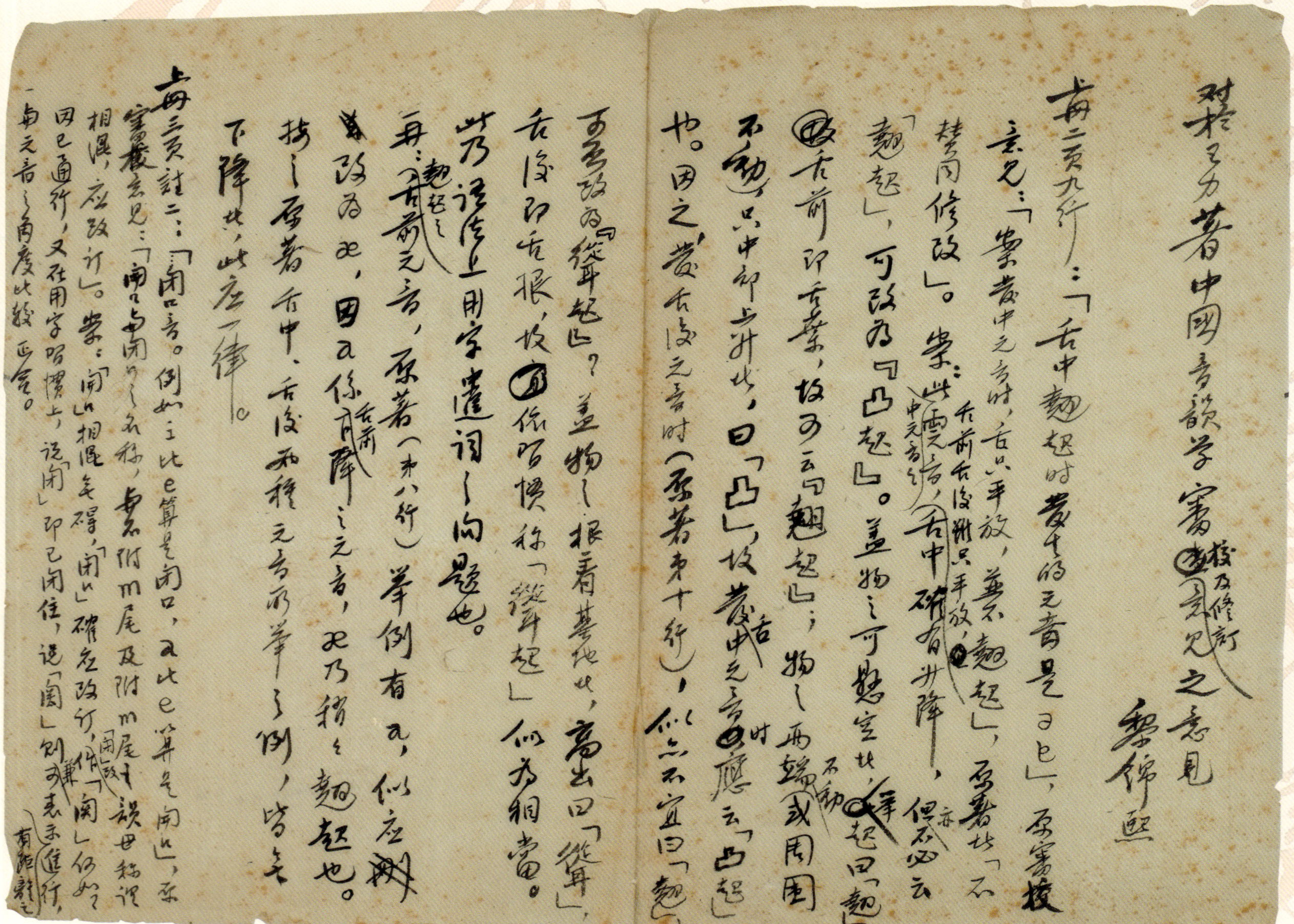

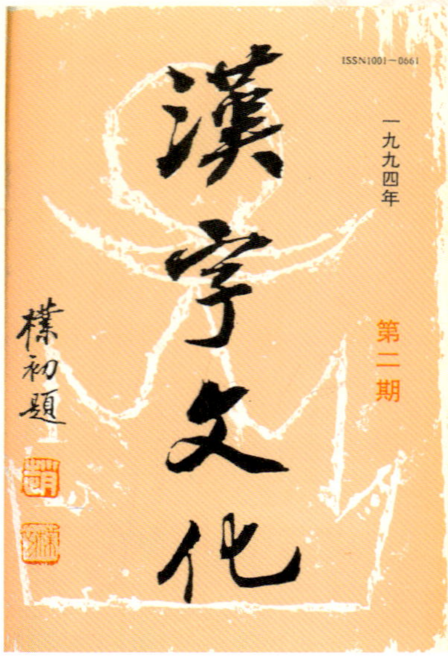
ISSN1001-0661
漢字文化
一九九四年
第二期
樸初題

对于王力著中国音韵学审校及修订意见之意见　　黎锦熙

1944年10月作　　1947年2月校　　《汉字文化》1994年第2期

20世纪40年代，王力的《中国音韵学》一书被选为大学用书拟重版时，当时的国立大学用书编辑委员会将这部书送交罗常培审订。王力对罗常培的一些审订意见不同意，于是编委会又将罗常培的审订意见和王力的修订稿都交给黎锦熙，请他做最后的审订，因此才有了这篇创作于1944年10月的《对于王力著中国音韵学审校及修订意见之意见》。这篇手稿在黎锦熙生前一直未曾发表，直到他去世之后，他的女儿黎泽瑜整理遗稿时才发现，略加整理之后发表于《汉字文化》1994年第2期上。

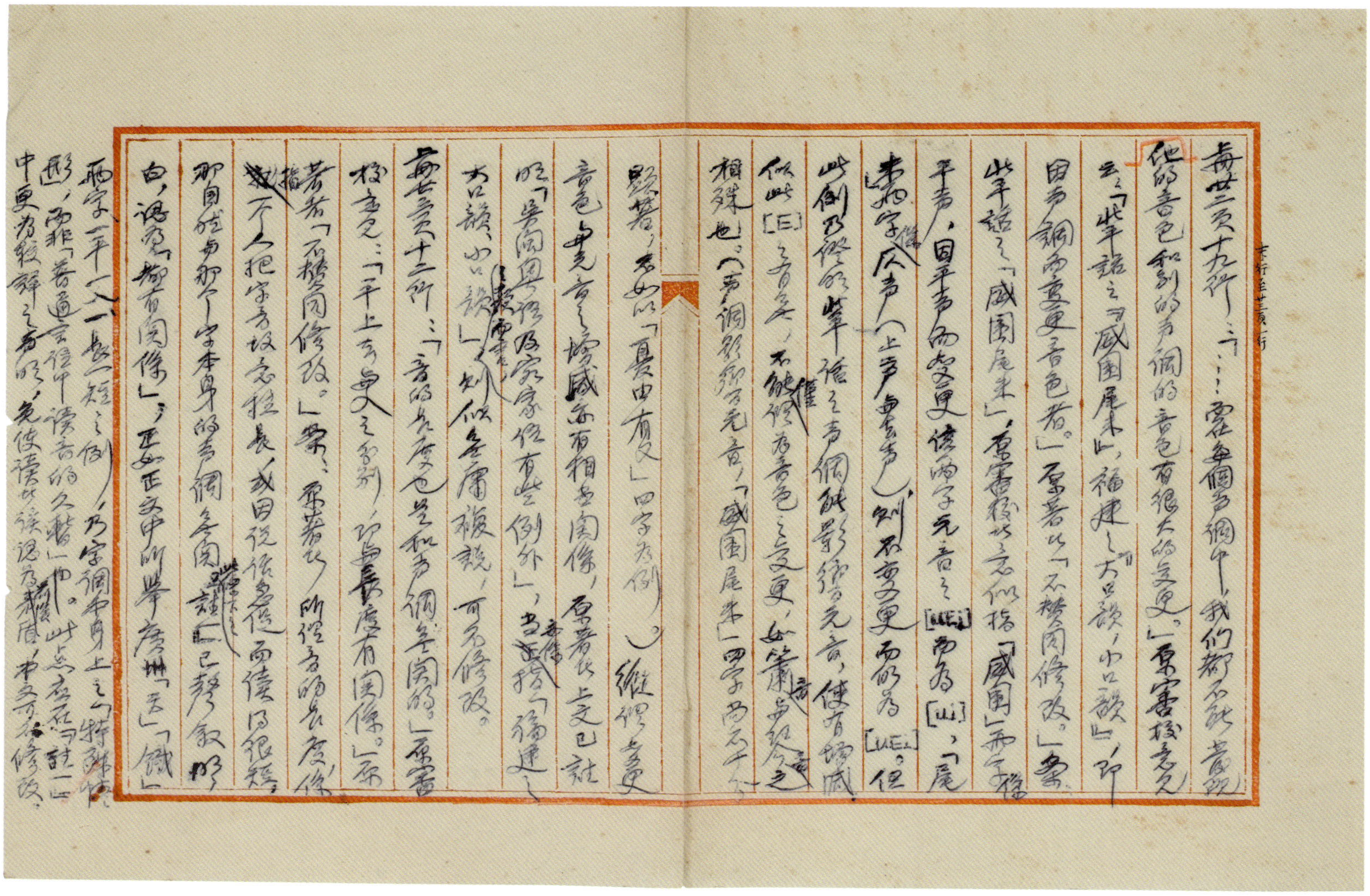

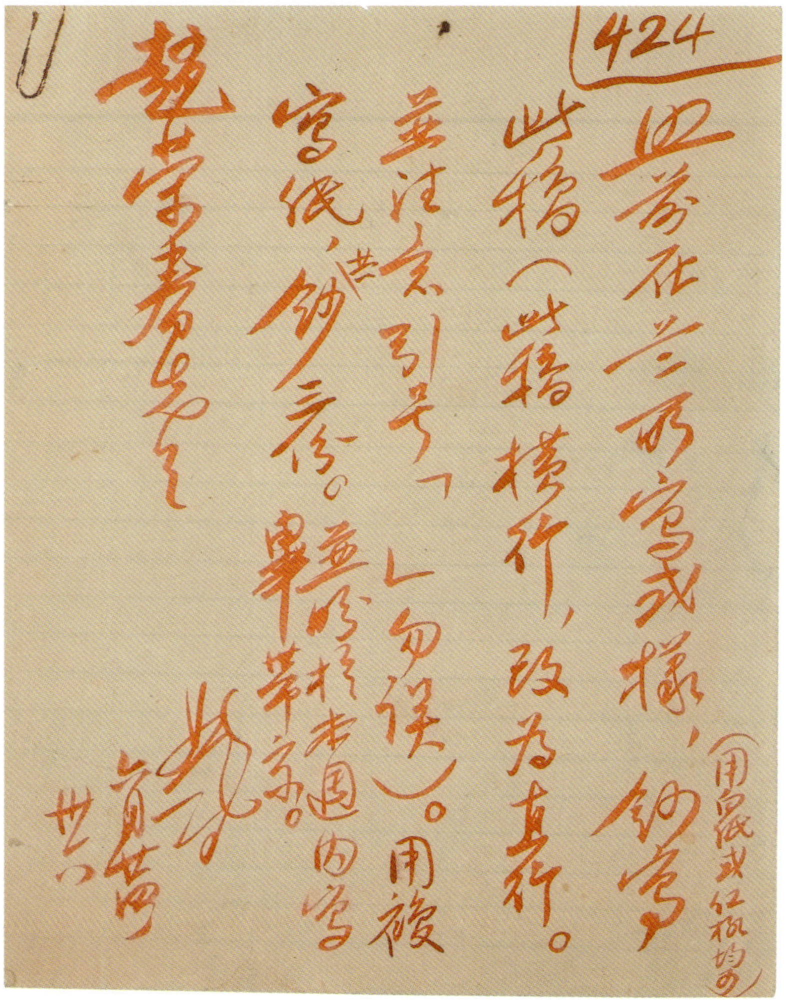

424

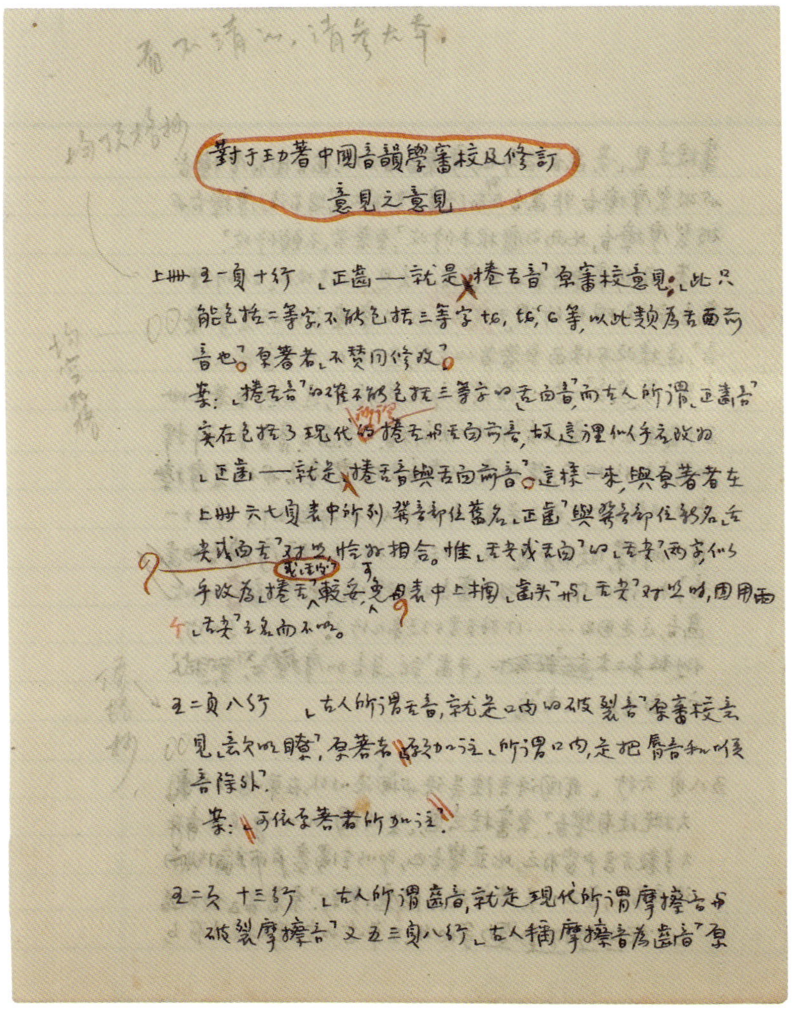

對于王力著中國音韻學審校及修訂意見之意見

上册 王一頁十行 「正齒——就是捲舌音」原審校意見：「此只能包括二等字，不能包括三等字……以此類為舌面前音也。」原著者「不贊同修改」。

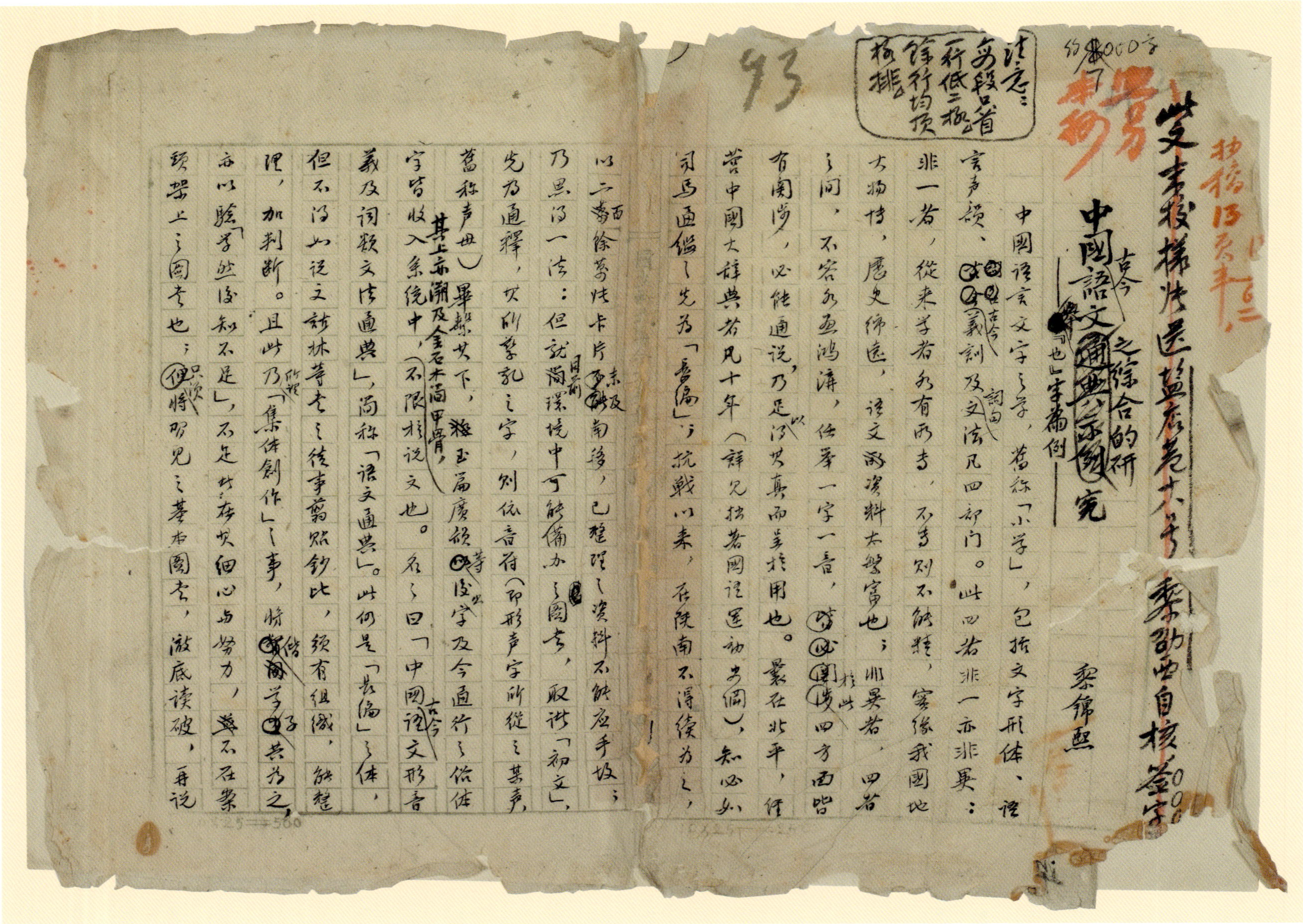
中國古今語文之綜合的研究
黎錦熙

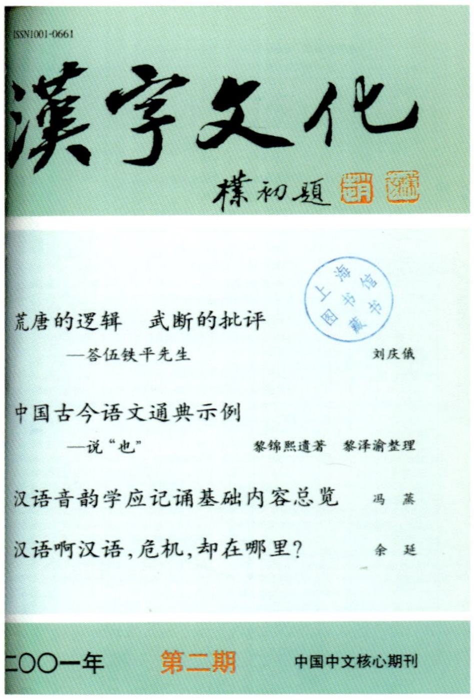
ISSN1001-0661
漢字文化
樸初題
荒唐的逻辑 武断的批评
—答伍铁平先生 刘庆俄
中国古今语文通典示例
—说"也" 黎锦熙遗著 黎泽渝整理
汉语音韵学应记诵基础内容总览 冯蒸
汉语啊汉语，危机，却在哪里？ 余延
二〇〇一年 第二期 中国中文核心期刊

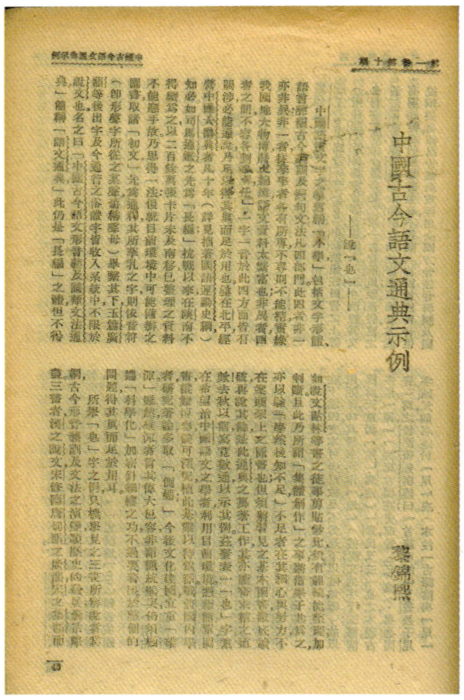
中國古今語文通典示例
黎錦熙

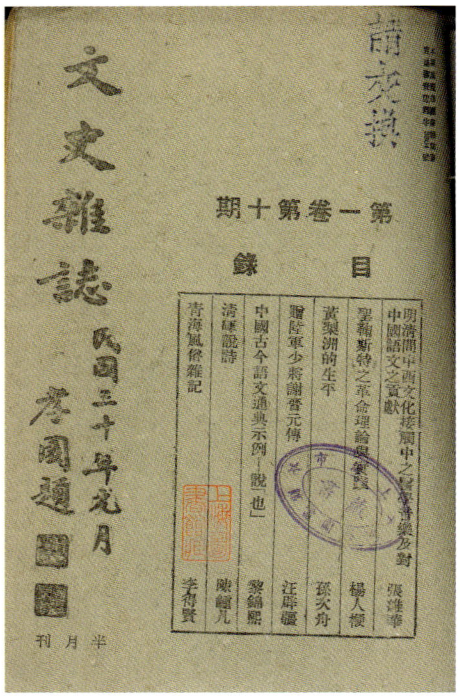
文史雜誌
民國三十年元月
第一卷第十期
目錄
中國古今語文通典示例「說也」 黎錦熙
半月刊

中国古今语文之综合的研究——举"也"字为例　　黎锦熙

1942年作　　《汉字文化》2001年第2期

黎锦熙曾作《中国语文通典示例——说"也"》一文，发表于商务印书馆出版的《文史杂志》1941年第1卷第10期。1942年，黎锦熙作此修改稿，改题名为《中国古今语文之综合的研究——举"也"字为例》，并作附录《"也"字孳生表》、《"也"字从属字》，两附录在黎锦熙生前一直未曾发表，直至黎锦熙逝世后经黎泽瑜整理，全文以《中国古今语文通典示例——说"也"》为题名，发表于《汉字文化》2001年第2期。

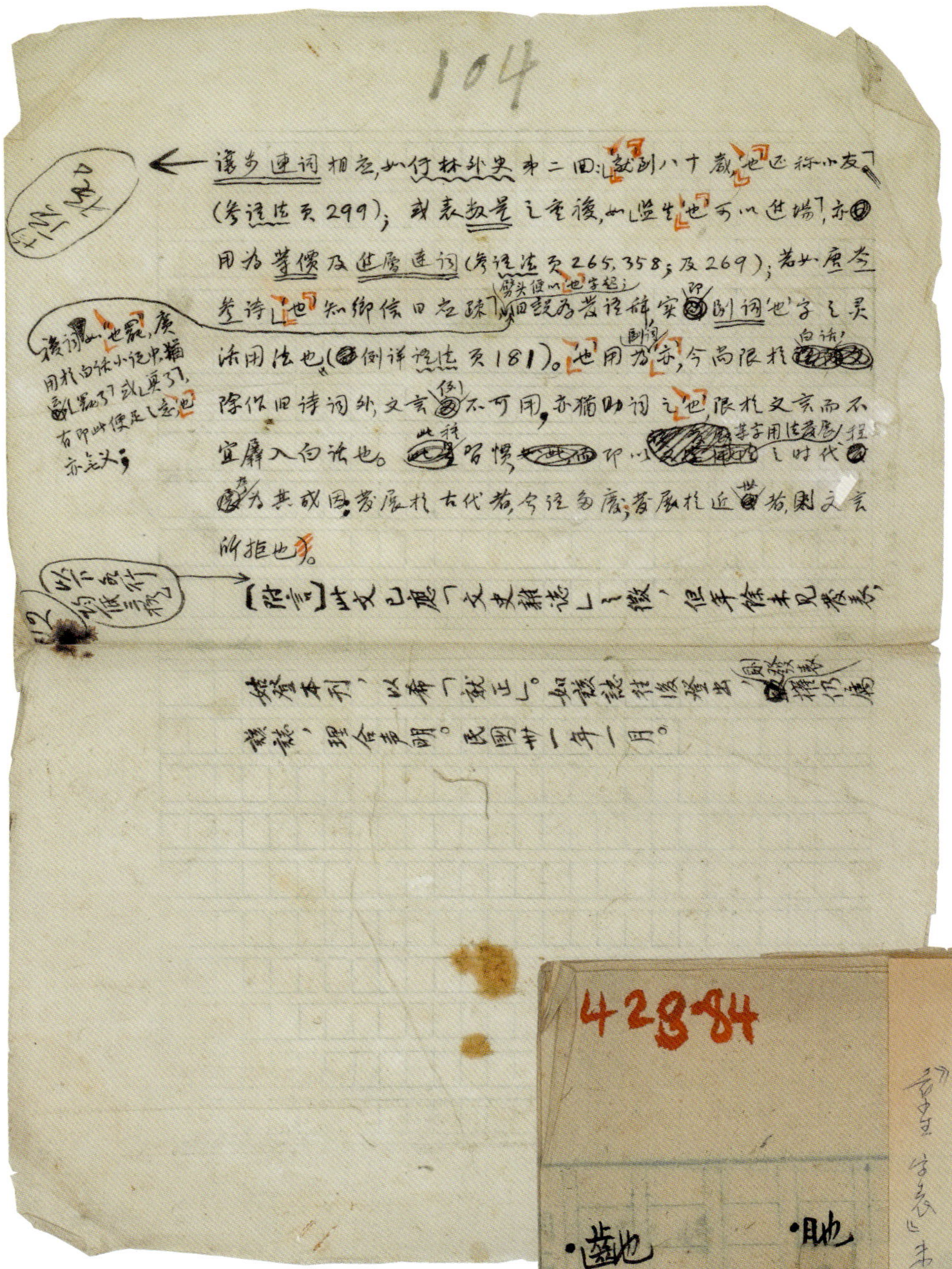
104
所拒也。
民國卅一年一月。

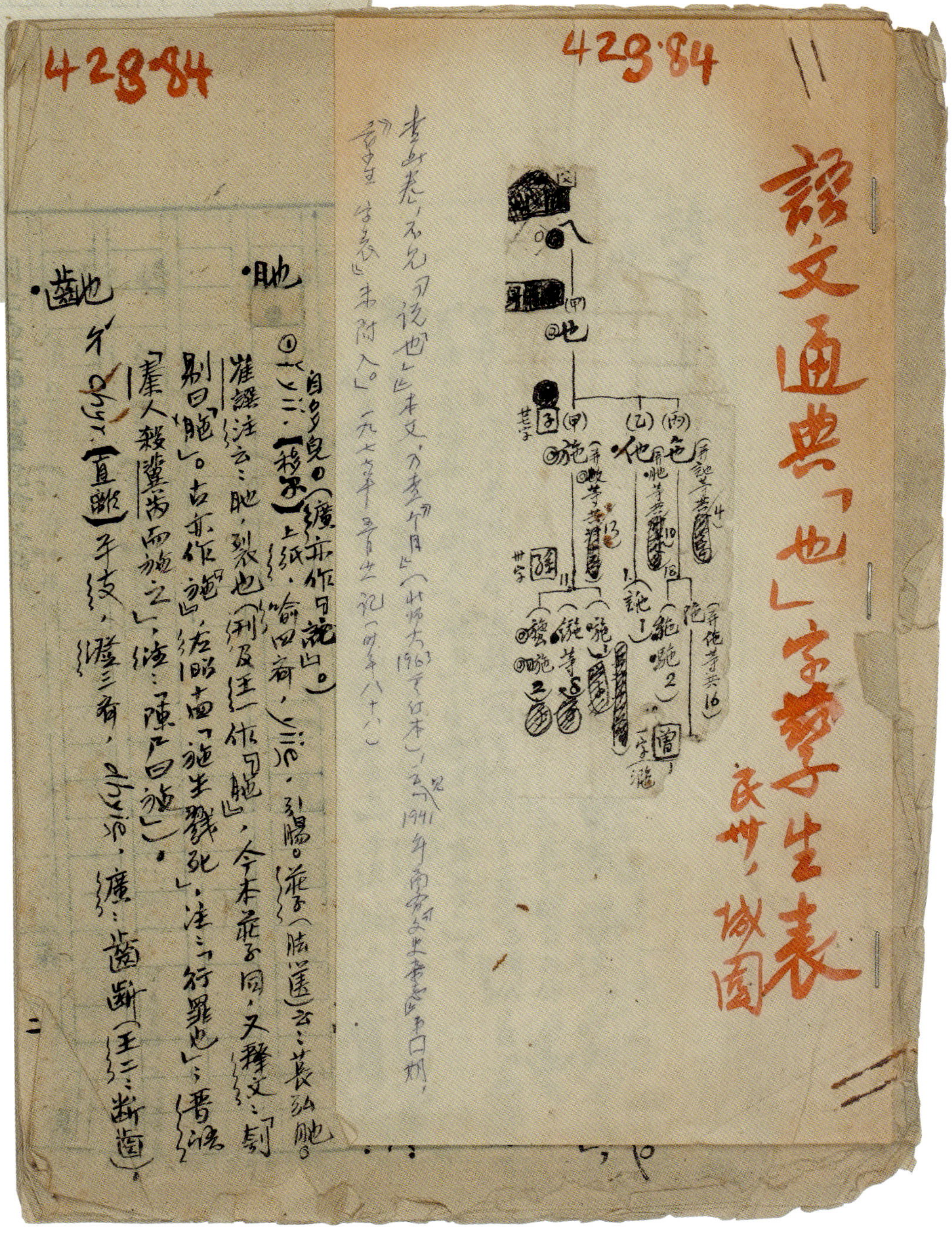
428.84
428.84
詞文通典「也」字孳生表

范文澜（1893~1969）

浙江绍兴人。历史学家。1917年毕业于北京大学，曾在多所大学任教，1939年参加中国共产党，1940年到延安马列学院任历史研究室主任，1946年任北方大学校长，1948年任华北大学副校长，1950年任中国科学院中国近代史研究所所长，次年任中国史学会副会长。曾当选为中央委员。在文学、经学、史学等方面均有建树，早期主要著作有《文心雕龙讲疏》、《群经概论》、《正史考略》。到延安后，以马克思主义观点研究和撰写中国通史，出版了《中国通史简编》、《中国近代史》上册，在中国史学史上具有重要影响。有《范文澜全集》10卷行世。

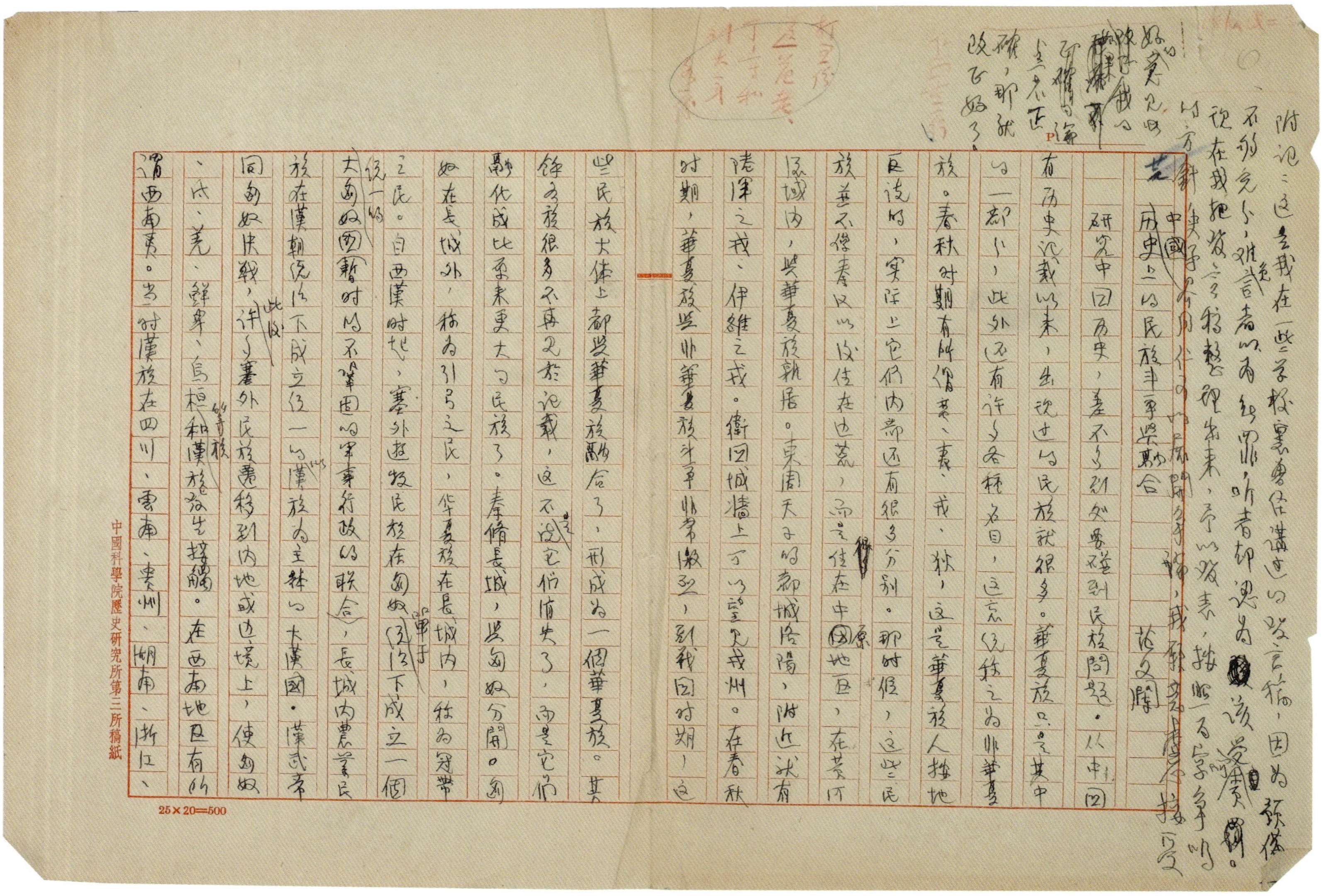

中國歷史上的民族斗爭與融合 范文瀾

研究中国历史，差不多到处要碰到民族問題。从中国有历史记载以来，史说过的民族就很多。華夏族只是其中的一部分，此外还有许多名目，这些统称之为非華夏族。春秋时期有所谓蛮、夷、戎、狄，这是華夏族人按地區說的，実际上它们内部还有很多分别。那时候，这些民族並不像秦汉以後住在边荒，而是住在中国地区，在某些区域内，與華夏族雜居。东周天子的都城洛陽，附近就有陸渾之戎、伊雒之戎。衛国城墙上可以望见戎州。在春秋时期，華夏族与非華夏族斗争非常激烈，到戰国时期，这些民族大体上都與華夏族融合了，形成为一個華夏族。其餘有的民族很多不再見於記載，這不説它們消失了，而是它們融化成比原來更大的民族了。秦修長城，與匈奴分開。匈奴在長城外，称為引弓之民，华夏族在长城内，称为冠帶之民。自西漢时起，塞外游牧民族在匈奴領導下成立一個大匈奴國，暫时的不算固的軍事行政的联合，長城内農業民族在漢朝統治下成立一個以漢族為主体的大漢國。漢武帝同匈奴作戰，許多塞外民族遷移到内地或边境上，使匈奴、氐、羌、鮮卑、烏桓和漢族發生接觸。在西南地區有所謂西南夷。当时漢族在四川、雲南、貴州、湖南、浙江、

中国科學院歷史研究所第三所稿紙

25×20=500

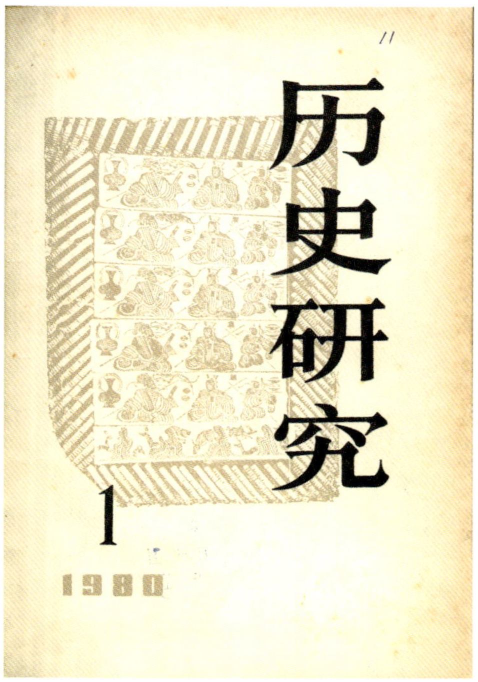

历史研究
1
1980

中国历史上的民族斗争与融合　　范文澜

《历史研究》　1980年第1期

这是范文澜在1962年交给《历史研究》编辑部的一篇论文，系根据在中央党校、北京大学等校的发言整理而成。正式刊发于1980年第1期的《历史研究》上，距作者去世已有十多年。这篇遗文对中国历史上的民族斗争与融合提出了一些新观点，因限于当时的社会环境，此文一直未公之于众。从手稿首页的“附记”中可略察当时的学术氛围。

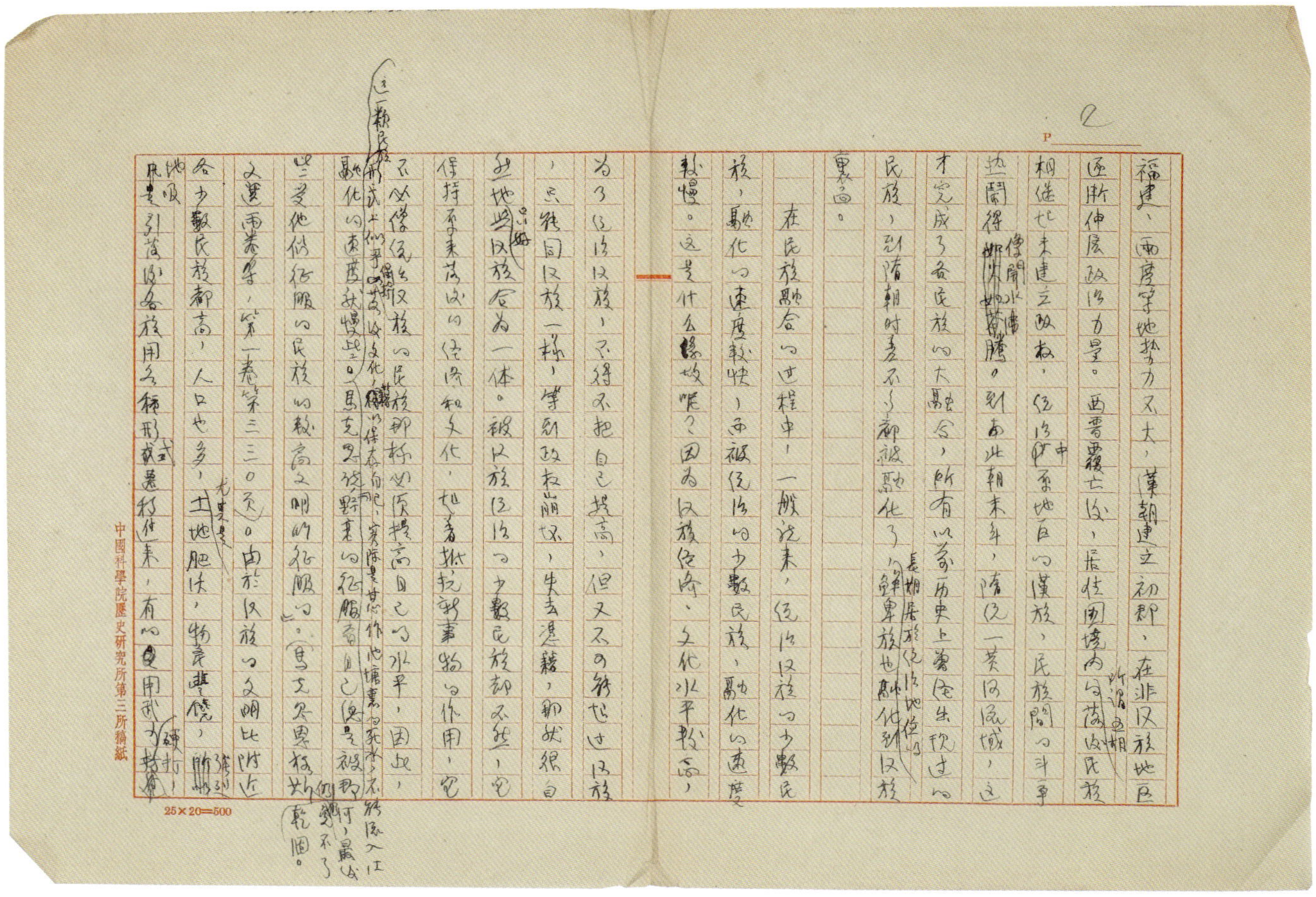

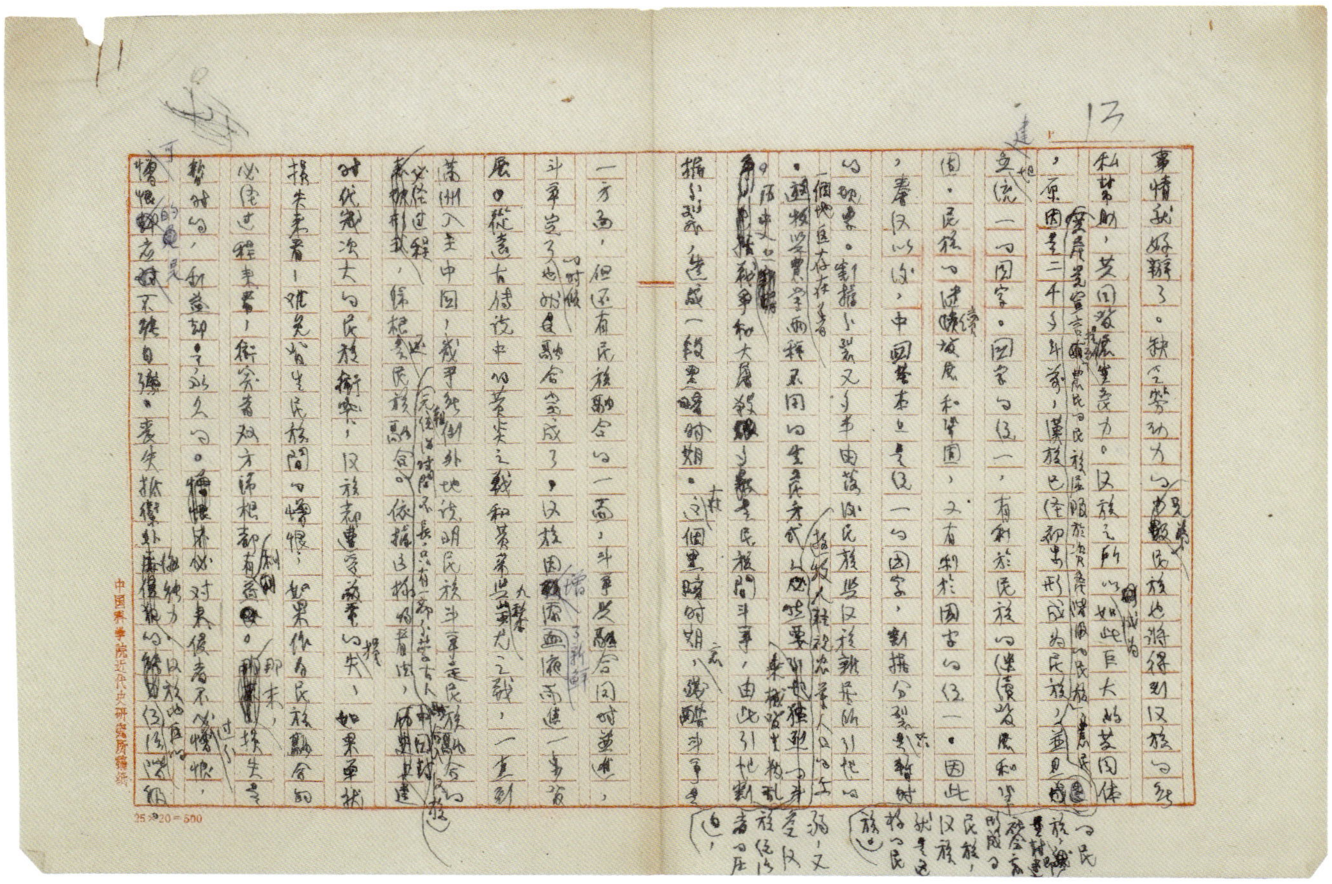

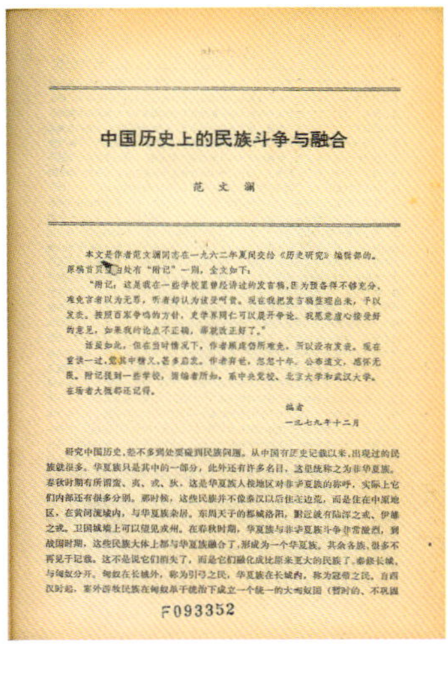
中国历史上的民族斗争与融合

范文澜

F093352

郑逸梅（1895~1992）

江苏苏州人。名愿宗，字际云，笔名逸梅。作家、文史掌故家。1913年起，先后为《民权报》、《小说丛报》、《申报·自由谈》、《紫罗兰》、《万象》等几十家报刊写稿。为星社成员，南社晚期成员。建国后，曾任晋元中学副校长、普陀区政协常委、上海市政协文史资料委员等职。著有《梅瓣集》、《南社丛谈》、《清末民初文坛轶事》、《书报话旧》等。

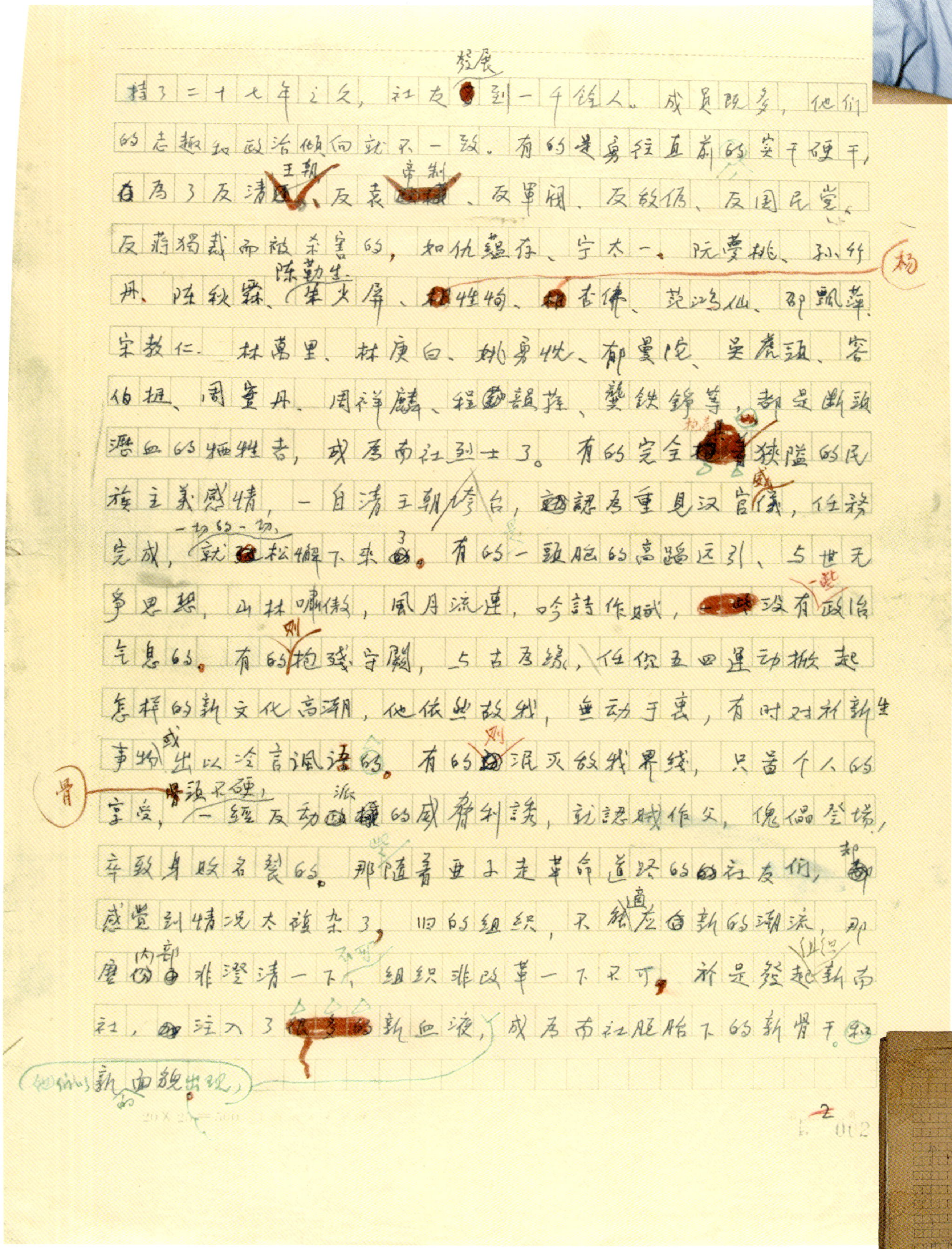

经过二十七年之久，社友发展到一千余人。成员既多，他们的志趣和政治倾向就不一致。有的是勇往直前的实干硬干，有为了反清王朝、反袁帝制、反军阀、反敌伪、反国民党、反蒋独裁而被杀害的，如仇蕴存、宁太一、阮梦桃、孙竹丹、陈勒生、杨性恂、杨杏佛、范鸿仙、邵飘萍、宋教仁、林万里、林庚白、姚勇忱、郁曼陀、吴虎头、容伯挺、周实丹、周祥麟、程家柽、冀铁锋等，都是断头沥血的牺牲者，成为南社烈士了。有的完全抱着狭隘的民族主义感情，一自清王朝垮台，认为重见汉官威仪，任务完成，一切的一切就松懈下来了。有的一致脱的高蹈远引，与世无争思想，山林啸傲，风月流连，吟诗作赋，一些没有政治气息的。有的则抱残守阙，与古为缘，任你五四运动掀起怎样的新文化高潮，他依然故我，无动于衷，有时对新生事物或出以冷言讽语的。有的则泯灭敌我界线，只图个人的享受，骨头不硬，一经反动派的威胁利诱，就认贼作父，傀儡登场，卒致身败名裂的。那随着孙中山走革命道路的社友们，都感觉到情况太复杂了，旧的组织，不能适应新的潮流，那么内部非澄清一下，组织非改革一下不可，于是发起新南社，注入了新血液，成为南社脱胎下的新骨干，以新的面貌出现。

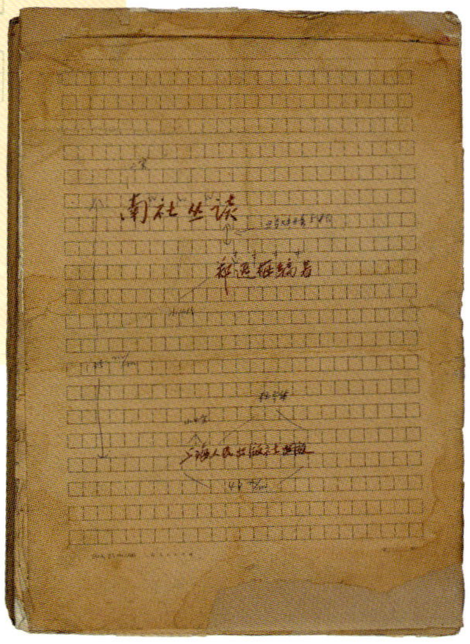
南社丛谈

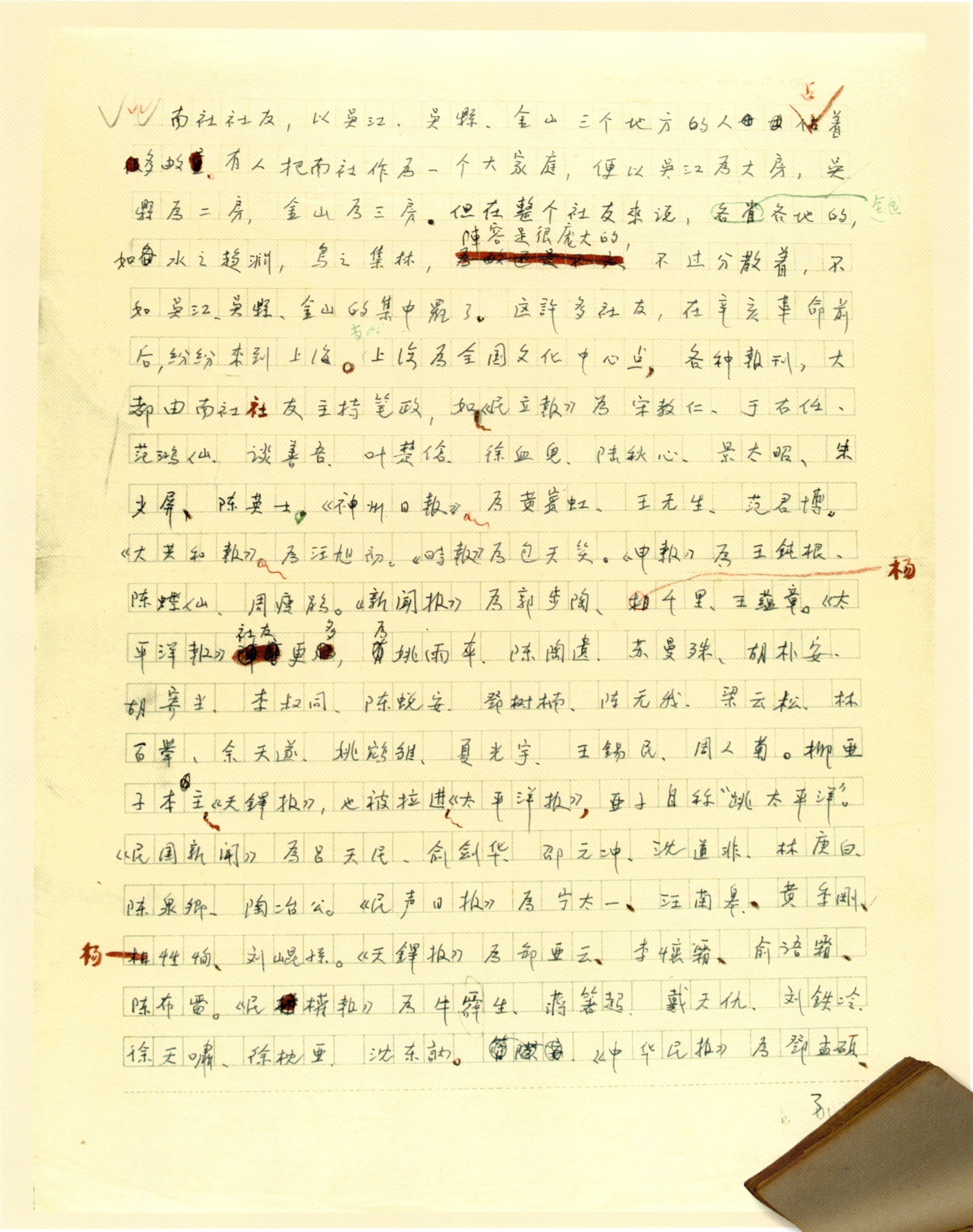
南社社友，以吴江、吴县、金山三个地方的人占着多数。有人把南社作为一个大家庭，便以吴江为大房，吴县为二房，金山为三房。但在整个社友来说，各省各地的，如水之趋渊，鸟之集林，阵容是很庞大的，不过分散着，不如吴江、吴县、金山的集中罢了。这许多社友，在辛亥革命前后，纷纷来到上海。上海为全国文化中心点，各种报刊，大都由南社社友主持笔政，如《民立报》为宋教仁、于右任、范鸿仙、谈善吾、叶楚伧、徐血儿、陆秋心、景太昭、朱少屏、陈英士。《神州日报》为黄宾虹、王无生、范君博。《大共和报》为汪旭初。《时报》为包天笑。《申报》为王钝根、陈蝶仙、周瘦鹃。《新闻报》为郭步陶、杨千里、王蕴章。《太平洋报》社友更多，为姚雨平、陈陶遗、苏曼殊、胡朴安、胡寄尘、李叔同、陈蜕安、邓树楠、陆元焘、梁云松、林百举、余天遂、姚鹓雏、夏光宇、王锡民、周人菊。柳亚子本主《天铎报》，也被拉进《太平洋报》，亚子自称"跳太平洋"。《民国新闻》为吕天民、俞剑华、邵元冲、沈道非、林庚白、陈泉卿、陶冶公。《民声日报》为宁太一、汪兰皋、黄季刚、杨性恂、刘屺怀。《天铎报》为邹亚云、李怀霜、俞语霜、陈布雷。《民权报》为牛辟生、蒋箸超、戴天仇、刘铁冷、徐天啸、徐枕亚、沈东讷。《中华民报》为邓孟硕、

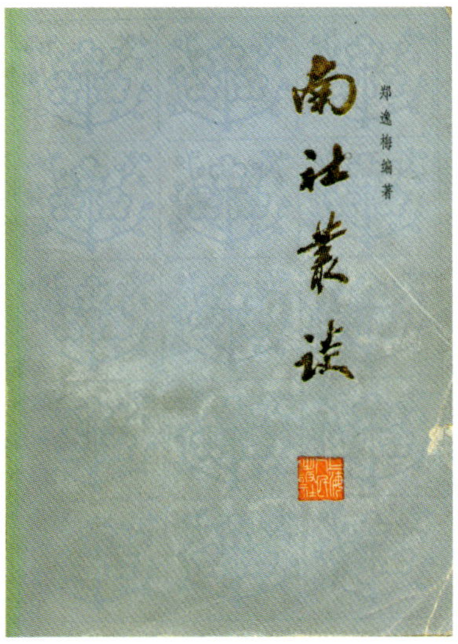
南社叢談
郑逸梅编著

南社丛谈　　郑逸梅

1980年作　　上海人民出版社1981年出版

《南社丛谈》是郑逸梅创作生涯中的重要作品，整部著述长达60万字，先后经历三次印刷：上海人民出版社1981年初版；1991年，黑龙江人民出版社曾将此书收入该社所编《郑逸梅选集》（第一卷）中；2006年，中华书局据上海人民出版社1981年版重新录排，并酌加校订。郑逸梅写作此稿时已八十多岁高龄，视力不济、精力不支，但由手稿所见，作者字迹娟秀、书写工整。

陈子展 (1898~1990)

湖南长沙人。原名炳堃，以字行。文学史家、杂文家。曾在东南大学教育系进修，结业后回湖南从事教育工作。1927年“马日事变”后遭通缉，避居上海。1932年主编《读书生活》。1933年起任复旦大学等校教授。20世纪30年代曾发表大量杂文、诗歌和文艺评论，后长期从事《诗经》、《楚辞》研究。著有《中国近代文学之变迁》、《最近三十年中国文学》、《诗经直解》、《楚辞直解》等。

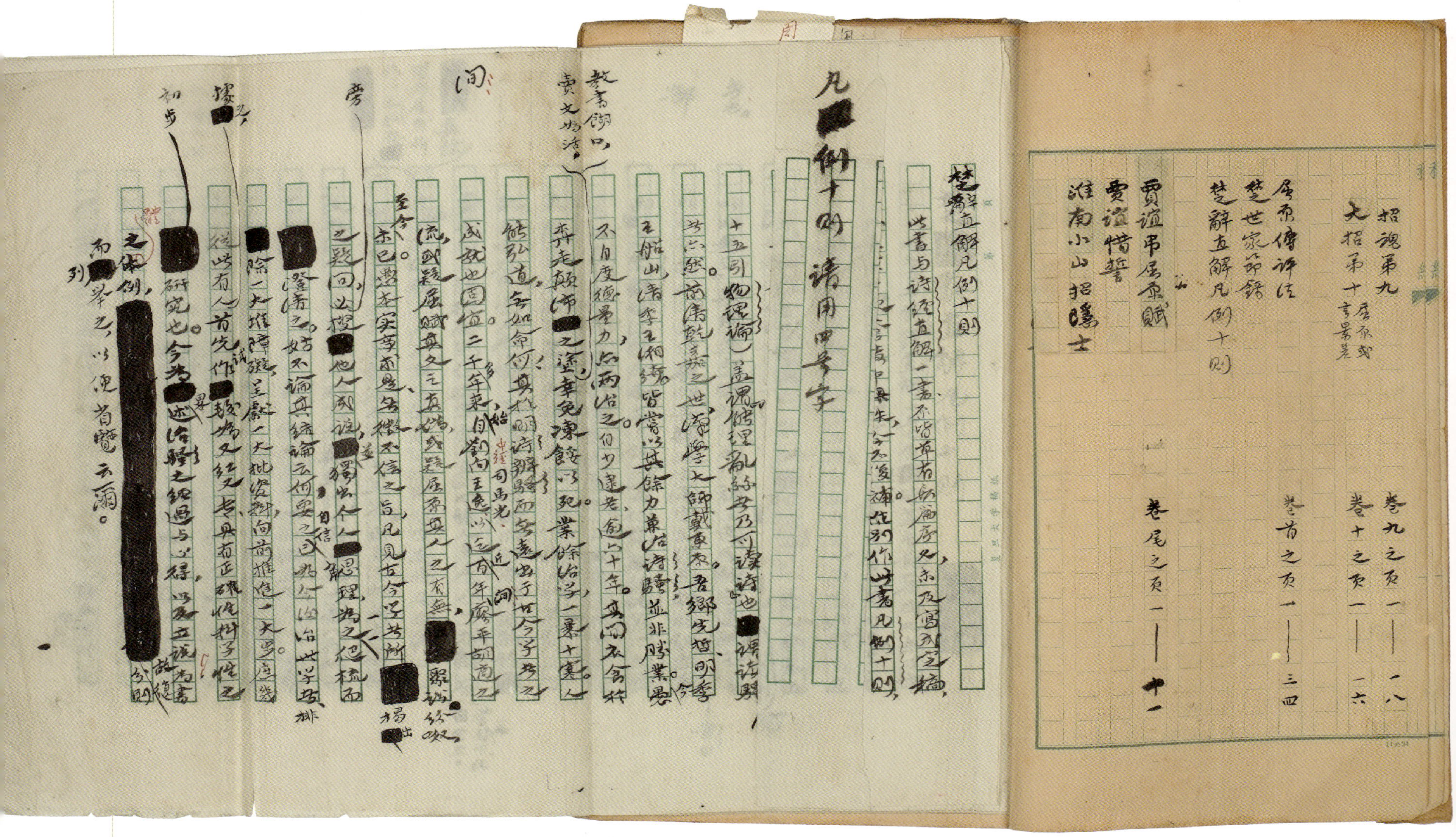
楚辭直解凡例十則
凡例十則 請用四號字
招魂第九
大招第十
屈原傳評注
楚世家節錄
楚辭直解凡例十則
賈誼弔屈原賦
賈誼惜誓
淮南小山招隱士

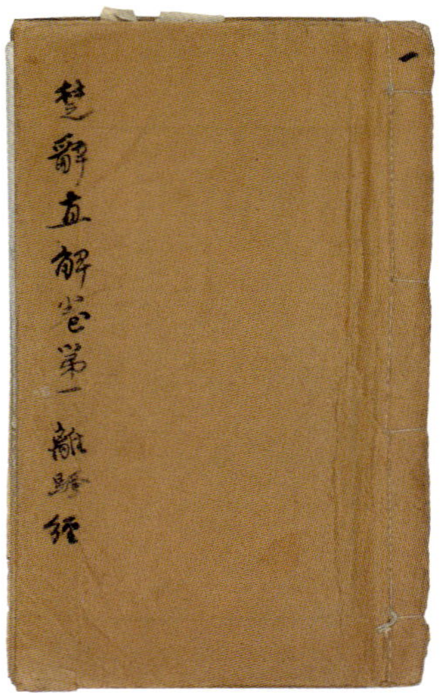
楚辭直解卷第一 離騷經

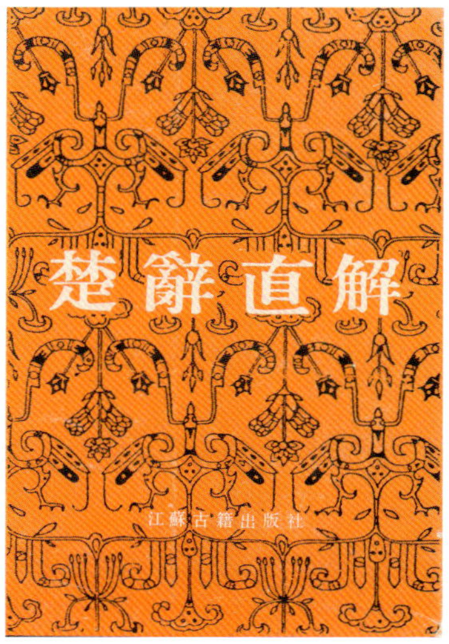
楚辭直解

楚辞直解　　陈子展

1973年作　　江苏古籍出版社1988年出版

《楚辞直解》分为《直解》和《解题》两个部份，《直解》部份对《离骚》、《九歌》等作品一一注释，《解题》部份则是对《离骚》、《九歌》等楚辞的历史地位、创作年代、作者做出考辩论述，1988年由江苏古籍出版社出版。本馆收藏有全部《楚辞直解》手稿和大部分《楚辞解题》手稿。陈子展一生致力于《诗经》与《楚辞》研究，正如他自己在《楚辞直解·凡例》中所写“平昔读书所为札记，泰半属此二书之资料”，这部《楚辞直解》是他毕生对楚辞研究的集大成之作。

周谷城（1898~1996）

湖南益阳人。历史学家。1921年北京高等师范学院毕业。历任长沙第一师范学校教员，湖南省农民运动讲习所教师。1927年秋到上海，为上海商务印书馆《教育杂志》、《东方杂志》等撰稿。1930年后，任中山大学、暨南大学教授。1943年后任复旦大学教授。解放战争时期，积极参加民主革命运动，成为当时复旦大学著名的民主教授之一。建国后，历任复旦大学教授兼教务长、中国史学会第一任执行主席、上海市史学会会长等职。著有《中国通史》、《世界通史》、《中国政治史》等。

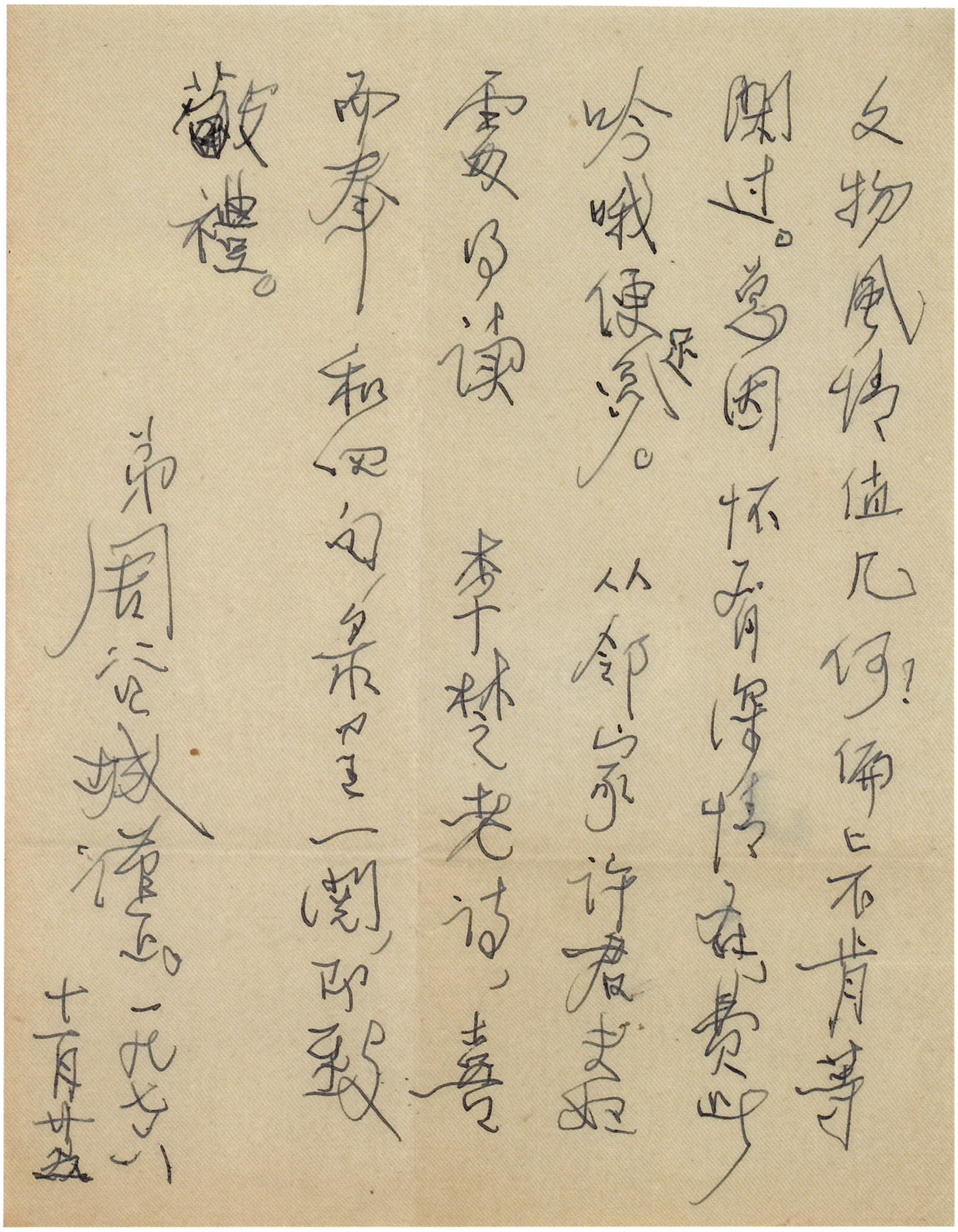

文物风情值几何？偏偏不肯等闲过。总因怀有深情在，贵此吟哦便[illegible]。[illegible]读李楚老诗，喜而奉和四句，[illegible]一阅，即致敬礼。

弟周谷城谨上 一九七六 十月廿五

和李楚材诗　周谷城

1976年作　《诗词小集》湖南人民出版社1985年出版

1976年，周谷城在阅读了教育家李楚材的诗歌后，写下这首绝句并赠给了李楚材。湖南人民出版社1985年出版的《诗词小集》和辽宁教育出版社1990年8月出版的《周谷城文选》都收录了这首诗，题名改为《读李楚材同志纪游诗》，手稿第三句为“总因怀有深情在”，出版后改为“只因怀抱深情在”。

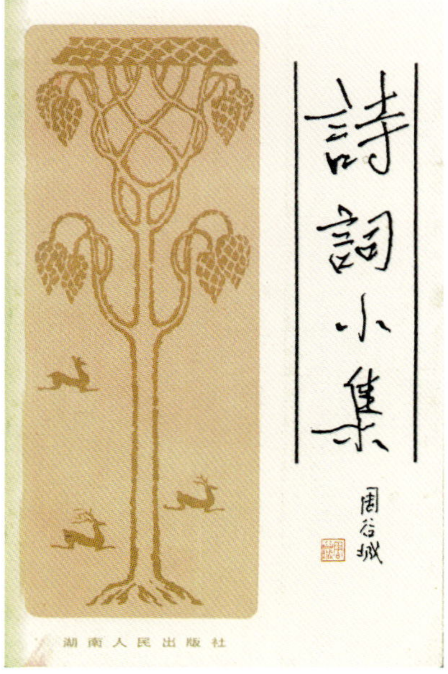
詩詞小集
周谷城
湖南人民出版社

俞平伯（1900~1990）

浙江德清人。原名俞铭衡，字平伯。作家、学者。曾祖父俞樾是清代著名学者。1915年考入北京大学，早年参加五四新文化运动，为新潮社主要成员，新文化运动初期的重要诗人。1922年与朱自清等人创办我国最早的新诗月刊《诗》。1925年起，先后在燕京、清华等大学任教。建国后，历任中国科学院文学研究所研究员、中国红楼梦学会顾问等职。著有诗集《冬夜》、《西还》、《红楼梦辨》、《读诗札记》，校点选注《三侠五义》、《红楼梦八十回校本》等。有《俞平伯全集》10卷行世。

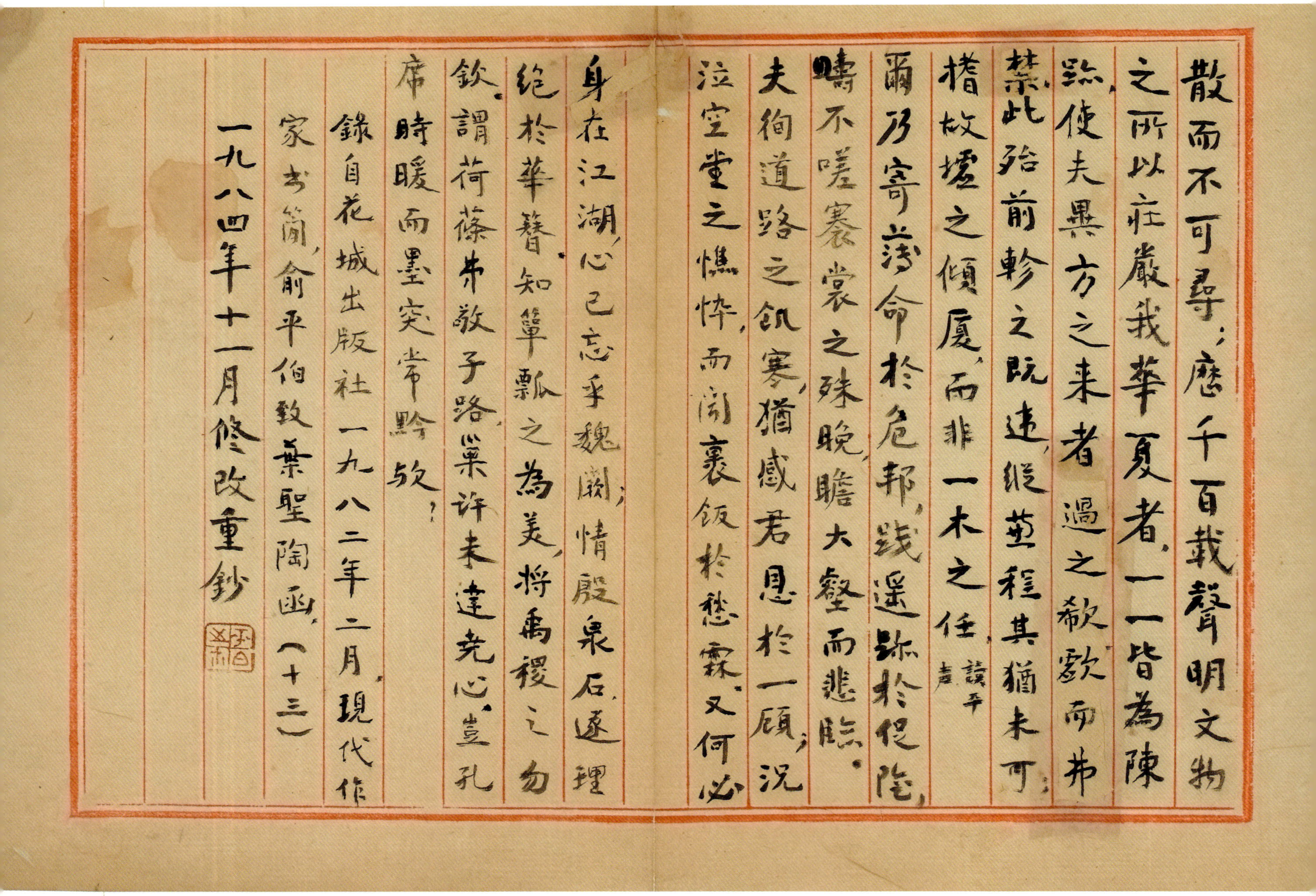

散而不可尋；歷千百載聲明文物之所以莊嚴我華夏者，一一皆為陳跡，使夫異方之來者過之欷歔而弗禁。此殆前軫之既遠，縱其程猶未可楷，故墟之傾廈，而非一木之任。（任讀平聲）爾乃寄蕩命於危邦，踐遙跡於促隘，疇不嗟褰裳之殊晚，瞻大壑而悲臨。夫徇道路之飢寒，猶感君恩於一顧；況泣空堂之憔悴，而閨裏飯於愁霖，又何必身在江湖，心已忘乎魏闕；情殷泉石，遂理绝於華簪。知簞瓢之為美，將禹稷之勿欽。謂荷蓧弗敬子路，巢許未達堯心，豈孔席時暖而墨突常黔歟？

錄自花城出版社一九八二年二月《現代作家书簡》，俞平伯致葉聖陶函（十三）

一九八四年十一月修改重鈔

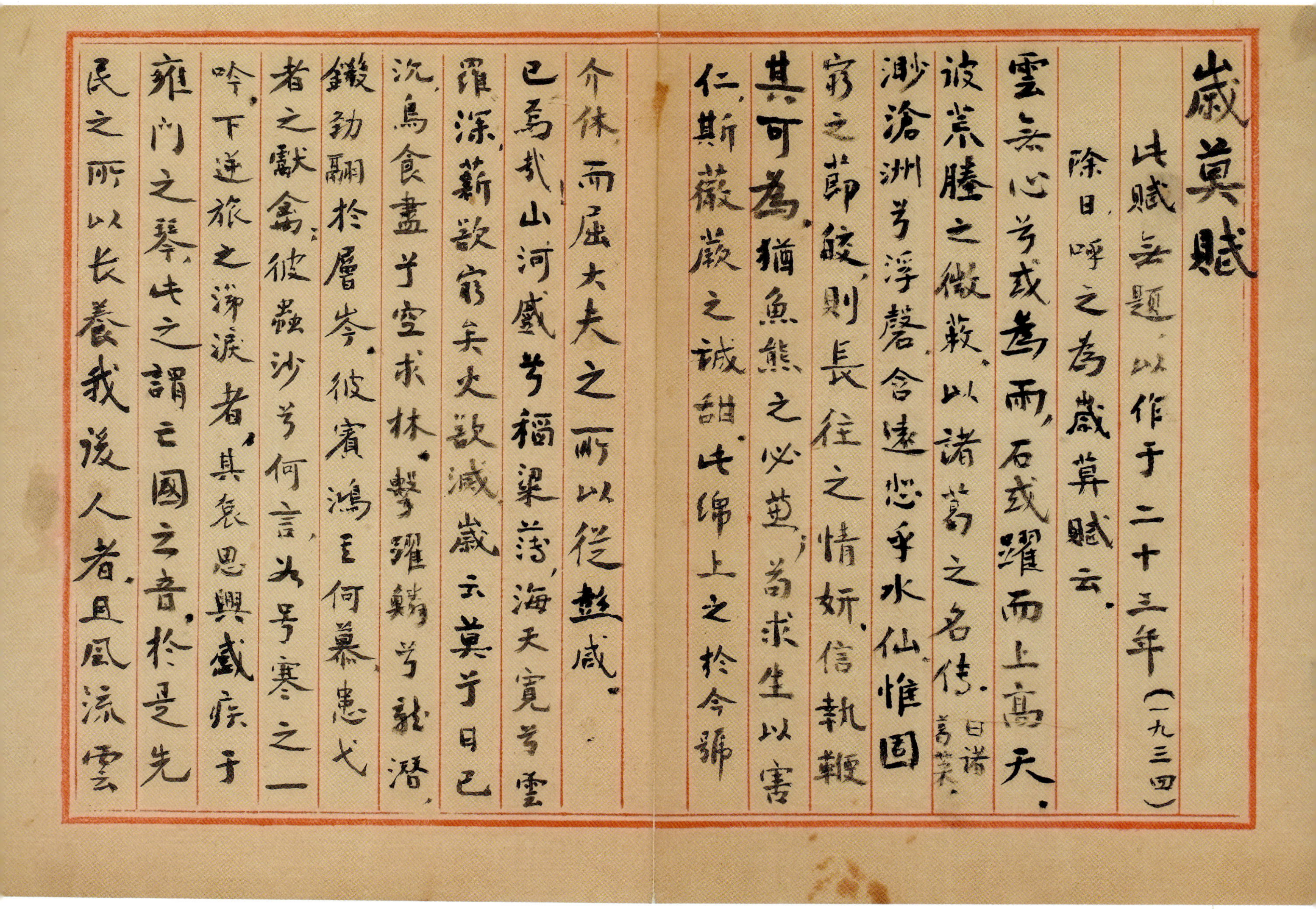
歲莫賦

此賦無題，以作于二十三年（一九三四）除日，呼之為歲莫賦云。

雲無心兮或為雨，石或躍而上高天。詖萊菔之微萩，以諸葛之名傳。（曰諸葛菜。）渺滄洲兮浮磬，含遠思乎水仙，惟固窮之節竣，則長往之情妍。信執鞭其可為，猶魚熊之必兼；苟求生以害仁，斯薇蕨之誠甜。此綿上之於今歸介休，而屈大夫之所以從彭咸。

已焉哉！山河盛兮稻粱落，海天寬兮雲羅深，薪歇窮矣火歇滅，歲云莫兮日已沉。鳥食盡乎空求林，鱀躍鱗兮龍潛，鐵勁翮於層岑。彼賓鴻且何慕，患弋者之獻禽；彼蟲沙兮何言，矣號寒之一吟。下逆旅之涕淚者，其哀思與盛疾于雍門之琴。此之謂亡國之音，於是先民之所以長養我後人者，且風流雲

岁莫赋　　俞平伯

1984年复抄　　《现代作家书简》上海生活书店1936年出版

此篇手稿是1934年俞平伯致叶圣陶信函中的一篇赋。当时正值农历新年即将到来，俞平伯有感而作。1936年孔另境汇集近六十名作家书信，以《现代作家书简》付梓，并由鲁迅作序，柳亚子题签书名，俞平伯致叶圣陶信函亦收录其中。此稿是俞平伯据花城出版社出版的《现代作家书简》（1982年版）修改重抄。

谭正璧（1901~1991）

上海嘉定人。字仲圭，笔名谭雯、正璧等。文学史家。早年就读于江苏省立第二师范。1923年一度入上海大学，在校期间开始写作。之后在神州女校、民立中学、黄渡师范学校、上海美专、震旦大学、中国艺术学院任教。新中国成立后，历任齐鲁大学教授、上海棠棣出版社总编辑、华东师范大学中文系古典文学班小说戏曲导师等职。1979年受聘为上海文史馆馆员。著有《中国文学史大纲》、《中国文学进化史》、《话本与古剧》等。

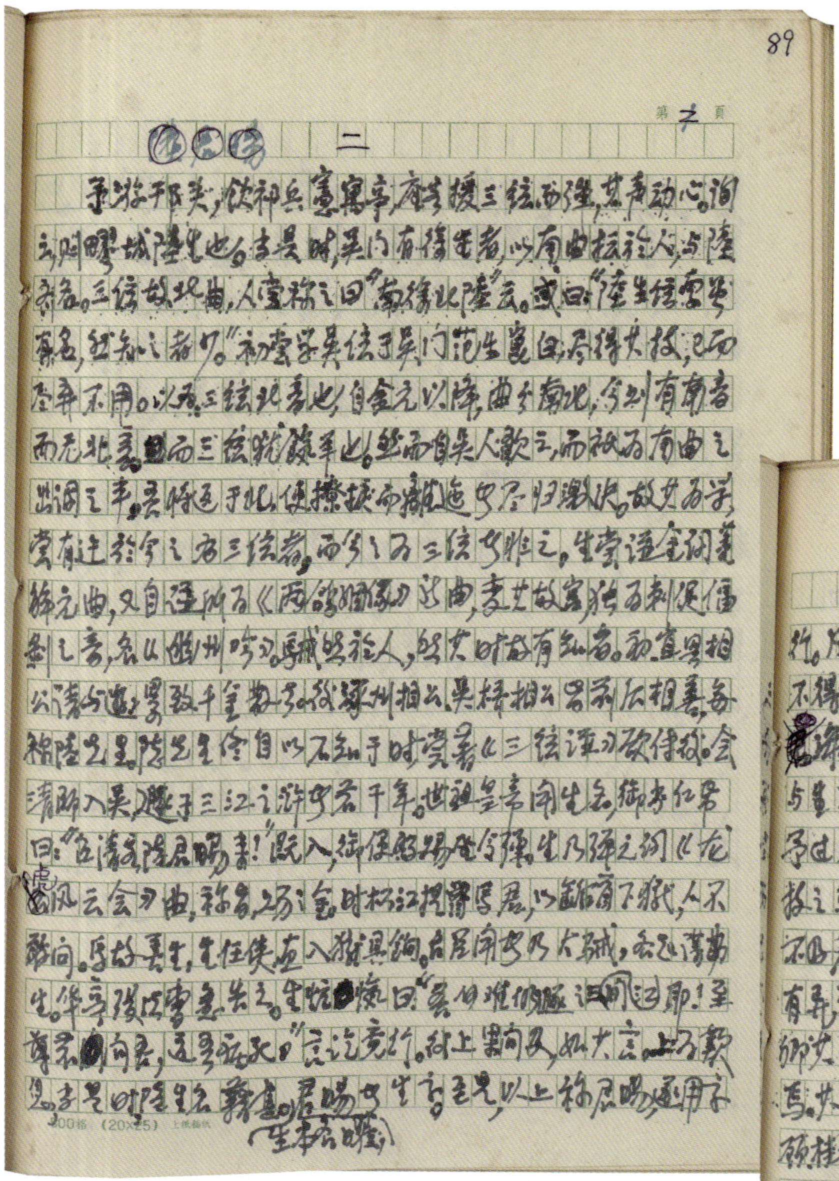

89

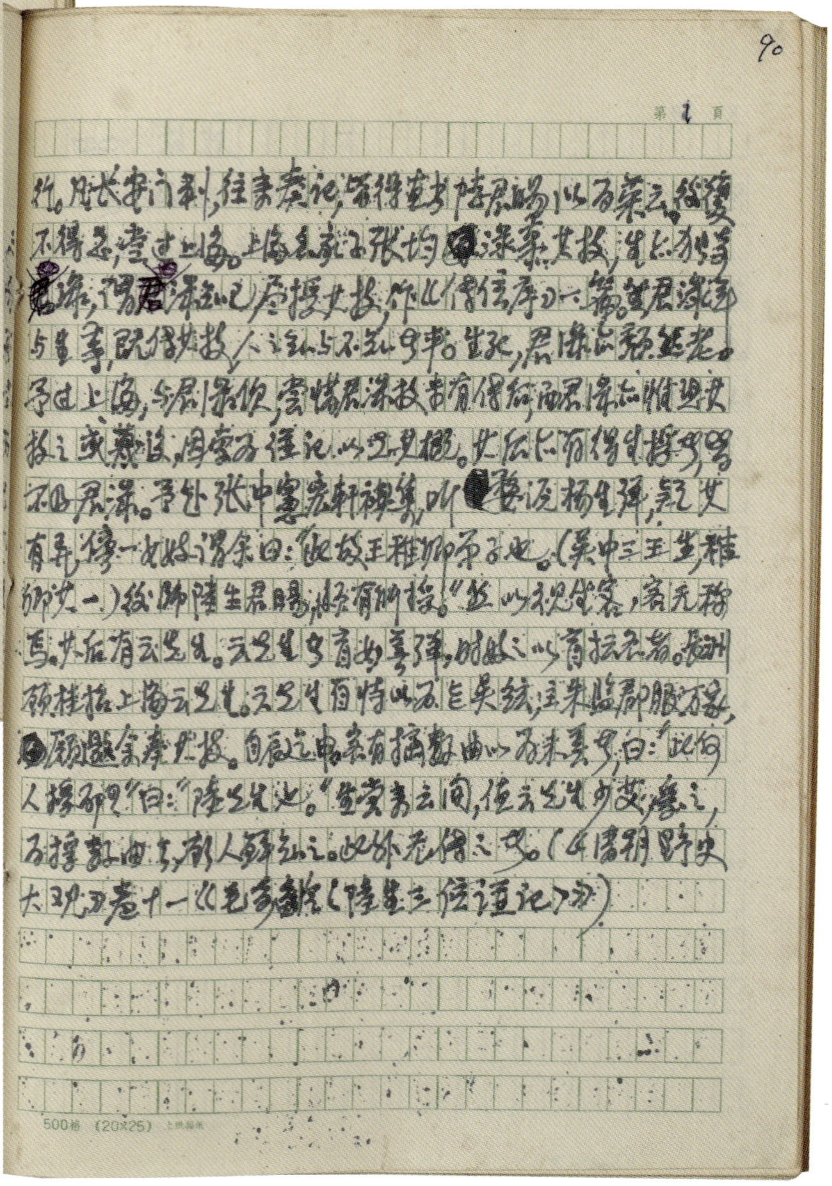

90

评弹艺人录　谭正璧

1958～1995年作

《评弹艺人录》手稿五册，由谭正璧与其女谭寻共同完成。谭正璧在1949年后致力于搜集评弹资料，由谭寻相助编著完成的《弹词叙录》和《评弹通考》是研究评弹的重要工具书。《评弹艺人录》是谭正璧评弹研究的另一著作，搜集了有关隋唐时代“说话”记载及之后历代三百多位评弹艺人的事迹，自1958年起着手编辑。谭正璧晚年双目失明，最终由谭寻完成定稿。今年正逢谭正璧诞辰110周年，上海古籍出版社将出版这部作品。

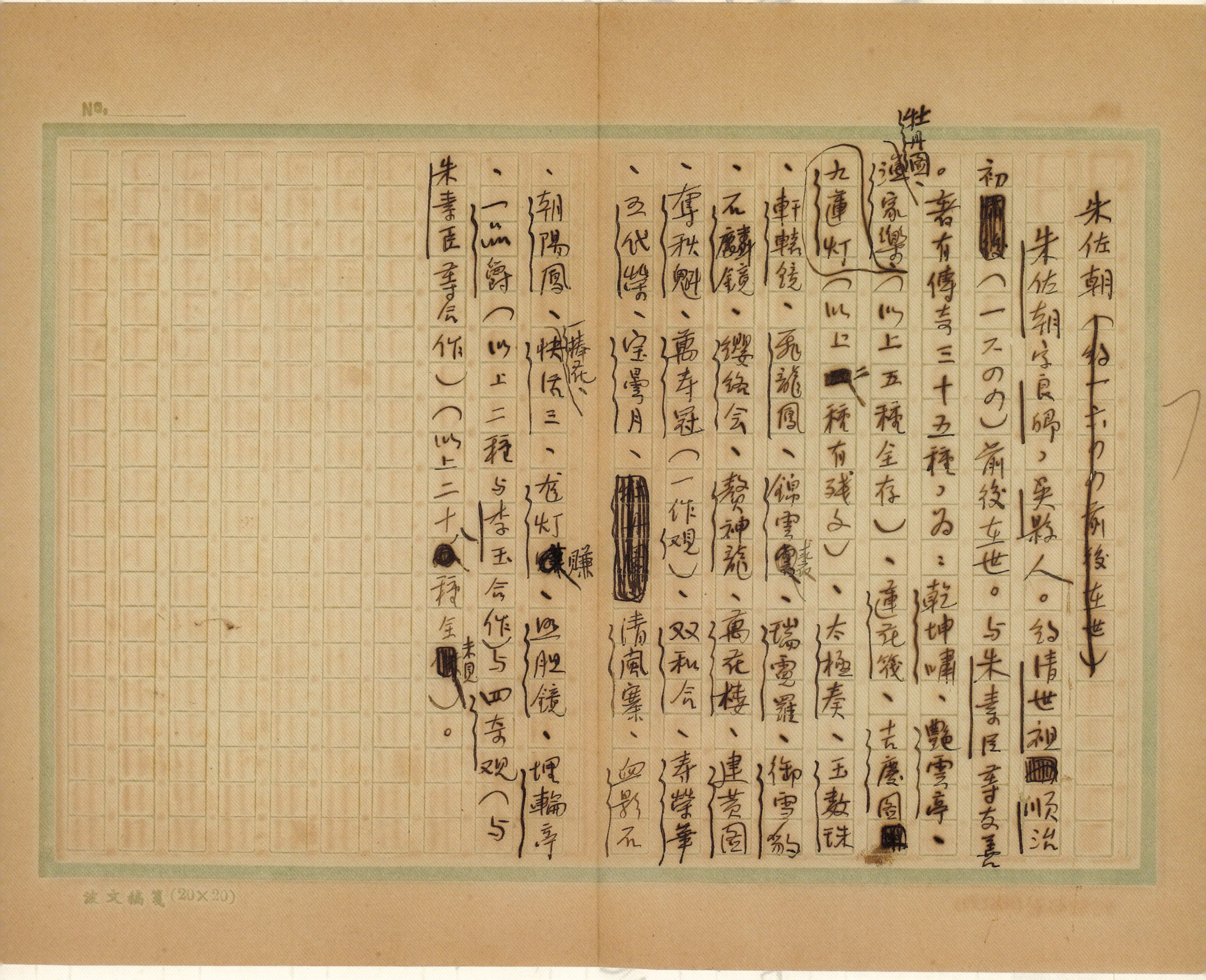
No.

朱佐朝（約一六四〇前後在世）

朱佐朝字良卿，吳縣人。約清世祖[redacted]順治初[redacted]（一六四〇）前後在世。與朱素臣李玄玉善，有傳奇三十五種，為：乾坤嘯、艷雲亭、漁家樂、牡丹圖（以上五種全存）、蓮花筏、吉慶圖[redacted]、九蓮灯（以上[redacted]二種有殘文）、太極奏、玉數珠、軒轅鏡、飛龍鳳、錦雲裘、瑞霓羅、御雪豹、石麟鏡、瓔珞会、贊神龍、萬花楼、建黃圖、奪秋魁、萬壽冠（一作覌）、双和合、奉紫筆、五代榮、宝曇月、[redacted]清風寨、血影石、朝陽鳳、快活三、龍灯賺、四胎鏡、埋輪亭、一品爵（以上二種與李玉合作）、與四奇观（與朱素臣李玄合作）（以上二十[redacted]種全[redacted]未見）。

波文稿箋（20×20）

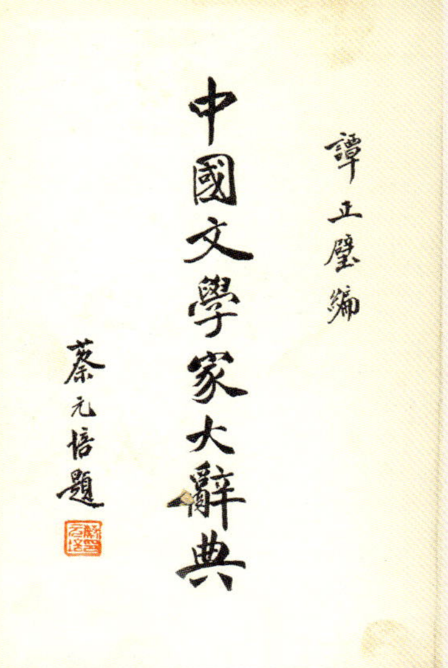
中國文學家大辭典
譚正璧編
蔡元培題

中国戏曲家小传　　谭正璧

未刊

《中国戏曲家小传》是谭正璧较早期的作品，早在20世纪30年代就开始了编纂工作，收录了中国历代共538位戏曲家的小传，至今尚未出版。其中如朱佐朝、祝长生等戏曲家小传与谭正璧在1934年由光明书局出版的《中国文学家大辞典》内小传类似，但也有左翼毅、邹玉卿等戏曲家小传未见于《中国文学家大辞典》。

苏步青（1902~2003）

浙江平阳人。数学家、教育家。1927年毕业于日本东北帝国大学数学系，1931年获理学博士学位。同年回国，受聘于浙江大学，历任副教授、教授、数学系主任、浙大校务委员、教务长。专长微分几何，创立了国内外公认的浙江大学微分几何学学派。1952年转复旦大学数学系，后任复旦大学校长。历任第五、六届全国人大常务委员，第七、八届全国政协副主席和民盟中央副主席，中国科学院学部委员，国务院学位委员会委员，全国人大教科文卫专门委员会副主任，中国数学会名誉理事长等职。著有《微分几何学》、《射影曲线概论》、《射影曲面概论》等。

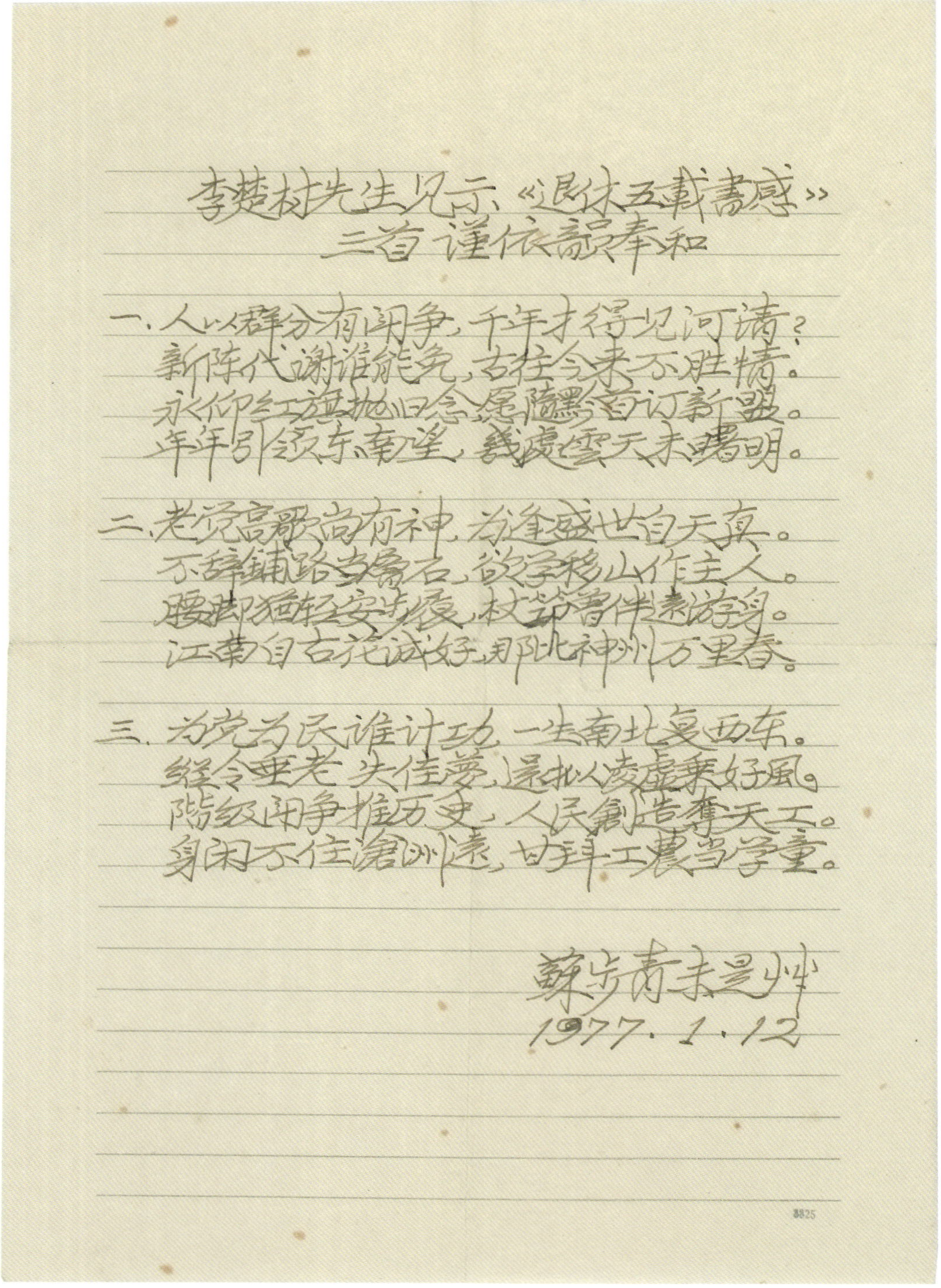

李楚材先生见示《退休五载书感》
三首谨依韵奉和

一、人以群分有斗争，千年才得见河清？
新陈代谢谁能免，古往今来不胜情。
永仰红旗抛旧念，愿随骥尾订新盟。
年年引领东南望，幾處雲天未曙明。

二、老觉高歌尚有神，为逢盛世自天真。
不辞铺路当奠石，欲学移山作主人。
腰脚犹轻安步履，杖笻曾伴远游身。
江南自古花诚好，那比神州万里春。

三、为党为民谁计功，一生南北复西东。
縱令垂老失佳夢，還擬凌虛乘好風。
階級斗争推历史，人民創造夺天工。
身闲不住沧洲远，甘拜工农当学童。

蘇步青未是艸
1977.1.12

退休五载书感　　苏步青

1977年1月12日作

此稿是苏步青所作并赠予李楚材的诗文。李楚材（1905~1998）是上海著名中学教育家，陶行知先生之高足，位育中学的创办人。他深受陶行知的影响，在行动上创造性地践行其师的教育理念。在退休五载之际，他赋诗一组，名为《退休五载书感》，寄予苏步青以斧正。然苏步青本喜吟诗，在拜读李诗之后颇有启发，亦感佩于李氏文采，遂依李诗之韵而奉和作诗一组，回赠李楚材，于是便有这段两位著名教育工作者互赠诗文唱和的才情佳话。

王重民（1903~1975）

河北高阳人。原名王鉴，字有三。目录版本学家、敦煌学家、图书馆学家。早年毕业于北京师范大学，同年任保定河北大学国文系主任，不久在北京图书馆任职。1934年奉派赴法国巴黎国立图书馆搜集流落海外的敦煌资料，协助戴密微整理敦煌文献。1939年受聘于美国国会图书馆，整理馆藏中国善本古籍。1947年归国，任北平图书馆参考组主任，同时受聘于北京大学。建国后，一度代理北京图书馆馆长、北京大学教授兼图书馆学系主任。著有《国文论文索引》、《中国善本书提要》、《敦煌古籍叙录》等。

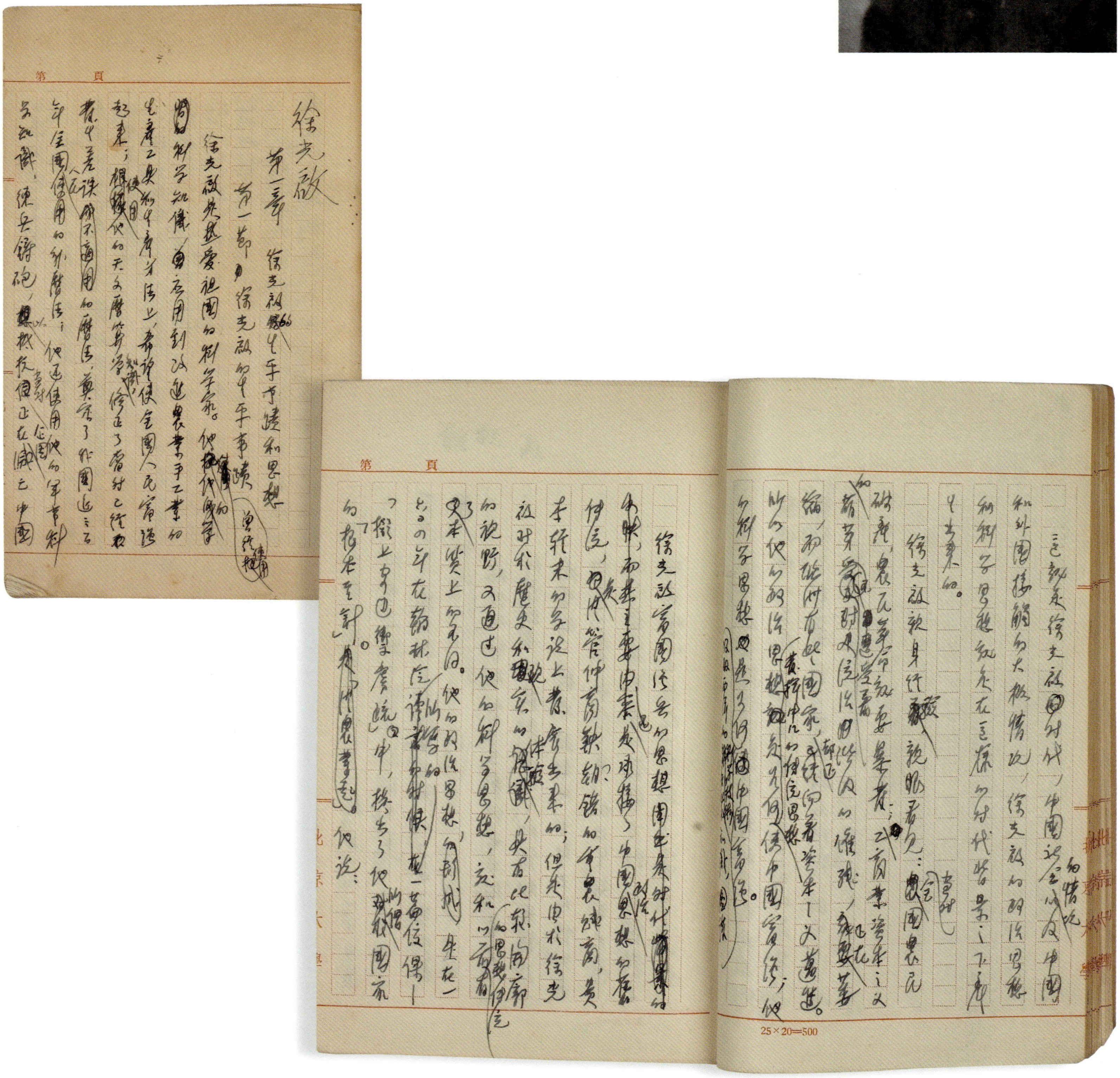

徐光启　　王重民著　何兆武校订

20世纪60年代作　　上海人民出版社1981年出版

《徐光启》原写于20世纪60年代初期，最早由上海人民出版社约稿，曾先后修改三次，因故未即印行。王重民逝世后，由何兆武在词句上加以润饰并写“前言”。1981年由上海人民出版社正式出版。此稿修改处较多，且与之后出版文字有较大不同，其篇章结构及内容与何兆武的校订本有较大变化，疑为初稿本。手稿中保留了王重民最初研究徐光启的某些观点及同时记录的一些参考文献，可据以了解王重民对徐光启研究的思想脉络。

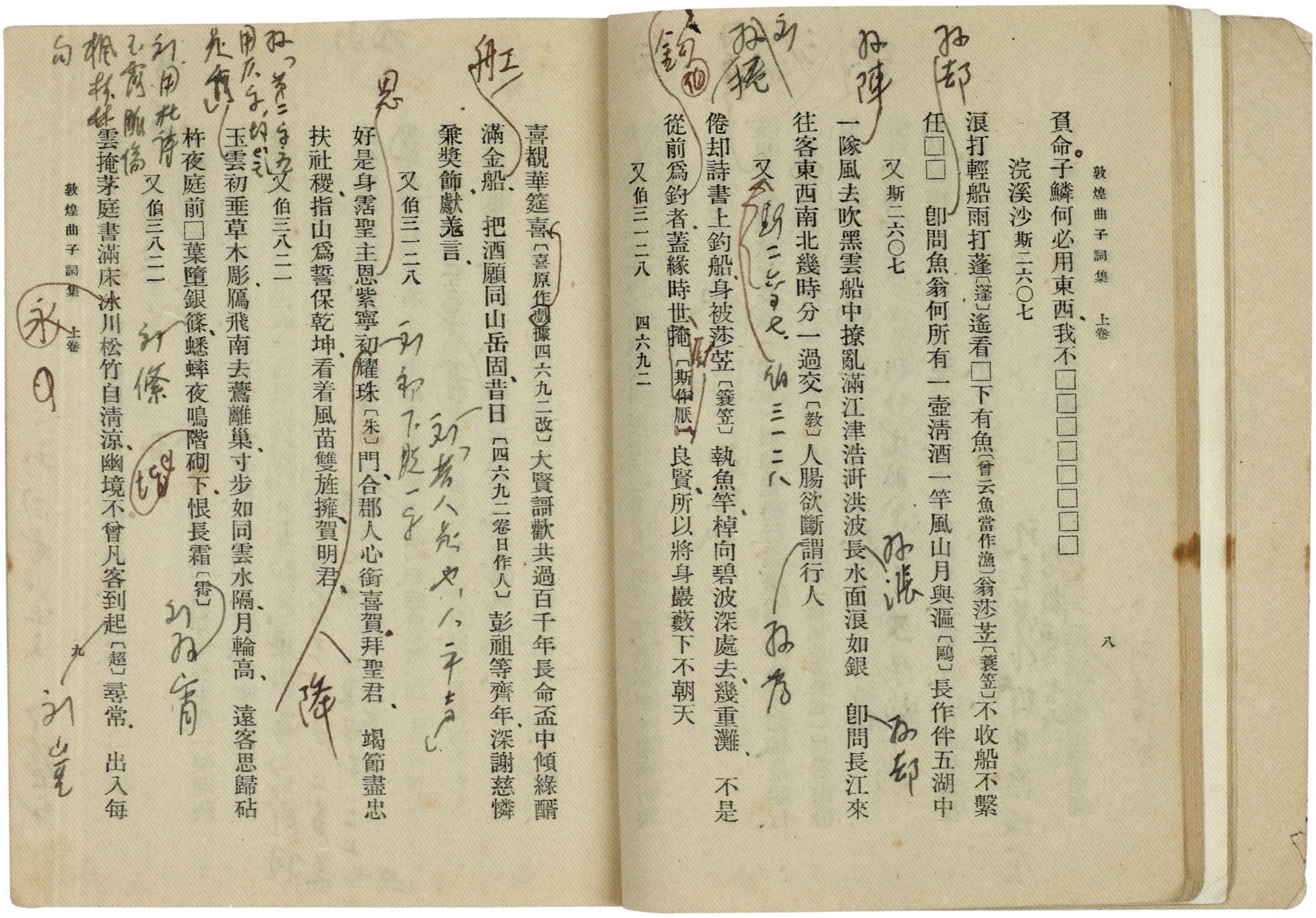
敦煌曲子詞集 上卷 八

負命子鱗何必用東西我不□□□□□□□□□
浣溪沙 斯二六〇七
浪打輕船雨打蓬〔篷〕遙看□下有魚〔會云魚當作漁〕翁莎苙〔蓑笠〕不收船不繫
任□□ 卽問魚翁何所有一壺清酒一竿風山月與漚〔鷗〕長作伴五湖中
又 斯二六〇七
一隊風去吹黑雲船中撩亂滿江津浩淍洪波長水面浪如銀 卽問長江來
往客東西南北幾時分一過交〔教〕人腸欲斷謂行人
又 伯三一二八
倦却詩書上釣船身被莎苙〔蓑笠〕執魚竿棹向碧波深處去幾重灘 不是
從前爲釣者蓋緣時世掩〔斯作厭〕良賢所以將身巖藪下不朝天
又 伯三一二八 四六九二

敦煌曲子詞集 上卷 九

喜覩華筵喜〔喜原作戲據四六九二改〕大賢謌歡共過百千年長命盃中傾綠醑
滿金船 把酒願同山岳固昔日〔四六九二卷日作人〕彭祖等齊年深謝慈憐
乘獎飾獻羌言
又 伯三一二八
好是身霑聖主恩紫寧初耀珠〔朱〕門合郡人心銜喜賀拜聖君 竭節盡忠
扶社稷指山爲誓保乾坤看着風苗雙旌擁賀明君
又 伯三八二一
玉雲初垂草木彫鴈飛南去薵離集寸步如同雲水隔月輪高 遠客思歸砧
杵夜庭前□葉墮銀絛蟋蟀夜鳴階砌下恨長霜〔霄〕
又 伯三八二一
雲掩茅庭書滿床冰川松竹自清涼幽境不曾凡客到起〔超〕尋常 出入每

敦煌曲子詞集
王重民輯
保存本

敦煌曲子词集　　王重民

20世纪50年代作　　商务印书馆1954年出版（重印）

《敦煌曲子词集》收辑了敦煌石室中发现的唐人写本曲子词的作品。1950年出版发行，1954年重印。据版权页记载，此书重印数为7000册。书名页有“样本赠送”朱印，则此书当为1954年上海重印时送给王重民的样书。王重民在书的封面上注明“保存本”三字，可知该书是作者用以研究校勘的工作本。书中有较多王氏用墨笔和朱笔的校字及注解。1956年12月，《敦煌曲子词集》修订版正式发行。将初版与修订版相较，手稿中的一些校勘成果已采纳在内。1957年修订版重印。

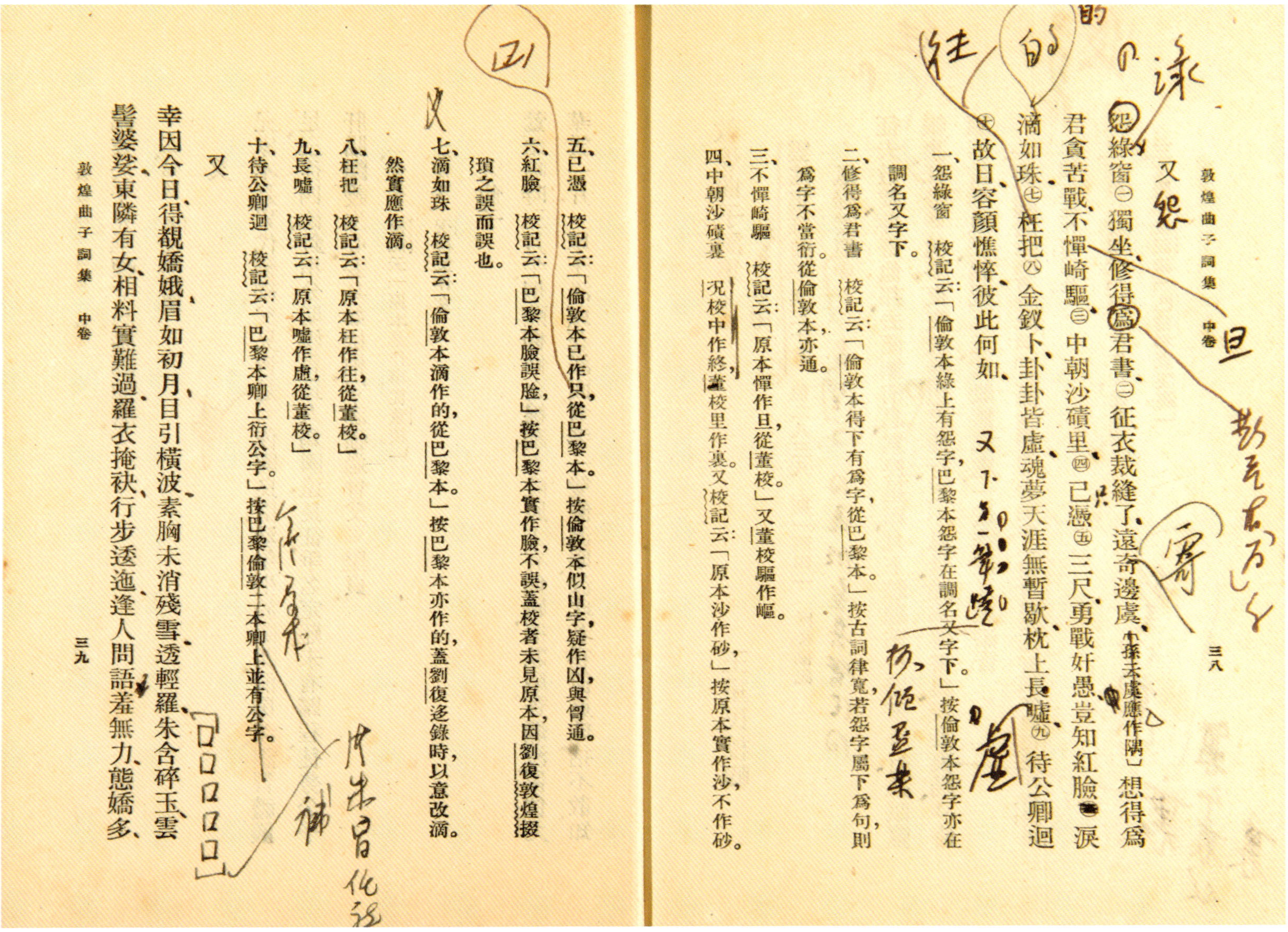

又

怨綠窗㈠獨坐修得爲君書㈡征衣裁縫了，遠寄邊虞，〔孫本虞應作隅〕想得爲君貪苦戰，不憚崎驅㈢中朝沙磧里㈣已憑㈤三尺勇戰奸愚，豈知紅臉■淚滴如珠㈦枉把㈧金釵卜，卦卦皆虛。魂夢天涯無暫歇，枕上長噓㈨待公卿迴㈩故日容顏憔悴，彼此何如。

一、怨綠窗　校記云：「倫敦本綠上有怨字，巴黎本怨字在調名又字下。」按倫敦本怨字亦在調名又字下。

二、修得爲君書　校記云：「倫敦本得下有爲字，從巴黎本。」按古詞律寬，若怨字屬下爲句，則爲字不當衍，從倫敦本亦通。

三、不憚崎驅　校記云：「原本憚作旦，從董校。」又董校驅作嶇。

四、中朝沙磧裏　況校中作終，董校里作裏。又校記云：「原本沙作砂，」按原本實作沙，不作砂。

五、已憑　校記云：「倫敦本已作只，從巴黎本。」按倫敦本似山字，疑作囚，與㝅通。

六、紅臉　校記云：「巴黎本臉誤瞼，」按巴黎本實作臉，不誤，蓋校者未見原本，因劉復敦煌掇瑣之誤而誤也。

七、滴如珠　校記云：「倫敦本滴作的，從巴黎本。」按巴黎本亦作的，蓋劉復迻錄時，以意改滴。然實應作滴。

八、枉把　校記云：「原本枉作往，從董校。」

九、長噓　校記云：「原本噓作虛，從董校。」

十、待公卿迴　校記云：「巴黎本卿上衍公字。」按巴黎倫敦二本卿上並有公字。

又

幸因今日，得覩嬌娥，眉如初月，目引橫波，素胸未消殘雪，透輕羅，朱含碎玉，雲髻婆娑，東隣有女，相料實難過，羅衣掩袂，行步逶迤，逢人問語羞無力，態嬌多，

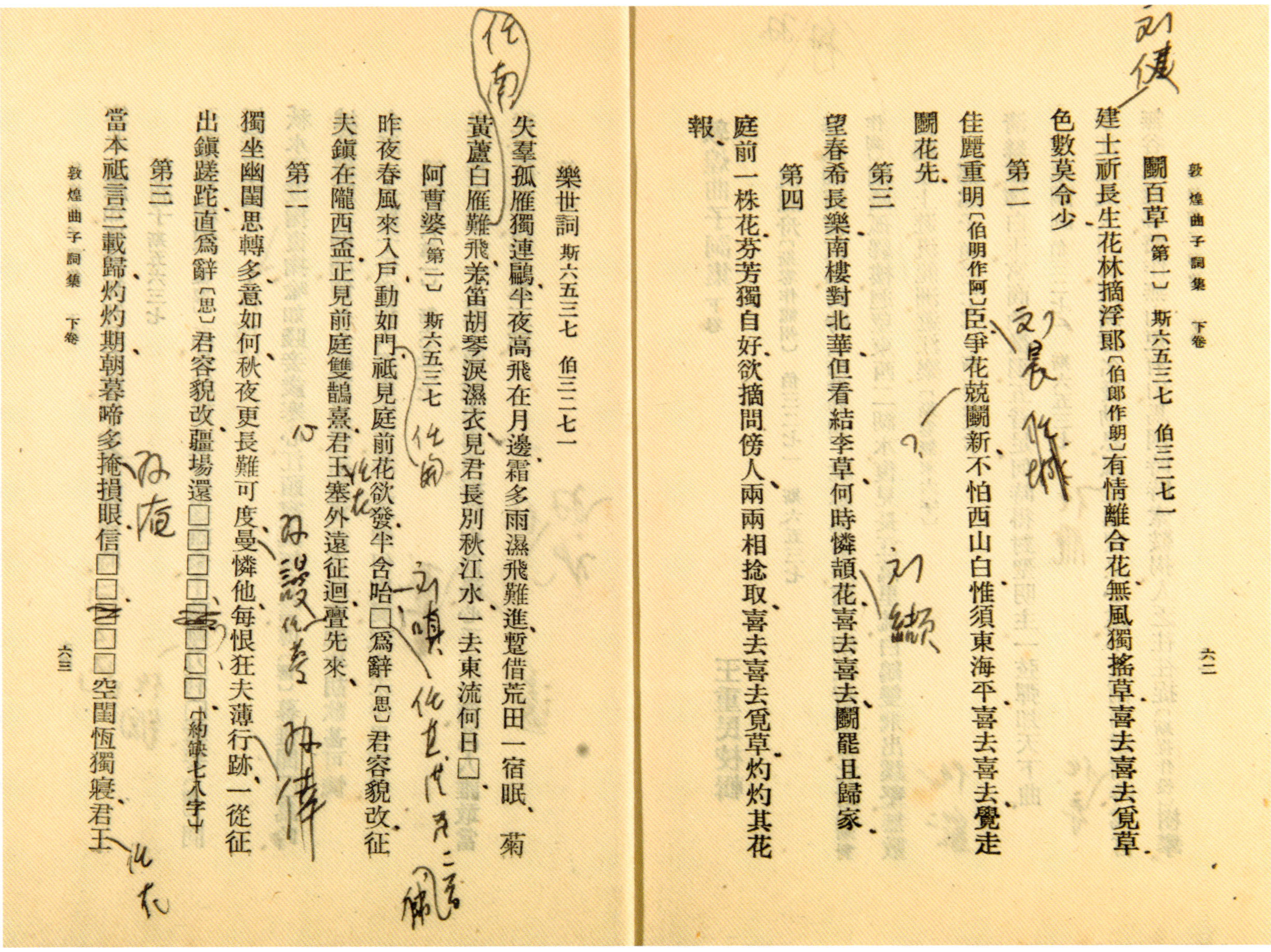

鬭百草〔第一〕　斯六五三七　伯三二七一

建士祈長生，花林摘浮郎〔伯郎作朗〕有情離合花，無風獨搖草，喜去喜去覓草，色數莫令少

第二

佳麗重明〔伯明作阿〕臣，爭花競鬭新，不怕西山白，惟須東海平，喜去喜去覺走鬭花先，

第三

望春希長樂，南樓對北華，但看結李草，何時憐頡花，喜去喜去鬭罷且歸家，

第四

庭前一株花，芬芳獨自好，欲摘問傍人，兩兩相捻取，喜去喜去覓草，灼灼其花報，

樂世詞　斯六五三七　伯三二七一

失羣孤雁獨連翩，半夜高飛在月邊，霜多雨濕飛難進，暫借荒田一宿眠，菊黃蘆白雁難飛，羌笛胡琴淚濕衣，見君長別秋江水，一去東流何日□，

阿曹婆〔第一〕　斯六五三七

昨夜春風來入戶，動如門，祇見庭前花欲發，半含咍□爲辭〔思〕君容貌改，征夫鎮在隴西盃，正見前庭雙鵲熹，君王塞外遠征迴，疊先來，

第二

獨坐幽閨思轉多，意如何，秋夜更長難可度，曼憐他，每恨狂夫薄行跡，一從征出鎮蹉跎，直爲辭〔思〕君容貌改，疆場還□□□□，□□□□〔約缺七八字〕

第三

當本祇言三載歸，灼灼期，朝暮啼多掩損眼，信□□，□□□□空閨恆獨寢，君王

顾廷龙（1904～1998）

江苏苏州人。字起潜，号匋誃。版本目录学家。1931年毕业于上海持志大学，1932年毕业于北京燕京大学研究院国文系。先后担任哈佛燕京图书馆驻北平采访处主任、上海私立合众图书馆总干事、上海历史文献图书馆馆长、上海图书馆馆长等职。著有《吴愙斋先生年谱》、《古匋文孴录》、《章氏四当斋藏书书目》、《明代版本图录初编》（与潘景郑合著），主编《中国丛书综录》、《中国古籍善本书目》等。

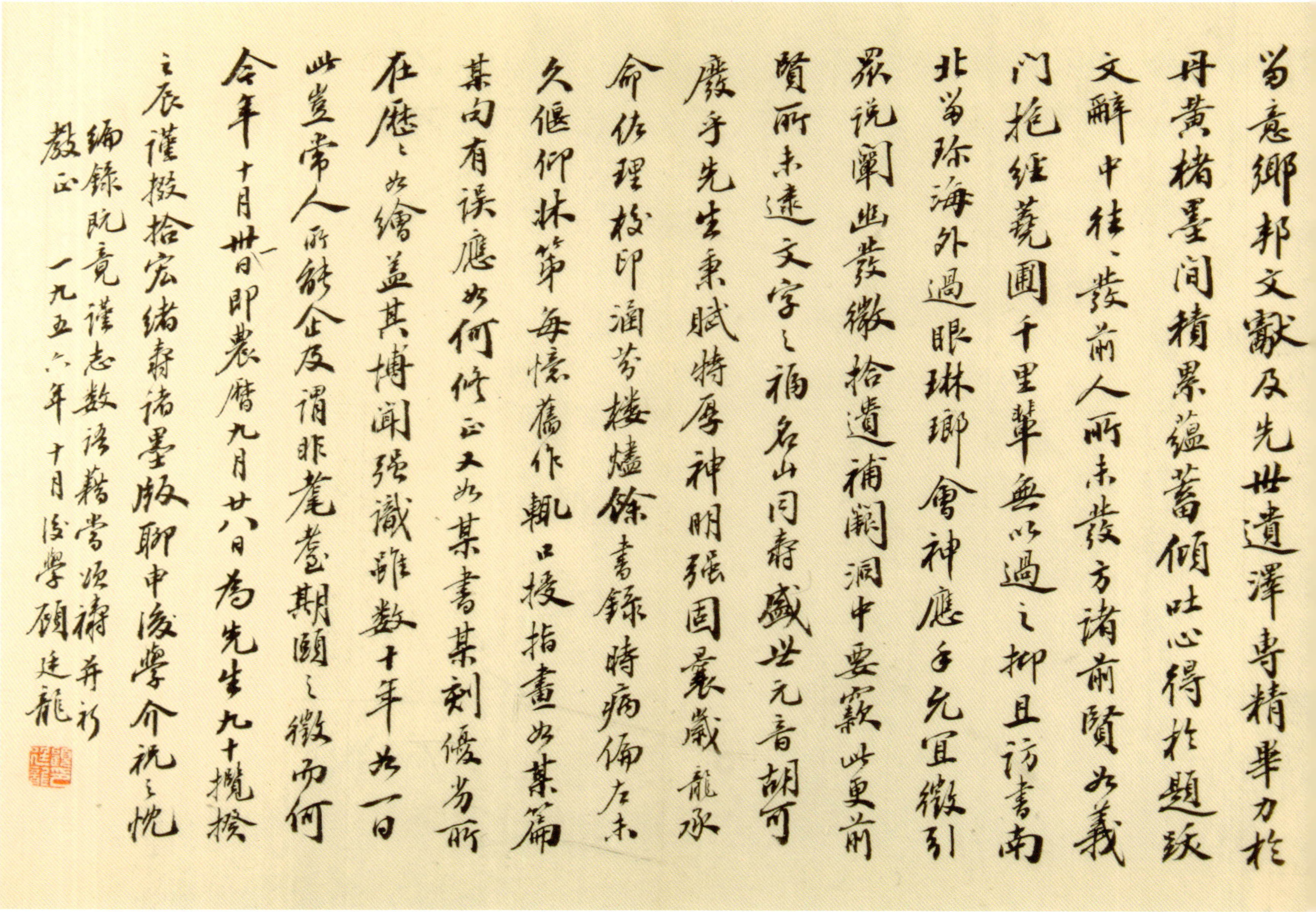
留意鄉邦文獻及先世遺澤專精畢力於丹黃楮墨間積累蘊蓄傾吐心得於題跋文辭中往往發前人所未發方諸前賢如義門抱經蕘圃千里輩無以過之抑且訪書南北留踪海外過眼琳瑯會神應手允宜徵引衆說闡幽發微拾遺補闕洞中要竅此更前賢所未逮文字之福名山同壽盛世元音胡可廢乎先生秉賦特厚神明強固耄歲龍承命佐理校印涵芬樓燼餘書錄時病偏左未久偃仰牀第每憶舊作輒口授指畫如某篇某句有誤應如何修正又如某書某刻優劣所在歷歷如繪益其博聞強識雖數十年如一日此豈常人所能企及謂非耄耋期頤之徵而何今年十月卅一日即農曆九月廿八日為先生九十攬揆之辰謹擬拾宏緒壽諸墨版聊申後學介祝之忱編錄既竟謹志數語藉當頌禱并祈教正

一九五六年十月 後學顧廷龍

讀萬卷書
行萬里路
上海圖書館
上海科技情報所 新館落成紀念
丙子夏日顧廷龍 時年九十三

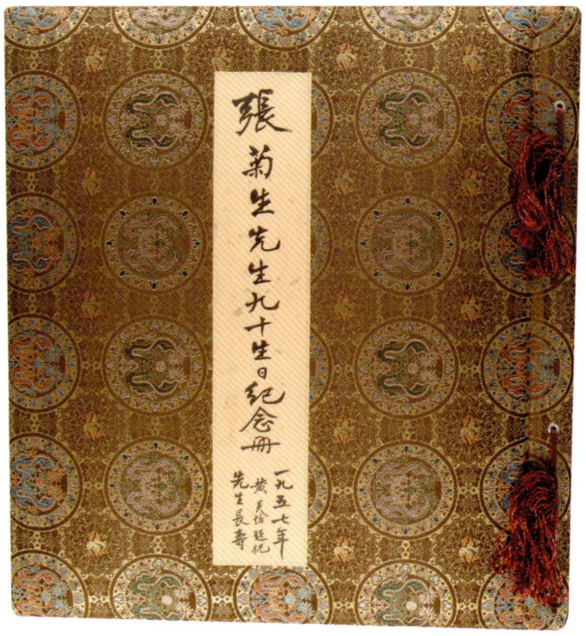
張菊生先生九十生日紀念冊
一九五七年 黃炎培題祝 先生長壽

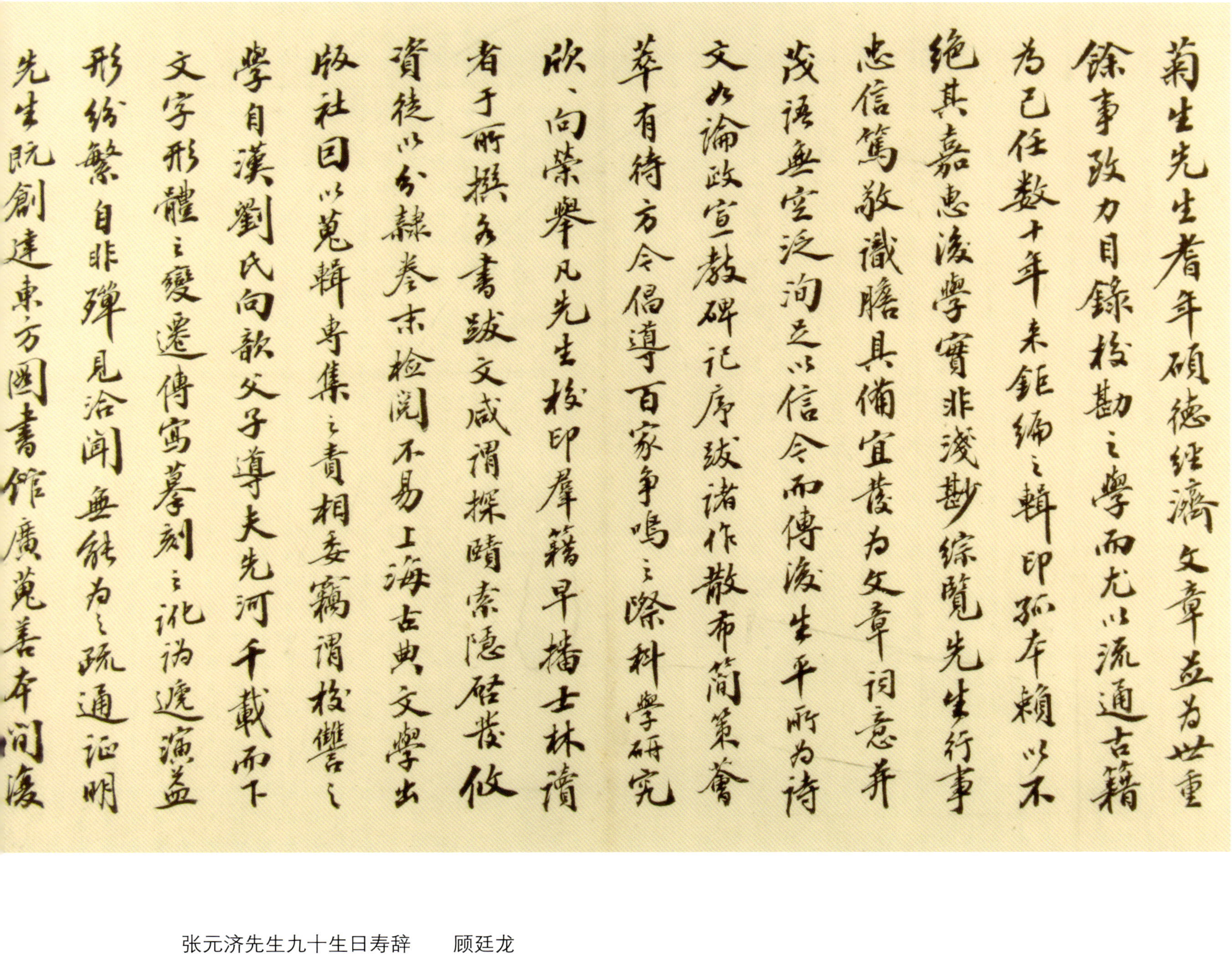
菊生先生耆年碩德經濟文章並為世重餘事致力目錄校勘之學而尤以流通古籍為己任數十年來鉅編之輯印孤本賴以不絕其嘉惠後學實非淺尠綜覽先生行事忠信篤敬識膽具備宜發為文章詞意并茂語無空泛洵足以信今而傳後生平所為詩文如論政宣教碑記序跋諸作散布簡策薈萃有待方今倡導百家爭鳴之際科學研究欣欣向榮舉凡先生校印群籍早播士林讀者于所撰各書跋文咸謂探賾索隱啟發攸資徒以分隸叢末檢閱不易上海古典文學出版社因以蒐輯專集之責相委竊謂校讎之學自漢劉氏向歆父子導夫先河千載而下文字形體之變遷傳寫摹刻之訛謬滋益形紛繁自非殫見洽聞無能為之疏通證明先生既創建東方圖書館廣蒐善本間復

张元济先生九十生日寿辞　　顾廷龙

1956年10月作　　《历史文献》第15辑

1956年10月，值张元济先生九十寿诞，商务印书馆同仁发起邀请文化界和社会知名人士撰作诗文书画，以为庆贺。先后征集到题词、诗文、书画等作品共计112篇（幅），精工装裱成《张元济先生九十生日纪念册》上、下两巨册，分别由陈叔通、黄炎培题签，作为寿礼呈献先生。其中大部分作品未经发表，具有较高的文献史料价值。顾廷龙此文即其中一篇。

施蛰存（1905~2003）

浙江杭州人。笔名青萍、安华等。作家、翻译家、学者。1921年起先后在之江、上海、大同、复旦等大学学习。曾任中学教师，上海水沫书店、现代书局编辑，在多所大学任教授。1922年开始发表作品。1932年主编《现代》月刊。1952年后任华东师范大学教授。在编辑出版、文学创作、外国文学翻译、古典文学和碑版文物研究方面均取得丰硕成果。作品有《上无灯》、《梅雨之夕》、《将军的头》等小说集，散文集《灯下集》、《待旦录》，另有专著《唐诗百话》、《北山集古录》等。1993年获上海文学艺术杰出贡献奖。有《施蛰存文集》10卷行世。

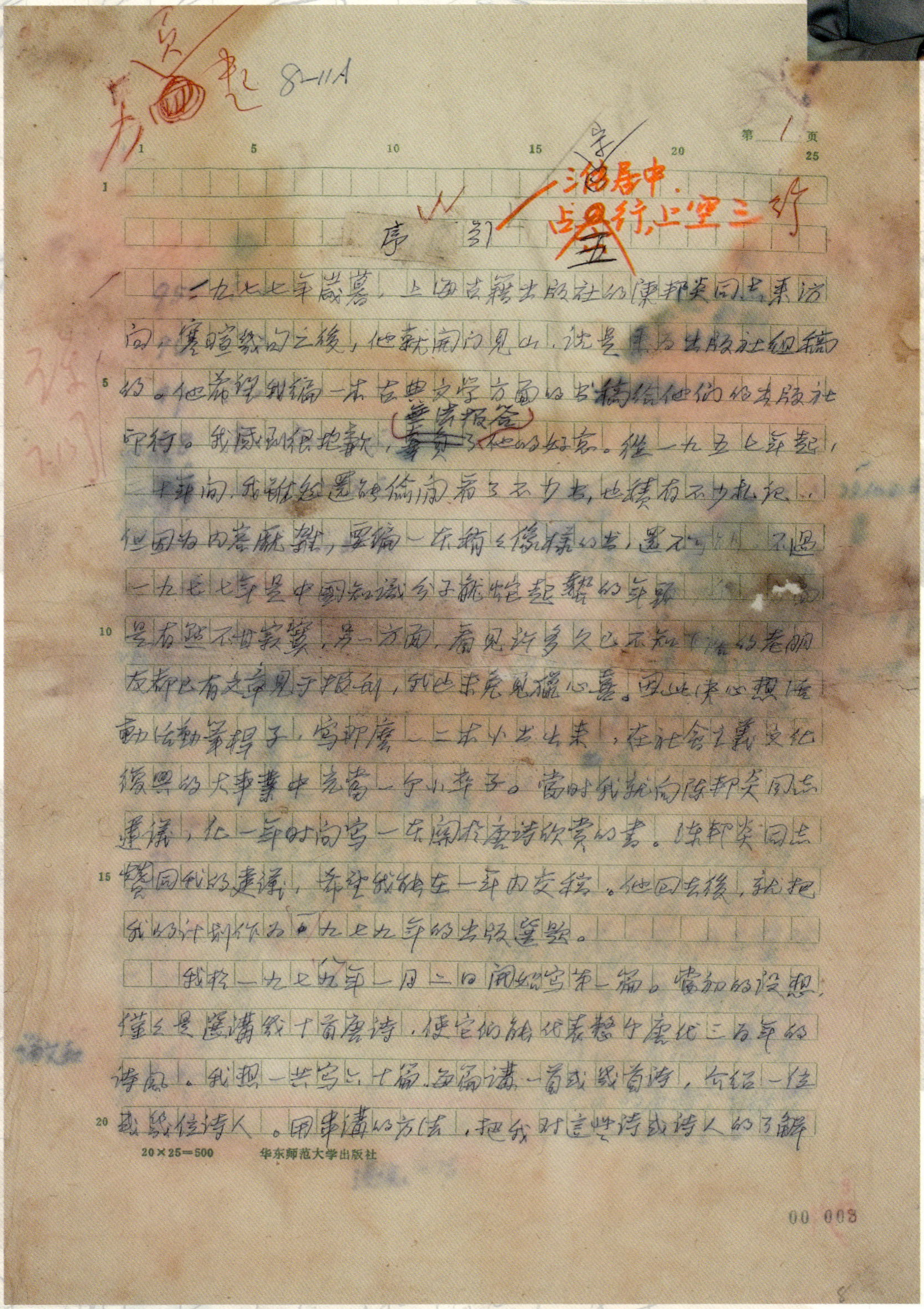

8—11A

第 1 页

二号居中，占五行，上空三行

序引

一九七七年岁暮，上海古籍出版社的陈邦炎同志来访问，寒暄数句之后，他就开门见山，说是来为出版社组稿的。他希望我编一本古典文学方面的书稿给他们的出版社印行。我感到很抱歉，要有报答他的好意。从一九五七年起，二十年间，我虽然也读了不少书，也积有不少札记，但因为内容庞杂，要编一本精精样样的书，还不……不过一九七七年是中国知识分子振作起来的年头，是有点不甘寂寞，另一方面，看见许多久已不知下落的老朋友都已有文章见于报刊，我也未免见猎心喜。因此决心想活动活动笔杆子，写那么一二本小书出来，在社会主义文化复兴的大事业中充当一个小卒子。当时我就向陈邦炎同志建议，化一年时间写一本关于唐诗欣赏的书。陈邦炎同志赞同我的建议，希望我能在一年内交稿。他回去后，就把我的计划作为一九七九年的出版选题。

我于一九七八年一月二日开始写第一篇。当初的设想，仅仅是选讲几十首唐诗，使它们能代表整个唐代三百年的诗风。我想一共写六十篇，每篇讲一首或几首诗，介绍一位或几位诗人。用串讲的方法，把我对这些诗或诗人的了解

20×25=500　华东师范大学出版社

00 003

唐诗百话　　施蛰存

上海古籍出版社1987年出版

在施蛰存的古典文学研究中，《唐诗百话》是一部影响最大的著作。此书是应上海古籍出版社之约，于1978年1月2日开始写作，至1979年10月完成六十篇后因忙碌而停顿了三年，1983年初正欲重新续写时，又大病住院。直到1984年9月出院后，才提笔续写。其写作方法从原来的串讲改为漫话，行文更加自由活泼。次年6月，全书完成百篇。此书前后历时八年，1987年9月由上海古籍出版社正式出版，多次重印。1994年，台北文史哲出版社出版了繁体字本，收入《施蛰存文集》中时，文字又作了修订。该手稿本馆完整收藏。

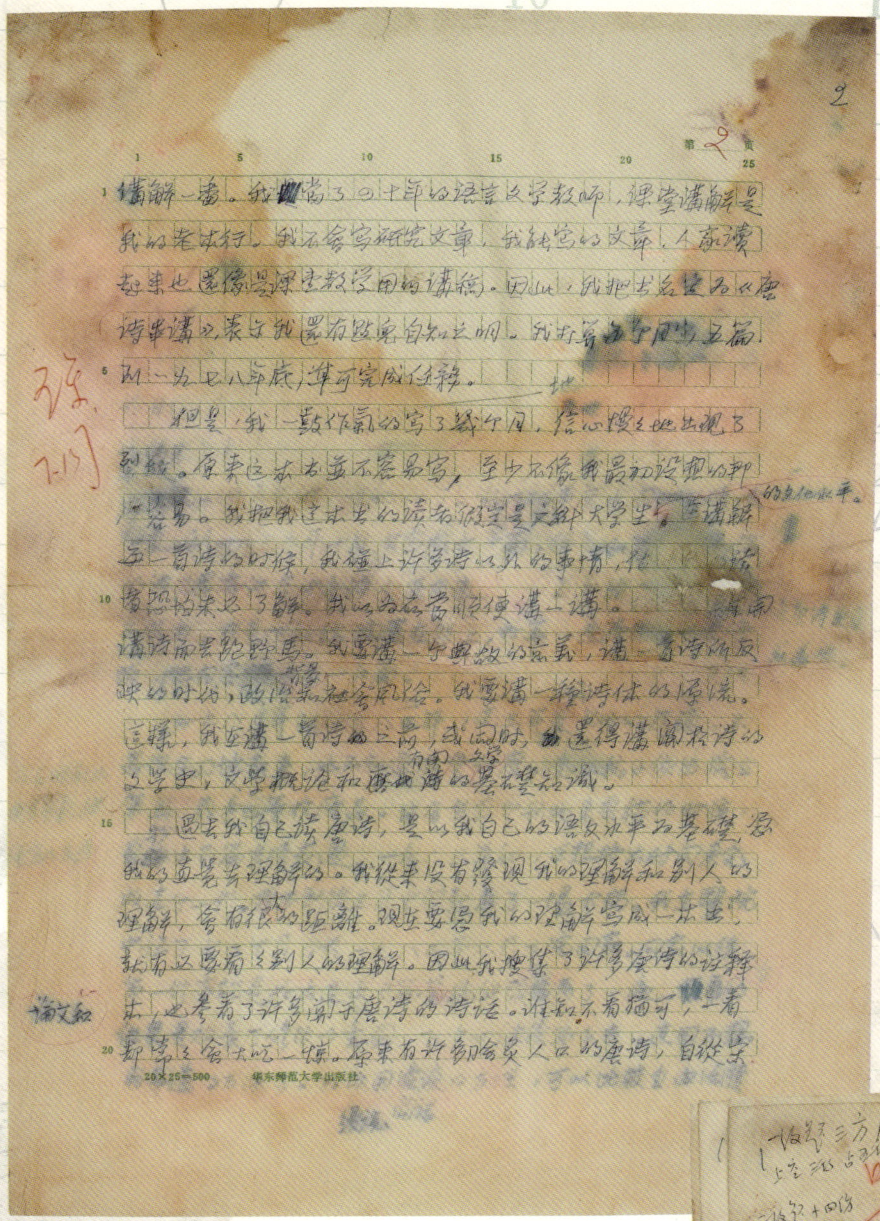

第 2 页

讲解一番。我当了四十年的语言文学教师，课堂讲解是我的老本行。我不会写研究文章，我能写的文章，人家读起来也还像是课堂教学用的讲稿。因此，我把书名定为《唐诗串讲》，表示我还有些自知之明。我打算每个月写五篇，到一九七八年底，准可完成任务。

但是，我一鼓作气的写了几个月，信心慢慢地出现了动摇。原来这本书并不容易写，至少不像我最初设想的那么容易。我把我这本书的读者假定是文科大学生。在讲解每一首诗的时候，我插上许多诗以外的事情，让读者顺便对这些有所了解。我可以有机会顺便讲一讲。有时讲诗而去跑野马。我要讲一个典故的意义，讲一首诗所反映的时代，政治气氛和社会风俗。我要讲一种诗体的源流。这样，我在讲一首诗的同时，或同时，还要谈谈关于诗的文学史，文学概论和古典文学的基础知识。

过去我自己读唐诗，是以我自己的语文水平为基础，凭我的直觉去理解的。我从来没有发现我的理解和别人的理解，会有很大的距离。现在要把我的理解写成一本书，就有必要看看别人的理解。因此我搜集了许多唐诗的注释本，也参看了许多关于唐诗的诗话。谁知不看犹可，一看却常常会大吃一惊。原来有许多脍炙人口的唐诗，自从宋

20×25=500 华东师范大学出版社

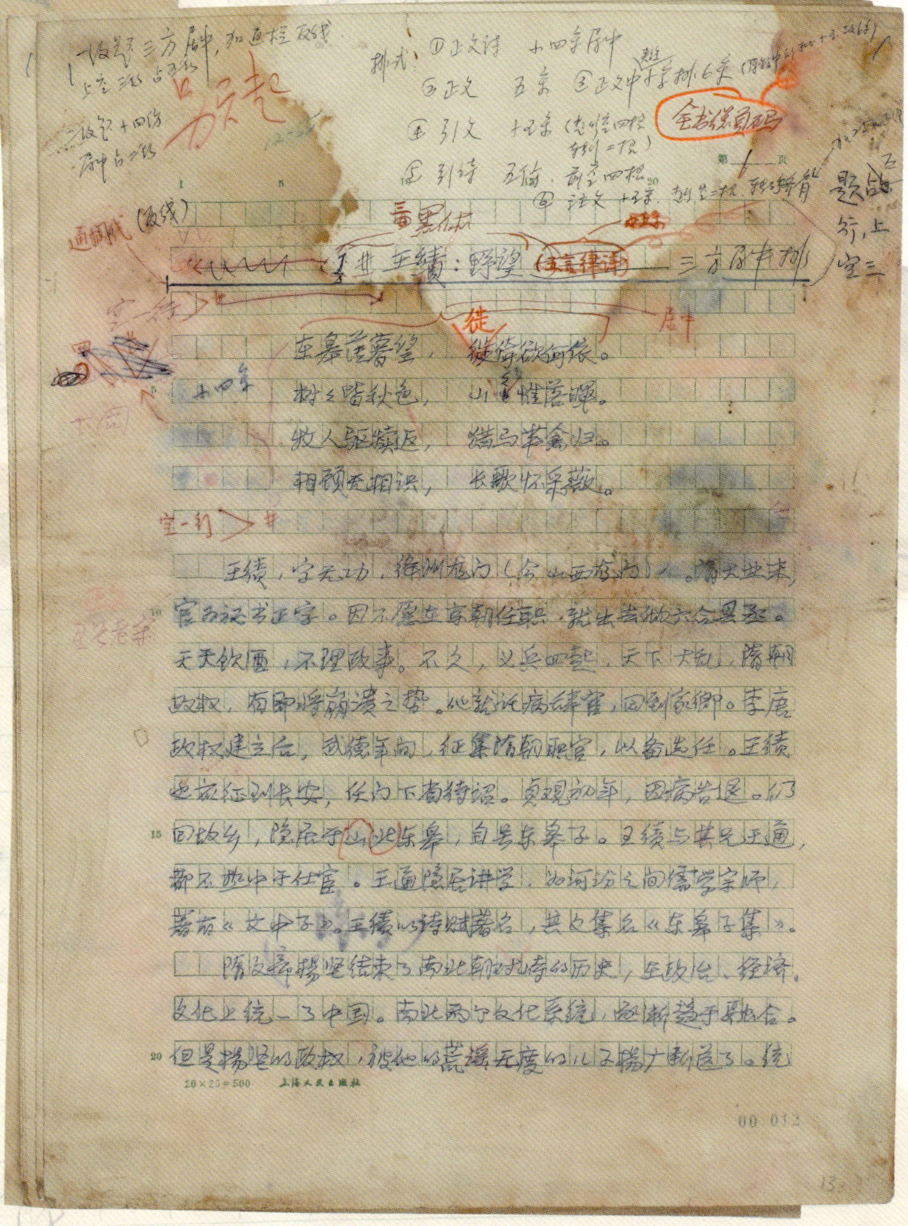

第 1 页

王绩：野望

东皋薄暮望，徙倚欲何依。
树树皆秋色，山山唯落晖。
牧人驱犊返，猎马带禽归。
相顾无相识，长歌怀采薇。

王绩，字无功，绛州龙门（今山西河津）人。隋大业末，官为秘书正字。因不愿在京朝任职，就出去做六合县丞。天天饮酒，不理政事。不久，义兵四起，天下大乱，隋朝政权，有即将崩溃之势。他就托病辞官，回到家乡。李唐政权建立后，武德年间，征集隋朝职官，以备选任。王绩也应征到长安，任门下省待诏。贞观初年，因病告退。仍回故乡，隐居于北山东皋，自号东皋子。王绩与其兄王通，都不热中于仕宦。王通隐居讲学，为河汾之间儒学宗师，著有《文中子》。王绩以诗赋著名，其文集名《东皋子集》。

隋文帝杨坚结束了南北朝对峙的历史，在政治、经济、文化上统一了中国。南北两个文化系统，也渐趋于融合。但是杨坚的政权，被他的荒淫无度的儿子杨广断送了。统

20×25=500 上海人民出版社

00 012

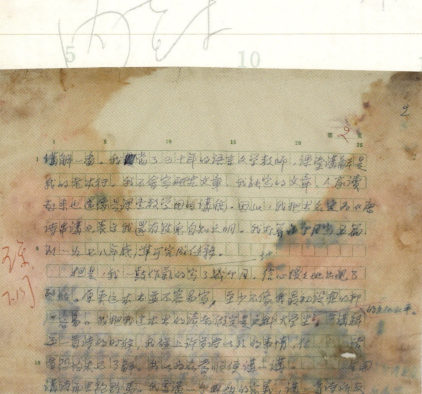

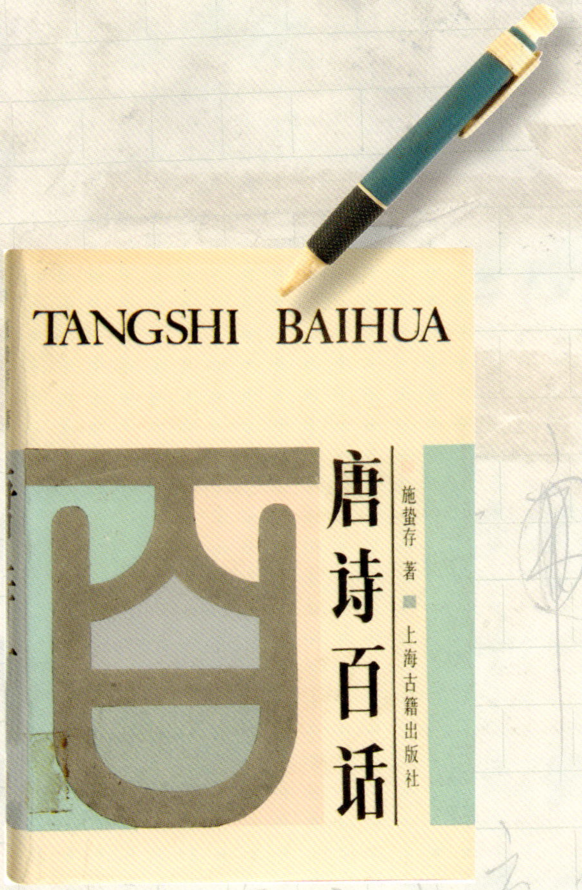
TANGSHI BAIHUA
唐诗百话
施蛰存 著
上海古籍出版社

邓广铭（1907~1998）

生于山东临邑。字恭三。历史学家。1936年毕业于北京大学史学系，毕业后留校任北京大学文科研究所和史学系助教。1943~1946年间，任复旦大学史地系教授。从1954年起，先后担任北大历史系中国古代史教研室主任、历史系主任、中国中古史研究中心主任，以及国务院学位委员会成员，中国史学会主席团成员，中国宋史研究会会长、名誉会长，全国高校古籍整理委员会副主任，全国政协委员等职。著有《辛稼轩年谱》、《岳飞传》、《稼轩词编年笺注》等。有《邓广铭全集》10卷行世。

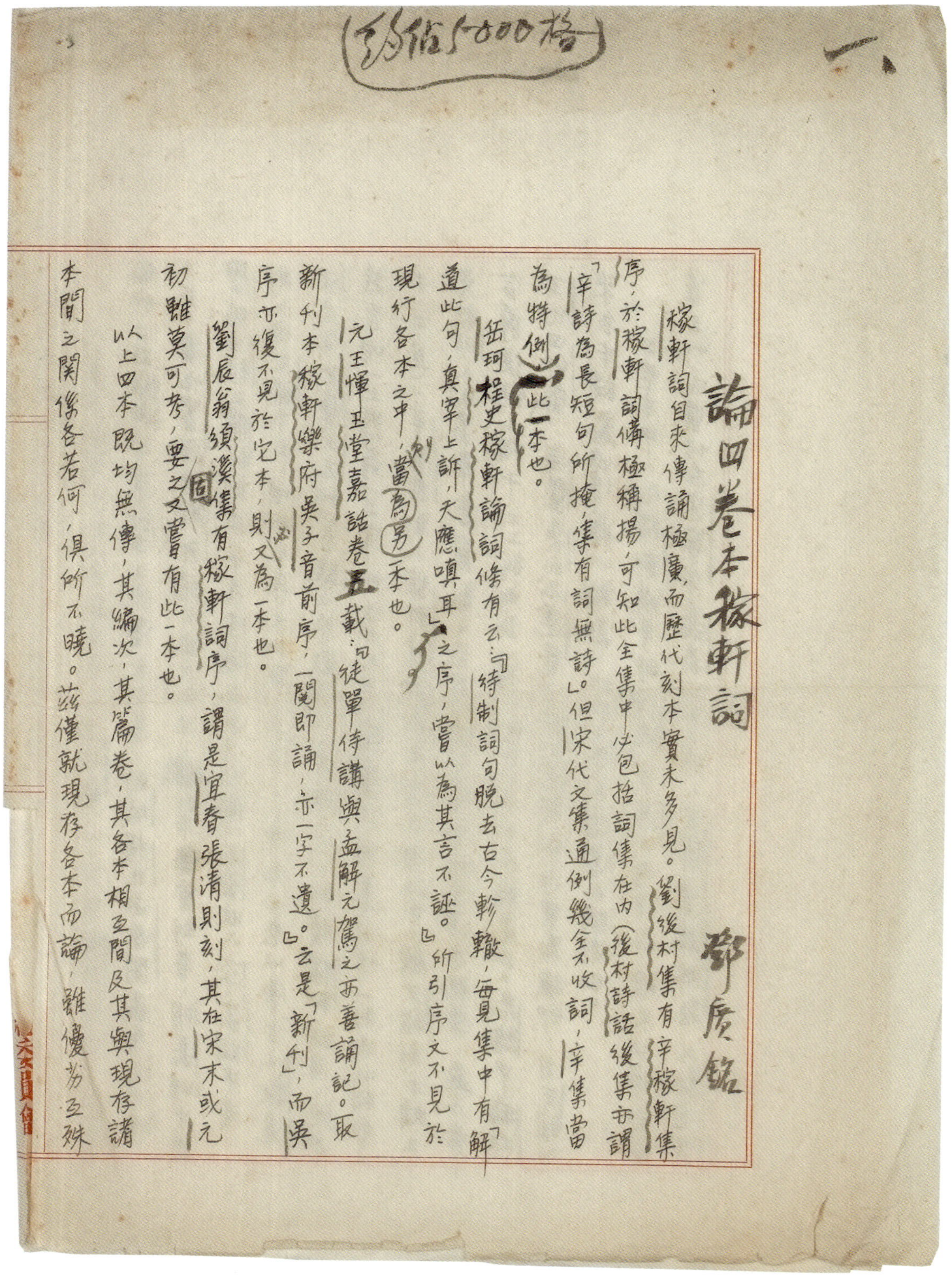

一

論四卷本稼軒詞　鄧廣銘

稼軒詞自來傳誦極廣，而歷代刻本實未多見。劉後村集有辛稼軒集序，於稼軒詞備極稱揚，可知此全集中必包括詞集在內（後村詩話後集亦謂「辛詩為長短句所掩，集有詞無詩」。但宋代文集通例幾全不收詞，辛集當為特例），此一本也。

岳珂桯史稼軒論詞條有云：「待制詞句脫去古今軫轍，每見集中有解道此句，真宰上訴，天應嗔耳」之序，嘗以為其言不誣。」所引序文不見於現行各本之中，則當為另一本也。

元王惲玉堂嘉話卷五載：「徒單侍講與孟解元駕之亦善誦記。取新刊本稼軒樂府吳子音前序，一閱即誦，亦一字不遺。」云是「新刊」，而吳序亦復不見於它本，則必又為一本也。

劉辰翁須溪集有稼軒詞序，謂是宜春張清則刻，其在宋末或元初，雖莫可考，要之又嘗有此一本也。

以上四本既均無傳，其編次，其篇卷，其各本相互間及其與現存諸本間之關係各若何，俱所不曉。茲僅就現存各本而論，雖優劣互殊

论四卷本稼轩词　　邓广铭

1940年作　　《图书季刊》新2卷第三期 1940年9月

《论四卷本稼轩词》创作于1940年7月昆明靛花巷，同年10月以邓恭三之名发表于《图书季刊》。后经修订增补，改为《书诸家跋四卷本稼轩词后》，发表于《责善半月刊》1941年第2期，并收录入《邓广铭全集》第八卷。这篇论文从稼轩词历代各个刻本的流传说起，通过评述夏敬观、张元济、梁启超诸家为四卷本稼轩词所作跋文，论述了四卷本稼轩词的版本流传、编刻年代、收录作品的创作年代、所收《感皇恩》题“读《庄子》有所思”六字之真伪等问题。

，究其本源均不出四卷本及十二卷本二者。

十二卷本收有「丁卯八月病中作」之洞仙歌，丁卯即稼軒卒年，則其編刊必在稼軒卒後。此本之流傳至今者，聊城楊氏海源閣藏有元大德三年廣信書院孫粹然張公俊之刻本。依此本重刻者，明嘉靖中有歷城王詔之開封刻本，中有李濂序文及批點。毛晉收入六十家詞中者，則又由王詔本出，唯刪去序文批點，且併十二卷為四卷以牽合文獻通考及宋史藝文志所著錄之卷數而已。有清一代之研讀稼軒詞者，毛本幾為唯一之憑藉（四庫所收亦毛本，當纂修時竟不能得一別本以相參校，可見）。辛啓泰刻入稼軒集抄存中者亦即此本。顧王詔刻本頗不免於明人刻書率意竄亂之惡習，甚至有因祖本偶有脫葉，遂乃牽合前後絕不相干之二詞而為一者，毛刻亦均未能是正。光緒中臨桂王氏四印齋，海豐吳氏石蓮菴方取大德原刻而重為橅印，自王詔以來各本誤處始得藉以讎勘，此十二卷本流傳之梗概也。

四卷本中，凡稼軒晚年帥浙東、守京口時作品，概未收錄，則各集之刊成當均在宋寧宗嘉泰三年前。直齋書錄解題、文獻通考

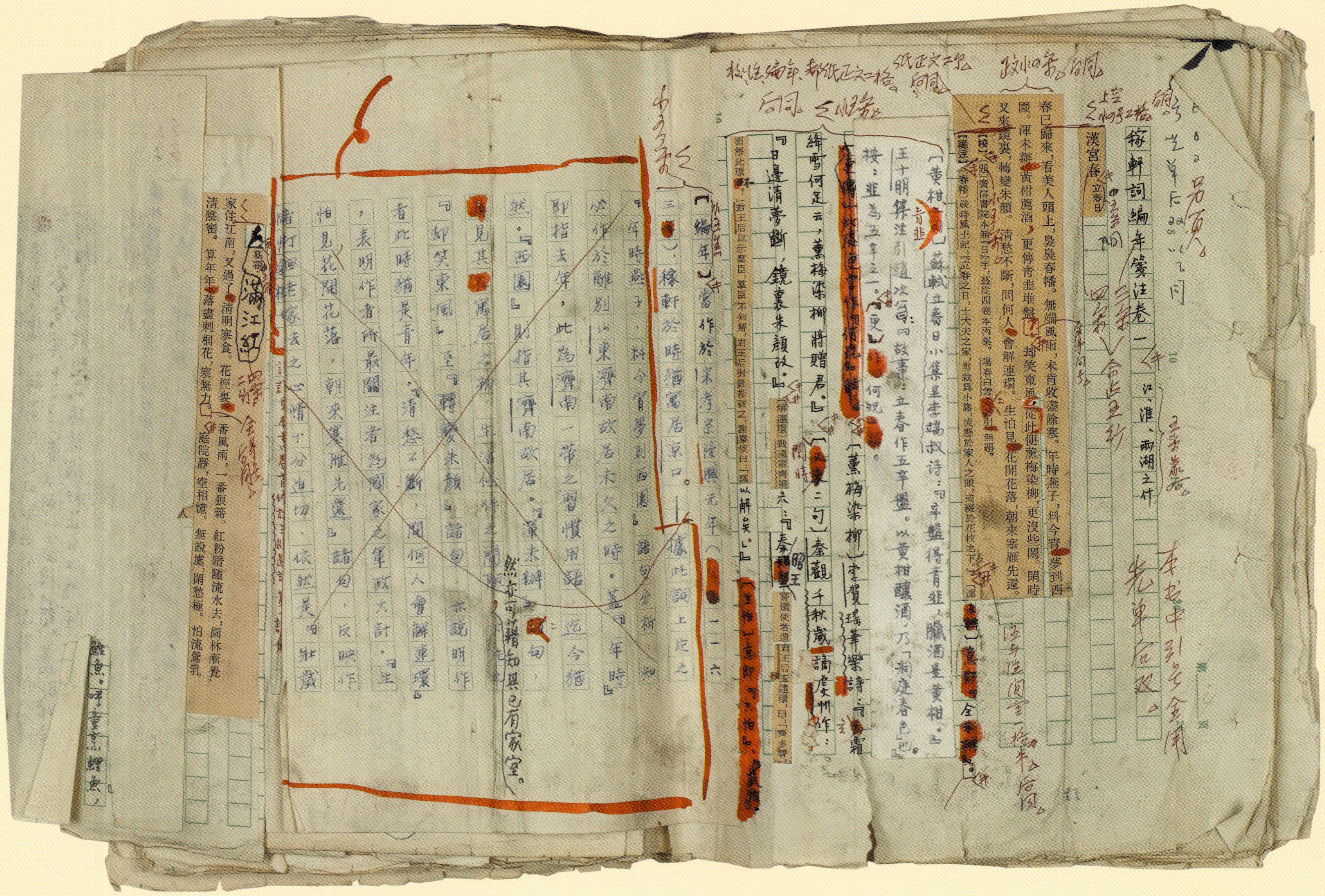

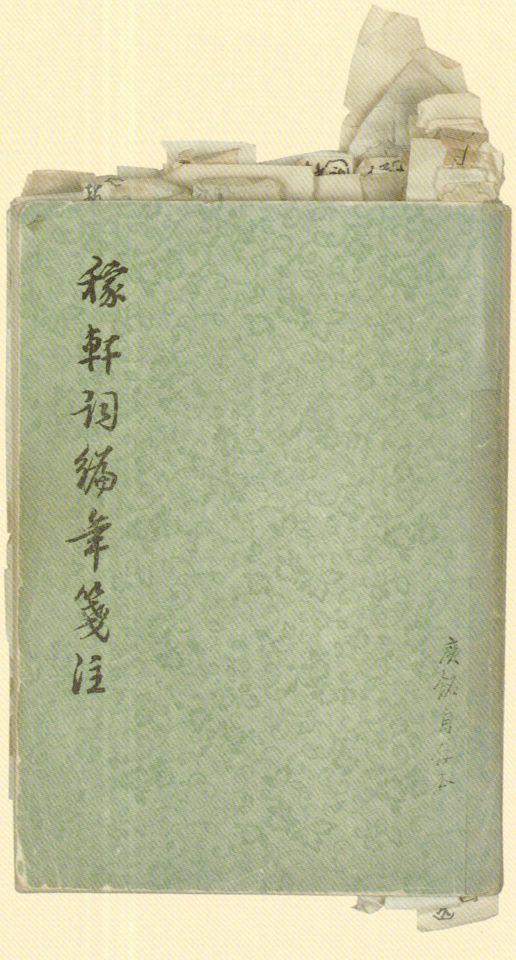
稼軒詞編年箋注

稼轩词编年笺注　　　邓广铭

1980~1993年作　　　上海古籍出版社1993年出版

《稼轩词编年笺注》收集整理了辛弃疾（稼轩）的词作，并对每一首词进行了点校、笺注和编年。继1957年初版问世之后，1978年上海古籍出版社重印25万册，一年之内销售一空。此次重印之后，反响热烈，邓广铭尽十年之功，陆续在1978年版的基础上作了大量的修订和补充，1993年再度出版了修订版。本馆收藏有邓广铭在1978年版样书修订稿一册和1993年出版前的修订稿24篇。1993年修订版较之前的版本，除了对每首词的笺注点校做出修订，最大的变化莫过于把“卷五·作年莫考诸什”卷取消，把其中所收各词尽可能地考证其创作年代，编入各卷。例如《汉宫春·立春日》一首，1978年版及之前各版都列入卷五，1993年版因考证出其创作的年代，为辛弃疾渡江后第一篇创作，故编排入“卷一·江淮、两湖之什”。

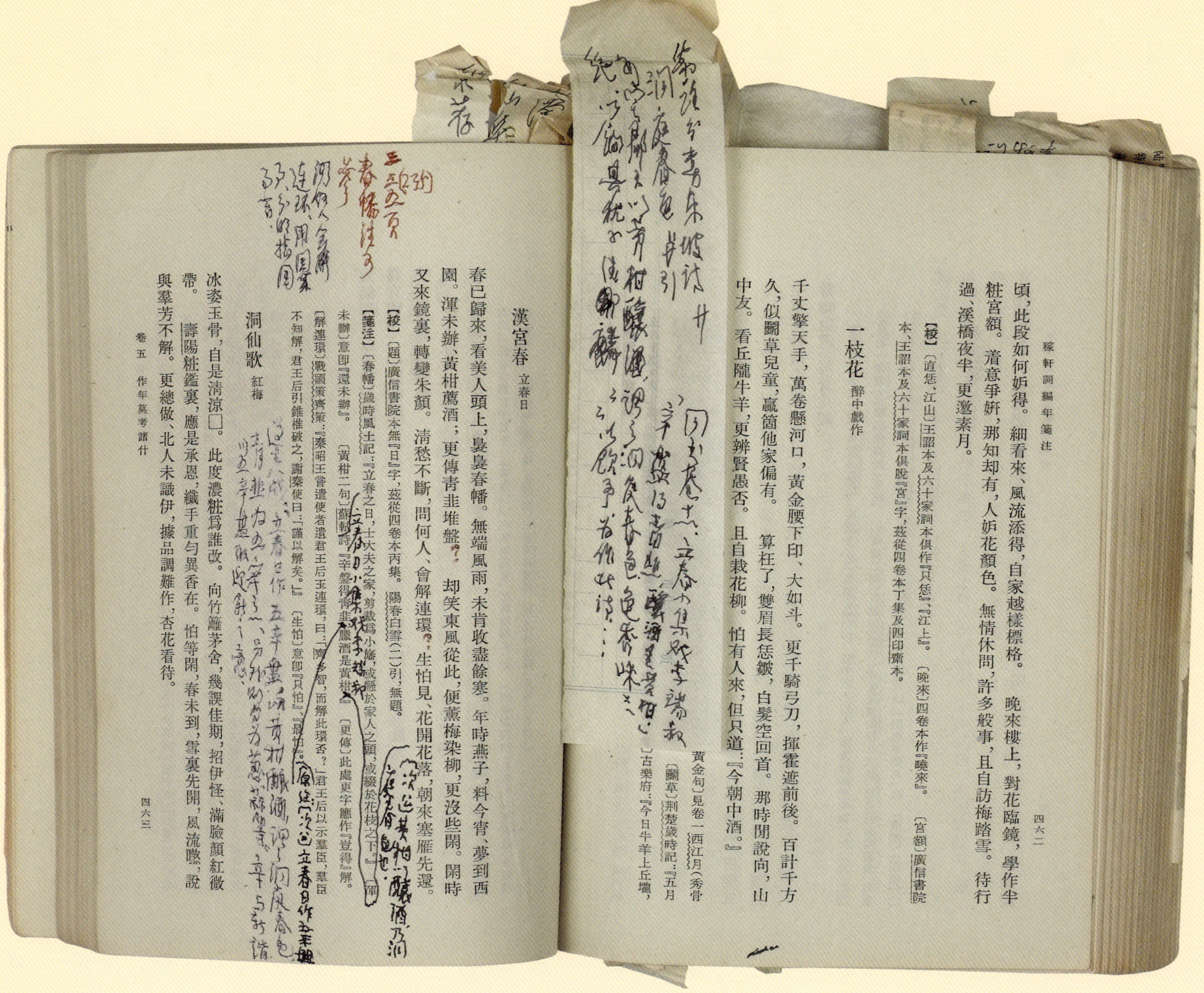
稼軒詞編年箋注
頃，此段如何妒得。細看來、風流添得，自家越樣標格。晚來樓上，對花臨鏡，學作半粧宮額。着意爭妍，那知却有，人妒花顏色。無情休問，許多般事，且自訪梅踏雪。待行過、溪橋夜半，更邀素月。
【校】〔宮額〕廣信書院本、王詔本及六十家詞本俱脫『宮』字，茲從四卷本丁集及四印齋本。〔晚來〕四卷本作『曉來』。〔直恁、江山〕王詔本及六十家詞本俱作『只恁』、『江上』。
一枝花 醉中戲作
千丈擎天手，萬卷懸河口，黃金腰下印、大如斗。更千騎弓刀，揮霍遮前後。百計千方久，似鬭草兒童，贏箇他家偏有。算枉了，雙眉長恁皺，白髮空回首。那時閒說向，山中友。看丘隴牛羊，更辨賢愚否。且自栽花柳。怕有人來，但只道：『今朝中酒。』
黃金句〕見卷一西江月〔秀骨
〔鬭草〕荆楚歲時記：『五月
〕古樂府：『今日牛羊上丘壠，
四六二
漢宮春 立春日
春已歸來，看美人頭上，裊裊春幡。無端風雨，未肯收盡餘寒。年時燕子，料今宵、夢到西園。渾未辦、黃柑薦酒，更傳青韭堆盤。却笑東風從此，便薰梅染柳，更沒些閑。閑時又來鏡裏，轉變朱顏。清愁不斷，問何人、會解連環。生怕見、花開花落，朝來塞雁先還。
【校】〔題〕廣信書院本無『日』字，茲從四卷本丙集。陽春白雪(二)引，無題。
【箋注】〔春幡〕歲時風土記：『立春之日，士大夫之家，剪裁爲小旛，或懸於家人之頭，或綴於花枝之下。』〔渾未辦〕意即『還未辦』。〔黃柑二句〕蘇軾詩：『辛盤得青韭，臘酒是黃柑。』〔更傳〕此處更字應作『豈得』解。〔解連環〕戰國策齊策：『秦昭王嘗遣使者遺君王后玉連環，曰：「齊多智，而解此環否？」君王后以示羣臣，羣臣不知解，君王后引錐椎破之，謝秦使曰：「謹以解矣。」』〔生怕〕意即『只怕』、『最怕』。
洞仙歌 紅梅
冰姿玉骨，自是清涼□。此度濃粧爲誰改。向竹籬茅舍，幾誤佳期，招伊怪、滿臉顏紅微帶。壽陽粧鑑裏，應是承恩，纖手重勻異香在。怕等閑、春未到，雪裏先開，風流煞，說與羣芳不解。更總做、北人未識伊，據品調難作，杏花看待。
卷五 作年莫考諸什
四六三
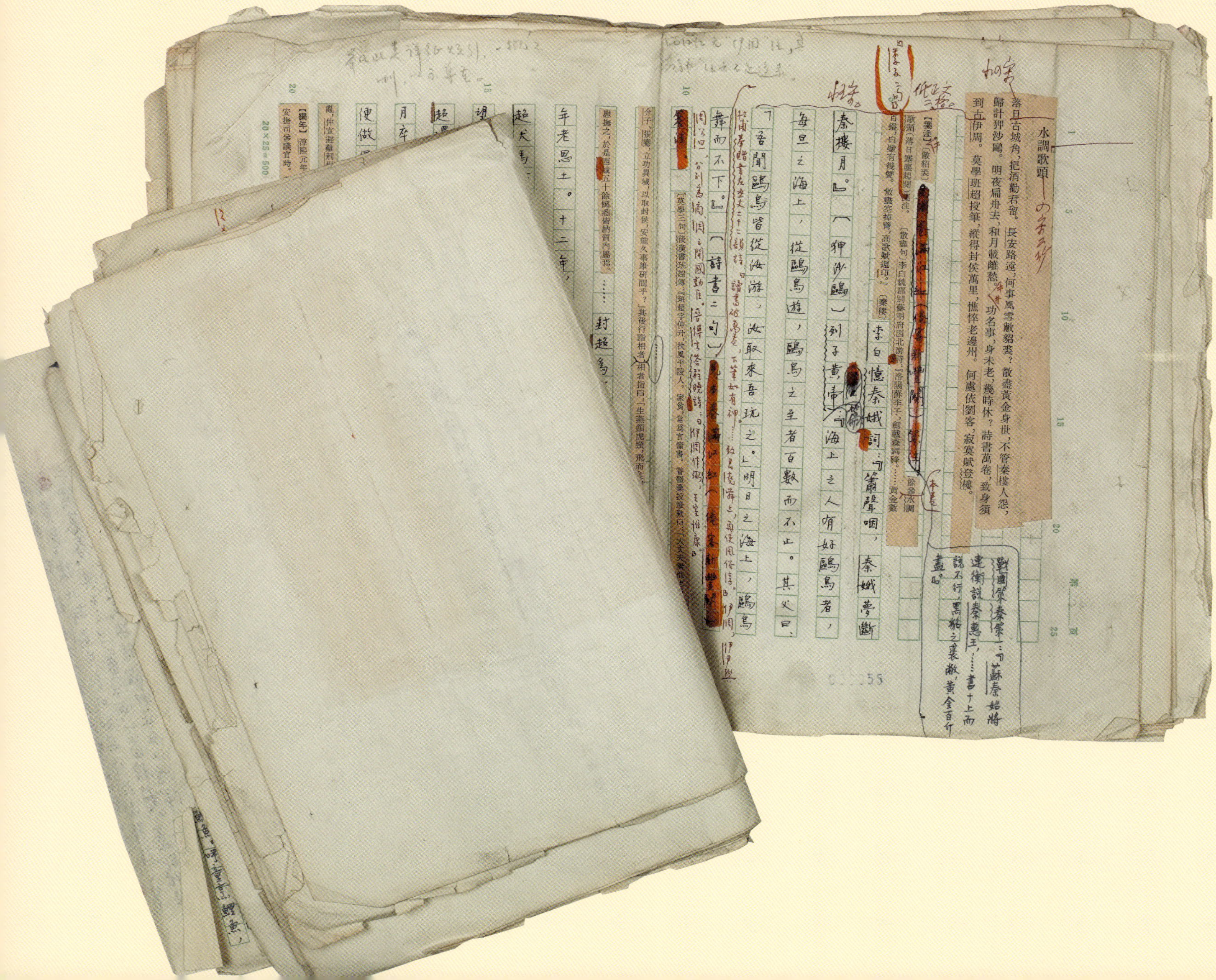
水調歌頭

张岱年（1909~2004）

河北献县人。哲学家、哲学史家。1933年被清华大学哲学系聘为助教，从事哲学专业的教学工作。抗战胜利后，回清华大学哲学系工作，1952年起任北京大学哲学系教授。历任中国社会科学院哲学研究所兼职研究员、清华大学思想文化研究所所长、中国哲学史学会会长、中华孔子学会会长等。著有《中国哲学史大纲》等。有《张岱年全集》8卷行世。

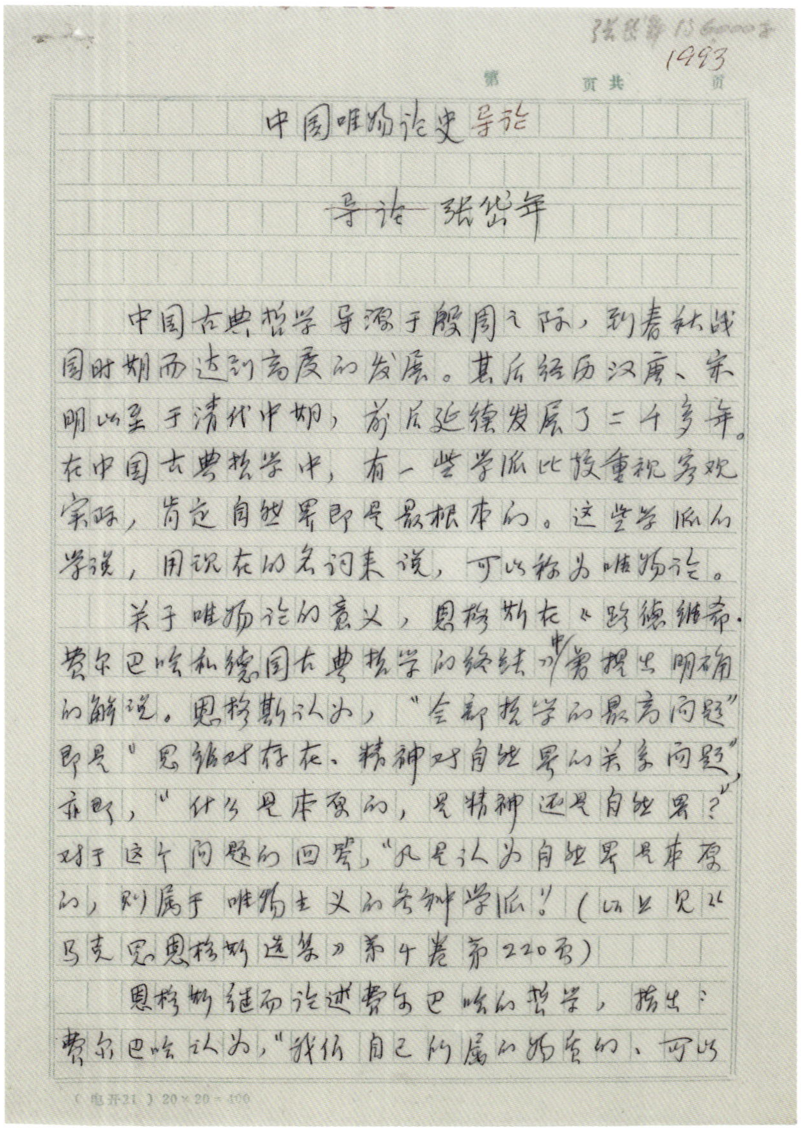

张岱年 1500字

1993

第 页共 页

中国唯物论史导论

~~导论~~ 张岱年

中国古典哲学导源于殷周之际，到春秋战国时期而达到高度的发展。其后经历汉唐、宋明以至于清代中期，前后延续发展了二千多年。在中国古典哲学中，有一些学派比较重视客观实际，肯定自然界即是最根本的。这些学派的学说，用现在的名词来说，可以称为唯物论。

关于唯物论的意义，恩格斯在《路德维希·费尔巴哈和德国古典哲学的终结》中曾提出明确的解说。恩格斯认为，“全部哲学的最高问题”即是“思维对存在、精神对自然界的关系问题”，亦即，“什么是本原的，是精神还是自然界？”对于这个问题的回答，“凡是认为自然界是本原的，则属于唯物主义的各种学派”！（以上见《马克思恩格斯选集》第4卷第220页）

恩格斯继而论述费尔巴哈的哲学，指出：费尔巴哈认为，“我们自己所属的物质的、可以

（电开21）20×20=400

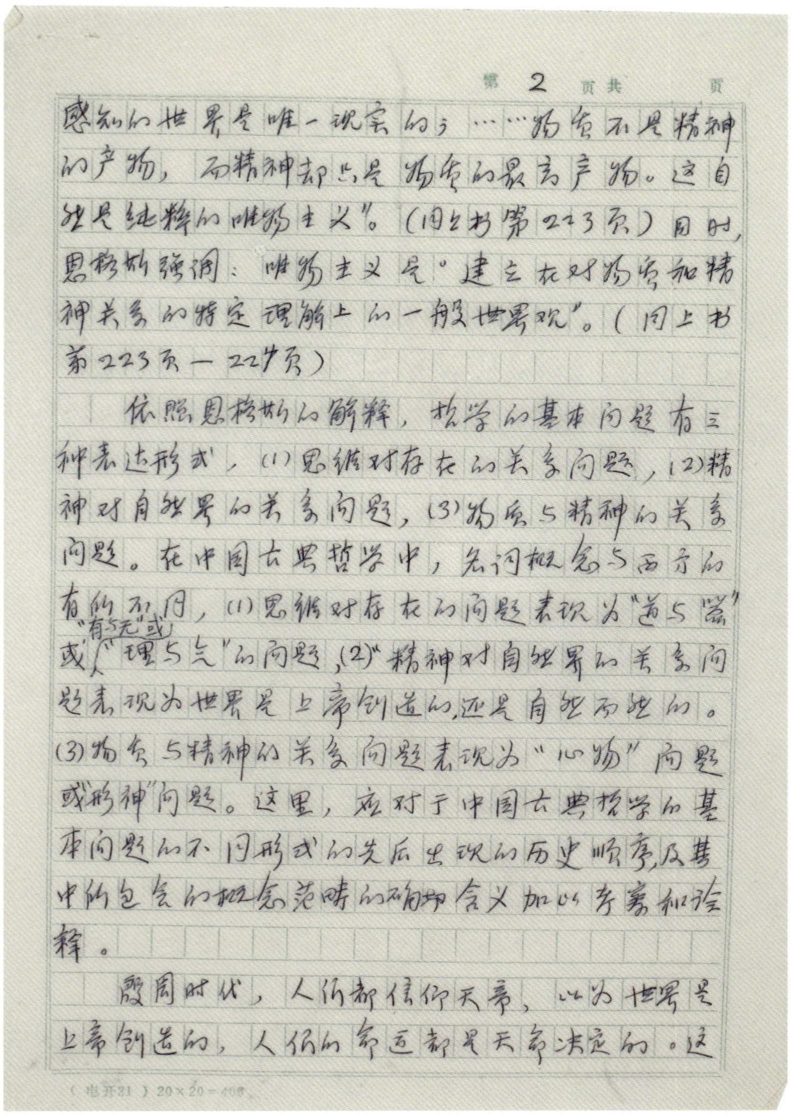

第 2 页共 页

感知的世界是唯一现实的；……物质不是精神的产物，而精神却只是物质的最高产物。这自然是纯粹的唯物主义”。（同上书第223页）同时，恩格斯强调：唯物主义是“建立在对物质和精神关系的特定理解上的一般世界观”。（同上书第223页—224页）

依照恩格斯的解释，哲学的基本问题有三种表达形式，（1）思维对存在的关系问题，（2）精神对自然界的关系问题，（3）物质与精神的关系问题。在中国古典哲学中，名词概念与西方的有所不同，（1）思维对存在的问题表现为“道与器”或“有与无”或“理与气”的问题，（2）“精神对自然界的关系问题表现为世界是上帝创造的还是自然而然的。（3）物质与精神的关系问题表现为“心物”问题或形神”问题。这里，应对于中国古典哲学的基本问题的不同形式的先后出现的历史顺序及其中所包含的概念范畴的确切含义加以考察和诠释。

殷周时代，人们都信仰天帝，以为世界是上帝创造的，人们的命运都是天命决定的。这

（电开21）20×20=400

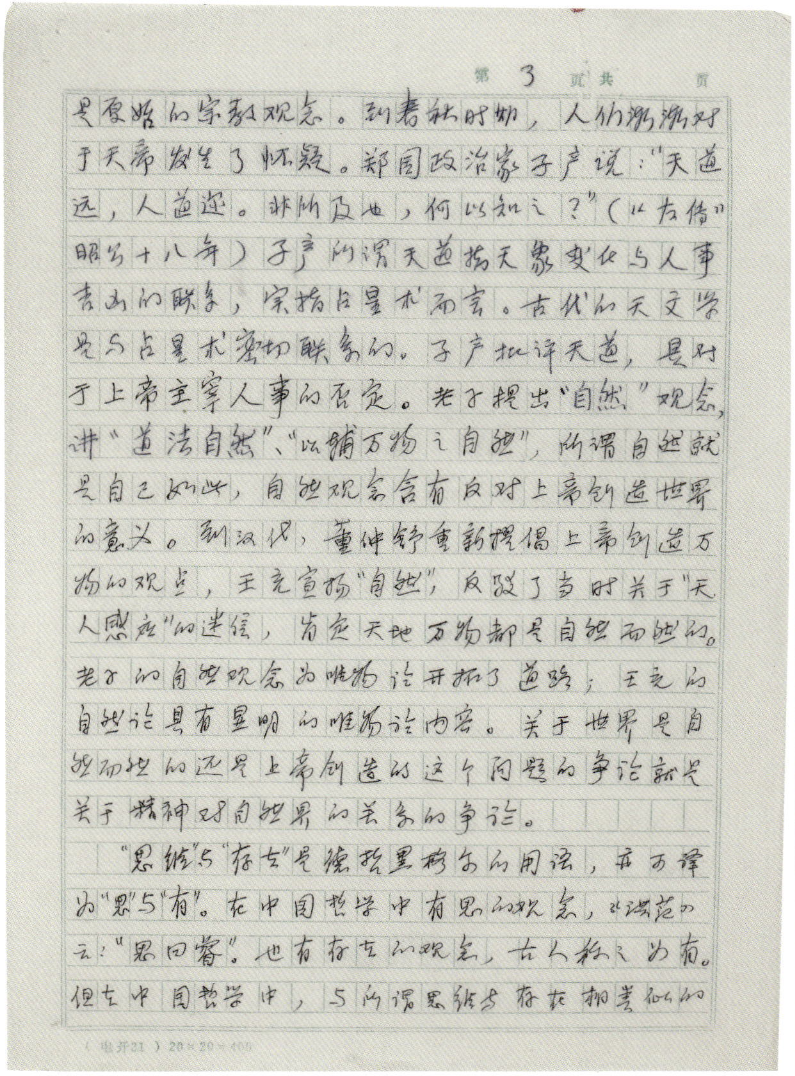

第 3 页共 页

是原始的宗教观念。到春秋时期，人们渐渐对于天帝发生了怀疑。郑国政治家子产说："天道远，人道迩。非所及也，何以知之？"（《左传》昭公十八年）子产所谓天道指天象变化与人事吉凶的联系，实指占星术而言。古代的天文学是与占星术密切联系的。子产批评天道，是对于上帝主宰人事的否定。老子提出"自然"观念，讲"道法自然"、"以辅万物之自然"，所谓自然就是自己如此，自然观念含有反对上帝创造世界的意义。到汉代，董仲舒重新提倡上帝创造万物的观点，王充宣扬"自然"，反驳了当时关于"天人感应"的迷信，肯定天地万物都是自然而然的。老子的自然观念为唯物论开拓了道路；王充的自然论具有显明的唯物论内容。关于世界是自然而然的还是上帝创造的这个问题的争论就是关于精神对自然界的关系的争论。

"思维"与"存在"是德语哲学名称的用法，亦可译为"思"与"有"。在中国哲学中有思的观念，《洪范》云："思曰睿"。也有存在的观念，古人称之为有。但在中国哲学中，与所谓思维与存在相当的的

（电开21）20×20=400

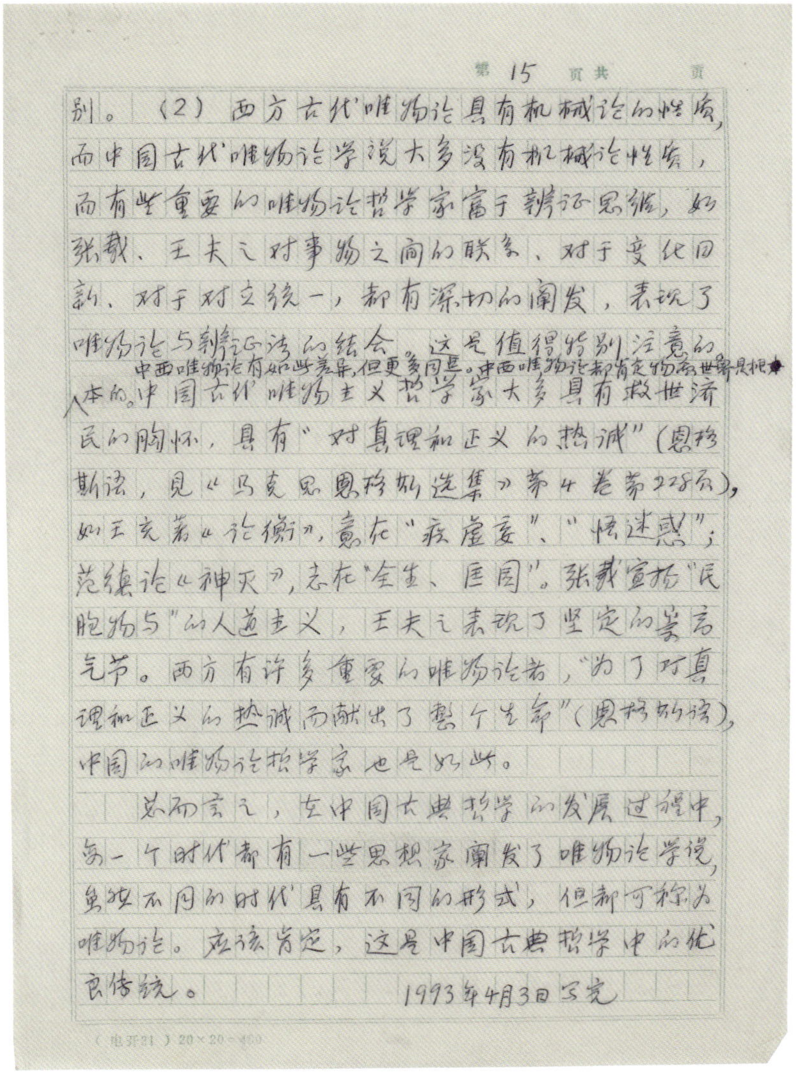

第 15 页共 页

别。（2）西方古代唯物论具有机械论的性质，而中国古代唯物论学说大多没有机械论性质，而有些重要的唯物论哲学家富于辩证思维，如张载、王夫之对事物之间的联系、对于变化日新、对于对立统一，都有深切的阐发，表现了唯物论与辩证法的结合。这是值得特别注意的。中西唯物论有如此差异，但更多同点。中西唯物论都肯定物质世界是根本的。中国古代唯物主义哲学家大多具有救世济民的胸怀，具有"对真理和正义的热诚"（恩格斯语，见《马克思恩格斯选集》第4卷第228页），如王充著《论衡》，意在"疾虚妄"、"悟迷惑"；范缜论《神灭》，志在"全生、匡国"。张载宣扬"民胞物与"的人道主义，王夫之表现了坚定的爱国气节。西方有许多重要的唯物论者，"为了对真理和正义的热诚而献出了整个生命"（恩格斯的话），中国的唯物论哲学家也是如此。

总而言之，在中国古典哲学的发展过程中，每一个时代都有一些思想家阐发了唯物论学说，虽然不同的时代具有不同的形式，但都可称为唯物论。应该肯定，这是中国古典哲学中的优良传统。

1993年4月3日写完

（电开21）20×20=400

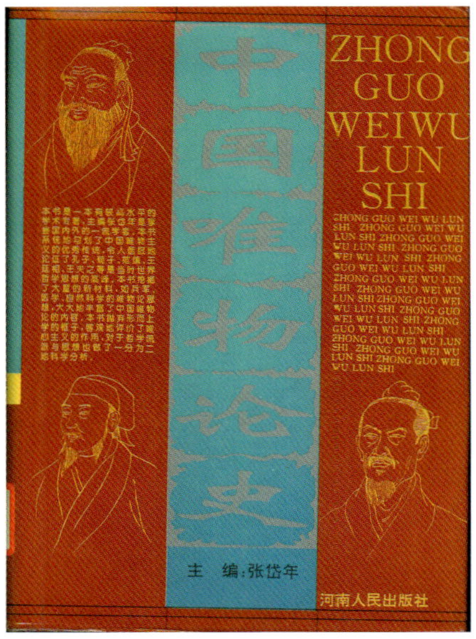

中国唯物论史
ZHONG GUO WEIWU LUN SHI
主编:张岱年
河南人民出版社

中国唯物论史导论　　张岱年

1993年4月3日作　　《中国唯物论史》河南人民出版社1994年出版

此稿是张岱年为其主编的《中国唯物论史》一书所写的导言。在这篇导言中，张岱年略析了中国古典哲学中基本理论问题的表达方式，如精神与自然界、道与器、有与无、理气、形神、心物等问题，指出唯物论理论体系中的一些基本概念范畴，如自然、有、气、物。其次，张岱年叙述了中国古典哲学中唯物论在不同时期的不同理论形态，并且比较了中国古代哲学唯物论与西方古代哲学唯物论之间的异同特点。手稿与已刊文字基本无出入。

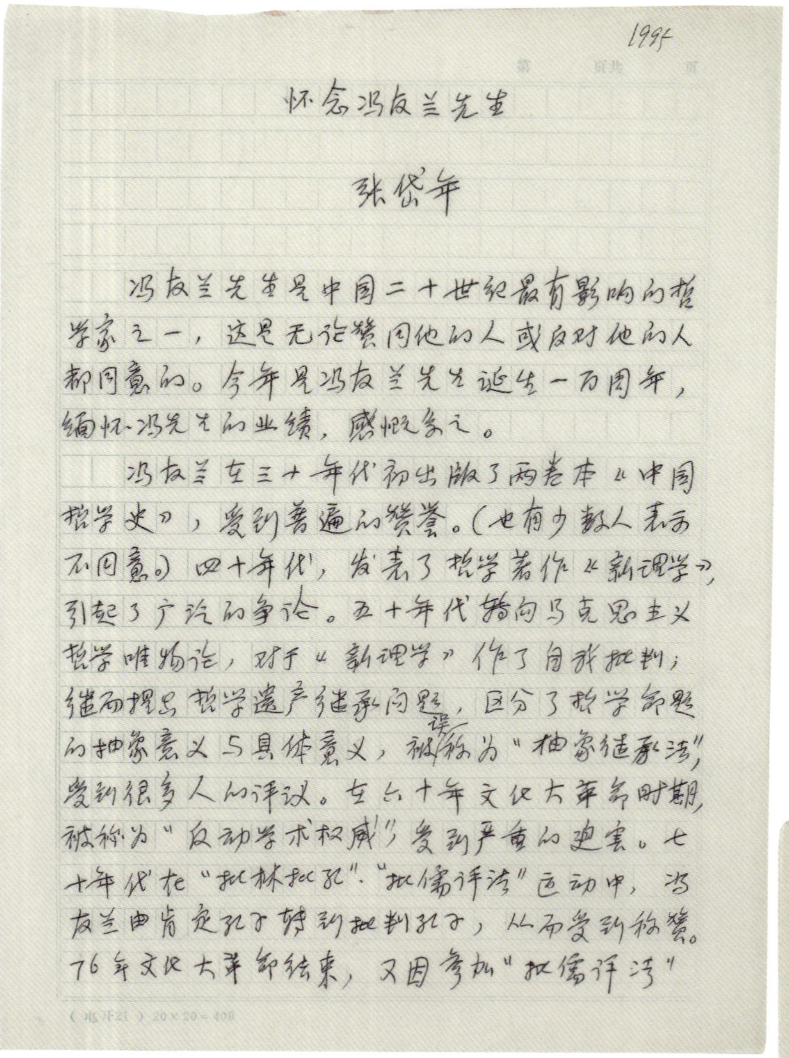

1994

怀念冯友兰先生

张岱年

冯友兰先生是中国二十世纪最有影响的哲学家之一，这是无论赞同他的人或反对他的人都同意的。今年是冯友兰先生诞生一百周年，缅怀冯先生的业绩，感慨系之。

冯友兰在三十年代初出版了两卷本《中国哲学史》，受到普遍的赞誉。（也有少数人表示不同意）四十年代，发表了哲学著作《新理学》，引起了广泛的争论。五十年代转向马克思主义哲学唯物论，对于《新理学》作了自我批判；继而提出哲学遗产继承问题，区分了哲学命题的抽象意义与具体意义，被误称为"抽象继承法"，受到很多人的评议。在六十年代文化大革命时期，被称为"反动学术权威"，受到严重的迫害。七十年代在"批林批孔""批儒评法"运动中，冯友兰由肯定孔子转到批判孔子，从而受到称誉。76年文化大革命结束，又因参加"批儒评法"

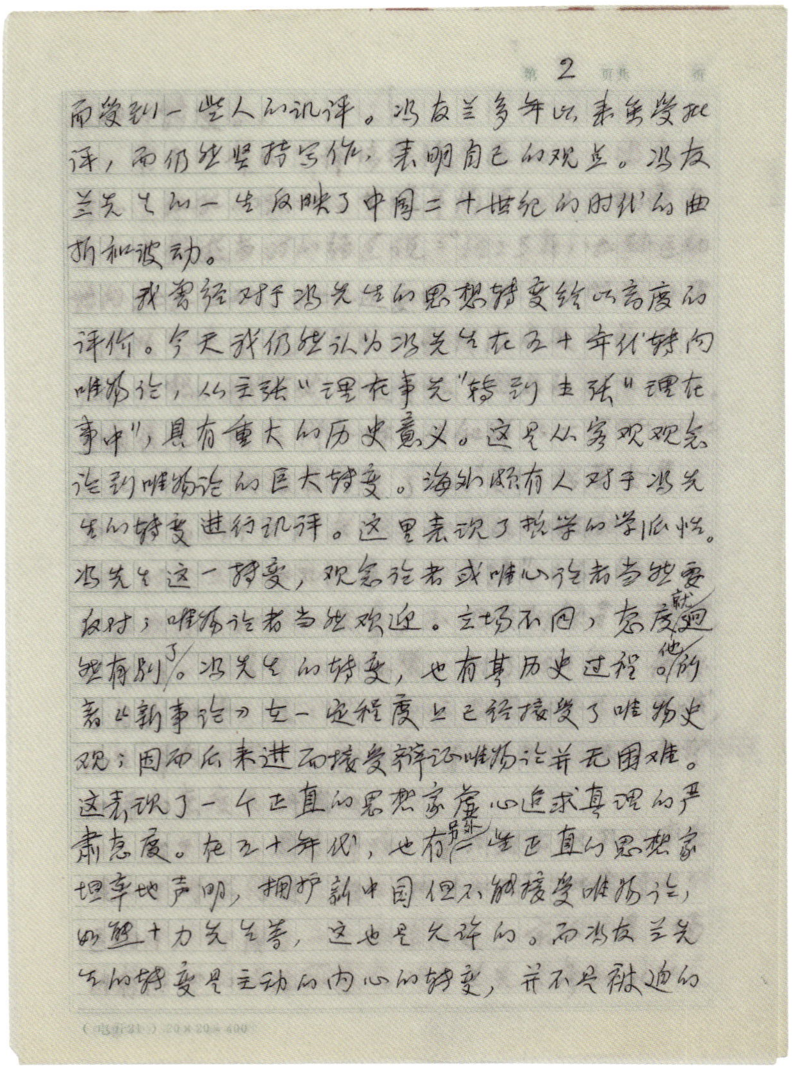

第 2 页

而受到一些人的讥评。冯友兰多年以来虚心受批评，而仍然坚持写作，表明自己的观点。冯友兰先生的一生反映了中国二十世纪的时代的曲折和波动。

我曾经对于冯先生的思想转变给以高度的评价。今天我仍然认为冯先生在五十年代转向唯物论，从主张"理在事先"转到主张"理在事中"，具有重大的历史意义。这是从客观观念论到唯物论的巨大转变。海外颇有人对于冯先生的转变进行讥评。这里表现了哲学的学派性。冯先生这一转变，观念论者或唯心论者当然要反对；唯物论者当然欢迎。立场不同，态度就有别了。冯先生的转变，也有其历史过程。他的旧著《新事论》在一定程度上已经接受了唯物史观；因而后来进而接受辩证唯物论并无困难。这表现了一个正直的思想家虚心追求真理的严肃态度。在五十年代，也有些正直的思想家坦率地声明，拥护新中国但不能接受唯物论，如熊十力先生等，这也是允许的。而冯友兰先生的转变是主动的内心的转变，并不是被迫的

解读冯友兰
学人纪念卷
顾问 任继愈
主编 单纯 旷昕
海天出版社
一个国家没有哲学，就像一座雄伟壮观的庙中没有神像一样，空空荡荡，徒有其表，因为它没有可信仰的东西，可尊敬的东西。
——黑格尔

怀念冯友兰先生　　张岱年

1995年5月7日作　　《解读冯友兰·学人纪念卷》海天出版社1998年出版

此稿是张岱年在冯友兰百年诞辰之际所作的一篇纪念文章，追忆了冯友兰对中国哲学所做的贡献和他在中国学术史上的杰出地位。手稿与发表作品在结构段落上基本一致，部分内容有调整。

钱锺书（1910~1998）

江苏无锡人。字默存，号槐聚。作家、学者。1933年清华大学外文系毕业。1937年毕业于英国牛津大学，获副博士学位，之后赴法国巴黎大学研究法国文学。回国后，曾先后在昆明西南联合大学、震旦女子文理学院、国立师范学院等任教。1945年，抗战结束后，任上海暨南大学外文系教授兼南京中央图书馆英文馆刊《书林季刊》编辑。新中国建立后，任清华大学教授。1953年调到文学研究所任研究员。著有《谈艺录》、《管锥篇》、小说《围城》等。有《钱锺书全集》10卷、《钱锺书手稿集·中文笔记》20卷行世。

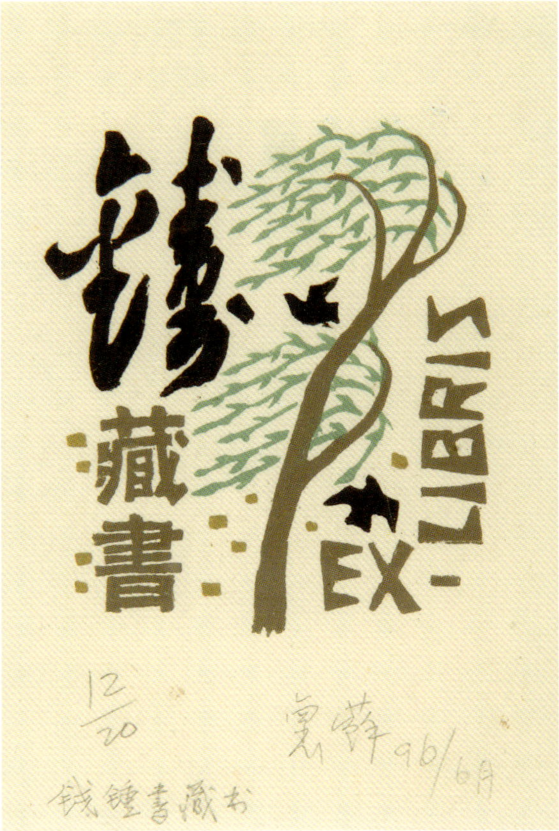
藏
書
EX-LIBRIS
12/20

钱锺书藏书票

冒怀苏 设计

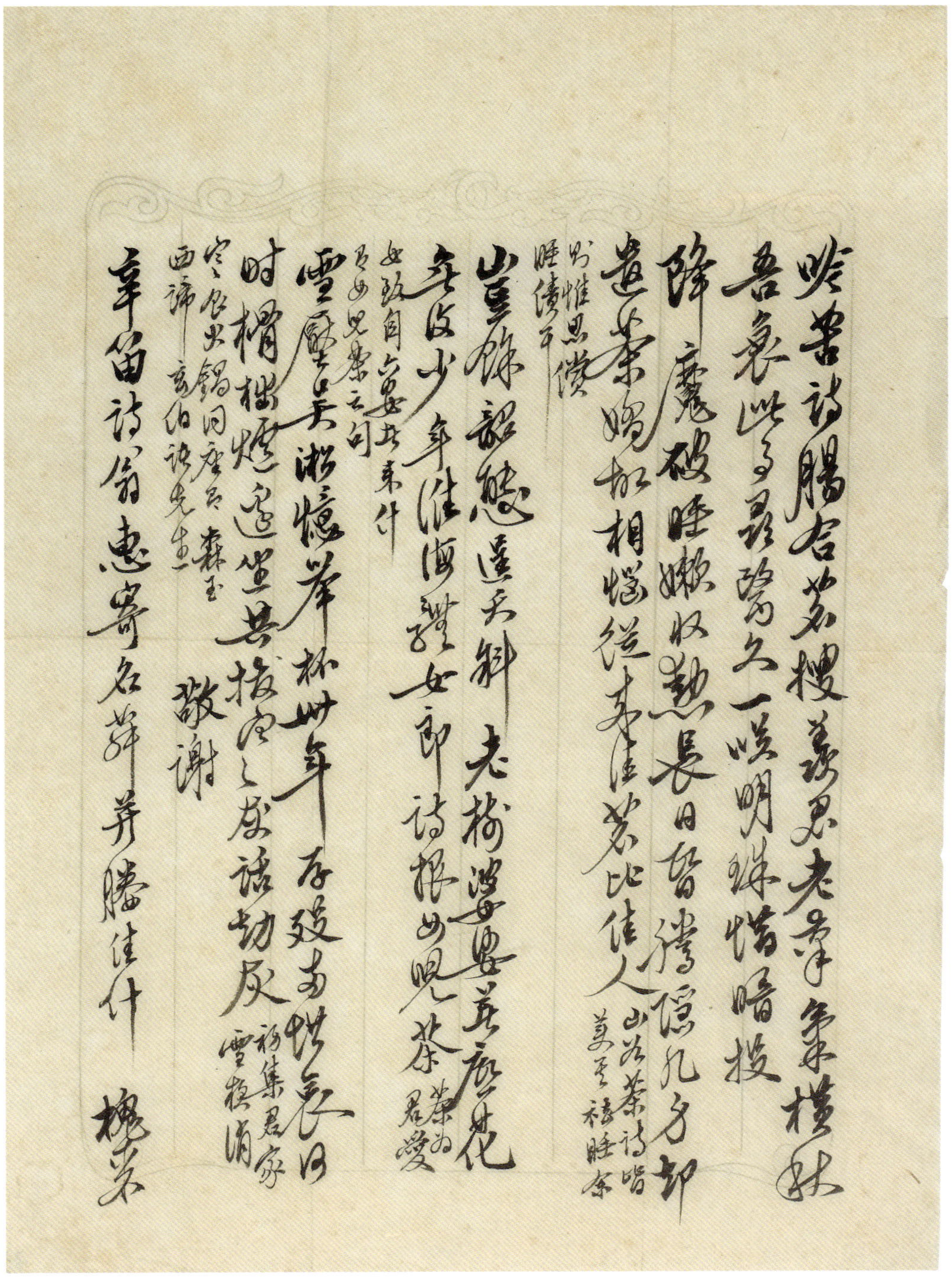

槐聚致辛笛诗　　钱锺书

1974年作　　《槐聚诗存》三联书店 1995年3月出版

手稿为七言绝句四首，其中“降魔破睡懒收勋”和“雪压吴淞忆举杯”两首收录入1995年3月出版的《槐聚诗存》，题为《王辛笛寄茶》，另两首未见。辛笛与钱锺书相识于20世纪三四十年代，1966年“文革”中交往中断，直至1973年辛笛作《寄锺书杨绛学长》诗，始恢复交往，开始了较为频繁的旧体诗唱和。

季羡林（1911~2009）

山东清平人。字希逋。学者、翻译家。1930年入清华大学西语系。1934年毕业，回母校济南高中任国文教员。1935年赴德国留学，入哥廷根大学，习梵文、巴利文、吐火罗文，研究印度古代语言和佛典。1941年获哲学博士。1946年回国，一直担任北京大学教授兼东方语言文学系主任。1978年起兼任北京大学副校长、南亚研究所所长，中国作协外国文学委员会委员，国务院学位委员会委员，第五届全国政协委员，第六届全国人大代表等职。著有《罗摩衍那初探》、《中印文化关系史论丛》、《牛棚杂忆》等，译有《沙恭达罗》、《罗摩衍那》等。有《季羡林全集》30卷行世。

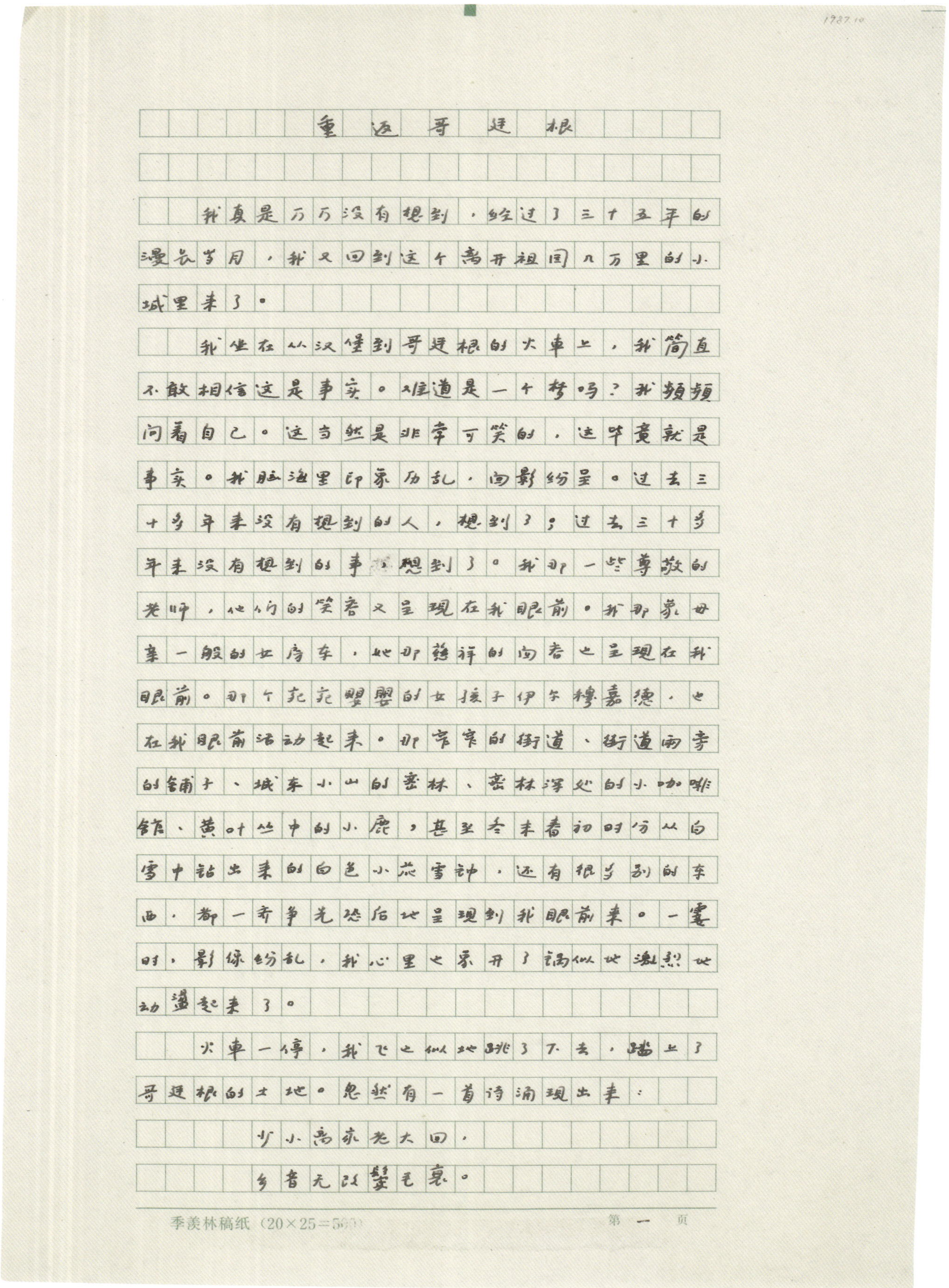

1987.10

重返哥廷根

我真是万万没有想到，经过了三十五年的漫长岁月，我又回到这个离开祖国几万里的小城里来了。

我坐在从汉堡到哥廷根的火車上，我简直不敢相信这是事实。难道是一个梦吗？我频频问着自己。这当然是非常可笑的，这毕竟就是事实。我脑海里印象历乱，面影纷呈。过去三十多年来没有想到的人，想到了；过去三十多年来没有想到的事，想到了。我那一些尊敬的老师，他们的笑容又呈现在我眼前。我那象母亲一般的女房东，她那慈祥的面容也呈现在我眼前。那个宛宛婴婴的女孩子伊尔穆嘉德，也在我眼前活动起来。那宽宽的街道、街道两旁的铺子、城东小山的密林、密林深处的小咖啡馆、黄叶丛中的小鹿，甚至冬末春初时分从白雪中钻出来的白色小花雪钟，还有很多别的东西，都一齐争先恐后地呈现到我眼前来。一霎时，影像纷乱，我心里也象开了锅似地激烈地动荡起来了。

火車一停，我飞也似地跳了下去，踏上了哥廷根的土地。忽然有一首诗涌现出来：

少小离家老大回，

乡音无改鬓毛衰。

季羡林稿纸（20×25=500） 第一页

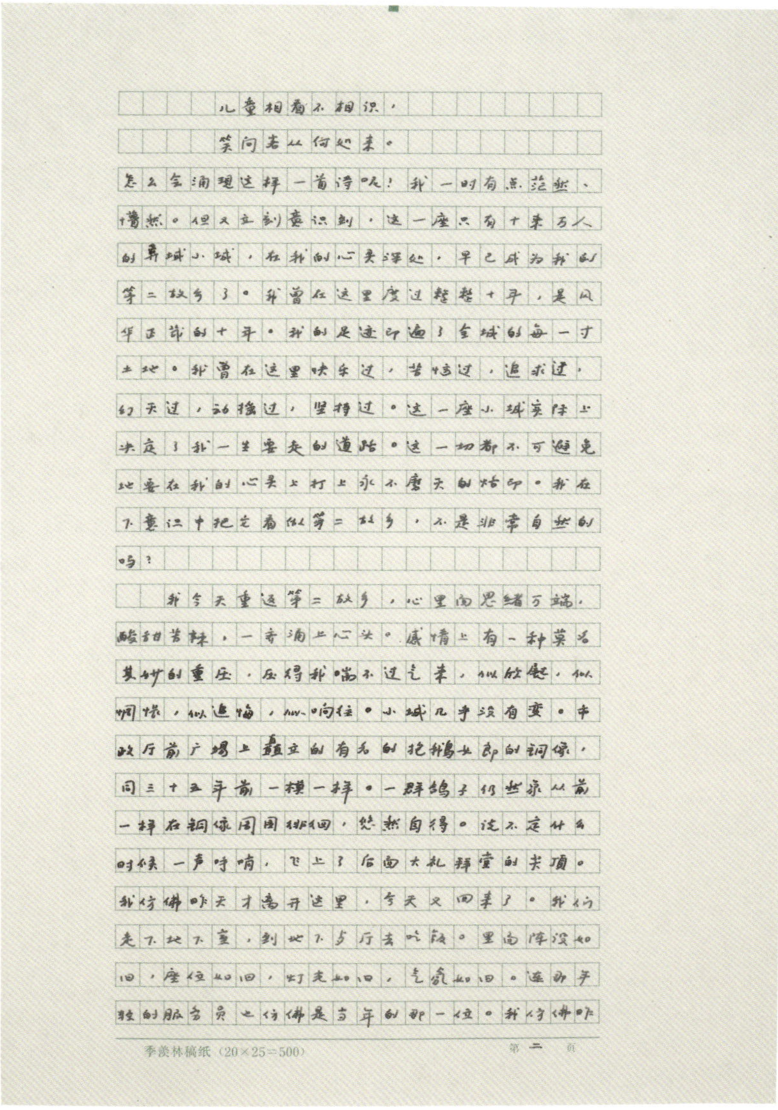
季羡林稿纸（20×25=500）
第 二 页

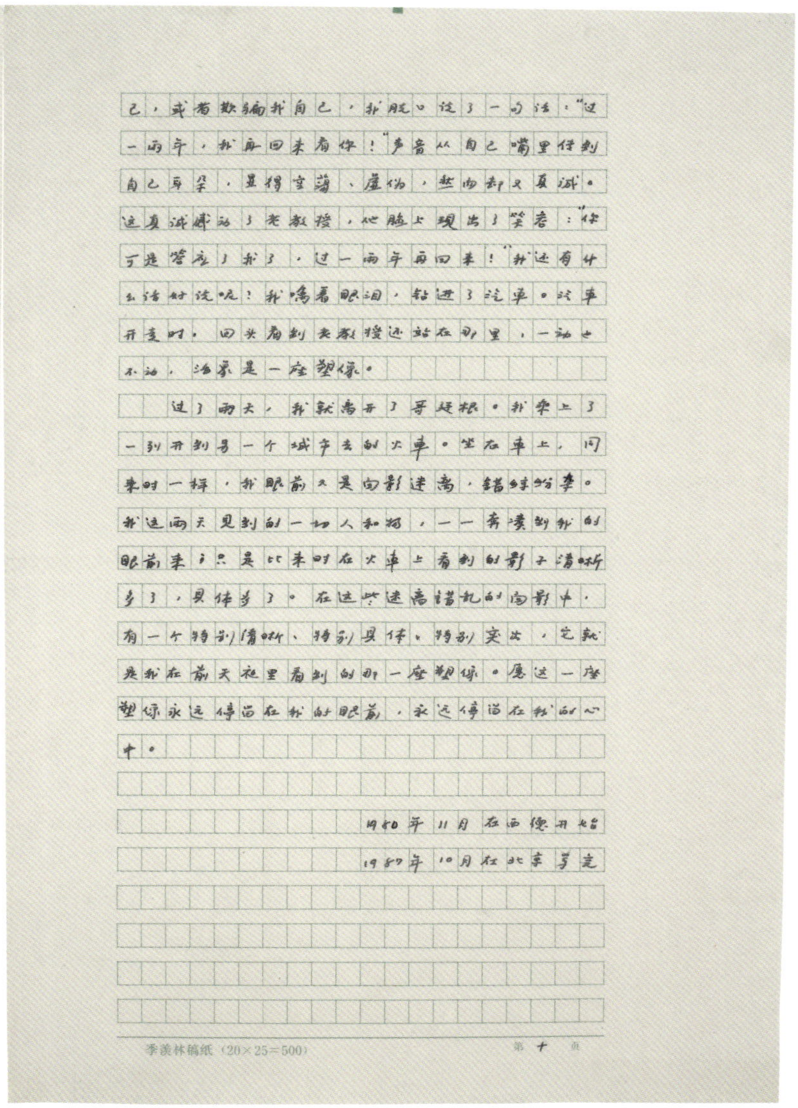
季羡林稿纸（20×25=500）
第 十 页

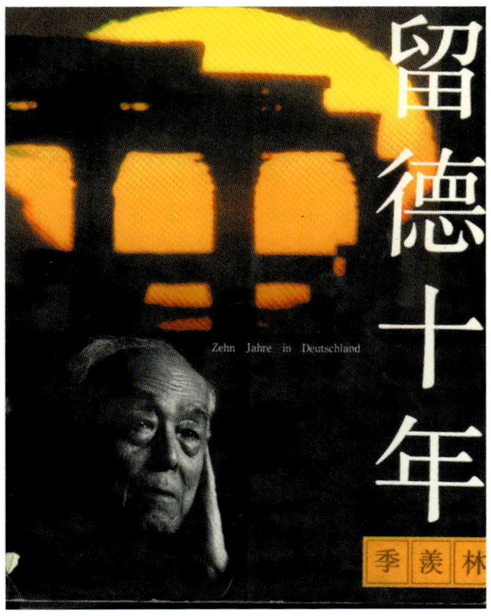
留德十年
Zehn Jahre in Deutschland
季羡林

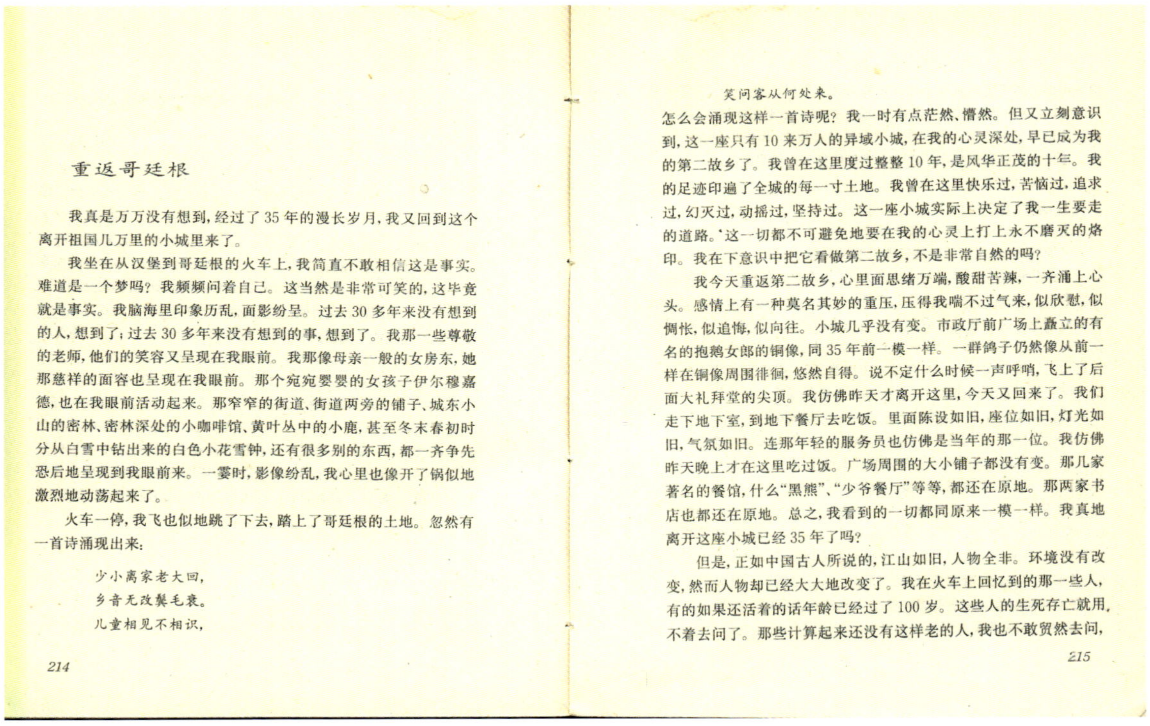

重返哥廷根

我真是万万没有想到，经过了35年的漫长岁月，我又回到这个离开祖国几万里的小城里来了。

我坐在从汉堡到哥廷根的火车上，我简直不敢相信这是事实。难道是一个梦吗？我频频问着自己。这当然是非常可笑的，这毕竟就是事实。我脑海里印象历乱，面影纷呈。过去30多年来没有想到的人，想到了；过去30多年来没有想到的事，想到了。我那一些尊敬的老师，他们的笑容又呈现在我眼前。我那像母亲一般的女房东，她那慈祥的面容也呈现在我眼前。那个宛宛婴婴的女孩子伊尔穆嘉德，也在我眼前活动起来。那窄窄的街道、街道两旁的铺子、城东小山的密林、密林深处的小咖啡馆、黄叶丛中的小鹿，甚至冬末春初时分从白雪中钻出来的白色小花雪钟，还有很多别的东西，都一齐争先恐后地呈现到我眼前来。一霎时，影像纷乱，我心里也像开了锅似地激烈地动荡起来了。

火车一停，我飞也似地跳了下去，踏上了哥廷根的土地。忽然有一首诗涌现出来：

少小离家老大回，
乡音无改鬓毛衰。
儿童相见不相识，

214

笑问客从何处来。

怎么会涌现这样一首诗呢？我一时有点茫然、懵然。但又立刻意识到，这一座只有10来万人的异域小城，在我的心灵深处，早已成为我的第二故乡了。我曾在这里度过整整10年，是风华正茂的十年。我的足迹印遍了全城的每一寸土地。我曾在这里快乐过，苦恼过，追求过，幻灭过，动摇过，坚持过。这一座小城实际上决定了我一生要走的道路。这一切都不可避免地要在我的心灵上打上永不磨灭的烙印。我在下意识中把它看做第二故乡，不是非常自然的吗？

我今天重返第二故乡，心里面思绪万端，酸甜苦辣，一齐涌上心头。感情上有一种莫名其妙的重压，压得我喘不过气来，似欣慰，似惆怅，似追悔，似向往。小城几乎没有变。市政厅前广场上矗立的有名的抱鹅女郎的铜像，同35年前一模一样。一群鸽子仍然像从前一样在铜像周围徘徊，悠然自得。说不定什么时候一声呼哨，飞上了后面大礼拜堂的尖顶。我仿佛昨天才离开这里，今天又回来了。我们走下地下室，到地下餐厅去吃饭。里面陈设如旧，座位如旧，灯光如旧，气氛如旧。连那年轻的服务员也仿佛是当年的那一位。我仿佛昨天晚上才在这里吃过饭。广场周围的大小铺子都没有变。那几家著名的餐馆，什么"黑熊"、"少爷餐厅"等等，都还在原地。那两家书店也都还在原地。总之，我看到的一切都同原来一模一样。我真地离开这座小城已经35年了吗？

但是，正如中国古人所说的，江山如旧，人物全非。环境没有改变，然而人物却已经大大地改变了。我在火车上回忆到的那一些人，有的如果还活着的话年龄已经过了100岁。这些人的生死存亡就用不着去问了。那些计算起来还没有这样老的人，我也不敢贸然去问，

215

重返哥廷根　　季羡林

1980年11月~1987年10月作　　《留德十年》东方出版社1992年出版、《季羡林全集·第四卷》外语教学与研究出版社2009年出版

1935年季羡林赴德求学，在哥廷根大学师从著名梵文学者瓦尔德施米特教授，留学期间，季羡林学习异常勤奋，1941年获得博士学位并于1945年起返国。在留学的岁月里，季羡林与他的德国导师瓦尔德施密特结下了“亦师亦父”的深厚情谊，尊其为“博士父亲”。哥廷根的十年青春岁月，令季羡林难以忘怀。三十五年后，季羡林率中国社会科学代表团重回第二故乡哥廷根，再谒已83岁高龄的恩师瓦尔德施米特，此情此景令他思绪万千，故写下这篇感人至深的《重返哥廷根》。

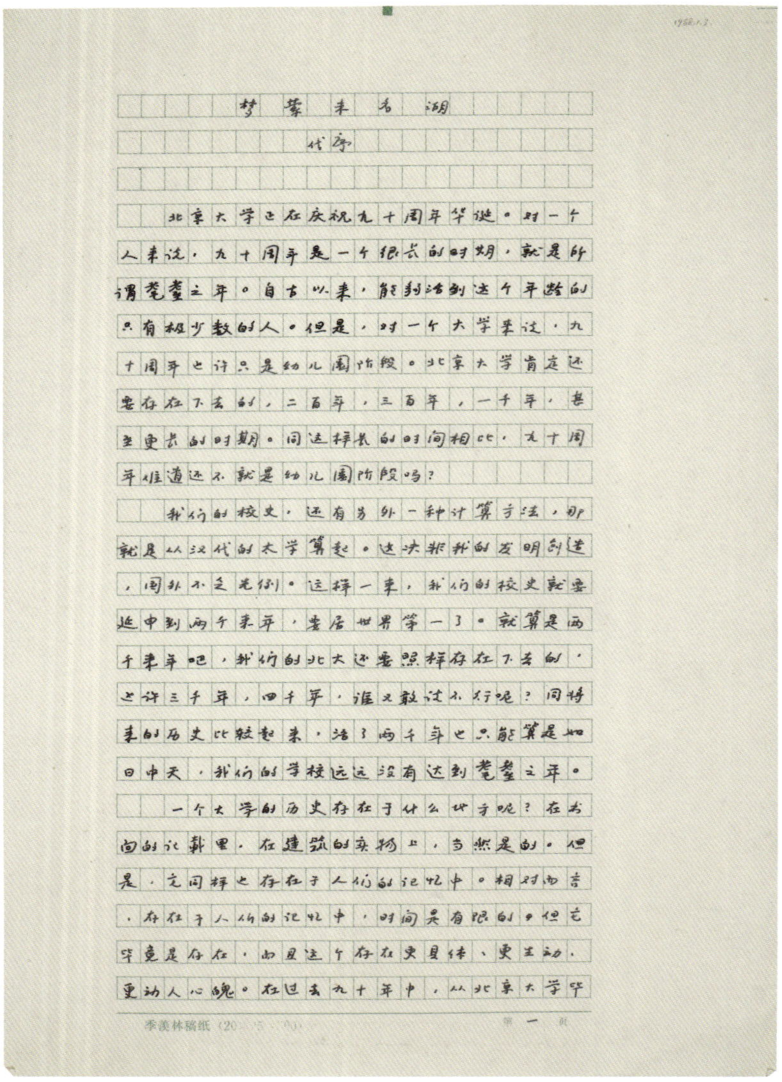

梦萦未名湖

代序

北京大学正在庆祝九十周年华诞。对一个人来说，九十周年是一个很长的时期，就是所谓耄耋之年。自古以来，能够活到这个年龄的只有极少数的人。但是，对一个大学来说，九十周年也许只是幼儿园阶段。北京大学肯定还要存在下去的，二百年，三百年，一千年，甚至更长的时期。同这样长的时间相比，九十周年难道还不就是幼儿园阶段吗？

我们的校史，还有另外一种计算方法，那就是从汉代的太学算起。这决非我的发明创造，国外不乏先例。这样一来，我们的校史就要延伸到两千来年，要居世界第一了。就算是两千来年吧，我们的北大还要照样存在下去的，也许三千年，四千年，谁又敢说不行呢？同将来的历史比较起来，活了两千年也只能算是如日中天，我们的学校远远没有达到耄耋之年。

一个大学的历史存在于什么地方呢？在书面的记载里，在建筑的实物上，当然是的。但是，它同样也存在于人们的记忆中。相对而言，存在于人们的记忆中，时间是有限的，但它毕竟是存在，而且这个存在更具体、更生动，更动人心魄。在过去九十年中，从北京大学毕

季羡林稿纸（20×25=500） 第一页

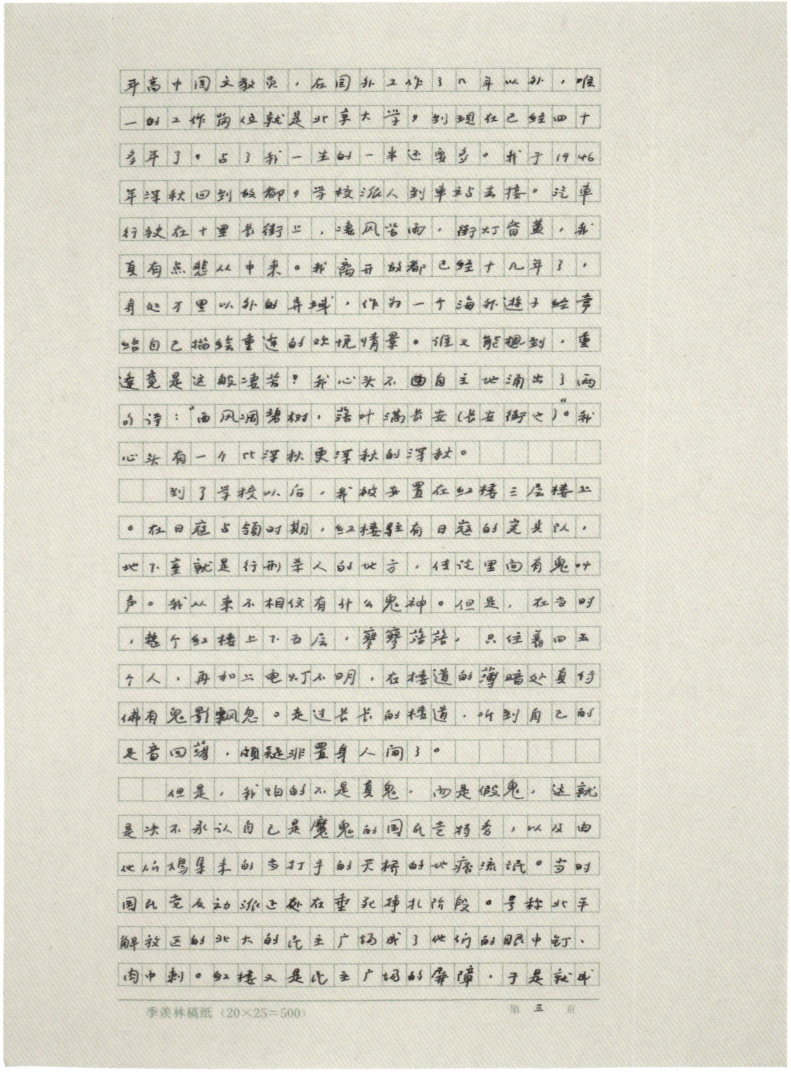

年高中国文教员，在国外工作了几年以外，唯一的工作岗位就是北京大学，到现在已经四十多年了，占了我一生的一半还要多。我于1946年深秋回到故都，学校派人到车站去接。汽车行驶在十里长街上，凄风苦雨，街灯昏黄，我真有点悲从中来。我离开故都已经十几年了，身处万里以外的异域，作为一个海外游子，经常给自己描绘重逢的欢悦情景。谁又能想到，重逢竟是这般凄苦？我心头不由自主地涌出了两句诗："西风凋碧树，落叶满长安（长安街也）"。我心头有一个比深秋更深秋的深秋。

到了学校以后，我被安置在红楼三层楼上。在日寇占领时期，红楼驻有日寇的宪兵队，地下室就是行刑杀人的地方，传说里面有鬼叫声。我从来不相信有什么鬼神。但是，在当时，整个红楼上下五层，寥寥落落，只住着四五个人，再加上电灯不明，在楼道的薄暗处真仿佛有鬼影飘忽。走过长长的楼道，听到自己的足音回荡，颇疑非置身人间了。

但是，我怕的不是真鬼，而是假鬼，这就是决不承认自己是魔鬼的国民党特务，以及由他们纠集来的当打手的天桥的地痞流氓。当时国民党反动派正处在垂死挣扎阶段。号称北平解放区的北大的民主广场成了他们的眼中钉、肉中刺。红楼又是民主广场的屏障，于是就成

季羡林稿纸（20×25=500） 第三页

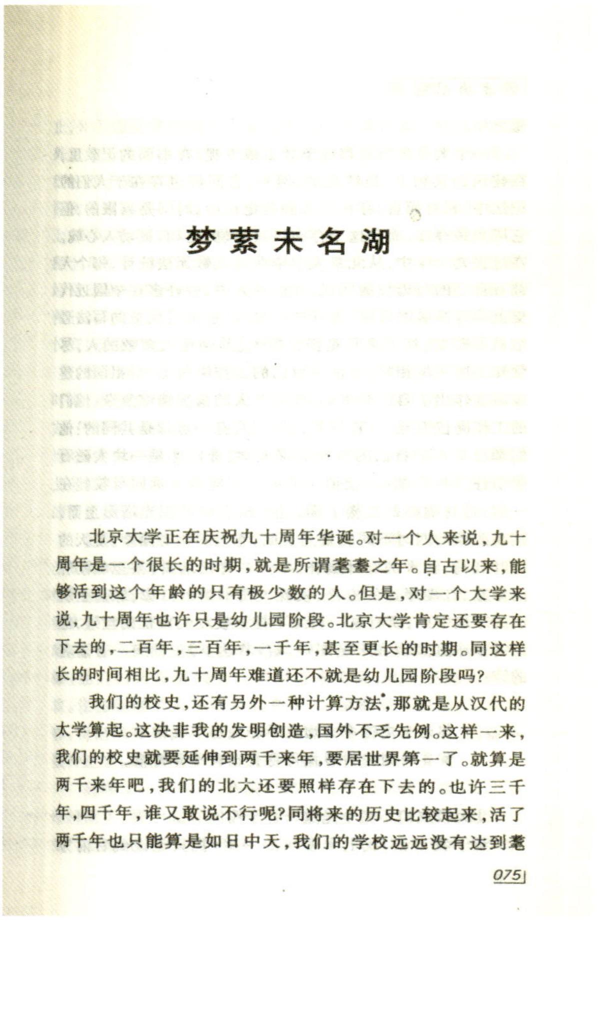

梦萦未名湖

北京大学正在庆祝九十周年华诞。对一个人来说，九十周年是一个很长的时期，就是所谓耄耋之年。自古以来，能够活到这个年龄的只有极少数的人。但是，对一个大学来说，九十周年也许只是幼儿园阶段。北京大学肯定还要存在下去的，二百年，三百年，一千年，甚至更长的时期。同这样长的时间相比，九十周年难道还不就是幼儿园阶段吗？

我们的校史，还有另外一种计算方法，那就是从汉代的太学算起。这决非我的发明创造，国外不乏先例。这样一来，我们的校史就要延伸到两千来年，要居世界第一了。就算是两千来年吧，我们的北大还要照样存在下去的。也许三千年，四千年，谁又敢说不行呢？同将来的历史比较起来，活了两千年也只能算是如日中天，我们的学校远远没有达到耄

075

梦萦未名湖　　季羡林

1988年1月3日作　　《梦萦未名湖》新世纪出版社1998年出版

在济南高中担任了一年国文教员与留德十年之外，季羡林就一直在北京大学的工作岗位上辛勤耕耘、教书育人。值北京大学建校九十华诞之际，季羡林作此篇感言，忆述当年自海外学成归来初到北大时的境况，几十载北大岁月中人生百味的体认，抚今追昔而展望美好未来。

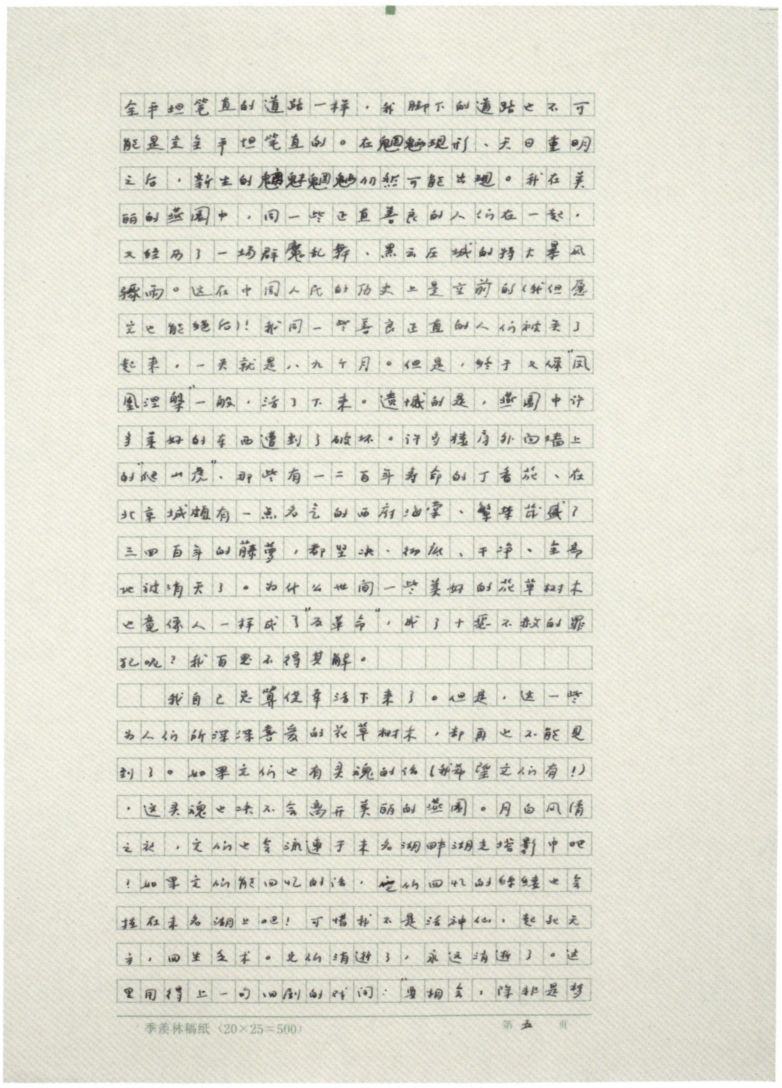
全平坦笔直的道路一样，我脚下的道路也不可能是完全平坦笔直的。在魍魉现形、天日重明之后，新生的魑魅魍魉仍然可能出现。我在美丽的燕园中，同一些正直善良的人们在一起，又经历了一场群魔乱舞、黑云压城的特大暴风骤雨。这在中国人民的历史上是空前的（我但愿它也能绝后）！我同一些善良正直的人们被关了起来，一关就是八九个月。但是，终于又像"凤凰涅槃"一般，活了下来。遗憾的是，燕园中许多美好的东西遭到了破坏。许多楼房外面墙上的"爬山虎"、那些有一二百年寿命的丁香花、在北京城颇有一点名气的西府海棠、繁茂茁壮了三四百年的藤萝，都坚决、彻底、干净、全部地被消灭了。为什么世间一些美好的花草树木也竟像人一样成了"反革命"，成了十恶不赦的罪犯呢？我百思不得其解。

我自己总算侥幸活下来了。但是，这一些为人们所深深喜爱的花草树木，却再也不能见到了。如果它们也有灵魂的话（我希望它们有！），这灵魂也决不会离开美丽的燕园。月白风清之夜，它们也会流连于未名湖畔湖光塔影中吧！如果它们能回忆的话，它们回忆的丝缕也会挂在未名湖上吧！可惜我不是活神仙，起死无方，回生乏术。它们消逝了，永远消逝了。这里用得上一句旧剧的戏词：要相会，除非是梦

季羡林稿纸（20×25=500） 第五页

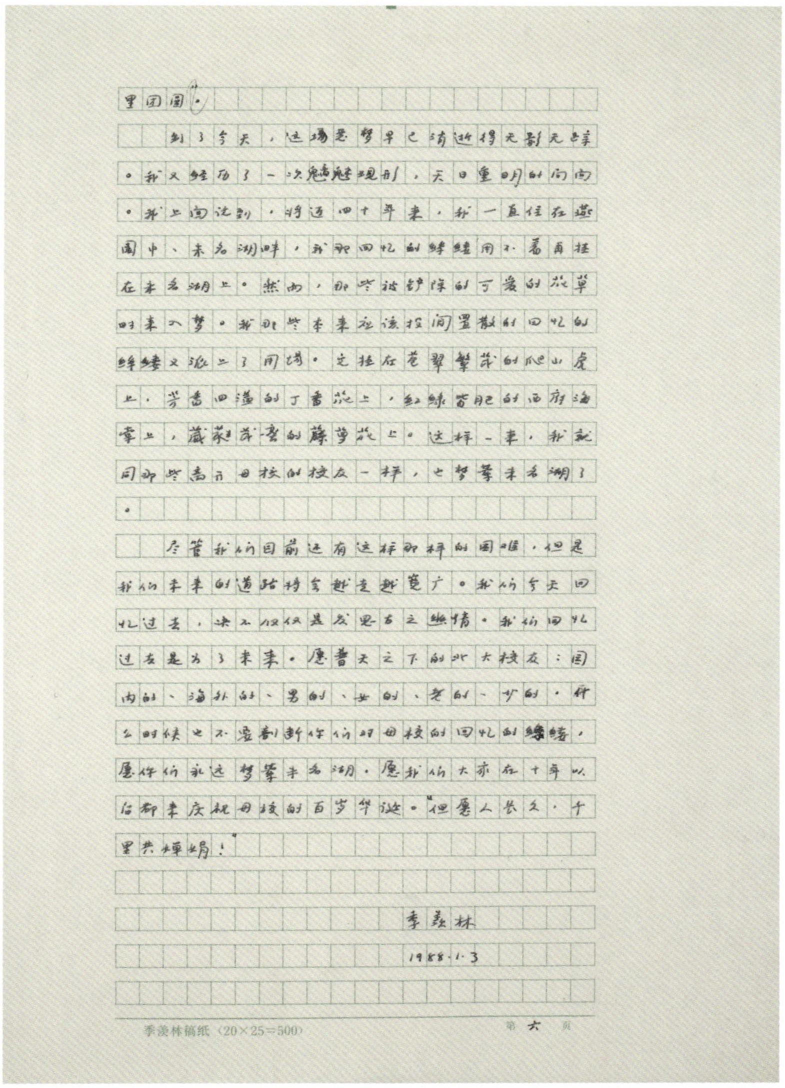
里团圆。

到了今天，这场恶梦早已消逝得无影无踪。我又经历了一次魑魅现形，天日重明的时间。我上面说到，将近四十年来，我一直住在燕园中、未名湖畔，我那回忆的丝缕用不着再挂在未名湖上。然而，那些被铲除的可爱的花草时来入梦。我那些本来已经投闲置散的回忆的丝缕又派上了用场。它挂在苍翠繁茂的爬山虎上，芳香四溢的丁香花上，红绿皆肥的西府海棠上，藏紫茸密的藤萝花上。这样一来，我就同那些离开母校的校友一样，也梦萦未名湖了。

尽管我们目前还有这样那样的困难，但是我们未来的道路将会越走越宽广。我们今天回忆过去，决不仅仅是发思古之幽情。我们回忆过去是为了未来。愿普天之下的北大校友：国内的、海外的、男的、女的、老的、少的，什么时候也不要割断你们对母校的回忆的丝缕，愿你们永远梦萦未名湖。愿我们大家在十年以后都来庆祝母校的百岁华诞。"但愿人长久，千里共婵娟！"

季羡林

1988.1.3

季羡林稿纸（20×25=500） 第六页

经典
季羡林
梦萦未名湖
主编：季羡林

金克木（1912~2000）

安徽寿县人。学者、梵语学家、翻译家。20世纪30.年代后到北京求学，曾在北京大学图书馆任职。1941年在印度一家中文报纸任编辑，同时学习印地语和梵语，后到印度佛教圣地鹿野苑钻研佛学，同时跟随印度著名学者学习梵文和巴利文，走上梵学研究之路。1946年回国任武汉大学哲学系教授。1948年后任北京大学东语系教授。著有《梵语文学史》、《印度文化论集》、《旧巢痕》、《天竺旧事》等。

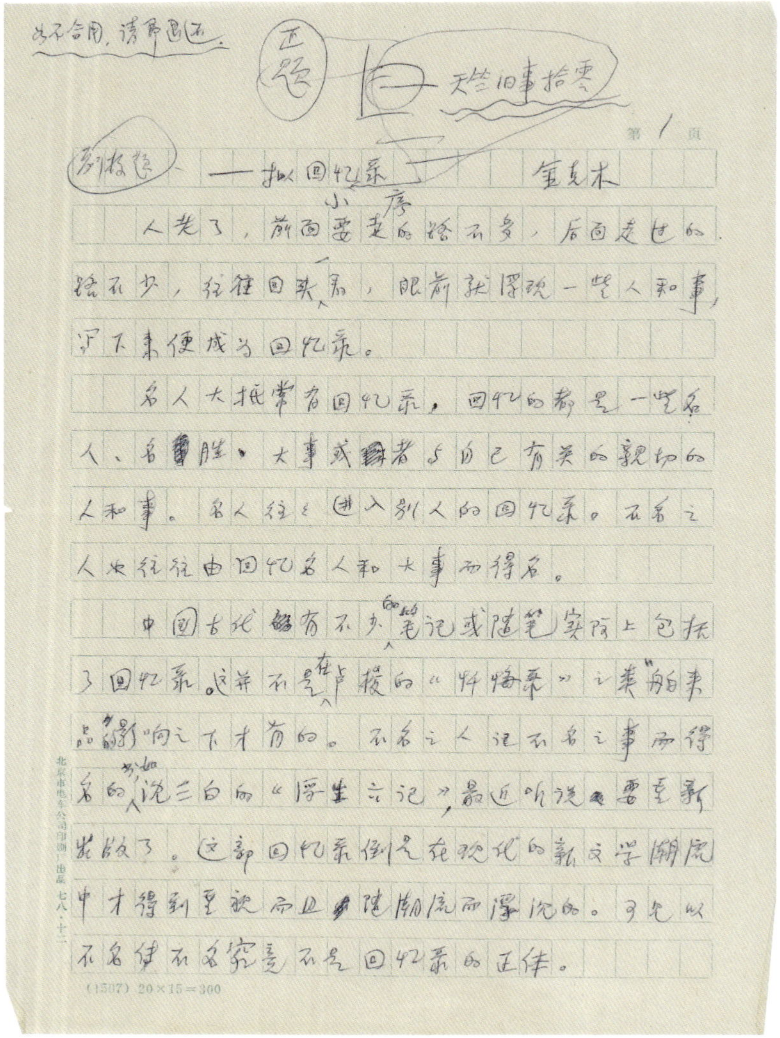

如不合用，请寄回还。

正题 天竺旧事拾零

第 1 页

副标题 ——拟回忆录 小序 金克木

人老了，前面要走的路不多，后面走过的路不少，往往回头一看，眼前就浮现一些人和事，写下来便成为回忆录。

名人大抵常有回忆录，回忆的都是一些名人、名胜、大事或者与自己有关的亲切的人和事。名人往往进入别人的回忆录。不名之人也往往由回忆名人和大事而得名。

中国古代的有不少的笔记或随笔实际上包括了回忆录。这并不是在卢梭的《忏悔录》之类的书的影响之下才有的。不名之人记不名之事而得名的，例如沈三白的《浮生六记》，最近听说要重新出版了。这部回忆录倒是在现代的新文学潮流中才得到重视而且随潮流而浮沉的。可见以不名使不名究竟不是回忆录的正体。

北京市电车公司印刷厂出品 七八·十二

(1507) 20×15=300

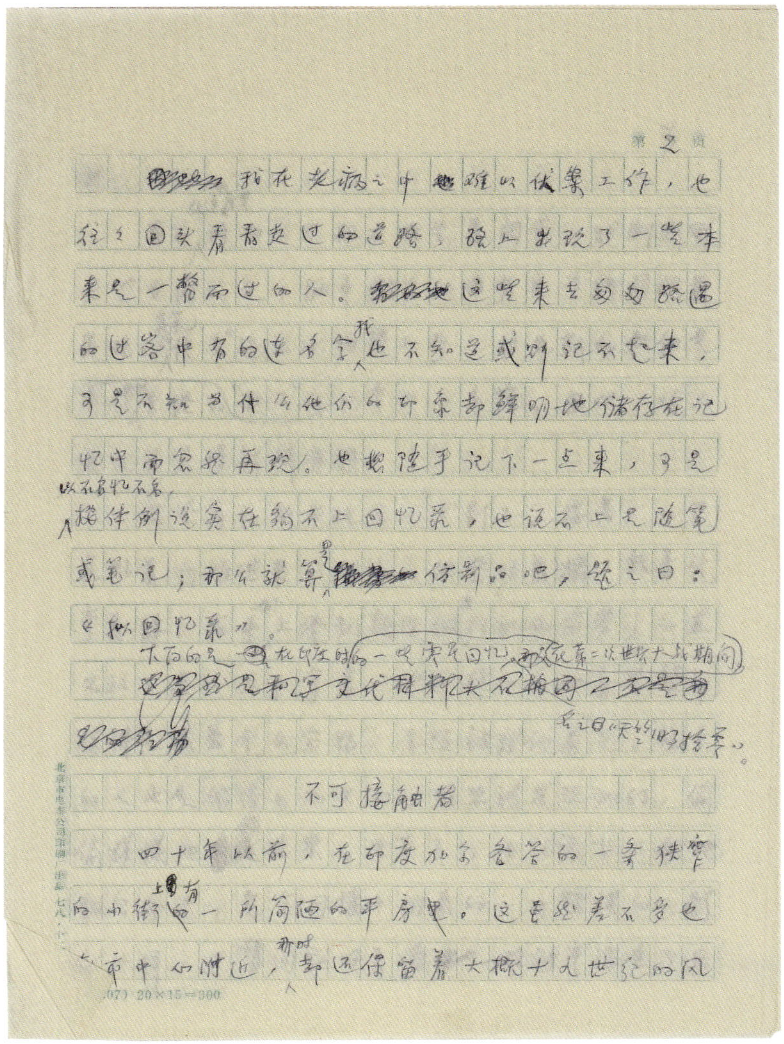

第 2 页

我在老病之中难以伏案工作，也往往回头看看走过的道路，路上出现了一些本来是一瞥而过的人。这些来去匆匆路遇的过客中有的连名字我也不知道或者记不起来，可是不知为什么他们的印象却鲜明地储存在记忆中而忽然再现。也想随手记下一点来，可是以不名记不名，按体例说实在够不上回忆录，也说不上是随笔或笔记；那么就算是仿制品吧，题之曰：《拟回忆录》。

下面的是在印度时的一些零星回忆，那是在第二次世界大战期间

总之曰《天竺旧事拾零》。

不可接触者

四十年以前，在印度加尔各答的一条狭窄的小街上有一所简陋的平房里。这里虽然不多也离市中心附近，那时却还保留着大概十九世纪的风

北京市电车公司印刷厂出品 七八·十二

(1507) 20×15=300

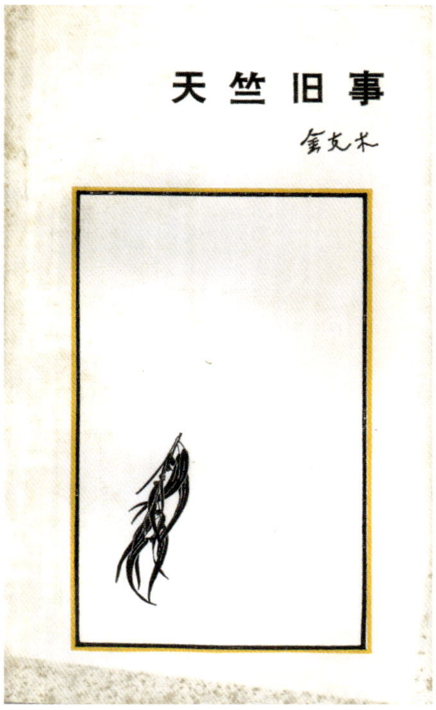

天竺旧事
金克木

天竺旧事拾零 金克木

1981～1984年作 三联书店 1986年7月出版

《天竺旧事拾零》是金克木对二战期间在印度的一些回忆，其中《小引》和前四篇写于1981年，前三篇曾在香港《新晚报》上发表，第四篇《鸟巢禅师》发表于《法音》杂志；其余诸篇写于1984年，只有《父与子》一篇发表于《团结报》。1986年7月三联书店出版单行本，题为《天竺旧事》。

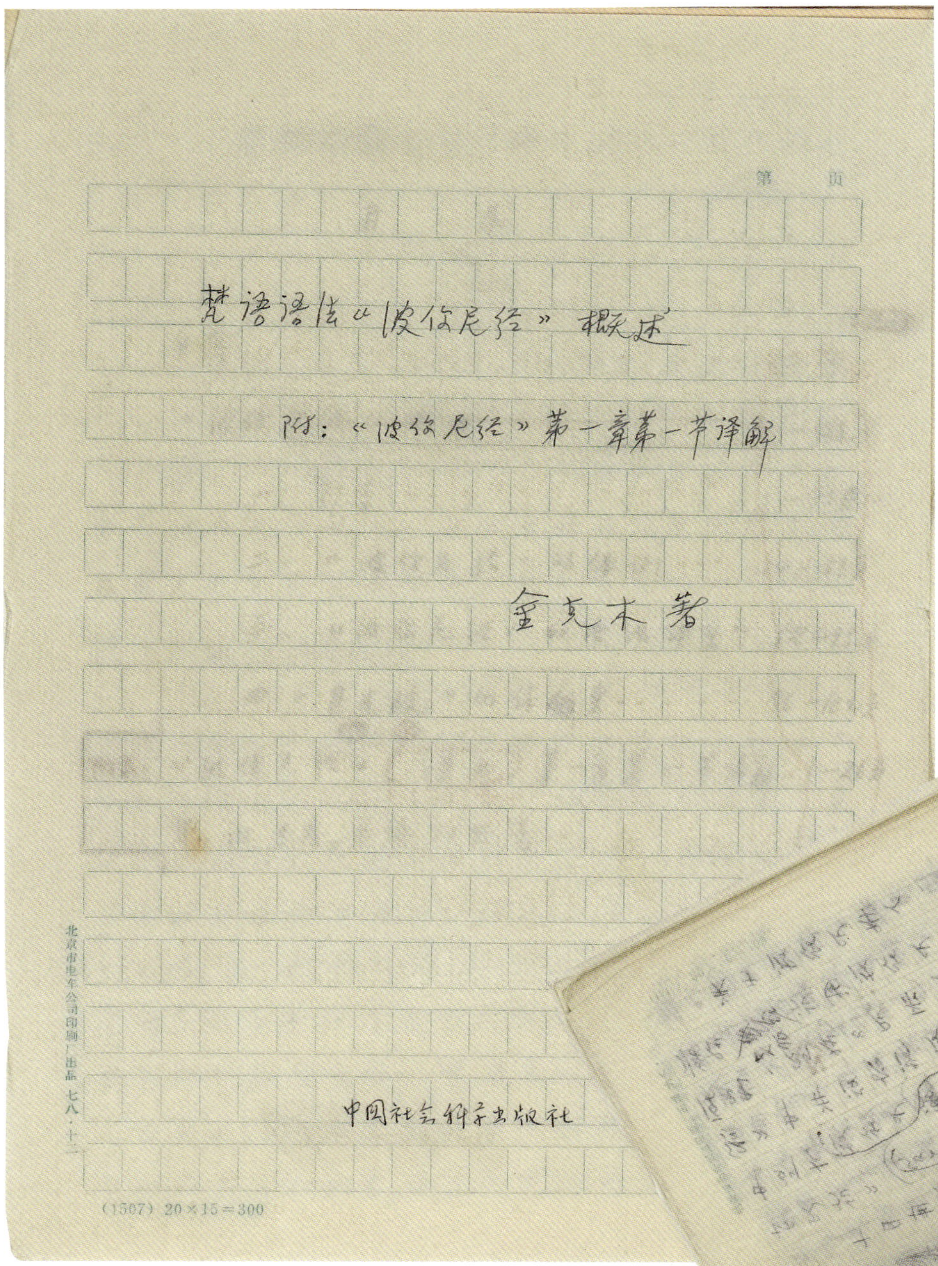
梵语语法《波你尼经》概述
附：《波你尼经》第一章第一节译解
金克木著
中国社会科学出版社

語言學論叢
第七辑
北京大学中文系《语言学论丛》编委会编
商务印书馆

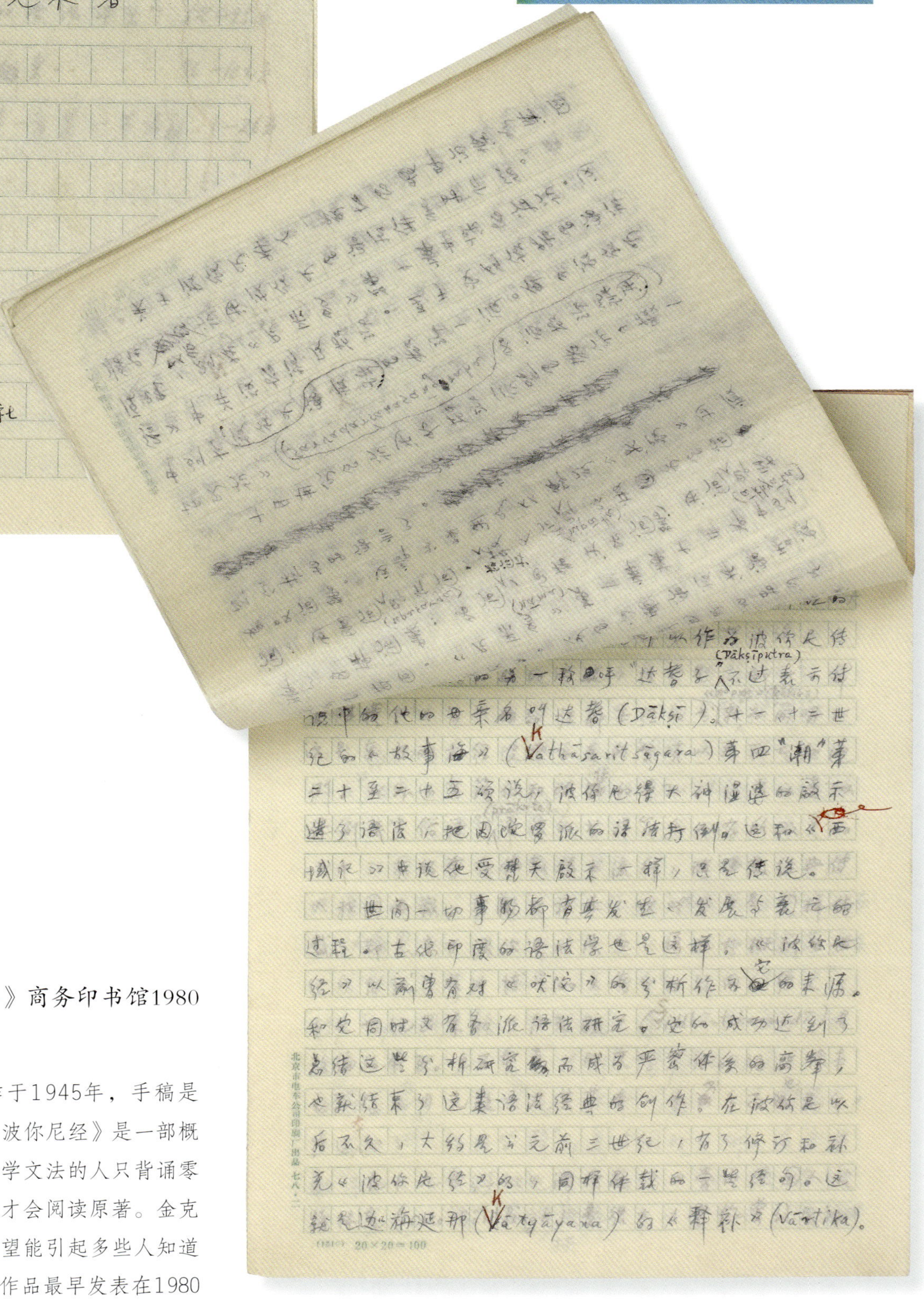

梵语语法《波你尼经》概述　　金克木

1978年作　　《语言学论丛·第七辑》商务印书馆1980年出版

《梵语语法〈波你尼经〉概述》最初创作于1945年，手稿是1978年的修改稿。金克木致力于梵语研究，《波你尼经》是一部概括全部梵语语法的“经”体书，照印度传统，学文法的人只背诵零散经句作为口诀，只有专门学习语言学的学者才会阅读原著。金克木写下这篇《梵语语法〈波你尼经〉概述》，希望能引起多些人知道这部著名、但极少人阅读的“经”体书。这篇作品最早发表在1980年商务印书馆出版的《语言学论丛·第七辑》上。1996年河北教育出版社出版金克木的著作《梵佛探》，金克木将此篇排为首篇，足见作者本人对这篇作品的重视。

黎澍（1912~1988）

湖南醴陵人。原名黎树巷。历史学家。1934年入北平大学法商学院商学系，1936年加入中国共产党，青年时代积极参与反帝反封建斗争和学生运动。1939年中断学业返回长沙创办《火线下》，后任《观察日报》、《开明日报》总编辑。1940~1941年在桂林、香港任国新通讯社经理，1943年任《华西日报》主笔，1946年任上海《文萃》主编。建国后在新闻总署、中宣部、中央政治研究室任职。1961年后任《历史研究》主编，中国科学院中国近代史研究所副所长，《中国社会科学》总编辑，中国现代史学会会长。著有《辛亥革命前后的中国政治》等。

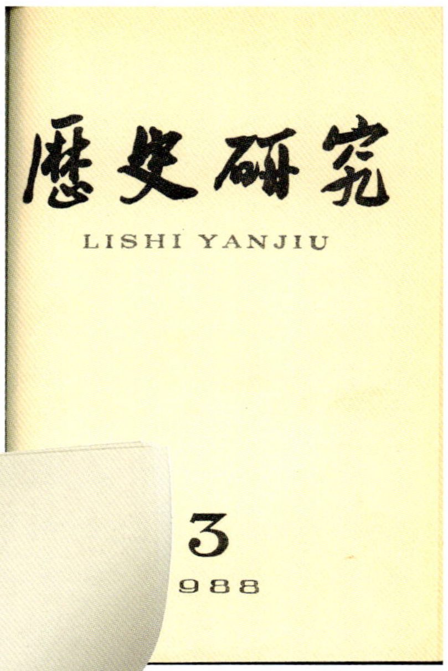
歷史研究
LISHI YANJIU
3

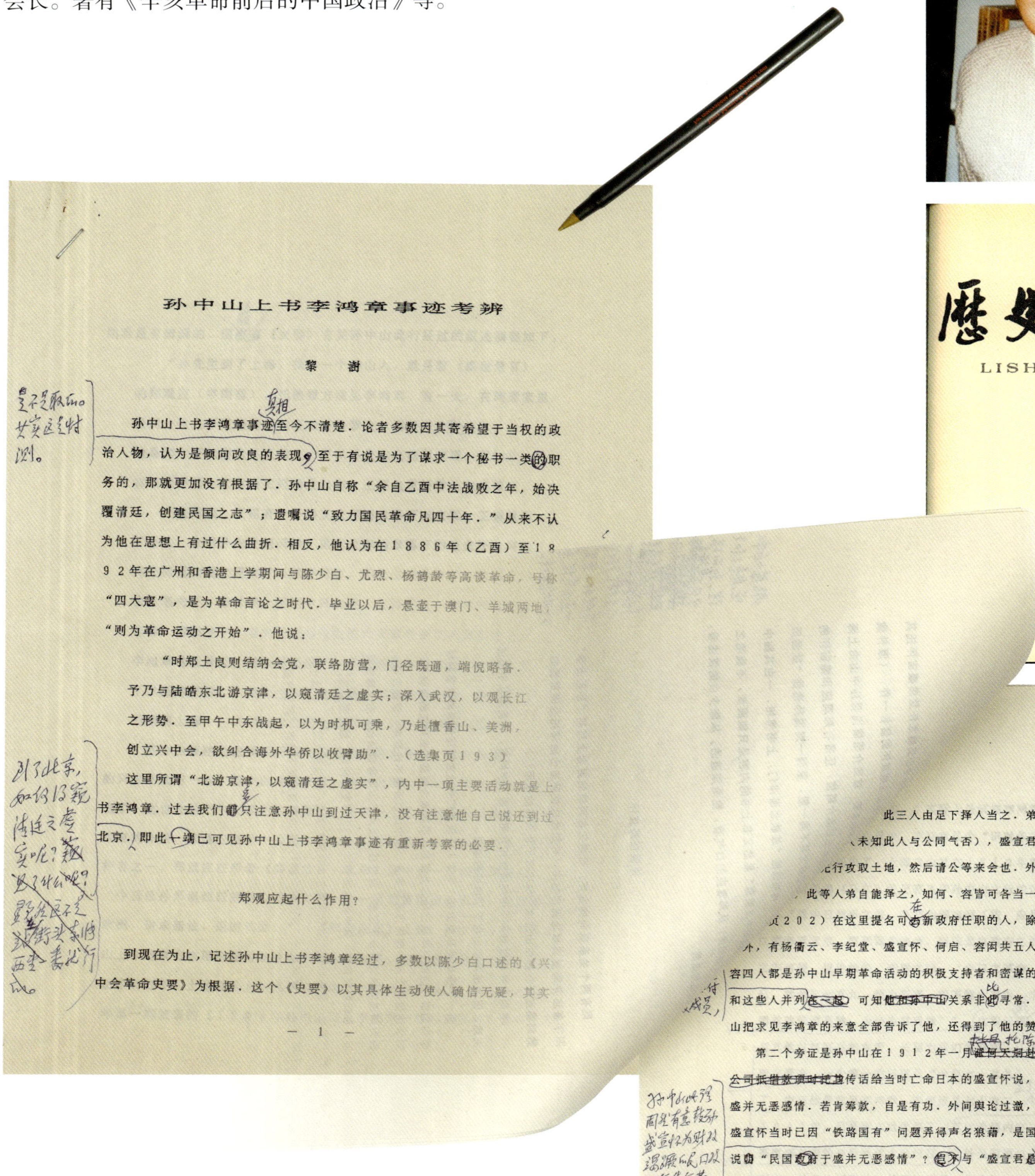

孙中山上书李鸿章事迹考辨

黎 澍

孙中山上书李鸿章事迹至今不清楚．论者多数因其寄希望于当权的政治人物，认为是倾向改良的表现，至于有说是为了谋求一个秘书一类的职务的，那就更加没有根据了．孙中山自称“余自乙酉中法战败之年，始决覆清廷，创建民国之志”；遗嘱说“致力国民革命凡四十年．”从来不认为他在思想上有过什么曲折．相反，他认为在１８８６年（乙酉）至１８９２年在广州和香港上学期间与陈少白、尤烈、杨鹤龄等高谈革命，号称“四大寇”，是为革命言论之时代．毕业以后，悬壶于澳门、羊城两地，“则为革命运动之开始”．他说：

“时郑士良则结纳会党，联络防营，门径既通，端倪略备．予乃与陆皓东北游京津，以窥清廷之虚实；深入武汉，以观长江之形势．至甲午中东战起，以为时机可乘，乃赴檀香山、美洲，创立兴中会，欲纠合海外华侨以收臂助”．（选集页１９３）

这里所谓“北游京津，以窥清廷之虚实”，内中一项主要活动就是上书李鸿章．过去我们都只注意孙中山到过天津，没有注意他自己说还到过北京．即此一端已可见孙中山上书李鸿章事迹有重新考察的必要．

郑观应起什么作用？

到现在为止，记述孙中山上书李鸿章经过，多数以陈少白口述的《兴中会革命史要》为根据．这个《史要》以其具体生动使人确信无疑，其实

— 1 —

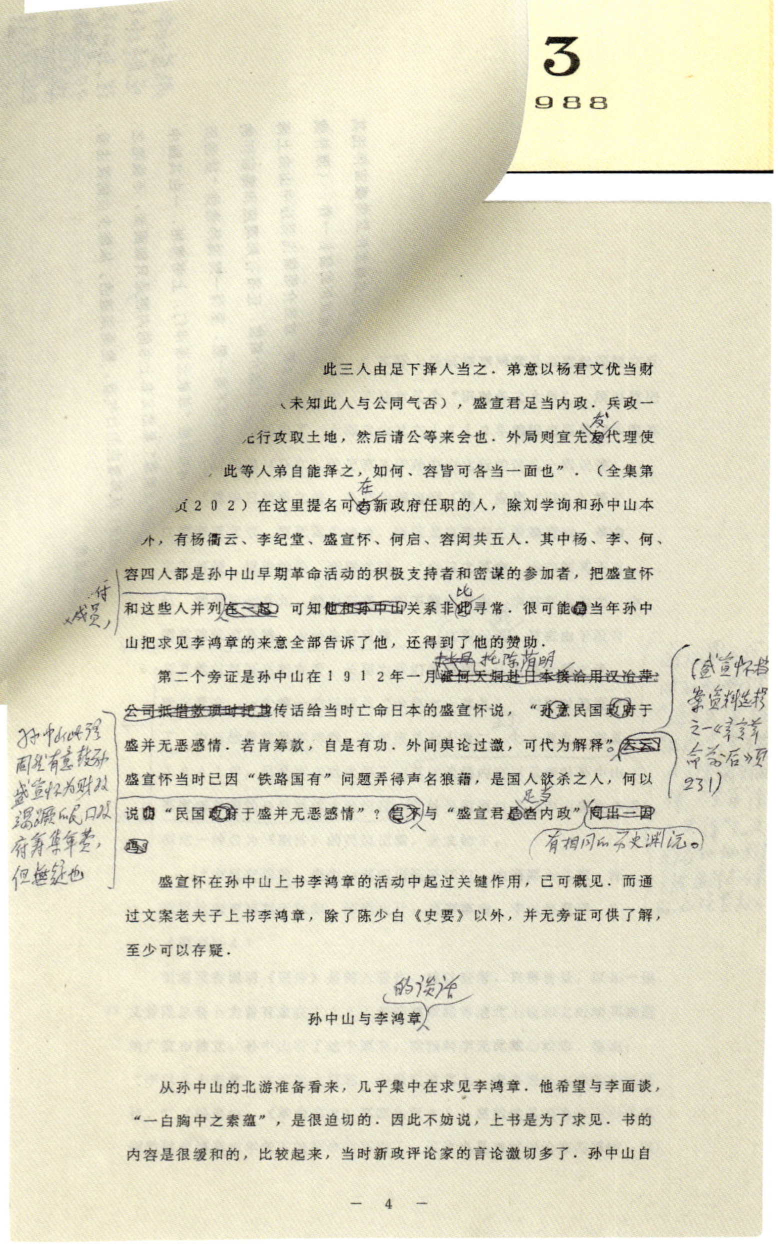

此三人由足下择人当之．弟意以杨君文优当财（未知此人与公同气否），盛宣君足当内政．兵政一……行攻取土地，然后请公等来会也．外局则宜先发代理使……此等人弟自能择之，如何、容皆可各当一面也”．（全集第……页２０２）在这里提名可在新政府任职的人，除刘学询和孙中山本人，有杨衢云、李纪堂、盛宣怀、何启、容闳共五人．其中杨、李、何、容四人都是孙中山早期革命活动的积极支持者和密谋的参加者，把盛宣怀和这些人并列在一起，可知他和孙中山关系非比寻常．很可能当年孙中山把求见李鸿章的来意全部告诉了他，还得到了他的赞助．

第二个旁证是孙中山在１９１２年一月派何天炯赴日本接洽用汉冶萍公司抵借款项时托其传话给当时亡命日本的盛宣怀说，“孙意民国政府于盛并无恶感情．若肯筹款，自是有功．外间舆论过激，可代为解释”．盛宣怀当时已因“铁路国有”问题弄得声名狼藉，是国人欲杀之人，何以说“民国政府于盛并无恶感情”？岂不与“盛宣君足当内政”同出一因吗？

盛宣怀在孙中山上书李鸿章的活动中起过关键作用，已可概见．而通过文案老夫子上书李鸿章，除了陈少白《史要》以外，并无旁证可供了解，至少可以存疑．

孙中山与李鸿章

从孙中山的北游准备看来，几乎集中在求见李鸿章．他希望与李面谈，“一白胸中之素蕴”，是很迫切的．因此不妨说，上书是为了求见．书的内容是很缓和的，比较起来，当时新政评论家的言论激切多了．孙中山自

— 4 —

孙中山上书李鸿章事迹考辨　　黎澍

《历史研究》1988年第3期

孙中山上书李鸿章史事一直众说不一。黎澍在1987年完成本论文初稿后，曾在7月8日将打印稿寄给沈渭滨、丁日初等人征求意见。在10月份定稿前多次在打印稿上增写修订。本馆藏有6份修正补充的征求意见稿和作者修订稿。由此可见作者治学的严谨与审慎。此文发表于《历史研究》1988年第3期。

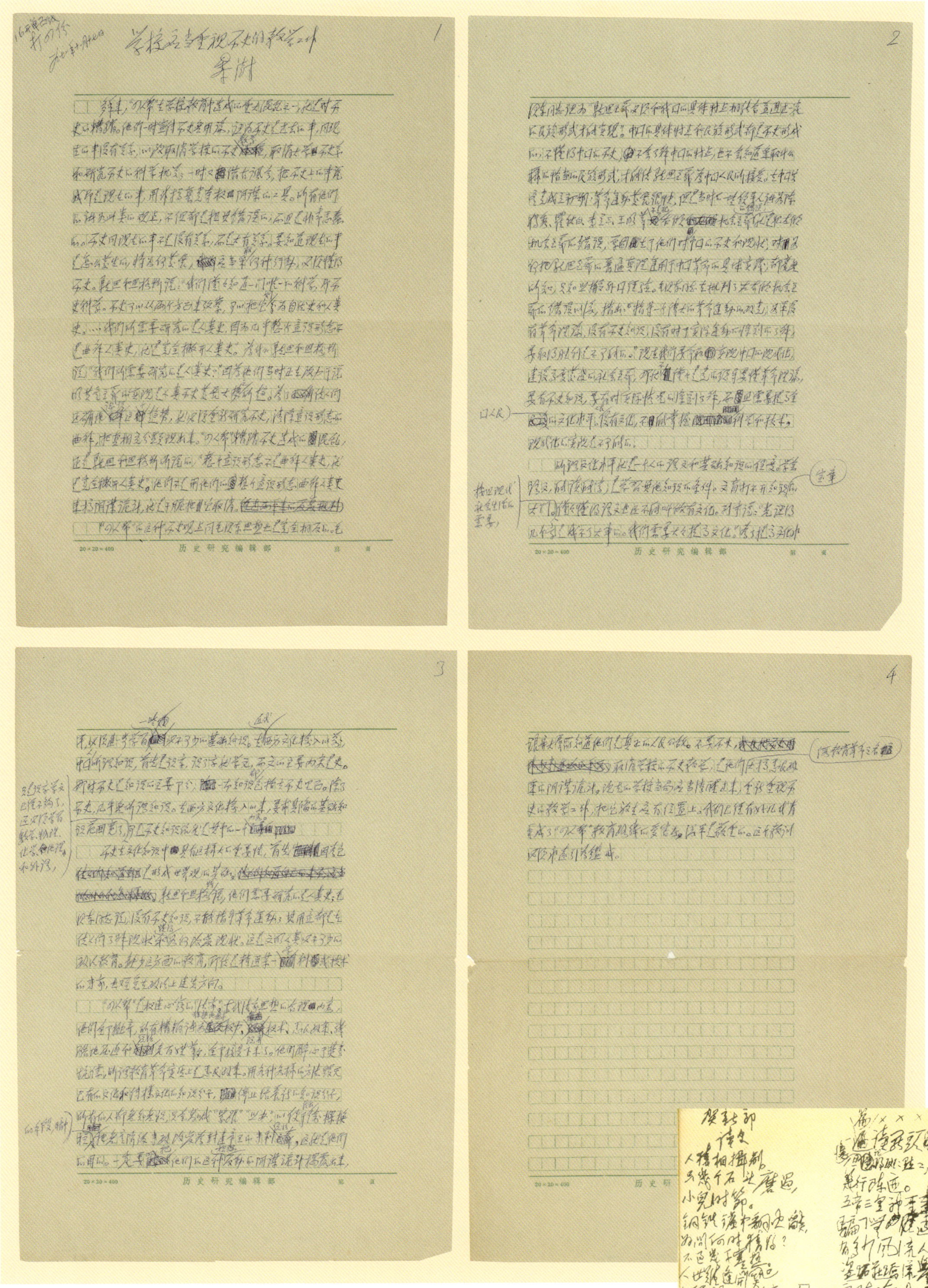

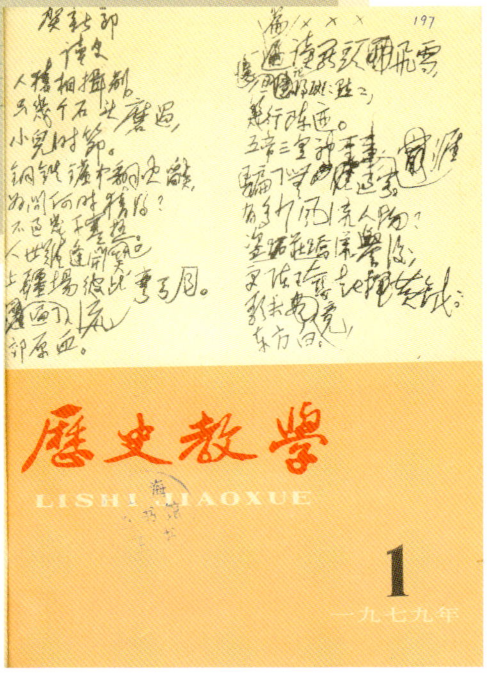
歷史教學
1
一九七九年

学校应当重视历史的教学工作　　黎澍
《历史教学》1979年第1期

这是黎澍刊登于《历史教学》1979年第1期上的一篇文章。该文针对“四人帮”在学校教育中造成的混乱现象，重申了历史教学的重要性与意义。

唐弢（1913～1992）

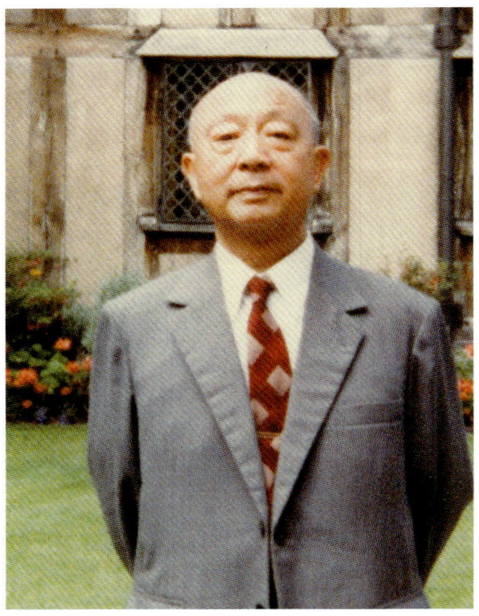

浙江镇海人。原名唐端毅，笔名晦庵。作家、鲁迅研究家、文学史家。1933年起在鲁迅的影响和帮助下开始写散文和杂文。新中国成立后，致力鲁迅著作和中国现代文学史研究，坚持杂文、散文创作。出版有《推背集》、《晦庵书话》等。唐弢不仅参加了《鲁迅全集》的编辑工作，还编辑出版了《鲁迅全集补遗》、《鲁迅全集补遗续编》，辑录、考订了鲁迅佚文。他的一系列关于鲁迅创作的著述，在鲁迅研究史上享有很高的声誉。有《唐弢文集》10卷行世。

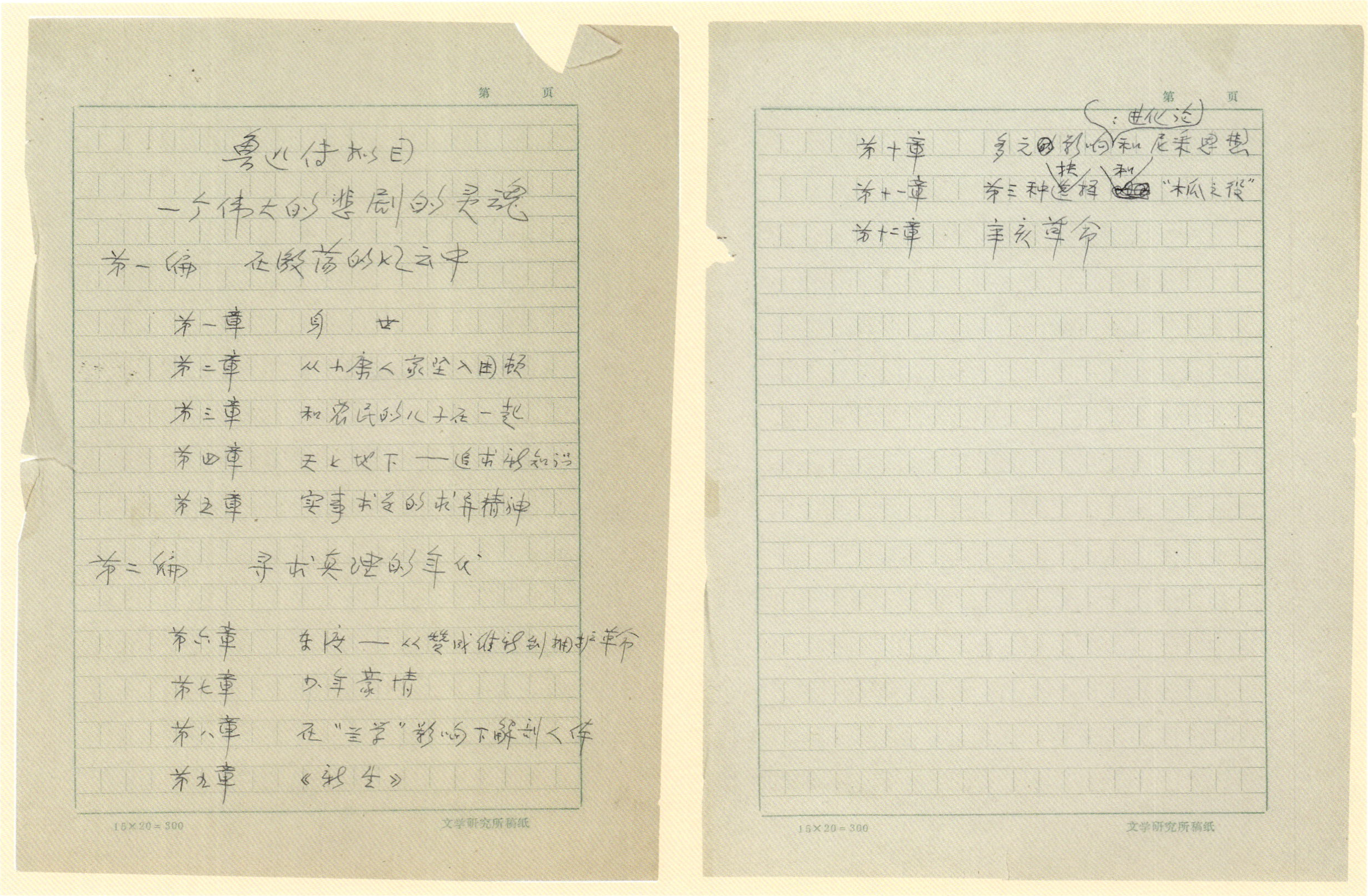
第 页

鲁迅传拟目

一个伟大的悲剧的灵魂

第一编 在败落的风云中

第一章 身世

第二章 从小康人家坠入困顿

第三章 和农民的儿子在一起

第四章 天上地下——追求新知识

第五章 实事求是的求真精神

第二编 寻求真理的年代

第六章 东渡——从[illegible]到拥护革命

第七章 少年豪情

第八章 在"兰学"影响下解剖人体

第九章 《新生》

15×20＝300 文学研究所稿纸

第 页

第十章 多元的影响（：进化论）和尼采思想

第十一章 第三种选择（扶）和"木瓜之役"

第十二章 辛亥革命

15×20＝300 文学研究所稿纸

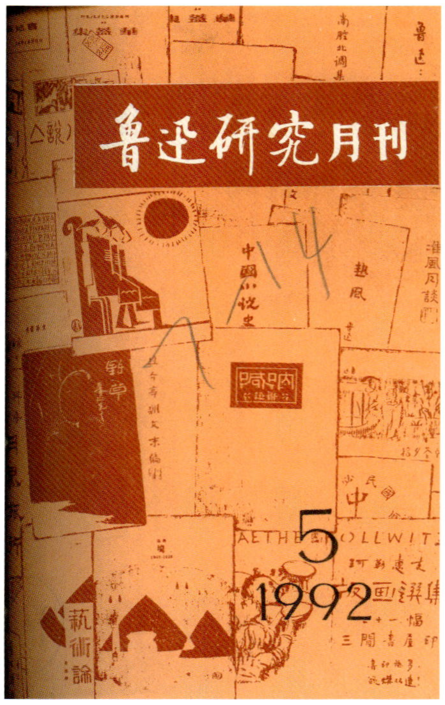

鲁迅研究月刊
5
1992

鲁迅传——一个伟大的悲剧的灵魂 唐弢

20世纪80年代～1992年作 《鲁迅研究月刊》1992年第5期至第10期

《鲁迅传——一个伟大的悲剧的灵魂》是唐弢的遗稿，也是一部未完稿，全书原拟完成四十至五十万字，作者仅完成十一章（从鲁迅出生到从日本归来），约十万余字。本馆收藏有全部十一章手稿及作者拟的目录两页。这部未完成的作品在唐弢逝世之后，根据他的手稿转录，连载于《鲁迅研究月刊》1992年第5期至第10期上。唐弢一直想写一部能充分体现鲁迅精神世界和气质的传记，为此他做了详尽的准备，哪怕是极小的细节也要花很多时间去求证，这种严谨的治学态度加上他晚年的身体状况和繁忙的事务使得这部巨作最后未能完成。

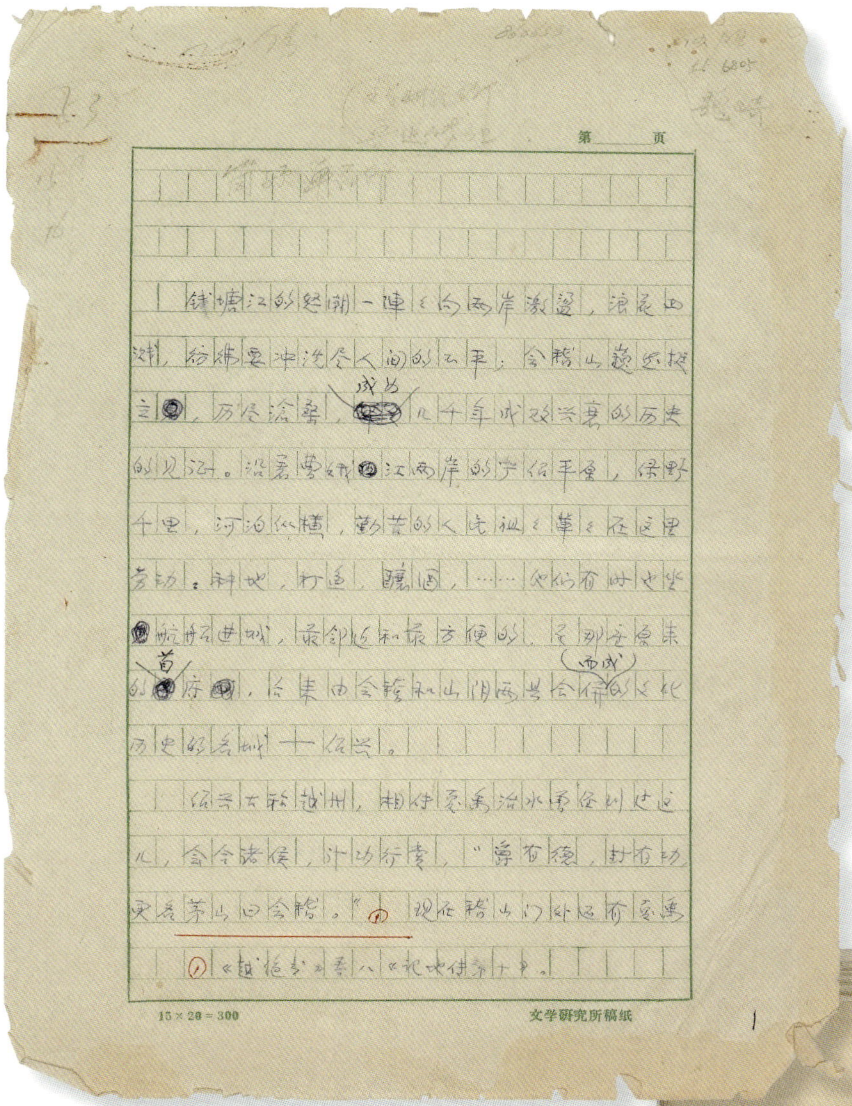

第　页

钱塘江的怒潮一阵阵向两岸激荡，浪花四溅，仿佛要冲洗尽人间的污垢；会稽山巍然挺立，历经沧桑，成为几千年成败兴衰的历史的见证。沿着曹娥江两岸的宁绍平原，绿野千里，河泊纵横，勤劳的人民祖祖辈辈在这里劳动：耕地、打渔、酿酒，……人们有时也坐航船进城，最邻近和最方便的，是那原来的首府，会集由会稽和山阴两县合并而成的文化历史的名城——绍兴。

绍兴古称越州，相传夏禹治水曾经到过这儿，会合诸侯，计功行赏，"尊有德，封有功，更名茅山曰会稽。"① 现在稽山门外还有夏禹

① 《越绝书》卷八《记地传第十》。

15×20=300　　文学研究所稿纸　　1

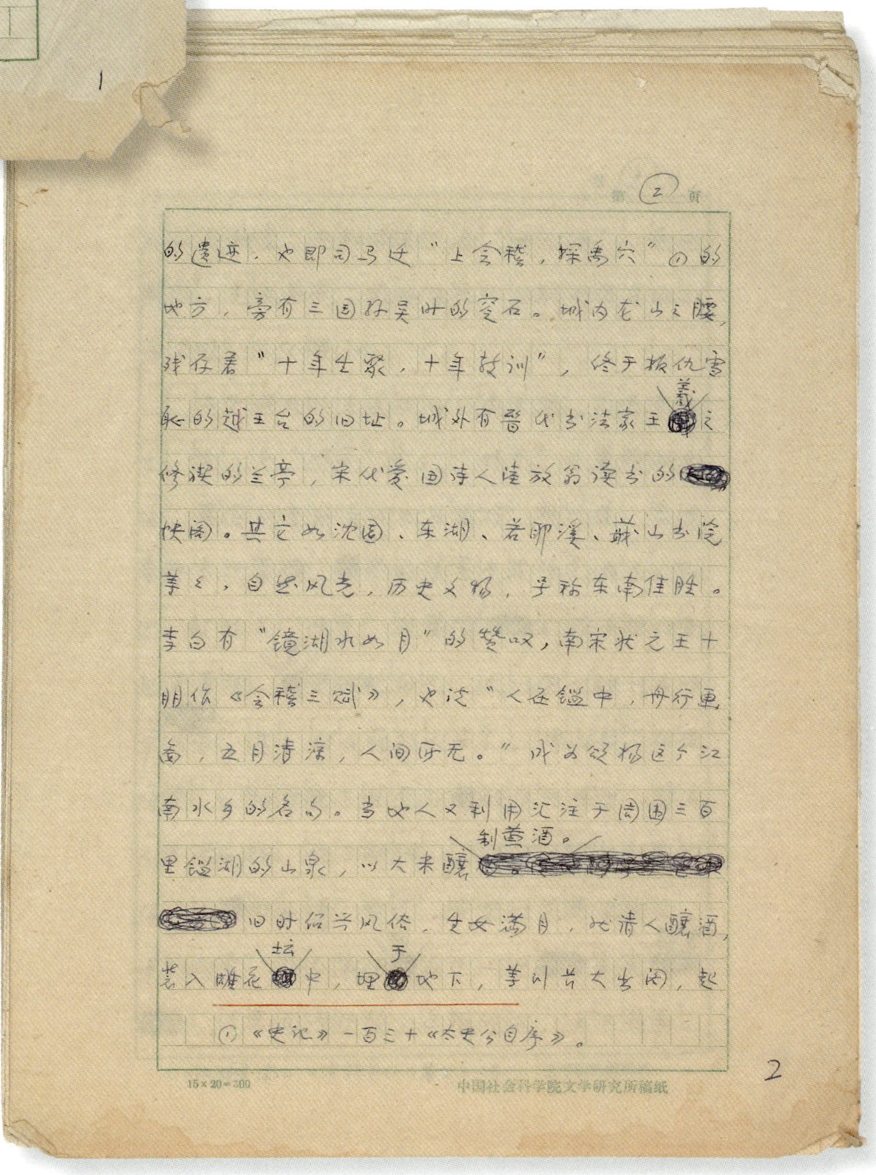

第 2 页

的遗迹，也即司马迁"上会稽，探禹穴"①的地方，旁有三国孙吴时的窆石。城内卧龙山之腰，残存着"十年生聚，十年教训"，终于报仇雪耻的越王台的旧址。城外有晋代书法家王羲之修禊的兰亭，宋代爱国诗人陆放翁读书的快阁。其它如沈园、东湖、若耶溪、蕺山书院等等，自然风光，历史文物，号称东南佳胜。李白有"镜湖水如月"的赞叹，南宋状元王十朋作《会稽三赋》，也说"人在鉴中，舟行画图，五月清凉，人间所无。"成为绍兴这个江南水乡的名句。当地人又利用汇注于周围三百里鉴湖的山泉，以大米酿制黄酒。旧时绍兴风俗，生女满月，就请人酿酒，装入雕花坛中，埋于地下，等到长大出阁，起

① 《史记》一百三十《太史公自序》。

15×20=300　　中国社会科学院文学研究所稿纸　　2

胡道静（1913~2003）

安徽泾县人。古文献学家、科技史学家。1928年入上海持志大学国学系，次年师从陈乃乾，治版本学、目录学。1932年入上海通志馆，专事修志工作，撰有《上海新闻事业之史的发展》。抗战时期，先后在《通报》、《中美日报》、《密勒氏评论报》、金华《东南日报》等报任记者，从事抗日宣传工作。建国后历任上海科技学会理事长，国务院古籍整理规划小组成员，中华书局、上海人民出版社编审，复旦大学、华东师范大学教授等职。著有《校雠学》、《梦溪笔谈校证》等。

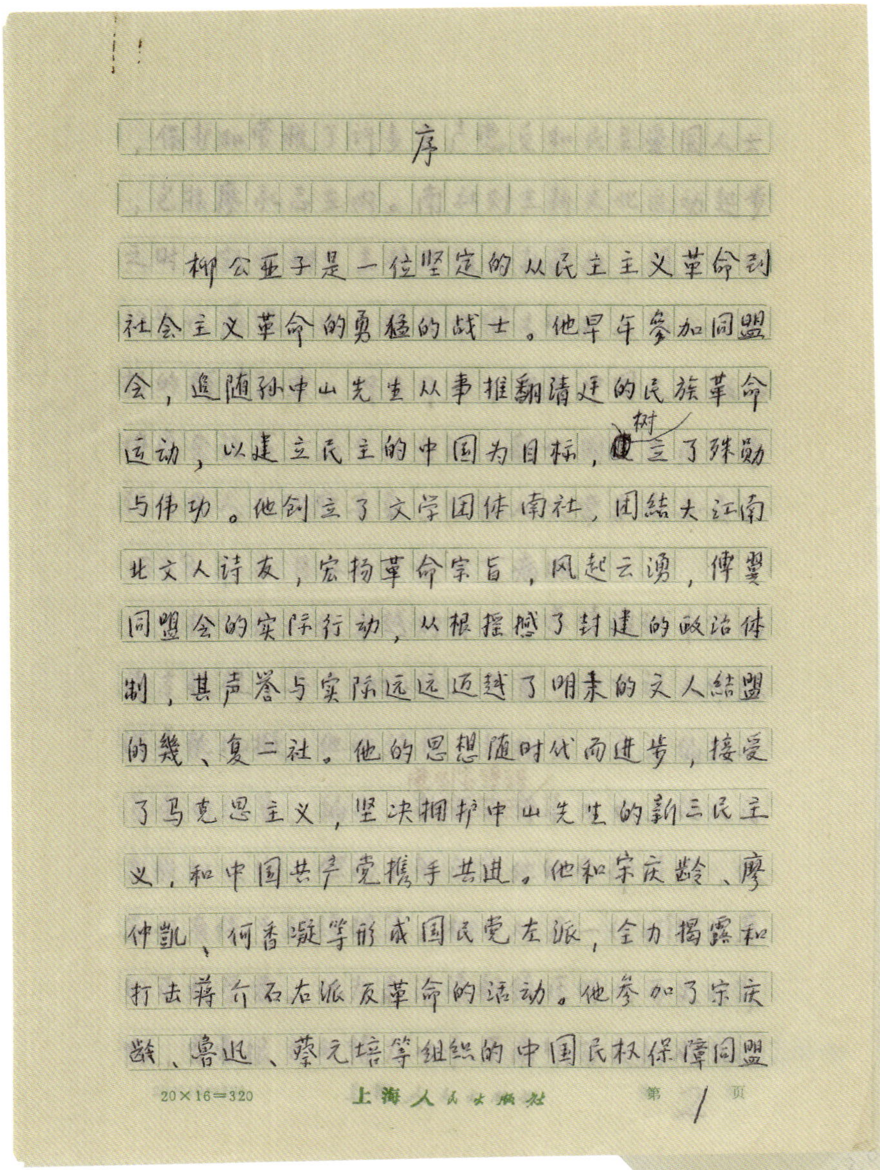

序

柳公亚子是一位坚定的从民主主义革命到社会主义革命的勇猛的战士。他早年参加同盟会，追随孙中山先生从事推翻清廷的民族革命运动，以建立民主的中国为目标，树立了殊勋与伟功。他创立了文学团体南社，团结大江南北文人诗友，宏扬革命宗旨，风起云湧，俾翼同盟会的实际行动，从根摇撼了封建的政治体制，其声誉与实际远远迈越了明末的文人结盟的幾、复二社。他的思想随时代而进步，接受了马克思主义，坚决拥护中山先生的新三民主义，和中国共产党携手共进。他和宋庆龄、廖仲凯、何香凝等形成国民党左派，全力揭露和打击蒋介石右派反革命的活动。他参加了宋庆龄、鲁迅、蔡元培等组织的中国民权保障同盟

20×16=320 上海人民出版社 第 1 页

柳亞子家書
岳麓书社

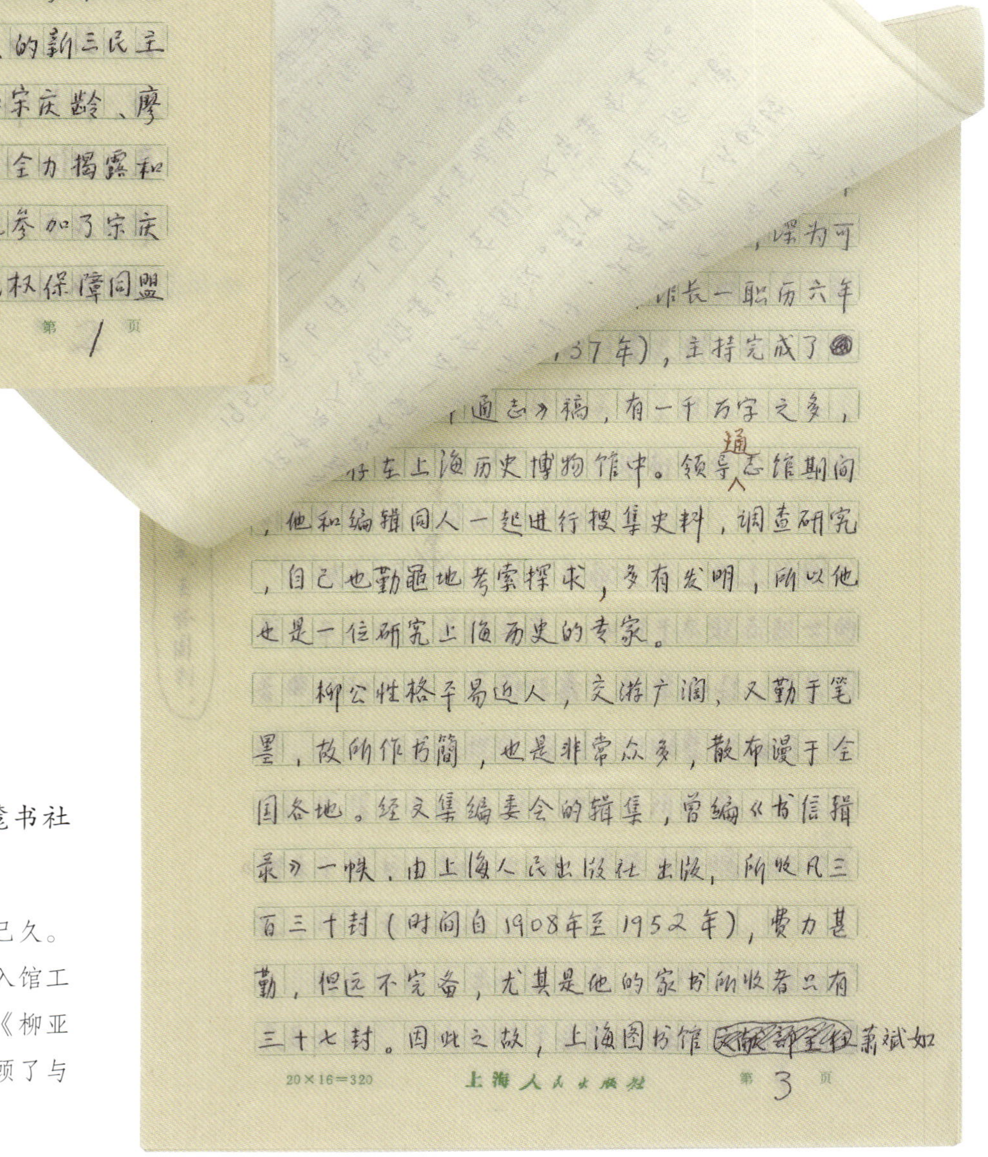

……，深为可……长一职历六年……37年），主持完成了……通志》稿，有一千万字之多，……存在上海历史博物馆中。领导通志馆期间，他和编辑同人一起进行搜集史料，调查研究，自己也勤黾地考索探求，多有发明，所以他也是一位研究上海历史的专家。

柳公性格平易近人，交游广阔，又勤于笔墨，故所作书简，也是非常众多，散布漫于全国各地。经文集编委会的辑集，曾编《书信辑录》一帙，由上海人民出版社出版，所收凡三百三十封（时间自1908年至1952年），费力甚勤，但还不完备，尤其是他的家书所收者只有三十七封。因此之故，上海图书馆萧斌如

20×16=320 上海人民出版社 第 3 页

《柳亚子家书》序　　胡道静

1996年9月12日作　　《柳亚子家书》岳麓书社1997年出版

胡道静与柳亚子交情深厚，且胡、柳两家相识已久。1932年柳亚子在沪主持上海通志馆时，曾聘胡道静入馆工作，故两人有着多年交往。1997年上海图书馆编辑《柳亚子家书》，应上海图书馆之邀，胡道静作此序，回顾了与柳亚子的交往。

杨宽（1914~2005）

上海青浦人。历史学家。1936年毕业于光华大学，参与上海博物馆筹建，1946年任上海博物馆馆长、兼光华大学历史系教授。解放后历任复旦大学历史系教授、上海社会科学院历史研究副所长、中国先秦史学会第一至三届副理事长。1986年赴美定居。著有《战国史》、《西周史》、《中国古代都城制度史研究》、《中国古代陵寝制度史研究》、《中国古代冶铁技术发展史》等。

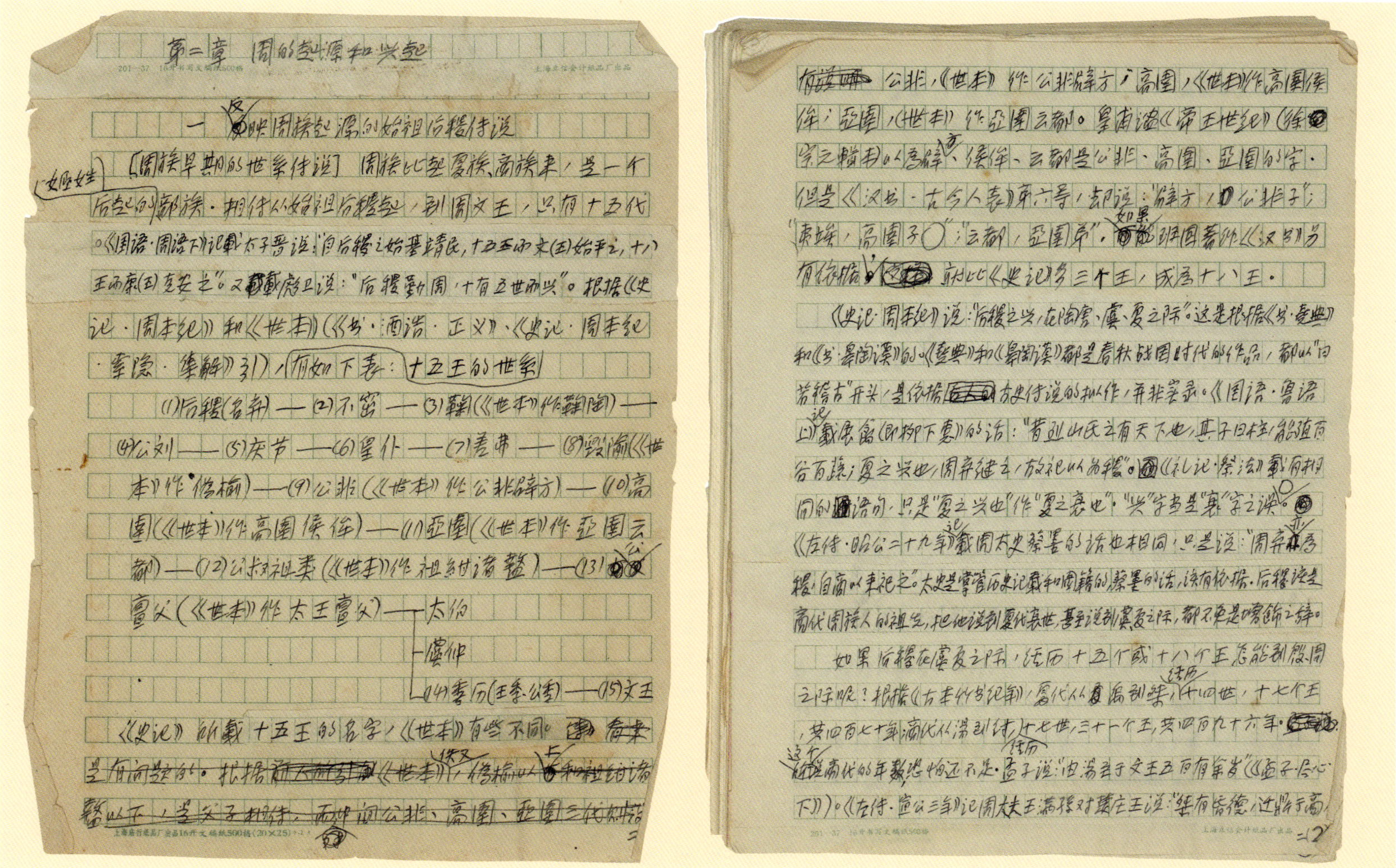

第二章　周的起源和兴起

一　反映周族起源的始祖后稷传说

〔周族早期的世系传说〕周族比起夏族、商族来，是一个后起的部族。相传从始祖后稷起，到周文王，只有十五代。《国语·周语下》记载太子晋说："自后稷之始基靖民，十五王而文(王)始平之，十八王而康(王)克安之"。又载虎卫说："后稷勤周，十有五世而兴"。根据《史记·周本纪》和《世本》（《书·酒诰·正义》、《史记·周本纪·索隐·集解》引），有如下表：十五王的世系

(1)后稷(名弃)——(2)不窋——(3)鞠(《世本》作鞠陶)——(4)公刘——(5)庆节——(6)皇仆——(7)差弗——(8)毁隃(《世本》作伪榆)——(9)公非(《世本》作公非辟方)——(10)高圉(《世本》作高圉侯侔)——(11)亚圉(《世本》作亚圉云都)——(12)公叔祖类(《世本》作祖绀诸盩)——(13)古公亶父(《世本》作太王亶父)——太伯、虞仲、(14)季历(王季、公季)——(15)文王

《史记》所载十五王的名字，《世本》有些不同。

二

公非，《世本》作公非辟方；高圉，《世本》作高圉侯侔；亚圉，《世本》作亚圉云都。皇甫谧《帝王世纪》（徐宗之辑本）以辟方、侯侔、云都是公非、高圉、亚圉的字。但是《汉书·古今人表》第六等，却说："辟方，公非子"；"夷竢，高圉子"；"云都，亚圉弟"。如果班固著作《汉书》另有依据，就比《史记》多三个王，成为十八王。

《史记·周本纪》说："后稷之兴，在陶唐、虞、夏之际"。这是根据《书·尧典》和《书·皋陶谟》的。《尧典》和《皋陶谟》都是春秋战国时代的作品，都以"曰若稽古"开头，是依据古史传说的拟作，并非实录。《国语·鲁语上》记载展禽（即柳下惠）的话："昔烈山氏之有天下也，其子曰柱，能殖百谷百蔬；夏之兴也，周弃继之，故祀以为稷"。《礼记·祭法》载有相同的语句，只是"夏之兴也"作"夏之衰也"，"兴"字当是"衰"字之误。《左传·昭公二十九年》记载周太史蔡墨的话也相同，只是说："周弃亦为稷，自商以来祀之"。太史是掌管历史记载和图籍的，蔡墨的话，该有依据。后稷该是商代周族人的祖先，把他说到夏代衰世，甚至说到虞夏之际，都不免是增饰之辞。

如果后稷在虞夏之际，经历十五个或十八个王怎能到殷周之际呢？根据《古本竹书纪年》，夏代从禹到桀，经历十四世，十七个王，共四百七十一年；商代从汤到纣，经历十七世，三十一个王，共四百九十六年。这个商代的年数恐怕还不足。孟子说："由汤至于文王五百有余岁"（《孟子·尽心下》）。《左传·宣公三年》记周大夫王孙满对楚庄王说："桀有昏德，鼎迁于商，

二12

西周史　杨宽

上海人民出版社1999年出版

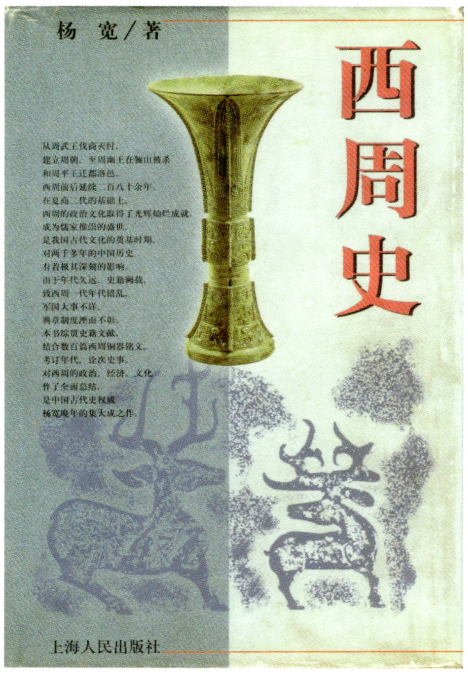
杨宽/著
西周史
上海人民出版社

杨宽从20世纪50年代开始从事西周史的钻研，发表了一系列研究论文，这些成果在1965年汇编成《古史新探》一书出版。80年代，作者在此基础上着手编纂《西周史》，移居美国后完成了本书撰写。全书共分七编，65万余言，依据文献和考古资料，系统地叙述了西周二百八十年的历史。本馆所藏为本书的部分手稿。

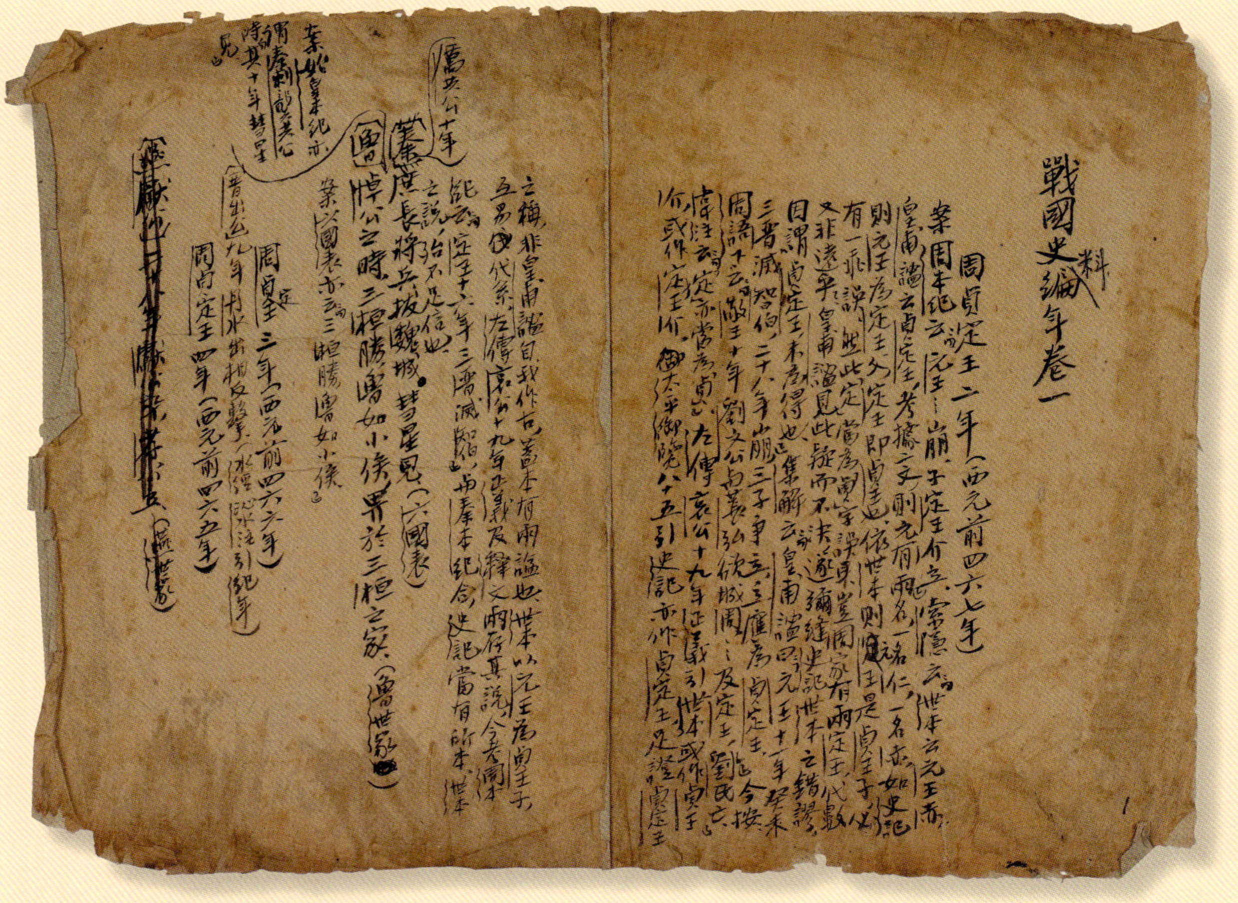
戰國史料編年卷一

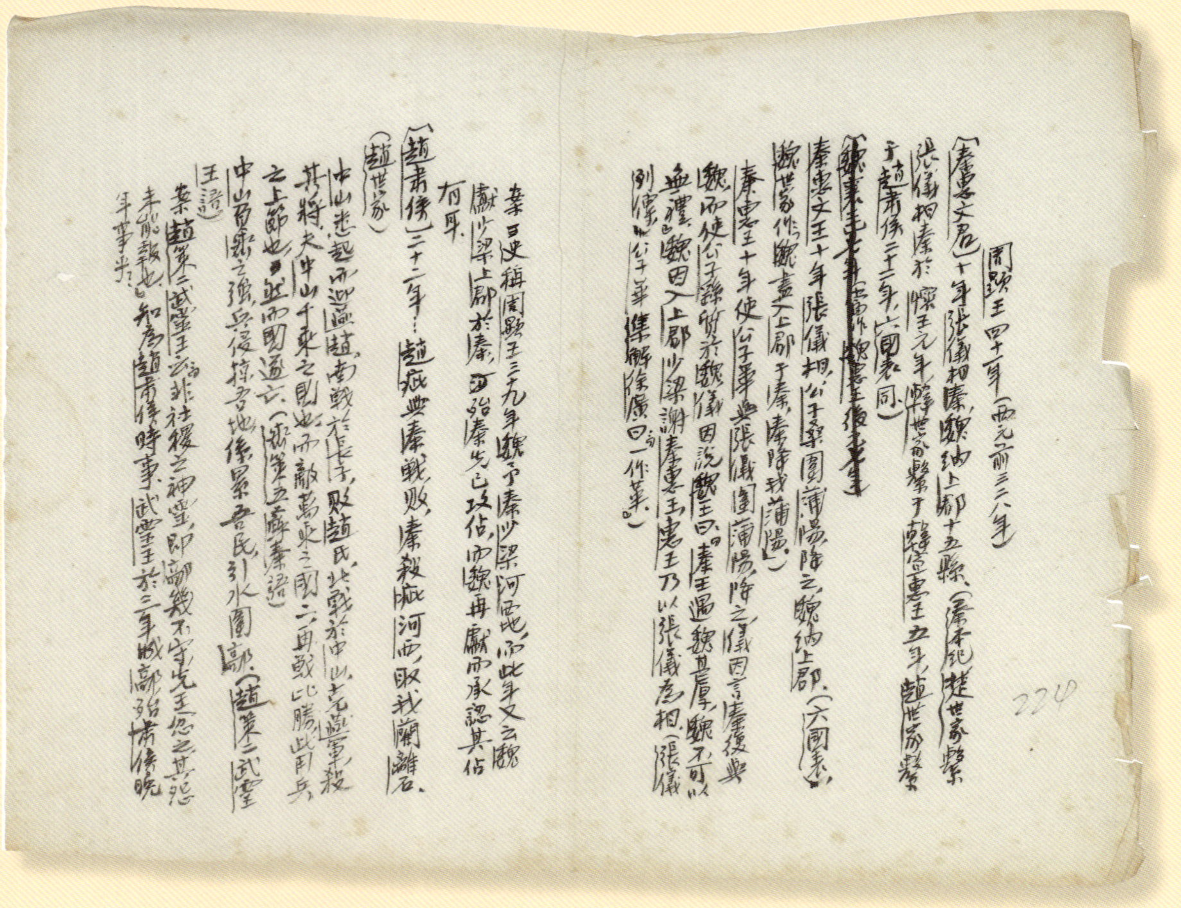

战国史料编年　　杨宽

上海人民出版社2001年出版

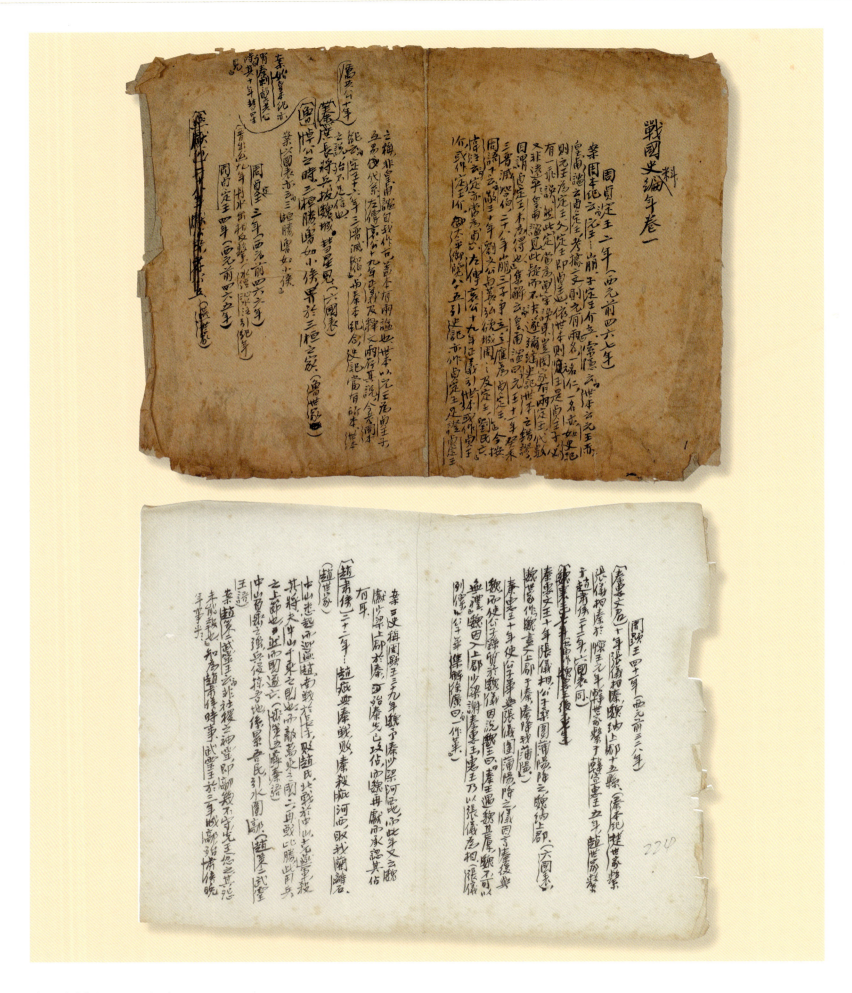

杨宽的《战国史》初版于1955年，随着20世纪70年代考古资料的大量涌现，作者在1980年对此作了很大的补充、修订和改写，推出了第二版。1997年作者又作了较大规模的改写，出版了增订本。成为我国目前最详尽的战国断代史著作。作者在《战国史》后记中说："我从四十年代以来，所做战国史料的编年考订工作一直在继续进行中，随着新史料的发现，不断补充修订；随着综合新旧史料钻研的深入，所作考订也有进一步的发展……初版和第二版《战国史》都是在这样的基础上写成的。"《战国史料编年》稿本共三卷，小楷书写，起笔于1941年太平洋战争爆发后，作者回青浦乡下时所作，此后不断增补，1997年定稿为《战国史料编年辑证》，2001年由上海人民出版社出版。

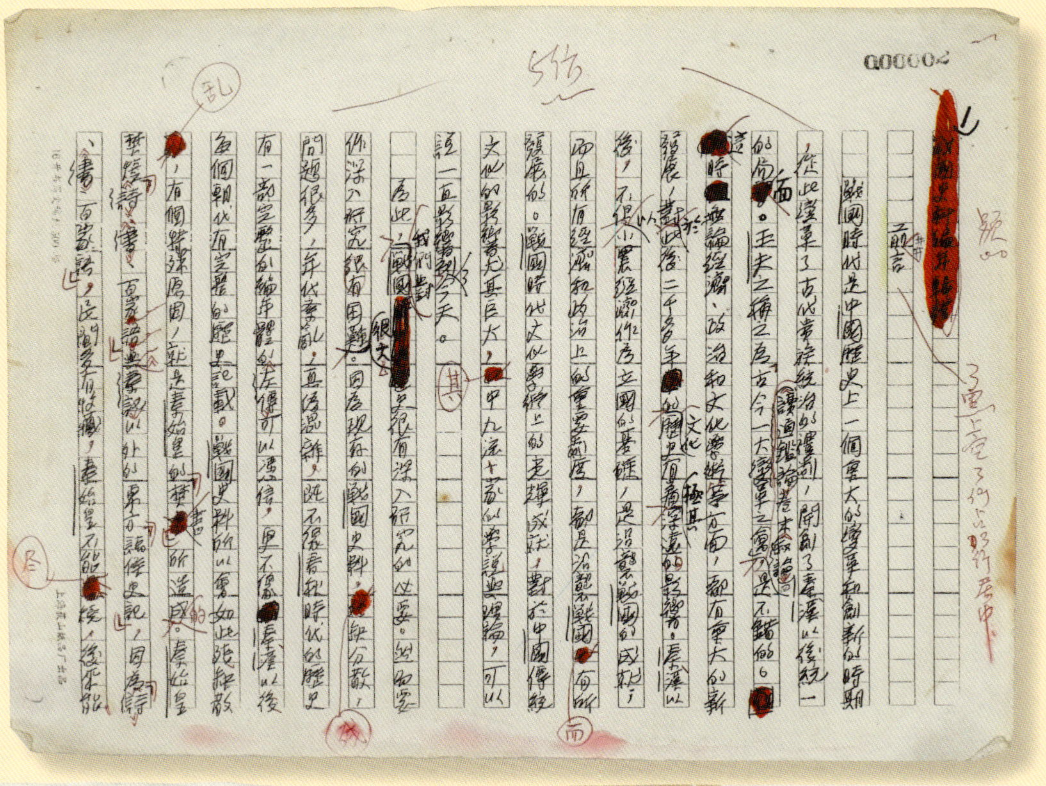

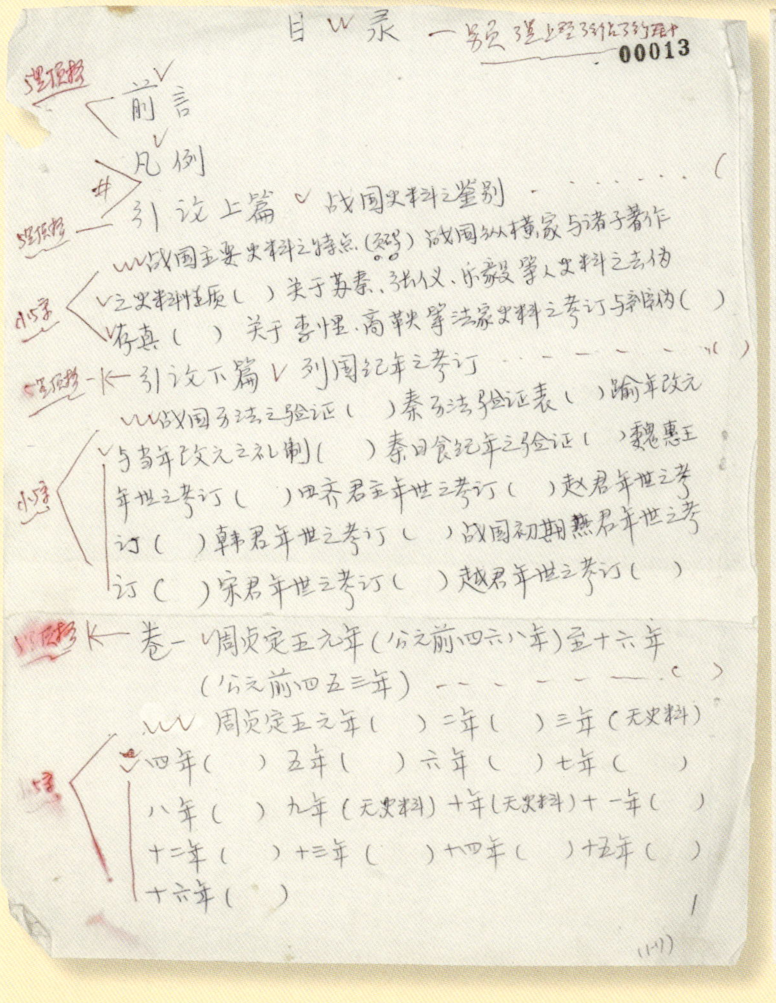

目录

00013

前言

凡例

引论上篇 战国史料之鉴别

战国主要史料之特点( ) 战国纵横家与诸子著作之史料性质( ) 关于苏秦、张仪、乐毅等人史料之去伪存真( ) 关于李悝、商鞅等法家史料之考订与辨伪( )

引论下篇 列国纪年之考订

战国秦法之验证( ) 秦孝法验证表( ) 踰年改元与当年改元之礼制( ) 秦日食纪年之验证( ) 魏惠王年世之考订( ) 田齐君主年世之考订( ) 赵君年世之考订( ) 韩君年世之考订( ) 战国初期燕君年世之考订( ) 宋君年世之考订( ) 越君年世之考订( )

卷一 周贞定王元年(公元前四六八年)至十六年(公元前四五三年)

周贞定王元年( ) 二年( ) 三年(无史料) 四年( ) 五年( ) 六年( ) 七年( ) 八年( ) 九年(无史料) 十年(无史料) 十一年( ) 十二年( ) 十三年( ) 十四年( ) 十五年( ) 十六年( )

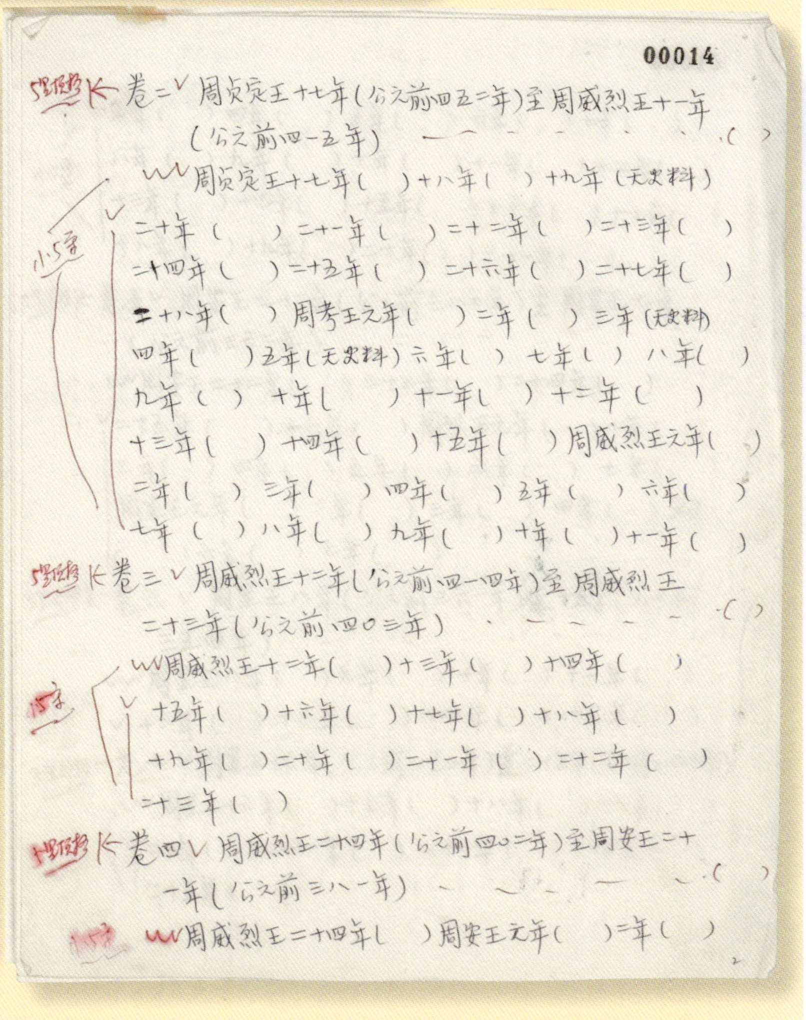

00014

卷二 周贞定王十七年(公元前四五二年)至周威烈王十一年(公元前四一五年)

周贞定王十七年( ) 十八年( ) 十九年(无史料) 二十年( ) 二十一年( ) 二十二年( ) 二十三年( ) 二十四年( ) 二十五年( ) 二十六年( ) 二十七年( ) 二十八年( ) 周考王元年( ) 二年( ) 三年(无史料) 四年( ) 五年(无史料) 六年( ) 七年( ) 八年( ) 九年( ) 十年( ) 十一年( ) 十二年( ) 十三年( ) 十四年( ) 十五年( ) 周威烈王元年( ) 二年( ) 三年( ) 四年( ) 五年( ) 六年( ) 七年( ) 八年( ) 九年( ) 十年( ) 十一年( )

卷三 周威烈王十二年(公元前四一四年)至周威烈王二十三年(公元前四〇三年)

周威烈王十二年( ) 十三年( ) 十四年( ) 十五年( ) 十六年( ) 十七年( ) 十八年( ) 十九年( ) 二十年( ) 二十一年( ) 二十二年( ) 二十三年( )

卷四 周威烈王二十四年(公元前四〇二年)至周安王二十一年(公元前三八一年)

周威烈王二十四年( ) 周安王元年( ) 二年( )

贾植芳（1915~2008）

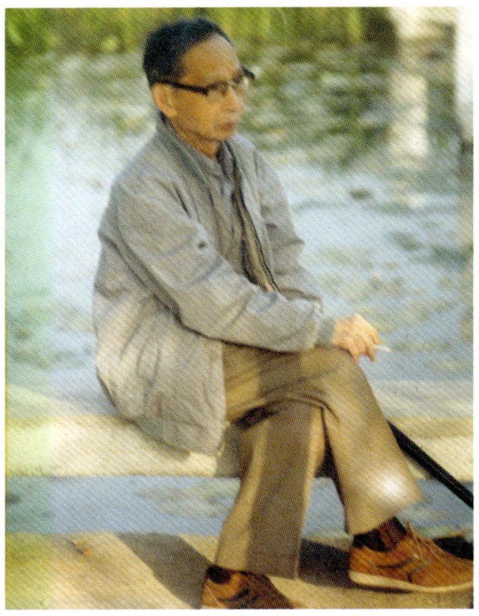

山西襄汾人。学者、作家。1936年入东京日本大学并参加进步文艺活动。1939年底至1941年，受地下党派遣入国民党新闻机关工作。抗战胜利后在上海参加民主文化运动，主编《时事新报·青光》，与耿庸等创刊《诗与杂文丛刊》。1946年在震旦大学中文系任教。1952年调入复旦大学任中文系教授。1955年因“胡风冤案”被捕入狱。1980年彻底平反。著有《人生赋》、《外来思潮和理论对中国现代文学影响》、《狱里狱外》等。有《贾植芳文集》4卷行世。

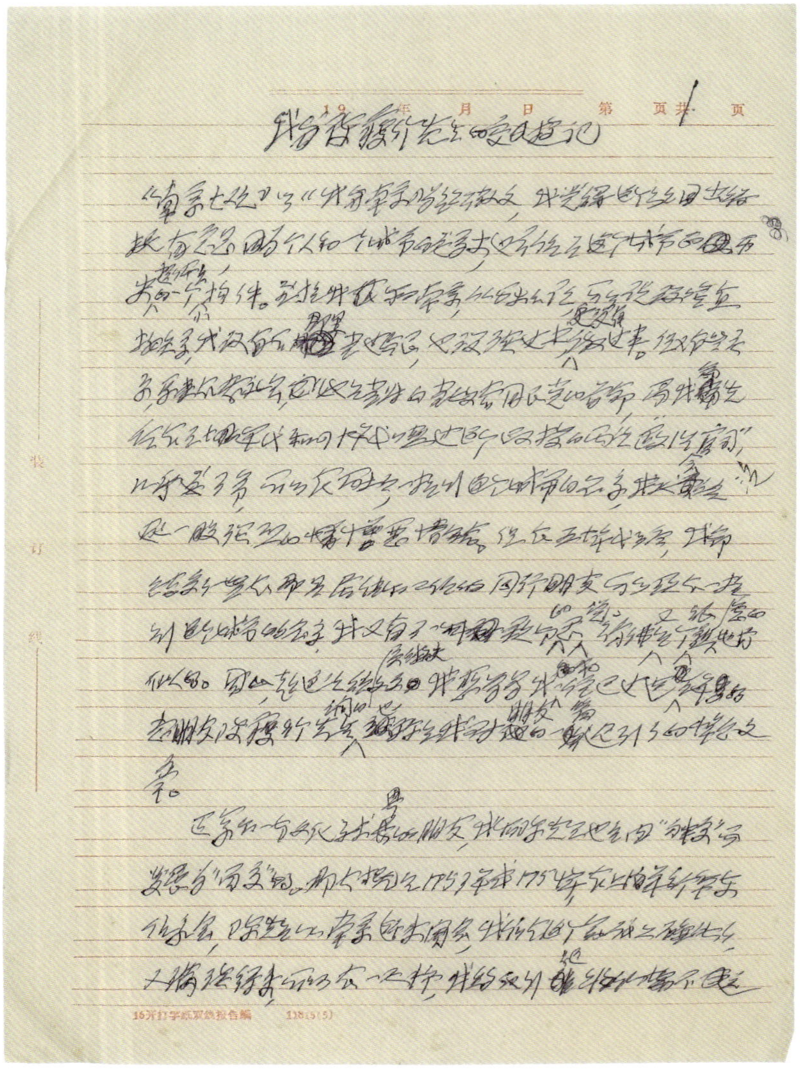

我与陈瘦竹先生的交游记

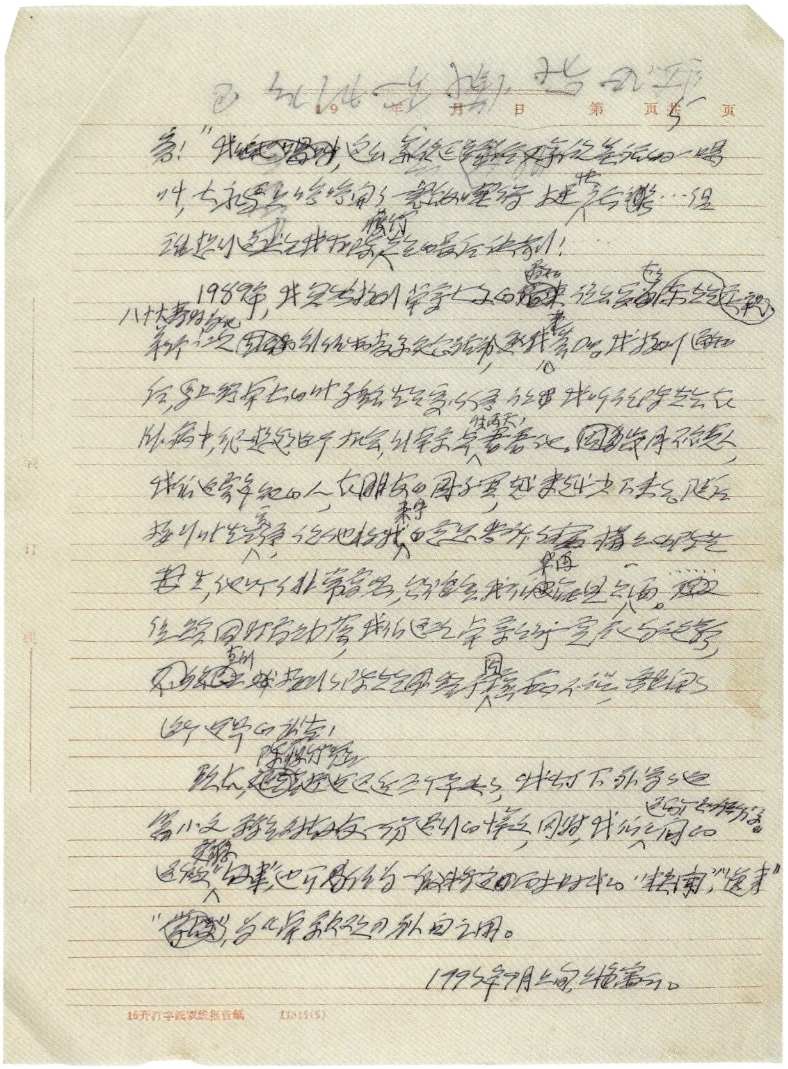

1993年9月上旬重写。

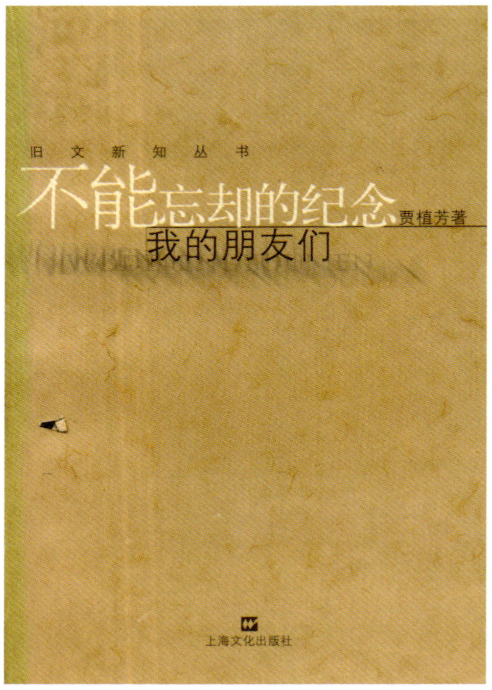
旧文新知丛书
不能忘却的纪念
贾植芳著
我的朋友们
上海文化出版社

我与陈瘦竹先生的交游记　　贾植芳

1993年9月作　　《不能忘却的纪念：我的朋友们》上海文化出版社2001年出版

《我与陈瘦竹先生的交游记》是贾植芳应《南京大观》之约创作的一篇散文，初创于1992年，此稿是贾植芳在1993年9月重新写就的。贾植芳所著的《不能忘却的纪念：我的朋友们》、《历史的背面：贾植芳自选集》、《贾植芳文集：创作卷》等都收录了这篇文章，题为《我与陈瘦竹先生的交游》。

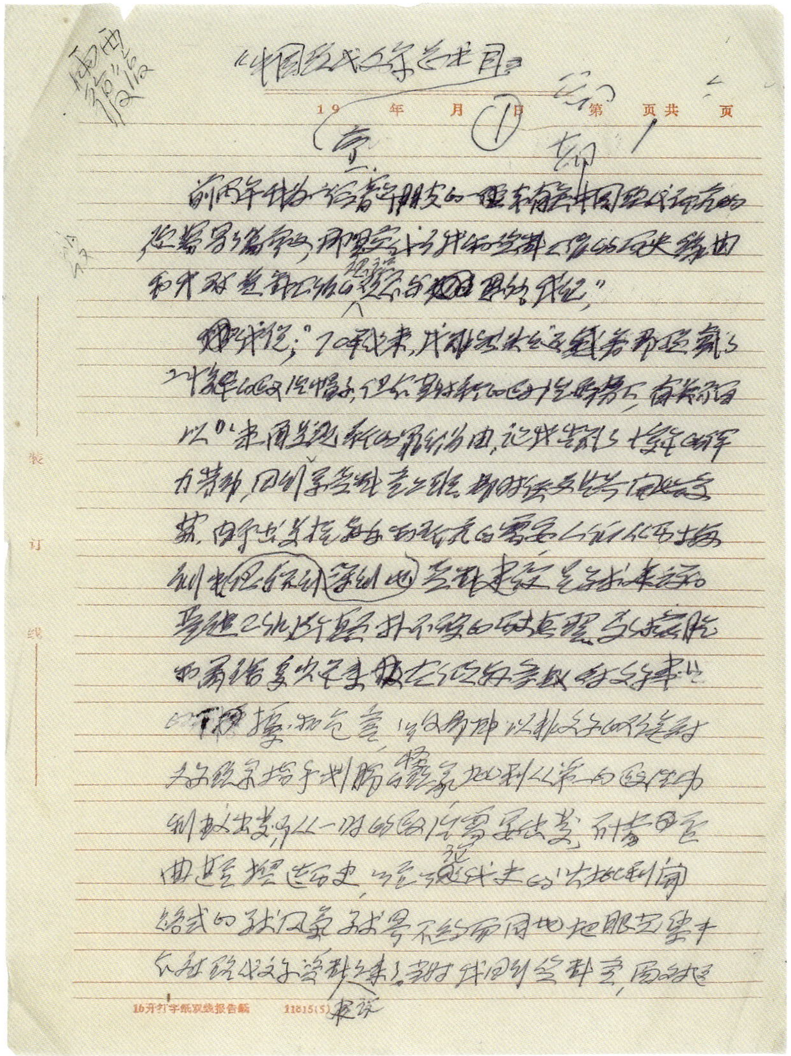

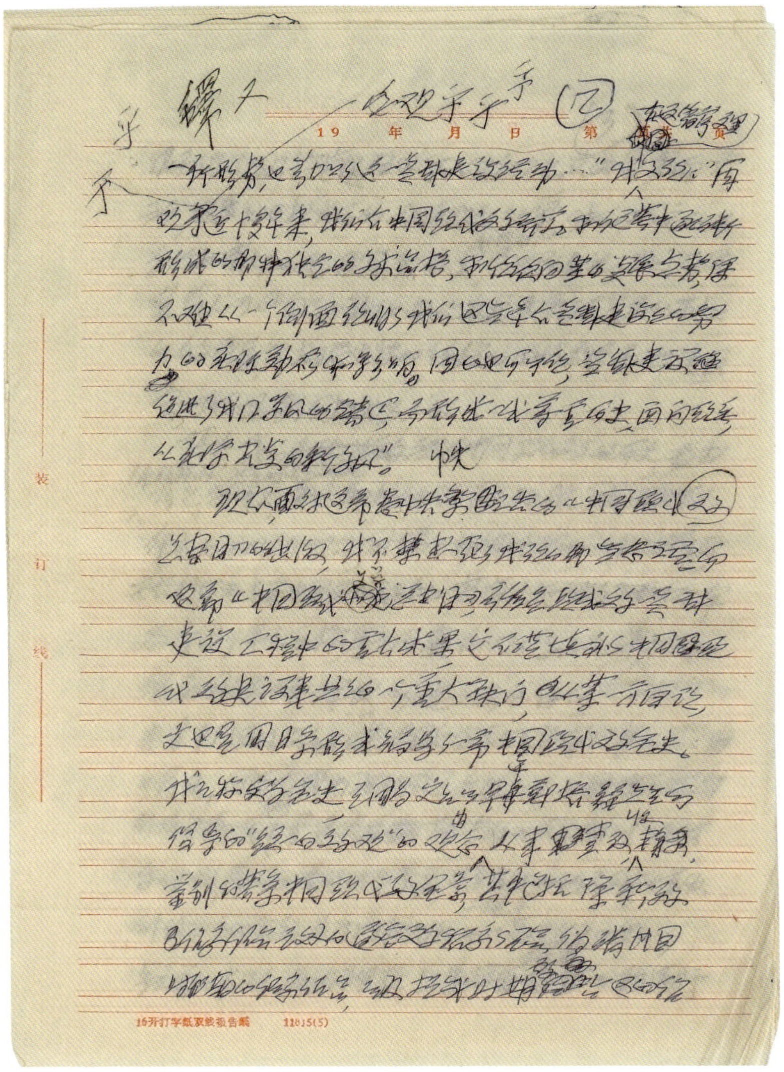

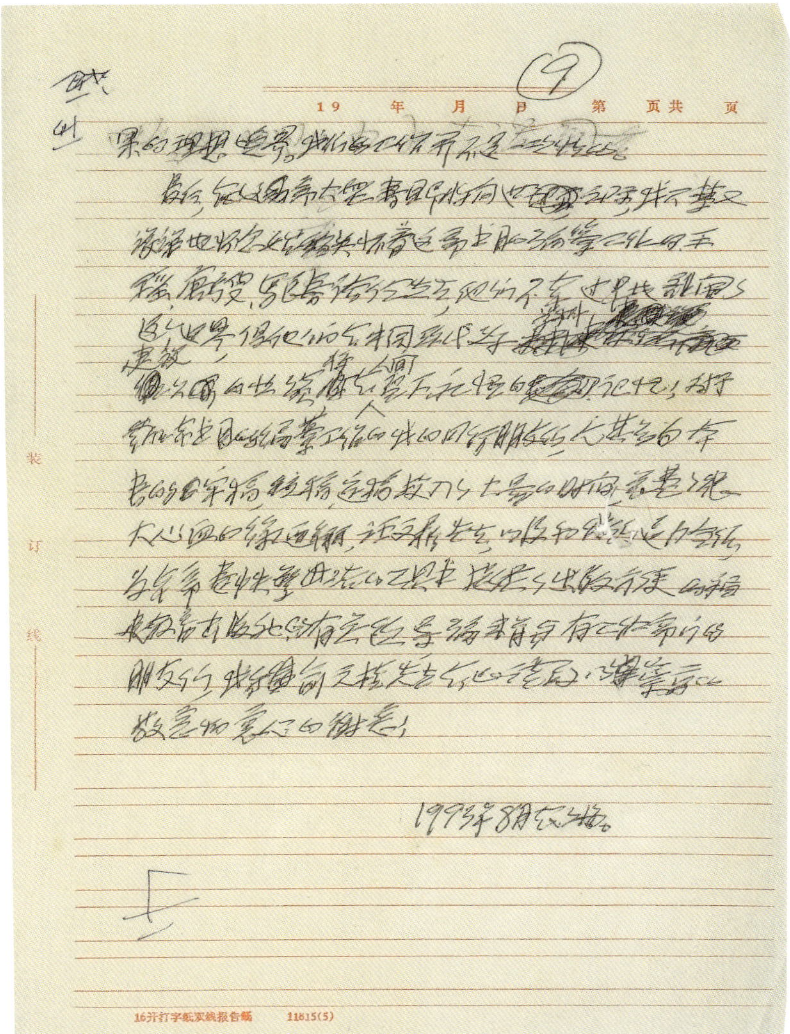

《中国现代文学总书目》序　　贾植芳

1993年8月作　　《中国现代文学总书目》福建教育出版社 1993年出版

此稿是贾植芳为他自己和俞元桂教授主编的《中国现代文学总书目》所作，由福建教育出版社于1993年12月出版。《书城》杂志在1994年第1期中刊登了这篇序文。山东教育出版社1998出版的《历史的背面：贾植芳自选集》也予以收录。

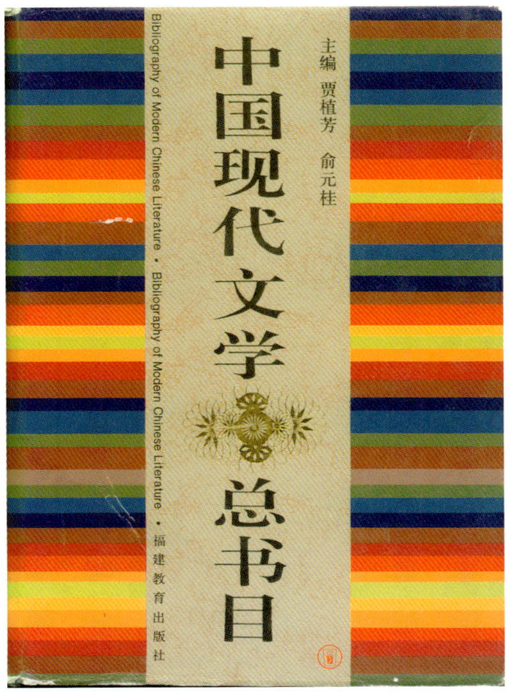
中国现代文学总书目
主编 贾植芳 俞元桂
Bibliography of Modern Chinese Literature · Bibliography of Modern Chinese Literature ·
福建教育出版社

郑子瑜（1916~2008）

福建龙溪人。学者。清代诗人郑开禧的后裔，以研究中国修辞学史和黄遵宪著称。20世纪50年代移居新加坡。1958年开始研究晚清诗人黄遵宪，曾担任《南洋学报·黄遵宪研究专号》的主编。1962年历任早稻田大学、大东文化大学等教授。1984年起任香港中文大学中国文化研究所高级研究员，兼任北京大学、厦门大学、复旦大学等校客座教授。著有《中国修辞学的变迁》、《中国修辞学史稿》、《郑子瑜学术论著自选集》等。

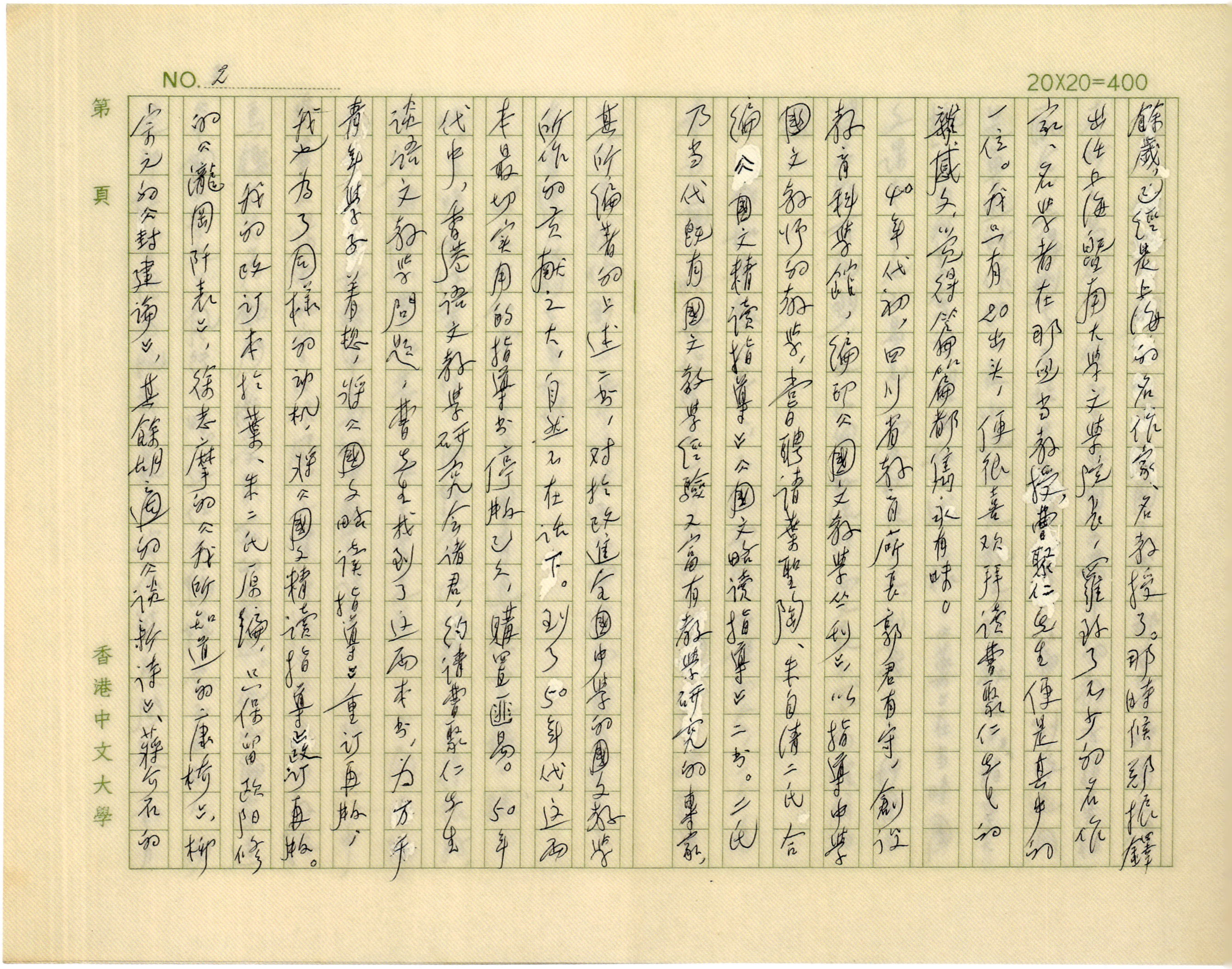

NO. 2　20X20=400

餘歲，已經是上海的名作家、名教授了。那時候鄭振鍾
出任上海暨南大學文學院長，羅致了不少的名作
家、名學者在那里當教授，曹聚仁先生便是其中的
一位。我只有20出頭，便很喜欢拜讀曹聚仁先生的
雜感文，覺得篇篇都雋永有味。

40年代初，四川省教育廳長郭君有守，創設
教育科學館，編印《國文教學叢刊》，以指導中學
國文教師的教學，曾聘請葉聖陶、朱自清二氏合
編《國文精讀指導》《國文略讀指導》二書。二氏
乃當代既有國文教學經驗又富有教學研究的專家，
其所編著的上述二書，对於促進全國中學的國文教學
所作的貢獻之大，自然不在話下。到了50年代，这两
本最切實用的指導書停版已久，購置匪易。50年
代中，香港語文教學研究会諸君，約請曹聚仁先生
談語文教學問題，曹先生找到了这两本书，为方便
青年學子着想，將《國文略讀指導》重订再版；
我也为了同樣的動机，將《國文精讀指導》修订再版。
我的改订本於葉、朱二氏原編，只保留歐陽修
的《瀧岡阡表》，徐志摩的《我所知道的康橋》，柳
宗元的《封建論》，其餘胡適的《談新詩》、蔣介石的

第　頁　香港中文大學

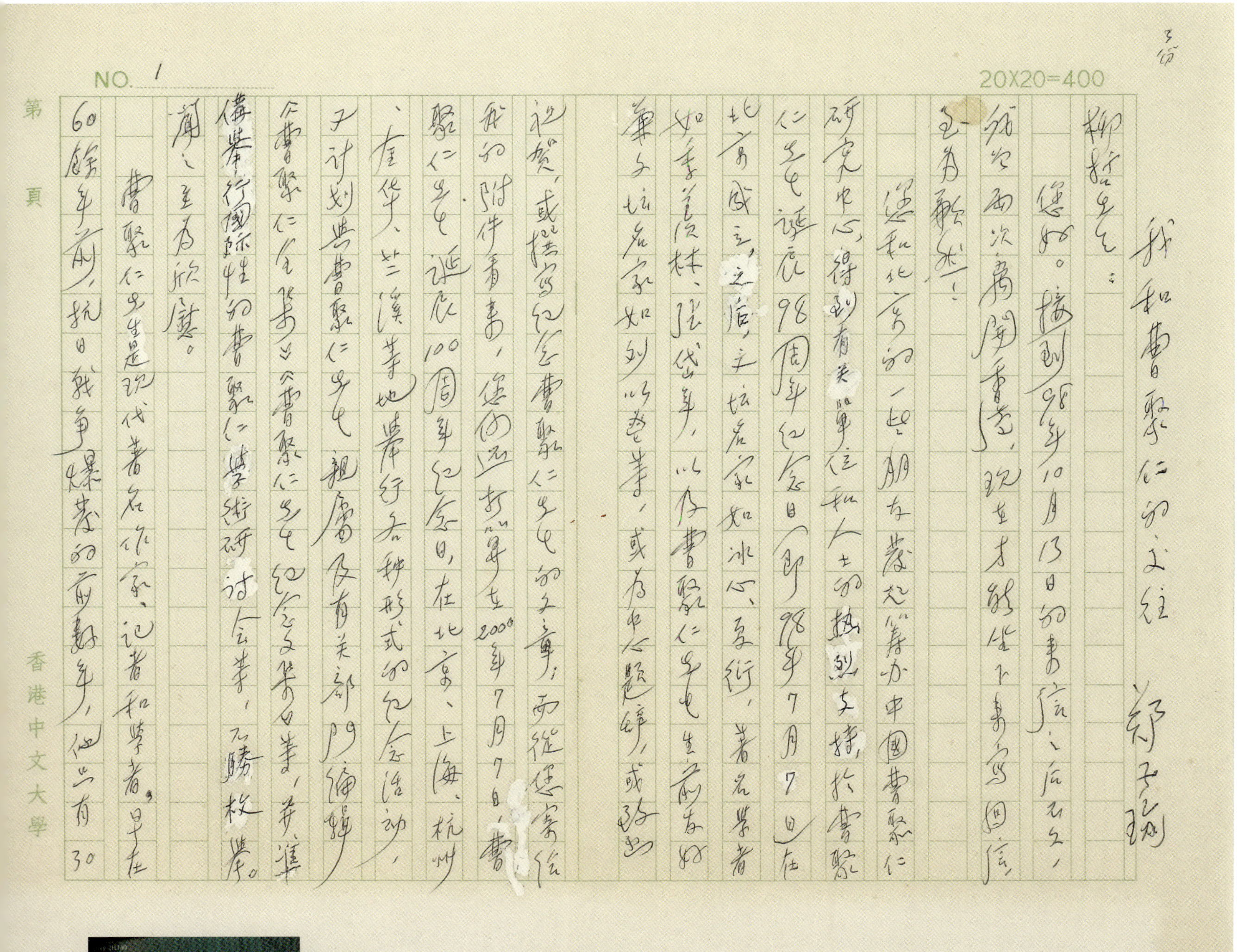
NO. 1　　20X20=400
我和曹聚仁的交往　郑子瑜
柳哲先生：
您好。接到98年10月13日的来信，信之，我因两次离开香港，现在才能坐下来写回信，至为歉然！
您和北京的一些朋友发起筹办中国曹聚仁研究中心，得到有关单位和人士的热烈支持，於曹聚仁先生诞辰98周年纪念日（即98年7月7日）在北京成立，之后，文坛名家如冰心、夏衍，著名学者如季羡林、张岱年，以及曹聚仁先生生前友好华文坛名家如刘以鬯等，或为中心题辞，或致函祝贺，或撰写纪念曹聚仁先生的文章；而从您寄给我的附件看来，您们还打算在2000年7月7日，曹聚仁先生诞辰100周年纪念日，在北京、上海、杭州、金华、兰溪等地举行各种形式的纪念活动，并计划出曹聚仁先生亲属及有关部门编辑《曹聚仁全集》《曹聚仁先生纪念文集》等，并筹备举行国际性的曹聚仁学术研讨会等，不胜枚举。闻之至为欣慰。
曹聚仁先生是现代著名作家、记者和学者，早在60余年前，抗日战争爆发的前数年，他已有30
第　页　香港中文大學

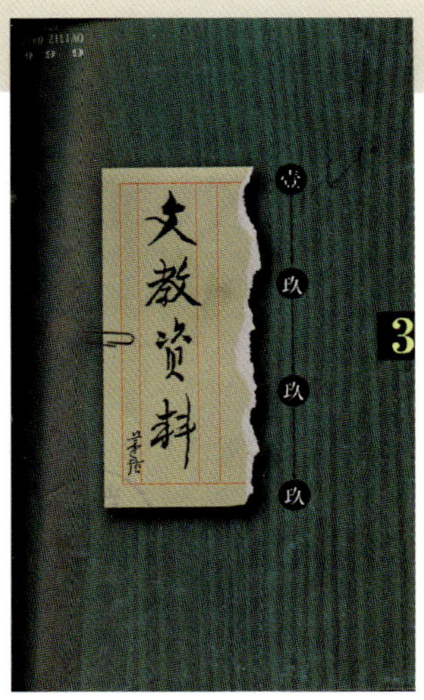
文教资料
壹玖玖玖
3

我和曹聚仁的交往　　郑子瑜

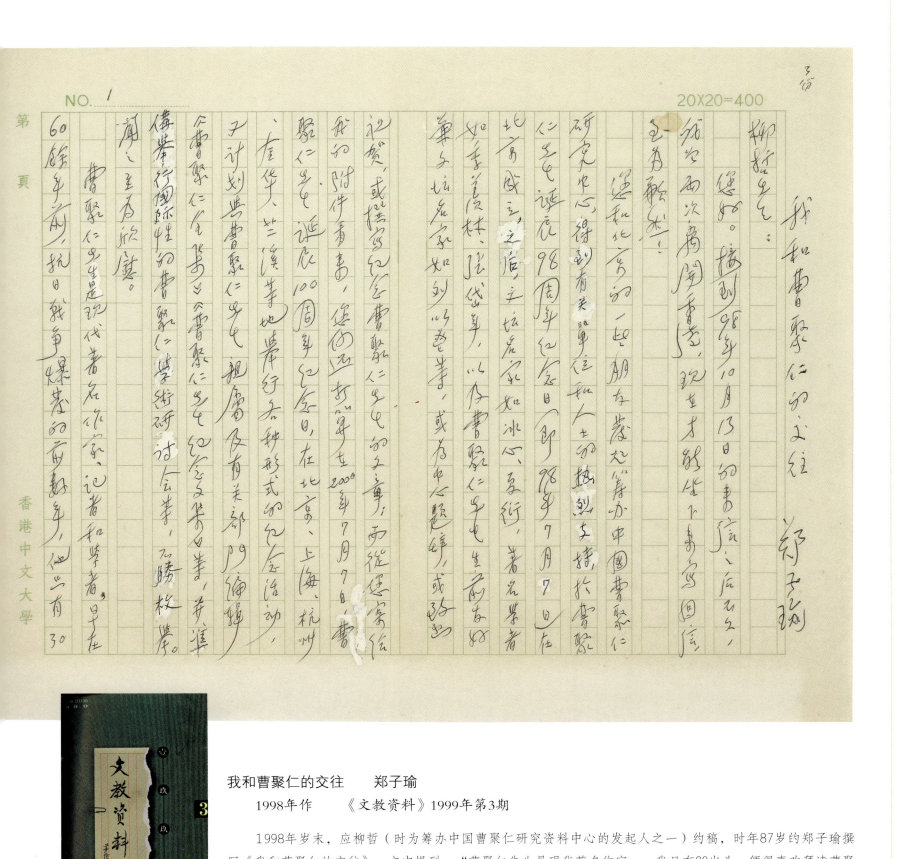

1998年作　　《文教资料》1999年第3期

1998年岁末，应柳哲（时为筹办中国曹聚仁研究资料中心的发起人之一）约稿，时年87岁的郑子瑜撰写《我和曹聚仁的交往》，文中提到："曹聚仁先生是现代著名作家……我只有20出头，便很喜欢拜读曹聚仁先生的杂感文，觉得篇篇隽永有味。……为人多于为己，而不营私，这是曹聚仁先生人格高尚之处。"郑子瑜非常支持成立曹聚仁研究资料中心，并欣然同意担任该中心名誉主任，以示对故友的怀念。此稿最早发表于1999年《文教资料》第3期中。

王元化（1920～2008）

湖北江陵人。曾用名洛蚀文、方典、函雨等。文学理论家、评论家、学者、作家。20世纪30年代开始文学生涯，1938年加入中国共产党，任中共上海地下文委委员，编辑《奔流》等报刊。抗战胜利后被组织派往北平铁道学院任讲师。1948年返沪后从事编辑工作。解放后，历任上海新文艺出版社总编辑、上海市文艺工作者委员会文学处长、中国大百科全书出版社上海分社党组成员、中共上海市委宣传部部长、上海古籍整理规划小组组长、华东师范大学教授等职。著有《走向真实》、《文学沉思录》、《文心雕龙创作论》、《思辨随笔》、《莎剧解读》等多种。有《王元化集》10卷行世。

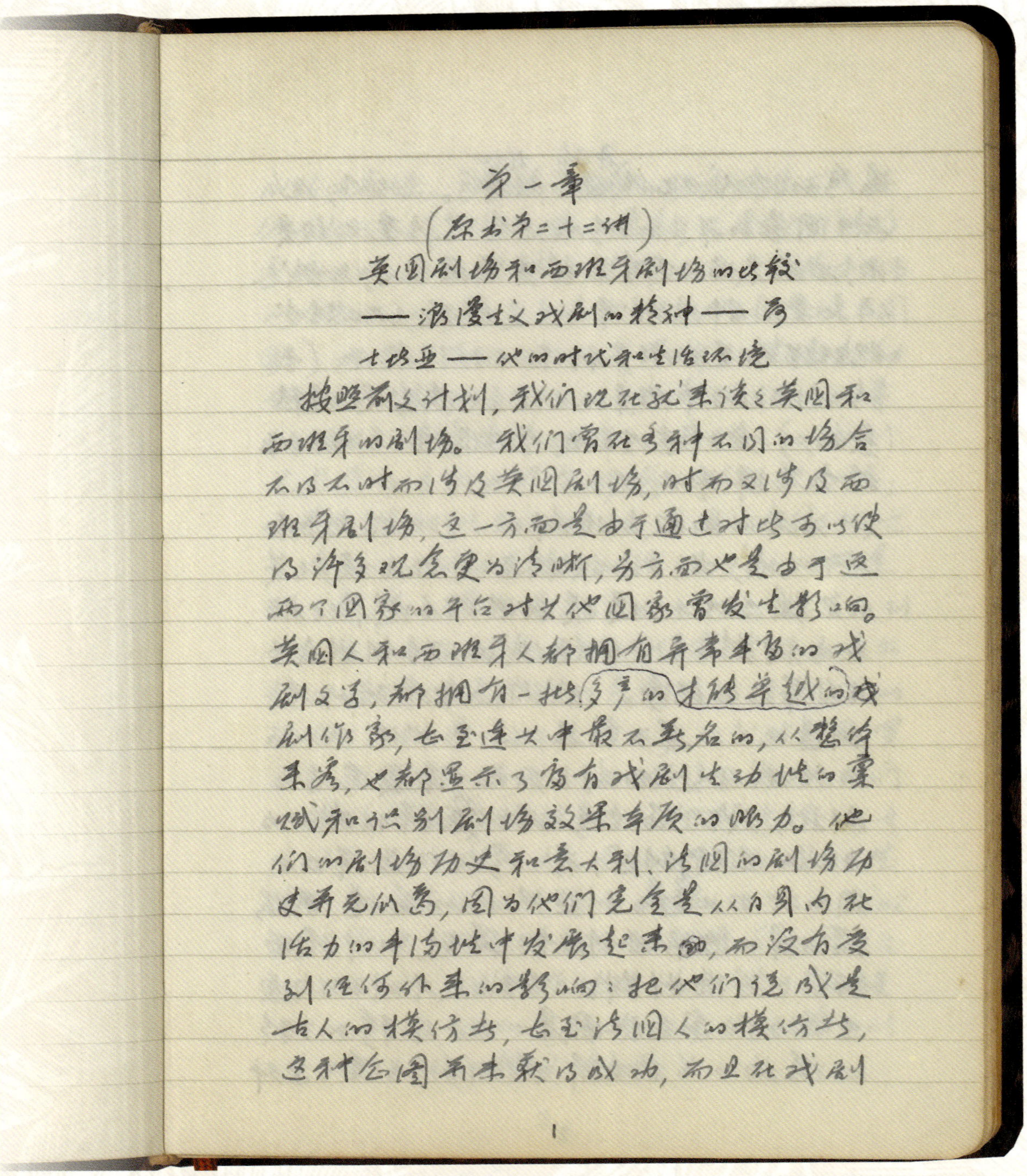
第一章
（原书第二十二讲）
英国剧场和西班牙剧场的比较
——浪漫主义戏剧的精神——莎
士比亚——他的时代和生活环境
按照前文计划，我们现在就来谈谈英国和
西班牙的剧场。我们曾在多种不同的场合
不得不时而涉及英国剧场，时而又涉及西
班牙剧场，这一方面是由于通过对比可以使
得许多观念更为清晰，另方面也是由于这
两个国家的舞台对其他国家曾发生影响。
英国人和西班牙人都拥有异常丰富的戏
剧文学，都拥有一批多产的杰出卓越的戏
剧作家，甚至连其中最不著名的，从整体
来看，也都显示了富有戏剧生动性的素
质和识别剧场效果本质的能力。他
们的剧场历史和意大利、法国的剧场历
史并无相似，因为他们完全是从自身的生
活力的丰富性中发展起来的，而没有受
到任何外来的影响；把他们说成是
古人的模仿者，甚至法国人的模仿者，
这种企图并未获得成功，而且在戏剧
1

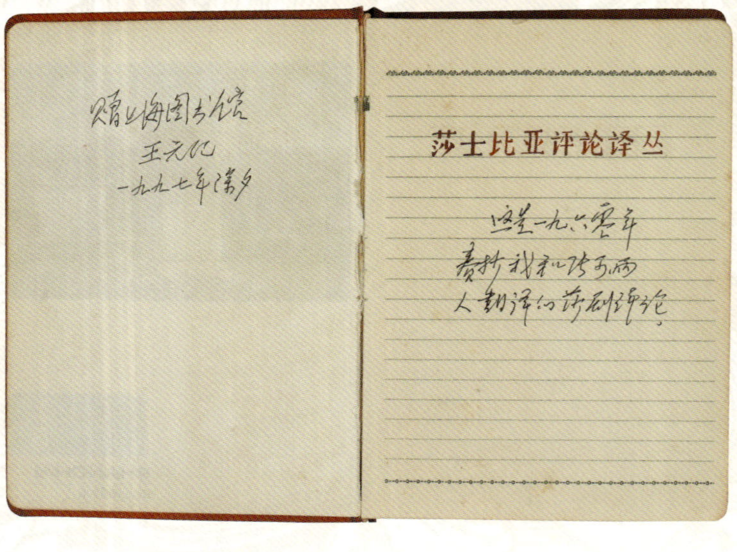
赠上海图书馆
王元化
一九九七年
莎士比亚评论译丛
这是一九六零年
誊抄我和张可两
人翻译的莎剧评论

莎剧解读

1564-1998
Exlibris
沙士比亚诞辰纪念

清园王元化藏书
EXLIBRIS

王元化藏书票

这两张藏书票是1998年上海图书馆举行《莎剧解读》首发时，根据王元化的意见而设计。朱荫能制作。

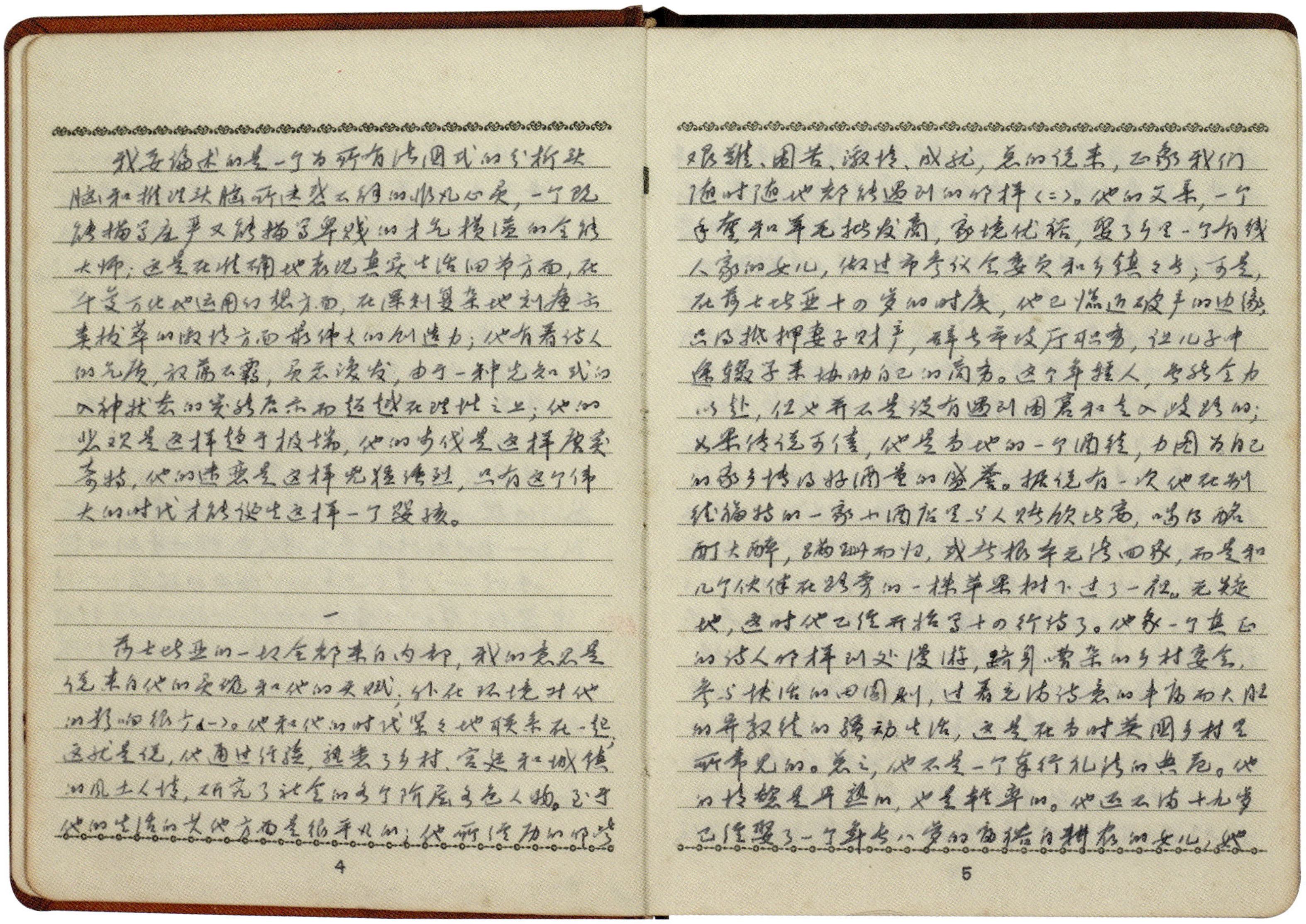

莎士比亚评论译丛　　王元化 张可

上海教育出版社1998年出版

《莎士比亚评论译丛》是王元化与夫人张可共同翻译的西方有关莎剧的评论。其译文抄写在两本笔记本上。1982年其中五篇以张可的名义题为《莎士比亚研究》，由上海译文出版社出版。1998年全部译稿和王元化所写的有关文章合为《莎剧解读》出版，十年后以《读莎士比亚》改版刊行。王元化与张可是莎剧爱好者，从青年时代就对莎剧怀有很大兴趣。在1955年因“胡风案件”受牵连遭隔离期间，王元化集中研读了莎士比亚作品。1957年审查结束回家后，与张可一起多方搜集海外莎剧著作，在艰难的三年自然灾害开始的环境中共同翻译莎剧评论，王元化曾感慨地说：“我们一同在莎士比亚艺术世界里遨游的日子，将永远成为我们一生的美好回忆。”

WENXINDIAOLONG
CHUANGZUOLUN
WANG YUAN HUA
文心雕龙创作论

品所呈现的一般也仍呈现于感性观照。因此，艺术家对现
实生活进行艺术加工，去揭示事物的本质，并不是把事物
的现象形态抛弃掉，而是透过加工以后的现象形态去显示
它们的内在联系，使直观中彼此相外互相独立的杂多转化
为具有内在联系的多样性的统一。艺术形象的具体性就在
于它既是一般意义的典型，同时又是特殊的个体。它保持
了现实生活的细节真实性，典型性即由生活的细节真实性中
显现出来，变成可以直接感觉到的对象。
上海纸品厂出品16开创作稿500格（20×25）8943

文心雕龙创作论　　王元化

上海古籍出版社1979年出版

王元化因“胡风案件”被审查结束后，于1960年至1969年被安置在上海市作家协会研究室工作。从这时开始，王元化的研究方向转向了《文心雕龙》，从1961年至1966年他完成了《文心雕龙创作论》初稿。“文革”开始后，书稿被抄走，十多年后才发还，作者将原稿作了修订，并增补了一章和近十篇新附录，于1979年正式出版。1984年推出第2版时，作者做了较大的增补。本书是作者身处逆境时完成的以新方法研究中国古代文论的力作，具有深远的学术影响。王元化在写作此稿的后期，右眼近乎失明，在父亲的帮助下以顽强的毅力，完成了本书。

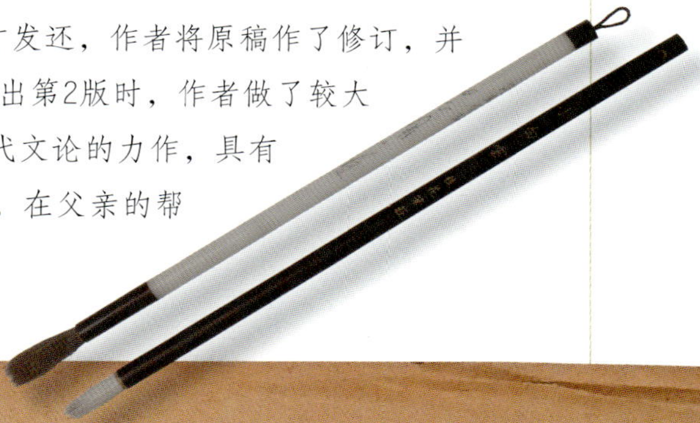

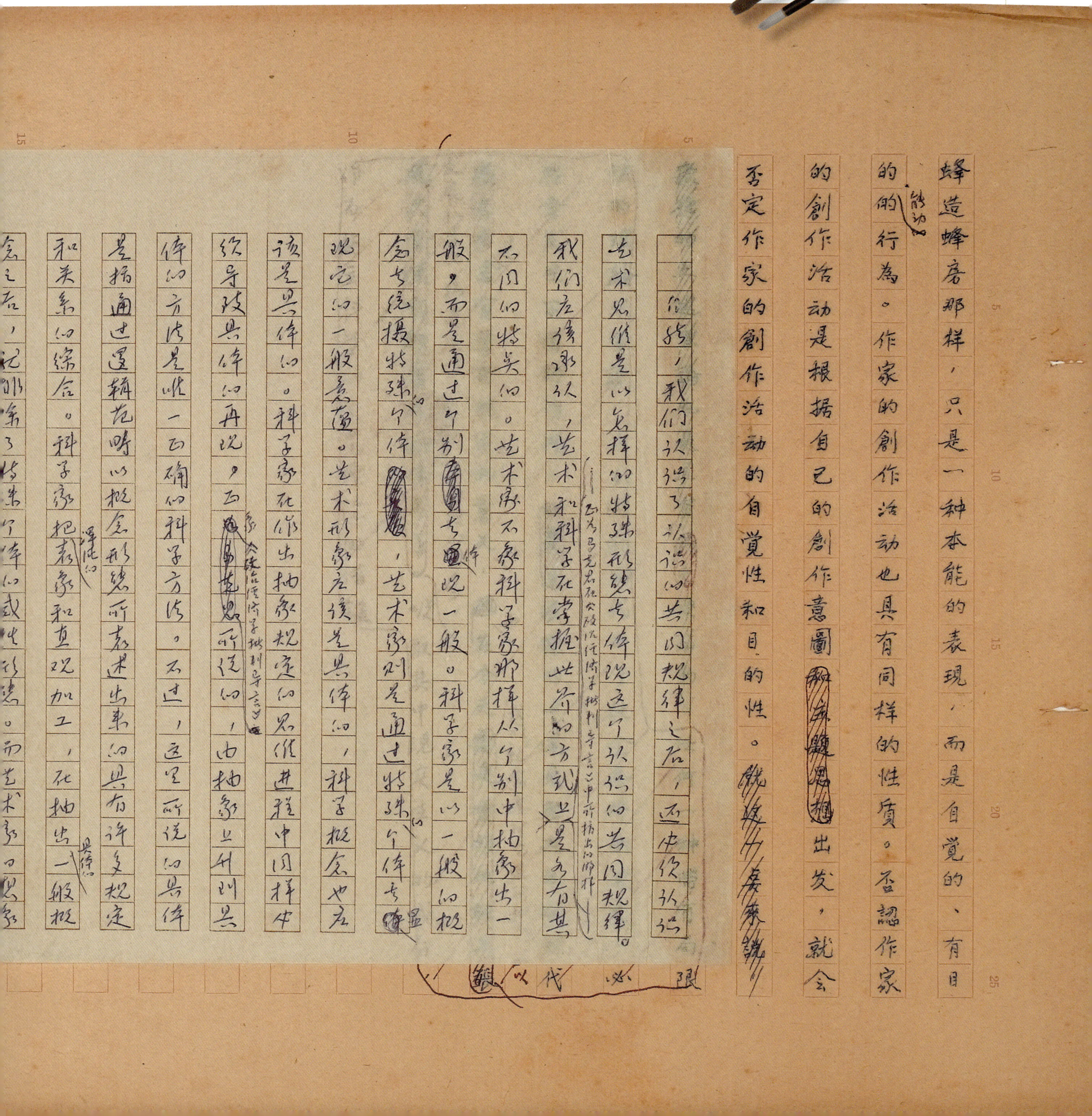
蜂造蜂房那样，只是一种本能的表现，而是自觉的、有目的的行为。作家的創作活动也具有同样的性質。否認作家的創作活动是根据自己的創作意圖出发，就会否定作家的創作活动的自觉性和目的性。

唐振常（1922～2002）

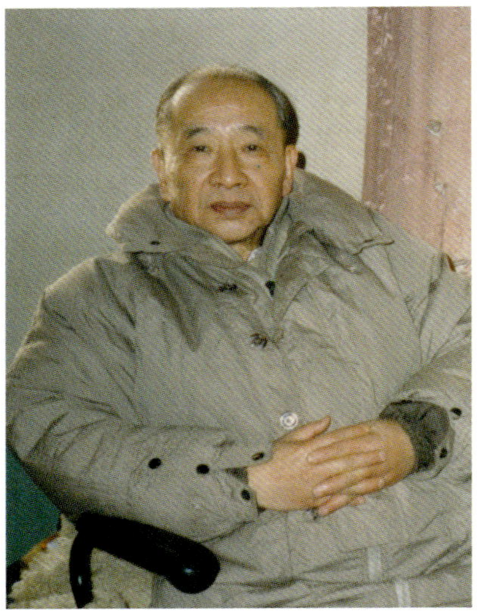

四川成都人。历史学家。1946年毕业于燕京大学。1946～1953年历任上海、香港、天津三地《大公报》记者、编辑。1953年后历任上海电影制片厂编剧，上海《文汇报》文艺部主任，上海社会科学院历史研究所研究员、副所长，兼任上海史志学会会长。在《大公报》任职期间，写有报告文学、杂文及评论等。“文革”后改业治史，著有《蔡元培传》、《章太炎吴虞论集》等。

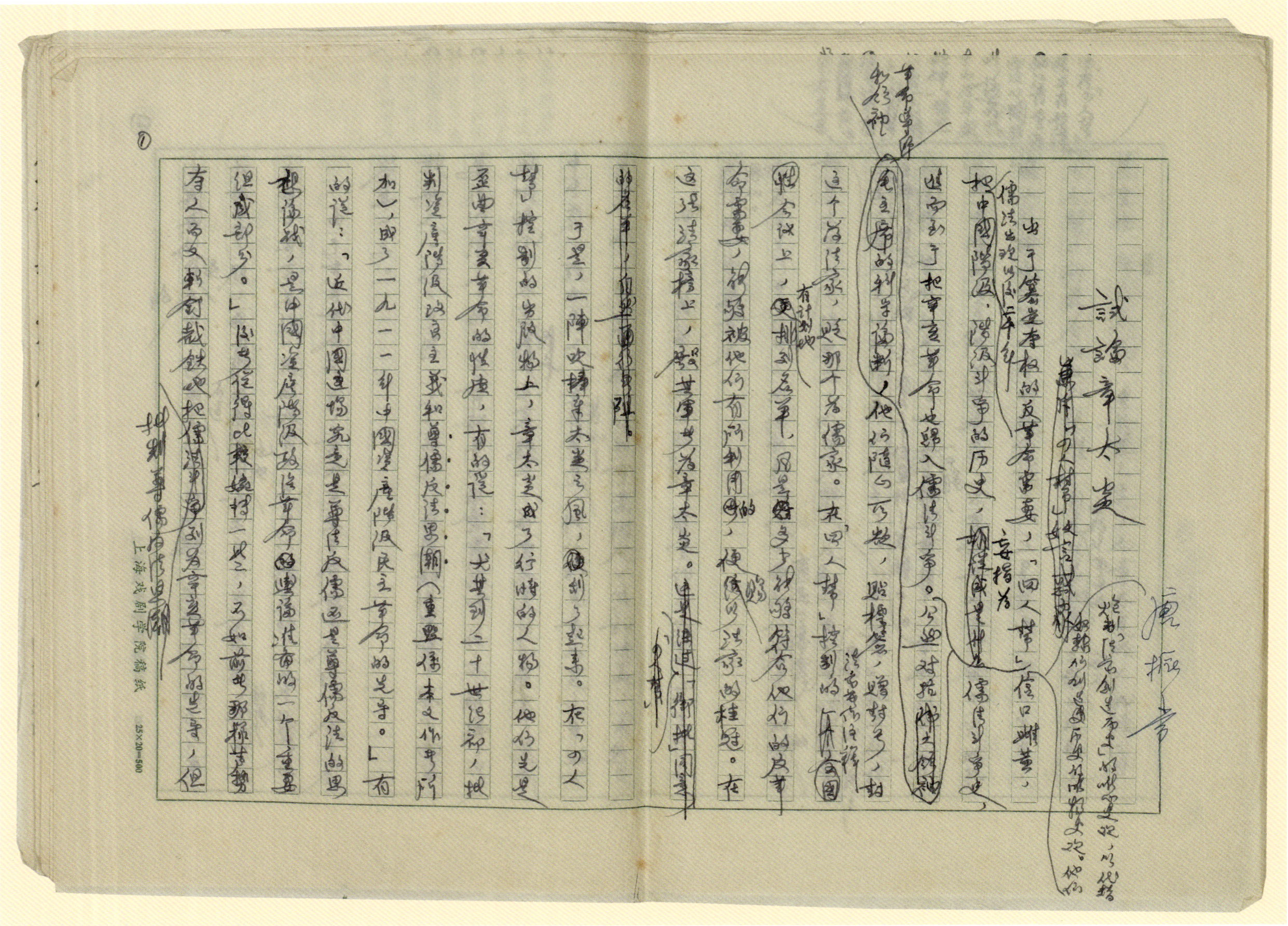
試論章太炎
唐振常

论章太炎　　唐振常

1977年作　　《历史研究》1978年第1期

《论章太炎》是唐振常的第一篇学术论文。首发于《历史研究》1978年第1期，后收录入1981年出版的《章太炎吴虞论集》中。本馆收藏三个不同的版本，分别是初稿、修改稿和定稿。对比手稿，可以发现作者在文章的开篇就有很多修订。唐振常作《论章太炎》一文，具有很强烈的时代背景。正如他在后记中所说，“文革”之前，学界对章太炎的评价颇有分歧，特别是对其思想的阶级属性。他写作此文，是为破“四人帮”哄抬章太炎的罪恶用心，还章太炎一个本来面目。

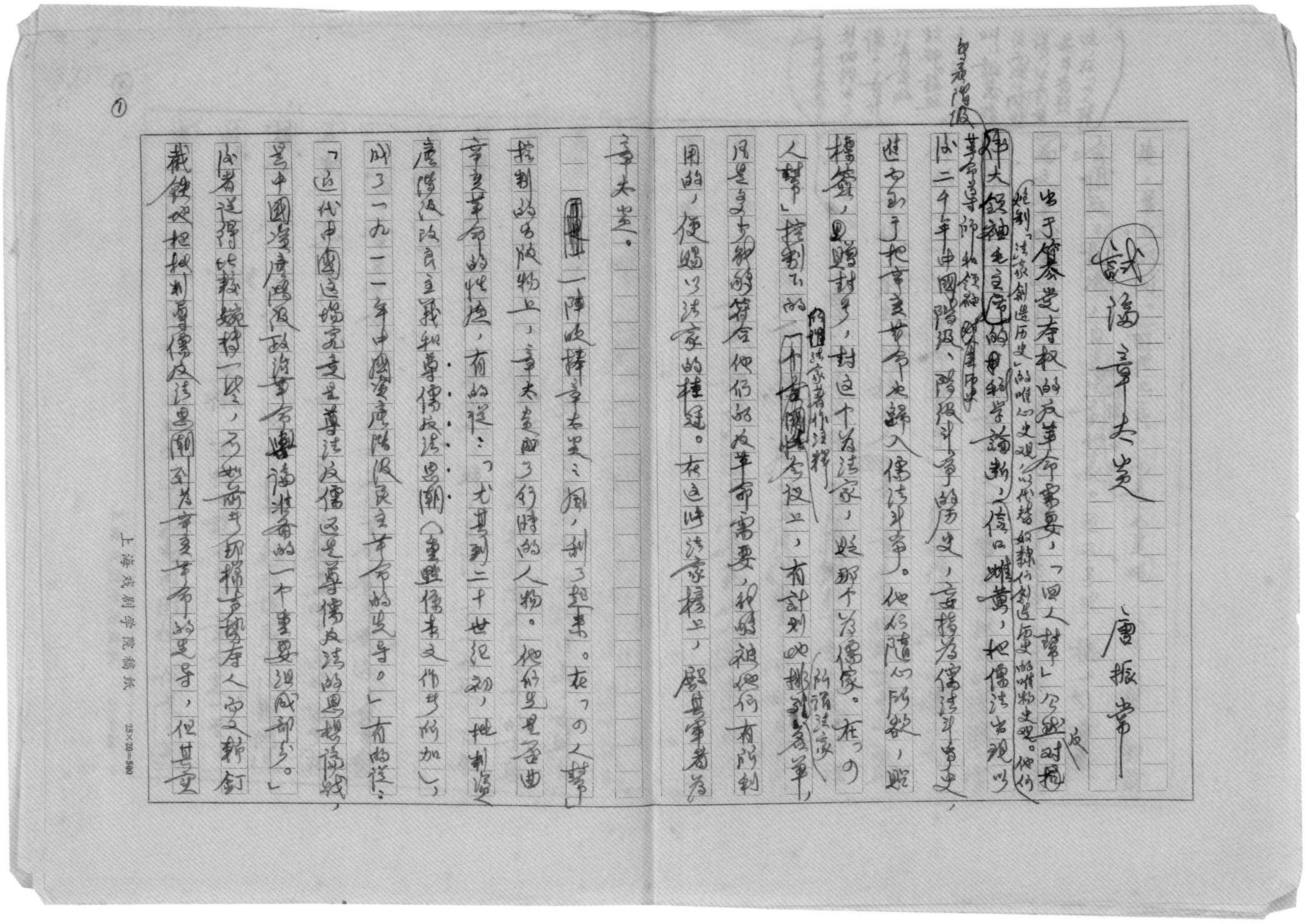
①

试论章太炎

唐振常

出于篡党夺权的反革命需要，「四人帮」公然对抗伟大领袖毛主席的科学论断，信口雌黄，把儒法出现以来二千年中国阶级、阶级斗争的历史，妄指为儒法斗争史，进而到了把革主革命也归入儒法斗争。他们随心所欲，贴标签，乱点封号，封这个为法家，贴那个为儒家。在「四人帮」控制下的一个资产阶级[illegible]，有计划地挑选为革命需要，利用他们有所利用的，便归以法家的桂冠。在这时法家榜上，赫然章太炎。

一阵吹捧章太炎之风，刮了起来。在「四人帮」控制的出版物上，章太炎成了行时的人物。他们或是歪曲章太炎革命的性质，有的说：「尤其到二十世纪初，把封建地主阶级改良主义和尊儒反法思潮（重点係本文作者所加），成了一九一一年中国资产阶级民主革命的先导。」有的说：「近代中国这场究竟是尊法反儒还是尊儒反法的思想论战，是中国资产阶级政治革命舆论准备的一个重要组成部分。」或者说得比较婉转一些，不如前者那样露骨，[illegible]截然地把批判尊儒反法思潮列为章太炎革命的先导，但其重

上海戏剧学院稿纸　25×20=500

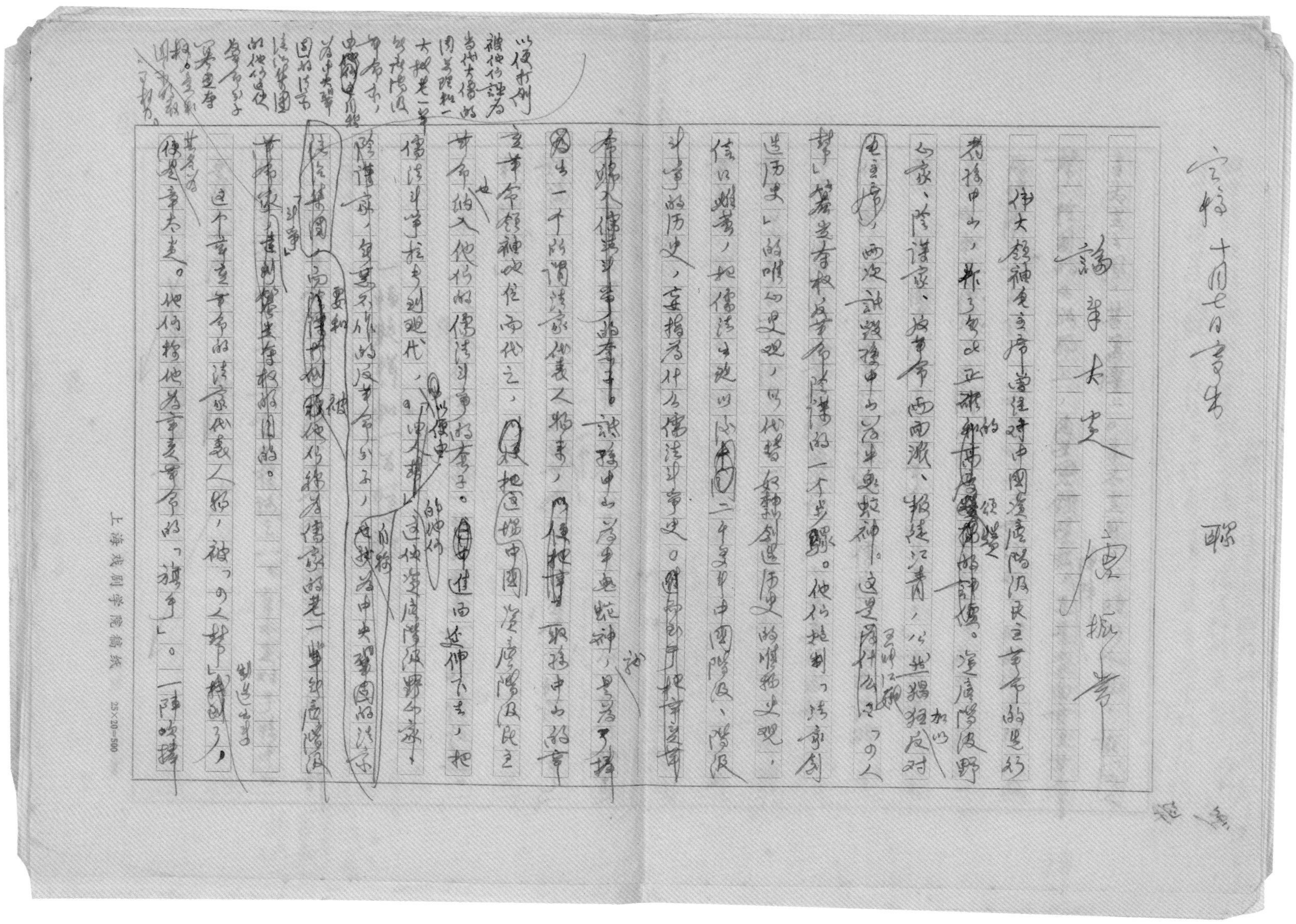
论章太炎

唐振常

上海戏剧学院稿纸　25×20=500

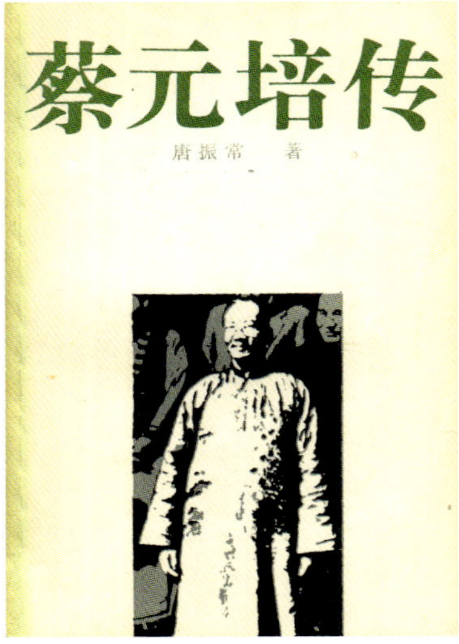
蔡元培传
唐振常 著

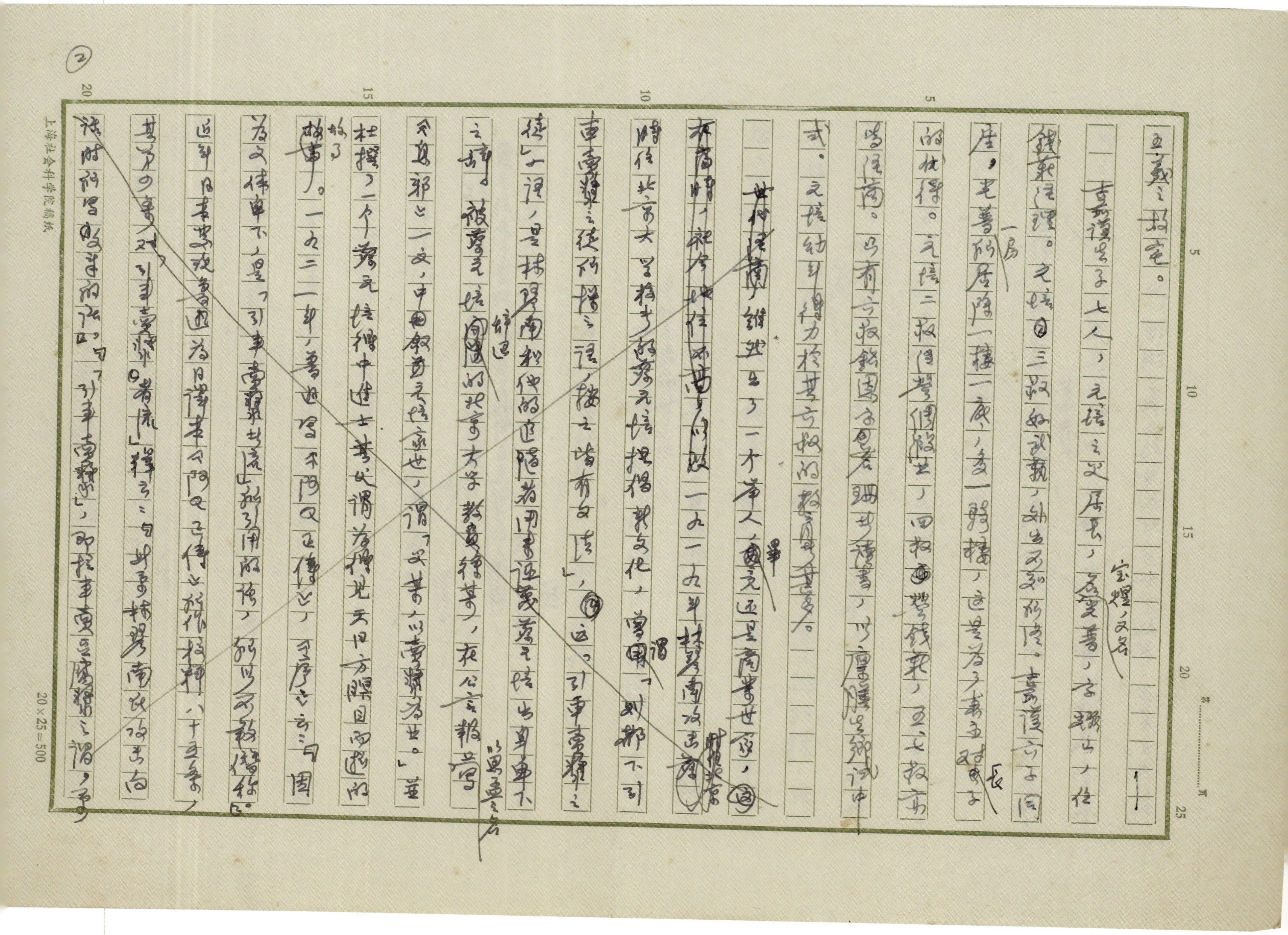
五藏之故宅。
嘉谟生子七人，元培之父居长，[illegible]
[illegible]
上海社会科学院稿纸
20×25=500

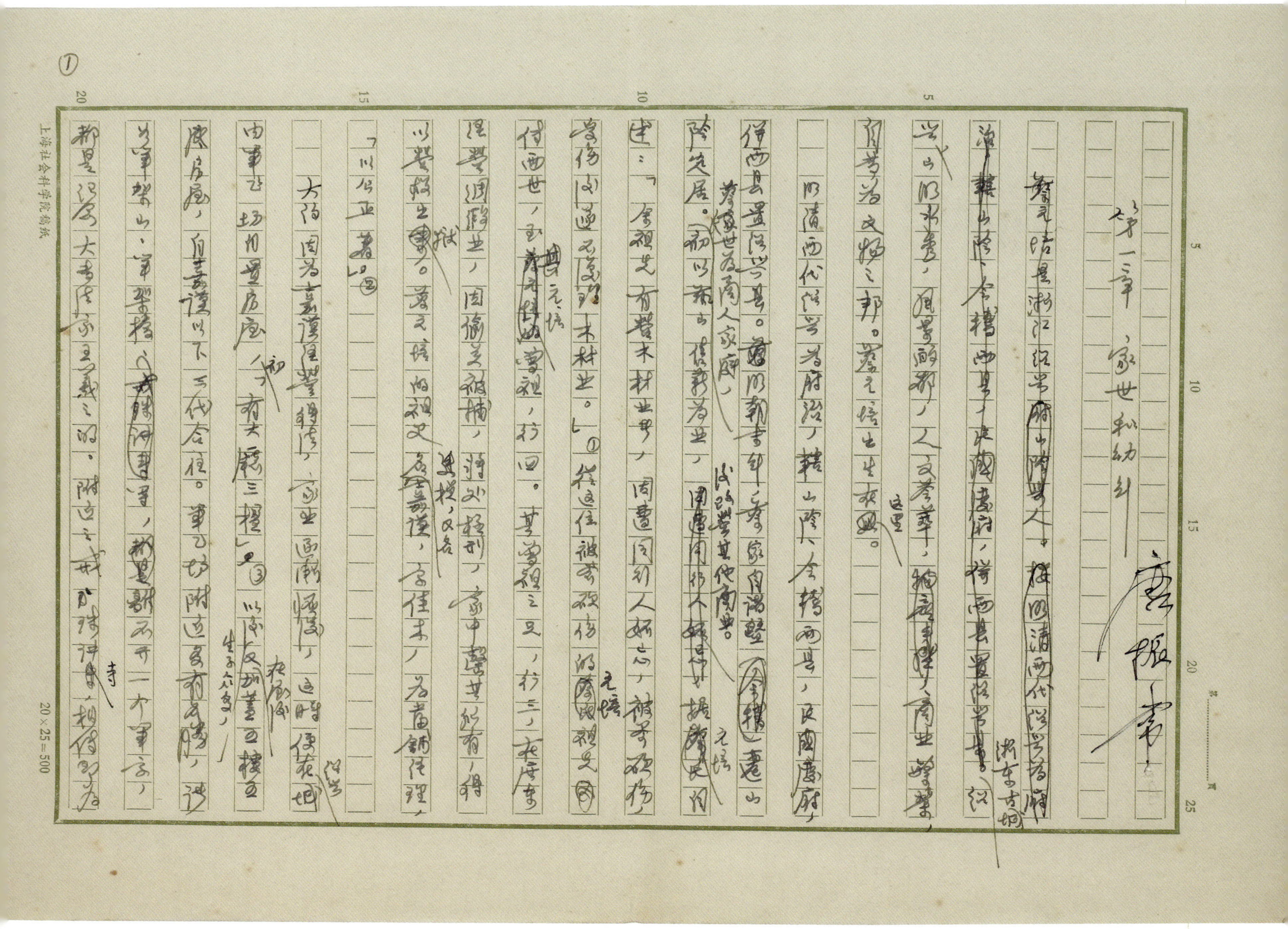

蔡元培传　　唐振常

1983年作　　上海人民出版社1985年出版

《蔡元培传》手稿创作于1983年1月至3月，本馆收藏有全部十五章手稿，这部手稿是作者的初稿，1984年4月作者做了增订之后，于1985年由上海人民出版社出版，获得上海市哲学社会科学1979～1985年度优秀著作奖。

赵云中（1934~2010）

哈尔滨人。俄语学、语言学学者、乌克兰史研究专家。1953年毕业于哈尔滨外国语专科学校，1955年入读国立莫斯科大学语言文学系，1961年获苏联语文科学副博士学位，1962年起在华东师范大学任教。曾任华东师范大学教授、副校长，中国俄语教学研究会副会长等职。曾获“乌克兰三级功勋勋章”、普希金奖章等。著有《乌克兰：沉重的历史脚步》等。

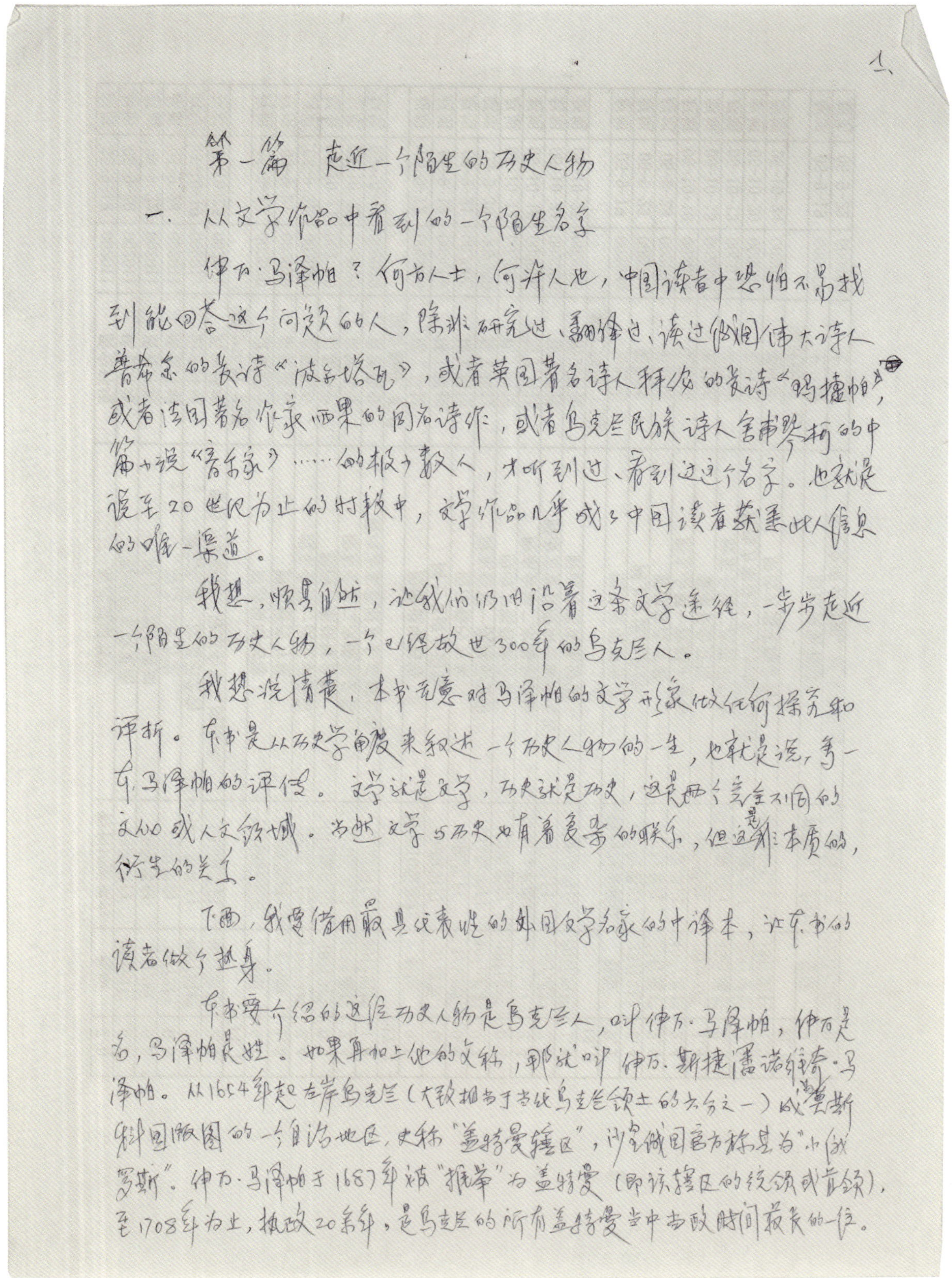

1.

第一篇 走近一个陌生的历史人物

一、从文学作品中看到的一个陌生名字

伊万·马泽帕？何方人士，何许人也，中国读者中恐怕不易找到能回答这个问题的人，除非研究过、翻译过、读过俄国伟大诗人普希金的长诗《波尔塔瓦》，或者英国著名诗人拜伦的长诗《玛捷帕》，或者法国著名作家雨果的同名诗作，或者乌克兰民族诗人舍甫琴柯的中篇小说《音乐家》……的极少数人，才听到过、看到过这个名字。也就是说至20世纪为止的时段中，文学作品几乎成了中国读者获悉此人信息的唯一渠道。

我想，顺其自然，让我们仍旧沿着这条文学途径，一步步走近一个陌生的历史人物，一个已经故世300年的乌克兰人。

我想说清楚，本书无意对马泽帕的文学形象做任何探究和评析。本书是从历史学角度来叙述一个历史人物的一生，也就是说，写一本马泽帕的评传。文学就是文学，历史就是历史，这是两个完全不同的文化或人文领域。当然文学与历史也有着复杂的联系，但这是非本质的，衍生的关系。

下面，我要借用最具代表性的外国文学名家的中译本，让本书的读者做个热身。

本书要介绍的这位历史人物是乌克兰人，叫伊万·马泽帕，伊万是名，马泽帕是姓。如果再加上他的父称，那就叫伊万·斯捷潘诺维奇·马泽帕。从1654年起左岸乌克兰（大致相当于当代乌克兰领土的六分之一）成为莫斯科国版图的一个自治地区，史称“盖特曼辖区”，沙皇俄国官方称其为“小俄罗斯”。伊万·马泽帕于1687年被“推举”为盖特曼（即该辖区的统领或首领），至1708年为止，执政20余年，是乌克兰的所有盖特曼当中当政时间最长的一位。

走进一个陌生的历史人物　　赵云中

未刊

此稿是赵云中撰写的乌克兰政治家马泽帕传记的第一篇。赵云中为了撰写对乌克兰具有深远影响的政治家马泽帕的传记，曾赴乌克兰和俄罗斯搜寻、查找了大量书籍和各种资料。赵云中原本计划以传记形式介绍与研究马泽帕，书稿的纲目和开篇部分已经完成。惜天不假年，他因脑溢血而突然离世，马泽帕传记也成了未尽的遗憾。

上海图书馆藏
中国文化名人手稿

政教与其他 · Politics, Education etc.

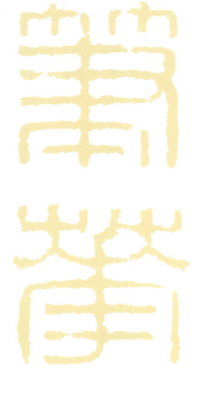

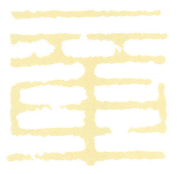

居正（1876~1951）

湖北广济人。字觉生，别号梅川居士。民主革命家、政治家、军事家、法学家。清末留学日本，参加同盟会，后赴新加坡，加入《中兴日报》，又赴仰光主持《光华日报》。武昌起义后，任内务部次长，当选为参议员。二次革命失败后赴日，加入中华革命党。后返山东组织中华革命军东北军，任总司令。1922年后，先后任广东政府内务部长、国民党中央常委、国民党上海执行部组织部长、南京国民政府司法院长、最高法院院长以及司法行政部长、国史馆馆长等职。著有《辛亥亲历记》、《梅川日记》等。有《居正先生全集》3卷行世，其后人捐赠上海图书馆的手稿编为《上海图书馆庋藏居正先生文献集录》9卷出版。

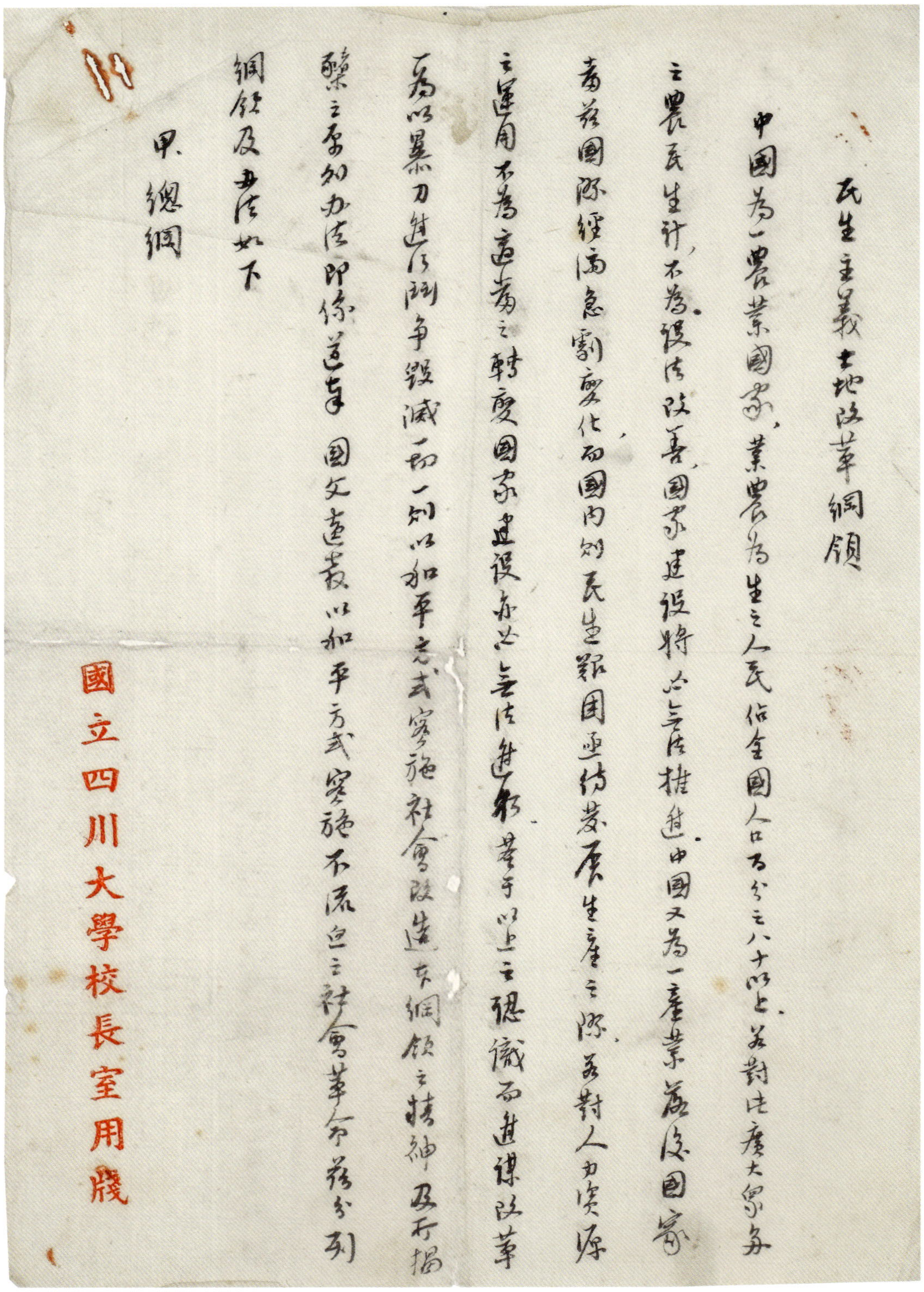

民生主義土地改革綱領

中國為一農業國家，業農為生之人民佔全國人口百分之八十以上，其對於廣大眾多之農民生計，不為根本改善，國家建設將無法推進。中國又為一產業落後國家，當茲國際經濟急劇變化，而國內則民生艱困，亟待發展生產之際，其對人力資源之運用，不為適當之轉變，國家建設亦必無法推行。基於以上之認識而進謀改革，非以暴力進行鬥爭毀滅一切，以和平之方式實施社會改造，本綱領之精神及所揭櫫之參加辦法，即係遵奉 國父遺教，以和平方式實施不流血之社會革命，爰分列綱領及辦法如下

甲、總綱

國立四川大學校長室用箋

民生主义土地改革纲领　　居正

1920年代作　　《上海图书馆庋藏居正先生文献集录》广西师范大学出版社2007年出版

早在1926年参加西山会议与主持上海中央党部期间，居正对土地问题的考量已逐渐成型。《民生主义土地改革纲领》即体现了他明确的土地政策，其主要精神在于用改良与和平的手段，增进农民利益，繁荣中国农村经济，故具有重要的政治与文化意义。1949年后蒋介石在台湾所实行的和平土改，有着与此非常接近的政策主张。

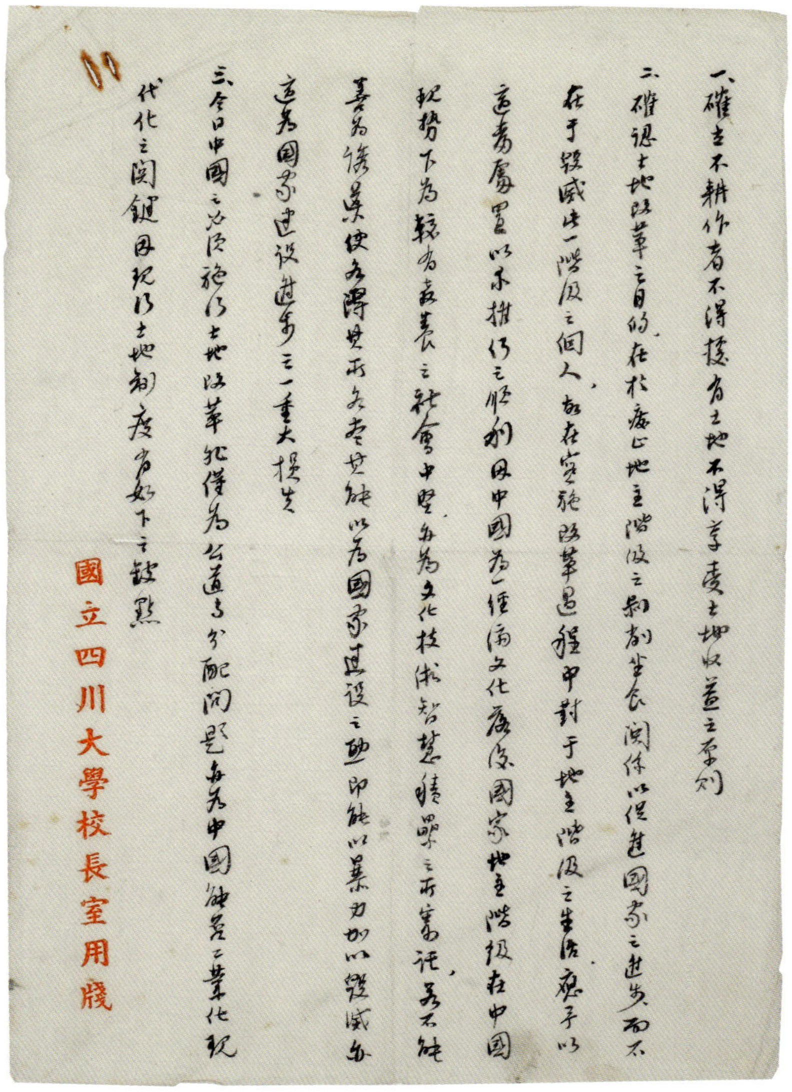
一、確立不耕作者不得據有土地，不得享受土地收益之原則
二、確認土地改革之目的，在於廢止地主階級之剝削寄生關係，以促進國家之進步，而不在于毀滅此一階級之個人。故在實施改革過程中，對于地主階級之生活應予以適當安置，以示推仁之懷。因中國為一經濟文化落後國家，地主階級在中國現勢下為較有教養之社會中堅，亦為文化技術智慧精華之所寄託，若不能善為誘導使其得貢所長，盡其能以為國家建設之助，即欲以暴力加以毀滅，亦適為國家建設途中之一重大損失
三、今日中國之應實施土地改革，非僅為公道之分配問題，亦為中國邁進工業化現代化之關鍵，因現行土地制度有如下之缺點
國立四川大學校長室用箋

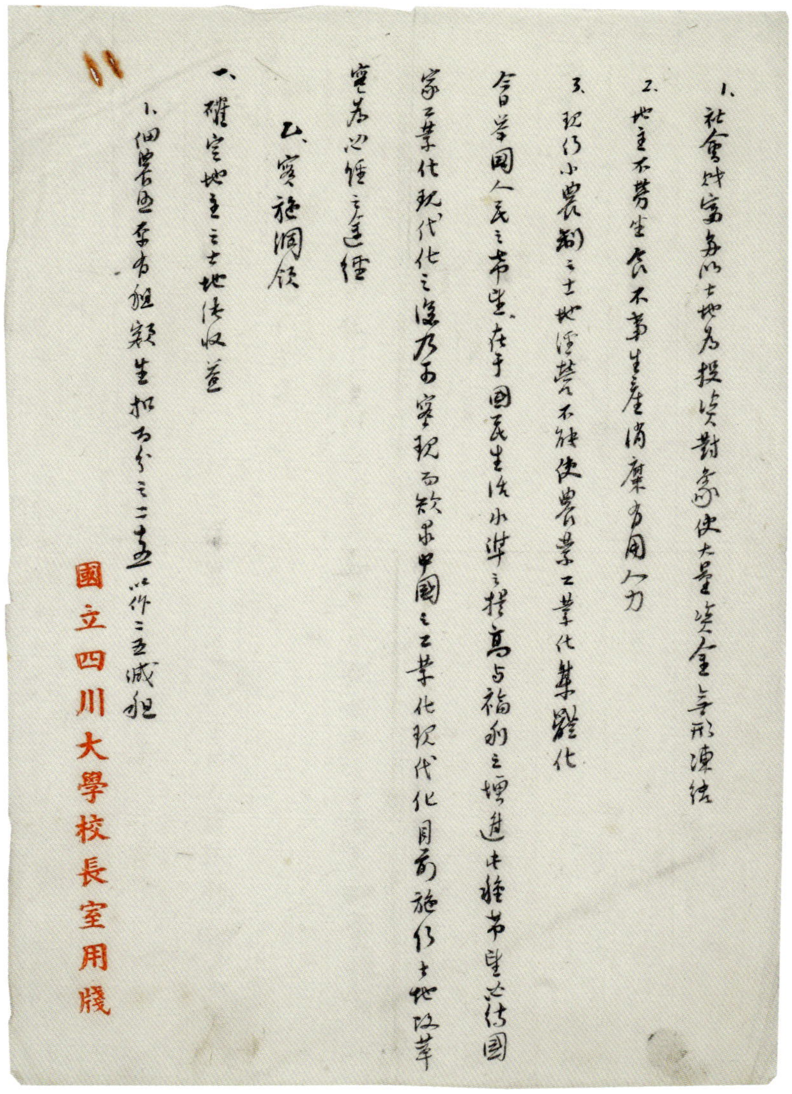
1. 社會財富無以土地為投資對象，使大量資金無形凍結
2. 地主不勞坐食，不事生產，消費有用人力
3. 現行小農制之土地經營不能使農業工業化集體化
合全國人民之努力，在于國民生活水準之提高與福利之增進，而推進之國家之工業化現代化之途乃可實現，而欲求中國之工業化現代化，目前施行土地改革實為必經之途徑
乙、實施綱領
一、確定地主之土地徵收費
1. 佃農照本年租額生租百分之二十五以作二五減租
國立四川大學校長室用箋

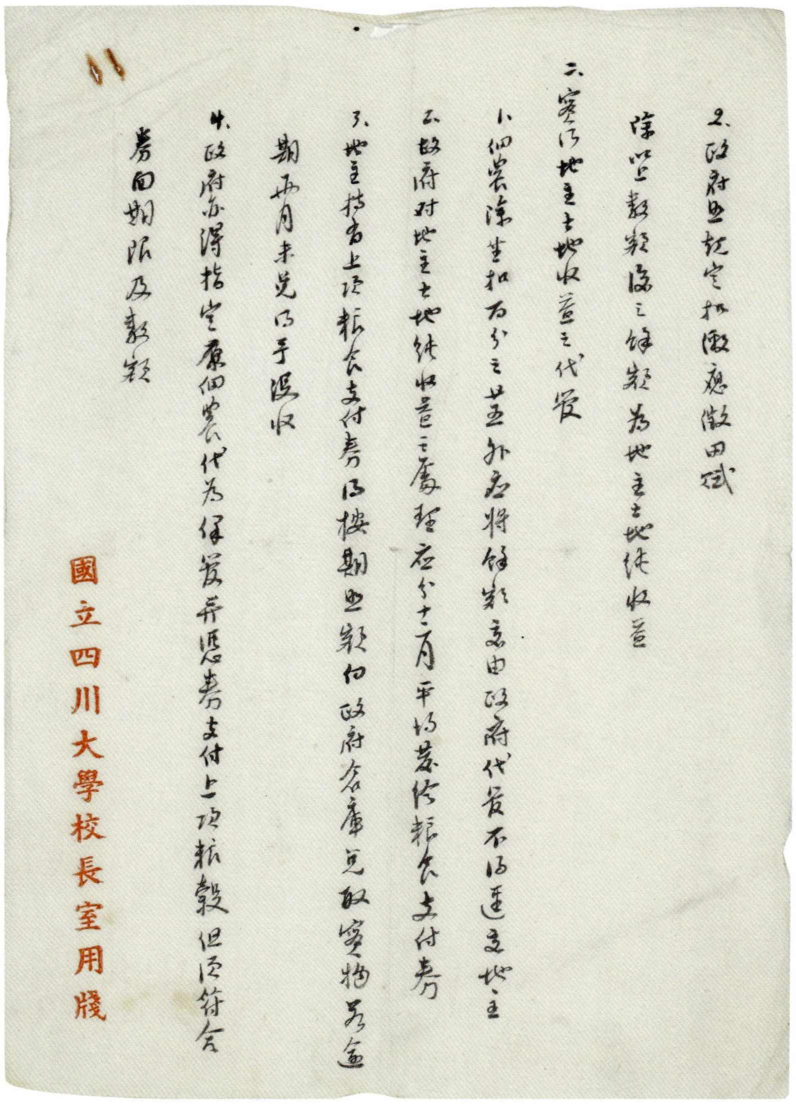
2. 政府照現定租額徵收田賦，除照額繳之餘額為地主土地徵收費
二、實行地主土地收買之代價
1. 佃農除生租百分之卅五外，應將餘額交由政府代交，不得逕交地主
2. 政府對地主土地徵收費之處理，應分十二月平均發給糧食支付券
3. 地主持有上項糧食支付券得按期照額向政府倉庫兌取實物或金，期兩月未兌得予沒收
4. 政府亦得指定原佃農代為保管并憑券支付上項糧穀，但須符合券面期限及數額
國立四川大學校長室用箋

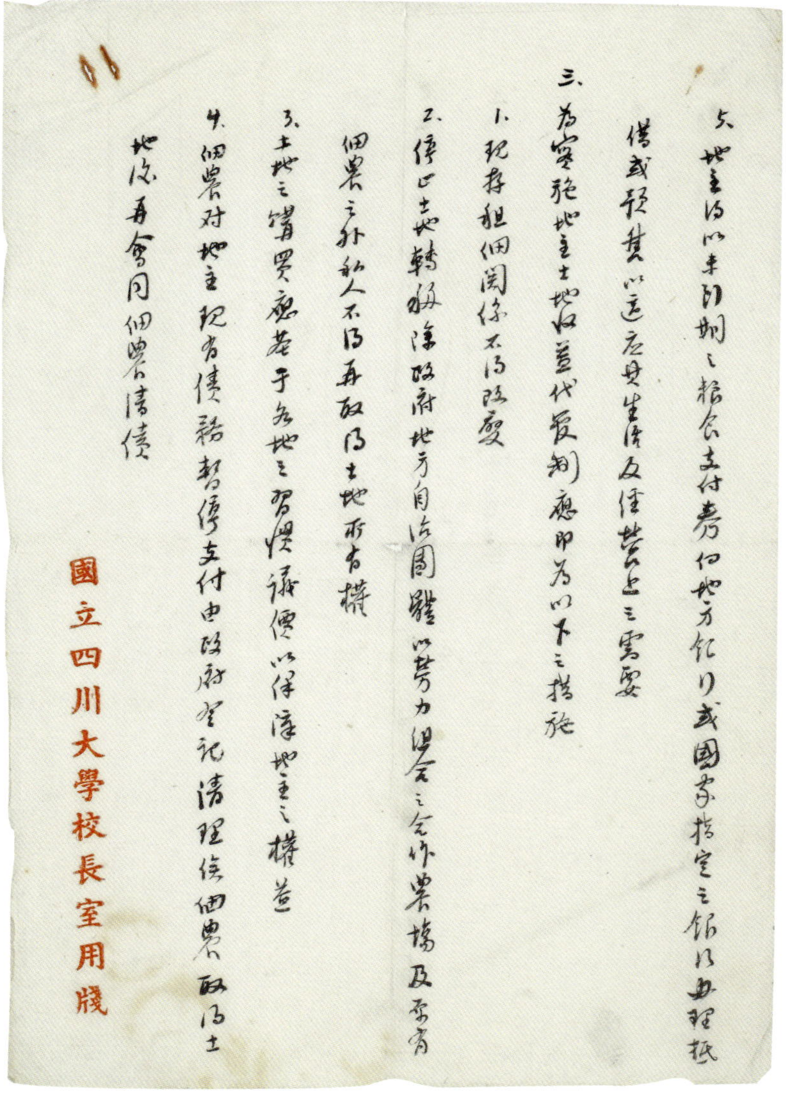
5. 地主得以未到期之糧食支付券向地方銀行或國家指定之銀行典押抵借或領貸，以適應其生活及經營上之需要
三、為實施地主土地收益代價制應即為以下之措施
1. 現存租佃關係不得改變
2. 停止土地轉移，除政府地方自治團體以勞力組合之合作農場及原有佃農之外，私人不得再取得土地所有權
3. 土地之購買應著手為地之買賣議價，以保障地主之權益
4. 佃農對地主現有債務暫停支付，由政府登記清理，佃農取得土地後再會同佃農清償
國立四川大學校長室用箋

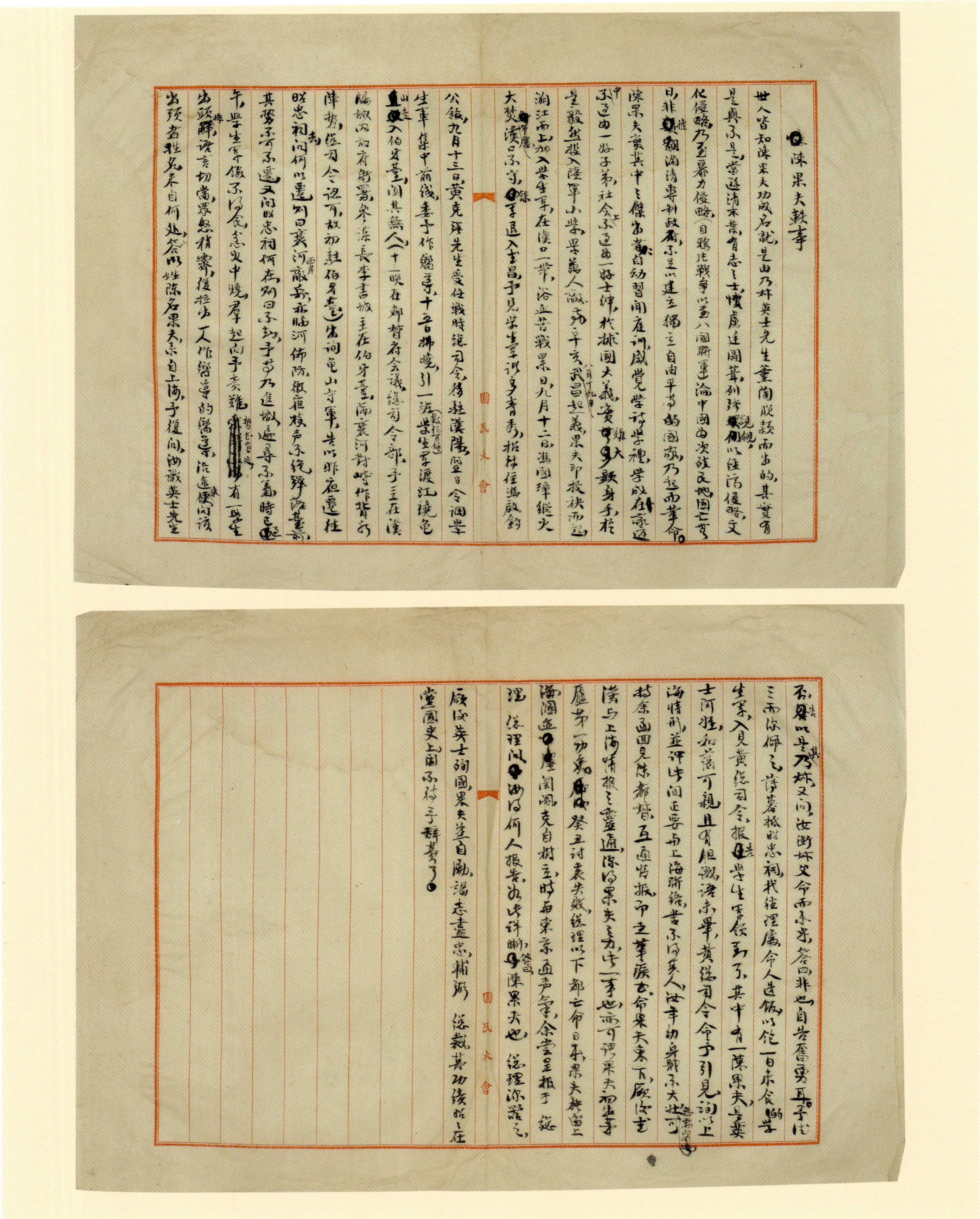

陈果夫轶事　　居正

1951年作　　《上海图书馆庋藏居正先生文献集录》广西师范大学出版社2007年出版

陈果夫早年在南京第四陆军中等学堂读书，后随二叔陈英士参加辛亥革命和二次革命，先后加入同盟会和中华革命党。在此篇手稿中，居正追忆了初遇陈果夫时的情状。时值辛亥革命后不久，居正所带领的学生军在遭遇窘境之际，陈果夫以其镇定果敢为居正解困，后知其为老友陈英士之侄，更使居正对其留下极为深刻的印象。该手稿是居正在陈果夫去世之后为追念这位旧交而作。

祝《法令月刊》问世　　居正

1950年作　　《上海图书馆庋藏居正先生文献集录》广西师范大学出版社2007年出版

南京临时政府时，居正任内政部次长，曾参与起草《中华民国临时约法》。自1930年代起，居正在任职司法院院长的十六年间，将主要精力投入当时中国的法制建设中，大力支持、推行中国的法制改革，对内树立法治威信，对外恢复法权完整。同时，他还兼任中华民国法学会理事长，撰有《为什么要重建中国法系》等法学专著。因此，对中国近代法制变革，他不仅耳闻目睹，且亲力亲为。1950年《法令月刊》杂志在台北创立，此刊物致力于法律的学术研究，并延续至今，居正作为法学巨擘，特手书此诗以示祝贺。

上海图书馆庋藏
居正先生文献集录

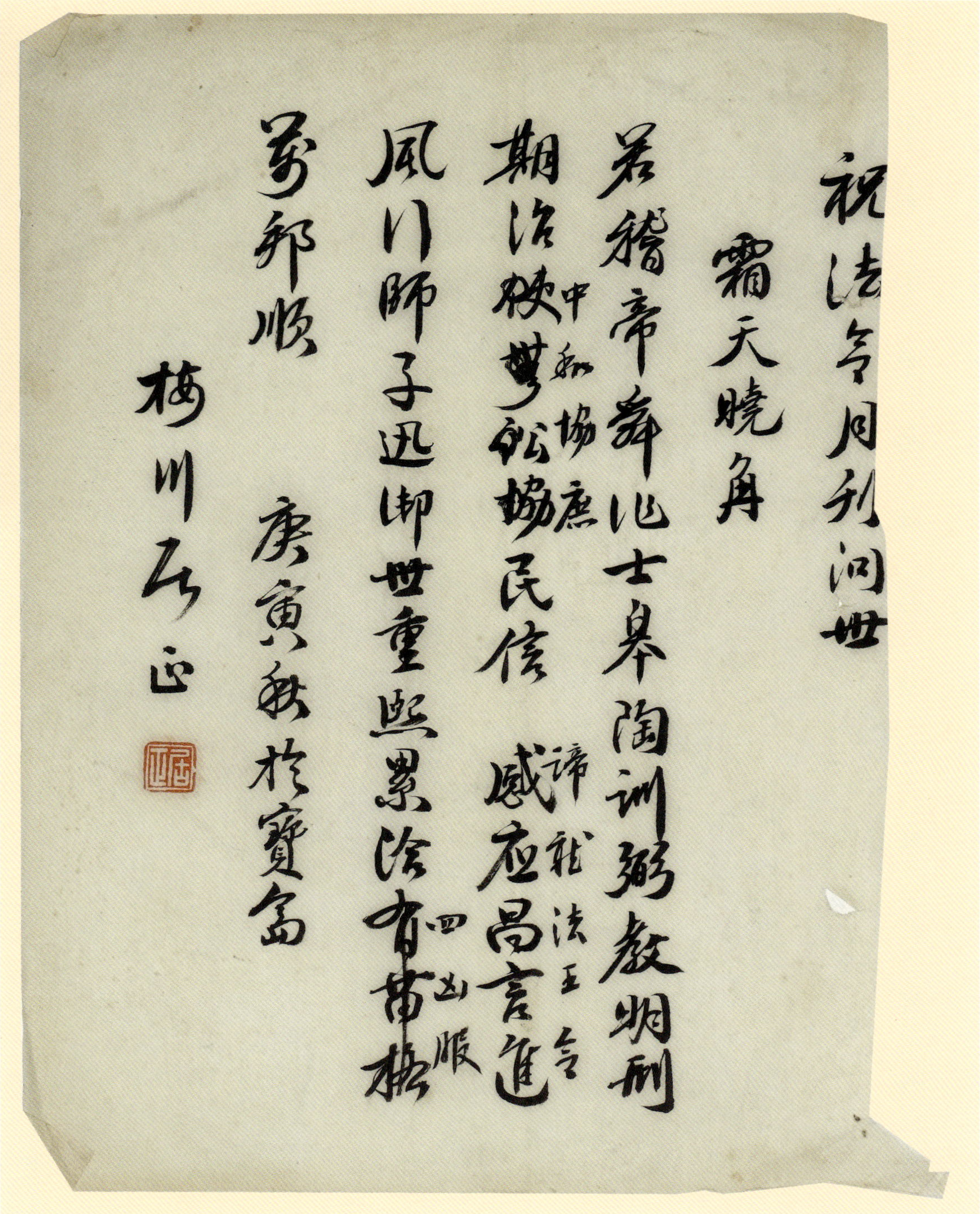
祝法令月刊问世
霜天晓角
庚寅秋于宝岛
梅川居正

邵力子（1882~1967）

浙江绍兴人。初名景奎，字仲辉，又名凤寿。政治家、教育家。先后在震旦公学、复旦公学、南洋公学求学，后加入同盟会。参与创办《神州日报》、《民呼报》等。1915年与叶楚伧创办《民国日报》，任主笔。1919年后，又兼任该报副刊《觉悟》主编，后加入中国共产党。曾同柳亚子等发起组织新南社，和于右任等创办上海大学，任副校长、代校长，1925年任黄埔军校秘书长。1927年后，曾任国民革命军总司令部秘书长，中国公学、复旦实验学校校长，国民党中宣部部长，国民党中央监察委员会常委等职。新中国成立后，历任中央人民政府政务委员，全国人大常委，政协全国常委，民革中央常委等职。著有《抗战与宣传》、《苏联归来》等。有《邵力子文集》上下卷行世。

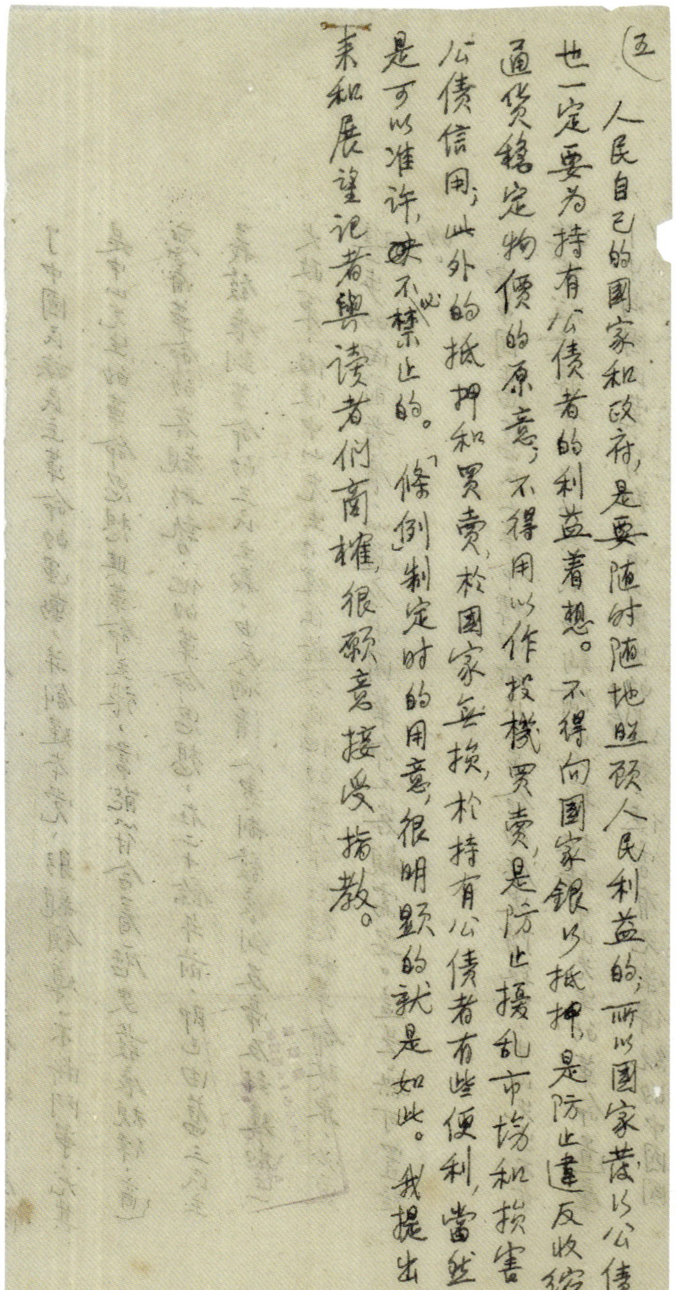

（五）

人民自己的国家和政府，是要随时随地照顾人民利益的，所以国家发行公债，也一定要为持有公债者的利益着想。不得向国家银行以抵押，是防止违反收缩通货稳定物价的原意，不得用以作投机买卖，是防止扰乱市场和损害公债信用；此外的抵押和买卖，於国家无损，於持有公债者有些便利，当然是可以准许，也不必禁止的。「条例」制定时的用意，很明显的就是如此。我提出来和展望记者与读者们商榷，很愿意接受指教。

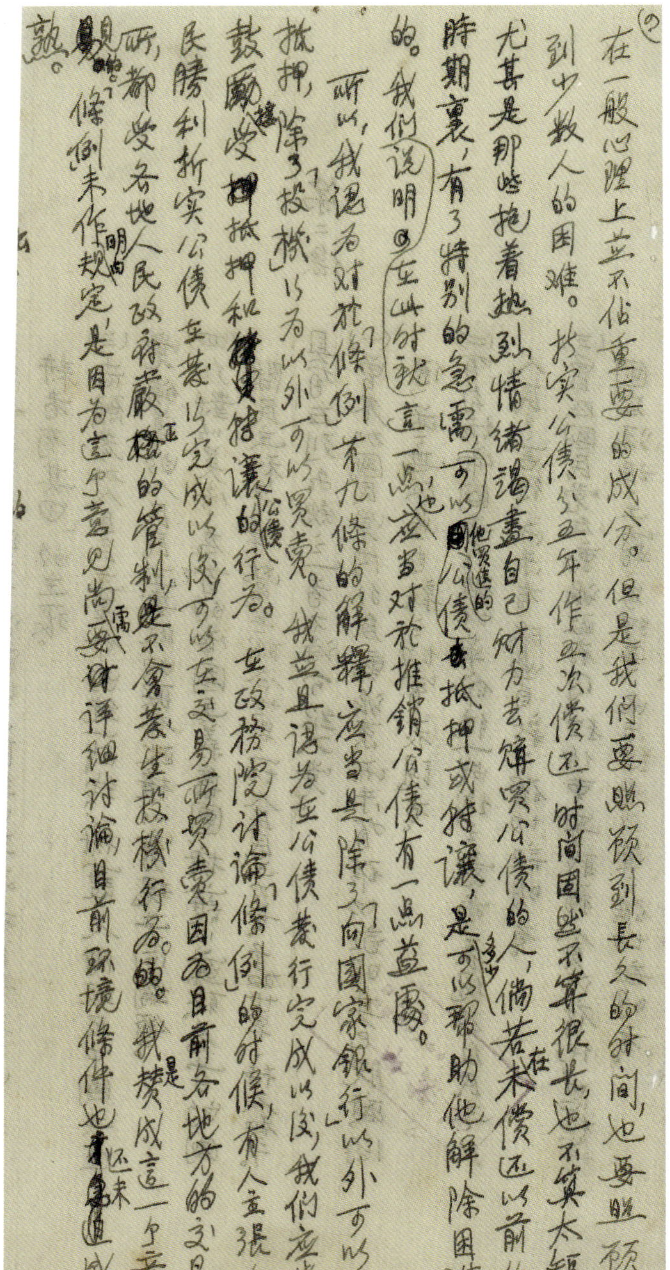

②

在一般心理上并不佔重要的成分。但是我们要照顾到长久的时间，也要照顾到少数人的困难。於实公债分五年作五次偿还，时间固然不算很长，也不算太短，尤其是那些抱着热烈情绪竭尽自己财力去购买公债的人，倘若在未偿还以前的时期里，有了特别的急需，可以他买进的公债去抵押或转让，是可以帮助他解除困难的。我们说明在此时就应当对於推销公债有一点益处。

所以我认为对於「条例」第九条的解释，应当是除了向国家银行以外可以抵押，除了投机以外可以买卖。我并且认为在公债发行完成以後，应当鼓励公债持有人抵押和转让的行为。在政务院讨论「条例」的时候，有人主张人民胜利折实公债在发行完成以後，可以在交易所买卖，因为目前各地方的交易所都受各地人民政府严格的管制，是不会发生投机行为的。我赞成这一个意见，但是因为这个意见尚需要详细讨论，目前环境条件也还未成熟，明白规定在条例中。

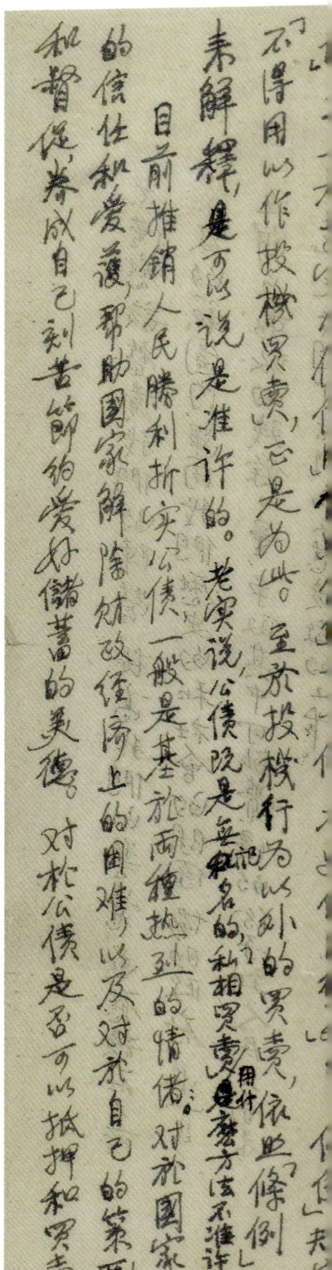

不得用以作投机买卖，还是为此。至於投机行为以外的买卖，依照「条例」未解释，是可以说是准许的。老实说，公债既是无记名的，相互买卖用什么方法不准许呢？

目前推销人民胜利折实公债，一般是基於两种热烈的情绪：对於国家的信任和爱护，帮助国家解除财政经济上的困难，以及对於自己的策励和督促，养成自己刻苦节约爱好储蓄的美德。对於公债是否可以抵押和买卖，

关于人民胜利折实公债的两个问题　　邵力子

1950年作

新中国刚建立之际，为安定民生，走上恢复和发展经济的轨道，中央人民政府委员会第四次会议通过“关于人民胜利折实公债的决定”，并由政务院制定条例，从1950年起开始发行第一期国债。当时的一些杂志通过对条例进行问答的形式，来向大众阐释此一政策。时任政务委员的邵力子对《展望》杂志中围绕该政策条例第九条的问答，提出了自己的不同看法，认为其中的两个提问“折实公债为什么不可以做抵押品”、“为什么折实公债不准私相买卖”并不妥当，已将条例推至规范之外加以解释，有悖于条例精神。邵力子根据对条例用意的理解，提出了“抵押和买卖，于国家无损，于持有公债者有些便利，当然是可以准许，不必禁止的”等商榷意见。

（一）

關於人民勝利折實公債的兩個問題　邵力子

展望五卷一二兩期連續刊載關於人民勝利折實公債問答，把人民勝利折實公債的意義和購買公債者的利益，用問答体逐項詳細說明，對於推銷人民勝利折實公債是非常有益的。所有各項問答，當然是根據中央人民政府政務院政務會議通過的「一九五〇年第一期人民勝利折實公債條例」和政務院頒布的「關於發行一九五〇年第一期人民勝利折實公債的指示」。祇是第二期所設的問，有兩項似乎與條例原文的文字和涵義都不大相符，而在指示中更找不出所設的問和答有關的字句。我覺得問答對於條例的解釋似乎有些偏差，可以發生對於推銷公債相反的影響，因此有加以討論研究的必要。

我所說指出的兩項問答，是：一、問：人民勝利折實公債為什麼不可以做抵押品？二、問：為什麼折實公債不准私相買賣。這兩問是根據條例第九條提出的。查條例第九條是這樣寫着：「本公債不得代替貨幣流通市面，不得向國家銀行抵押，並不得用以作投機買賣。」這裏一共有三個「不得」，這三個「不得」，規定得十分明白，在規定的範圍裏當然是要嚴格地執行並遵守的，但我們不必也不應推廣到規定的範圍以外去解釋。「不得向國家銀行抵押」，並不一般地都不可以做抵押品，為什麼不可以向國家銀行抵押，這理由在問答裏說得很明白，「折實公債發行的目的在於收縮通貨，穩定物價，倘若准許抵押（向國家銀行抵押），何必發公債，乾脆發些大鈔就是了」。但是，除了向國家銀行以外，倘若有抵押的行為，並不會增加通貨，國家當然不必禁止它。「條例」既祇說「不得向國家銀行抵押」，就可於說「得向私營金融機構或任何私人抵押」。「不得用以作投機買賣」，並不一般地都不准買賣。投機行為本是人民政府所絕對不准許的，人民政協共同綱領第三十七條「關於商業」有「對於擾亂市場的投機商業必須嚴格取締」的規定，所以折實公債不得用以作投機買賣的理由是無須細說的，但是投機買賣以外，買賣的行為可以很多，而私相買賣，實在與投機買賣大有區別。假定甲乙兩

（三）

個人，一個人願意把先前買進的公債轉讓出去，一個人願意接受這轉讓的公債，這算不算「私相買賣」呢？這樣的「私相買賣」，尤其是在公債發行已經完成以後，為什麼要不准許呢？所謂投機買賣，一般的是兩種形式，一是買空賣空，一是囤積居奇；對於公債，後一種是不會有的，對於前一種，倘若不加禁止，就一定會有壓低公債價格，用欺騙方法來騙取兌法利

柳亚子（1887~1958）

江苏吴江人。原名慰高，后更名弃疾，字景山、安如，号亚卢（亚庐）、亚子。诗人、文学家、政治家。1903年入上海爱国学社，与章太炎、邹容等人一起鼓吹反对清朝专制统治。1906年参加同盟会，1909年创立南社。辛亥革命后，担任《天铎》、《民声》等报主笔，并为孙中山委为总统府秘书。1923年组织新南社，1924年加入中国国民党，历任监察委员等职。抗战时期参加中国民主同盟，胜利后与李济深发起成立中国国民党革命委员会。新中国成立后，当选为中央人民政府委员、全国人大常委、民革中央常委、中央文史馆副馆长等职。著有《乘桴集》、《怀旧集》、《柳亚子诗词选》等。

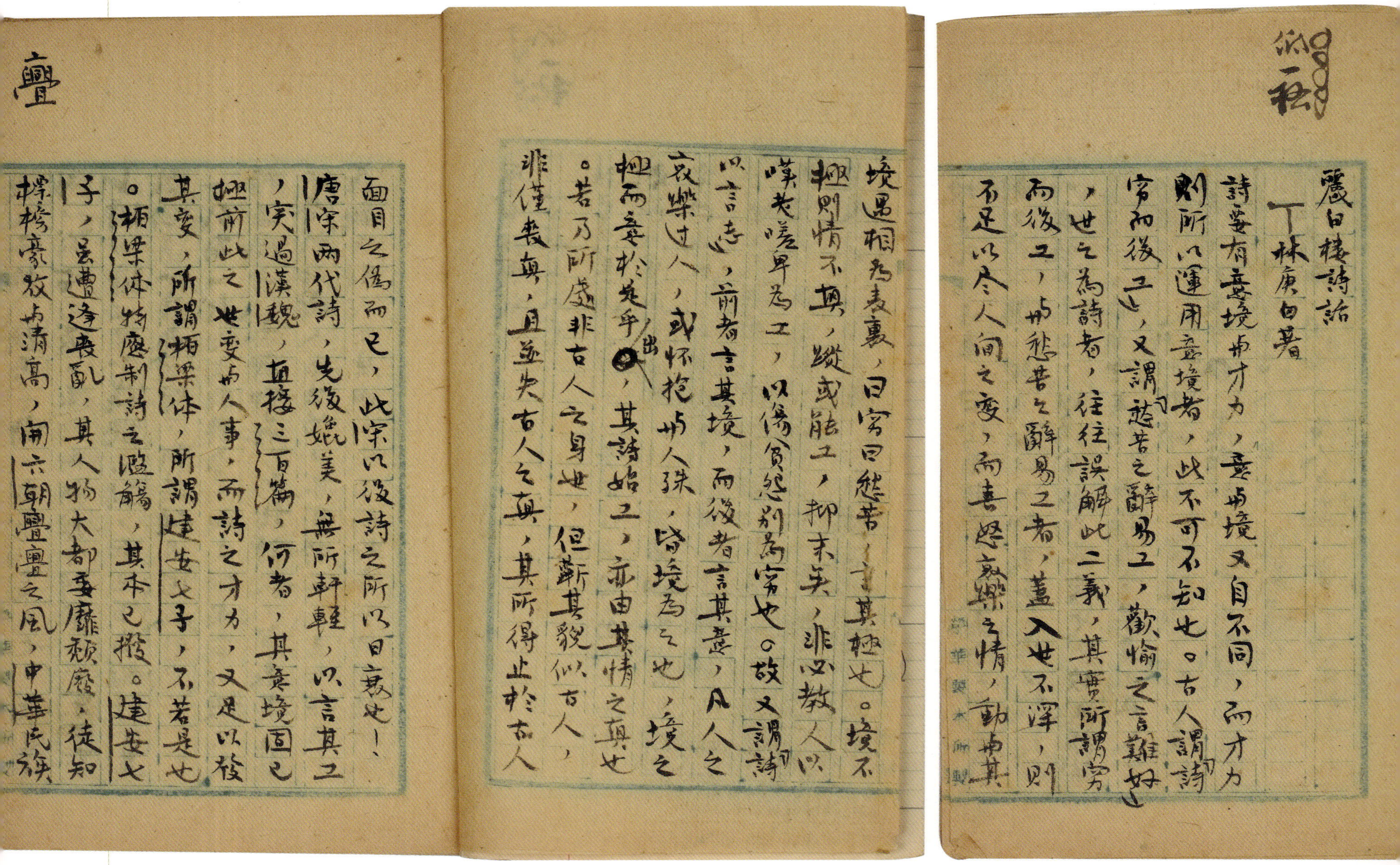

似二稿

麗白樓詩話

林庚白著

詩要有意境與才力，意與境又自不同，而才力則所以運用意境者，此不可不知也。古人謂詩窮而後工，又謂愁苦之辭易工，歡愉之言難好，世之為詩者，往往誤解此二義，其實所謂窮而後工，與愁苦之辭易工者，蓋入世不深，則不足以念人間之變，而喜怒哀樂之情，動與其境遇相為表裏，日窮日愁苦，以盡其極也。境不極則情不真，縱或能工，抑末矣，非所以教人以嘆老嗟卑為工，以傷貧怨別為窮也。故又謂詩以言志，前者言其境，而後者言其意，凡人之哀樂過人，或懷抱與人殊，皆境為之也，境之極而意於是乎出，其詩始工，亦由其情之真也。若乃所處非古人之身世，但斷其貌似古人，非僅表真，且並失古人之真，其所得止於古人

疊

面目之偽而已，此宋以後詩之所以日衰也！唐宋兩代詩，先後媲美，無所軒輊，以言其工，實過漢魏，直接三百篇，何者，其意境固已極前此之世變與人事，而詩之才力，又足以發其變，所謂柏梁體，所謂建安七子，不若是也。柏梁體特應制詩之濫觴，其本已撥。建安七子，丁遭逢喪亂，其人物大都委靡頹廢，徒知標榜豪放與清高，開六朝疊疊之風，中華民族

《丽白楼诗话》上篇　　柳亚子

1944年作　　《丽白楼自选诗》开明书店1946年出版

柳亚子与林庚白同为南社社员，但关系较一般社友更为密切。两人订交甚早，20世纪30年代前期他们同在上海，诗酒酬和甚勤。林庚白对柳亚子以兄事之，柳亚子也为林庚白的诗赋才情所折服，情谊深厚。1941年12月林庚白在香港遭日本兵杀害后，柳亚子悲痛万分，特做诗文《林庚白家传》，以悼念故人。之后他着手辑录林庚白生前文稿，并亲自抄录，此篇《丽白楼诗话》是柳亚子在辑录林庚白遗稿过程中由其手缮并联系出版事宜，文稿后收入1946年出版的《丽白楼自选诗》与1994年付梓的《丽白楼遗集》。

甘寂寞室

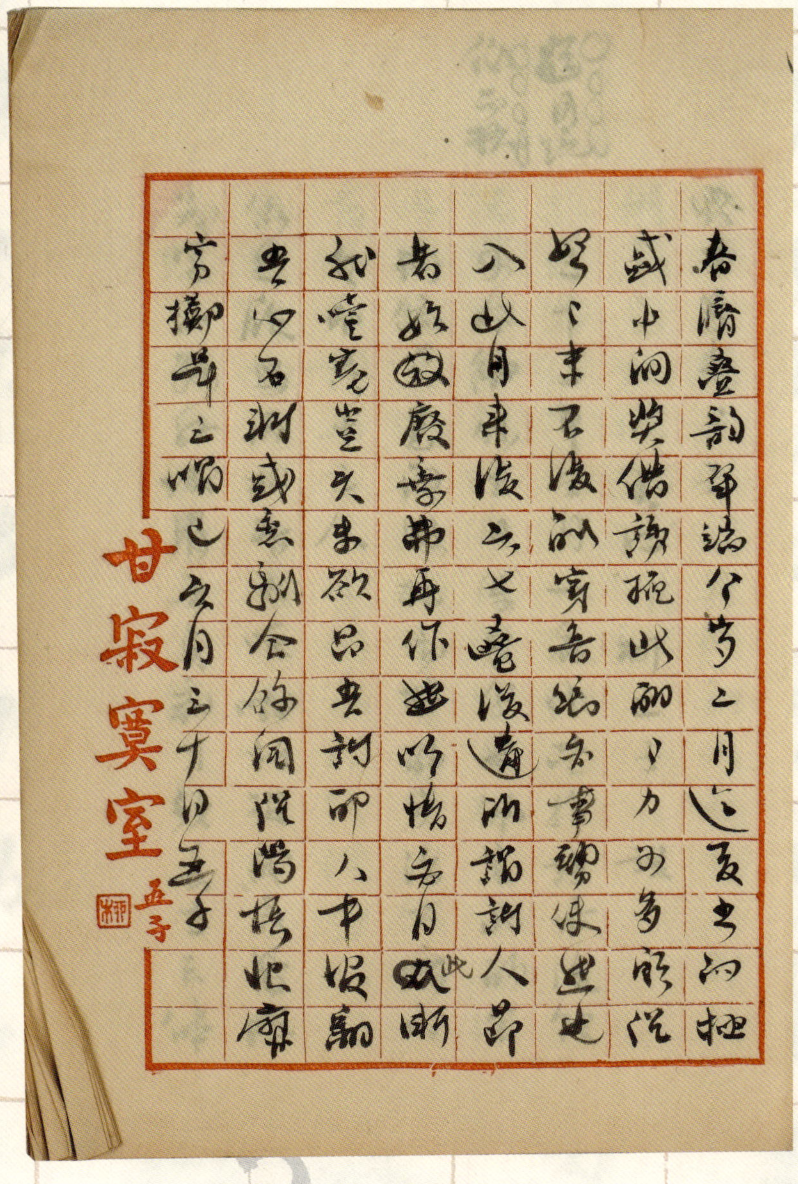
甘寂寞室

《骖鸾集》卷六　　柳亚子

1942~1944年作

此稿为《骖鸾集》卷六原稿，为柳亚子1942年居桂林后所作。封面有柳亚子题“淞妹留念”，淞妹即是于1994年向本馆捐赠此柳亚子手稿的林北丽女士。林北丽乃柳亚子挚友林庚白之妻，其父母林景行、徐蕴华皆为南社社员，徐蕴华亦为秋瑾弟子。林北丽在诗词上造诣非凡，深得柳亚子赞赏而收为弟子，并于1944年著专文《介绍一位现代的女诗人》，赞美她的不凡诗才。1944年柳亚子在辑录林庚白遗稿时，林北丽亦为柳亚子手缮其《骖鸾集》诗稿，柳亚子为此赠诗一首以致谢：“漫漫长夜意何如？破梦挑灯早晚书。未信雄文能寿世，最怜病腕累钞胥。”

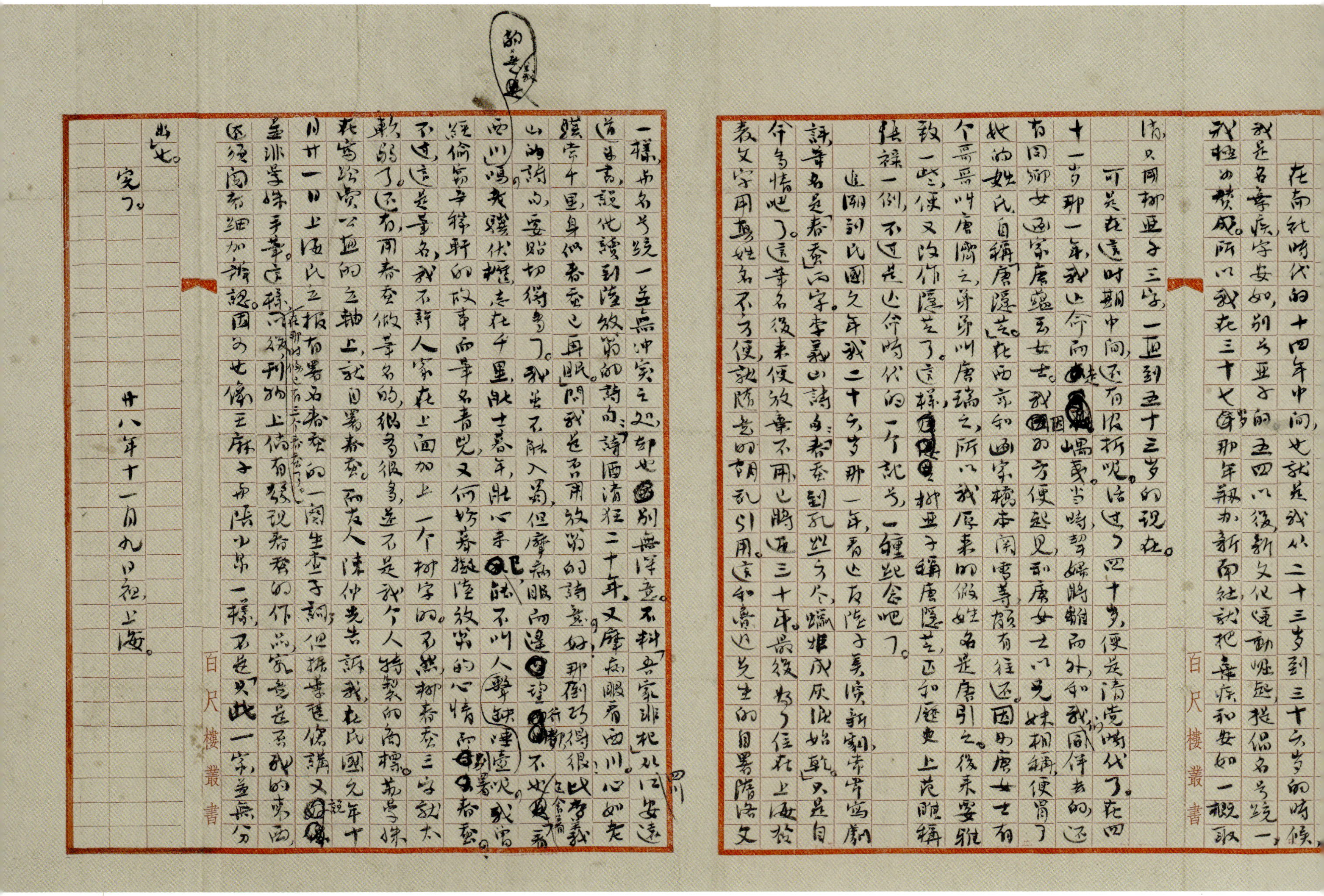

在南社時代的十四年中間，也就是我從二十三歲到三十六歲的時候，我是名棄疾，字安如，別號亞子的。五四以後，新文化運動興起，提倡名號統一，我極力贊成。所以我在三十七歲那年籌辦新南社，就把棄疾和安如一概取消，只用柳亞子三字，一直到五十三歲的現在。

可是在這時期中間，還有很[illegible]折呢。活過了四十歲，便是清黨時代了。在四十一歲那一年，我亡命向[illegible]走[illegible]嶋夷。當時，挈婦將雛而外，和我同伴去的，還有同鄉女畫家唐蘊玉女士。我[illegible]為方便起見，和唐女士以兄妹相稱，便冒了她的姓氏，自稱唐隱芝。在西京和畫家橋本關雪等頗有往還。因為唐女士有個哥哥叫唐濟之，弟弟叫唐瑞之，所以我原來的假姓名是唐引之。後來要雅致一些，便又改作隱芝了。這樣，[illegible]柳亞子稱唐隱芝，正和歷史上范雎稱張祿一例，不過是亡命時代的一個記號，一種紀念吧了。

追溯到民國七年我二十六歲那一年，看見有陸子美演新劇，常常寫劇評，筆名是春蠶兩字。李義山詩句：春蠶到死絲方盡，蠟炬成灰淚始乾。又是自命多情吧了。這筆名後來便放棄不用，已將近三十年。最後為了住在上海發表文字用真姓名不方便，就隨意的胡亂引用。這和魯迅先生的自署隨便文一樣，和名號統一並無沖突之處，卻也[illegible]別無深意。不料「吾家非把」江安遠道兄書，說他讀到陸放翁的詩句：「詩酒清狂二十年，又摩病眼看西川。心如老驥常千里，身似春蠶已再眠。」問我是否用放翁的詩意。好，那倒巧得很。比[illegible]我的詩句，要貼切得多了。我是不能入蜀，但摩病眼向邊[illegible]望[illegible]不[illegible]西川，嗚呼我驥伏櫪，志在千里，壯士暮年，壯心未已，能不叫人擊缺唾壺[illegible]著[illegible]。我經倫窮年稼軒的故事而筆名青兕，又何妨摹擬陸放翁的心情而[illegible]著春蠶。不過，這是筆名，我不許人家在上面加上一個柳字的。不然，柳春蠶三字就太軟弱了。還有用春蠶做筆名的，很多很多，並不是我個人特製的商標。蘇曼殊在寄給[illegible]公畫的立軸上，就自署春蠶。而友人陳仲[illegible]先生告訴我，在民國元年十月廿一日上海民立報有署名春蠶的一闋生查子詞，但據[illegible]講又[illegible]是亦曼殊手筆。這樣，以後刊物上倘有發現春蠶的作品，究竟是否我的東西，還須閱者細加辨認。因為也像王麻子和張小泉一樣，不是只此一家，並無分出也。

完了。

卅八年十一月九日夜，上海。

百尺樓叢書

柳亞子诗选
刘斯翰注
徐文烈笺

关于我的名号　　柳亚子

1939年11月作　　《柳亚子诗选》广东人民出版社1981年出版

这是柳亚子谈论自己名号演变过程和背景情况的手稿，作于孤岛时期的上海，是应友人柳非杞之约而写。原本柳非杞开出的题名是“我的名号史”，柳亚子觉得此名不妥，故将篇目改为“关于我的名号”。柳亚子文中所提的柳非杞生于1911年，曾与许多书画名家、诗人、文学家、爱国人士结有深厚友情，尤其与柳亚子先生过从甚密，且书信往来频繁，堪为忘年之交。

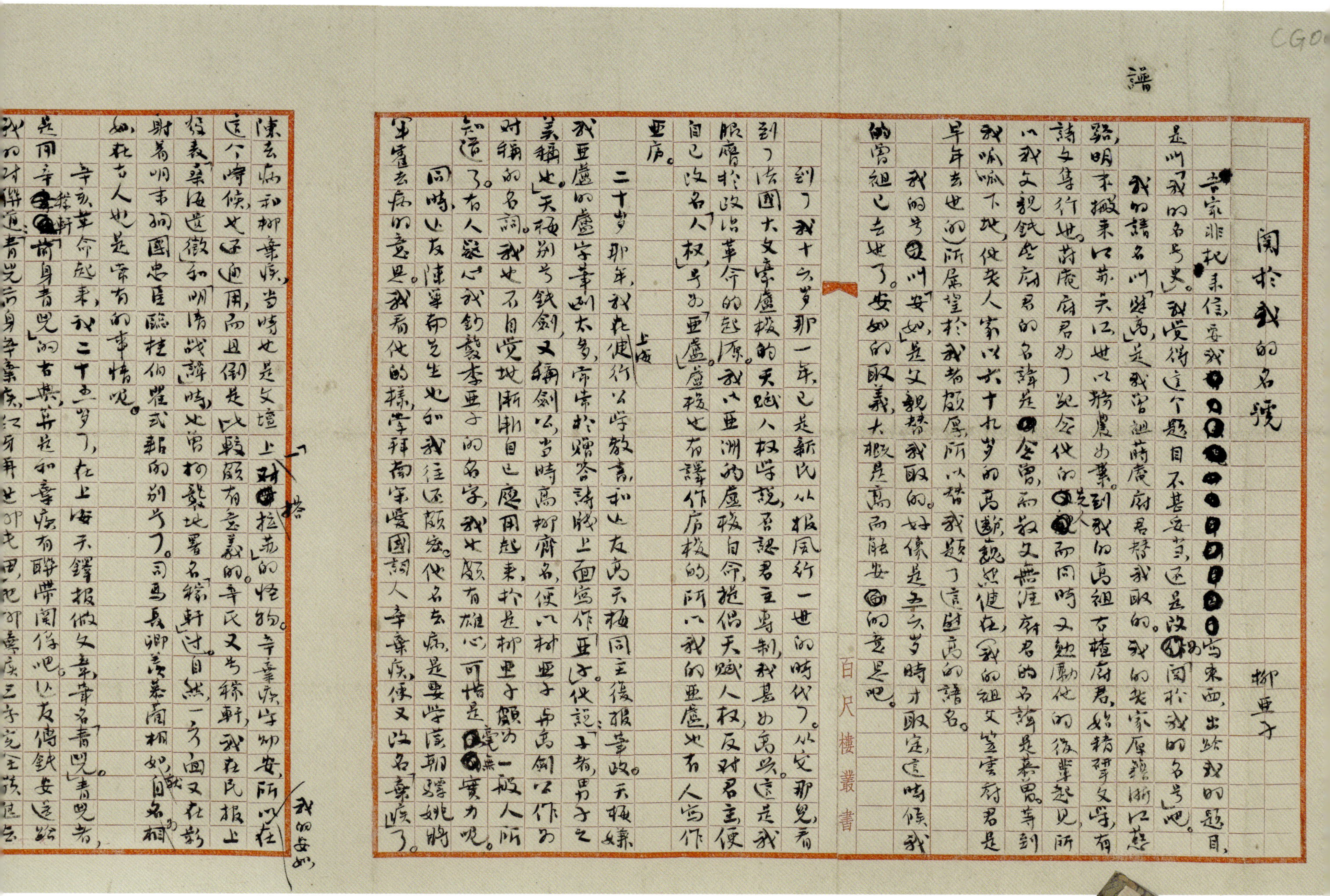
關於我的名號
柳亞子
百尺樓叢書

陶行知（1891~1946）

安徽歙县人。原名文濬，后改名知行、行知。教育家。1910年入南京金陵大学文学系，后赴美留学。1916年回国后，任南京高等师范学校教务长、教育专修科主任。1920年后组织中华教育改进社，任总干事。与朱其慧、晏阳初等发起组织中华平民教育促进会。1927年与赵叔愚创办南京实验乡村师范学校，任校长。1931年创办自然科学院、儿童科学通讯学校，编辑儿童科学丛书等。后组织生活教育社，发行《生活教育》。1935年"一二·九"运动后，参与发起和组织上海文化界抗日救国联合会、上海各界抗日救国联合会等。先后访问欧美二十八国，宣传抗日救国。1939年在四川合川创办育才学校，1945年参加中国民主同盟，被选为中常委兼教育委员会主委。与李公朴创办社会大学，任校长。著有《中国教育改造》、《古庙敲钟录》、《行知教育论文选集》等。有《陶行知全集》12卷行世。

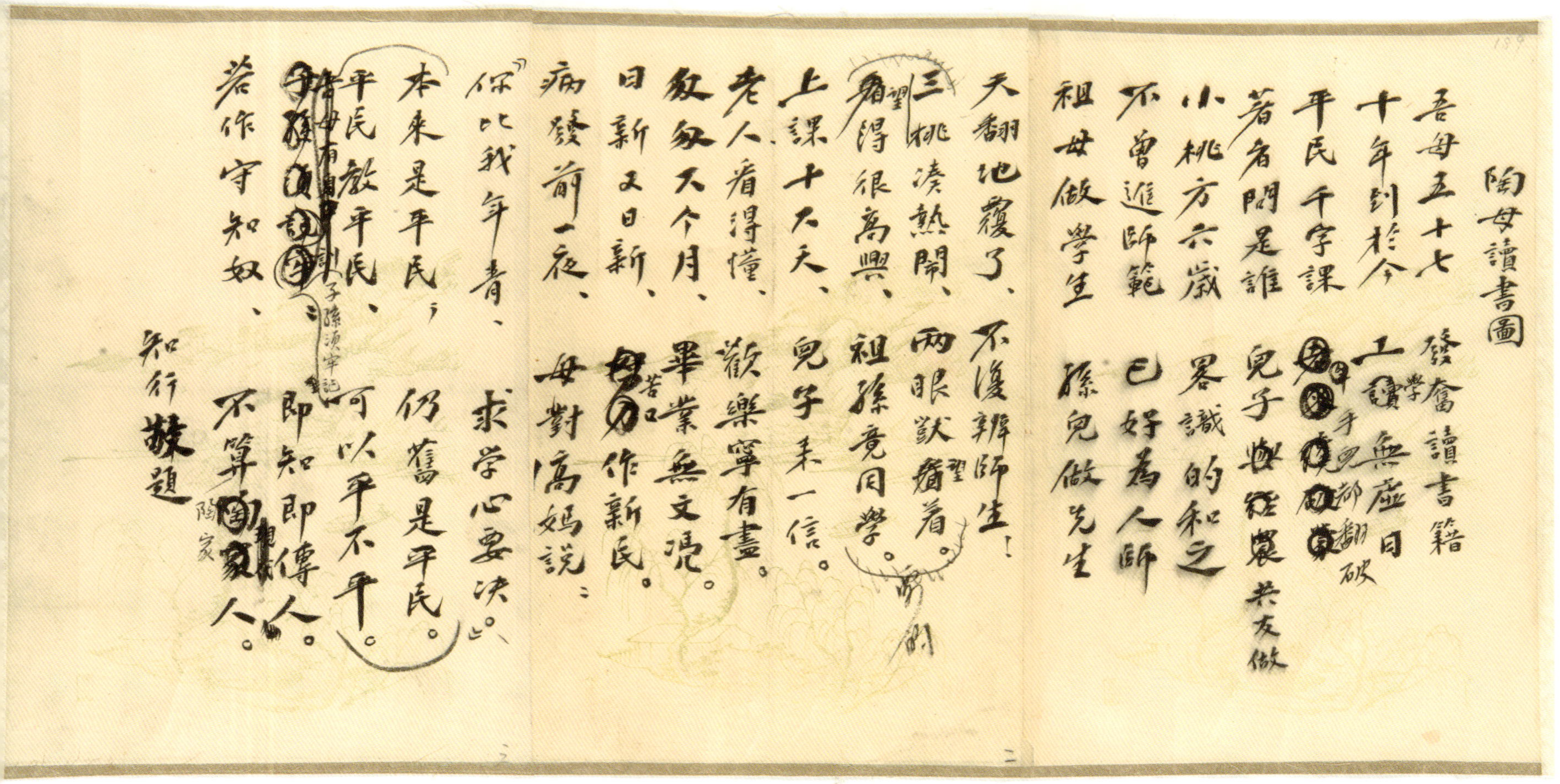
陶母讀書圖
吾母五十七，發奮讀書籍。
[illegible]
平民千字課，著者問是誰？
小桃方六歲，略識的知之，
不曾進師範，已好為人師。
祖母做學生，孫兒做先生。
天翻地覆了，不復辨師生！
三桃湊熱鬧，兩眼默看着。
看得很高興，祖孫竟同學。
上課十天天，兒子來一信。
老人看得懂，歡樂寧有盡。
教到六個月，畢業無文憑。
日新又日新，作新民。
病發前一夜，母對高媽說：
你比我年青，求学心要決，
本來是平民，仍舊是平民。
平民教平民，可以平不平。
即知即傳人。
若作守知奴，不算國家人。
知行敬題

陶母读书图　　陶行知

1923年12月作　　《陶行知手迹》华宝斋书社1999年出版

此件陶行知手书的《陶母读书图》诗文，乃是本馆所藏陶行知手稿中年代最早的一篇。

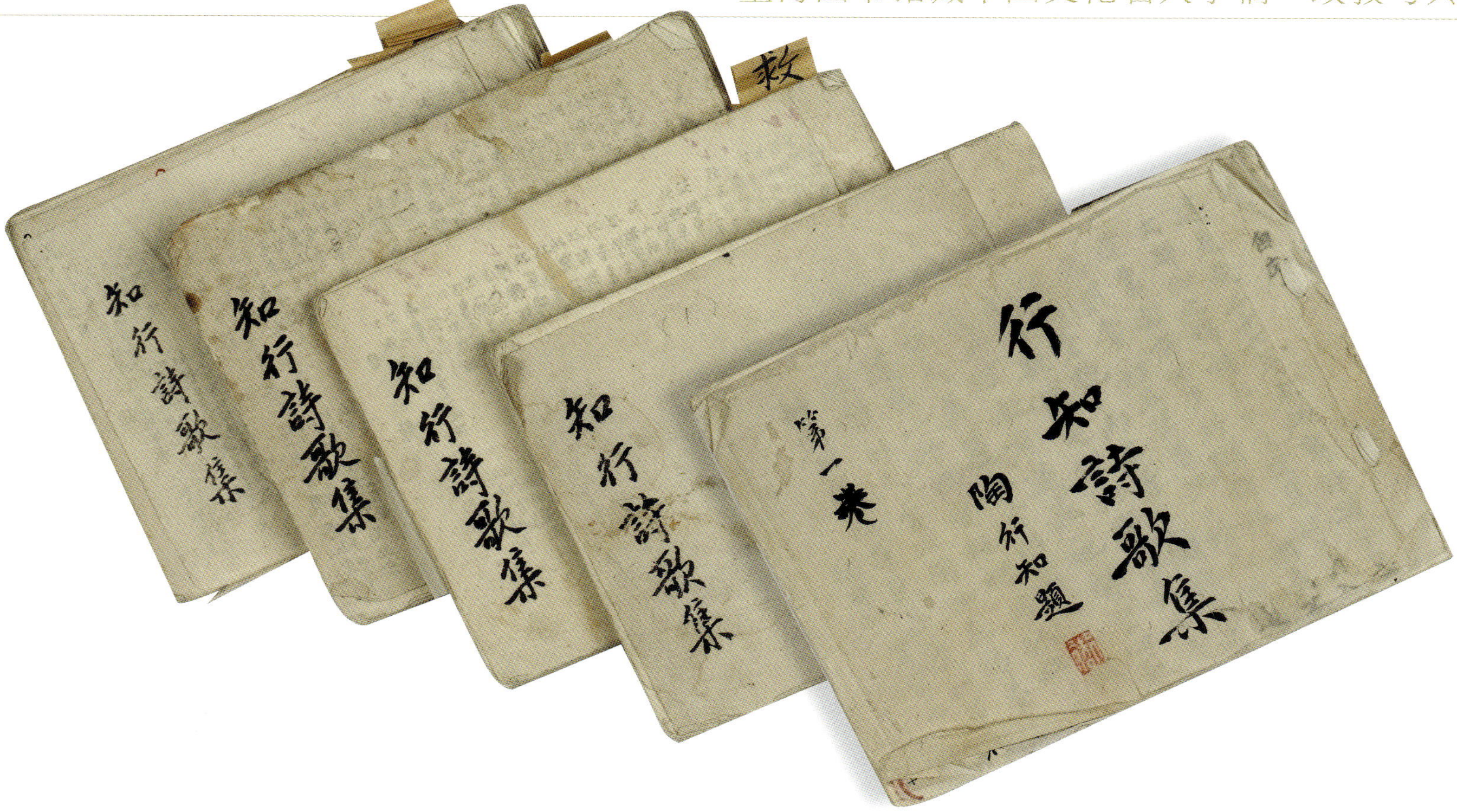
知行詩歌集
知行詩歌集
知行詩歌集
知行詩歌集
行知詩歌集
第一卷
陶行知題

知行诗歌集与行知诗歌集　　陶行知

1918~1945年作　　《行知诗歌集》大孚出版公司1947年出版

本馆所藏陶行知诗歌系列手稿共有9册，分为《行知诗歌集·第一卷》1册和《知行诗歌集》8册。其中《知行诗歌集》前五册的诗篇分别在陶行知生前编印出版，即《知行诗歌别集》、《知行诗歌集》、《知行诗歌续集》、《知行诗歌三集》、《知行诗歌集》，1991年出版的《陶行知全集》第7卷中也予收入。《行知诗歌集·第一卷》与《知行诗歌别集》内容相似，乃陶行知在1945年所编订。1947年由大孚出版公司出版的《行知诗歌集》，基本包括了上述9册的诗篇。《行知诗歌集·第一卷》乃是在1945年时，行知先生在参加昆明死难者悼念会前夕，为防人身不测，将此部诗稿交予美国友人克拉克保管，这部手稿也随克拉克一同飘洋远去。近半个世纪之后，克拉克之子终于在1993年实现了他父亲的遗愿，将此诗稿交予当时正在美国访学的邓伟志，后由其带回中国。诗集中当年未曾发表的陶行知毛笔手书的《自序》，后因发表于1997年1月28日的《羊城晚报》，而得以首次为中国大众所知。

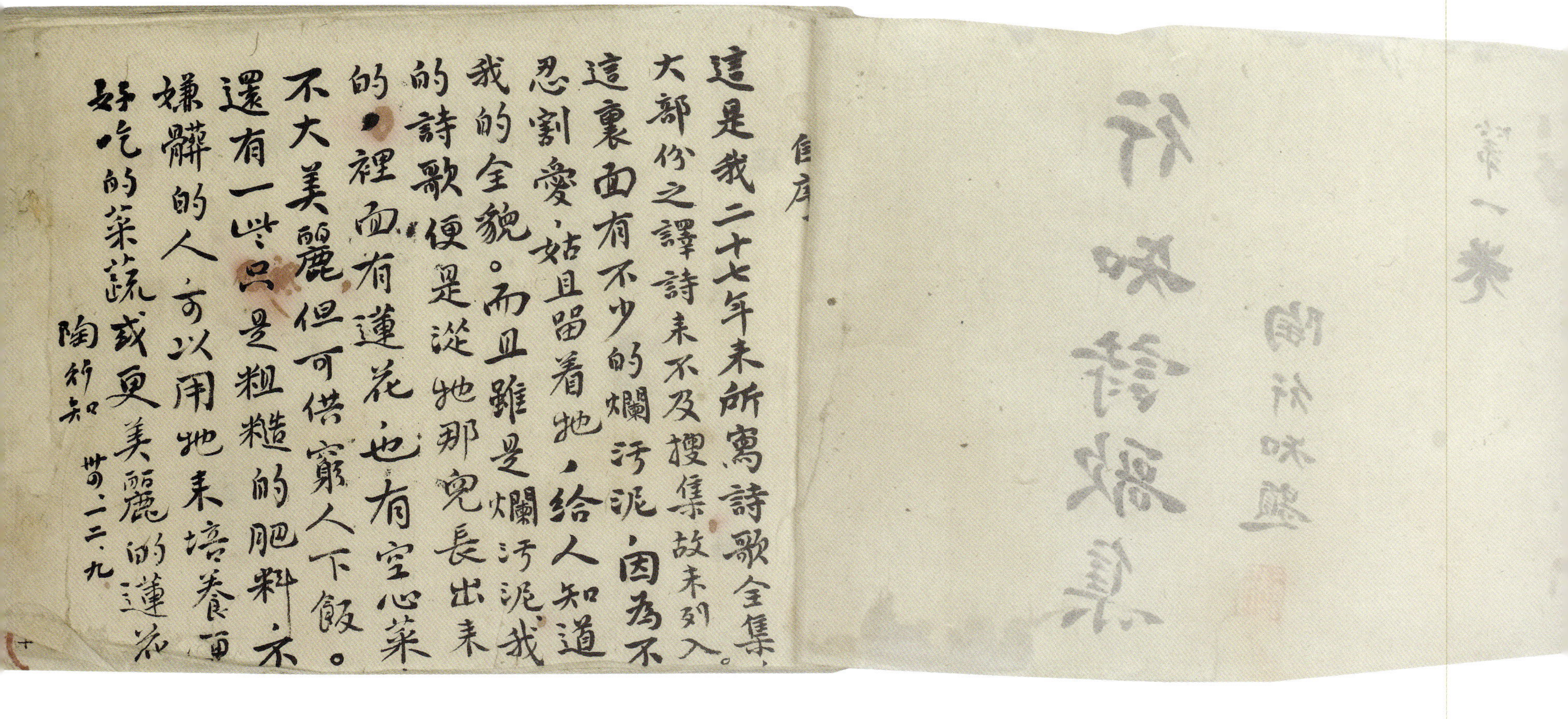
自序
這是我二十七年來所寫詩歌全集，
大部份之譯詩來不及搜集故未列入。
這裏面有不少的爛污泥，因為不
忍割愛，姑且留着他，給人知道
我的全貌。而且雖是爛污泥我
的詩歌便是從他那兒長出來
的。裡面有蓮花也有空心菜，
不大美麗但可供窮人下飯。
還有一些只是粗糙的肥料，不
嫌髒的人可以用他來培養百
好吃的菜蔬或更美麗的蓮花
陶行知
行知詩歌集
第一卷
陶行知題

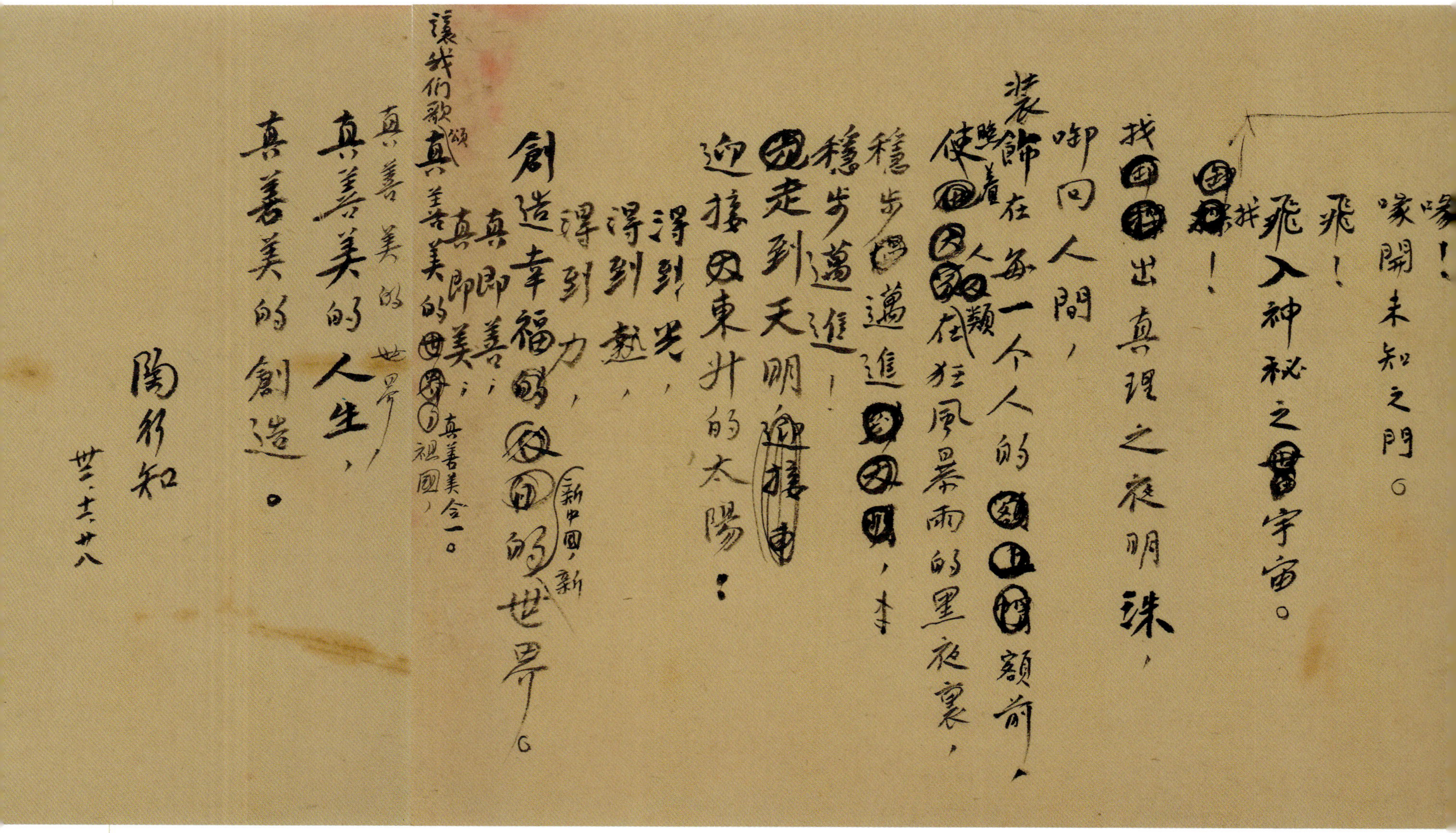
喙！喙開未知之門。
飛！飛入神秘之宇宙。
找！找出真理之夜明珠，
啣向人間，
裝飾在每一個人的額前，
使人類在狂風暴雨的黑夜裏，
穩步邁進，邁進，邁進！
走到天明，迎接東升的太陽！
浮到光，浮到熱，浮到力，
創造幸福的新中國，新世界。
讓我們歌頌真善美，真即善，真即美，真善美合一。
真善美的世界，真善美的人生，真善美的創造。
陶行知
卅二、十一、廿八

育才学校校歌　　陶行知

1943年11月28日作　　《行知诗歌集》大孚出版公司1947年出版

抗日战争期间，陶行知在重庆创办育才学校，践行其“生活教育”的理论。育才学校择优选拔有特殊才能的优秀儿童，并根据学生的兴趣和条件聘请大批专家学者担任教师。校内不仅教学生文化课，还努力与社会实践紧密结合，在中国现代教育史上留下了浓重的一笔。陶行知亲自为育才学校制定校歌，鼓励学生学习、求真、创造幸福的新中国、新世界。手稿收入1947年大孚出版公司出版的《行知诗歌集》，后收入1981年再版的《行知诗歌集》。

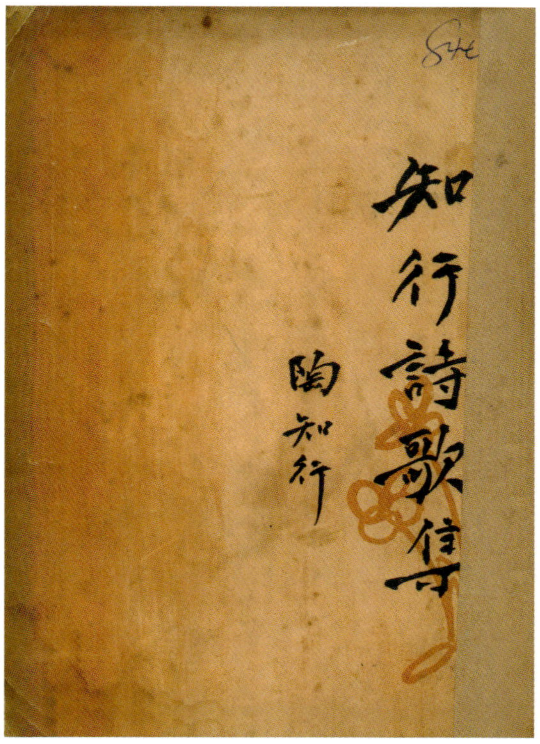
知行詩歌集
陶知行

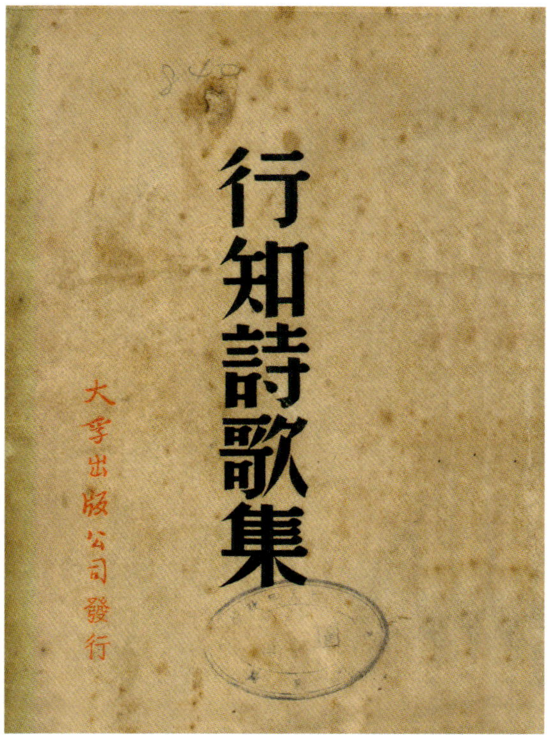
行知詩歌集
大孚出版公司發行

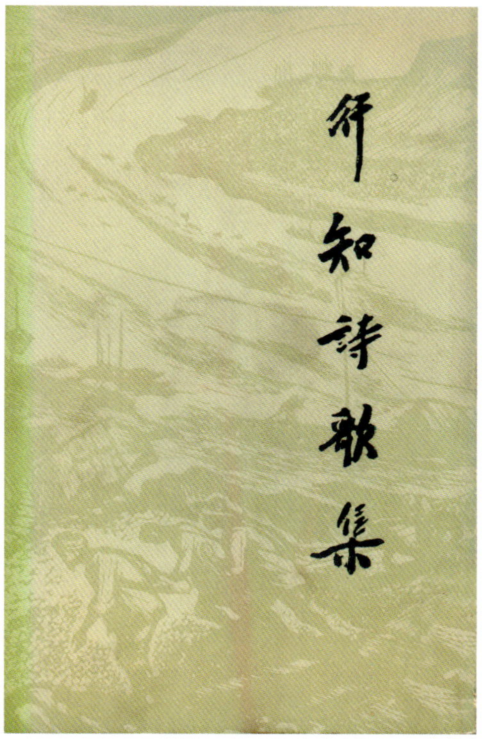
行知詩歌集

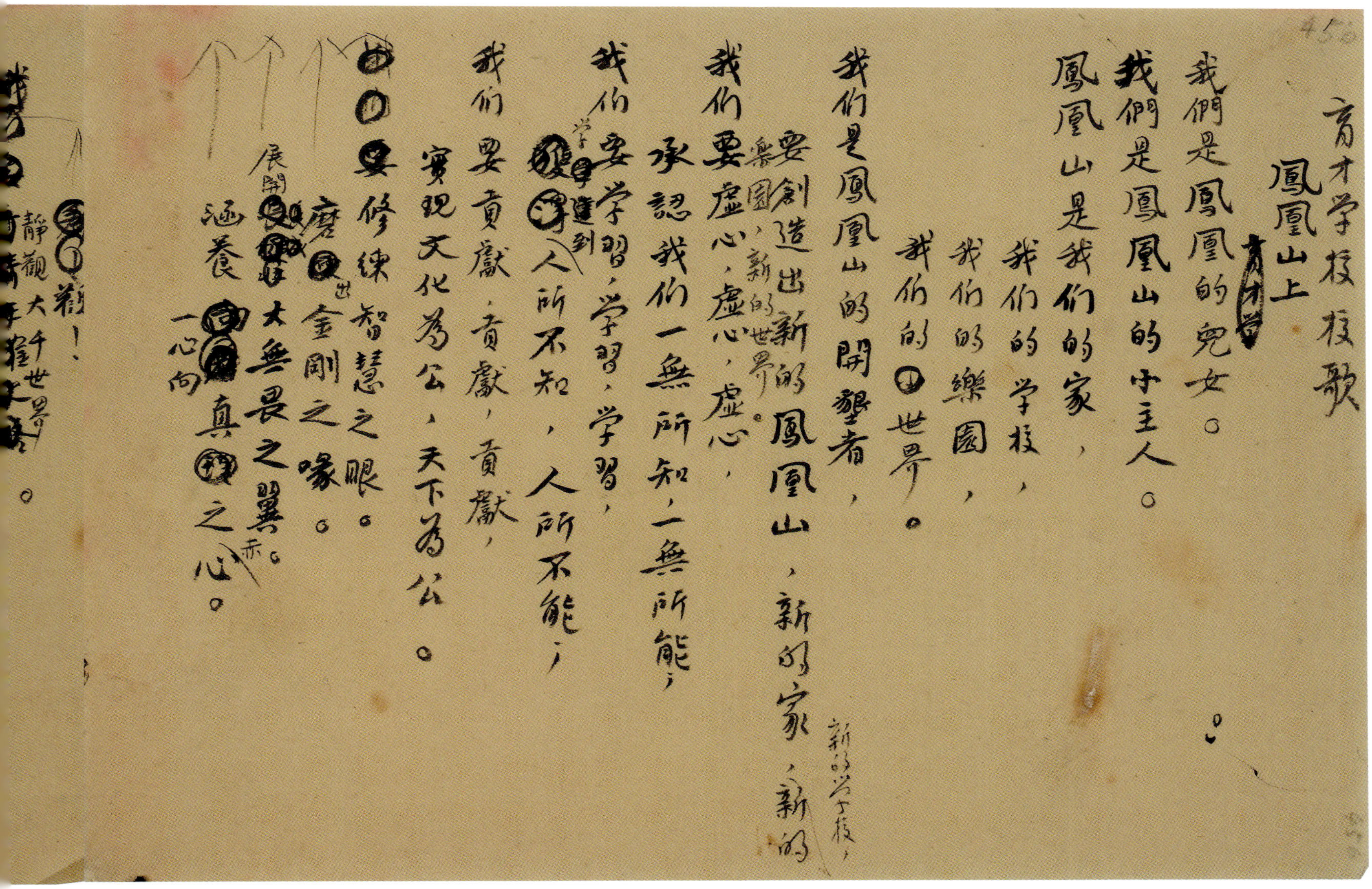
育才学校校歌

凤凰山上

我們是凤凰的兒女。
我們是凤凰山的小主人。
凤凰山是我们的家，
我们的学校，
我们的樂園，
我们的世界。
我们是凤凰山的開辟者，
我们要創造出新的凤凰山，新的家，新的学校，
我们要虚心，虚心，虚心，
承認我们一無所知，一無所能，
我们要学习，学习，学习，
學到人所不知，人所不能，
我们要貢獻，貢獻，貢獻，
實現文化為公，天下為公。
要修煉智慧之眼。
磨出金剛之喙。
展開大無畏之翼。
涵養一心向真之心。
静觀大千世界。

陈鹤琴（1892~1982）

浙江上虞人。教育家。五四运动后我国新教育事业的创始者之一，我国现代幼儿教育的奠基人。1914 年毕业于北京清华学堂，后留学美国，获哥伦比亚大学教育硕士学位。1919年回国后，历任南京高等师范学校教授、东南大学教授兼教务主任、中华教育社理事长。建国后，任南京师范学院教育系心理学教授。他积极探索儿童教育道路，创建了“活教育”的理论体系，创办了中国幼稚教育社和中华儿童教育社。著有《活教育理论与实践》、《家庭教育》等。有《陈鹤琴全集》6卷。

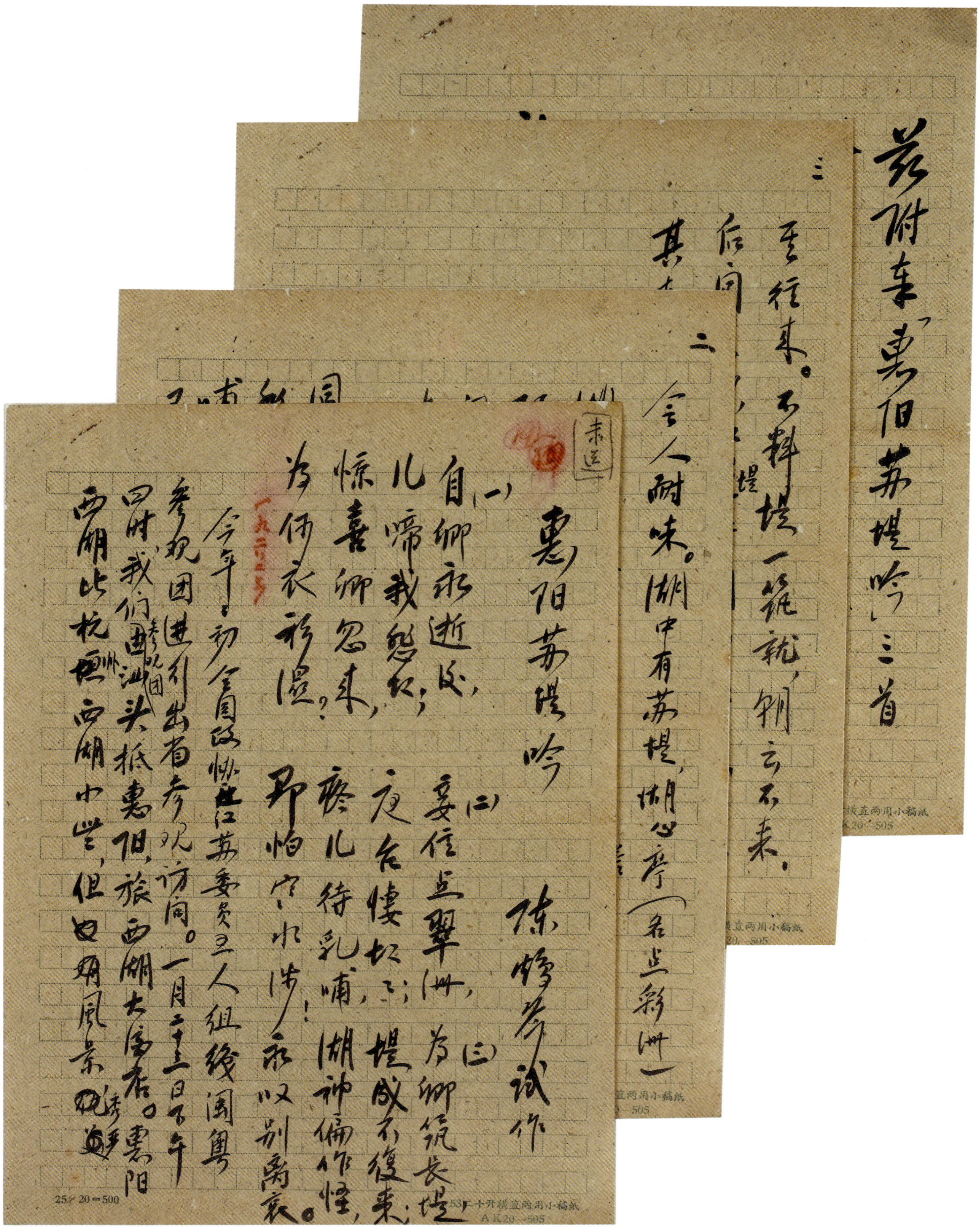

惠阳苏堤吟　陈鹤琴试作

（一）自卿永逝后，儿啼我悲叹；惊喜卿忽来，为何衣衫湿？

（二）妾住近翠洲，为卿筑长堤；夜夜去楼畔；堤成不復来；疼儿待乳哺，湖神偏作怪，耶怕穿水涉！永以别离哀。（三）

今年初，全国政协江苏委员三人组织闽粤参观团进行出省参观访问。一月二十三日下午我们参观团离汕头抵惠阳，旅西湖大酒店。惠阳西湖比杭州西湖小些，但也有风景秀丽……

25×20＝500

惠阳苏堤吟　陈鹤琴

1962年作　《陈鹤琴全集·第六卷》江苏教育出版社2008年出版

1962年时任全国政协江苏委员的陈鹤琴组织闽粤参观团访问惠阳西湖时，沉醉于当地的秀丽风景，遂即兴写下《惠阳苏堤吟》。据手稿所见，此诗稿曾寄《新华日报》编辑部，但未能刊布。后收入江苏教育出版社2008年出版的《陈鹤琴全集·第六卷》。

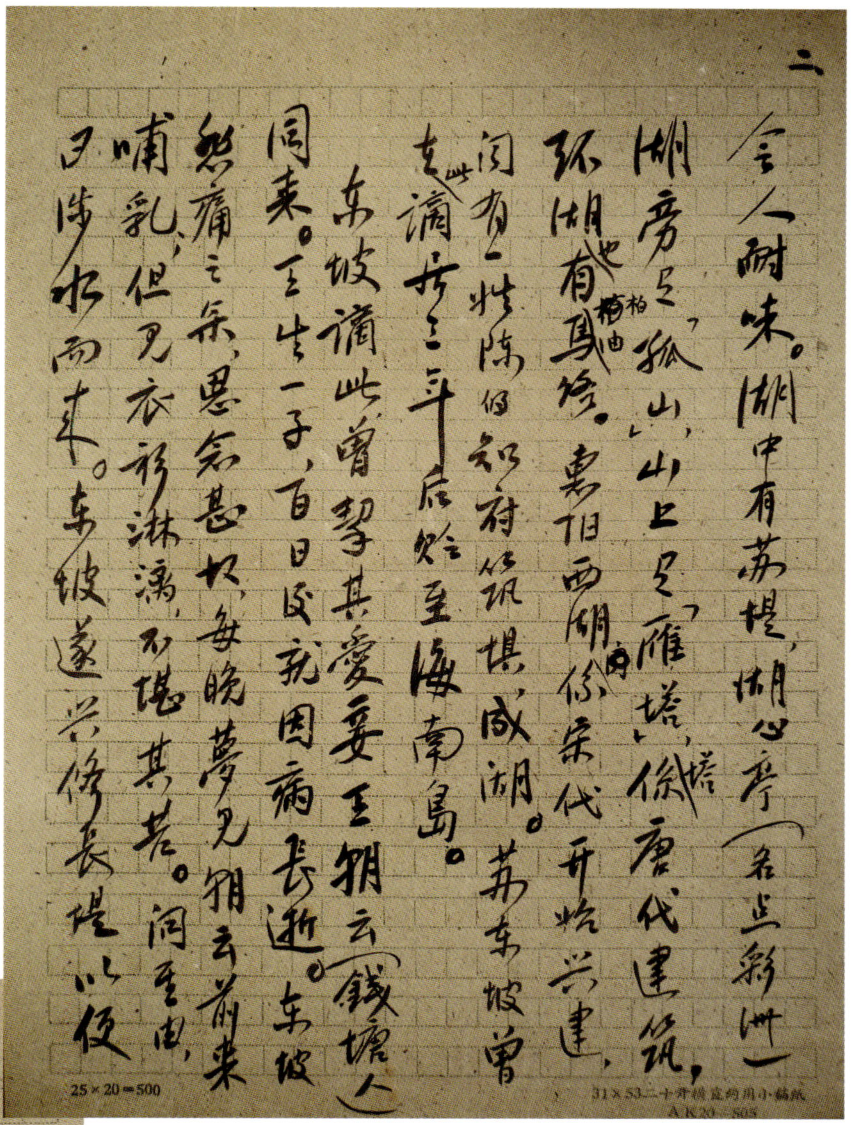

二

令人耐味。湖中有苏堤，湖心亭（名点翠洲），湖旁之孤山，山上之雁塔，仿唐代建筑，环湖有柏曲之径。惠阳西湖仿宋代开始兴建，闻有一姓陈的知府筑堤成湖。苏东坡曾远谪此地三年后始至海南岛。东坡谪此，曾挈其爱妾王朝云（钱塘人）同来。王生一子，百日后就因病长逝。东坡悲痛之余，思念甚切，每晚梦见朝云前来哺乳，但见衣衫淋漓，不堪其苦。问其由，曰涉水而来。东坡遂兴修长堤以便

25×20=500　31×53二十开横直两用小稿纸　AK20-505

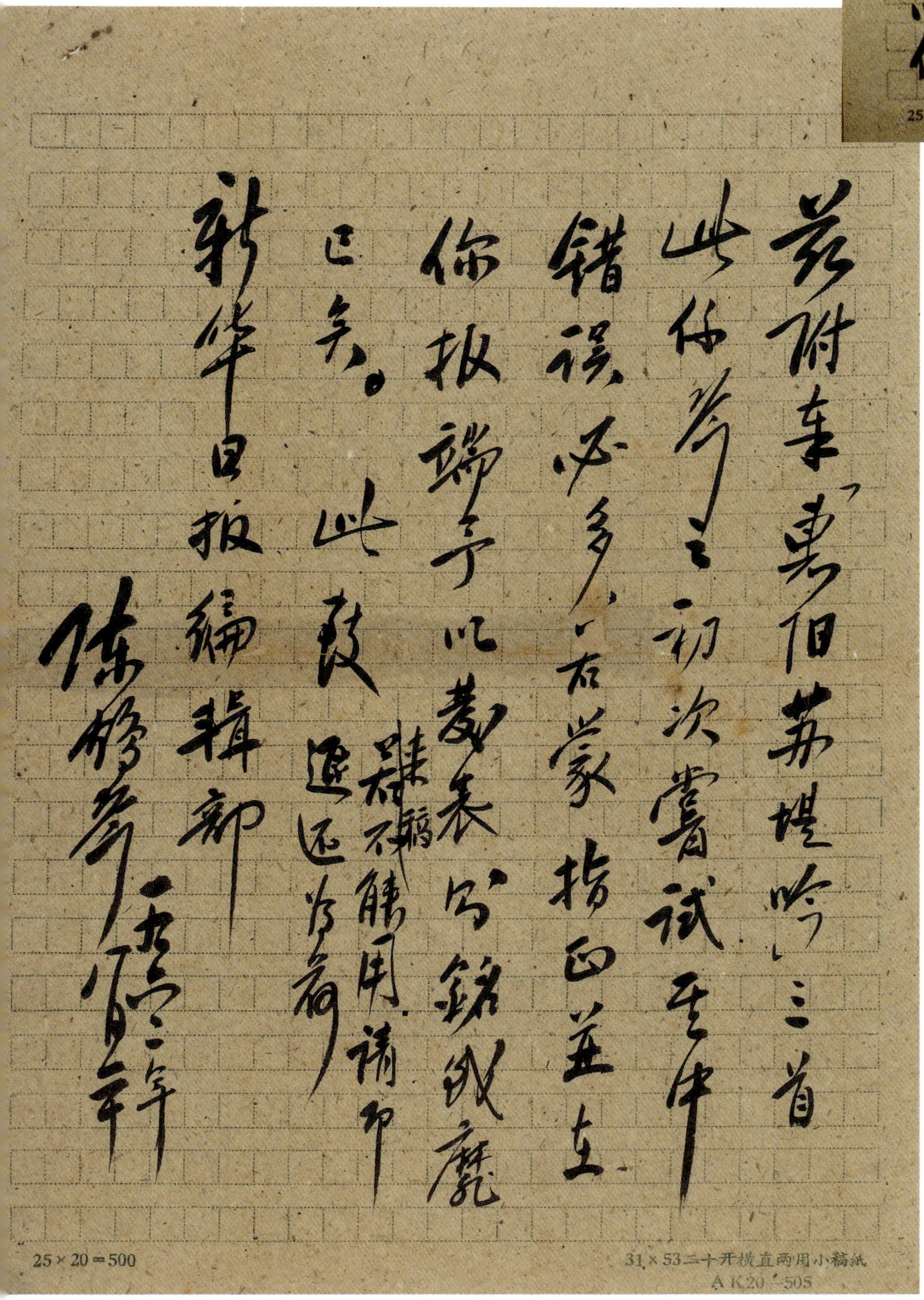

兹附去"惠阳苏堤吟"三首，此作为之初次尝试五律，错误必多，尚蒙指正并在你报端予以发表，[illegible]已矣。此致

此稿如不能用请即退还为荷

新华日报编辑部

陈鹤琴　一九六二年

25×20=500　31×53二十开横直两用小稿纸　AK20-505

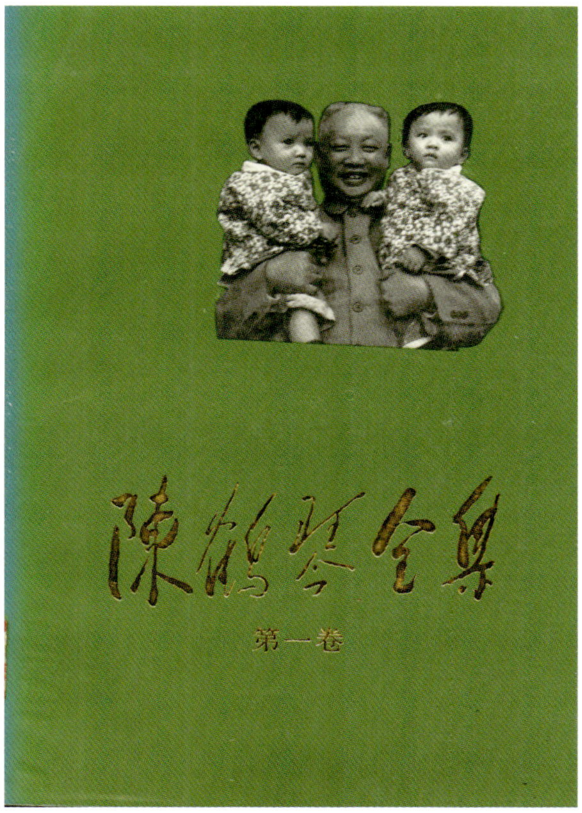
陳鶴琴全集
第一卷

夏征农（1904~2008）

江西丰城人。1927年参加“八一”南昌起义，1928年复旦大学任共青团支部书记，1931年任共青团江苏省委宣传部秘书，1933年参加“左联”，与欧阳山等编《春光》杂志，任申报流通图书馆读书顾问，编辑《读书生活》、《太白》等。1935年随陈望道赴广西桂林师专任教。抗战后参加新四军，历任皖南新四军教导队政治教员，军政治部统战部副部长，苏中军区军政委会秘书长，苏中公学校长，华中建设大学副校长等职。新中国成立后，历任中共济南市委宣传部长、副书记、书记，山东省委宣传部长、书记处书记，华东局宣传部部长。1976年10月后，先后任复旦大学党委第一书记，上海市委书记，中央顾问委员会委员，上海市文联主席和市社联主席等职。著有《野火集》、《读书问答集》、《我说了些什么》。有《夏征农文集》5卷行世。

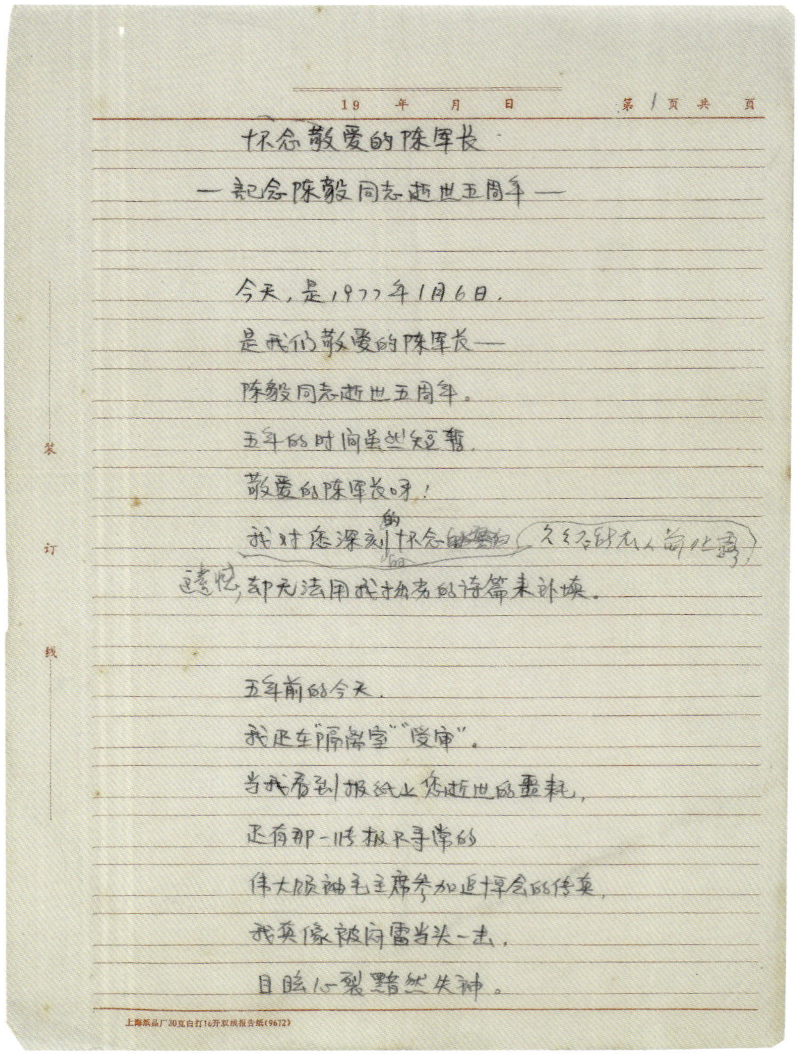

19 年 月 日 第1页共 页

怀念敬爱的陈军长

——纪念陈毅同志逝世五周年——

今天，是1977年1月6日，
是我们敬爱的陈军长——
陈毅同志逝世五周年。
五年的时间虽然短暂，
敬爱的陈军长呀！
我对您深刻的怀念（久久不能在人前吐露）
遗憾，却无法用我拙劣的诗篇来补填。

五年前的今天，
我还在隔离室"受审"。
当我看到报纸上您逝世的噩耗，
还有那一帧极不寻常的
伟大领袖毛主席参加追悼会的传真，
我真像被闷雷当头一击，
目眩心裂黯然失神。

装订线

上海纸品厂30克白打16开双线报告纸（9672）

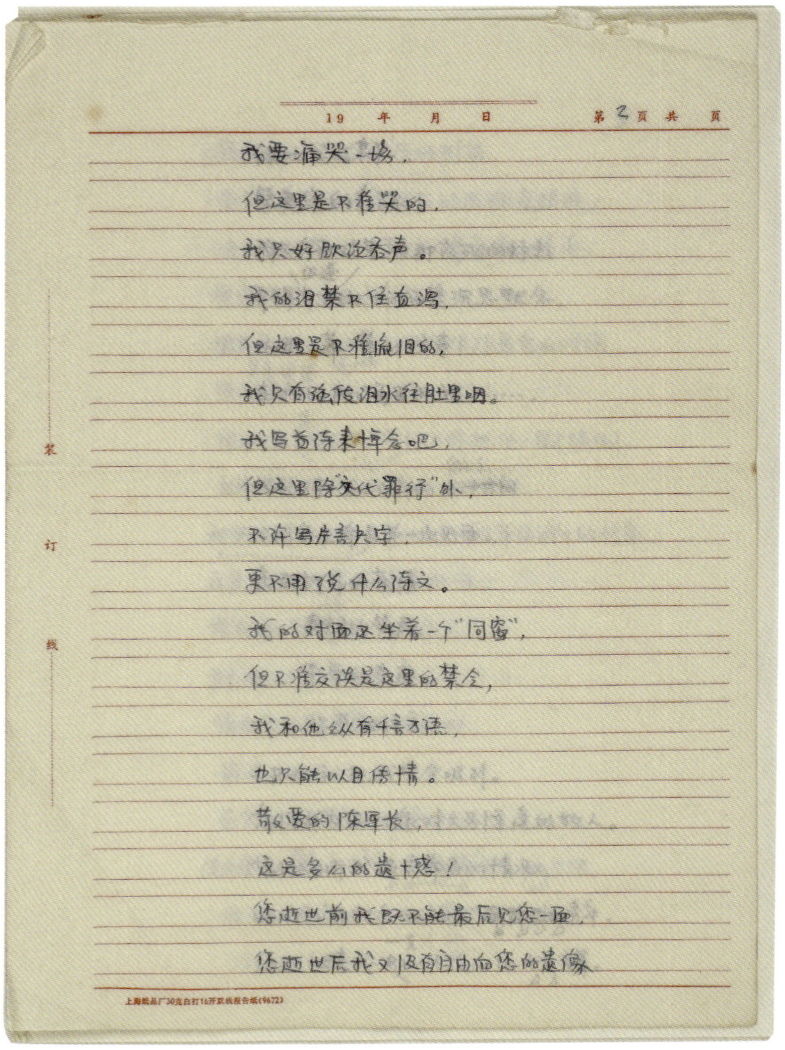

19 年 月 日 第2页共 页

我要痛哭一场，
但这里是不准哭的，
我只好饮泣吞声。
我的泪禁不住直泻，
但这里是不准流泪的，
我只有强使泪水往肚里咽。
我写首诗来悼念吧，
但这里除"交代罪行"外，
不许写片言只字，
更不用说什么诗文。
我的对面还坐着一个"同窗"，
但不准交谈是这里的禁令，
我和他纵有千言万语，
也只能以目传情。
敬爱的陈军长，
这是多么的遗憾！
您逝世前我既不能最后见您一面，
您逝世后我又没有自由向您的遗像

装订线

上海纸品厂30克白打16开双线报告纸（9672）

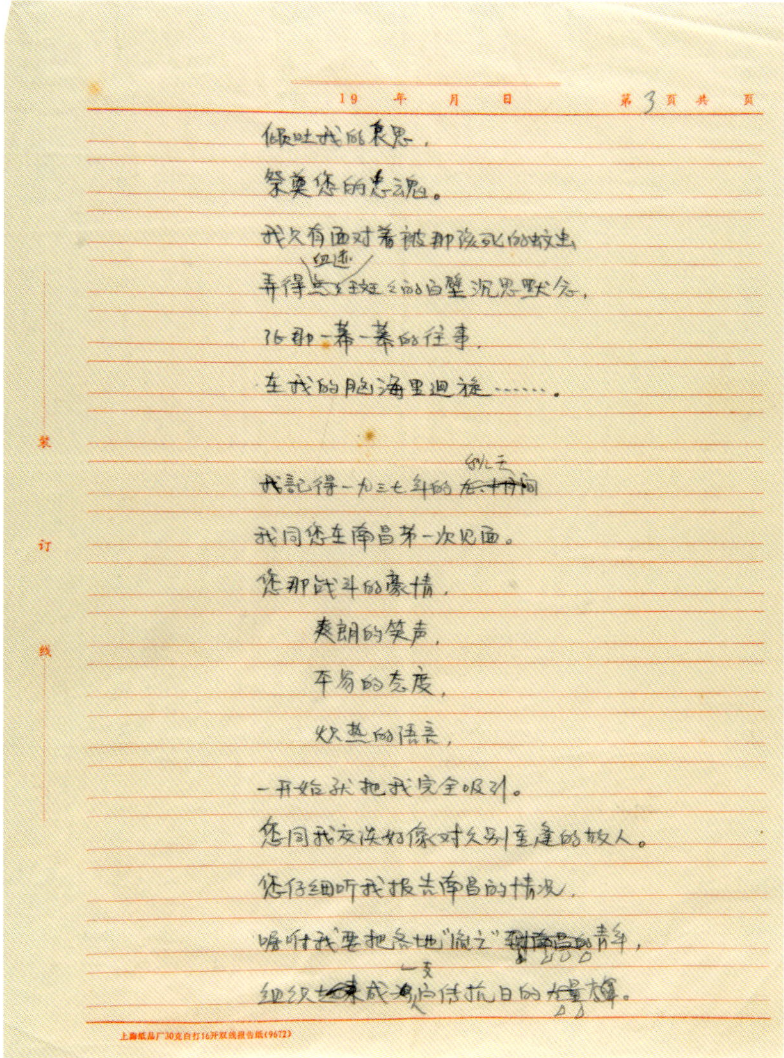
19　年　月　日　第3页共　页

倾吐我的哀思，
祭奠您的忠魂。
我久久面对着被那该死的蚊虫
弄得血迹斑斑的白壁沉思默念，
让那一幕一幕的往事，
在我的脑海里回旋……。

我記得一九三七年的秋天
我同您在南昌第一次见面。
您那战斗的豪情，
爽朗的笑声，
平易的态度，
炽热的话言，
一开始就把我完全吸引。
您同我交谈好像对久别重逢的故人。
您仔细听我报告南昌的情况，
嘱咐我要把各地"流亡"青年，
组织成一支抗日的力量。

上海纸品厂30克白打16开双线报告纸（9672）

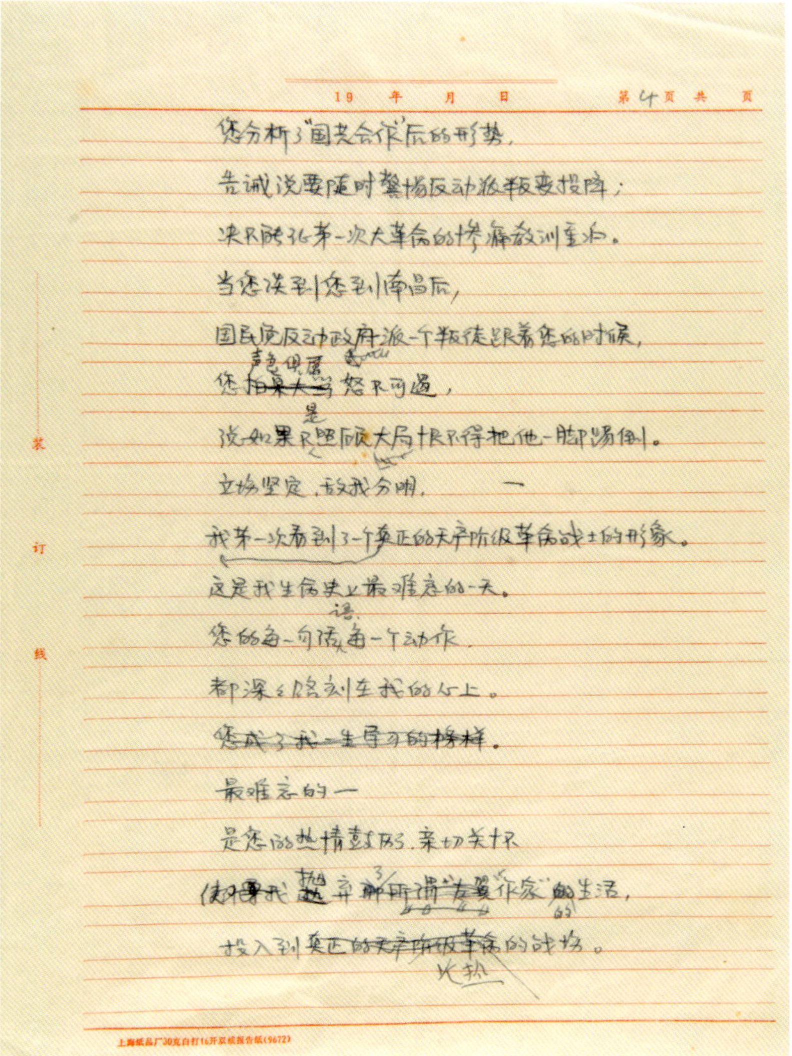
19　年　月　日　第4页共　页

您分析了"国共合作"后的形势，
告诫说要随时警惕反动派叛变投降；
决不能忘记第一次大革命的惨痛教训重演。
当您谈到您到南昌后，
国民党反动政府派一个叛徒跟着您的时候，
您声色俱厉怒不可遏，
说如果不是照顾大局恨不得把他一脚踢倒。
立场坚定，敌我分明，
我第一次看到了一个真正的无产阶级革命战士的形象。
这是我生命史上最难忘的一天。
您的每一句话语每一个动作
都深深铭刻在我的心上。
~~您成了我一生学习的榜样~~。
最难忘的——
是您的热情鼓励，亲切关怀
使我抛弃了所谓"名作家"的生活，
投入到火热的战场。

上海纸品厂30克白打16开双线报告纸（9672）

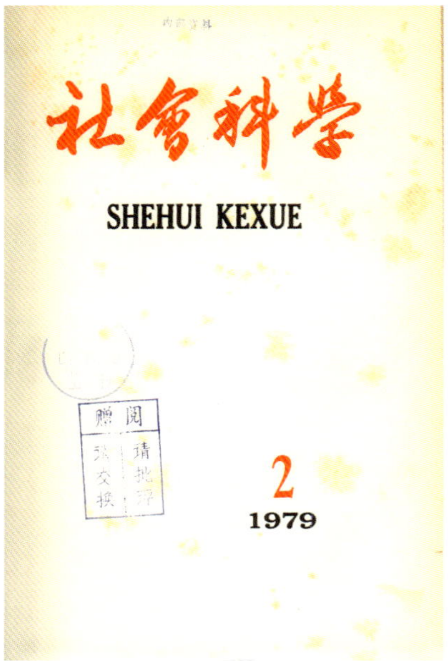
社会科学
SHEHUI KEXUE
2
1979

怀念敬爱的陈军长——纪念陈毅同志逝世五周年　　夏征农

1977年1月作　　《社会科学》1979年第2期

本诗稿是夏征农为纪念陈毅元帅逝世五周年所作。夏征农曾长期在陈毅元帅的领导下工作，近距离的接触使他感佩于陈毅元帅的高风亮节和为建立新中国所作的杰出贡献。整篇长诗追忆了陈毅元帅在革命年代里对自己的言传身教，控诉了"四人帮"的滔天罪行，字里行间无不洋溢着对陈毅元帅的深厚情感。原稿与公开发表稿无差异。

雷洁琼（1905~2011）

广东台山人。社会学家、法学家、教育家。中国民主促进会的创始人之一和卓越领导人。1931年取得美国南加州大学社会学系硕士学位，后在燕京大学社会学系任教，1949年任政务院文教委员会委员，1973年起为北京大学国际政治系教授，1981年以后任北京大学社会学系教授、博士生导师，国务院学位委员会第一届学科评议组成员，中国社会学会副会长，名誉会长等。历任中国人民政治协商会议第六届全国委员会副主席，第七、八届全国人民代表大会常务委员会副委员长，中国民主促进会第七、八、九届中央委员会主席，第十、十一届名誉主席等。

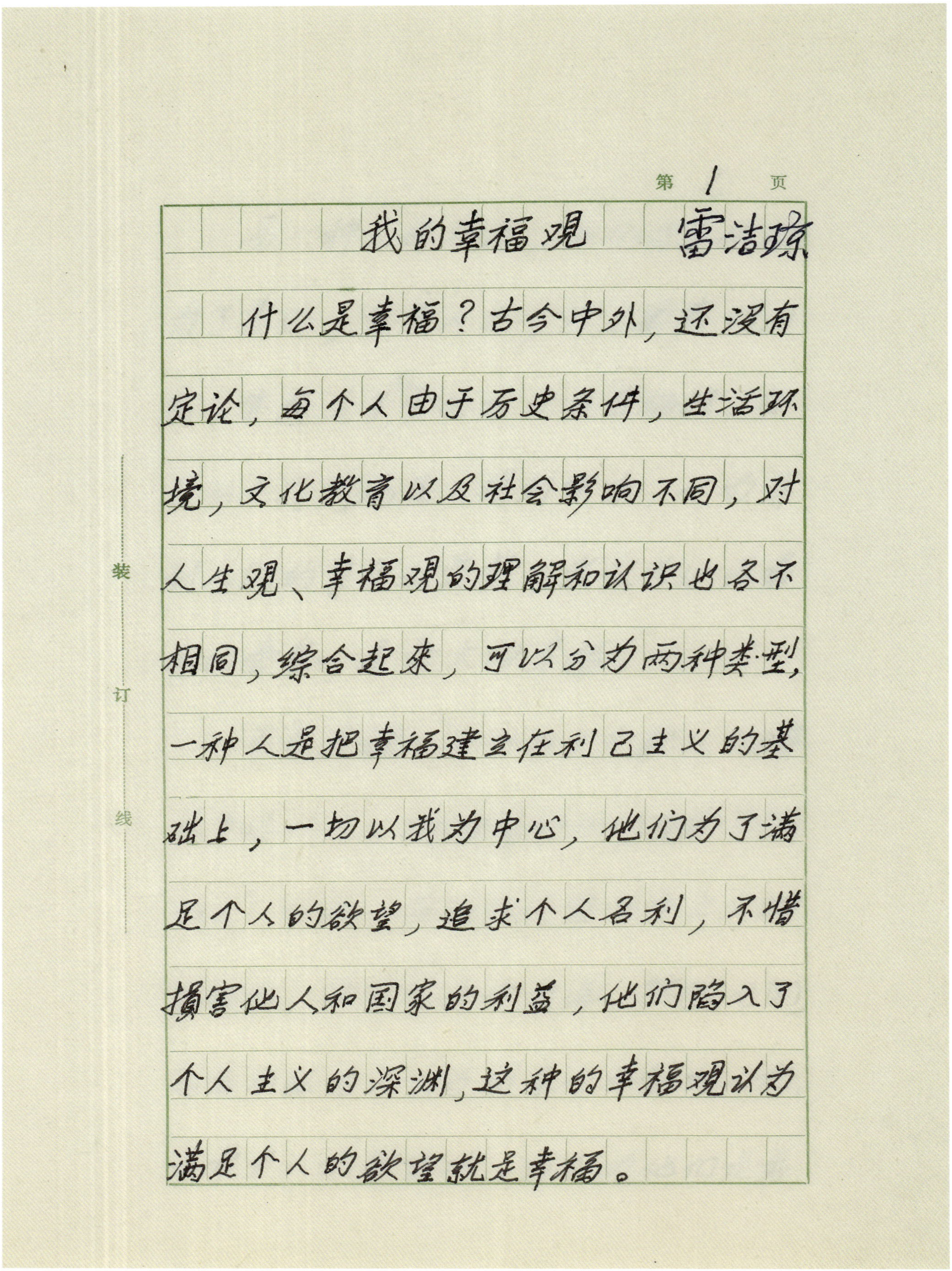

第 1 页

我的幸福观　雷洁琼

什么是幸福？古今中外，还没有定论，每个人由于历史条件，生活环境，文化教育以及社会影响不同，对人生观、幸福观的理解和认识也各不相同，综合起来，可以分为两种类型，一种人是把幸福建立在利己主义的基础上，一切以我为中心，他们为了满足个人的欲望，追求个人名利，不惜损害他人和国家的利益，他们陷入了个人主义的深渊，这种的幸福观认为满足个人的欲望就是幸福。

装 订 线

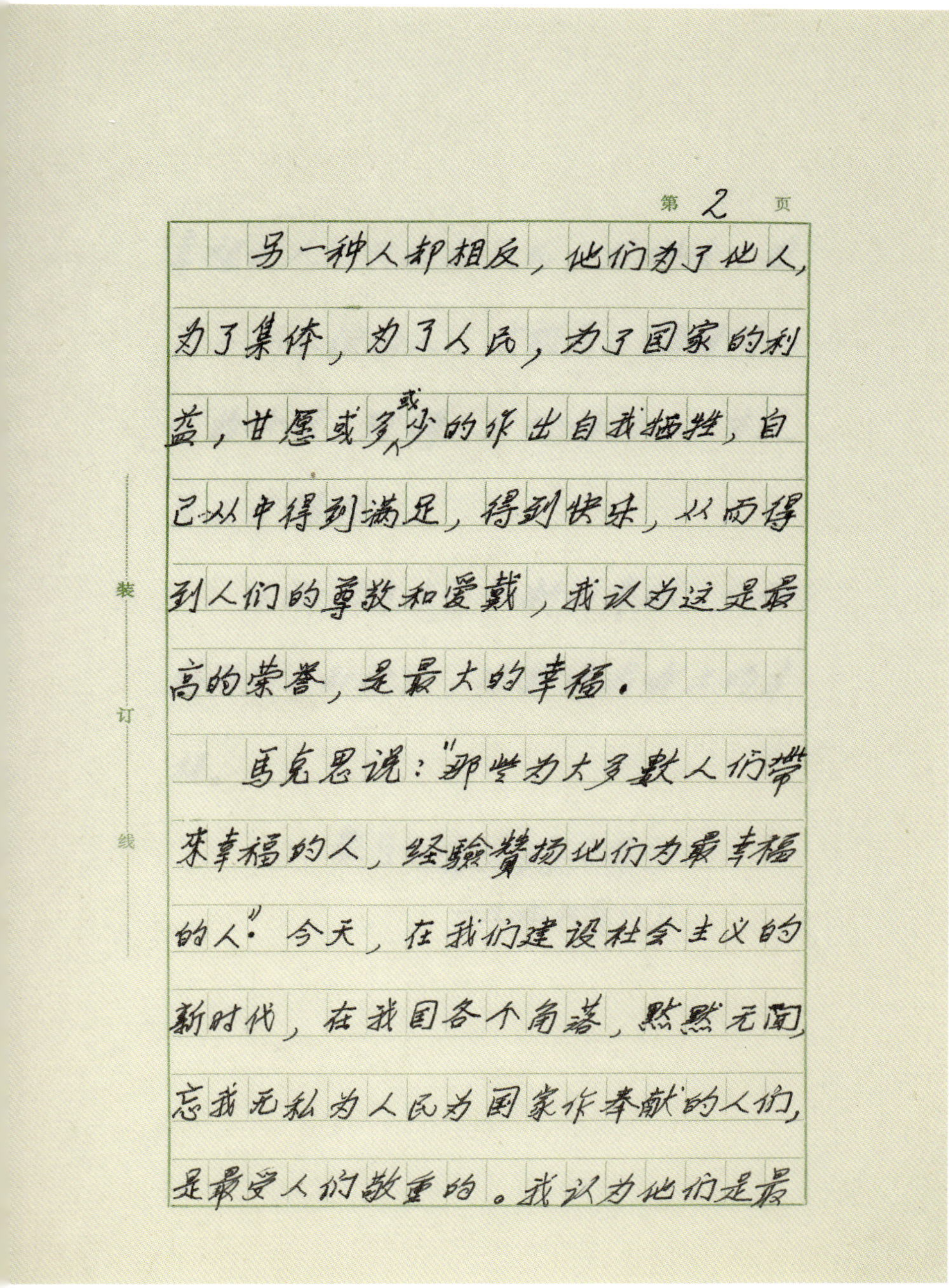
第2页

另一种人却相反，他们为了他人，为了集体，为了人民，为了国家的利益，甘愿或多或少的作出自我牺牲，自己从中得到满足，得到快乐，从而得到人们的尊敬和爱戴，我认为这是最高的荣誉，是最大的幸福。

马克思说："那些为大多数人们带来幸福的人，经验赞扬他们为最幸福的人。"今天，在我们建设社会主义的新时代，在我国各个角落，默默无闻，忘我无私为人民为国家作奉献的人们，是最受人们敬重的。我认为他们是最

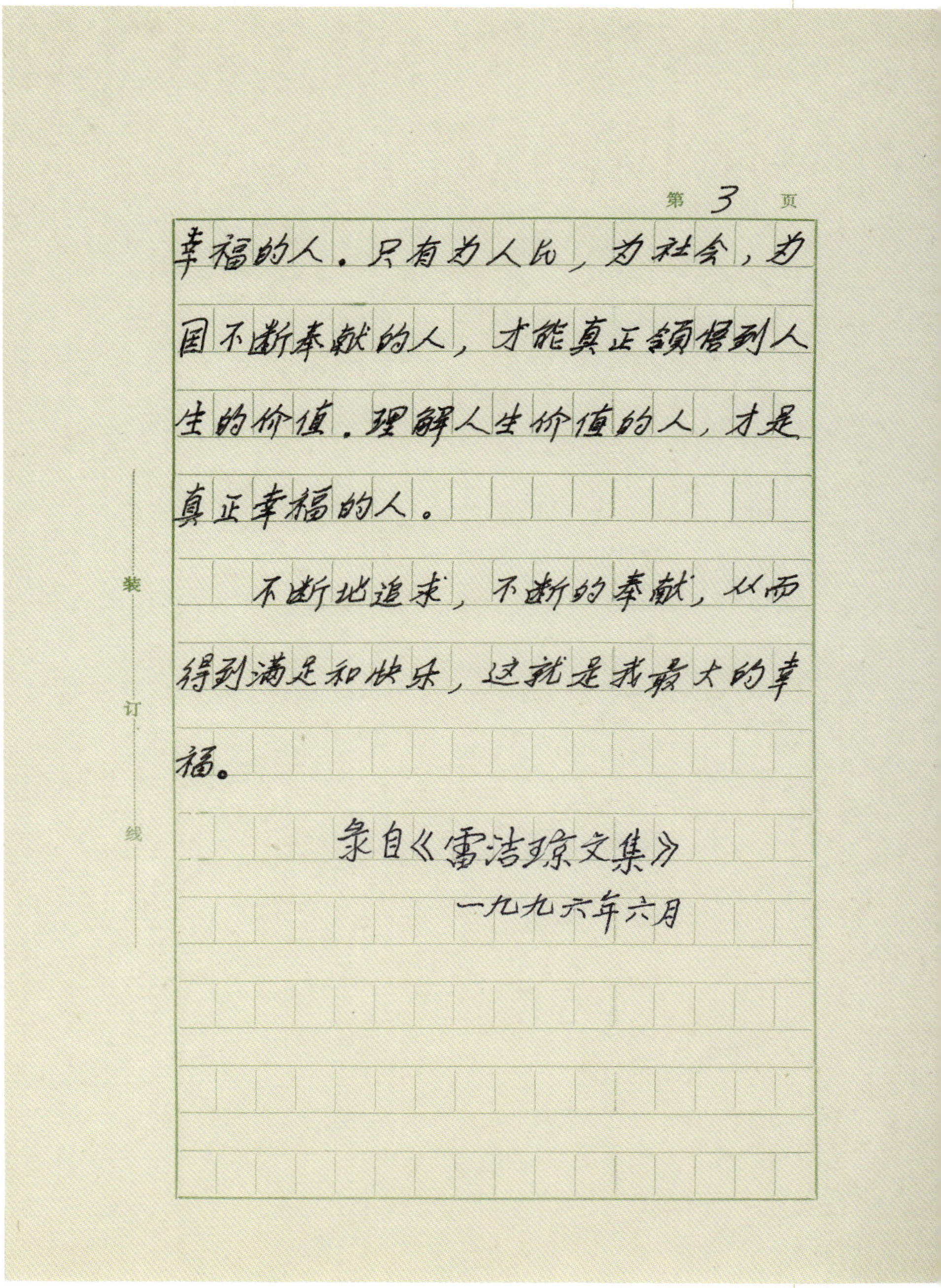
第3页

幸福的人。只有为人民，为社会，为国不断奉献的人，才能真正领悟到人生的价值。理解人生价值的人，才是真正幸福的人。

不断地追求，不断的奉献，从而得到满足和快乐，这就是我最大的幸福。

录自《雷洁琼文集》

一九九六年六月

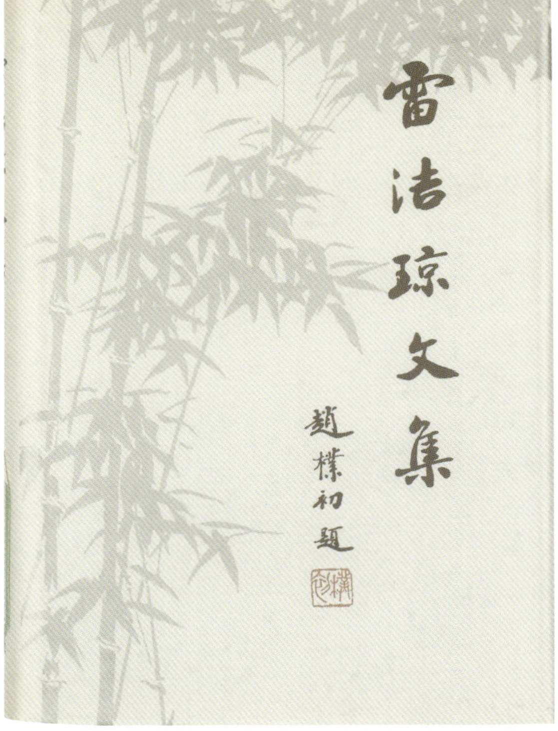
雷洁琼文集
赵朴初题

我的幸福观　雷洁琼

1996年6月复抄　《幸福》1989年第2期；《雷洁琼文集》开明出版社1994年出版

《我的幸福观》是雷洁琼写于1988年12月的一篇短文，于1989年公开发表。该篇手稿是雷洁琼根据1994年出版的《雷洁琼文集》中的篇目内容誊写的，与出版内容一致。在《我的幸福观》一文中，雷洁琼探讨了她自己对幸福观的理解，认为幸福观可以分为两种类型，在雷洁琼看来为了国家的利益，甘愿或多或少地作出自我牺牲，自己从中得到满足，得到快乐，从而得到人们的尊敬和爱戴，才是最大的幸福。

裘沛然（1916~2010）

浙江慈溪人。原名维龙。童年入私塾，师事施叔范先生，后从叔父裘汝根学针灸，并在名医丁济万诊所临床实习，又请益于谢观、夏应堂、程门雪、秦伯未、章次公诸先生。勤求博采，深谙岐黄之道，融通辩证施治，行医七十年，救死扶伤，医德广被；精研儒学，诗文史哲造诣颇深。先后编撰与主持编写、编纂医学、文史著作计四十余部。历任国家科委中医组委员，卫生部医学科学委员会委员，上海市政协常委，上海中医药大学终身教授、博士生导师、专家委员会主任，上海市中医药研究院专家委员会主任，上海文史馆馆员，辞海编辑委员会副主编，华东师范大学和同济大学兼职教授。2009年获"国医大师"荣誉称号。

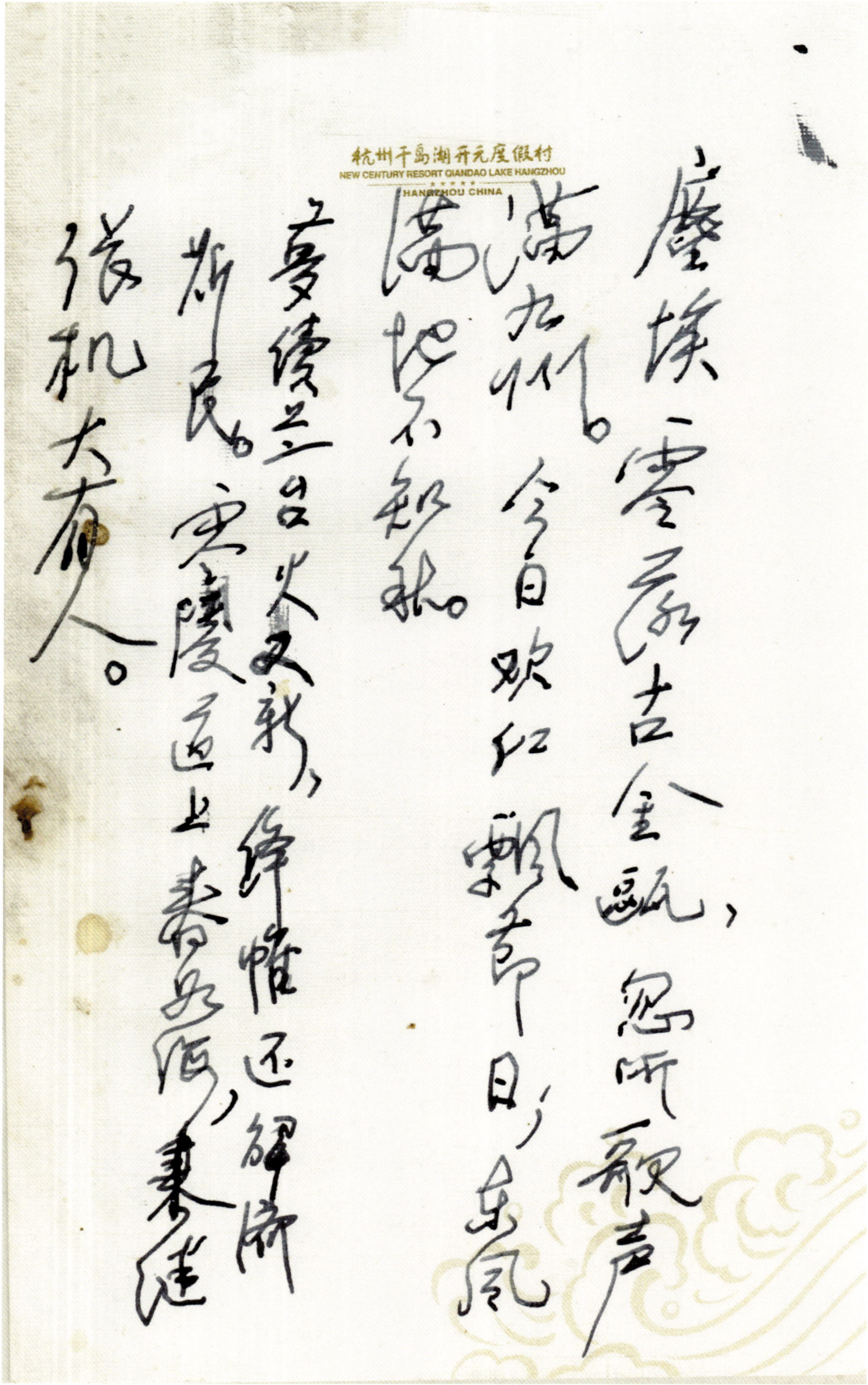
杭州千岛湖开元度假村
NEW CENTURY RESORT QIANDAO LAKE HANGZHOU
HANGZHOU CHINA

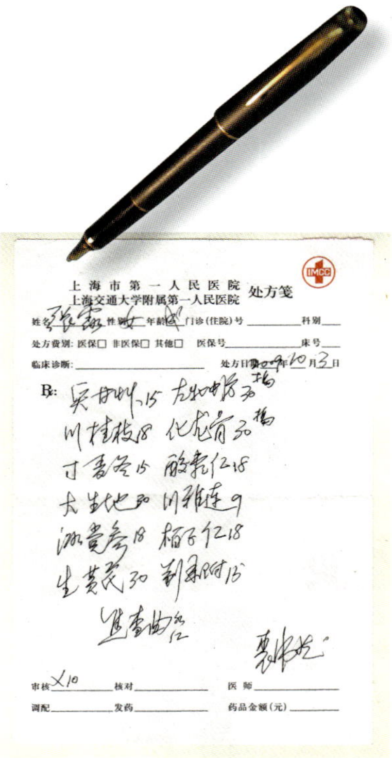
上海市第一人民医院 处方笺
上海交通大学附属第一人民医院

附医方

裘沛然行医开方主要使用这支笔。这是他手书的一份处方笺。

诗稿　　裘沛然

中医大师裘沛然先生，不仅医术精湛，而且诗文造诣深厚，创作了大量诗作。其作品编入《剑风楼诗文钞》、《裘沛然选集》之中。本诗稿是作者手书赠送给友人的抄录稿，由胡展奋捐赠本馆。

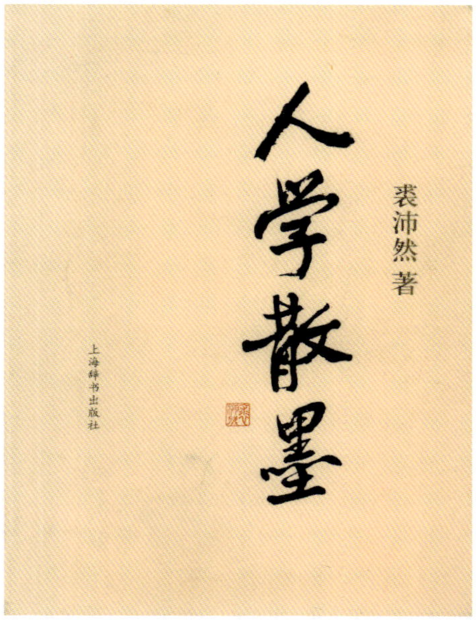
人学散墨
裘沛然 著
上海辞书出版社

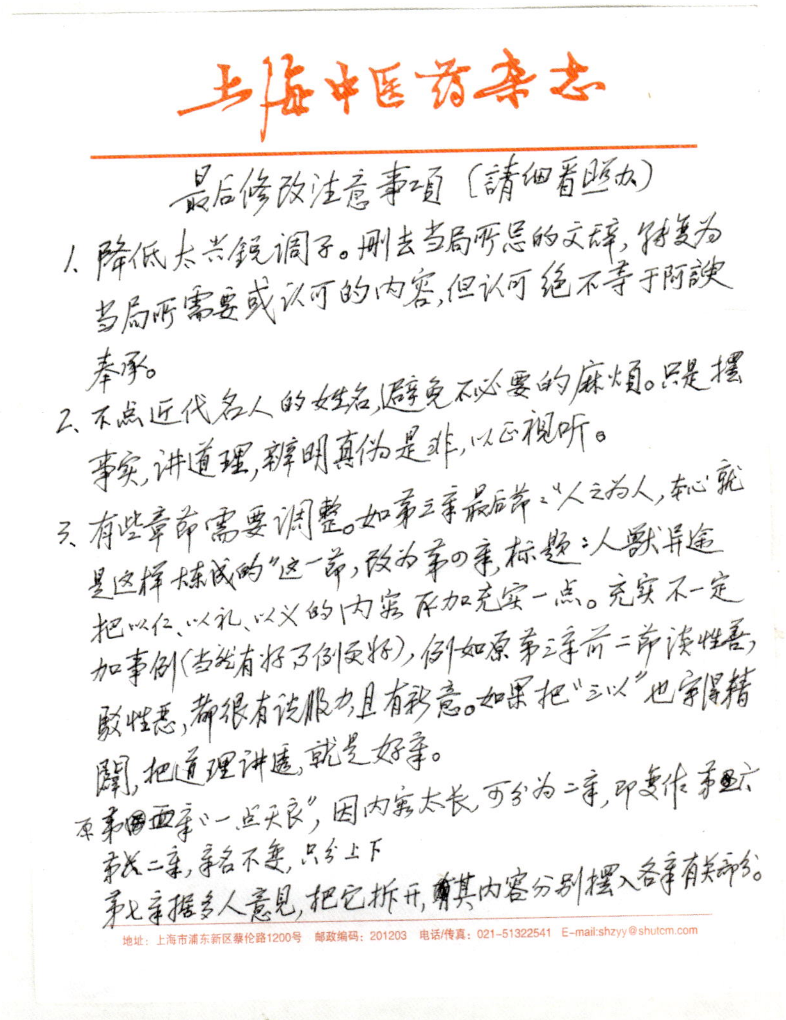

上海中医药杂志

最后修改注意事项（請细看照办）

1、降低太尖锐调子。删去当局所忌的文辞，转变为当局所需要或认可的内容，但认可绝不等于阿諛奉承。

2、不点近代名人的姓名，避免不必要的麻烦。只是摆事实，讲道理，辨明真伪是非，以正视听。

3、有些章节需要调整。如第三章最后节"人之为人，本心就是这样炼成的"这一节，改为第四章，标题"人兽异途"，内容再加充实一点。充实不一定把以仁、以礼、以义的内容加事例（当然有好了例更好），例如原第三章前二节谈性善、败性恶，都很有说服力且有新意。如果把"三以"也写得精闢，把道理讲透，就是好章。

原第四章"一点天良"，因内容太长，可分为二章，即变作第五、第六二章，章名不变，只分上下。

第七章据多人意见，把它拆开，将其内容分别摆入各章有关部分。

地址：上海市浦东新区蔡伦路1200号　邮政编码：201203　电话/传真：021-51322541　E-mail:shzyy@shutcm.com

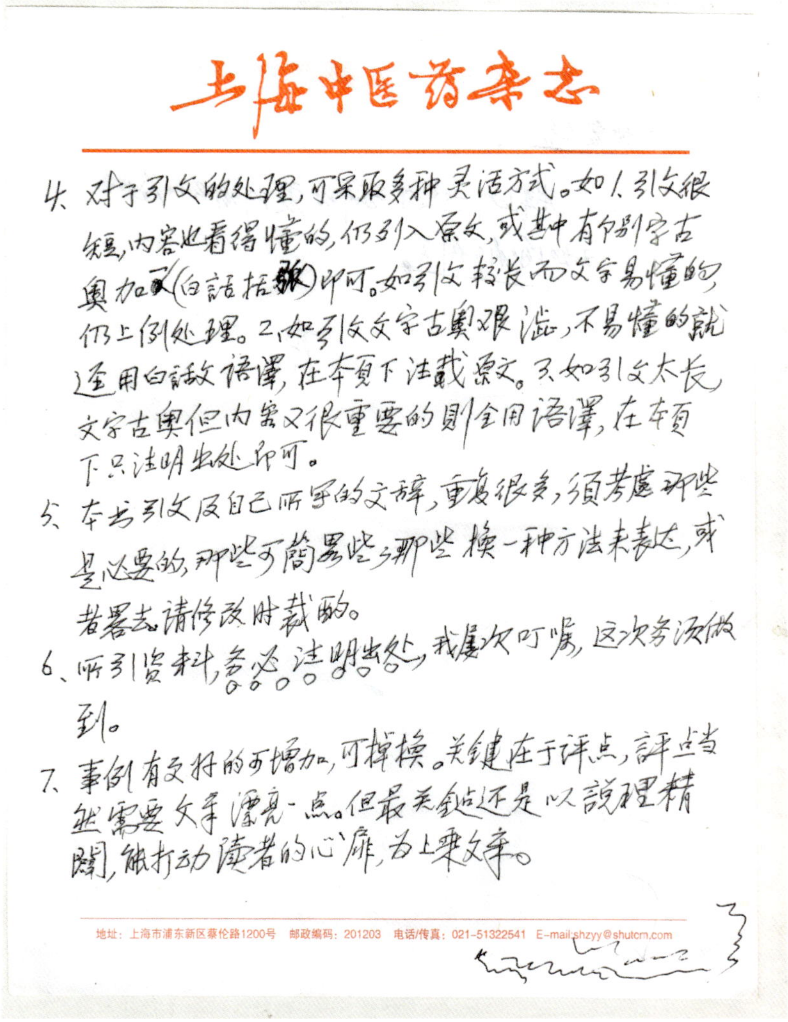

上海中医药杂志

4、对于引文的处理，可采取多种灵活方式。如1、引文很短，内容也看得懂的，仍引入原文，或其中有个别字古奥加（白話括號）即可。如引文較长而文字易懂的，仍上例处理。2、如引文文字古奥艰涩，不易懂的就逕用白話文語譯，在本页下注载原文。3、如引文太长，文字古奥但内容又很重要的則全用語譯，在本页下只注明出处即可。

5、本书引文及自己所写的文辞，重复很多，须考虑那些是必要的，那些可简略些，那些换一种方法来表达，或者略去，请修改时裁酌。

6、所引资料，务必注明出处，我屡次叮嘱，这次务须做到。

7、事例有更好的可增加，可掉换。关键在于评点，評点当然需要文字漂亮一点。但最关键还是以説理精闢，能打动读者的心扉，为上乘文章。

地址：上海市浦东新区蔡伦路1200号　邮政编码：201203　电话/传真：021-51322541　E-mail:shzyy@shutcm.com

《人学散墨》提纲　　裘沛然

《人学散墨》是裘沛然先生晚年历时8年完成的一部论做人、谈养生的重要著作。作者自述这部著作是"专门论述如何能做一个'合格'的人而写的"。全书以"人"为核心，精辟而透彻地阐述了儒学的基本原理。此书出版于2008年，2010年再出珍藏版，影响甚大。在本书的写作过程中，裘沛然先生多次向协助者列出编写要求。这是其中的一份意见稿。

秦孝仪（1921~2007）

湖南省衡山县(今衡东县)人。字心波。学者、政治家。早年毕业于上海法商学院法律系，赴美国俄克拉荷马大学深造，取得人文科学博士学位。1949年去台湾，先后担任“总统府”秘书、国民党中央委员会文宣组副组长、中央设计考核委员会委员。1961年出任台湾国民党中央副秘书长，担任蒋介石文学侍从20多年。1976年起，历任台湾国民党中央党史委员会主任委员、台湾大学三民主义研究所教授等职。1983年1月起，担任台北“故宫博物院”管理委员会常委兼院长。自1963起，连续当选为国民党第九至十三届中央委员。著有《三民主义基本教材》、《中华民国文化发展史》，主编有《国父全集》、《中华民国重要史料初编》等。

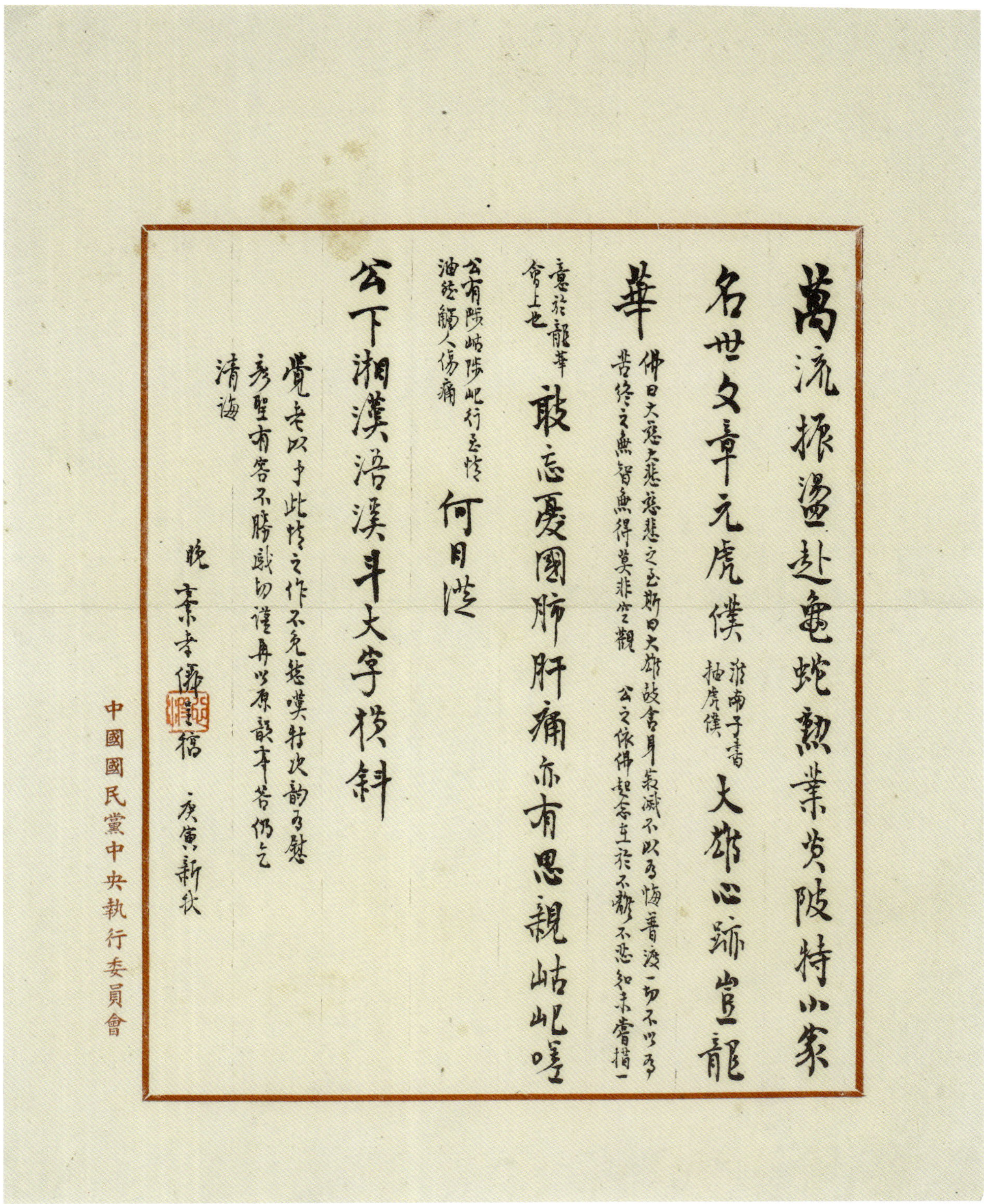

萬流振盪赴龜蛇勳業賁陂特小家
名世文章元虎僕（涵南子書袖虎僕）大都心跡豈龍
華（佛曰大慈大悲慈悲之至斯曰大都故舍身寂滅不以為悔普渡一切不以為昔終之無智無得莫非空觀 公之依佛起念在於不欺不忘知未嘗措一意於龍華會上也）
敢忘憂國肺肝痛亦有思親岵屺嗟（公有陟岵陟屺行吟詩油然觸人傷痛）何日從
公下湘漢潞溪斗大字橫斜
覺老以予此情之作不免悲嘆特次韻予慰
彥聖有容不勝感切謹再以原韻奉答仍乞
清誨
晚 秦孝儀稿 庚寅新秋

中國國民黨中央執行委員會

秦孝仪奉和居正诗词稿　　秦孝仪

1950年秋作

此篇手稿作于1950年秋夜，是秦孝仪按居正的《秦孝仪同志出示此情一首次韵慰之》的原韵奉和而作，以请居正指正。诗文手书于中国国民党中央执行委员会之专用公文纸，钤秦孝仪“心波”印。

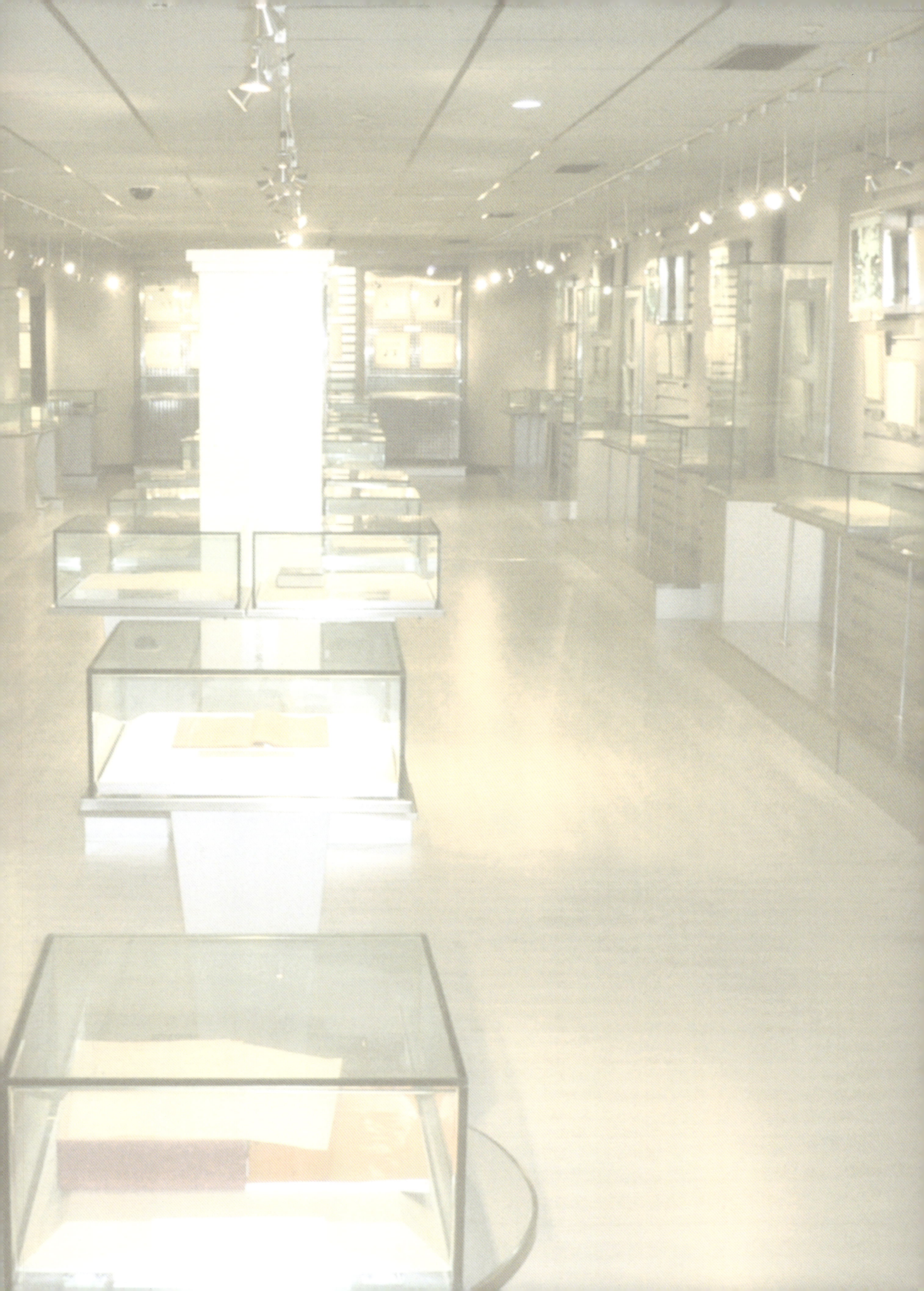

上海圖書館藏

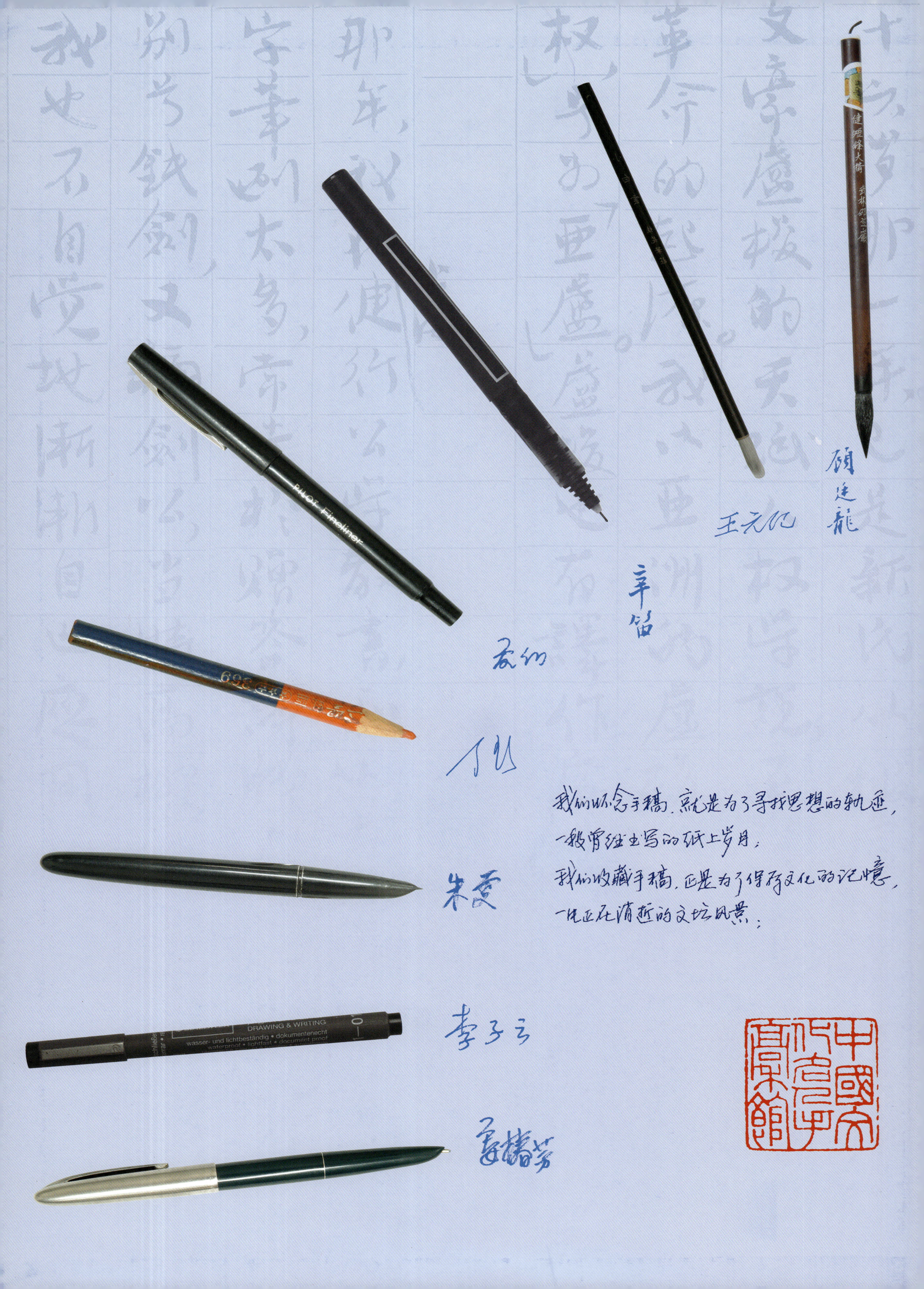

顾廷龙
王元化
辛笛
夏衍
丁玲
李子云
姜椿芳
PILOT Fineliner
DRAWING & WRITING
wasser- und lichtbeständig • dokumentenecht
waterproof • lightfast • document proof
我们怀念手稿，就是为了寻找思想的轨迹，
一段曾经书写的纸上岁月；
我们收藏手稿，正是为了保存文化的记忆，
一片正在消逝的文坛风景；